U0720228

《陕西方言重点调查研究》

顾问：钱曾怡
主编：邢向东

国家“211工程”建设项目“长安文化与中国文学”
全国优秀博士论文获奖者专项基金资助项目(200409)

陕西方言重点调查研究
邢向东　主编

吴堡方言调查研究

邢向东　王兆富◎著

中华书局

图书在版编目(CIP)数据

吴堡方言调查研究/邢向东,王兆富著.—北京:中华书局,2014.5
(陕西方言重点调查研究/邢向东主编)
ISBN 978-7-101-09994-2

Ⅰ.吴… Ⅱ.①邢…②王… Ⅲ.西北方言-调查研究-吴堡县 Ⅳ.H172.2

中国版本图书馆 CIP 数据核字(2014)第 026137 号

书　　名　吴堡方言调查研究
著　　者　邢向东　王兆富
丛 书 名　陕西方言重点调查研究
丛书主编　邢向东
责任编辑　张　可
出版发行　中华书局
(北京市丰台区太平桥西里 38 号　100073)
http://www.zhbc.com.cn
E-mail:zhbc@zhbc.com.cn
印　　刷　北京瑞古冠中印刷厂
版　　次　2014 年 5 月北京第 1 版
2014 年 5 月北京第 1 次印刷
规　　格　开本/850×1168 毫米　1/32
印张 15¾　插页 3　字数 394 千字
印　　数　1-1500 册
国际书号　ISBN 978-7-101-09994-2
定　　价　48.00 元

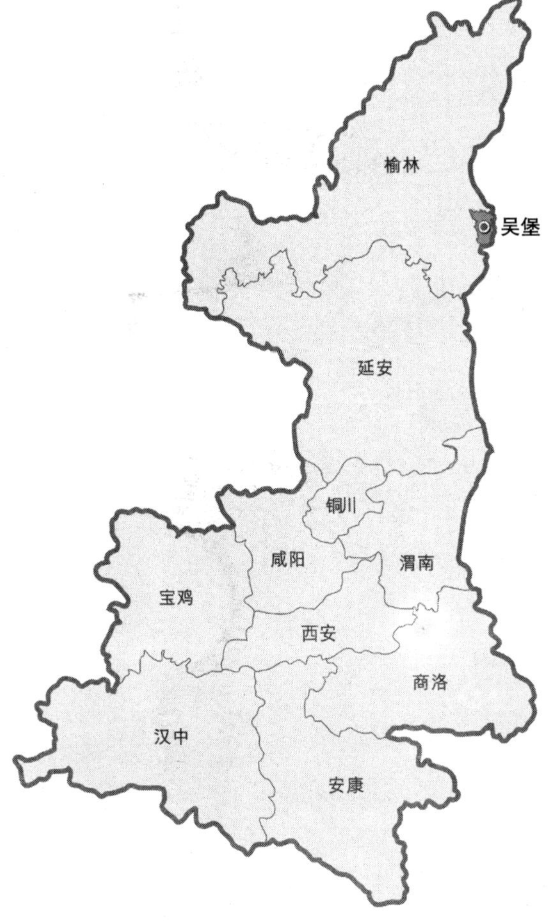
榆林
吴堡
延安
铜川
咸阳
渭南
宝鸡
西安
商洛
汉中
安康

吴堡县在陕西省的位置

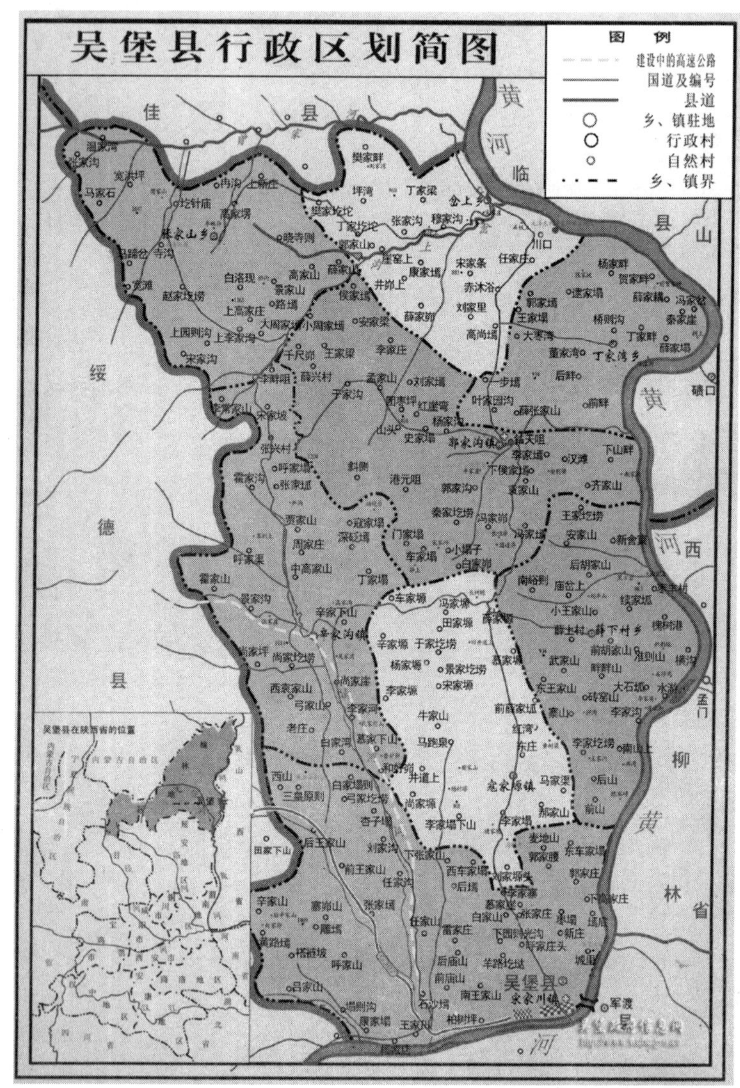

吴堡县地图

总　序

长安是中国历史上建都朝代最多、历时最久的都市，先后有13个王朝建都于此，绵延1100余年，形成了辉煌灿烂的长安文化。长安文化具有多种特性。首先，它是一种颇具特色的地域文化，以长安和周边地区为核心，以黄土为自然生存环境，以雄阔刚健、厚重质朴为其主要风貌，这种文化精神一直延续到今天，仍然富有强大的生命力。20世纪中国文学的"陕军"、中国艺术的"长安画派"等，显示出独特的魅力，可以称之为"后长安时期"的文化。其次，它是一种兼容并包的都城文化，既善于自我创造，具有时代的代表性，又广泛吸纳其他地区、其他民族的文化，还善于吸纳民间文化，形成多元化的特点。复次，它是中国历史鼎盛时期的盛世文化，尤其是周秦汉唐时期，这是中国历史上的盛世，此期所产生的文化以及对外的文化交流，代表了华夏民族的盛世记忆，不仅泽被神州，而且惠及海外。第四，它是某些历史时期全国的主流文化。由于长安是历史上许多王朝的都城，是当时政治文化的中心所在，以长安为核心形成的思想、文化，辐射到全国各地。第五，它是中国文化的源头，产生在中国历史的早期，是中国文化之根，对中国文化以及中华民族共有家园的形成具有不可估量的影响。

对长安文化进行研究，一直受到人们的重视，近年来更有了新的起色，尤其是"长安学、西安学"的提出，为长安文化的研究注入了新的时代因素,并受到海外学者的关注。陕西师范大学地处古都长安,研究长安文化是学术团队义不容辞的责任。为了深入挖掘长安文化的内在价值,探讨长安文化在中国文化、世界文化史上的地位,陕西师范大学文学院藉国家“211工程”三期建设重点学科之机,以国家重点学科中国古代文学为龙头,全面整合文学院学术力量,申报了“长安文化与中国文学”研究项目,获得了国家教育部的支持。本项目的研究,一方面是要发挥地域文化的优势,进一步推动长安文化的研究,并且为当代新文化建设贡献力量;另一方面也是要为研究中国文学找到一个新的切入点和突破口,使文学研究有坚实的文化根基。这是一种新的视野和新的尝试。我们的研究主要有以下三个方向:

第一,长安文化与中国文学的演变

本方向立足文学本位,充分发挥地理优势,以长安文化为背景,对中国文学进行系统研究。主要内容有:(1)长安文化与中国文学精神。主要研究长安文化的内涵、产生、发展、特征以及对中国文学精神所产生的影响。(2)汉唐文学研究。主要研究长安文化形成时期以《史记》和汉赋为代表的盛世文化的典型特征以及对后来长安文化的奠基作用,研究唐代作家作品、唐代文化与文学、唐代政治与文学等,探讨汉唐时期长安文化与中国文学之间的内在联系及其在中国文学史上的价值与意义。(3)汉唐文学的域外传播。主要对汉唐文学在域外的传播、汉唐文学对域外文化的影响、长安文化对域外文化的接受等问题进行全面研究。(4)古今文学演变。以长安文化为切入点,探讨长安文化辐射下“后长安时代”中国文学的发展规律以及陕西文学的内在演变。

确立本研究方向的依据在于,长安文化从本质上说是以周秦汉唐为代表的中国传统文化,具有深刻的内涵。本项目首先需要从不同的层面对长安文化进行理论总结和阐释,探讨长安文化对中国文学精神的渗透,在此基础上进一步探讨长安文化对中国文学演变所产生的重要影响。汉唐时代是中国文化的转折期,也是长安文化产生发展乃至鼎盛的重要时期。所谓“汉唐雄风、盛唐气象”就是对这个时期文学的高度概括。不仅如此,汉唐文学还流播海外,对日、韩等汉字文化圈国家的文化产生了深远影响,研究域外传播,可以从新的角度认识汉唐文学及长安文化的价值意义。今天的古城长安(西安)以新的面貌出现在世界舞台,形成新的文化特征。我们希望通过古今文学演变研究,探讨、总结中国文学和陕西文学的发展规律,进而为长安学(或西安学)的研究奠定良好基础。

第二,长安与西北文化

本研究方向立足于长安文化,突出地域文化特色。主要内容有:(1)西北重点方言研究。关中方言从汉代开始即对西北地区产生辐射作用,这种作用在唐代以后持续不断,明清两代更有加强。因此,西北方言与关中方言的关系极其密切。从古代直到现代,西北的汉语方言与藏语、阿尔泰语系诸语言发生接触,产生了一些重要的变异。对这些问题的研究是我们的任务之一。(2)秦腔与西北戏曲研究。在长安文化的大视野下研究长安文化对秦腔及西北戏曲形成发展的影响;同时又以秦腔及西北戏曲为载体,研究戏曲对传播长安文化所起的作用,从而显现长安文化在西北民族文化精神铸造中的巨大作用。(3)西北民俗艺术与文化遗产保护与利用研究。主要研究西北民俗文化特征、形态以及对精英文化的影响,研究如何保护和利用文化遗产并为当代文化建设服务。

确立本研究方向的依据在于,加强西北地区代表性方言的研究,对西北方言史、官话发展流变史、语言接触理论研究等都具有重大的理论和现实意义。秦腔是我国现存最古老的戏曲剧种之一,号称中国梆子戏家族的鼻祖,是长安文化的活化石。秦腔诞生于陕西,孕育于秦汉,发展于唐宋,成熟于明末清初,受到西北五省人民的喜爱,已经被选入我国首批非物质文化遗产推荐项目。西北民俗的中心在陕西,陕西民俗文化是西北民俗文化的发源和辐射中心地。陕西民俗文化作为民族传统文化形式,对社会个体和整个社会都有重要意义。同时,陕西曾是中国文化的中心之一,作为最早游牧文化与农耕文化的交汇点,留下了许多宝贵的文化遗产,这包括物质文化遗产和非物质文化遗产两方面。对这些遗产进行整理、保护以及利用,不仅可以加速社会文化、经济等各方面的发展,也可以构建和完善中国文化的完整性。

第三,长安文化经典文献整理与研究

本方向对长安文化经典文献进行整理与研究,主要内容有:(1)十三经的整理与研究。主要完成《十三经辞典》的编纂任务。之后,再进一步进行十三经的解读与综合研究,探讨经典文化在中国文学发展中的重要意义。(2)与长安文化有关的文学文献整理与研究。本项目拟对陕西尤其是关中地区的古代文学文献进行系统的整理(如重要作家的诗文集等),在此基础上进行综合研究。

确立本研究方向的依据在于,十三经与长安文化关系密切,保存了先秦时期的重要文献,尤其是《诗》《书》《礼》《易》几部经典中的绝大部分内容,属于以丰镐为都城的西周王朝的官方文献。十三经既是早期长安文化的标志性成果,又是秦汉以来长安文化和中国文化的理论基础和思想渊源,内容涉及古代文化的许多方面,诸如天人合一的思维模式、天下为公的大同理想、以民为本的治国原则、和谐人际的伦理主张、自强不息的奋斗精神、重视德操的修身境界等等,这些思想、精神渗透在民族的性格与心理之中,具有强大的凝聚力。另外,长安文化形成时期,产生了许多经典文献,经、史、子、集均有保存。许多文人出生长安，或游宦到长安，创作了大量的文学作品，对长安文化的形成起了重要作用，这是研究长安文化的基础，需要进行细致的整理。

围绕以上三个方向的研究，我们期望能对长安文化进行较全面的认识，尤其是对长安文化影响中国文学的诸多问题有开拓性的认识。在商务印书馆、中华书局、中和化德传媒有限公司、三秦出版社、陕西人民出版社等单位的大力支持下，我们拟把研究成果以不同的丛书形式出版，目前已启动的有《汉唐文学研究丛书》《长安学术丛书》《长安文献资料丛书》《陕西方言重点调查研究》等。《十三经辞典》已经出版十卷，我们将抓紧时间完成其余工作，使其成为完璧。总之，通过“长安文化与中国文学”项目的实施，我们要在学术上创出新特色，在队伍上培养出新人才，使我们的学科建设再上一个新台阶，同时也为国家与地方文化建设和文化遗产保护做出一定贡献。

“长安文化与中国文学”工作委员会

2009年11月22日

《陕西方言重点调查研究》序

最近用了近一个月的时间,先详后略地读了《陕西方言重点调查研究》丛书的第一部《平利方言调查研究》(初稿)。书稿很长,洋洋数十万言,从地理历史人口到移民和方言形成,从语音到词汇语法再到语料记音,从平面描写到共时、历时比较,详细地描绘了平利方言的全貌,丰富而鲜活的语料揭示出这个处于江淮、西南、中原三个官话地区之交的方言错综复杂的情况。平利这个混合型方言的许多特点,诸如亲属称谓、词缀、语气词的兼收并蓄,动词体貌的多种表现形式,特色明显的补语及其多种格式,等等,都使我开了眼界,受益良多。下面只说其中语音的一项。

平利方言见晓组声母逢合口细音与知庄章合口字(包括少量开口字)合并,读为舌尖后音tʂ tʂʰ ʂ,韵母或介音是ʮ 。平利方言的 ʮ 类韵母共有8个,如下表:

<table>
<tr><th></th><th>例字</th><th>读音</th><th>例字</th><th>读音</th><th>例字</th><th>读音</th><th>例字</th><th>读音</th></tr>
<tr><td>知庄章</td><td>主章</td><td rowspan="2">꜂tʂʮ</td><td>耍生</td><td>꜂ʂʮa</td><td>说书</td><td rowspan="2">꜀ʂʮɛ</td><td>拽崇</td><td>tʂʮai꜄</td></tr>
<tr><td>见晓</td><td>举见</td><td colspan="2">(见晓组无字)</td><td>靴晓</td><td colspan="2">(见晓组无字)</td></tr>
<tr><td>知庄章</td><td>追知</td><td>꜀tʂʮei</td><td>喘昌</td><td rowspan="2">꜂tʂʰʮan</td><td>唇船</td><td rowspan="2">꜁tʂʰʮən</td><td>庄庄</td><td>꜀tʂʮaŋ</td></tr>
<tr><td>见晓</td><td colspan="2">(见晓组无字)</td><td>犬溪</td><td>裙群</td><td colspan="2">(见晓组无字)</td></tr>
</table>

中古知庄章声母的一些合口字与见晓组合口三、四等字(今北京读撮口呼)同音,在汉语中除江淮官话黄孝片以外,还分布在其他的方言区,如湘语(长沙)、赣语(南昌)等方言。但是这种音类的合并从音值看则有不同的走向:长沙等大多是知庄章向见晓组靠拢读为舌面音(或舌根音),而平利方言则是见晓组向知庄章靠拢读为卷舌音。这种不同也存在于江淮官话黄孝片的内部,看下表的比较:

	居	诸	虚	书	靴	说	权	船	群	唇
英山	꜀tʂʮ		꜀ʂʮ		꜀ʂʮɛ		꜁tʂʰʮan		꜁tʂʰʮən	
红安	꜀kʮ		꜀ʂʮ		꜀ʂʮe	꜀ʂʮæ	꜁kʰʮan		꜁kʰʮən	
武汉	꜀tɕy		꜀ɕy		꜀ɕye	꜀suɤ	꜁tɕʰyɛn		꜁tɕʰyn	꜁ɕyn
通山	꜀tɕy		꜀ɕy		꜀ɕiɒ	꜀ɕyɛ	꜁tɕyɛ̃		꜁tɕyɐn	꜁ɕyɐn

可以看出,平利跟英山一致,是见晓组向知庄章靠拢读卷舌音的一种,这在汉语方言中是不多见的,尤其是平利方言在音类的合并方面另外还有独特的地方,即部分精组合口三等字文读也归舌尖后声母拼 ʮ 类韵母(白读为舌面前拼齐齿呼)。例如:

取娶清 ꜂tʂʰʮ文　꜂tɕʰi白　　　俗邪,风俗 ꜀ʂʮ文　꜀ɕi白

绝从 ꜁tʂʮɛ　　　旋邪,凯旋 ꜁ʂʮan

旬巡循邪 ꜁ʂʮən文　꜁ɕin白　　　迅心 ʂʮən꜄文　ɕin꜄白

这样,平利方言舌尖后拼ʮ类韵母的字来源有三:知庄章合口,见系合口三、四等,精组合口三等文读,就有例如以下几组字的同音或同声韵母:

驻知 = 句见 = 聚从 tʂʮ꜄　　　出昌 = 曲溪 = 蛆清、文 ꜀tʂʰʮ

术述船 = 旭晓 = 序叙邪,文 ʂʮ꜄　楦晓 = 涮生 = 镟邪、文 ʂʮan꜄

꜂准章 =꜁均见 = 俊骏꜄精tʂʮən　　　顺꜄船 = 训꜄晓 =꜁询荀邪、文 ʂʮən

以上现象涉及平利方言尖团分混的复杂情况:第一,就开口细音来说,平利方言不分尖团;部分精组合口字文读与见系合口

同音，表现了跟开口字一样的不分尖团的特色。第二，精组合口细音的白读为齐齿呼，跟精见组开口细音相同而跟见组合口不同。这种关系见下表：

<table>
<tr><td>古音系</td><td>精开细</td><td>见开细</td><td>精合细</td><td>见合细</td><td>精开细</td><td>见开细</td><td>精合细</td><td>见合细</td></tr>
<tr><td>例字</td><td>妻</td><td>欺</td><td>蛆</td><td>去</td><td>夕</td><td>吸</td><td>俗</td><td>虚</td></tr>
<tr><td>精合文</td><td colspan="2">꜀tɕʰi</td><td colspan="2">tʂʰʯ</td><td colspan="2">꜀ɕi</td><td colspan="2">꜀ʂʯ</td></tr>
<tr><td>精合白</td><td colspan="3">꜀tɕʰi</td><td>tɕʰi꜄</td><td colspan="3">꜀ɕi</td><td>꜀ʂʯ</td></tr>
</table>

每一种汉语方言都因其自身的各种因素而具有特殊的研究价值。陕西省方言调查研究的重要性在于：陕西的长安(今西安)曾是我国历史上长期的政治中心，以长安为代表的关中方言是早期汉民族共同语的基础方言，研究现代共同语官话方言的形成历史，不能将陕西方言弃之不顾。同时，陕西境内所分布的方言种类繁多，特色显著，特别是像平利这样离中心城市较远的经济未开发的地区，蕴藏着大量的方言资源，急需记录整理予以保存。

《平利方言调查研究》又一次使我感慨汉语方言的丰富奇妙，使我对陕西省方言研究的意义和迫切性有了进一步真切的认识。当然，陕西的同行比我的认识深切得多，近一二十年来，经过不懈的努力，陕西方言的研究已经有了很大的发展，成果喜人，令人称羡。综合性的描写和研究成果如：刘育林《陕西省志·方言志》（陕北部分，1990）、宋文程和张维佳主编《陕西方言与普通话》（1993）、邢向东《陕北晋语语法比较研究》（2006）、张崇主编《陕西方言词汇集》（2007）；单点的调查报告如：张成材《商县方言志》（1990）、孙立新《户县方言研究》（2001）和《西安方言研究》（2007）、邢向东《神木方言研究》（2002）、毋效智《扶风方言》（2005），等等。这为陕西方言的进一步开发创造了有利的条件。

向东不失时机地确定将《陕西方言重点调查研究》作为下一步的研究课题，计划对陕西境内的10个点进行重点调查研究。研究方言的人都知道：方言研究的基础是调查，没有调查就谈不上研究；就调查来说，首先是一个个具体的点，没有点的调查，也就谈不上片的比较。《陕西方言重点调查研究》正是要从基础的点的实地调查做起，在强调充分调查描写方言事实、全面收集语料的基础上，在不同地域、不同时段的比较中，加强解释和理论的探讨，旨在突破通常"方言志丛书"和"方言研究丛书"的格局，以达到调查和研究相得益彰的效果。针对以往综合性的方言单点调查研究偏重语音而语法相对薄弱的情况，本丛书有意加强语法研究，力求挖掘虚词、时体系统等深层次的内容。

先期的准备工作是很充分的。首先在点的选择上照顾到分布于陕西境内陕北、关中、陕南三区，注意到人员的配备，能够保证计划的完成，也注意从中培养锻炼方言的研究人员。在内容上以《神木方言研究》为蓝本，制定了十分详细的统一的写作大纲，并经过课题组成员集体讨论，达成共识，让每一位参加研究的人员对于调查研究内容心中有数，能够有本可循、有法可依，但也可以按照方言的具体内容而有所变通。这就保证了将来的成果既能进行统一的比较研究，又能妥善保存某些方言点的特殊资料。这些，都将对陕西方言研究的发展产生重大的促进作用。

除了代表陕南地区的《平利方言调查研究》之外，我还看过分别代表陕北、关中两个地区的《吴堡方言调查研究》"文白异读和语音层次"一节（定稿）和《合阳方言调查研究》（初稿）的大部分章节，总的印象是调查的材料全面丰富，分析到位，有理论深度。这使我对向东胜利完成《陕西方言重点调查研究》满怀信心，相信这套丛书一定会在我们面前展现出陕西方言五彩缤纷的语言世界。

肩负这套丛书主编的重任，我深知其中的诸多甘苦，所要付出的心血可以想见。看到向东迈开了他“大展鸿图”的坚实的步伐，我很高兴。向东，祝你成功！

钱曾怡

2008年7月22日写于山东大学

2008年8月20日改定

《陕西方言重点调查研究》前言

陕西省按照自然地理分为陕北、关中、陕南三大区域。就方言来说，陕北有古老的晋语，关中有曾经作为共同语重要基础的关中话，陕南有多种方言并存，堪称方言调查研究的富矿。

陕北方言是一支非常古老的方言，其中有19个县市区方言保留入声韵和入声调，属于晋语。陕北方言词汇中有许多古语的遗存和特征性词语，如：冻（阴平，冰）、梢（树枝）、平斤（锛子）、衿（系）、炕（把东西放在炉盖、锅底等地方，用慢火炙干）、稙[tʂəʔ˭]（庄稼种得早，又指人的生月早）、穉[tsɿ˭]（庄稼种得晚，又指人的生月晚）、宬[ˬʂəŋ]（住）、钞（用筷子、羹匙取食）、灺（熄灭）、脑（阳平，头）、猴（小）、烧（去声，霞）、照（看）、教（让、允许）等[①]。语法上比较突出的特点如：存在表过去时、将来时、现在时的完整的时制系统；有极其丰富的表达虚拟语气的助词。

陕北晋语分别属于晋语五台片、大包片、吕梁片和志延片。

---

① 见刘勋宁《现代汉语研究》101—108页，北京语言文化大学出版社1998年；邢向东《陕北晋语语法比较研究》13—14页，商务印书馆2006年。

语音上既有一致性，也存在很大的差异。入声的有无是将晋语与周边方言分开的鉴别标准，其中府谷、神木、吴堡等保留最完整，绥德、榆林、佳县、清涧等次之，延安（宝塔区）、延川、甘泉三县区最少，只在口语中保留部分入声字。陕北晋语中，沿黄河一带的方言存在复杂的文白异读，吴堡、清涧话最难懂。绥德话最有权威，对其他陕北话有较强的辐射作用，可以说是“陕北的普通话”。处于晋语和中原官话过渡地带的延安、甘泉等方言，有许多过渡方言的特点，值得进行“地毯式”的细致考察。

关中方言属于中原官话，在汉语史上具有重要的地位。周代，“雅言的基础应该是王畿成周一带的方言”①。现在多数人认为雅言的标准音是河洛语音，但关中地区作为西周的京畿所在，其方言当属雅言基础方言的一部分。汉代，今关中地区的方言与晋南话合称“秦晋方言”，是非常强势的方言。周祖谟先生认为“汉代的普通语恐怕是以秦晋语为主的”②。唐代的长安话尽管可能不是当时共同语的标准音，但也应是共同语基础方言的重要组成部分③。从唐宋西北方言和现代西北方言、山西方言研究的成果来看，那时的关中方言，大概属于范围广大的“西北方言”。历史上，经过魏晋南北朝和五代十国，北方少数民族及其他地区人口大规模迁移入境，长安及关中地区的居民变动很大，现在的关中方言和汉唐时代相比，已经发生了翻天覆地的变

① 袁家骅等《汉语方言概要》（第二版）17页，文字改革出版社1983年。

② 见周祖谟《方言校笺》10—11页，中华书局1993年。对这一点还存在不同观点。有学者如李新魁、郑张尚芳、何九盈认为，汉代通语的标准音应当是河洛音。

③ 李新魁、郑张尚芳、何九盈等先生认为，唐代标准音为河洛一带方音，笔者赞同此说。见李新魁《论近代汉语共同语的标准音》，《语文研究》1980年第1期，又载《李新魁自选集》150—167页，大象出版社1993年；郑张尚芳《中国古代的“普通话”》，《光明日报》2006年12月26日；何九盈《汉语三论》160页，语文出版社2007年。

化[①]。时至今日,关中方言还处于活跃的演变状态。因此,关中方言史的研究是官话史研究中不可或缺的重要组成部分。

关中方言词汇中有不少特征性的词语,如:颡[꜁sa](头)、□[꜂nou](停留、呆在某地)、嫽(好,陕北话也说)、善[꜂tʂʰã](好、合适、舒服)、毕(完)、碎(小)、惜(形容女子和小孩儿貌美、可爱)、争(厉害)、扎(表程度高的副词)等。语法上的显著特点是:少用程度状语,代之以程度补语,如"嫽得很、嫽得太(太)、嫽扎了、美得很、美得太(太)、整扎了"。

关中方言内部的一致性较强,差异主要表现在语音方面。比如,中古全浊声母仄声字的今读、知系声母合口字的今读、端精见组声母今齐齿呼字的读音、古泥来母字的分混、古山臻摄精组合口一等字及合口三等字的今读、古深臻摄与曾梗通摄舒声韵的读音等。就方言区划来看,西安、户县、咸阳、渭南、铜川等关中中心地带方言(以及洛川、黄陵、商州、汉滨、洋县、城固等共43个县市区)属于中原官话关中片;宝鸡(金台区)、凤翔、岐山等西府话(以及勉县、略阳、富县、定边等共19个县市)属于秦陇片;东府地区沿黄河的宜川、韩城、合阳、大荔话,与对岸的晋南方言非常接近,属于汾河片[②]。

陕南地区错综分布着多种方言,格局最为复杂。其中,汉中市境内中原官话和西南官话深度接触,安康市境内西南官话和江淮官话黄孝片深度接触,并有赣语怀岳片方言岛、湘方言岛存在,商洛市境内中原官话和江淮官话黄孝片深度接触,并有

① 有人说用关中话读唐诗,比用普通话更押韵、顺口,以为现代西安话就是古代的长安话。这种说法反映了一种错误的观念,因而不足为据。其中有三重误解:第一,首都的话就是普通话的标准音;第二,唐长安话就是唐代的普通话;第三,唐代长安话到现代西安话变化不大。

② 关于陕西方言的具体区划,请参看邢向东《陕西省的汉语方言》,载《方言》2007年第4期。

不少赣语怀岳片方言，还有来自广东的客家话。陕南的"本地话"应当包括中原官话和一部分西南官话，是原住民和明代"荆襄流民"运动中安置下来的移民所操的方言。另一部分方言如江淮官话、赣语、湘语（包括部分西南官话）等是清代乾隆朝及以后由湖广、江南、四川等省的移民带来的，已有二百多年的历史①。由于南方移民生活环境的封闭性，有些方言还顽强地保留着"源方言"的基本特点，但也不可避免地同陕南原有的方言产生互动，彼此影响、交融。陕南方言格局的形成，与自然地理、历史行政、移民运动都有关系，是研究方言接触、融合的绝佳标本，也是社会语言学理论、方法的用武之地。

总之，陕西的方言资源极其丰厚，形态各异，是一座值得大规模开采的宝藏。对汉语方言学、社会语言学、理论语言学等，具有独特而重要的研究价值。

然而，陕西方言长期以来没有得到应有的关注。比之国内其他方言，调查研究处于相对落后的状态。近年来，随着西部大开发和中国语言学的快速发展，陕西方言研究逐渐走出沉寂，活跃起来。陕西方言中深埋着的无价宝藏，渐渐露出庐山真面，引起了国内外学术界的极大兴趣。

我们认为，有两个方面的缺陷制约着陕西方言研究整体向纵深发展：一是方言点上的系统成果不多，深入挖掘不够；二是缺少一个既能人人独当一面、又能集体攻关的团队。2004年，我的论文荣幸地获得了全国优秀博士论文奖，并入选教育部"新世纪优秀人才支持计划"，这真是一个提升陕西

① 南来方言中，江淮官话黄孝片、赣语、湘语等可以按照商洛市不少县志的称呼，统称为"下湖话"。我们认为，"下湖人"是陕南人对清代湖广、江南等省移民的笼统称呼（包括自称和他称）。由于南部迁来的江淮官话、赣语等方言将一部分中原官话的[u]韵字读成[o]韵，所以当地人（包括移民自己）把"下湖话"讹称为"下河话"，正如把"客户"讹称为"客伙"一样。对这一问题，笔者将另文考察。

方言调查研究整体水平的绝好机遇！于是，我们在申报课题时毫不犹豫地确定了《陕西方言重点调查研究》的计划，课题组成员包括近年来颇为活跃的陕西方言学者和一部分博士生、硕士生。根据方言特点、分布和现有的研究力量，选定了10个方言点，由主编制订统一的调查表格、写作大纲、研究步骤，经课题组集体讨论，作为研究的共同提纲。考虑到陕北、关中、陕南方言存在很大的差异，课题组成员又各有特点，同时，各个方言点已有的研究基础也不同，因此，在具体地点的研究中，又给各位子项目负责人相当大的自由。作为主编，我们给自己也定了规矩：所有成果都必须亲自审稿，参与修改，对每一部书稿的质量负责。这样，采取既统一又灵活的研究机制，以最大限度地调查、描写方言事实，最大限度地挖掘方言事实的理论价值，最大限度地发挥各位研究者的特长。最终目标是制作高质量的精品，从整体上提高陕西方言研究水平。

《陕西方言重点调查研究》课题立项后，受到了各个方面的支持和关注。钱曾怡先生应允作为项目的学术顾问，对项目的研究大纲及其实施提出了一些切实的建议，强调要突出方言事实的调查，加强研究成果的整体性、系统性；还亲自审稿，对书稿提出具体的修改意见，并为《陕西方言重点调查研究》丛书作序。本课题在得到教育部新世纪优秀人才支持计划和全国优秀博士论文获奖者专项基金资助的同时，又被纳入陕西师大国家“211工程”重点建设项目“长安文化与中国文学”研究计划，得到学校和文学院领导的高度重视。各位子项目负责人所在单位也在调查、出版方面给予了积极的支持。中华书局语言文字编辑室主任秦淑华女士热情支持这套书的出版，并在如何提高成果质量方面给以具体的指导。对以上各位先生、单位的支持和帮助，我们表示最诚挚的谢意。

现在,《陕西方言重点调查研究》丛书就要陆续面世了,我们期待着来自学界的批评、指导。

邢向东

2008年5月20日于陕西师大

目　录

第一章　导　论

一　吴堡县概况

1.1　地理

吴堡县位于陕西省东北部，榆林市东南部。西起东经110°32′32″，东至东经110°47′04″，直线距离26.8公里；南起北纬37°26′25″，北至北纬37°43′01″，直线距离30.4公里。吴堡北靠佳县，西接绥德，东、南临黄河，与山西临县、柳林县隔河相望，总面积420.85平方公里，现辖6镇221个行政村。六镇是：宋家川镇、寇家塬镇、郭家沟镇、辛家沟镇、岔上镇、家山镇。

1.2　历史建制

据考古资料记载，旧石器时代中期，现吴堡境内已有先民活动。新石器时代属仰韶文化、龙山文化。夏、商、周三代为非华夏族活动的地区。秦汉时期属上郡肤施县。曹魏、两晋被匈奴占据。公元431年，北魏灭赫连氏大夏国，开始单独设政和县。西魏废帝元年（552）改称延陵县。隋开皇十七年（597）改称延福县。政和、延陵、延福时的治所均在今寇家塬镇寇家塬村，历时近500年。五代十国时期，后汉灭亡，北汉建立，广顺元年

（951）延福县归北汉，修吴堡水寨，自此始有“吴堡”的名称。宋开宝九年（976）定难军节度使李光睿破北汉，吴堡寨归宋，属绥州延福县。宋至道（995—997）以后被西夏占据，县遂废。元丰四年（1081）宋朝收复吴堡寨，元丰六年（1083）吴堡寨划归河东路石州定胡县（治所在今柳林县）。大观三年（1109）定胡县隶属晋宁军（治所在葭州，即今佳县），前后共140多年。金正大三年（1226）升为吴堡县，隶属于鄜延路葭州，治所在原吴堡寨地。元至元元年（1264）撤销县制，二年复设。二十八年（1291）升为吴州。元贞元年（1295）撤销吴州，恢复吴堡县。明洪武十年（1377）撤销县制，辖地划归绥德州。十三年（1380）复设吴堡县，隶属葭州。清初属延安府直管，雍正三年（1725）复属葭州，乾隆元年（1736）改属绥德州。

民国二年（1913）废除府、厅、州建制，陕西分为三道，吴堡属延绥榆道。民国二十二年（1933）废道制。民国二十四年（1935）设行政督察区，吴堡属陕西省第二行政督察区（绥德）。

民国二十二年（1933）至二十五年（1936），吴堡县国共两党军事斗争激烈，县城、集镇、要道为国民党军队占据，广大农村为红军游击区。共产党于1934年冬建立县革命委员会，后改为县苏维埃政府，1935年11月受陕北省领导。此时国民党县政权依然存在。民国二十六年（1937），国共两党合作，地方政权和地方武装保安队属国民党，八路军后方留守兵团718团（后改为警备8团）进驻吴堡县。1940年2月28日，吴堡军民赶走国民党县政府官员，建立了民主政权，吴堡属陕甘宁边区绥德分区管辖。

1949年5月，吴堡属陕北行政区（行署在延安）绥德分区。1950年2月，陕西省人民政府成立，吴堡县属陕西省绥德专区。1956年9月撤销绥德专区，改属榆林专区。1957年11月撤销吴堡县，辖地并入绥德县。1959年秋设宋家川中心乡，1960年12月又撤销。1961年8月恢复吴堡县，属榆林专区，此后归属未变。

二 吴堡人口及其来源

吴堡是著名作家柳青的故乡。

截止2013年，吴堡县总人口8.4万人，其中绝大多数是汉族，少数民族来自蒙、回、藏、维、苗、彝、壮、佤、土家、仡佬等10个民族，都是后来随着工作迁入吴堡的。县城居住人口3万人。

吴堡县人口来源颇为复杂。据《吴堡县志》记载，历史上，春秋时期为白狄所居，东汉到西晋为匈奴所居。据安介生（1999：167—176）考察，北魏以后，山西、陕西北部居住着大量的山胡（又称稽胡——引者）。山胡不时叛乱，曾经长期影响了北魏及其后政权和社会的安定。山胡叛乱时，经常在黄河两岸互相呼应。直到西魏、北周时期，山胡仍在上郡一带居住、活动，隋代山胡问题渐渐平息。据移民史记载，宋夏对峙时期，吴堡一带还应有不少党项羌人。据此判断，吴堡的居民中大概融合了匈奴、鲜卑、山胡、党项等少数民族。

东晋到南北朝时期，南方地区居民曾经两次向吴堡一带大规模移民。第一次为大夏政权时期（407—431），第二次为宋元嘉二十八年。“东晋义熙十四年（418）夏赫连勃勃和东晋大将刘裕的安西军在长安一带交过战，俘虏刘裕之子刘义贞部下将士安于大夏国的寨堡，故陕北多有‘吴儿堡’遗址。又据《南史·纪二》载：宋元嘉‘二十八年（451）春正月丁亥，魏太武帝自瓜步退归，俘广陵居人万家以北’。当时，陕北属北魏领土，广陵在现在的扬州"（同上:829）。吴堡至今有"吴人"的后裔（吴堡县志编纂委员会1995:142）。吴堡人将明代以前定居此地的人称为"老户"，将明代以后定居的人称为"新户"，谚云:"老户祖先来何处？十有八九是江苏。"据县志记载，吴堡境内"霍（少部分）、丁、马、郭（部分）、寇、牛、任（部分）、呼、康、陈（部分）"等为老户。《吴堡县志》（830）认为，"吴堡次方言和江淮方言、吴方言是亲属关系"。

明代以后，吴堡有大量山西移民迁入。"明初洪武至永乐年间，政府实行军屯和移民实边政策，到明代中叶人口已是生齿浩繁，增长率较高。吴堡现住人口多是此时迁入者的后裔"（同上:143）。谚云:"新户祖先来何处？山西洪桐大槐树。"

"1937年……加上日本侵略者占领了山西，沿河汉民迁入吴堡计792户1707人"（同上:144）。

《吴堡县志》（762—763）列出了本县主要姓氏的来源。其中人口1000口以上的薛、张、王、李、慕、宋、霍、冯、刘、丁、高等11户，除了慕、宋两姓来自河南，丁姓明代以前即住在吴堡以外，其余大姓均为明代以后由山西省迁来。其中薛家就有近1万人。

因此，吴堡话中有不少山西方言的特点。《吴堡县志》（830）甚至认为"吴堡次方言可以说是江淮方言和山西方言的混合体，吴堡是很特殊的'方言岛'"。

对于吴堡话是江淮方言和山西方言的混合体的观点，笔者持否定态度。至于吴堡话中是否残存着吴语和江淮官话的特点，笔者则持谨慎态度。"吴堡水寨"之命名在北汉时期，可能确实与"吴人"有关（陕北境内有若干"吴儿堡"）。吴堡话是陕北晋语中最古老的方言，保留了若干早期的语言特点。这些特点究竟是早年北迁的"吴人"所带来的，还是晋语本身早期特点的保留，有些可以论证，有些一时还说不清楚。邢向东（2007a）有一段话，可以代表我们的一点想法:"在吴堡话的声母、韵母中，叠置着中古或唐宋西北方音与后来从权威方言或共同语借入的不同语音层次。吴堡话韵母中，假开二精组的'姐写'，蟹开三、四等的'制低底弟礼妻西'及止开三的'离梨你'等读洪音e韵（按：今改为εe韵），效摄与流摄今韵母舌位高低与周围方言相反，效摄高而流摄低，与不少闽粤方言类似。因此，这两个特点使得吴堡话在周围的方言中显得非常特殊。尽管我们试图在音理上解释这两个现象，但还是有一点玄想：这其中很可能有更加特殊的原因——早期吴堡话可能带有古吴语的特征，只是后来被迁来的'新户'的晋语所覆盖。只是这一点已经难以论证了。"

吴堡话同山西方言特别是吕梁方言之间的密切关系，邢向东（2009）已有较为详细的论证，此处不赘。《吴堡县志》（830）举的一个例子，可以典型地反映吴堡话同黄河对岸山西方言的关系："如'平斤'（木匠用来砍大料的横刃家具）一词的口音，就是从山西临县传来的，发音为'pī jíng'。""平斤"就是"锛子"，其中"平"读齐齿呼确实与该方言音系不符，按照吴堡音系应读洪音，即[$p^{h}εe^{33}$ $tɕiəŋ^{213}$]。齐齿呼的读法来自临县话，可见它与后者的密切联系。

三　方言特点与分区

3.1　方言特点

吴堡话属晋语吕梁片，与对岸的山西吕梁方言关系较为密切，而与其他陕北方言比较疏远。从总体特点和可懂度来说，吴堡话是陕北晋语中最古老、最难懂的方言。其主要特点略述如下。

3.1.1　语音特点

（1）部分古全浊声母仄声字——特别是入声字，逢今塞音、塞擦音时读送气清声母。这是吕梁片北片方言的共同特点。

（2）古精组字在齐齿呼韵母前读ts ts^h s声母，同见晓组字有区别，即分尖团。

（3）有3个开口度由小变大再由大变小的韵母：iɑe iɛe uɤu。

（4）古果摄韵母元音高化为ɤu uɤu韵，部分合口字为u韵。

（5）古蟹摄一、二等与三、四等字有别。蟹开三、四端系组，假开三精组白读，止摄帮少数泥知组字读洪音韵母ɛe韵，蟹合三、四，止摄合口字读uɛe韵，开合口对应整齐。

（6）古流摄韵母的主元音比效摄低，效摄文读o io，三、四等白读ɤ iɤ，流摄读ɑo iɑo韵。

（7）韵母系统中存在复杂的文白异读，文读层中，古宕江摄一、二等舒声韵与咸山摄一、二等合流为ã iã uã韵。白读层中，古果宕江摄白读韵母合流，读ɤu iɤu uɤu韵，梗二、果三、假三白读二合流为ɑ iɑ韵，梗三、四，曾三舒声韵同假三白读一，蟹三、四，止三合流为ɛe uɛe韵。"支微入鱼"的现象也有，但例字不多。

（8）有两套入声韵，分别为ɑʔ əʔ组。

（9）从古一、二等韵的关系看，果假、效、咸山（见系）、宕江入（帮见系）、曾梗舒等九摄白读韵母一、二等有区别，一等韵的主元音为中元音e ɤ或高元音u，二等韵主元音为低元音ɑ。

（10）有6个单字调，入声分阴阳，阴高阳低。

（11）从音位学角度来看，舌根音k k^h ŋ，舌尖后音tʂ $tʂ^h$ ʂ ʐ声母能和齐齿呼ie韵相拼。

3.1.2 词汇特点

吴堡话的词汇与陕北晋语存在很大的共性。如构词法方面，分音词、圪头词、子尾词发达，重叠式名词发达，四字格口语成语发达等。词目方面，把"牲口"说"牲灵"，"头"说"脑"，

“小”说“猴”，“住”说“窚”，“熄灭”说“灺”，“团”说“圞”，“父、母、子、女”的叙称（背称）分别是“老子、娘、小子、女子”，“黑豆”分“白黑豆（黄豆）、绿黑豆（绿色的黑豆，不是绿豆）、黑黑豆（黑豆）”，等等。同时，就晋语的几个次方言来看，吴堡话与吕梁片方言最为接近。如“月亮”其他陕北晋语一般说“月儿”，吴堡等吕梁片方言说“月明”；“石磨”陕北晋语一般说“磨”，吴堡等说“硙”，“磨盘”叫“硙盘”，磨盘中央的轴叫“硙卜脐儿”；少数雄性牲畜的表达法是“X+公子”，与吕梁片方言一致，如“牛公子、猪公子”，但“公马”说“儿马”，“公驴”说“叫驴”，和其他陕北话一致。

吴堡话“子、气”作后缀，“一、不”作前缀的词比较发达。此外，还有一些词语比较独特。如“太阳”说“太爷”，“黄河”说“河、老爷河”，一般的“河”叫“沟”，“黄河水”说“河水”，“河水”说“沟水”，“水中的陆地、洲”叫“夹心滩”，“玉米”说“玉稻黍”，“蝉”说“烧枣红”，“锁骨”说“贺家窟联”，“娶后老婆”叫“办老婆”，等等。

3.1.3　语法特点

吴堡话在语法上与其他陕北晋语大同小异。如“的”有表示被领属形式的用法（亲属称谓+的：老子的、娘的、小子的、女子的，等等）；没有专职的第三人称代词，用“那、那些”表示第三人称单、复数；“敢”有助动词（有胆量、制止、可能、要）、副词等多种功能，但助动词“敢”和副词“敢”韵母、声调有别。

吴堡话有些代词、虚词颇有特点，有的反映吕梁片的共性，如第一人称代词单数是“我”，复数和领属形式是“每、我每”；再如指示代词中有“底系词”；远指代词有“那系、兀系”两套，两套之间没有区别；过去时助词陕北话一般说“来、来来”，吴堡话也说，但常见的说法还有“来该（“来去来”的合音）”；否定存在的动词和否定已然的副词是“没拉”，等等。详见语法部分有关章节。

吴堡人自造过两个反映方言读音的字：昃[pie^{53}]，“迸”的白读音；⿰车瓦[tʂɑ^{53}]，义为“碾碎”。

综合以上吴堡话的语言特点，联系邢向东等(2012)的考察，可以说，吴堡话是深受山西晋语影响、存古性很强的一个陕北晋语。

3.2 内部差异

吴堡县内部略分为两种口音，即上吴堡话和下吴堡话。自东往西，横沟、槐树港、前胡家山、东王家山、车家塬、深砭墕、斜侧、高家庄一线以北说上吴堡话，以南说下吴堡话。县城所在地宋家川镇的口音属于下吴堡话。

两种口音的主要区别在于：①部分果摄合口字上吴堡读ɤu韵，下吴堡读u韵，如“果锅过”，上吴堡说[kɤu]，下吴堡说[ku]；②蟹摄开口四等透母、定母平声字，如“梯体剃提”，上吴堡念[tʰεe]，下吴堡念[tɕʰi]。③有些词语上下吴堡说法不同。请比较：

上吴堡	下吴堡	上吴堡	下吴堡
一跟冲	一股劲儿	哪底价	作摩价
这里股	以后	油馍馍	花卷儿
骨芦儿	葫芦儿	条子	褥子
山药	山蔓儿	实骨子	实际上
丸子	擦擦	圪料	古怪

除了上面两种主要的土语区外，东南部黄河沿岸的岔上镇拐上乡(包括薛家港、冯家岔、秦家崖、丁家畔、薛家塔，原属丁家湾乡)，口音与其他地方略有差异，如“这里”吴堡话都说“这行儿”，但“行儿”其他地方说[xɤur^{412}]，拐上话说[ɕiɤur^{412}]；“糖堂”等其他地方念[tʰã^{33}]；拐上念[tʰo^{33}]；“旁边、附近”其他地方说“跟前”，拐上说“跟底”，等等。一些靠近绥德的地方，口音

和其他地方也存在差异，如将“醋[tsʰɑo^{53}]”说成[tɕʰy^{53}]，“樗树[tɕʰy^{21} su^{53}]”说成[tsʰuɛe^{21} su^{53}]，“张”读[tʂɤ^{213}]，“羊”读[iɤ^{33}]，“这个”说[tʂɑo^{24} kuəʔ^{21}]，“那个”说[nɑo^{24} kuəʔ^{21}]，等等。

本书记录的主要是寇家塬镇东王家山音系，属上吴堡话。

四　调查经过和发音合作人

本书的发音合作人有两位：王兆富，男，1948年生，寇家塬镇薛下村乡东王家山人，中专文化，高级工程师，为本书的第二作者。李慧蝉，女，1960年生，丁家湾乡薛家塔村人，大学文化，干部。两人口音均属上吴堡话。

邢向东2001年、2007年两度赴吴堡调查方言，2009年、2012年两次请王兆富到西安作方言调查实习各10天，其间补充调查了部分词条和语法例句。

本书绝大多数内容由邢向东直接记录。词汇表中除了几次调查中记录的方言词以外，还补充了王兆富提供的一个记录特殊词语的词表，邢向东根据王的发音加注了国际音标，并适当修改补充了意义的解释。

五　特殊符号

“□”代表有音无字的音节。“～”代表例字。

字下加“-”表示白读音，加“=”表示文读音，加“~”表示同音代替。

举例时，“/”表示“或”，“|”表示“和”。

标音时，调值用右上角的数字表示。调类用发圈法表示，例如：阴平：꜀□，阳平：꜁□，上声：꜂□，去声：□꜄，阴入：□꜆，阳入：□꜇。

第二章　音系分析①

一　声母

吴堡话有声母24个，包括零声母在内。

p巴帮布步	p^{h}怕胖盘脖	m门母		
			f飞冯发房	
t单点到道	t^{h}拖太同犊	n南怒泥于		l兰路连吕
ts姐争猪酒贱	ts^{h}妻巢处杂截		s谢师书修详	z吟软绒
tʂ招张纣郑	tʂ^{h}超昌成直		ʂ烧声扇舌	ʐ绕认肉
tɕ经结俊巨	tɕ^{h}丘桥梯全橛		ɕ休嫌宣许	
k哥各柜改	k^{h}开葵困去	ŋ我爱岸案	x灰下化话	
Ø延围午云荣				

说明：

1. p^h t^h k^{h}送气较强，除阻后送气成分一直与韵母相伴随，能听到喉部的摩擦声，实际音值是[pχ tχ kχ]。在入声字中最强、最明显。

2. m n ŋ带有同部位的浊塞音成分，实际音值接近

① 凡是引用本书作者有关吴堡方言的论著时，音系及字音请以本书为准。

[mb nd ŋg]。

3. n在开口呼、合口呼音节中的音值是[n]，在齐齿呼、撮口呼音节中的音值是[ȵ]。

4. ʦ ʦ^h s与齐齿呼韵母相拼时，实际音值是带有舌尖音色彩的舌面音，可记作[tsj tsj^h sj]。即吴堡话能够分尖团。过去考虑到它们拼齐齿呼韵母时的腭化程度很高，所以将其另立为一组声母，但这样分立有违音系学基本原则，因此与ʦ ʦ^h s归并为一组音位。精组细音字在今撮口呼韵母前与见组字合流，读tɕ tɕ^h ɕ。50岁以下的人大多不能区分尖团音。

ts ts^h s与合口呼韵母相拼时，舌位比标准的舌尖前音靠后，舌面前部与上腭略有接触，发音带有舌叶音色彩。

5. tʂ tʂ^h ʂ ʐ同开口呼韵母相拼时，主动发音部位是舌尖，被动发音部位是后龈。发音时舌体后缩，舌尖略翘，对准龈脊后面的部位。听感上带卷舌色彩，和普通话的舌尖后音相同。

tʂ tʂ^h ʂ ʐ同ie韵相拼时，实际音值是舌叶音[ʧ ʧ^h ʃ ʒ]，如“毡、缠、闪、然”。因此，从实际发音来看，舌尖后音声母并不能跟齐齿呼韵母相拼。[ʧie ʧ^{h}ie ʃie ʒie]发音时，主动发音部位较宽，包括舌尖和前舌面，被动发音部位是上齿龈。即舌面前部抬起，对准上齿与龈脊之间的部位（含龈脊），不带撮唇动作，没有舌下腔。听感上仍略带卷舌色彩。这时，介音i的实际发音是[ɪ]。

总体来看，这组声母与ie韵相拼时，舌头与上颚接触的位置明显前移，舌头前部基本放平。不过还是带有一点卷舌色彩。

6. z ʐ的摩擦很轻，多数时候听不到明显的摩擦声。z母一般只拼合口呼韵母，开口呼只有“吟、仍”两个字。

7. k k^h ŋ x 同ie韵拼合时的音值是[c c^h ɲ ç]。

8. 零声母字包括齐齿呼、合口呼、撮口呼字，来源于古微疑影云以五母。

二 韵母

吴堡话有韵母43个，不包括儿化韵。

ɿ资师支

ʅ掷炙　　i皮体蝇影　　u故母窝保　　y女雨

ɑ爬车生下　　iɑ架写冷棚　　uɑ花瓜抓　　yɑ瘸横

　　ie干暗沾检　　　　ye卷全远

ɤ烧盘那　　iɤ飘焦跳轿　　uɤ端官惰

o报桃召　　io交标鸟

ɑe盖崖贝倍　　iɑe阶介　　uɑe怪对灰

ɛe飞姐底迟听　　iɛe□[①]　　uɛe桂岁类兄

ɑo豆收祖炉　　iɑo流袖

ɤu河过浪房　　iɤu娘香　　uɤu坐装往窗

ər而二

ã胆班堂房　　iã减眼将讲　　uã关贯光

əŋ根登棚声　　iəŋ心冰轻星　　uəŋ魂宏红松　　yəŋ群俊荣穷

ɑʔ答八作摘　　iɑʔ夹押　　uɑʔ刮滑袜捉　　yɑʔ角觉

əʔ割舌拾得扑　　iəʔ笔百北踢鼻　　uəʔ突郭国鹿　　yəʔ缺镢俗欲

说明：

1.u在与ts tsʰ s z相拼时，唇形不圆，发音有轻微的[ɿ]的色彩。

2.ɑ在ɑ iɑ uɑ yɑ ɑo iɑo ɑʔ iɑʔ uɑʔ yɑʔ等韵中的音值是标准的[ɑ]，在ɑe iɑe韵中的音值是[a]。

3. ã iã uã yã等韵母中主要元音的音值为[a]，鼻化色彩

① ꜀tɕiɛe^{53}：死趴活～：尽力而为，用尽力气。

很重。

4. ə在əʔ uəʔ韵中音值为[ə]，在iəʔ yəʔ中音值为[ɛ]。

5. ɛe uɛe iɛe三个韵母的实际音值是[ᴇe uᴇe iᴇe]，韵基部分动程很小。其中前两个笔者原来记为e ue，但感到它们有舌位抬高的倾向。最终促使我们将其改为现在的记音，是由于在词汇调查中出现了iɛe韵。这是一个很怪的韵母，只构成[tɕiɛe^{53}]这一个音节，用于“tɕiɛe^{53} 踏”一词和四字格“死趴活tɕiɛe^{53}”。它既不是[tɕie]，又不是[tɕiɑe]，同时显然是与ɛe平行的齐齿呼韵母。如果按照原来的记音，它就只能记为ie，但这个音节和“见”不同。因此，从最小对立对出发来分析，它们的唯一区别就是韵基不同。出于上述考虑，我们把它改记为现在的样子。这组韵母的情形，酷似关中和一些陕北话“盖、介、怪”的韵母，尽管许多人都将韵基记为单元音，但几乎在所有的关中、陕北话中，这个音都略有向上收舌位的倾向，并不是纯粹的单元音，这在“介、戒、界”等字的韵母上反映得最明显。

iɛe韵可能来自古蟹摄三、四等或止摄三等字，很可能是蟹摄三、四等或止摄三等见系字腭化不彻底的遗留。如果真如此，则说明吴堡话这两组韵母见系字的腭化时间比较晚，至今仍有残留。

6. ie韵的韵腹比[e]还高，是[ɪ]。

7. ʅ韵只有个别字，而且是读书音。普通话的ʅ韵字，吴堡话一部分读ɛe韵，另一部分随着声母读作ɿ韵。

8. yɑ韵只有5个字，其中有“横”的白读音。

9. uɤu是很特殊的韵母，u既当介音，又作韵尾。它来自古果宕白江白三摄韵母。这样，吴堡话就有三个开口度由小变大再由大变小的韵母：iɑe iɛe uɤu。

三　单字调

吴堡话有单字调6个。

阴平213	高开婚飞	阳平33	穷寒扶鹅
上声412	古口手女	去声53	近盖害爱
阴入3	织曲割说	阳入213	麦辣白舌

说明：

1. 上声调起点高、落点低，听感上在降、升之间有折断感。

2. 阴入字喉塞成分很强。阳入字喉塞尾较松，时值较长，但喉塞成分并未完全消失。

四　从共时比较看吴堡话的音韵特点

吴堡县位于黄河岸边，过去交通不便，十分闭塞。方言与对岸的山西吕梁方言关系较为密切，而与其他陕北方言比较疏远。从总体特点和可懂度来说，吴堡话是陕北晋语中最古老、最难懂的方言。下面通过与周围的陕北、山西方言的比较，讨论其音韵特点。

4.1　声母特点

与其他陕北话和山西方言比较，吴堡话的声母具有下列特点：

① 部分古全浊声母仄声字——特别是入声字，逢今塞音、塞擦音时读送气清声母。这些字大都是阳入字，是陕北清涧、佳县、神木南乡、山西临县等保留阳入调的方言的共同特点。上述方言中，在古浊塞音、塞擦音今送气和阳入调之间有一种互相依

存的倚变关系，即古全浊声母入声字如果今读阳入调，则往往同时读送气音声母。详见第六章的分析。

② 古精组字在齐齿呼韵母前读带腭化色彩的ts tsʰ s声母，同见晓组字有区别，即分尖团。如：酒꜂tsiɑo≠久꜂tɕiɑo，秋꜀tsʰiɑo≠丘꜀tɕʰiɑo，修꜀siɑo≠休꜀ɕiɑo。但在撮口呼韵母前不分尖团，如：全＝权꜁tɕʰye，旋＝玄꜁ɕye，肃＝畜ɕyəʔ꜆。周边方言中，与吴堡话相同的只有山西临县话。

③ 古知系字分读ʦ ʦʰ s z和tʂ tʂʰ ʂ ʐ两组声母。其中所有合口字和开口知二庄组（下列字例外：虱臻开三入、侧色啬曾开三入、拆宅窄蜡摘梗开二入）、章组止摄字读舌尖前音，与古精组字合流，知三章日组开口字读舌尖后音。丝心＝师止生＝诗止书꜀sɿ，锄＝除꜁tsʰu，增精＝争梗二庄꜀ʦəŋ≠蒸曾三章꜀tʂɛe，志止章tsɿ꜄≠置止知＝制蟹章tʂɛe꜄。这一点与山西方言中区（晋语并州片）、西区隰县（晋语吕梁片）、北区忻州、原平、定襄（晋语五台片），陕北沿河的府谷、神木马镇相同，和陕北其他方言开口字相同，合口字不同。

④ 古疑母今齐齿呼字读ŋ母或n母，读ŋ母的只有个别字：严砚ŋie。读n母的大多数是开口二等字：牙芽衙伢咬酽岩眼雁银硬鸭押；也包括个别影母今齐齿呼字，如：哑压。疑母、云母的个别撮口呼字读n母，如：鱼疑渔疑于云꜁ny～家沟，地名。读ŋ母代表最早期的读音，读n母的层次比ŋ母晚，但比零声母早。这一点与山西吕梁、神木南乡、佳县、清涧、延川等相同，应当是黄河沿岸方言的共同特点。

⑤ 有合口呼零声母，没有v母。这一点跟周围的陕北方言不同，但和山西西区、中区的大部分方言相同。

⑥ 有部分古开口二等见系字白读k kʰ x声母。这是陕西、山西大部分方言的共同特点。

4.2　韵母特点

① 中古果摄韵母元音高化，其中一等开口、合口帮组字读ɤu

韵,合口字读uɤu韵,但一部分合口字读u韵,如:朵又坨锅又窠课骒~马慌又河又伙又,~计倭踒窝卧。这是受下吴堡话影响造成的,下吴堡话果摄开口字读同上吴堡,果摄合口字读u韵。

② 中古果开三、假开二见系、假开三白读一、梗开二白读韵母合流,果合三、梗合二白读韵母合流,读ɑ iɑ yɑ韵。例如:

茄果开三 ꜀tɕʰiɑ 霞假开二 ꜀ɕiɑ 斜假开三白 ꜀siɑ 哑假开二 ꜁niɑ

棚梗开二白 ꜀pʰiɑ 猛梗开二白 ꜂miɑ 夏假开二=杏梗开二白 ɕiɑ꜄

野假开三白 ꜂iɑ 车假开三白 ꜀tʂʰɑ 瘸果合三 ꜀tɕʰyɑ 横梗合二白 ꜀ɕyɑ

这是陕西省吴堡以南地区沿黄河方言的共同特点,这一特点一直延伸到关中的大荔方言。在山西方言中,晋语吕梁片、中原官话汾河片也有此特点。

③ 中古假开三精组白读二,蟹开三、四端系,止摄帮少数泥知组字读ɛe韵,蟹合三、四,止摄合口字今读uɛe韵,开合口对应整齐。如:

姐假开三 ꜂tsɛe 制蟹开三 tʂɛe꜄ 弟蟹开四 tɛe꜄ 妻蟹开四 ꜀tsʰɛe

你止开 ꜂nɛe 迟止开 ꜀tʂʰɛe 岁蟹合三 suɛe꜄ 嘴止合 ꜂tsuɛe

在周边方言中,尚未发现一种假、止摄开口三等和蟹摄开口三、四等非见系字的白读音与吴堡话相同。

与此相应的是,蟹摄一、二等字不论开合口统读ɑe组韵母,如:贝开一 = 倍合一 pɑe꜄,最合一 = 拽合二 tsuɑe꜄≠缀合三 tsuɛe꜄。这样,蟹摄字的一、二等开合口字就形成整齐的对应局面。

④ 古遇摄一等泥精组、三等虞韵泥组和流摄一等、三等知系字合流,读ɑo韵,例如:祖遇一精 = 走流一精 = 邹流三庄tsɑo(不计声调),鲁遇一来 = 缕遇三来 = 篓流一来 ꜂lɑo。韵类分合和陕北沿河其他方言以及吕梁方言相同,但音值有很大的区别。

⑤ 吴堡话古效、流两摄今韵母的读音在周边方言中独树一帜:流摄韵母的主元音比效摄低,效摄文读o io,三、四等白读ɤ iɤ,流摄读ɑo iɑo韵。在山西、陕西方言中,至今还没有发现与吴

堡话这一特点相同的方言。倒是在南方方言如粤语、闽语中，有流摄的主元音舌位较低、开口度较大的特点。第六章将讨论，在吴堡话中，果宕白、效、流三组韵母之间，一定发生过一种链移式变化。

⑥ 山合一帮组白读、效开三知系字白读合流，读ɤ韵，如：盘꜁p^{h}ɤ|满꜂mɤ|潮꜁tʂ^{h}ɤ|少꜂ʂɤ|饶꜁ʐɤ。山合一白读帮组除外、合三知系字读uɤ韵，如：官꜀kuɤ|传꜁ts^{h}uɤ|软꜂zuɤ。这样，山合一、效摄白读就构成了整齐的对应关系。这在周围的方言中是极其特殊的，如神木万镇话，山合一帮组字和山合三知系字读uo韵，效开三知系字读əu韵，两者不混；但山合一与宕合一、合三合流，官＝光꜀kuo，穿＝窗꜀tʂ^{h}uo。

⑦ 古宕江摄一、二等舒声韵文读与咸山摄一、二等舒声韵文读合流，读ã iã uã韵。这一点和陕北其他方言不同，和山西北区的忻州、定襄、五台，西区的汾阳，中区的平遥、文水、孝义、祁县等相同。详见第六章的分析。

⑧ 古果宕江摄白读韵母合流，读ɤu iɤu uɤu韵，果摄开口字和合口帮泥见组字读ɤu韵，合口端精组字读uɤu韵，宕开一和三等非知章组、江摄帮组白读ɤu韵，宕开三端见系字白读iɤu韵，宕合、开口庄组、江摄知庄组白读uɤu韵。请比较：

拖果开一＝汤宕开一白 ꜀t^{h}ɤu　坐果合一＝壮宕开三庄白tsuɤu꜄

歌果开一＝钢宕开一白 ꜀kɤu　将宕开三白＝豇江开二白 ꜀tsiɤu

详见第六章的分析。

⑨ 古梗开二舒声韵与果开三、假开二、开三白读二韵母合流，读iɑ韵；梗合二舒声韵（横）同果合三韵母合流，读yɑ韵，梗开三、四，曾开三舒声韵同假开三白读一，蟹开三、四，止开三韵母合流，读ɛe韵；梗合四（兄）同蟹合三、四，止合三韵母合流，读uɛe韵。详见第六章的分析。

⑩ 入声韵分两组。主元音较低的ɑʔ组来自古咸山二等、开

一端系、合三非组，宕开一端系，江摄，曾三庄组、梗开二知系的入声字。如：

甲咸开二见 tɕiɑʔ　达山开一定 tɑʔ　滑山合二匣 xuɑʔ　发山合三非 fɑʔ

托宕开一透 t^hɑʔ　桌江摄 tsuɑʔ　侧曾开三庄 tʂɑʔ　拆梗开二彻 $tʂ^h$ɑʔ

主元音较高的əʔ组来自中古其他摄、等、声母的入声字，如：

喝咸开一晓 xəʔ　摺咸开三章 tʂəʔ　舌山开三船 ʂəʔ　钵山合一帮 pəʔ

力深开三来 liəʔ　笔臻开三帮 piəʔ　郭宕合一见 kuəʔ　得曾开一帮 təʔ

格梗开二见 kəʔ　扑通合一滂 p^həʔ

吴堡话入声韵的类型和神木话大体一致，只是曾梗摄读ɑʔ组韵母的比较多。至于山西方言，王洪君（1990）根据主元音的不同把山西方言入声韵分为四组韵母型、三组韵母型、两组韵母型、一组韵母型四类，其中两组韵母型内部又可分为甲乙两小类。见表2-1。

表2-1

类　型	甲　类	乙　类	今韵类
方言及今韵类 / 古韵类	吕梁、太原文、长治	雁北、晋中除太原文、晋东南除长治	
山咸二入	aʔ	aʔ	aʔ
山咸见系宕一、三、四入，江二入，梗二入	əʔ	aʔ	əʔ/aʔ
曾通臻深入，梗开三、四入	əʔ	əʔ	əʔ

参考王洪君的考察结果，吴堡话的入声韵大致属于甲类，这说明将它归属于吕梁片是正确的。但宕江梗三摄与乙类部分相同：托宕开一透 t^hɑʔ｜各宕开一见 kəʔ｜侧曾开三庄 tʂɑʔ｜织曾开三章 tʂəʔ｜拆梗开二彻 $tʂ^h$ɑʔ｜麦梗开二明 miəʔ。

⑪ 古曾开一、梗开二帮组入声字读齐齿呼韵母。具体如下：

曾开一：北 piəʔ꜆　墨默miəʔ꜆

梗开二：百柏伯掰檗 piəʔ꜆　迫拍魄 pʰiəʔ꜆　白pʰiəʔ꜇

　　　　麦脉 miəʔ꜇

⑫ 古通摄合口三等精组字读撮口呼韵母。列举如下：

肃宿 ɕyəʔ꜆　足 tɕyəʔ꜆　粟 ɕyəʔ꜆　俗续 ɕyəʔ꜇

⑪⑫这两个特点在晋语中的分布十分普遍。侯精一（1999a）把这两点作为晋语入声的区别性特征。

⑬ 一等韵和二等韵的关系。下面列表反映白读层一、二等开口韵的关系，为了比较方便，将三、四等也列在上面。表中果假相配，宕江相配，曾梗相配（沈明1999）。见表2-2。

表2-2

	一等			二等			
	帮系	端系	见系	帮组	泥组	知庄组	见系
果假	ɤu	ɤu	ɤu	ɑ	ɑ	ɑ	iɑ
蟹	ɑe	ɑe	ɑe	ɑe	ɑe	ɑe	iɑe
效	u	o	o	o	o	o	io
咸山舒		ã	ie	ã		ã	iã
咸山入		ɑʔ	əʔ	ɑʔ		ɑʔ	iɑʔ/ɑʔ
宕江舒	ɤu	ɤu	ɤu	ɤu	ɤu	uɤu	iɤu
宕江入	əʔ	ɑʔ	əʔ	ɑʔ		uɑʔ	yɑʔ/iəʔ/uɑʔ
曾梗舒	əŋ	əŋ	əŋ	iɑ	iɑ	ɑ	iɑ
曾梗入	iəʔ	əʔ	əʔ	iəʔ		ɑʔ	əʔ

	三、四等			
	帮端系	知章组	庄组	见系
果假	ɛe/iɑ	iɑ/ɑ		iɑ
蟹	ɛe	ɛe		i
效	iɤ	ɤ		iɤ
咸山舒	ie	ie		ie

续表

三、四等				
	帮端系	知章组	庄组	见系
咸山入	iəʔ	əʔ		iəʔ
宕江舒	iɤu	ɤu		iɤu
宕江入	iəʔ	əʔ		iəʔ
曾梗舒	ɛe	ɛe		i
曾梗入	əʔ/iəʔ	əʔ	ɑʔ	iəʔ

从上表可以看出，吴堡话果假、效、咸山（见系）、宕江入（帮见系）、曾梗舒等九摄白读韵母一、二等有区别，一等韵的主元音为中元音e ɤ或高元音u，二等韵主元音为低元音ɑ。一等韵的主元音和三、四等韵主元音舌位高低往往相同。对照山西方言，除了蟹摄一、二等合流以外，吴堡话一、二等韵的关系和孝义型相同（沈明1999）。

4.3　调类特点

① 吴堡话阴平和上声调型一致，调值有别，阴平调起点低、落点高，上声调起点高、落点低。这符合晋语吕梁片方言声调的调型特征，与紧邻的佳县相同，与五台片的绥德、米脂、子洲、神木、府谷，大包片的榆林、横山等都不同。

② 吴堡话保留阳入调，入声分为阴入、阳入两类。中古浊声母的入声字，一部分仍读阳入，一部分归并到阴入。保留阳入的字列举如下：

全浊声母：拔脖乏伐筏罚沓铎杂炸铡宅盒匣滑猾薄侄着睡~直值舌折十什拾实勺又食蚀殖骨~植木~射一~起来石棘~针别白蝙叠碟集截楔启䂅夺犊凿轴勺熟淑赎属活橛蹶嚼炔俗续（61）

次浊声母：纳落树叶~下了烙~印洛络联~拉腊蜡鑞辣瘌袜末沫抹没殁莫膜寞摸木目穆热日若弱拇灭密蜜麦脉孽捏逆立笠力叶页业拽药钥律率陆绿录入辱褥物勿兀月（58）

此外，表音前缀"圪、忽"读阳入，说明它们来自古全浊声母入声字（王临惠2002）。还有几个中古去声字读阳入，以止摄字最多：蔗tʂəʔ^{3}｜做ʦuəʔ^{3}｜恶可～ŋəʔ^{3}｜去k^{h}əʔ^{3}｜续ɕyəʔ^{3}｜裕yəʔ^{3}｜復fəʔ^{3}｜咳k^{h}əʔ^{3}｜鐾piəʔ^{3}｜髻tɕiəʔ^{3}｜缢iəʔ^{3}｜臂譬piəʔ^{3}｜荔liəʔ^{3}｜秘泌miəʔ^{3}｜腻niəʔ^{3}｜厕ʦ^{h}ɑʔ^{3}｜復fəʔ^{3}｜鼻p^{h}iəʔ^{213}。笔者认为它们不是舒声促化，而可能是上古汉语的长入字（邢向东2000）。还有两个清声母字读阳入调、送气声母：卒（精母）｜菊（见母）～花儿，是例外。

③ 吴堡话有3个曲折调，包括阴平、上声、阳入。这是吕梁片方言的共同特点，与周围的陕北晋语相比，跟佳县话相同，曲折调最多。

4.4　音节特点

① 吴堡话piɑ p^{h}iɑ miɑ三个音节的字不少。这些字一部分是梗开二帮组字的白读音，一部分有音无字，笔者推测，除了少数字可能的确是方言的创新以外，其他也应来自梗开二舒声韵白读或对应的入声韵。

② k k^{h} ŋ声母能和齐齿呼ie韵相拼，来自古咸山摄开口一等见系字。而*xie则已经腭化为ɕie。因此同部位的x声母不能和齐齿呼韵母相拼。

③ tʂ tʂ^{h} ʂ ʐ声母能和齐齿呼韵母ie韵相拼。不过这是从音位组合的角度看的，就音值来看，这几个声母和ie韵拼合时，实际音值是舌叶音[ʧ ʧ^{h} ʃ ʒ]，音节的实际发音是［ʧie ʧ^{h}ie ʃie ʒie］。

④ 吴堡话有uɤu韵，和iɑe（<iai）形成整齐的对应关系。刘淑学（2000）曾指出河北方言中有此韵母。

五　单字音表

单字音表即声韵调配合表。为了简单明了地反映吴堡话的音节总数和音节结构特点，特制作本表。

单字音表按照韵母、声母、声调的顺序排列，表左是声母，表端是韵母和声调。声、韵、调的顺序一依前文的声母表、韵母表、单字调表。

字音特殊、意义特殊的字用黑体标出；有音无字的音节用带圈字符代替。这两类音节在本表的下方进行解释。

举例时遇到有音无字的音节，直接写音标。如：

□tɕiɛe⁵³：~死趴活

表2-3　单字音表

	ɿ/ʅ				i				u				y				ɑ			
	阴平 213	阳平 33	上声 412	去声 53	阴平 213	阳平 33	上声 412	去声 53	阴平 213	阳平 33	上声 412	去声 53	阴平 213	阳平 33	上声 412	去声 53	阴平 213	阳平 33	上声 412	去声 53
p					**屄**		蓖	被			补	布					巴		把	爸
pʰ					批	皮	避	屁	铺	脯	普	部						爬		怕
m						迷	米	蔑		谋	母	幕					妈	麻	马	骂
f									麸	浮	否	副								
t									都		堵	肚					**搭**		打	
tʰ										涂	土	兔					他			
n						**泥**	拟	**泥**				怒		鱼				拿	那	
l									**芦**	①		辘					拉	哪		**拉**

续表

	ɿ/ʅ				i				u				y				ɑ			
	阴平 213	阳平 33	上声 412	去声 53	阴平 213	阳平 33	上声 412	去声 53	阴平 213	阳平 33	上声 412	去声 53	阴平 213	阳平 33	上声 412	去声 53	阴平 213	阳平 33	上声 412	去声 53
ts	支	吱	紫	字					猪		主	住					渣			炸
ts^h	呲	词	此	刺					初	除	楚	处					叉	查	**衩**	岔
s	思	时	死	四					书		鼠	树					沙		洒	**沙**
z																				
tʂ				掷													遮			
tʂ^h				**嗤**													车	②	扯	
ʂ																	生	蛇	捨	舍
ʐ																			惹	
tɕ					鸡		己	记					居		举	巨				
tɕ^h					欺	其	起	气					区	渠	取	**去**				
ɕ					稀	**肥**	喜	系					虚	徐	许	绪				
k									姑		古	顾							**哥**	
k^h									窠		苦	裤								
ŋ																				
x									呼	胡	虎	护								吓
ø					医	移	椅	义	窝	无	武	误		驴	雨	遇	阿			

嗤tʂ^{h}ʅ^{53}:象声词。忽～～

屄pi^{213}:女阴

泥ni^{33}:名词

泥ni^{53}:动词。～水匠

肥 ɕi^{33} :指人胖

芦lu^{213}:葫～

去tɕ^{h}y^{53}:～皮

搭tɑ^{213} :这～儿这儿

拉lɑ^{53}:～话聊天儿

衩ts^{h}ɑ^{412}:～～口袋儿

沙sɑ^{53}:拣;罗子等眼儿大

哥kɑ^{412} :又音

①lu^{33}:t^{h}uəʔ^{3}～象声词,形容喝粥的声音

②tʂ^{h}ɑ^{33}:老圪～有资格的老年人

表2-3续一

	iɑ				uɑ				yɑ				ie				ye			
	阴平213	阳平33	上声412	去声53	阴平213	阳平33	上声412	去声53	阴平213	阳平33	上声412	去声53	阴平213	阳平33	上声412	去声53	阴平213	阳平33	上声412	去声53
p	绷			蹦									边		扁	变				
pʰ	①	棚	②	③									偏	便	扁	骗				
m		乜	猛	④										棉	免	面				
f																				
t	爹												颠		点	电				
tʰ													天	甜	舔					
n	⑤	牙	哑	砑										年	撵	念				
l	⑥		冷	趔									⑬	连	脸	练	⑯	⑰		
ts			姐	借	抓	⑧	爪						尖		剪	箭				
tsʰ				笡		⑨	⑩	欻					千	前	浅	妾				
s	些	斜	写	泻	刷		耍						先	⑭	鲜	线				
z						挼														
tʂ													沾		展	占				
tʂʰ													车	缠						
ʂ													煽	禅	闪	善				
ʐ														黏	染	[illegible]				
tɕ	家		假	架					⑪				坚		检	见	捐		卷	绢
tɕʰ	坑	茄		卡						瘸			牵	钳	遣	欠	圈	全	犬	劝
ɕ	⑦	霞		夏					靴	横		⑫	掀	贤	显	现	轩	玄	选	楦
k					瓜		剐	挂					甘		敢					
kʰ					夸		垮	挎					⑮		砍	看				
ŋ													安	严	揞	暗				
x					花	划		化												
ø	丫	雅	野	夜	洼	娃	瓦	瓦					淹	言	演	艳	冤	原	远	愿

乜mia^{33}：痴呆，傻
趔lia^{53}：一～趄斜着身子
欻tsʰua^{53}：形容快速
挼ʐua^{33}：揉，搓
瓦ua^{412}：名词
瓦ua^{53}：动词
扁pie^{412}：～食水饺
扁pʰie^{412}：～豆
禅ʂie^{33}：又音
秫ʐie^{53}：麦～和泥用的麦草
①pʰia^{213}：（水）满，溢出
②pʰia^{412}：分开，叉开；扯掉
③pʰia^{53}：破裂；观点不一致，说不到一起
④mia^{53}：～～哨子
⑤nia^{213}：第二人称代词的复数形式
⑥lia^{213}：卜～"蹦"的分音词
⑦ɕia^{213}：惹。～下了
⑧tsua^{33}：（动作）快速，准确；当下
⑨tsʰua^{33}：勤～流水干事动作利落的样子
⑩tsʰua^{412}：将长条形物体的表皮抹下来；蹭
⑪tɕya^{213}：圪～小卷儿
⑫ɕya^{53}：赖着不走
⑬lie^{213}：卜～快速扭动身体，打滚儿
⑭sie^{33}：鸡踏狗～乱糟糟的样子
⑮kʰie^{213}：～麻乎儿差点儿，副词
⑯lye^{213}：kʰuəʔ^{21}～"圈"的分音词
⑰lye^{33}：kuəʔ^{3}～"蜷"的分音词

表2-3续二

	ɤ				iɤ				uɤ				o				io			
	阴平 213	阳平 33	上声 412	去声 53	阴平 213	阳平 33	上声 412	去声 53	阴平 213	阳平 33	上声 412	去声 53	阴平 213	阳平 33	上声 412	去声 53	阴平 213	阳平 33	上声 412	去声 53
p	搬			半	膘		婊						包		饱	报	标		表	
pʰ	①	盘		判	飘	瓢		票					抛	袍	跑	炮				漂
m		瞒	满	漫		苗	藐	妙						毛	卯	冒			秒	
f																				
t					刁			吊	端		短	断	刀		岛	到	貂			
tʰ					挑	条	**挑**	跳	貒	团	妥		掏	陶	讨	套				调
n			**那**					尿			暖			挠	恼	闹	肴	⑤	咬	
l					**缭**	撩	燎	料	③	鸾	卵	乱	**捞**	劳	老	涝		辽		
ts			枣		焦			噍	砖		转	赚	遭		早	灶	焦			
tsʰ					锹		悄	俏	川	船	喘	串	操	曹	草	造	樵			鞘
s					消		小	笑	酸			算	梢	④	嫂	哨	宵			
z											软			**搔**						

续表

	ɤ				iɤ				uɤ				o				io			
	阴平213	阳平33	上声412	去声53	阴平213	阳平33	上声412	去声53	阴平213	阳平33	上声412	去声53	阴平213	阳平33	上声412	去声53	阴平213	阳平33	上声412	去声53
tʂ	召			照									朝			赵				
tʂʰ	超												超	潮						
ʂ	烧	②	少	烧										绍		邵				
ʐ		饶	扰	绕																
tɕ					浇		搅	叫									交		绞	教
tɕʰ					蹻	乔		窍									敲		巧	
ɕ					枵	学	晓													孝
k									官		管	罐	高		搞	告				
kʰ									宽		款				考	靠				
ŋ													坳	熬	袄	傲				
x									欢		缓	换	⑥	豪	好	号				
Ø					妖	窑	舀	靿	豌	完	碗	腕					要	姚		耀

判$p^hɤ^{53}$：又音

漫$mɤ^{53}$：又音

那$nɤ^{412}$：指代第三人称单数

烧$ʂɤ^{213}$：～火

烧$ʂɤ^{53}$：出霞。早～，晚～

挑$t^hiɤ^{412}$：～担连襟中妻子大的一方

缭$liɤ^{213}$：形容词叠音后缀。轻忽～～儿轻飘飘

蹻$tɕ^hiɤ^{213}$：大步跨过

枵$ɕiɤ^{213}$：～妙薄

塝lo^{213}：圪～儿角落，"角"的分音词

搔zo^{33}：～咬咬挠痒痒

漂p^hio^{53}：～亮

要io^{213}：～求

①$p^hɤ^{213}$：～门专门

②$ʂɤ^{33}$：～探打听

③$luɤ^{213}$：$kuəʔ^{21}$～"环"的分音词

④so^{33}：刮～发现

⑤nio^{33}：愁、烦、腻味

⑥xo^{213}：风干

表2-3续三

	ɑe				iɑe				uɑe				ɛe				uɛe			
	阴平213	阳平33	上声412	去声53	阴平213	阳平33	上声412	去声53	阴平213	阳平33	上声412	去声53	阴平213	阳平33	上声412	去声53	阴平213	阳平33	上声412	去声53
p	杯	白	摆	拜									碑		比	箅				
p^h	胚	排	派	配									平			④				
m		埋	买	妹									**每**	明	美	命				
f													飞	肥	翡	费				
t	呆		逮	带					堆			对	低		底	弟				
t^h	胎	台	①	太					推		腿	退	听	停		剃				
n		崖	奶	耐								内		**那**	你					
l	②	来		赖						雷	垒	累	⑤	梨	里	利			吕	泪
ts	灾		宰	在								最	精	贼	挤	剂	追		嘴	醉
ts^h	猜	才	彩	菜					催		揣	坠	妻	齐	且	砌	吹	锤		脆
s	腮			晒					摔			帅	西		写	细	虽	随	水	睡
z																			蕊	锐
tʂ													知		整	制				
$tʂ^h$													称	迟	耻	秤				
ʂ													声	绳		世				
ʐ		③																		
tɕ					阶		解	介												
$tɕ^h$					揩															
ɕ						谐		懈												
k	该		改	盖					乖		拐	怪		**给**	**给**	**给**	规		鬼	贵
k^h	开		凯	慨					魁		块	筷					亏			愧
ŋ	哀		碍	爱																
x	唤	鞋	海	害					灰	回	悔	坏					辉			汇
∅									危		歪	外					危	为	伟	位

坠$ts^{h}u\alpha e^{53}$:①(腹部的横肉)下坠;②肚子下坠,要跑肚

每$m\varepsilon e^{213}$:人称代词领属形式后缀

那$n\varepsilon e^{33}$:"那一"的合音词。~阵儿

给$k\varepsilon e^{33}$:介词。~东走

给$k\varepsilon e^{412}$:动词

给$k\varepsilon e^{53}$:用于固定搭配。给~他的话要是他的话

①$t^{h}\alpha e^{412}$:~实一般,通常。用在否定结构中:~实不来

②$l\alpha e^{213}$:$x\partial ʔ^{21}$~很

③$ʐ\alpha e^{33}$:~声股气形容说话不干脆

④$p^{h}\varepsilon e^{53}$:油香~底香味扑鼻

⑤$l\varepsilon e^{213}$:圪~哈痒

表2-3续四

	ɑo				iɑo				ɤu				iɤu				uɤu			
	阴平213	阳平33	上声412	去声53	阴平213	阳平33	上声412	去声53	阴平213	阳平33	上声412	去声53	阴平213	阳平33	上声412	去声53	阴平213	阳平33	上声412	去声53
p									波		绑	棒								
pʰ									坡	婆	拼	破								
m										磨	蟒	磨								
f									方	防	访	放								
t	兜		抖	豆	丢				多			大							朵	垛
tʰ	偷	头		透		②			拖	驼	躺	唾						坨	妥	唾
n		奴	努			牛	扭	谬		挪	攮	诺		娘						
l		楼	鲁	漏	溜	流	柳	六	③	罗	④	摞		凉	两	晾				
ts	租		走	揍	揪		酒	就	脏		左	葬				酱	庄			坐
tsʰ	粗	愁	瞅	凑	秋	鳅			搓	藏		错	枪	墙	抢	呛	窗	床	闯	锉
s	苏	①	擞	素	修	囚		秀	桑		嗓	丧	箱	详	想	像	霜		锁	双
z																				
tʂ	周		肘	咒					张		长	丈								
tʂʰ	抽	仇	丑	臭						常	厂	唱								
ʂ	收	仇	手	受					伤	尝	晌	上								
ʐ		柔		肉						瓤	嚷	让								
tɕ					纠		九	旧					缰		耩	勥				
tɕʰ					丘	求							腔	强		糨				
ɕ					休		朽	嗅					香		响	向				

续表

	ɑo				iɑo				ɤu				iɤu				uɤu			
	阴平	阳平	上声	去声	阴平	阳平	上声	去声	阴平	阳平	上声	去声	阴平	阳平	上声	去声	阴平	阳平	上声	去声
	213	33	412	53	213	33	412	53	213	33	412	53	213	33	412	53	213	33	412	53
k	沟		狗	够					哥	⑤	果	过								
k^h	抠		口	扣					科		颗	炕								
ŋ	欧		偶	沤					⑥	鹅	我	饿								
x		猴	吼	后					慌	河	火	货								
Ø					优	油	有	又	啊				秧	羊	养	样		芒	往	忘

拼$p^hɤu^{412}$：～命

磨$mɤu^{33}$：～烂，～碎

磨$mɤu^{53}$：在地上拖

丧$sɤu^{53}$：又读，动词

唾$t^huɤu^{53}$：又音

双$suɤu^{53}$：老派。～生儿

芒$uɤu^{33}$：麦～

①$sɑo^{33}$："媳妇"的合音。～子

②$t^hiɑo^{33}$："提溜"的合音

③$lɤu^{213}$：$k^həʔ^{21}$～"腔"的分音词

④$lɤu^{412}$：切，割。

⑤$kɤu^{33}$：～～赤子阴

⑥$ŋɤu^{213}$：～眉缩眼

表2-3续五

	ər				ã				iã				uã				əŋ			
	阴平	阳平	上声	去声	阴平	阳平	上声	去声	阴平	阳平	上声	去声	阴平	阳平	上声	去声	阴平	阳平	上声	去声
	213	33	412	53	213	33	412	53	213	33	412	53	213	33	412	53	213	33	412	53
p					班		板	办									奔		本	笨
p^h					潘	旁		盼									喷	盆	捧	碰
m						蛮		慢									②	门	猛	闷
f					翻	凡	反	饭									分	逢	粉	凤
t					丹		胆	淡									灯		等	凳
t^h					滩	谈	毯	探									吞	疼		
n						男	攮	难	①	岩	眼	雁						能		
l					篮	篮	懒	烂		良	两	谅		圞			楞	楞		愣

续表

	ər				ã				iã				uã				əŋ			
	阴平 213	阳平 33	上声 412	去声 53	阴平 213	阳平 33	上声 412	去声 53	阴平 213	阳平 33	上声 412	去声 53	阴平 213	阳平 33	上声 412	去声 53	阴平 213	阳平 33	上声 412	去声 53
ts					脏		攒	站	**将**		奖	**将**	装			撰	增			赠
ts^h					参	馋	产	灿	枪	墙	抢				闯	创	撑	层	碜	蹭
s					三	珊	伞	**散**	相	详	想	像	拴		爽	**双**	森	寻	省	渗
z																阮	吟	③	仍	
tʂ					章		掌	丈									针		拯	阵
$tʂ^h$						长	昌	倡									称	陈	逞	趁
ʂ					商		赏	上									身	神	审	甚
ʐ						瓤	壤	让										人	忍	认
tɕ									监		减	谏								
$tɕ^h$									鸧	**强**	**强**	嵌								
ɕ									乡	咸	享	限								
k					冈		感	干					观		广	惯	根		耿	更
k^h					康		砍	抗					筐	狂		矿	吭		恳	**掯**
ŋ					肮												恩			
x					含		喊	馅					欢	还		幻	亨	恒	很	恨
Ø		儿	尔	二					央	阳	仰	样	湾	亡	网	万				**嗯**

难$nã^{53}$：有～

篮$lã^{213}$：$pəʔ^{21}$～两系的筐子

篮$lã^{33}$：～～篮球

散$sã^{53}$：～贴舒服

将$tsiã^{213}$：～来

将$tsiã^{53}$：大～

强$tɕ^hiã^{33}$：～调

强$tɕ^hiã^{412}$：勉～

圞$luã^{33}$：$kuɤʔ^3$～“蜷”的分音词

双$suã^{53}$：又音。～生

楞$ləŋ^{213}$：状态形容词重叠式后缀。干卜～～儿

掯$k^həŋ^{53}$：一～少

嗯$əŋ^{53}$：应答声，象声词

①$niã^{213}$：漫，淹

②$məŋ^{213}$：状态形容词重叠式后缀。甜格～～

③$zəŋ^{33}$：～～副词，指动作快

表2-3续六

	iəŋ				uəŋ				yəŋ				aʔ		iaʔ		uaʔ	
	阴平 213	阳平 33	上声 412	去声 53	阴平 213	阳平 33	上声 412	去声 53	阴平 213	阳平 33	上声 412	去声 53	阴入 3	阳入 213	阴入 3	阳入 213	阴入 3	阳入 213
p	宾		柄	并									八					
pʰ		评	品	拼									**胖**	拔				
m		民	抿	命										抹				
f													发	罚				
t			鼎	定	东		懂	动					答		**喋**			
tʰ		听	停	挺	通	同	桶	痛					踏	沓				
n		宁		硬		浓		嫩					捺	纳	鸭			
l	**呤**	林	檩	令	**咙**	龙	拢	弄			**拢**		乐	辣		②		
ts	津		**儘**	进	尊		准	众					扎				捉	
tsʰ	亲	情	请	**亲**	村	存	蠢	寸					插	杂			戳	
s	心	寻	省	信	孙	**凇**	损	送					杀				刷	
z						绒	冗	润										
tʂ													窄					
tʂʰ													拆	宅				
ʂ													色					
ʐ																		
tɕ	今		紧	近					均		迥	俊			夹			
tɕʰ	轻	琴	倾	庆						穷	**焪**				恰	③		
ɕ	欣	行	①	兴					胸	熊		训			狭			
k					工		滚	共									刮	
kʰ					空		捆	困										
ŋ																		
x					昏	魂	哄	混					瞎	盒			获	滑
Ø	音	营	引	印	温	文	稳	瓮		云	永	用					握	袜

呤liəŋ^{213}：嘿～要落形容东西的螺丝等松动，动一下就有声响

儘tsiəŋ^{412}：～让，～你吃

亲tsʰiəŋ^{53}：～家

咙luəŋ^{213}：kuəʔ^{21}～喉咙

傱suəŋ^{33}：无能

拢lyəŋ^{412}：笼络，管

焪tɕʰyəŋ^{412}：闷热

胖pʰɑʔ^{3}：形容小孩儿胖

喋tiɑʔ^{3}：圪～撒娇

①ɕiəŋ^{412}摇（头）。～头晃脑

②liɑʔ^{213}：秃舌卜～舌头短，说话不清楚

③tɕʰiɑʔ^{213}：老～过熟，过老

表2-3续七

	yɑʔ		əʔ		iəʔ		uəʔ		yəʔ	
	阴入 3	阳入 213	阴入 3	阳入 213	阴入 3	阳入 213	阴入 3	阳入 213	阴入 3	阳入 213
p			博	茇	逼					
pʰ			泼	薄	撇	鼻				
m				末	墨	灭				
f			福							
t			得		跌		独	厾		
tʰ					贴	叠	脱	犊		
n				那	聂	捏				
l					列	力	鹿	陆	捋	
ts			脊		接		做			
tsʰ			蒺		七	截	出	轴		
s			瑟		习	楔	说	勺		
z								褥		
tʂ			哲	这						
tʂʰ			吃	侄						
ʂ			设	拾						
ʐ				热						
tɕ	角				级				绝	
tɕʰ					泣	①			曲	嚼
ɕ					吸				雪	俗

续表

	yɑʔ		əʔ		iəʔ		uəʔ		yəʔ	
	阴入3	阳入213	阴入3	阳入213	阴入3	阳入213	阴入3	阳入213	阴入3	阳入213
k			格	圪			骨	葫		
kʰ			克	去			哭	③		
ŋ			恶							
x			喝	②			忽	活		
∅					一	叶	屋	物	悦	月

茇pəʔ²¹³：专指草、树、庄稼的量词。一～树

圪kəʔ²¹³：表音词头。～丁，～挤

葫kuəʔ²¹³：～芦

①tɕʰiəʔ²¹³：乱手～脚形容乱人做事，做不好事

②xəʔ²¹³：～来很

③kʰuəʔ²¹³：分音词前字，如～lie⁵³“圈”的分音词

第三章　同音字汇

说明

1.本字汇根据中国社会科学院语言研究所《方言调查字表》（增订本，商务印书馆1988年版）调查，删除方言中不用的生僻字，补充了词汇、语法调查中得到的方言口语中使用的字，包括一部分不知道本字的词。

2.字汇按照韵母分部，然后依次按照声母、声调的顺序排列。声、韵、调的排列顺序与第二章中的声母表、韵母表、声调表一致。

3.只读轻声的字标 [21] 调。

4.有音无字的音节，用"□"代替。

5.注释用小字。字目后注"老"表示老派，"新"表示新派，"又"表示语境不明的又读。其他小字是解释和举例。被注释的字在例词中用"～"代替，举例时遇到有音无字的音节，则直接用音标拼写该音节。

6.字下加"－"表示白读音，加"＝"表示文读音。

7.吴堡话有些异读，文白差异和新老派差异相互交织，颇不容易分清。本文将有较固定的词汇分布的异读作为文白异读，词汇分布没有差异、只在不同年龄段有差别的异读作为新老差异。

8.有的一字多音，其中一个音可以确定为白读音，其使用范围很窄，标为白读；另一个音虽然在语音系统中属于文读系统，但使用范围非常宽，就不标文读音。

ɿ

ts [213]支枝肢资姿咨兹滋梓之芝辎脂~油□状态形容词重叠式后缀，威格~~儿：耍威风的样子 [33]吱象声词 [412]姊脂~肪旨子紫纸呲只止趾址 [53]自至字痔稚志誌痣□称

tsʰ [213]疵眵跐用力踩呲鸱~怪子：一种较大的猫头鹰□鸡卜~儿：鸡胗 [33]雌瓷慈磁词祠 [412]此齿子拿~~：抓子儿 [53]刺赐翅豉次伺~候嘶象声词：多形容扯破布料的声音

s [213]斯厮撕凘~气了：馊了施私师狮司丝思饲诗 [33]匙辞时 [412]死尸屎使史驶 [53]豕是氏四肆矢示视嗜似祀巳寺嗣士仕柿俟事市恃试侍赐明舍暗~

ʅ

tʂ [53]掷炙

tʂʰ [53]嗤忽~：象声词□秋~：蟋蟀

i

p [213]屄 [412]蓖彼 [53]蔽敝弊毙陛被备闭禁~褙褙~儿

pʰ [213]批披疲 [33]皮琵枇平~师：风水先生 [412]脾避鄙庇痹俾僻~静 [53]屁

m [33]迷谜咪糜弥靡眉楣媚柠~条冥~婚 [412]米 [53]篾昧圪~：趁人不注意把别人或公家的东西拿走眯□瞄，瞅准

n [33]泥和~，~灶火倪宜谊尼疑□生~：生锈 [412]拟 [53]匿溺泥~水匠

tɕ [213]鸡稽饥肌几茶~基机惊马~了戟荆~芰：荆条 [412]己几~乎几~个虮景~家沟：地名 [53]计继系技妓寄冀纪记忌既季镜□忙~：忙碌 [21]地助词，放在状语和动词中心语之间

tɕʰ [213]梯欺期 [33]堤题畦提蹄奇骑岐歧祁鳍其棋旗 [412]体启企起杞岂 [53]啼替涕剃下吴堡音屉契器弃

气汽 [21] 箕簸~

ɕ [213] 溪奚兮牺希稀 [33] 孩~儿，这是"孩儿"的折合音，口语中没有单念的肥形容人胖 [412] 玺徙嬉熙喜嘻擤 [53] 系箧~~擊联~係关~戏费磨牙~口：费口舌惠姓

Ø [213] 医衣依胰洋~子：香皂揖 [33] 爷老~河：专指黄河移伊夷姨疑饴沂遗榆~树蝇赢营做~生：干活儿 [412] 蚁倚椅矣已以尾委~咐：嘱咐，委托影~住：挡住，遮住□圪~：（使）恶心。神木话该语素读ᶜiɤ̃，从几个方言比较可以推断，该字属于古曾开三或梗开三、四等影云以母字 [53] 艺刈仪义议易肄意异毅宜便~逸忆亿抑翼影~子亦译易疫役

u

p [412] 补捕保~来~不来：相信不相信堡 [53] 布佈怖步埠抱~住菢

pʰ [213] 铺~炕，~盖 [33] 蒲菩脯扑~克儿 [412] 谱普浦甫脯 [53] 部簿铺床~，~子

m [33] 模~子，~范摹谋毛~孩儿：婴儿 [412] 某亩牡母□~治：考虑 [53] 暮慕墓募幕牧□不用尺子，大致量一下

f [213] 夫麸 [33] 夫姐~肤敷孵扶芙浮咐委~ [412] 府腑俯斧釜腐辅否 [53] 符父付赋傅赴讣附~和妇负阜富副

t [213] 都~来□圪~：拳头，一般写成"圪都"朵一~花儿 [412] 堵赌肚指动物的胃 [53] 杜肚腹部妒度渡镀踱又嘟圪~~：水往上冒的声音

tʰ [33] 坨后燕圪~：后脑窝子徒屠途涂图 [412] 土吐 [53] 兔

n [53] 怒

l [213] 芦葫~儿鏴锢~匠□təʔ²¹~：逮住 [33] □tʰuəʔ³~：喝粥的声音 [53] □xuəʔ³~："糊"xu⁵³的分音词辘轂~

ts [213] 猪褚诸诛蛛株朱硃珠 [412] 阻煮拄主 [53] 著箸助柱驻註住注蛀铸

tsʰ [213] 初雏□状态形容词重叠式后缀，臭格~~儿：形容不太臭的味道 [33] 除储锄厨 [412]

楚础处杵低（头）暑帚扫～，苕～ [53] 处□（鞭炮）没有爆响，火药直接燃烧

s　[213] 梳疏蔬书舒枢输殊输运～ [412] 鼠黍署薯数蜀 [53] 庶恕数竖戍树粟

z　[33] 如儒□圪～：手因受冻而发僵 [412] 汝乳擩杵：～了一圪tu[213]：杵了一拳头蠕 [53] 擩将手或棍子等伸进孔洞内：～进去

k　[213] 锅又姑孤箍枯□ tsie[412]～儿：没长毛的小老鼠菇香～ [412] 古估牯股鼓 [53] 蛄蝼～菇蘑～故固锢雇顾 [21] □猛子～：猛然

k^h　[213] 窠□～子：椅子掌儿 [412] 苦 [53] 课骒～马库裤

x　[213] 呼慌又午晌～ [33] 河又胡湖糊～涂狐壶乎鬍后脊背～黄昏～：黄昏蜉夜蝥～儿："蝠/蜉"的音变 [412] 虎唬浒 [53] 户沪互护瓠糊眼～：视物模糊；～脑僦：糊涂蛋

Ø　[213] 倭踒窝莴～苣乌污 [33] 吴蜈吾梧无呜王东～家山，～家塔：用于地名兀远指代词 [412] 伍午武舞侮鹉 [53] 卧误悟巫诬务～养的：养子雾戊呜～呐喊□表示触觉的形容词：～温

y

n　[33] 鱼渔于用于地名：～家沟，～家圪塄 [412] 女

tɕ　[213] 居车 [412] 举 [53] 巨苣莴～炬拒距据锯聚瞿矩句具惧剧～烈剧戏～

$tɕ^h$　[213] 蛆趋区驱椿～树 [33] 渠 [412] 取 [53] 去除去：～皮

ɕ　[213] 虚嘘墟 [33] 徐鬚需 [412] 许 [53] 序叙绪絮

Ø　[33] 驴于淤余馀舁愚虞吁於迂盂榆～林逾愉愈围～圆：周围，邻近处 [412] 语与雨宇禹羽 [53] 御禦誉预豫娱遇寓喻芋洋～慰纬～线郁育玉

ɑ

p　[213] 巴芭疤 [412] 把屉～屎：拉屎 [53] 霸欛坝堤爸罢耙把脚～儿：脚后跟吧揣测、祈使语气词叭象声词

p^h　[33] 爬琶杷钯婆眼泪～娑：泪水直流的样子 [53] 怕帕

m　[213] 妈摩怎～ [33] 麻痳

蟆 [412] 马码一～儿 [53] 骂末～名:最后一名

t [213] 搭这～儿 [412] 打 [53] 大～鳖 [21] 打随意貌助词:吃～,喝～

t^h [213] 他她它塌状态形容词重叠式后缀,灰卜～～儿:垂头丧气的样子嗒卜～:象声词

n [33] 拿 [412] 那远指代词

l [213] 拉□否定词后缀:没～□状态形容词重叠式后缀,硬卜～～儿:东西摸上去硬硬的感觉 [33] 哪□xuəʔ³～:"划"的分音词 [53] 啦～闲话:聊天□用于选择问、反复问句上句的末尾,当为"嘞也"的合音:你去～是不去?□圪～:缝隙,"罅"的分音词

ts [213] 渣咋怎么踏踩 [412] 拃 [53] 诈榨炸乍轧昨～天柞斫剁,砍:～骨殖,～肉栅则表祈使、感叹的语气副词:～吃吧奓张开、伸出:胳膊～起□卜～儿:泥鳅□圪～～:形容雷电等的象声词

ts^h [213] 叉杈差瘥病～了:病轻了。《说文》:"瘥,瘉也。"《正字通》:"瘥,疾瘉。"《广韵》昨何切。《集韵》才何切。吴堡话保留中古音,声韵均吻合钗 [33] 茶搽查茬咱 [412] 衩～～:口袋儿 [53] 岔差不～嚓象声词□泼～:胆大,泼辣□嗓子哑

s [213] 沙纱 [412] 洒厦傻撒 [53] 沙拣;不密 [21] 萨菩～娑眼泪婆～

tʂ [213] 遮睁～眼

$tʂ^h$ [213] 车 [33] □老圪～:有资格的老年人 [412] 扯

ʂ [213] 奢赊生甥 [33] 蛇 [412] 捨騇～牛:母牛 [53] 赦舍社供销～

ʐ [412] 惹

k [412] 哥又:～～生～骨:吝啬鬼

x [53] 下～头,～来吓

Ø [213] 阿～尔巴尼亚

iɑ

p [213] 绷贴:把画儿～在墙上□扔,摔 [53] 迸～火花儿蹦疼得乱～嘞

p^h [213] □(水)满,溢出 [33] 棚檐儿:房～,帽～～ [412] □①分开,叉开;②扯掉 [53] □①破裂;②观点不一致,说不到一起

m [33] 虻～蝇:牛虻乜痴呆,傻 [412] 猛～不防 [53] □～～:

哨子

t　[213] 爹

n　[213] □第二人称代词复数形式、领属形式,"你家"的合音 [33] 牙芽衙伢凌冰~ [412] 哑仰仰面朝天半躺 [53] 砑~平压

l　[213] □卜~:"蹦"的分音词,乱滚 [412] 冷可~嘞;~雨:冰雹 [53] 趔一~趄:斜着身子

ts　[412] 姐~夫 [53] 借

tsʰ　[53] 笡斜

s　[213] 些 [33] 斜邪 [412] 写~仿□叉开:腿~开 [53] 泻卸

tɕ　[213] 家加痂嘉傢耕~地更~深半夜 [412] 假贾 [53] 假放~架驾嫁价枷连~ [21] 稼

tɕʰ　[213] 坑搭抱 [33] 茄□~人子:太贵,使经济负担重 [53] 卡~脖子扌卡缩紧搭抱,又趄一趔~:斜着身子□~把子:事情做不成了

ɕ　[213] □惹:~下了 [33] 虾霞瑕遐暇 [53] 夏下~降谢杏 [21] 些表邀请的语气词:吃~

ø　[213] 丫 [33] 雅鸦耶爷涯 [412] 也野 [53] 亚夜 [21] 也将来时助词,表将要发生某事

uɑ

ts　[213] 抓 [33] □①(动作)快速,准确,②当下 [412] 爪

tsʰ　[33] □勤~流水:形容干事动作利落的样子 [412] □用手从上往下剥、抹:把蛇皮~下来;蹭:~破皮儿 [53] 欻形容快速 [21] □日paʔ³~:次,差

s　[213] 刷捋,又 [412] 耍厦读音特殊:~头子,窑洞上厦檐的石支架

z　[33] 挼揉,搓

k　[213] 瓜刮又:~胡子 [412] 蜗~~牛寡剐 [53] 挂褂卦□左边~:左撇子

kʰ　[213] 夸跨 [412] 侉垮 [53] 挎胯

x　[213] 花华中~ [33] 铧划~拳 [53] 化华~山画话划计~

ø　[213] 洼挖搲抓挠 [33] 蛙娃哇 [412] 瓦名词 [53] 瓦动词鸹黑老~:乌鸦洼

yɑ

tɕ　[213] □圪~:小卷儿

tɕʰ　[33] 瘸

ç [213]靴 [33]横~顺 [53]□赖着不走

ie

p [213]鞭编边 [412]贬匾扁~食:水饺□逼,使窘迫□挽 [53]辨辩变汴便方~辫遍迸

pʰ [213]偏 [33]便~宜 [412]篇蝙扁~豆谝闲聊 [53]骗片遍~山二洼

m [33]绵棉眠 [412]免勉娩 [53]面麵

t [213]掂颠 [412]点典 [53]簟店电殿奠佃垫淀圪~:不消化靛

tʰ [213]添天 [33]甜田填 [412]舔

n [33]拈言~喘年今~,~时 [412]辇捻腆撵□你们:当为"你家"的合音 [53]酽念砚南部,~瓦儿:砚台 [21]乜油脂不~:手上沾满油脂的样子

l [213]□卜~:快速扭动身体,打滚儿 [33]廉镰帘连联怜莲裢搭~儿□təʔ³~:垂下 [412]敛殓脸 [53]练炼链楝□kʰuəʔ³~:"圈"[tɕye⁵³]的分音词 [21]了句末语气词:雪消~

ts [213]尖歼煎饭菜凉了以后,热一下 [412]剪□~ku²¹³儿:没长毛的小老鼠 [53]渐践箭溅贱饯荐

tsʰ [213]笺签迁千 [33]潜钱前 [412]且~活:将就浅 [53]妾

s [213]些仙鲜先~走 [33]□鸡踏狗~:乱糟糟的样子 [412]鲜癣先~前年:大前年 [53]线泄屑先~后:妯娌

tʂ [213]沾粘瞻毡这~个 [412]者展 [53]蛇老,用于属相占佔战颤

tʂʰ [213]车水~ [33]蟾缠禅蝉秋~儿

ʂ [213]膻搧煽 [33]蝉又禅又 [412]陕闪 [53]射麝善扇~子膳单骟

ʐ [33]黏鲇然~后 [412]染冉碾~子 [53]秾麦~:和泥用的麦草冉~沟:地名

tɕ [213]兼搛犍~牛肩坚□状态形容词重叠式后缀:绿格~~儿:形容绿得好看 [412]检俭勤~节约拣捡埝~畔:院子和山坡的相交处茧趼毽

踢~~ [53] 剑件键建健腱见俭勤~:勤快□忙~:忙乎 [21] 价指示代词、疑问代词后缀:怎摩~

tɕʰ [213] 谦杴锨牵揩~水手巾儿:手帕 [33] 钳乾虔掮讫 [412] 遣 [53] 欠歉 [21] 起院~:院子里

ɕ [213] 掀推:~住,又憨颔~水:口水 [33] 嫌贤弦限门~:门槛儿寒蚶 [412] 险显癣 [53] 羡邪母线韵,特殊宪献现县鼾旱汉汗腺

k [213] 甘柑泔干肝竿矸阳~石儿 [412] 感敢杆秆擀赶

kʰ [213] □~麻乎儿:差点儿,副词 [412] 砍~刀 [53] 看

ŋ [213] 庵埯安鞍 [33] 严 [412] 揞 [53] 暗岸按案砚北部

ø [213] 淹阉腌蔫焉烟燕□后~坨坨:后脑窝子 [33] 盐阎檐严俨延筵言研缘沿芫~荽衍靥笑~坨坨儿:酒窝 [412] 掩演兖黡~子:痣 [53] 验炎厌沿锅~艳焰谚堰燕嚥宴液腋蜒毛蚰~□~爹:嚣张 [21] 魇睡~

ye

l [213] □kʰuəʔ²¹~:“圈”的分音词 [33] □kuəʔ³~:“蜷”的分音词

tɕ [213] 捐 [412] 卷啳破口骂 [53] 圈猪~眷卷绢倦券国库~

tɕʰ [213] 圈 [33] 全泉拳权颧旋~子:头发旋儿 [412] 犬 [53] 劝

ɕ [213] 轩掀推:~住宣喧 [33] 旋~转玄悬眩 [412] 选 [53] 旋~风儿镟楦

ø [213] 冤 [33] 圆员元原源塬~子:水地袁辕园援 [412] 远 [53] 院愿苑怨

ɤ

p [213] 般搬 [53] 伴拌半一~绊畔

pʰ [213] □~门:专门 [33] 盘 [53] 判老

m [33] 瞒馒蔓~菁鞔~鞋 [412] 满 [53] 漫慢

n [412] 那指代第三人称单数

ts [412] 枣

tʂ [213] 召招~女婿 [53]

照~见:看见

tʂʰ [213]朝超向上方抬(头):脑~起□①使没有着落,困起;②办事没结果

ʂ [213]烧[33]□~探:打听[412]少晌~午[53]烧出霞:早~,晚~。~枣儿红:蝉□~说

ʐ [33]饶[412]扰绕[53]绕~线线

iɤ

p [213]膘彪老标~致□~翻:筹集□砌(窑掌)[412]婊

pʰ [213]飘漂鳔瞟[33]瓢嫖[53]票

m [33]茅苗描矛~子[412]藐[53]庙妙

t [213]刁叼[33]钓吊掉调藋

tʰ [213]挑拣[33]条调[412]挑~担:连襟中妻子大的一方[53]跳粜卖粮食窵远~:遥远

n [53]尿谬老

l [213]缭状态形容词重叠式后缀:轻忽~~儿:轻飘飘[33]聊撩~羹儿:小勺儿疗~治□~么:赶紧,迅速嘹缭~乱獠~牙[412]燎~毛了把事情~了[53]料尥廖瞭远看镣脚~撂□圪~:"翘"的分音词

ts [213]焦老椒[53]醮噍匠半~手:外行焦用于四字格,如"干毛儿舌焦"

tsʰ [213]锹缲劁[412]悄雀~儿[53]俏

s [213]消[412]小[53]笑

tɕ [213]浇[412]矫搅圪~:一种搅熟的荞麦面食品,陕西大多数方言叫"搅团"[53]轿叫绞~住:用绳子和短棍拧住;~轴儿;连枷较

tɕʰ [213]蹺迈[33]乔侨桥荞瞧觉~[53]窍

ɕ [213]枵~妙:薄逍[33]学~一下就会了□(腿,臀)抬起[412]晓

∅ [213]妖邀~席:请客腰幺吆约~摸:猜测[33]摇老谣窑[412]舀杳[53]鹞靿要想~崾半山腰

uɤ

t [213]端[412]短[53]堕惰断锻段缎椴□赶走

tʰ [213]貒[33]团[412]妥隋

n [412] 暖

l [213] □ kuəʔ21～:"环"的分音词 [33] 鸾恋 [412] 卵 [53] 乱

ts [213] 钻专砖 [412] 转～弯 攥～～:髻 [53] 赚篡钻篆转倒～,～圈圈传～记

tsʰ [213] 氽川穿□～子:一种铜管子,装上凉水,放在火里烧水,烧开后喝 [33] 传～话椽船攒全 [412] 喘 [53] 窜串

s [213] 酸拴 [53] 算蒜

z [412] 软挼紧挤住,限制住,使人感到局促

k [213] 官棺冠鸡～子 [412] 管馆 [53] 贯满～;水～子:虹惯灌罐冠～军

kʰ [213] 宽 [412] 款

x [213] 欢跑得可～嘞 [412] 缓 [53] 唤焕老换患宦

Ø [213] 豌剜弯 [33] 玩完丸 [412] 碗 [53] 腕□陷(进泥水里) [21] 午端～

o

p [213] 包刨 [412] 褒保宝饱 [53] 报暴鲍豹爆铇抱

pʰ [213] 泡圪～儿:泡儿抛～弃,单字音剖疱 [33] 袍胞 [412] 跑 [53] 炮泡胖又雹抛滚;掉 [21] 脬尿～

m [33] 毛茅猫锚矛 [412] 峁卯 [53] 冒帽貌茂贸陌

t [213] 刀叨 [412] 祷岛捣倒跌～,～腾 [53] 道稻到倒～过来,～打一耙盗导

tʰ [213] 掏 [33] 滔桃逃淘啕陶萄涛 [412] 讨 [53] 套韬～黍:高粱

n [33] 铙挠脑头 [412] 脑～子恼挠扛;举 [53] 闹痨～死:毒死

l [213] 塄圪～儿:角落,"角"的分音词 [33] 劳捞牢唠痨～症 [412] 老佬夹窝～:成天呆在家里不出门的人栳圪～:放粪的器物□圪～:"搅"的分音词 [53] 涝骆落～窝鸡烙～饼子骆□圪～钵儿:胳肢窝捞～头:渔网 [21] 饹饸～

ts [213] 遭糟搔卜～ [412] 早～里:副词,本来就:～里我不会写,你把我圪搗得澡爪找蚤□～架:搭架子 [53] 皂唣咬～:供出同伙灶笊□焯:把菜～给下罩櫂船桨□tsʰiəʔ3～:暗暗地较劲噪燥

tsʰ [213] 操抄钞巢剿 [33] 曹漕嘈槽 [412] 草騲炒吵 [53] 造躁糙□丁字形的工具，角度小，朝里弯

s [213] 骚臊~气梢捎稍艄 [33] □刮~：发现 [412] 扫~地嫂 [53] 扫~帚潲~雨哨臊~子 □孤~：孤单

z [33] 搔用指头抓。~咬咬：挠痒痒

tʂ [213] 朝召昭沼招~待 [53] 赵兆照执~

tʂʰ [213] 超~过 [33] 朝潮

ʂ [33] 韶绍 [53] 少~年邵尚和~，韵母特殊

ʐ [412] 绕围~

k [213] 高膏篙羔糕 [412] 稿搞 [53] 告

kʰ [412] 考烤 [53] 靠犒铐

ŋ [213] 坳 [33] 熬①动词：水煮；②形容词：累爊~菜 [412] 袄 [53] 膏~油傲鏊懊奥拗撬

x [213] □吹晾 [33] 豪壕毫嚎号耗 [412] 好~人 [53] 浩好喜~号

io

p [213] 标彪新 [412] 表錶

pʰ [53] 漂~亮□打（架）

m [412] 渺秒

t [213] 貂雕

tʰ [53] 调~皮

n [213] 肴淆 [33] □愁，烦，腻味 [412] 咬鸟 [53] 拗又

l [33] 燎星火~原疗治~辽

ts [213] 焦新蕉香~椒辣~

tsʰ [33] 樵瞧 [53] 鞘

s [213] 宵霄硝销萧箫

tɕ [213] 交郊胶骄娇跤缴教①动词；②介词：被 [412] 绞狡铰搅动词侥 [53] 教校酵窖觉

tɕʰ [213] 敲 [412] 巧 [53] 窍 [21] 跷高~

ɕ [53] 孝~顺，~子效校校上~器

ø [213] 要~求腰~坝：河中间用来拦水的坝 [33] 摇新姚尧 [53] 要重~耀跃样—~

ɑe

p [213] 杯悲 [33] 白茴子~ [412] 摆□漂洗（衣服）背~后 [53] 贝拜鞴稗鵯兀~：老鹰倍辈背脊~焙

pʰ [213] 胚坯丕 [33] 排牌培陪赔裴 [412] 派 [53] 沛败

配佩□～uɑe³³:又胖又笨的样子

m　[213]□甜～～:形容味道很甜 [33]埋梅枚猜～～媒煤霉 [412]买每□～头子:柴炭火灭了 [53]卖迈妹昧

t　[213]呆 [412]逮□秃圪～子:又粗又矮的人或东西 [53]待怠殆戴贷代袋带大多～:多少;～王呔圪～～:象声词,形容水开的声音

tʰ　[213]胎薹油菜～儿 [33]台苔抬 [412]奋不～气:不大方□～ʂəʔ³:一般,通常。用在否定结构中:～～不来□～哄:开玩笑,逗笑 [53]态太泰

n　[33]崖挨～打 [412]乃奶矮 [53]耐奈

l　[213]□xəʔ²¹～:很 [33]来□～ʂər²¹:当时。疑即"来辰儿" [53]赖脏癞～蛤蟆

ts　[213]灾栽斋崽 [412]宰载滓 [53]在再载～重载满～债寨

tsʰ　[213]猜差搋用拳头揉:～糕,～面犗不生育的:～婆姨 [33]才材财裁纔豺柴 [412]彩采睬踩 [53]菜蔡

□打□卜～～:象声词

s　[213]腮鳃筛 [53]赛晒

ʐ　[33]□～声股气:形容说话不干脆

k　[213]该赅～管:管敢语气副词 [412]改 [53]概溉盖丐 [21]□来～:过去时助词,表曾经发生过某事;语气词

kʰ　[213]开 [412]凯楷 [53]慨

ŋ　[213]哀埃挨 [412]碍蔼隘 [53]艾爱

x　[213]唉 [33]鞋孩没胎～:不知足 [412]海解～绽:解劝 [53]亥害骇解姓解知道;懂得:～开了,～不开薤葱韭～蒜懈松～～

iɑe

tɕ　[213]皆阶秸麦～街 [412]减解 [53]介界芥～子:芥菜疥届戒械解起～

tɕʰ　[213]揩

ɕ　[33]谐 [53]懈蟹

uɑe

t　[213]堆 [53]对碓队兑

tʰ　[213]推 [412]腿 [53]退

蜕褪煺

n [53] 内

l [33] 雷 [412] 儡垒□骄傲 [53] 擂

ts [53] 罪最拽

ts^h [213] 催崔揣 [53] 坠

s [213] 衰摔 [53] 碎帅率蟀 □本来装在上面的东西溜到下面

k [213] 乖 [412] 拐 [53] 刽怪

k^h [213] 盔魁 [412] 蒯傀块会~计□哄、骗 [53] 桧溃快筷

x [213] 恢灰 [33] 回茴怀槐淮 [412] 悔晦毁讳 [53] 贿汇溃会开~会~不~绘坏

ø [213] 桅 [412] 煨歪 [53] 外 □$p^hœ^{53}$~:又胖又笨的样子

εe

p [213] 碑卑婢冰水~嘞 [412] 比秕饼~子滗 [53] 闭箅被辔篦病憋~了一口气

p^h [33] 平~地坪宽洪~:地名瓶 [53] □油香~底:香味扑鼻

m [213] 每①人称代词领属形式后缀:我~,你~;②第一人称代词的领格形式:~大,~妈,~老人,~家 [33] 迷明精~ [412] 美 [53] 寐命

[21] □$uεe^{53}$~:偶尔

f [213] 非飞妃匪榧 [33] 肥指动物脂肪厚:~猪,~料 [412] 翡 [53] 废肺吠痱费

t [213] 低底指示代词后缀:这~个,~个羝山羊圪~丁钉~子靪疔 [412] 底~下抵顶~牛儿 [53] 弟帝第递地钉~住定

t^h [213] 梯听~话亭~~儿价:乖乖地 [33] 停~当 [53] 剃上吴堡:~脑的嚏打喷~

n [33] 那"那一"的合音词:~阵儿 [412] 你

l [213] □圪~:哈痒 [33] 犁黎藜离篱璃梨蒡蠡狸~猫厘凌零~卖铃打~翎鸡~ [412] 礼履李里理鲤领~儿 [53] 例励厉丽隶离~开利痢吏另 [21] 历皇~了完成体助词:吃~饭再说哩提顿、虚拟语气词:我得赶紧走也,不~就迟到了

ts [213] 精~明睛老菁蔓~ [33] 贼 [412] 姐~~挤井 [53] 祭际穄济剂净老

ts^h [213] 妻清水~青~石板 [33] 情齐脐卜~儿晴~天 [412] 且 □滑落,放在边上的东西受力后掉下去 [53] 砌

s　[213] 西栖犀星~宿腥~气 [412] 写洗醒~了 [53] 谢细婿性

tʂ　[213] 知蜘蒸正~月这 [412] 整齐~ [53] 滞制製智雉致怔稚置治正反~,齐~证

tʂʰ　[213] 痴称~分量 [33] 池驰迟持 [412] 侈耻嗤 [53] 秤

ʂ　[213] 声~音升 [33] 绳宬住成 [53] 世势誓逝胜打~剩

k　[33] 给介词 [412] 给动词 [53] 给用于固定搭配:给~他的话:要是他的话 [21] 给表示与事的介词、助词:给~他;坐~一阵儿

iɛe

tɕ　[53] □死趴活~:尽力而为,用尽力气

uɛe

l　[412] 吕铝稆旅累 [53] 虑滤累类泪

ts　[213] 追锥□土地的计量单位,一~等于半亩 [412] 嘴 [53] 缀赘醉坠

tsʰ　[213] 吹炊 [33] 垂捶槌~头锤 [53] 趣脆翠粹

s　[213] 虽绥兄 [33] 须随谁遂 [412] 髓水 [53] 岁税秽误读睡瑞隧穗 [21] 荽芫~

z　[412] 蕊 [53] 芮锐

k　[213] 规圭闺龟归癸 [412] 诡轨癸又鬼 [53] 鳜桂跪又柜贵

kʰ　[213] 规老奎亏窥逵葵篑饭~儿:饭桶 [53] 跪又愧

x　[213] 麾挥辉徽 [53] 彙汇慧惠实~

ø　[213] 危威违崴 [33] 卫为维惟用作复句的连词,表示假设的条件是自己所期望的唯硙磨,动词微围兀"兀一"的合音词,~个人:那个人 [412] 伪萎委尾伟苇□形容词重叠后缀:白~~ [53] 位喂硙磨,名词为未味魏畏胃谓蝟□~mɛe²¹:偶尔

ɑo

t　[213] 兜 [412] 斗抽~抖陡敨 [53] 斗豆逗

tʰ　[213] 偷 [33] 头投 [53] 透□性交

n　[33] 奴 [412] 努□他

l　[33] 卢炉芦~苇鸬庐颅奔~:额头楼搂~柴耧篓灯~儿

[412]鲁橹虏卤缕屡篓搂~住 [53]路赂露鹭漏陋瘘□圪~:打冷嗝儿

ʦ [213]租邹掫端诌~经鬼儿:说谎的人 [412]祖组走 [53]奏皱绉骤就副词

$ʦ^h$ [213]粗搊扶,往上抬,牛~子:牛笼嘴 [33]愁觑隔着门缝儿看,仔细看 [412]瞅 [53]醋措凑

s [213]苏酥搜飕蒐 [33]嗉鸡~~馊□"媳妇"的合音,有人写成"嫊"字 [412]叟擞发抖 [53]素诉塑嗽瘦漱

ʈʂ [213]周舟州洲粥㨋 [412]肘 [53]纣昼宙咒□拉

$ʈʂ^h$ [213]抽 [33]仇~恨绸稠筹酬 [412]丑醜 [53]臭

ʂ [213]收 [33]仇~人 [412]手首守 [53]受兽寿授售

ʐ [33]柔揉 [53]肉

k [213]勾钩沟勾~当尻~子:屁股 [412]狗苟 [53]彀够□卜~儿:打冷嗝儿

k^h [213]抠眍 [412]口 [53]扣寇

ŋ [213]欧瓯 [412]呕殴藕偶熰烧煳:饼子~焦了 [53]沤构购怄

x [33]侯喉猴瘊 [412]吼 [53]后厚後候

iɑo

t [213]丢屌~子:男阴

t^h [33]□提,"提溜"的合音词

n [33]牛 [412]纽扭 [53]谬新:~论

l [213]溜~尻子:拍马屁□圪~:不直,"勾"的分音词□状态形容词重叠式后缀,酸格~~儿:形容很酸的味道 [33]流留榴硫琉馏 [412]柳绺 [53]廖六溜一~头发遛~达□鞋~子:鞋拔子

ʦ [213]揪鬏 [412]酒 [53]就~菜瘷圪~:萎缩的样子

$ʦ^h$ [213]秋 [33]鞦

s [213]修羞 [33]囚泅宿星~□~~气:馊味儿□眼睛模糊、发涩 [53]秀绣锈袖

ʨ [213]鸠阄纠究纠~正蹴圪~:蹲 [412]九久韭灸 [53]臼舅咎救旧柩 [21]□一~儿:索性

$ʨ^h$ [213]丘□歪蚯 [33]求球尿男阴仇姓

ç [213]休[412]朽□皱,收缩[53]嗅

Ø [213]忧优尤犹[33]邮由油蚰毛～蜓游悠幽[412]有友酉莠[53]诱又右佑柚鼬釉幼

ɤu

p [213]波菠玻帮邦播□～lɤu³³:蜻蜓[412]簸动词榜～上有名绑拨～疗:用民间的方法治疗[53]簸～箕谤傍棒

pʰ [213]颇坡胖肿[33]婆滂老旁～人螃庞老[412]跛拼～命膀翅～[53]破[21]卜萝～

m [33]魔磨～烂,～碎摩馍忙茫芒～种□藏～～:捉迷藏。该音不与效摄韵母对应,故不能记作"藏猫猫"[412]莽蟒抹～了:涂了[53]磨在地上拖:拿扫帚～给几下茫黑～～:形容天色很黑的状态

f [213]方～的[33]妨～害房防不～[412]纺访[53]放～下

t [213]多当～兵[53]大～后年当停～驮荡浪～公子

tʰ [213]拖汤□平:～着嘞,～湾[33]驼驮舵陀□特～:贪得无厌[412]躺[53]唾～痰烫

n [33]挪[412]攮～子,短刀[53]诺～言䂇多

l [213]箩pəʔ²¹～:笸箩□kʰəʔ²¹～:"腔"的分音词[33]罗锣箩啰～嗦骡螺朒狼郎货～担子□pɤu²¹³～:蜻蜓□棒～～:高粱杆儿的一节[412]□切,割□～粗:粗心大意[53]摞络～网子:网兜乐高兴:看～成个甚了浪□卜～:"棒"的分音词

ts [213]赃脏[412]左佐□日～妄想[53]葬脏丧～失,又

tsʰ [213]搓仓苍[33]藏[53]错～误错～杂锉

s [213]桑老丧～事,老[412]嗓[53]丧～失;老

tʂ [213]张[412]长生～涨掌脚～[53]丈～人杖帐账胀

tʂʰ [33]长肠大～,小～场打～常～是底个:经常是这样[412]厂场一～敞[53]唱

ʂ [213]商人名用伤[33]尝裳[412]晌[53]上～山,～面尚姓～绱～鞋

ʐ [33] 瓤穰禳～叨:干扰 [412] 嚷～架 [53] 让～一～,～缩:退缩

k [213] 哥又歌秧～锅戈钢□～～:叫鸡声光～溜溜的 [33] 咯种～儿:布谷鸟□赤子阴 [412] 果裹哥又:～～ [53] 个过□值～:值得

k^h [213] 科棵颗一～米康～家塔糠老可苛～刻柯修剪:～树 [412] 颗～子:粒儿慷～～利利:利利索索抗～胛子:一种儿童游戏扛 [53] 炕嗑～瓜子儿课

ŋ [213] 屙□不高兴的样子 [33] 蛾鹅俄娥讹～人 [412] 我 [53] 饿

x [213] 呵蒸;～牙:打哈欠慌又蒿□形容动作迅速 [33] 河又何荷～花荷薄～和禾夯嫎行一～～行家:那家～,每～:我家黄～米,～尘簧皇三～园子:地名惶黄～河饸～饹 [412] 火伙行方位词后缀,里:水～□拿,有人认为是"荷" [53] 贺祸货孝戴～火红～和～水荒～地巷圪～子 [21] 和调～:佐料

∅ [213] 啊少

iɤu

n [33] 娘～～:祖母,～老子仰又,～起头

l [33] 良～心凉量粮梁房顶～:房脊粱 [412] 两～个两一～ [53] 晾亮明～

ts [213] 浆豆～ [53] 酱匠将

ts^h [213] 枪雀又 [33] 墙 [412] 抢 [53] 呛烟～,～人 [21] 跄打脑～:身体不稳,头往下耷拉

s [213] 箱厢相～女婿襄添～:办大事时亲戚凑钱帮忙镶老 [33] 详襄～xuəŋ⁵³:帮忙 [412] 想饷老 [53] 像相长～

tɕ [213] 刚僵缰豇浆 [412] 港薛家～耩～地 [53] 犟犟倔～浆～衣服降霜～

$tɕ^h$ [213] 腔～子 [33] 强 [53] 糨～糊框门～

ɕ [213] 香～着嘞乡 [412] 响～声 [53] 向偏～项～链儿

∅ [213] 秧～子央殃起～:死人出殡 [33] 羊绵～,山～杨老:～树阳～格丹丹儿:形容阳光明媚扬～黄土 [412] 养～活

[53] 样~品扬晃

uɤu

t　[213] 朵耳~ [412] 朵躲 [53] 惰垛剁跺

tʰ　[33] 坨坨~儿：平地上凹进去的部分陀线~~ [412] 妥椭 [53] 唾又

ts　[213] 庄装假~桩 [53] 坐座壮~实装~袄儿：棉袄状~元

tsʰ　[213] 疮窗 [33] 床 [412] 闯 [53] 创~伤撞

s　[213] 蓑唆莎霜双一~ [412] 梭锁琐所爽~~利利：形容爽快、利索嗓又，~牙缩 [53] 双老：~生儿

ø　[33] 芒麦~ [412] 枉往 [53] 忘~了望想~：挂念旺把火烧~

ər

ø　[33] 儿而 [412] 尔耳饵扔 [53] 二贰

ã

p　[213] 班斑颁扳邦安~定国 [412] 板版扁榜~样□~子：女阴 [53] 扮瓣办半前~年谤诽~蚌棒~子

pʰ　[213] 攀潘胖~臭 [33] 滂新旁~边螃庞新 [53] 盼襻判新叛新

m　[33] 蛮蔓山~儿：土豆芒盲虻 [53] 慢幔漫~平地：缓坡地

f　[213] 翻番方~向芳 [33] 凡帆藩烦繁肪房~地产防~止 [412] 反仿~效，相~访上~彷 [53] 范範犯泛贩饭放解~ [21] 发头~

t　[213] 耽担丹单当~时，~紧 [412] 胆疸掸党 [53] 淡担诞旦但弹蛋丹山~~荡当~成挡宕□~刀布：鐾刀布

tʰ　[213] 贪坍滩摊 [33] 潭谭谈痰檀坛弹堂棠螳唐糖塘 [412] 毯坦瘫 [53] 探炭叹趟

n　[33] 南男难有~处囊 [412] 攮 [53] 难灾~喃~踏：念叨囔

l　[213] 篮pəʔ²¹~：两系的筐子 [33] 蓝篮~~，~球兰拦栏郎新~廊螂 [412] 览揽榄缆懒□坨~："杆"的分音词 [53] 滥烂□卜~："绊"的分音词□卜~："棒"的分音词，又浪~尖朗

ts [213]眨簪赃脏□~马:马上嚝~贱:说别人坏话[412]闸斩盏攒崭凿[53]暂錾湛站蘸赞嚝呲~:讥笑,讽刺绽圪~:裂口栈赚藏西~脏心~□~见:预先知道

ts^h [213]参惨惭搀仓苍[33]谗馋蚕残藏[412]铲产刬仅,光[53]餐灿甗十~绽解:~开鞯遍:洗一~

s [213]三杉衫山删桑新丧新[33]珊[412]伞搡[53]钐散~贴:舒服□圪~~:重感冒后难受的感觉丧~失,新

tʂ [213]张~眼瞎子章樟瘴蟑~螂[412]掌~握[53]丈大~夫仗帐撑棚搭~障

tʂ^h [33]长肠场常经~[412]昌菖厂氅大~倡[53]畅

ʂ [213]商~店伤~寒[412]赏偿[53]上~告尚高~

ʐ [33]瓤[412]壤攘[53]让~步

k [213]尴冈岗刚纲钢缸[412]感橄[53]干逛跑杠

k^h [213]堪龛勘刊康健~糠新[412]坎砍慷~慨[53]抗~日战争

ŋ [213]昂肮~脏气

x [33]含函酣咸~菜寒~假韩还~有行银~航杭夯[412]撼喊罕[53]憾馅焊翰项巷又

iã

n [213]淹漫(疑为又音,但韵等不合)□舀:~水[33]岩石崖下面凹进去的空间颜娘新~[412]眼仰~尘:天花板[53]雁[21]年明~,韵母特殊

l [33]良善~凉量粮梁粱高~[412]两~个两二~辆[53]亮~光,光~谅量靓~子:相貌

ts [213]将~来浆蒋桨[412]奖[53]将

ts^h [213]枪[33]墙[412]抢

s [213]相~信箱厢镶新[33]襄祥详[412]想饷新[53]象像照~橡相~貌

tç [213]监艰间奸疆新~僵薑礓石~卜浪:礓石姜江刚才~[412]减碱简柬裥拣捡讲□~家:姥姥家,舅家[53]谏涧锏鉴间降□~tçiã^{21}:洋芋~~

tç^h [213]鸽铅羌腔口~[33]

强~调 [412] 强勉~ [53] 嵌 □合适□漂亮□粘连上抠不下来

ç [213] 香~肠儿乡本~田地 [33] 咸~阳衔闲湘降投~ [412] 享响~应 [53] 陷限向方~，坐北~南项~目

ø [213] 央殃遭~ [33] 羊龙~峡洋~柿子阳阴~杨新：~树扬飘~疡秧~歌 [412] 仰~面朝天养培~痒 [53] 样榜~

uã

l [33] 圝kuəʔ³~："蜷"的分音词，又

ts [213] 装西~ [53] 撰壮~大状~元

tsʰ [412] 䵶给谷类去皮闯~炼 [53] 篡创开~

s [213] 闩栓拴双~~对对孀 [412] 爽~快 [53] 疝双新：~生儿□刮，使表面光滑

z [412] 阮□挪：~过来~过去□在嘴里嚼来嚼去

k [213] 观参~冠衣~鳏关光阳~，~线 [412] 广~大 [53] 贯~彻观寺~惯掼摔（东西）桄逛

kʰ [213] 匡筐眶狂张~诓 [33] 狂~的 [53] 旷~课况矿

x [213] 欢~~儿荒开~谎 [33] 桓还环黄韭~皇~帝蝗 [53] 焕新幻患宦晃

ø [213] 弯湾汪 [33] 顽亡王姓 [412] 皖晚挽捥拔网枉往~事，~年 [53] 万蔓忘~记妄望希~旺兴~

əŋ

p [213] 奔锛崩绷~线：墨斗线 [412] 本 [53] 奔笨迸嘣象声词磅~秤

pʰ [213] 喷□状态形容词重叠式后缀：奓格~~儿：衣服穿得有棱有角的样子 [33] 盆朋烹彭膨棚马~篷蓬 [412] 捧 [53] 喷香~~碰

m [213] □状态形容词重叠式后缀，甜格~~儿：形容甜甜的味道 [33] 门萌盟蒙朦 [412] 猛懵蠓~子：蚊子蜢 [53] 闷孟梦濛~森森雨：毛毛雨 [21] 么语气词

f [213] 分芬纷风枫疯丰封蜂 [33] 焚坟冯峰锋逢缝 [412] 粉讽 [53] 愤忿粪奋份风奉俸缝一条~

t [213] 登灯 [412] 等戥~子 [53] 凳镫蹬踏~儿：楼梯，台阶邓澄瞪噔象声词

tʰ [213] 吞腾藤熥 [33] 誊疼

n [33] 能

l [213] 楞状态形容词重叠式后缀：干卜~~儿：东西晾晒后干爽的样子□xəʔ³~：撼动 [33] 楞~子塄坝~ [53] 愣□xəʔ³~：一种食品，将土豆淀粉和成面后搓成圆球状，蒸熟，蘸汁儿吃

ts [213] 曾增争睁 [53] 憎赠锃筝

tsʰ [213] 撑铛 [33] 秦~家崖：地名参~差岑曾层 [412] 碜□铲□①驳斥，使对方闭口无言；②吓 [53] 衬蹭掌噌象声词

s [213] 森参糁圪~僧牲生~产，双~儿笙□状态形容词重叠式后缀：白格~~儿：白白净净的样子 [33] 寻~东西，~人 [412] 省陕西~ [53] 渗

z [213] 吟 [33] □~~：副词，指动作快 [412] 仍

tʂ [213] 针斟珍榛臻真诊疹征贞侦蒸~笼□~儿："今儿"的音变砧 [412] 枕仰~：落枕振拯整~顿 [53] 枕镇阵震证症郑正~确政

tʂʰ [213] 称~呼 [33] 沉陈尘娠辰臣澄乘承丞橙呈程成诚城 [412] 惩逞 [53] 趁慎称相~

ʂ [213] 深身申伸升声~东击西 [33] 神 [412] 沈审婶 [53] 甚肾胜~任胜~利圣盛

ʐ [33] 壬任人仁 [412] 纫缝~机忍 [53] 任刃认韧纫~针

k [213] 跟根更~换粳庚羹 [412] 哽埂梗耿 [53] 更

kʰ [213] 吭坑 [412] 恳垦肯 [53] 掯一~：不多一点 [21] 羹撩~儿：小勺儿

ŋ [213] 恩

x [213] 亨哼 [33] 痕恒衡横 [412] 很 [53] 恨

Ø [53] 嗯象声词，应答声

iəŋ

p [213] 彬宾槟冰冻~兵 [412] 饼~子禀丙秉柄 [53] 殡鬓并

pʰ [33] 贫频凭平和~，天~评姘屏萍苹~果，沙~ [412] 品 [53] 聘拼

m [33] 民鸣明清~名铭 [412]

闽悯敏抿皿 [53] 命算~，革~ [21] 氓流~

t [412] 顶脑~：头顶鼎 [53] 锭订定

t^h [213] 听厅亭廷庭蜓 [33] 停 [412] 艇挺

n [33] 银凝宁安~拧 [53] 凝冷却后凝固：~成冻冻硬宁~可佞

l [213] 吟嘿~要落：形容东西的螺丝等松动，动一下就有声响 [33] 林淋临邻鳞磷陵菱灵零~食伶拎 [412] 檩领~导岭瓴 [53] 淋过滤赁吝令

ts [213] 津精~神晶睛新 [412] 儘~让，~你吃 [53] 浸尽进晋静净新靖

ts^h [213] 侵亲清~楚青~年蜻 [33] 秦情 [412] 请吣牲口吐 [53] 亲~家

s [213] 心辛新薪星扫帚~腥血~ [33] 寻~人启事 [412] 省~得：懂得醒觉~ [53] 信讯性姓囟

tɕ [213] 今衿金巾斤筋京荆鲸经颈脖~荆跟冒儿~头：跟头 [412] 锦紧仅谨景风~ [53] 禁妗近劲茎敬竞兢竟颈

$tɕ^h$ [213] 钦轻 [33] 琴禽噙擒勤芹卿 [412] 擎倾顷 [53] 庆磬罄□冷却，凝固

ɕ [213] 欣兴馨 [33] 行形邢型刑陉□土地的计量单位，一~等于五tsuɛe²¹³，即两亩半 [412] □摇（头）：~头晃脑 [53] 衅迅兴幸娇惯□~虎：一种小的猫头鹰□（伤口）愈合，不再发展□站立

ø [213] 音阴淫荫因姻寅殷鹰莺鹦樱英婴缨 [33] 吟蚓匀蝇苍~迎盈营莹萤荥 [412] 饮引隐影~响颖尹 [53] 窨饮洇印胤繁殖应映□~水：冰面上消下的水

uəŋ

t [213] 敦墩蹲东冬□状态形容词重叠式后缀，绵格~~儿：食物煮得很烂的感觉 [412] 盹打~董懂□~下乱子了：闯下祸了 [53] 屯囤沌饨馄~盾顿扽钝遁动冻栋洞咚象声词

t^h [213] 通 [33] 豚臀同铜桐童瞳 [412] 筒桶捅统 [53] 痛嗵象声词动伤筋~骨

n [33] 脓浓 [53] 嫩

l [213] 咙kuəʔ^{21}～：喉咙，分音词□xuəʔ^{21}～：囫囵，"浑"的分音词 [33] 崙仑论轮笼蒸～聋农龙拢～共儿：总共；本来□t^{h}uəʔ^3～：脱落，分音词 [412] 拢隆陇垅笼～子窿窟～□kuəʔ^3～："滚"的分音词 [53] 论弄□t^{h}uəʔ^3～："嗵"的分音词

ts [213] 尊遵棕鬃宗综中忠终踪锺鐘盅 [412] 准总冢种肿 [53] 中仲众纵～情纵放～重轻～种～树

ts^h [213] 村皴春聪匆葱充冲舂 [33] 存唇纯莼醇囱丛虫崇从～容从跟～重～复 [412] 忖蠢宠 [53] 寸铳□～腰：弯腰

s [213] 孙鬆嵩松 [33] 㞞精液㞞无能 [412] 损笋榫怂耸 [53] 逊顺舜送宋诵讼颂

z [33] 戎绒茸 [412] 冗□软，不干 [53] 润闰

k [213] 公蚣工功攻弓躬宫恭 [412] 滚汞拱巩 [53] 棍贡供～应共

k^h [213] 昆崑坤空 [412] 啃捆孔恐 [53] 困控空

x [213] 昏婚浑荤烘 [33] 魂馄虹弘宏红洪鸿和介词，连词 [412] 哄□襄～：帮忙 [53] 混轰掏閧横～山□一卜～草：一丛草

Ø [213] 温瘟 [33] 文纹蚊闻翁嗡 [412] 稳吻刎 [53] 问璺瓮缸

yəŋ

l [412] 拢垄身体上隆起的长条形痕迹，如鞭痕

tɕ [213] 均钧窘菌君军供～书，～不起弓～家山：地名莙～蓬鬃马～儿：刘海儿踪 [412] 迥 [53] 俊郡粽～子

tɕ^h [33] 群裙琼穷 [412] 熍闷热

ɕ [213] 薰胸凶 [33] 荀旬循巡殉勋熊雄 [53] 熏用火、烟熏制训□形容词前加成分：～甜

Ø [33] 云雲匀～对荣融痈容镕庸 [412] 允永泳咏雍拥甬勇涌蛹 [53] 熨韵运晕用

ɑʔ

p [3] 八钹剥驳拔～河把介词

的促化音：我～他骂了一顿，～门关住□日～tsʰuɑ²¹：次，差

pʰ [3] 胖形容小孩儿胖，可爱扒粪～牛：屎壳郎 [213] 拔～萝卜脖～颈

m [213] 抹 [21] 么liɤu³³～：赶紧

f [3] 法髮发 [213] 乏伐筏罚

t [3] 答搭达瘩圪～鞑毛～子：头发很长的男人

tʰ [3] 踏拓塔榻塌溻搨讬托手～子：手掌特庹两臂平伸两手伸直的长度 [213] 沓铎蓬君～

n [3] 捺诺～言，少呐 [213] 纳

l [3] 酪乐快～拉拨～邋～赖 [213] 落树叶～下了烙～印洛络联～拉～一把腊蜡镴辣瘌

ts [3] 剳札扎作则泽择责咂

tsʰ [3] 厕插擦察礤～子侧～面测策册 [213] 杂炸铡

s [3] 刹杀索 [21] 撞揸～：垃圾

tʂ [3] 侧～楞窄摘指～头儿折垧斜～：地名

tʂʰ [3] 拆踖□形容词重叠后缀：寡～～ [213] 宅□～mər²¹³：细叶韭

ʂ [3] 涩虱色啬

x [3] 瞎 [213] 盒匣

iɑʔ

t [3] 喋圪～：撒娇

n [3] 鸭押

l [213] □秃舌卜～：舌头短，说话不清楚

tɕ [3] 夹袷甲胛挟～菜 [21] 家亲～，促化音

tɕʰ [3] 恰掐洽劫怯客 [213] □老～：过熟，过老 [21] 堑串～□tɕʰyəʔ⁴～新：崭新

ɕ [3] 狭峡胁协辖

uɑʔ

ts [3] 桌卓捉

tsʰ [3] 戳镯 [21] □剥～：零碎掠取

s [3] 刷朔缩

z [3] 挼撕撕～～

k [3] 刮

x [3] 获 [213] 滑猾

ø [3] 握龌～粕气：不干的粮食被捂后发出的味儿撧黏黏～～ [213] 袜

yɑʔ

tɕ [3] 觉角

tɕʰ [3] □圪～：住在一起，关系亲近

əʔ

p [3]钵扳～子：拔火罐儿拨不博泊帛餺烙（饼子）煿糊～：饭煮糊了卜表音前缀□分音词前字，如～pã53："棒"的分音词 [213]笸～篮儿：两系的筐子；～箩茇荆～；专指草、树、庄稼的量词：一～树卜状态形容词中缀，干～楞楞儿；洋～张张儿：心不在焉、满不在乎的样子

pʰ [3]泼勃饽樸朴扑醭仆曝瀑粕 [213]薄

m [213]末沫抹没殁～了莫膜寞摸木目穆 [21]拇老～指头儿：大拇指

f [3]福幅蝠复腹覆服伏復佛佛缚 [21]夫姑～，姨～

t [3]得德的□分音词前字，如～lie33：垂下

n [213]那～家：他们

l [21]嘞语气词

ts [3]脊～背怎～摩□分音词前字，如～liɑo213：机灵 [21]子名词后缀

tsʰ [3]蒺～藜儿□拿，取

s [3]瑟

tʂ [3]蔗摺褶哲蜇～人辙折浙执汁秩质着～重酌芍～药花摭打～：收拾稙直～接织职隻一～鸡□谷～～：装在枕头内作心儿的谷穗儿之类 [213]这 [21]□而～：现在

tʂʰ [3]彻撤绰饬赤斥尺吃 [213]侄着睡～直～端值

ʂ [3]佘摄涉设湿失室式拭～布：抹布饰适释□tʰɑe412～：一般，用于否定词之前，修饰动词：～～不来 [213]舌折十什拾实勺又：～子食蚀殖骨～植木～射猛然立起：一～起来石□～多：很少叶～家园沟：地名

ʐ [213]热日若弱

k [3]合蛤～蟆鸽割葛各阁搁胳格革隔虼～蚤核～桃袼～褙儿□分音词前字，如～lã412："杆"的分音词 [213]棘～针圪表音前缀：～台，～搐吉～针庙：地名（当是"棘"，不过地图、当地人都写这个字）[21]去作连动式后项，语气词格状态形容词中缀，白～生生儿；清～湛湛儿：水清澈的样子

kʰ [3]可副词：～多嘞咳磕渴壳刻时～刻拿刀～克客嗑吃～：

口吃 [213] 去作谓语□分音词前字，如～lɤu²¹³，“腔”的分音词

ŋ　[3] 讹～诈鄂恶额扼搕～搉：垃圾掩压（火），捂（火）

x　[3] 喝合郝鹤黑赫嚇核□～ləŋ⁵³：一种食品，将土豆淀粉和成面后搓圆球状，蒸熟，蘸汁儿吃□分音词前字，如～lɤu⁵³：“巷”的分音词 [213] □～来：很

iəʔ

p　[3] 鐾臂譬别鳖彆憋笔毕必弼北逼愊过饱百柏伯擘掰檗碧璧壁

pʰ　[3] 撇匹迫拍魄垺僻辟劈箅～子 [213] 鼻别～人白鳖夜～蝌儿：蝙蝠

m　[3] 墨默觅 [213] 秘泌灭密蜜麦脉沫唾～□灶～爷爷：灶王爷

t　[3] 跌叠重～的目～滴嫡笛喋敌狄籴～下了：包圆儿买了

tʰ　[3] 帖贴铁踢剔提～手；～手旁 [213] 叠～住碟 [21] 恬散～：舒服

n　[3] 聂镊蹑疟你促化音 [213] 腻孽捏逆你第二人称代词领属形式

l　[3] 荔猎列烈裂劣捩栗略掠历古～粒 [213] 立笠力 [21] 嘞语气词

ʦ　[3] 藉褯接捷辑节疾即鲫积迹脊籍耤绩寂击激吃～嗑

ʦʰ　[3] 缉切鹊七漆戚嘁怯□～ʦo⁵³：暗暗地较劲 [213] 集截□～kəʔ³：糟蹋，祸害

s　[3] 习袭薛悉膝息熄媳惜昔席夕锡析蜥～虎儿：壁虎相动词前缀：～打，～吵 [213] 楔 [21] 些又，这～，那～

ʨ　[3] 急级给及髻杰揭羯～子结洁净吉爵脚鲫极墼泥～：土坯□干，稠 [21] 家名词、人称代词后缀：老张～，人～价指示代词后缀：这底～

ʨʰ　[3] 泣噘祈乞却缉～口子□～启：脱肛□～搅：在一起共事，打交道 [213] 劫□乱手～脚：形容多人做事，做不好事情

ç　[3] 吸歇蝎学～校塞～子，耳～膝圪～盖儿

ø　[3] 缢噎乙一虐疟约岳乐益越副词 [213] 叶页业拽拉药钥□痣□沉陷，沙土遇水后沉下去

uəʔ

t [3]裸～体，疑为训读，但暂未找到本字掇敠夺～取踱独读牍笃督毒[213]启～子：屁股丢轻戳

tʰ [3]脱突秃□～lu³³：喝粥的声音[213]夺～下犊牛～子独吃～份儿

l [3]蝼～蛄肋勒鹿禄六[213]律率陆绿录

ts [3]做撮一～毛拙术白～琢啄涿浊族竹筑逐祝烛嘱触埢填，塞

tsʰ [3]猝出畜促搐撮～土绌发皱、起皱、系[213]凿单用时的白读音轴

s [3]说术技～秫芍速叔束[213]勺～子熟淑赎属

z [213]入辱褥肉亲堂骨～：同一个爷爷的子孙

k [3]聒骨核～子郭国縠谷锢～鏴匠毂[213]葫～芦喉～咙[21]个指示代词后缀：这底～

kʰ [3]括阔窟廓扩哭酷[213]□分音词前字，如～lie⁵³："圈"的分音词

x [3]豁忽霍藿劐或惑斛货～郎子[213]活[21]忽状态形容词中缀，轻～缭缭儿：轻飘飘的样子；薄～扇扇儿：薄而飘动的样子□分音词前字，如～luəŋ²¹³："浑"的分音词

∅ [3]屋沃捂～住[213]五物勿兀远指代词：～是你姑舅

yəʔ

l [3]捋

tɕ [3]绝厥蹷撅撧决橘爵镢噘足局□家～：三辈、四辈之内最挨近的伯叔弟兄

tɕʰ [3]诀缺黢屈掘倔确掬麯曲□～tɕʰiɑʔ²¹新：崭新[213]橛蹶㧐～子卒～～嚼菊～花儿炔洋～儿：火柴取～灯儿：火柴凿～子，变读撮口呼，特殊

ɕ [3]续雪血穴戌恤削肃宿速畜蓄莛□拨～：指导，辅导[213]俗续

∅ [3]裕悦阅越曰粤域狱慾欲浴[213]月

第四章　共时音变

一　连读变调和轻声

1.1　两字组(非重叠式)连读调

吴堡话共6个单字调,两相组合,共形成36个两字组。吴堡话两字组的连读变调情况见表4-1。表左是前字代码、单字调及调值,表端是后字代码、单字调及调值,两者相交处是连调式。字体加粗表示有变调。

表4-1　吴堡话连读变调表

后字 前字	1阴平 213	2阳平33	3上声 412	4去声53	5阴入ʔ3	6阳入 ʔ213
1阴平213	**24**+213	**21**+33	**24**+412	**21**+53	**21**+ʔ3	**24**+ʔ213
2阳平33	33+213	33+33	33+412	33+53	33+ʔ3	33+ʔ213
3上声412	**41**+213	**41**+33	**24**+412	**41**+53	**41**+ʔ3	**24**+ʔ213
4去声53	53+213	53+33	53+412	53+53	53+ʔ3	53+ʔ213
5阴入ʔ3	**ʔ21**+213	ʔ3+33	**ʔ4**+412	ʔ3+53	ʔ3+ʔ3	**ʔ4**+ʔ213
6阳入ʔ213	**ʔ21**+213	**ʔ21**+33	**ʔ4**+412	**ʔ21**+53	**ʔ21**+ʔ3	**ʔ4**+ʔ213

说明:阴入在阴平、阳平、上声、去声后面时,读音舒缓,实际调值相当于阳平字,为简化连调规律,不计入连读变调。

上表反映出，吴堡话的36个两字组中，共有21组发生变调，全部是前字变调。在连调中，前字位置上产生[24]、[21]、[41]、[ʔ4]、[ʔ21]5个新调值。

这36个两字组，经过连读变调的整合，“阴平+上声、上声+上声”合并为[24+412]，“阴平+阳入、上声+阳入”合并为[24+ʔ213]，“阴入+阴平、阳入+阴平”合并为[ʔ21+213]，“阴入+上声、阳入+上声”合并为[ʔ4+412]，“阴入+阳入、阳入+阳入”合并为[ʔ4+ʔ213]，共减少了5组连调式，这样还有31组连调模式。总的来看，在吴堡话连读调中，声调的归并程度不高。变化的主要类型，一是抬高，一是将曲折拉直。

值得注意的是连读中入声字的变化：第一，在前字位置上，阴入和阳入有3组发生中和，读成同一个调值，其中一组前字阴入变读阳入，两组阳入变读阴入，阴入比较占优势。这也许有助于解释晋语中阳入字往往向阴入字归并的现象。第二，阴入字位于后字的位置时，尤其是在舒声字后面时，读音变得舒缓，实际音值拉长至接近舒声阳平调，喉塞尾比单音节中或是处于前字位置时松，而舌位低、开口度大的ɑʔ iɑʔ uɑʔ yɑʔ韵字表现尤甚。这种现象可以认为是入声字舒化的前奏，有助于解释陕北晋语中咸山宕江四摄入声韵、入声调率先舒化的现象。

还有一点需要说明：阴平字位于阳平、去声、阴入前，说得慢时，和单字调一样，是[213]。

下面以首字为序举例。代码和调值字体加粗表示有变调。

第一字阴平

1+1	**24**+213	阴天iəŋ tʰie	开车kʰɑe tʂʰɑ	
1+2	**21**+33	山羊sã iɤu	天河tʰie xɤu	今年tɕiəŋ nie
		猪毛tsu mo	开门kʰɑe məŋ	
1+3	**24**+412	浇水tɕiɤ suɛe	加减tɕiɑ tɕia	辛苦siəŋ kʰu
1+4	**21**+53	菠菜pɤ tsʰɑe	车票tʂʰɑ pʰiɤ	兄弟suɛe tɛe

		山蔓儿sã mɤr		
1+5	**21**+ʔ3	心急siəŋ tɕiəʔ	猪血tsu ɕyəʔ	天黑tʰie xəʔ
		消毒siɤ tuəʔ		
1+6	**24**+ʔ213	开业kʰɑe iəʔ		

第一字阳平

2+1	33+213	长枣tʂʰɤu tsɤ	梅花mɑe xuɑ	平安pʰiəŋ ŋie
		年轻nie tɕʰiəŋ	农村luəŋ tsʰuəŋ	磨刀mɤu to
2+2	33+33	银河niəŋ xɤu	厨房tsʰu fɤu	门前məŋ tsʰie
		门帘məŋ lie	抬头tʰɑe tɑo	
2+3	33+412	云彩yəŋ tsʰɑe	存款tsʰuəŋ kʰuɤ	长短tʂʰɤu tuɤ
		门口儿məŋ kʰɑor	牛奶niɑo nɑe	骑马tɕʰi mɑ
2+4	33+53	芹菜tɕʰiəŋ tsʰɑe	期限tɕʰi ɕiã	群众tɕʰyəŋ tsuəŋ
		奇怪tɕʰi kuɑe	棉裤mie kʰu	还账xuã tʂã
		长命tʂʰã mɛe		
2+5	33+ʔ3	除夕tsʰu siəʔ	颜色niã ʂɑʔ	毛笔mo piəʔ
		流血liɑo ɕyəʔ		
2+6	33+ʔ213	成熟tʂʰəŋ suəʔ	零食lɛe ʂəʔ	拈脉nie miəʔ
		防滑fã xuɑʔ		

第一字上声

3+1	**41**+213	火车xɤu tʂʰɑ	普通pʰu tʰuəŋ	雨衣y i
		老师lo sɿ	打开tɑ kʰɑe	打针tɑ tʂəŋ
		养鸡iɤu tɕi		
3+2	**41**+33	好人xo ʐəŋ	党员tã ye	暖壶nuɤ xu
		老人lo ʐəŋ	打拳tɑ tɕʰye	有钱iɑo tsʰie
		吼雷xɑo luɑe		
3+3	**24**+412	水井suɛe tsɛe	胆小tã siɤ	冷水liɑ suɛe
		美好mɛe xo	打水tɑ suɛe	养狗iɤu kɑo
3+4	**41**+53	老汉lo ɕie	改造kɑe tsʰo	火柱xɤu tsu

		考试k^ho sʅ	板凳pã təŋ	炒菜ts^ho $ts^hɑe$
		写信siɑ siəŋ		
3+5	**41**+ʔ3	秕谷pεe kuəʔ	粉笔fəŋ piəʔ	好说xo suəʔ
		满足mɤ tɕyəʔ	打铁tɑ $t^hiəʔ$	请客$ts^hiəŋ$ $k^həʔ$
		口渴$k^hɑo$ $k^həʔ$		
3+6	**24**+ʔ213	伙食xɤu ʂəʔ	好药xo iəʔ	满月mɤ yəʔ
		礼物lεe uəʔ	老实lo ʂəʔ	体育t^hi yəʔ
		打猎tɑ liəʔ		

第一字去声

4+1	53+213	二婚ər xuəŋ	旱灾ɕie tsɑe	后腰xɑo iɤ
		信封siəŋ fəŋ	电灯tie təŋ	放心fɤu siəŋ
		坐车tsuɤu $tʂ^hɑ$	看书k^hie su	
4+2	53+33	大梁tɤu liɤu	后门xɑo məŋ	肚皮tu p^hi
		证明tʂəŋ miəŋ	面条儿mie $t^hiɤ$	病人pεe ʐəŋ
		上楼ʂɤu lɑo		
4+3	53+412	户口xu $k^hɑo$	信纸siəŋ tsʅ	报纸po tsʅ
		袖口siɑo $k^hɑo$	下雨xɑ y	受苦ʂɑo k^hu
4+4	53+53	后路xɑo lɑo	后代xɑo tɑe	贵重kuεe tsuəŋ
		路费lɑo fεe	看病k^hie pεe	受气ʂɑo $tɕ^hi$
		上课ʂɤu $k^hɤu$	坐轿tsuɤu tɕiɤ	
4+5	53+ʔ3	建设ts^hie ʂəʔ	负责fu tsɑʔ	大雪tɤu ɕyəʔ
		字帖tsʅ $t^hiəʔ$	动作tuəŋ tsɑʔ	犯法fã fɑʔ
4+6	53+ʔ213	动物tuəŋ uəʔ	树叶su iəʔ	厚薄xɑo $p^həʔ$
		尽力tsiəŋ liəʔ	送药suəŋ iəʔ	卖药mɑe iəʔ

第一字阴入

5+1	ʔ**21**+213	北方piəʔ fã	铁丝$t^hiəʔ$ sʅ	国家kuəʔ tɕiɑ
		菊花$tɕ^hyəʔ$ xuɑ	刮风kuɑʔ fəŋ	说书suəʔ su
5+2	ʔ3+33	核桃kəʔ t^ho	作文tsɑʔ uəŋ	足球tɕyəʔ $tɕ^hiɑo$

		国旗kuəʔ tɕʰi	出门tsʰuəʔ məŋ	刷牙suɑʔ niɑ
5+3	ʔ**4**+412	脚底儿tɕiəʔ tər	尺码tʂʰəʔ mɑ	喝水xəʔ suɛe
		出丑tsʰuəʔ tʂʰɑo	吃奶tʂʰəʔ nɑe	
		相吵siəʔ tsʰo吵架	相打siəʔ tɑ打架	
5+4	ʔ3+53	黑豆xəʔ tɑo	百货piəʔ xɤu	黑布xəʔ pu
		国庆kuəʔ tɕʰiəŋ	客气kʰəʔ tɕʰi	切菜tsʰiəʔ tsʰɑe
		出嫁tsʰuəʔ tɕiɑ	识字ʂəʔ tsɿ	
5+5	ʔ3+ʔ3	擦黑tsʰɑʔ xəʔ	赤脚tʂʰəʔ tɕiəʔ	八百pɑʔ piəʔ
		一切iəʔ tsʰiəʔ	出血tsʰuəʔ ɕyəʔ	
5+6	ʔ**4**+ʔ213	复杂fəʔ tsʰɑʔ	出力tsʰuəʔ liəʔ	
			第一字阳入	
6+1	ʔ**21**+213	脖颈pʰɑʔ tɕiəŋ	实心ʂəʔ siəŋ	石灰ʂəʔ xuɑe
		学生ɕiəʔ səŋ	值班tʂəʔ pã	读书tuəʔ su
6+2	ʔ**21**+33	石油ʂəʔ iɑo	木材məʔ tsʰɑe	热情ʐəʔ tsʰiəŋ
		入门zuəʔ məŋ	杂粮tsʰɑʔ liɤu	石头ʂəʔ tʰɑo
		拔牙pʰɑʔ niɑ		
6+3	ʔ**4**+412	侄女tʂʰəʔ ny	墨水miəʔ suɛe	月饼yəʔ pɛe
		入股zuəʔ ku	石板ʂəʔ pã	白纸pʰiəʔ tsɿ
		罚款fɑʔ kʰuɤ		
6+4	ʔ**21**+53	白菜pʰiəʔ tsʰɑe	落后lɑʔ xɑo	木器məʔ tɕʰi
		绿化luəʔ xuɑ	绿豆luəʔ tɑo	活动xuəʔ tuəŋ
		立夏liəʔ ɕiɑ	力大liəʔ tɤu	
6+5	ʔ**21**+ʔ3	蜡烛lɑʔ tsuəʔ	墨汁miəʔ tʂəʔ	绿色luəʔ ʂɑʔ
6+6	ʔ**4**+ʔ213	绿叶luəʔ iəʔ	日落ʐəʔ lɑʔ	毒辣tuəʔ lɑʔ
		集合tɕiəʔ xəʔ	植物tʂəʔ uəʔ	立约liəʔ iɑʔ

1.2　轻声和名词重叠式的连调式

1.2.1　轻声

吴堡话有轻声。其轻声的音值表现是：读较轻较短的[21]

调，但对声母、韵母的影响不明显。吴堡话的轻声在语流中的表现有以下几点值得注意：第一，轻声音节对前字有影响，阴平、上声、阴入、阳入在轻声前发生变调；第二，不同的单字调对后字施加影响使之变读轻声的能力不同；第三，反过来，单字调不同的字变读轻声的可能性不同。二、三两点综合起来就是，各类单字调的字组合以后，有的后字可能变读轻声，有的后字不会变读轻声。具体见表4–2。

表4-2　各类单字调和轻声相关关系表

前字＼后字	阴平	阳平	上声	去声	阴入	阳入
阴平	**24**+21		**24**+21		**24**+21	**24**+21
阳平	33+21	33+21	33+21	(33+21)	33+21	33+21
上声			**24**+21			**24**+21
去声	53+21	53+21	53+21	53+21	53+21	53+21
阴入			**ʔ24**+21		**ʔ24**+21	**ʔ24**+21
阳入			**ʔ24**+21			**ʔ24**+21

举例如下（以前字声调为纲，后字声调为目）：

阴平+轻声 24+21

秋分儿tsʰiɑo fər　　初间tsʰu tɕiã月初　　西瓜sɛe kuɑ
灯盏təŋ tsã　　妻母tsʰɛe mu岳母　　当紧tɤu tɕiəŋ
针脚tʂəŋ tɕiəʔ　　工作kuəŋ tsɑʔ　　铅笔tɕʰiã piəʔ

阳平+轻声 33+21

连襟lie tɕiəŋ　　婆姨pʰɤu i　　皮袄pʰi ŋo
凉水liɤu suɛe　　凉粉liɤu fəŋ粉皮　　年时nie sɿ
头伏儿tʰɑo fər　　塬子ye tsəʔ　　人七儿zəŋ tsʰiər正月初七
笼共儿luəŋ kuər　　粮食liɤu ʂəʔ　　难活nã xuəʔ
围脖uɛe pʰɑʔ围嘴儿

上声+轻声 24+21

冷雨liɑ y	雨水y suɛe	软米zuɤ mi
里物lɛe uəʔ五脏	伙食xɤu ʂəʔ	扁食pie ʂəʔ饺子

去声+轻声 53+21

护单xu tã床单	妹夫mɑe fu	地根儿tɛe kər从来
太阳tʰɑe iɑ	应酬iəŋ tʂʰɑo	院前ye tsʰie
烙饼lo piəŋ	露水lɑo suɛe	正手tʂɛe ʂɑo
半夜pɤ iɑ	夏上ɕiɑ ʂɤu	岁数suɛe su年龄
亲家tsʰiəŋ tɕiɑʔ	刺迹tsʰɿ tɕiəʔ柜子上钉的金属装饰品	
大伯tɤu piəʔ大伯子	绞轴儿tɕiɤ tsʰuər连枷	大落tɤu lɑʔ大方

阴入+轻声 ʔ4+21

黑板xəʔ pã	提手儿tʰiəʔ ʂɑor提手旁	末伏儿məʔ fər
吃嗑tɕiəʔ kʰəʔ结巴	桌子tsuɑʔ tsəʔ	骨殖kuəʔ ʂəʔ
扎实tsɑʔ ʂəʔ	的实tieʔ ʂəʔ确实	

阳入+轻声 ʔ4+21

立水儿liəʔ suər炕宽	圪搅kəʔ tɕiɤ搅团	腊月儿lɑʔ yər
碌碡luəʔ tsʰuəʔ石磙		

从表头横着往后可以看到，上声、阳入作前字时轻声音节最少；从表端竖着往下看，上声、阳入作后字时轻声音节最多。这种情况表明，上声、阳入调是最容易发生轻化的两个调，同时，又是最不容易使后字发生轻化的两个调。用“调位中和”的概念来讲，这两个调位最容易被其他在前的声调中和，而它们对后字声调的中和能力最弱（邢向东2004d，吴媛2008）。

再以后缀“子”为例。“子”充当名词后缀时读[tsəʔ^{3}]，是舒声促化字。由于它是虚化、类化程度很高的后缀，所以从功能上看，应当一律读轻声。但实际情况并非如此。“子”在阴平、阳平、去声、阴入后一律读轻声[ʔ21]，而在上声、阳入后则读[ʔ3]，而且没有弱化表现。例如：

阴平+子　　筛子sɑe^{24} tsəʔ^{21}　　树梢子su^{53} so^{24} tsəʔ^{21}

阳平+子　罗子lɤu^{33} tsəʔ^{21}　钯子p^{h}ɑ^{33} tsəʔ^{21}

上声+子　碾子zʅe^{41} tsəʔ^{3}　耩子tɕiɤu^{41} tsəʔ^{3}

　　　　李子lɛe^{41} tsəʔ^{3}　小子siɤ^{41} tsəʔ^{3}

去声+子　芥子tɕiɑe^{53} tsəʔ^{21}　粽子tɕyəŋ^{53} tsəʔ^{21}

阴入+子　镢子tɕyəʔ^{4} tsəʔ^{21}　竹子tsuəʔ^{4} tsəʔ^{21}

阳入+子　辣子lɑʔ^{21} tsəʔ^{3}　叶子iəʔ^{21} tsəʔ^{3}

　　　　褥子zʅuəʔ^{21} tsəʔ^{3}　脖子p^{h}ɑʔ^{21} tsəʔ^{3}

表4-2同时反映，去声、阳平作前字时的轻声音节最多，作后字时变读轻声的最少。说明它们是最容易使后字发生调位中和，而本身又是最不容易被中和的调。如同样是阳平字，“驴”的叫法中，“叫驴tɕio^{53} y^{21}”后字轻声，“草驴ts^{h}o^{41} y^{33}”后字读本调；“牙”的不同种类中，“门牙məŋ^{33} niɑ^{21}”后字轻声，“嗓牙suɤu^{41} niɑ^{33}”后字读本调。“门”在“罗门lɤu^{33} məŋ^{21}、大门tɑ^{53} məŋ^{21}”中读轻声，在“拐门kuɑe^{41} məŋ^{33}侧门”中读本调。同样是阴平字，“鸡”在与阴平字组合的“公鸡kuəŋ^{24} tɕi^{21}”中读轻声，在与上声字组合的“草鸡ts^{h}o^{41} tɕi^{213}”中读本调。

邢向东（2004d）曾经提出“强势调、弱势调”一对概念，前者指本身不容易变读轻声，同时容易使其他音节发生轻化的单字调，后者指本身容易发生轻化，同时又不容易使其他音节发生轻化的单字调。在吴堡话的6个单字调中，去声、阳平是强势调，上声、阳入是弱势调。不过，弱势调的调值又往往是调位中和时调值的归并方向。详见下文。

此处，我们还可将与这两个概念相关的规律更引申一步：凡是容易被其他声调中和的调位，往往最不容易使其他声调发生中和；凡是最容易使其他调位发生中和的声调，往往又是最不容易被中和的声调。前者可以叫做“弱势调”，后者可称为“强势调”。可见，中和能力和被中和“能力”之间存在着一定的相关性。

1.2.2　重叠式两字组（名词）连读调

吴堡话重叠式名词很多，其连读调和普通的连调式有所不同。重叠式名词的连调式中，AA式是基础格式。AA式连调的基本特点是：阴平、上声、阴入、阳入重叠时，前字发生变调；后字在阴平、阳平、去声、阴入重叠时读轻声[21]调，在上声、阳入重叠时读同单字调。值得注意的是，上声、阳入字重叠，后字没有变读轻声，而是读[213]调，同样反映这两个单字调使后字变读轻声的力量较弱。见表4–3。

表4-3　重叠式名词两字组连调式

前字＼后字	阴平	阳平	上声	去声	阴入	阳入
阴平	**24+21**					
阳平		33+**21**				
上声			**41+213**			
去声				53+**21**		
阴入					**ʔ4+21**	
阳入						**ʔ21**+213

举例如下：

阴平重叠213　**24+21**

姑姑ku ku　亲亲tsʰiəŋ tsʰiəŋ亲戚　区区tɕʰy tɕʰy中式扣襻

阳平重叠33　33+**21**

窑窑 iɤ iɤ　爷爷iɑ iɑ　姨姨i i姨妈

上声重叠412　**41+213**

嫂嫂so so　姐姐tsɛe tsɛe　肚肚tu tu兜肚

去声重叠53　53+**21**

舅舅tɕiɑo tɕiɑo　洞洞tuəŋ tuəŋ汗衫　架架tɕiɑ tɕiɑ汗背心儿

阴入重叠ʔ3　**ʔ4+21**

伯伯piəʔ piəʔ　叔叔suəʔ suəʔ　角角tɕyɑʔ tɕyɑʔ

阳入重叠ʔ213　**ʔ21**+213

勺勺suəʔ suəʔ 盒盒xɑʔ xɑʔ 叶叶iəʔ iəʔ

ABB、AAB式名词的连调模式基本上是独立的单字调加上两字组连调，该单字又因后字或前字的影响而发生变调，规律不超出两字组重叠式的范围。为节省篇幅，此处不赘。

1.3 形容词重叠和重叠式形容词的连调式

吴堡话的形容词重叠和重叠式形容词，有AA儿、ABB、A格BB儿、AABB等格式。不同的形式有不同的连调式。下面逐类进行描写。

1.3.1 AA儿式

该式的基本特点是：后字一律儿化，并变读去声53调；前字除阴平、上声、阳入去掉后面的上扬部分，由曲折变成低降、中降调外，再无其他变化。举例如下：

阴平 **21+53**

高高儿ko kor 清清儿tsʰɛe tsʰər 悄悄儿tsʰiɤ tsʰiɤr

阳平 33+**53**

长长儿tʂʰɤu tʂʰɤur 明明儿mɛe mər 匀匀儿iəŋ iər

上声 **41+53**

暖暖儿nuɤ nuɤr 紧紧儿tɕiəŋ tɕiər 好好儿xo xor

去声 53+53

硬硬儿niəŋ niər 大大儿tɤu tɤur 厚厚儿xɑo xɑor

阴入 ʔ3+**53**

黑黑儿xəʔ xər 憋憋儿piəʔ piər 足足儿tɕyəʔ tɕyər

阳入 **ʔ21+53**

熟熟儿suəʔ suər 热热儿zʅəʔ zʅər 直直儿tʂʰəʔ tʂʰər

需要指出的是，吴堡话AA儿式的连调模式，符合陕北晋语的一般模式，即后字在儿化的同时变读去声的高降调（邢向东1996）。

1.3.2 ABB式

首先需要指出，本节所说ABB式，是指A为词根，BB为重叠式后缀所构成的状态形容词，如“白生生、红丹丹、黑洞洞、甜丝丝”等。有些词表面看也是ABB式，但其中的BB仍然是词根。如“顺壕壕”意为“顺着壕沟（V）”，“顺毛毛”意为“顺着对方心意、性格（V）”，这两个词的内部结构是“动+宾”，后头的“BB”是宾语，因此只能充当状语，“间峁峁品字形排列、间花花零星地种植、装饰”与之相同。再如“重沓沓”是并列式的“重沓”重叠后字构成，“沓沓”是词根，不是词缀；“倒笪笪坡度很大的（路）”是偏正式的“倒笪”重叠中心语素“笪”构成，“错扇扇两扇门一高一低的样子”同此。不论是讨论语音形式还是句法特点，都要把这些似是而非的情况排除在外。

ABB形容词的连调式是由首字A的不同调类来决定的，当A是阴平、上声、阴入时，BB为[53+21]；当A是阳平、去声时，BB是[213+33]。当A是阳入时，则有两种读法，一种是A读同阴入[ʔ3]，BB为[53+21]，一种是A读[ʔ21]，BB读[213+33]。举例如下：

阴平+BB　21+53+21

稀亮亮ɕi liã liã　　稀沙沙ɕi sɑ sɑ　　酸溜溜suɤ liɑo liɑo

上声+BB　41+53+21

紧绷绷tɕiəŋ piɑ piɑ　　水汪汪suɛe uã uã

暖烘烘nuɤ xuəŋ xuəŋ

阴入+BB　ʔ3+53+21

木愣愣məʔ ləŋ ləŋ发麻的感觉　　黑洞洞xəʔ tuəŋ tuəŋ

黑油油xəʔ iɑo iɑo

阳入+BB（甲）ʔ3+53+21

绿洼洼luəʔ uɑ uɑ　　滑溜溜xuɑʔ liɑo liɑo

落把把lɑʔ pɑ pɑ结束的时候，到最后

阳平+BB　33+213+33

甜丝丝t^hie sɿ sɿ　　平焉焉p^hɛe ie ie

去声+BB　53+213+33

乱哄哄luɤ xuəŋ xuəŋ　　肉囔囔ʐao nã nã　　嫩丹丹nuəŋ tã tã

阳入+BB(乙)ʔ21+213+33

白生生pʰiəʔ səŋ səŋ　　直溜溜tʂʰəʔ liɑo liɑo

圪□□kəʔ xɤu xɤu好像没理的样子

如果后字BB是入声字，则与舒声字有所不同，一般采取[X+ʔ21+ʔ3]模式。例如：

偏却却pʰie24 tsʰiəʔ21 tsʰiəʔ3担子一头轻一头重

真捉捉tʂəŋ24 tsuɑʔ21 tsuɑʔ3十分清晰

利索索lɛe53 sɑʔ21 sɑʔ3

糊□□xu53 tsʰuɑʔ21 tsʰuɑʔ3米汤等很黏的样子

实垈垈ʂəʔ21 tsuəʔ21 tsuəʔ3不空心，不通

忽袭袭xuəʔ21 ɕiəʔ21 ɕiəʔ3害怕的样子

但有些词的BB不变调：

寡□□kuɑ41 tʂʰɑʔ3 tʂʰɑʔ3①形容饭菜没味儿；②形容人言语很少，不喜欢与人交流

乜节节miɑ33 tɕiəʔ3 tɕiəʔ3不清醒、不灵活的样子

潮溻溻tʂʰo33 tʰɑʔ3 tʰɑʔ3形容潮湿的感觉

圪缩缩kəʔ3 suɑʔ3 suɑʔ3身体蜷缩在一起的样子

还有个别阳平字充当的BB也不变调：

聒喃喃kuəʔ3 nã33 nã33唠叨不停的

圪爬爬kəʔ3 pʰɑ33 pʰɑ33字写得歪歪扭扭的样子

1.3.3　A格BB儿式

该式是在ABB式的基础上加中缀“格”构成的，末尾的“B”同时儿化。A格BB儿的连调模式比较统一，绝大多数为“X+21+213+53”，其中X表示词根的单字调及其变调（与两字组相同，见前文）。

当A是阳入字时，A格BB儿式读成[21+ʔ3+213+53]，后面“BB儿”的变调与其他相同。

当A是上声字时，有两种连调式：甲式与其他相同，为[24+ʔ21+213+53]；乙式与其他不同，为[41+ʔ3+53+21]，后面的"BB儿"的变调也与其他不同。可以看出，造成上声字两种不同连调的原因，是上声字在由入声字"格"充当的中缀前变调不同。如前所述，"上声+阴入"的连调式是[41+ʔ3]，上声不能使阴入的后字变读轻声。因此，"A格BB儿"的乙式反映上声充当词根时的特性，甲式则反映其他声调的字构成的连调模式对它的同化作用，即其他声调作首字A的模式，具有很强的类推作用，正在逐渐改变A为上声字的连调模式。可见语言中类推作用的强大力量。举例如下：

A为阴平：24+ʔ21+213+53

昏格悠悠儿xuəŋ kəʔ iɑo iɑor微昏的感觉

稀格害害儿ɕi kəʔ xɑe xɑr地上水湿的样子

灰格蓬蓬儿xuɑe kəʔ pʰəŋ pʰər形容灰色

A为阳平：33+ʔ21+213+53

园格垂垂儿ye kəʔ tsʰuɛe tsʰuər很圆的形状

红格颜颜儿xuəŋ kəʔ niã niɑr形容红得好看

横格乎乎儿ɕyɑ kəʔ xu xur形容不圆

A为上声，甲：24+ʔ21+213+53

滚格处处儿kuəŋ kəʔ tsʰu tsʰur（炕等）热呼呼

满格焉焉儿mɤ kəʔ ie iər形容满

稳格焉焉儿uəŋ kəʔ ie iər十分稳固，牢固

乙：41+ʔ3+53+21

短格处处儿tuɤ kəʔ tsʰu tsʰur形容不太长

滚格烫烫儿kuəŋ kəʔ tʰã tʰɑr（饭菜等）热呼呼

粉格腾腾儿fəŋ kəʔ tʰəŋ tʰər形容粉得好看

A为去声：53+ʔ21+213+53

正格当当儿tʂɛe kəʔ tã tɑr摆放的位置端正

烂格泛泛儿lã kəʔ fã fɑr碎小的样子

笨格处处儿pəŋ kəʔ tsʰu tsʰur不尖锐，钝

A为阴入：ʔ4+ʔ21+213+53

黑格卡卡儿xəʔ kəʔ tɕʰiɑ tɕʰiɑ黑而瘦的样子

一格劲劲儿iəʔ kəʔ tɕiəŋ tɕiər和睦，协调

一格样样儿iəʔ kəʔ iɤu iɤur完全相同

胖格垂垂儿pʰɑʔ kəʔ tsʰuɛe tsʰuər小孩儿胖而好看的样子

A为阳入：ʔ21+ʔ3+213+53

实格豆豆儿ʂəʔ kəʔ tɑo tɑor形容事情没有虚假

白格生生儿pʰiəʔ kəʔ səŋ sər形容白得好看

绿格尖尖儿luəʔ kəʔ tsie tsiər形容绿得好看

1.3.4 AABB式形容词的连调式

该式连调的基本特点是：重叠的后字均读轻声，前字根据轻声前变调的规律变调（见前文表4–2）。如阴平字AABB式重叠，连调式为[24+21+24+21]。6个单字调，就形成36组连调式，其中上声字重叠有两种模式：[24+21]、[41+213]，这样，理论上共有42组连调式，其中有些连调式相同。AABB重叠的连调式规律性较强，为避免与前文重复，仅以阴平、阳平打头为例：

阴平+阴平 24+21+24+21

嘶嘶呻呻sɿ sɿ ʂəŋ ʂəŋ疾病无常

阴平+阳平 24+21+33+21

妖妖溜溜iɤ iɤ liɑo liɑo为人不正经的样子

疤疤牙牙pɑ pɑ niɑ niɑ物体表面不光滑的样子

阴平+上声 24+21+24+21

精精把把tsɛe tsɛe pɑ pɑ形容聪明灵动

阴平+去声 24+21+53+21

稀稀沙沙ɕi ɕi sɑ sɑ稀疏的样子

边边沿沿pie pie ie ie形容东西多，丰盛

阴平+阴入 24+21+ʔ4+ʔ21

撕撕挼挼sʅ sʅ zuaʔ zuaʔ拉拉扯扯

抠抠掐掐k^hɑo k^hɑo $tɕ^h$iaʔ $tɕ^h$iaʔ形容不由得要摸揣东西

阴平+阳入 24+21+ʔ4+ʔ21

本本业业pəŋ pəŋ iəʔ iəʔ一本正经

阳平+阳平 33+21+33+21

缘缘爬爬ie ie p^hɑ p^hɑ形容行走不便,弯腰走路

茬茬牙牙ts^hɑ ts^hɑ niɑ niɑ东西参差不齐的样子

阳平+上声 33+21+41+213

觑觑眼眼ts^hɑo ts^hɑo nie nie形容窥视、踅摸的样子

皮皮毯毯p^hi p^hi t^hã t^hã指零乱的衣被等

阳平+去声 33+21+53+21

余余对对y y tuɑe tuɑe(事情)避不过去,推辞不掉

须须挂挂suɛe suɛe kuɑ kuɑ形容装饰繁杂

阳平+阴入 33+21+ʔ4+ʔ21

皮皮戳戳p^hi p^hi ts^huɑʔ ts^huɑʔ泛指剥下、削下来的皮屑

糊糊馇馇xu xu ts^hɑʔ ts^hɑʔ糊住、粘住的样子

阳平+阳入 33+21+ʔ4+ʔ21

其其实实$tɕ^h$i $tɕ^h$i ʂ̩əʔ ʂ̩əʔ实实在在

黏黏�掠zi̥e zi̥e uɑʔ uɑʔ 形容喜欢占便宜

二 儿化

2.1 儿化韵

吴堡话有儿化音变。儿化韵母是卷舌韵,与非儿化韵之间有一定的对应关系。为了称说方便,我们把非儿化韵叫做基本韵母。除了ər ʅ yɑ iɛe韵外,其余39 个基本韵母,儿化后变为22个卷舌韵。下面列出儿化韵及其对应的基本韵母,并对儿化韵

进行描写。

ɑr	< ɑ	麦茬儿miəʔ^{21} tsʰɑr^{53}	打岔儿tɑ^{41} tsʰɑr^{53}
	< ɑʔ	一沓儿iəʔ^{21} tʰɑr^{53}	一盒儿iəʔ^{4} xɑr^{213}
		兀搭儿uəʔ^{21} tɑr^{213}	
	< ã	饺子馅儿tɕio^{41} tsəʔ^{3} xɑr^{53}	偏旁儿pʰie^{213} pʰɑr^{53}
		针盏儿tʂʰəŋ^{24} tsɑr^{21}放针的布包	
iɑr	< iɑ	豆芽儿tɑo^{53} niɑr^{53}	杏儿ɕiɑr^{53}
	< iã	抠眼儿kʰɑo^{53} niɑr^{412}	死心眼儿sɿ^{41} siəŋ^{24} niɑr^{412}
	< iɑʔ	马甲儿mɑ^{41} tɕiɑr^{53}	
uɑr	< uɑ	马褂儿mɑ^{41} kuɑr^{53}	绣花儿siɑo^{53} xuɑr^{213}
		砚瓦儿nie^{53} uɑr^{21}	
	< uã	腿弯儿tʰuɑe^{41} uɑr^{213}	耳环儿ər^{41} xuɑr^{33}
	< uɑʔ	鸡翎刷儿tɕi^{21} lɛe^{33} suɑr^{21}鸡毛掸子	
yɑr	< yɑʔ	丑角儿 tʂʰɑo^{41} tɕyɑr^{53}	鬓角儿piəŋ^{53} tɕyɑr^{21}
ɤr	< ɤ	花瓣儿 xuɑ^{21} pɤr^{53}	山蔓儿sã^{21} mɤr^{53}
iɤr	< iɤ	雀儿tsʰiɤr^{412}	面条儿mie^{53} tʰiɤr^{53}
		山腰儿sã^{224} iɤr^{213}	树苗儿su^{53} miɤr^{53}
uɤr	< uɤ	饭馆儿 fã^{53} kuɤr^{412}	门转儿məŋ^{33} tsuɤr^{213}
		霍乱儿xuəʔ^{3} luɤr^{53}	
ər	< ɑe	鞋带儿 xɑe^{33} tər^{53}	瓶盖儿pʰiəŋ^{33} kər^{53}
	< ɿ	瓜子儿kuɑ^{24} tsər^{21}	拿子儿儿nɑ^{33} tsʰər^{213}抓子
		泥匙儿ni^{53} sər^{213}抹子	
	< əŋ	瞳仁儿tʰuəŋ^{33} ʐər^{53}	串门儿tsʰuə^{53} mər^{33}
		压根儿niɑ^{53} kər^{213}	
	< ɛe	鞋底儿xɑe^{33} tər^{412}	碗底儿uə^{24} tər^{213}
		钉儿tər^{213}	
	< əʔ	打嗝儿tɑ^{41} kər^{213}	老末儿lo^{41} mər^{53}
		碎末儿suɑe^{53} mər^{53}	

iər	<ie	高粱杆儿ko^{21} liã^{33} kiər^{213}	一件儿iəʔ^{3} tɕiər^{53}
	<iəŋ	衣襟儿 i^{24} tɕiər^{213}	背心儿pɑe^{53} siər^{213}
	<iəʔ	一碟儿iəʔ^{4} t^{h}iər^{213}	竹叶儿tsuəʔ^{4} iər^{213}
uər	<uɑe	裤腿儿k^{h}u^{53} t^{h}uər^{412}	
	<uɛe	墨水儿miəʔ^{4} suər^{412}	香味儿ɕiã^{213} uər^{53}
		小锤儿siɤ^{441} ts^{h}uər^{53}	
	<uəŋ	打盹儿tɑ^{24} tuər^{213}	猴瓮儿xɑo^{33} uər^{53}
		圪虫儿kəʔ^{3} ts^{h}uər^{53}	
	<uəʔ	牛犊儿niɑo^{33} t^{h}uər^{21}	
yər	<ye	手绢儿ʂɑo^{41} tɕyər^{53}	眼圈儿niã^{41} tɕ^{h}yər
		牛鼻桊儿niɑo^{33} p^{h}iəʔ^{21} ɕyər^{53}	
	<yəŋ	小熊儿siə^{41} ɕyər^{53}	
or	<o	趁早儿tʂ^{h}əŋ^{53} tsor^{412}	豆腐脑儿tɑo^{53} fu^{21} nor^{412}
		推刨儿t^{h}uɑe^{21} por^{53}	
ior	< io	小鸟儿siɤ^{24} nior^{213}	圪鸟儿kəʔ^{4} nior^{213}蝌蚪
ɑor	<ɑo	门楼儿məŋ^{33} lɑor^{53}	心口儿siəŋ^{24} k^{h}ɑor^{213}
		兜儿tɑor^{213}	
iɑor	<iɑo	剪柳儿tsie^{24} liɑor^{412}扒手	朋友儿p^{h}əŋ^{33} iɑor^{21}
		圪扭儿kəʔ^{4} niɑor^{213}胳膊肘	
ɤur	<ɤu	打场儿tɑ^{41} tʂ^{h}ɤur^{53}	草房儿ts^{h}o^{41} fɤur^{53}
		扭秧歌儿niɑo^{41} iã^{33} kɤur^{21}	
iɤur	<iɤu	山羊儿sã^{21} iɤur^{53}	门框儿məŋ^{33} tɕ^{h}iɤur^{53}
uɤur	<uɤu	线锁儿sie^{53} suɤur^{213}	天窗儿t^{h}ie^{24} ts^{h}uɤur^{213}
		抿尖床儿miəŋ^{41} tsiã^{213} ts^{h}uɤu^{53}	
ʅr	<ier	（tʂ- tʂ^{h}- ʂ- ʐ-）	秋蝉儿ts^{h}iɑo^{221} tʂ^{h}ʅr^{53}
iɪr	<i	猪蹄儿tsu^{21} tɕ^{h}iɪr^{53}	单眼皮儿tã^{24} niã^{41} p^{h}iɪr^{53}
		小米儿siɤ^{24} miɪr^{213}	
ur	<u	牛肚儿 niɑo^{33} tur^{412}	砍乎儿k^{h}ie^{24} xur^{21}

yɪr　< y　金鱼儿tɕiəŋ^{221} nyɪr^{53}　　锯儿tɕyɪr^{53}

孙子女儿suəŋ^{24} tsəʔ^{21} nyɪr^{412}

说明：

1. ɑr iɑr uɑr yɑr韵中ɑ的实际音值是[ɐ]。

2. iɪr韵的实际音值就是[iɪr]，yɪr韵在声母为n时，实际发音为[ȵyrɪr]，介音之后有一个闪音。

从上述各例可以看出，从基本韵母到儿化韵，归并幅度较大，其中归并到ər iər uər yər ɑr五个韵母的最多。经过卷舌作用，凡是中元音充当的韵腹，不论前后，一律被中和为央元音，而且复韵母ɑe也被中和为ər组儿化韵。

2.2　儿化变调

①吴堡话儿化导致阳平字变读去声，阴入调的字儿化后，先读成阳平，有的又按照阳平的儿化变调规律再变读为去声，有的词因此形成异读。不过较多的阴入字儿化后止步于阳平调，不再进一步变读去声。大多数阳入字儿化只是拉长为调型相同的阴平调，但少数字也按照阴入的模式变调。举例如下：

阳平儿化变去声

卜脐儿pəʔ^{3} tsʰər^{53}肚脐　　双旋儿suɤu^{21} tɕʰyər^{53}

孩儿ɕiər^{53}　　圪桃儿kəʔ^{3} tʰor^{53}中式纽扣

眼睛仁儿niã^{41} tsɛe^{213} zʅər^{53}眼珠　　指头儿tʂɑʔ^{3} tʰɑor^{53}

门楼儿məŋ^{33} lɑor^{53}　　小锤儿siɤ^{41} tsʰuər^{53}钉锤

一喷头儿iəʔ^{21} pʰəŋ^{24} tʰɑor^{53}刚开始

阴入字儿化变读阳平

肉末儿zʅɑo^{53} mər^{33}　　磨黑儿mɤu^{53} xər^{33}天刚黑

阴入字儿化变读去声

眼角儿niã^{41} tɕyɑr^{53}　　小腿骨儿siɤ^{24} tʰuɑe^{41} kuər^{53}胫骨

大年初一儿tɤu^{53} nie^{33} tsʰu^{21} iər^{53}

少数阳入字儿化后，按照阴入字变读去声

踏实儿t^{h}ɑʔ^{3} ʂər^{53}

一部分单字调为阳平的儿化音节不变调，如：眼皮儿niã^{41} p^{h}iɪr^{33}，一马连儿iəʔ^{3} mɑ^{41} liər^{33}所有，全都。一部分来自阳平的儿化词变调不变调两读，形成异读，如：香肠儿ɕiã^{21} tʂ^{h}ɤur^{33}/ɕiã^{21} tʂ^{h}ɤur^{53}，白眼仁儿p^{h}iəʔ^{4} niã^{41} zʐər^{33}/p^{h}iəʔ^{4} niã^{41} zʐər^{53}白眼珠。

②儿化音节读轻声：与非儿化词变读轻声的规律相同，阴平、上声、阳入字儿化最容易读轻声。举例如下：

阴平儿化

艄公儿so^{24} kuər^{21}　　地根儿tɛe^{53} kər^{21}从来

秋分儿ts^{h}iɑo^{24} fər^{21}　　而今儿ər^{33} tɕiər^{21}现在

莲花儿lie^{33} xuɑr^{21}

阳平儿化

旗袍儿tɕ^{h}i^{33} p^{h}or^{21}　　二门儿ər^{53} mər^{21}边门

鬼棒槌儿kuɛe^{41} pɤu^{53} ts^{h}uər^{21}喜欢耍鬼的人

上声儿化

瓜子儿kuɑ^{24} tsər^{21}　　蚂蚁儿mɑ^{24} iɪr^{21}

路虎儿lɑo^{53} xur^{21}金龟子　　立水儿liəʔ^{4} suər^{21}炕宽

去声儿化

地势儿tɛe^{53} ʂər^{21}　　绵不济儿mie^{33} pəʔ^{3} tsər^{21}软弱的人

阴入儿化

小红曲儿siɤ^{41} xuəŋ^{33} tɕ^{h}yər^{21}小技巧

猪蹄扎儿tsu^{21} tɕ^{h}i^{33} tsɑr^{21}一种打绳结的方法

阳入儿化

草席儿ts^{h}o^{24} siər^{21}　　中伏儿tsuəŋ^{24} fər^{21}

正月儿tʂɛe^{24} yər^{21}　　绞轴儿tɕiɤ^{53} ts^{h}uər^{21}连枷

芥末儿tɕiɑe^{53} mər^{21}　　牛犊儿niɑo^{33} t^{h}uər^{21}

蝴蝶儿xu^{33} t^{h}iər^{21}

第五章　中古音与吴堡话的对应关系

中古音指以《切韵》为代表的中古音系，本文主要指《广韵》音系。我们认为，尽管吴堡音系不一定就是从《广韵》音系直接发展演变而来的，但仍然可以通过《广韵》音系与吴堡音的比较，观察吴堡话的历时发展脉络，从而揭示汉语语音演变的一些规律。为了方便比较，中古音的分类以中国社会科学院语言研究所《方言调查字表》为准。

一　声母的比较

中古音与吴堡话声母的分合关系及其条件见表5–1、5–2。

表5–1从古音出发看古今音的分合。表左是中古声母的组、系，表端是声母的清浊。

表5–2从今音出发看其声母的中古音来源，表左是今声母，表端是古声母，横竖相交处是该声母的例字。

表5-1　古今声母比较表之一

		清				全浊			次浊				清		全浊		
						平		仄							平		仄
帮组		帮p		滂p^h		並p^h		p p^h	明m								
非组		非f		敷f		奉 f			微u								
端组	今洪	端	t	透	t^h	定	t^h	t t^h	泥	n	来	l					
	今细									ø							
精组	今开齐合	精	ts	清	ts^h	从	ts^h	ts ts^h					心	s	邪	s	
	今撮		tɕ		tɕ^h		tɕ^h	tɕ tɕ^h						ɕ		ɕ	
知组	开二	知	ts	彻	ts^h	澄	ts^h	ts ts^h									
	其他开口		tʂ		tʂ^h		tʂ^h	tʂ tʂ^h									
	合口及江开二		ts		ts^h		ts^h	ts ts^h									
庄组		庄	ts	初	ts^h	崇	ts^h	ts^h ts					生	s			
章组	止开及合口	章	ts	昌	ts^h	船	s						书	s	禅	s	
	其他开口		tʂ		tʂ^h		tʂ^h ʂ	ʂ						ʂ		tʂ^h ʂ	ʂ
日母	止开及合口								日	ø z							
	其他									ʐ							
见晓组	今洪	见	k	溪	k^h	群	k^h	k k^h					晓	x	匣	x	
	今细		tɕ		tɕ^h		tɕ^h	tɕ tɕ^h						ɕ		ɕ	
疑母	开口								疑	ŋ							
	齐齿									ŋ n ø							
	合撮									ø							
影组	开口	影	ŋ						云	ø	以	ø					
	齐齿		ŋ n ø														
	合撮		ø														

表5-2　古今声母比较表之二

	帮滂並明	非敷奉微	端透定	泥来	精清从心邪	知彻澄	庄初崇生	章昌船书禅	日	见溪群疑	晓匣影云以	
p	菠　弊											p
p^h	飘辫											p^h
m	密											m
f		夫赴父										f
t			多　代									t
t^h			土夺									t^h
n				耐						牙	哑	n
l				农来								l
ts					姊　借	站　赚	皱　<u>寨</u>	支				ts
ts^h					浸刺杂	痴绽	初柴	侈				ts^h
s					星席		数	示诗是				s
z												z
tʂ						沾　宙		织				tʂ
$tʂ^h$						抽沉		称　仇				$tʂ^h$
ʂ								食　声<u>城</u>				ʂ
ʐ									人			ʐ
tɕ										饥　咎		tɕ
$tɕ^h$					骏全					气橛		$tɕ^h$
ɕ					髓穗						歇闲	ɕ
k										改		k
k^h										亏跪		k^h
ŋ										岸	恩	ŋ
x											欢汗	x
ø		味		驴					二	玉	央远引	ø

二　韵母的比较

古今韵母的演变与古韵摄、韵母的等、开合口、韵类以及声母的类型有关。下面以中古韵十六摄为序，列表比较中古音与吴堡话之间韵母的分合关系及其条件。

表5-3从古音出发看今音，表左是韵摄、开合口，表端是韵等和声母组系。

表5-4从今音出发看它的来源。表左是今韵母，表端是古韵摄、开合口、等，中间相交处是该韵母的例字。

三　声调的比较

古今声调的关系见5-5。表左是古声调和声母的清浊，表端是今声调及其调值。

表5-5　古今声调比较表

古音＼今音		阴平 213	阳平 33	上声 412	去声 53	阴入 ʔ3	阳入 ʔ213
平声	清	高猪天三					
	次浊		鹅娘人文				
	全浊		帘床才神				
上声	清			纸口手死			
	次浊			女老暖有			
	全浊				近坐抱父		
去声	清				醉爱菜放		
	次浊				岸让怒用		
	全浊				共大树饭		
入声	清					出七百铁	
	次浊					列粒镊密	辣立麦叶
	全浊					拔独杰及	罚白盒舌

表5-3 古今韵母比较表之一

		一等			二等				三四等									
		帮系	端系	见系	帮系	泥组	知庄组	见系	帮系	端组	泥组	精组	庄组	知章组	日母	见系		
果	开		ɤu多 ɑ哪 ɤ那	ɤu河												iɑ茄	开	果
果	合	ɤu婆	uɤu垛 ɤu罗	ɤu过 u课												yɑ瘸	合	果
假	开				ɑ爬	ɑ拿	ɑ茶	iɑ家 ɑ下				iɑ斜 ɛe谢		ɑ车 ie者	ɑ惹	iɑ爷	开	假
假	合						uɑ耍	uɑ花									合	假
遇	合	u布	u土 ɑo奴	u伍					u父		uɛe女 y驴	y取	u初	u猪	u如	y雨	合	遇
蟹	开	ɑe贝	ɑe来	ɑe开	ɑe买	ɑe奶	ɑe寨	ɑe鞋 iɑe街	ɛe闭 i米	ɛe低	ɛe犁 i泥	ɛe西		ɛe世		i鸡	开	蟹
蟹	合	ɑe妹	uɑe腿	uɑe回			uɑe拽	uɑe快 uɑ挂	ɛe废					uɛe税	uɛe芮	uɛe闺 i畦	合	蟹
止	开								i皮 ɛe美	ɛe地	ɛe你	ʅ死	ʅ师	ʅ支 ɛe知	ər二	i 奇	开	止
止	合								ɛe飞 i肥		uɛe累	uɛe嘴	uɛe衰	uɛe吹	uɛe蕊	uɛe威 y纬 i季	合	止

续表

		一等			二等				三四等									
		帮系	端系	见系	帮系	泥组	知庄组	见系	帮系	端组	泥组	精组	庄组	知章组	日母	见系		
效	开	o宝 u抱	o刀	o高	o饱	o闹	o找	io交 o搞	iɤ苗 io表	iɤ跳 io鸟	iɤ尿 io辽	iɤ小 io萧		ɤ招 o昭	ɤ饶	iɤ叫 io骄	开	效
流	开	u母	ɑo走	ɑo狗					iɑo谬 u富 iɤ谬	iɑo 丢	iɑo流	iɑo酒	ɑo愁	ɑo收	ɑo揉	iɑo右	开	流
咸舒	开		ã男	ã感 ie敢			ã站	ã咸 iã咸	ie贬	ie甜	ie殓	ie尖		ie闪	ie染	ie脸	开	咸舒
	合								ã犯								合	
深舒	开								iəŋ品		iəŋ林	iəŋ心	əŋ森	əŋ深	əŋ壬	iəŋ今	开	深舒
山舒	开		ã单	ie旱	ã板		ã山	iã眼	ie边	ie天	ie年	ie前		ie展	ie然	ie见	开	山舒
	合	ɤ半 ã潘	uɤ短	uɤ官 uã观			ã闩	uã关 ã还	ã反		uɤ恋 ye□	ye全		uɤ穿	uɤ软	ye圈 ie县	合	
臻舒	开		əŋ吞	əŋ根					iəŋ贫		iəŋ邻	iəŋ亲	əŋ衬	əŋ真	əŋ人	iəŋ斤	开	臻舒
	合	əŋ笨	uəŋ顿	uəŋ困					əŋ分		uəŋ轮	yəŋ旬		uəŋ春	uəŋ闰	yəŋ云 iəŋ匀 uəŋ荤	合	

续表

		一等			二等				三四等									
		帮系	端系	见系	帮系	泥组	知庄组	见系	帮系	端组	泥组	精组	庄组	知章组	日母	见系		
宕舒	开	ã榜 ɤu帮	ã当 ɤu当	ã纲 ɤu糠							iã梁 iɤu梁	iã将 iɤu墙	uã壮 uɤu壮	ã赏 ɤu晌	ã嚷 zɤu让	iã强 iɤu强	开	宕舒
宕舒	合			uã光					uã忘 uɤu 忘							uã眶 uɤu往 u王	合	宕舒
江舒	开				ã庞 ɤu棒	ɤu攮	uã双 uɤu撞	ã项 iã腔 iɤu腔									开	江舒
曾舒	开	əŋ崩	əŋ灯	əŋ恒					iəŋ凭 εe冰		iəŋ陵 εe凌			əŋ征 εe蒸	əŋ仍 ər扔	iəŋ兴 i蝇	开	曾舒
曾舒	合			uᵊŋ弘													合	曾舒
梗舒	开				əŋ迸 iɑ迸	əŋ冷 iɑ冷	əŋ生 ɑ生	əŋ更 iəŋ硬 iɑ杏	iəŋ明 εe明	iəŋ 顶 εe顶	iəŋ宁 εe另	iəŋ星 εe星		əŋ盛 εe声		iəŋ影 i影	开	梗舒
梗舒	合							uᵊŋ轰 yɑ横								yᵊŋ永 uεe兄 iəŋ倾	合	梗舒
通舒	合	əŋ蒙	uᵊŋ冬	uᵊŋ空				əŋ风			uəŋ龙	uəŋ从	uəŋ崇	uəŋ种	uəŋ戎	uᵊŋ供 yᵊŋ穷	合	通舒

续表

		一等			二等				三四等									
		帮系	端系	见系	帮系	泥组	知庄组	见系	帮系	端组	泥组	精组	庄组	知章组	日母	见系		
咸入	开		ɑʔ答	əʔ鸽			ɑʔ插	iɑʔ夹 ɑʔ匣		iəʔ跌	iəʔ猎	iəʔ接		əʔ涉		iəʔ叶 iɑʔ劫	开	咸入
	合								ɑʔ法								合	
深入	开										iəʔ立	iəʔ习	ɑʔ涩	əʔ十	uəʔ入	iəʔ急	开	深入
山入	开		ɑʔ辣	əʔ渴	ɑʔ八		ɑʔ杀	ɑʔ瞎 iɑʔ瞎	iəʔ灭	iəʔ铁	iəʔ裂	iəʔ切		əʔ舌	əʔ热	iəʔ歇	开	山入
	合	əʔ泼 ɑʔ钹	uəʔ脱	uəʔ活			uɑʔ刷	uɑʔ刮	ɑʔ发		iəʔ劣	yəʔ雪		uəʔ说		yəʔ月	合	
臻入	开								iəʔ笔		iəʔ栗	iəʔ膝	ɑʔ虱	əʔ失	əʔ日	iəʔ一	开	臻入
	合	əʔ没	uəʔ突	uəʔ骨					uəʔ物		uəʔ律	yəʔ戌	uɑe率	uəʔ出		yəʔ屈	合	
宕入	开	əʔ摸	ɑʔ托 uəʔ凿	əʔ各							iəʔ略	iəʔ鹊 yəʔ嚼		əʔ勺 uəʔ勺	əʔ弱	iəʔ脚	开	宕入
	合			uəʔ扩					əʔ缚							yəʔ镬	合	
江入	开				ɑʔ剥 əʔ朴		uɑʔ桌 uəʔ浊	yɑʔ角 yəʔ确 iəʔ学 uɑʔ握									开	江入

续表

		一等			二等				三四等									
		帮系	端系	见系	帮系	泥组	知庄组	见系	帮系	端组	泥组	精组	庄组	知章组	日母	见系		
曾入	开	iəʔ北	əʔ得 ɑʔ特 iəʔ塞	əʔ刻					iəʔ逼		iəʔ力	iəʔ媳	ɑʔ色	əʔ直		iəʔ极 i亿	开	曾入
	合			uᵊʔ国												yəʔ域	合	
梗入	开				iəʔ伯		ɑʔ拆	əʔ客 uᵊʔ核	iəʔ壁	iəʔ踢	iəʔ历	iəʔ积		əʔ赤		iəʔ益 əʔ吃	开	梗入
	合							uᵊʔ获 uɑ划								i疫	合	
通入	合	əʔ扑	uᵊʔ秃 yəʔ速	uᵊʔ谷					əʔ福		iɑo六 uəʔ录	yəʔ足 uəʔ促	uˠu缩	uəʔ竹	ɑo肉	yəʔ菊	合	通入

表5-4　古今韵母比较表之二

	果		假		遇	蟹		止		效	流	咸	
	开	合	开	合	合	开	合	开	合	开	开	开	合
	一三	一三	二三	二	一三	一二三四	一二三四	三	三	一二三四	一三	一二三四	三
ɿ ʅ								此					
i u y		课			布猪 驴	弊米	惠	皮	季	保	母富		
ɑ iɑ uɑ yɑ	他 茄	瘸	拿车 家爷	傻 花		洒	挂						
ie ye			射									闪甜	
ɤ iɤ uɤ	那									招 小浇			
o io										宝饱邵 交辽萧	彪		
ɑe iɑe uɑe						来买 街	杯 腿　快		衰				
ɛe iɛe uɛe			姐		吕	世妻	妹 岁闺	地	非 嘴				
ɑo iɑo					奴						楼 丢		
ɤu iɤu uɤu	多	波 坐											
ər								二					
ã iã uã yã												感站 咸	犯
əŋ iəŋ uəŋ yəŋ													
aʔ iaʔ uaʔ yaʔ												答扎 夹劫挟	法
əʔ iəʔ uəʔ yəʔ								臂				鸽　折 聂跌	

续表

	深	山								臻				宕				江	曾				梗						通	
	开	开				合				开		合		开		合		开	开		合		开			合			合	
	三	一	二	三	四	一	二	三	四	一	三	一	三	一	三	一	三	二	一	三	一	三	二	三	四	二	三	四	一	三
ɿ ʅ																								掷						
i u y																	王			蝇				剧			疫			育
ɑ iɑ uɑ yɑ																						打 冷 横				划				
ie ye				展	天			沿 全	县 玄																					
ɤ iɤ uɤ						拌 端																								
o io																														
ɑe iɑe uɑe																														
ɛe iɛe uɛe																				蒸				明	瓶		兄			
ɑo iɑo																														
ɤu iɤu uɤu														帮	常 娘 壮		妨 枉	邦 豇 窗												
ər																														
ã iã uã yã		单	山			潘 观	关	阮						狼	尝 强	光	忘 眶	庞 江 双												
əŋ iəŋ uəŋ yəŋ	深 今									根	人 亲	笨 困	分 匀 荤 军						灯	征 陵	弘		牲 硬	盛 鸣		宏	倾 琼	萤 迥	蓬 冬 粽	风 供 穷
ɑʔ iɑʔ uɑʔ yɑʔ	涩	达	八 辖			钹	刮	发						托				驳 学 桌 角	则	侧			拆							
əʔ iəʔ uəʔ yəʔ	执 立	隔		哲 别	撇	钵 脱		劣 拙 绝	决		侄 笔	勃 突	佛 律 橘	博	酌 略 勺	郭	缚 攫	朴 浊	得 北	直 逼	国	域	格 百	石 碧	劈	获			扑 秃 速	福 陆 畜

四　例外字表

4.1　声母例外字(部分字括号内注明按对应规律当读之声母,个别字括号内说明例外原因)

帮母:谱pʰu^{412}｜秘泌miəʔ^{3}｜鄙pʰi^{412}｜庇pʰi^{412}｜痹pʰi^{53}｜胞pʰo^{33}｜蝙pʰie^{412}｜扁pʰie^{412}｜迫pʰiəʔ^{3}

滂母:玻pɤu^{213}｜怖pu^{53}｜扳pã^{213}(语音归并)｜泊pəʔ^{3}梁山~(语音归并)

并母:刨po^{213}｜佩pʰɑe^{53}

明母:戊u^{53}｜谬niɑo^{53}/niɤ^{53}

非母:甫脯pʰu^{412}

敷母:捧pʰəŋ^{412}

微母:尾i^{412}(Øu-)

端母:堤tɕʰi^{33}｜鸟nio^{412}

透母:贷tɑe^{53}｜敨tɑo^{412}

定母:屯饨tuəŋ^{53}｜挺艇tʰiəŋ^{412}

泥母:哪lɑ^{33}｜赁liəŋ^{53}｜黏ʑie^{33}｜酿ʑã^{412}｜农luəŋ^{33}

来母:荦nie^{412}

精母:躁tsʰo^{53}｜剿tsʰo^{213}｜歼tsʰie^{213}｜卒tɕʰyəʔ^{213}｜雀tsʰiɤ^{412}

从母:造tsʰo^{53}｜蹲tuəŋ^{213}

心母:须suɛe^{33}(ɕ)｜玺徙ɕi^{412}｜伺tsʰɿ^{53}｜粹tsʰuɛe^{53}｜羡ɕie^{53}

邪母:辞sɿ^{33}

知母:爹tiɑ^{213}

澄母:痔tsɿ^{53}｜瞪təŋ^{53}

庄母:楂tsʰɑ^{33}

崇母:士仕柿俟事sɿ^{53}

生母:产tsʰã^{412}｜傻sɑ^{412}｜虱ʂɑʔ^{3}(庄组字读音多有特殊,今开口呼字声母一般归精组,但有不少归章组,且韵母特殊)

章母：帚tsʰu^{412}

昌母：嗤tʂʰɛe^{412}（tsʰ）| 触tsuəʔ^{3}

船母：盾tuəŋ^{53}

书母：暑tsʰu^{412}

禅母：慎tʂʰəŋ^{53}

见母：懈ɕiɑe^{53} | 会kʰuɑe^{412}~计 | 桧kʰuɑe^{53} | 愧kʰuɛe^{53} | 膏ŋo^{53} | 搞ko^{412} | 构购ŋɑo^{53} | 脸lie^{412} | 括kʰuəʔ^{3} | 扛kʰɤu^{412} | 昆崑kʰuəŋ^{213} | 矿kʰuã^{53} | 羹kʰəŋ^{21}

溪母：枯ku^{213} | 溪ɕi^{213} | 墟ɕy^{213} | 恢xuɑe^{213} | 吃tʂʰəʔ^{3}

群母：瞿tɕy^{53}

疑母：讹ŋəʔ^{3}（果合一，Øu-）| 呆tɑe^{213} | 崖捱nɑe^{33} | 硙uɑe^{53}（蟹开一，ŋ）| 严ȵie^{33}（咸开三，n或齐齿呼零声母，比较：酽nie^{53}）| 吟zəŋ^{213} | 砚ŋie^{53}（山开四，n或齐齿呼零声母）| 阮ʐuã^{412}

晓母：歪uɑe^{412}

匣母：葫kuəʔ^{213} | 孩ɕi^{33}（蟹开一，x）① | 械tɕie^{53} | 畦tɕʰi^{33} | 肴淆nio^{213} | 舰tɕie^{53} | 完丸uɤ^{33} | 皖uã^{412} | 蘸tʂəʔ^{3}（训读为"蛰"）| 核kuəʔ^{3} | 萤iəŋ^{33} | 汞kuəŋ^{412} | 迥tɕyəŋ^{412}

影母：矮nɑe^{412}

云母：于ny^{33} | 彙xuɛe^{53} | 熊雄ɕyəŋ^{33}

以母：铅tɕʰie^{213} | 捐tɕye^{213}

4.2 韵母例外字（括号内注明按对应规律当读之韵母）

果摄：哥kɑ^{213}（ɤu）| 那nɤ^{412}（ɤu）| 讹ŋəʔ^{3}（ɤu）| 锉莝tsʰɤu^{53}（uɤu）

假摄：厦suɑ^{412}（ɑ）| 傻sɑ^{412}（uɑ）| 爷i^{33}（iɑ）

遇摄：怒nu^{53}（ɑo）| 错tsʰɤu^{53}（u）| 做tsuəʔ^{3}（u）| 五uəʔ^{213}

① 此处是根据儿化音折合出来的单字音。"孩"是一等字，按照吴堡及陕北晋语的语音演变规律，不应读齐齿呼韵母、舌面音声母。其原因请看刘勋宁（1998）的有关论述。

（u）｜午uɤ^{21}（u）｜葫kuəʔ^{213}（u）｜恶ŋəʔ^{3}可～（u）｜庐lɑo^{33}（y）｜缕lɑo^{412}（y）｜所suɤu^{412}（u）｜去kʰəʔ^{3}（y）｜趣tsʰuɛe^{53}（y）｜须suɛe^{33}（y）｜续ɕyəʔ^{3}｜裕yəʔ^{3}（y）

蟹摄：钗tsʰɑ^{213}（ɑe）｜洒sɑ^{412}（ɑe）｜涯iɑ^{33}（iɑe）｜咳kʰəʔ^{3}（ɑe）｜鼊piəʔ^{3}（ɛe）

止摄：滓tsɑe^{412}（ɿ）｜嗤tʂʰɛe^{412}（ɿ）｜揣tsʰuɑe^{213}（uɛe）｜毁xuɑe^{412}（uɛe）｜衰摔suɑe^{213}（uɛe）｜帅suɑe^{53}（uɛe）｜季tɕi^{53}（uɛe）｜遗i^{33}（uɛe）｜讳xuɑe^{412}（uɛe）｜髻tɕiəʔ^{3}（i）｜缢iəʔ^{3}（i）｜臂譬piəʔ^{3}（ɛe）｜荔liəʔ^{3}（ɛe）｜秘泌miəʔ^{3}（ɛe）｜鼻pʰiəʔ^{213}（ɛe）｜腻niəʔ^{213}（ɛe）｜厕tsʰɑʔ^{3}（ɿ）

效摄：蒿xɤu^{213}（o）｜薅xɤu^{33}（o）｜抓tsuɑ^{213}（o）｜爪tsuɑ^{412}（o）｜坳ŋo^{213}（io）｜靿iɤ^{53}（二等，io）

流摄：剖pʰo^{213}（ɑo）｜茂贸mo^{53}（ɑo）｜矛mo^{33}/miɤ^{33}（ɑo）｜復fəʔ^{3}（ɑo）｜彪pio^{213}/piɤ^{213}（iɑo）｜谬niɑo^{53}/niɤ^{53}（iɑo）

咸舒：赚tsã^{53}（uã）

深舒：簪tsã^{213}（əŋ）

山舒：疝suã^{53}（ã）｜轩ɕye^{213}（ie）｜扁pã^{412}（ie）｜拚pʰɤu^{412}（ã）｜攒tsã^{412}（uã）｜恋luɤ^{33}（ye）｜缘沿ie^{33}（ye）｜铅tɕʰie^{213}（ye）｜沿ie^{53}（ye）｜兖ie^{412}（ye）｜阮zuã^{412}（ye）｜县ɕie^{53}（ye）

山入：捋lyəʔ^{3}（luəʔ）｜劣liəʔ^{3}（yəʔ）

臻舒：遵tsuəŋ^{213}（yəŋ）｜皴tsʰuəŋ^{213}（yəŋ）｜笋榫suəŋ^{412}（yəŋ）｜迅ɕiəŋ^{53}（yəŋ）｜椿tɕʰy^{213}（uəŋ）｜匀iəŋ^{33}（yəŋ）｜尹iəŋ^{412}（yəŋ）｜荤xuəŋ^{213}（yəŋ）

臻入：虱ʂɑʔ^{3}（əʔ）｜逸i^{53}（iəʔ）｜讫tɕʰie^{33}（iəʔ）｜孛pʰiəʔ^{3}（əʔ）｜卒tɕʰyəʔ^{213}（uəʔ）｜率蟀suɑe^{53}（yəʔ）

宕舒：刚tɕiɤu^{213}（ã）｜逛kã^{53}（uã）

宕入：幕mu^{53}（əʔ铎）｜踱tu^{53}（ɑʔ铎，误读半边）｜错tsʰɤu^{53}（ɑʔ，读入果摄）｜昨tsɑ^{53}（ɑʔ）｜乐lɤu^{53}（ɑʔ，读如舒声白读，与

果合流）| 凿tsʰuəʔ^{213}（ɑʔ）| 勺suəʔ^{213}（əʔ）| 握uɑʔ^{3}（yɑʔ）

江舒：胖pʰɑʔ^{3}（ã）

曾舒：凌niɑ^{33}（ɛe）

曾入：北piəʔ^{3}（əʔ）| 墨默miəʔ^{3}（əʔ）| 塞ɕiəʔ^{3}～子（əʔ）| 贼tsɛe^{33}（əʔ）| 匿ni^{53}（iəʔ）| 忆亿抑翼i^{53}（iəʔ）|

梗舒：蚌pã^{53}əŋ | 打tɑ^{412}（əŋ）| 盟məŋ^{33}（iəŋ）| 矿kʰuã^{53}（uəŋ）| 倾tɕʰiəŋ^{412}（yəŋ）| 顷tɕʰiəŋ^{412}（yəŋ）| 萤iəŋ^{33}（yəŋ）| 营茔iəŋ^{33}（yəŋ）| 颖iəŋ^{412}（yəŋ）|

梗入：白pɑe^{33}～吃（iəʔ）| 陌mo^{53}（iəʔ）| 掷炙tʂʅ^{53}（əʔ）| 亦译易i^{53}（iəʔ）| 液腋ie^{53}（iəʔ）| 划xuɑ^{53}（uəʔ）| 疫役i^{53}（yəʔ）

通舒：熥tʰəŋ^{213}（uəŋ）| 粽tɕyəŋ^{53}（uəŋ）| 嗅ɕiɑo^{53}（yəŋ）

通入：速ɕyəʔ^{3}（uəʔ）| 穆牧mu^{53}（əʔ）| 六liɑo^{53}（uəʔ）| 粥tʂɑo^{213}（uəʔ）| 肉ʐɑo^{53}（uəʔ）| 郁育y^{53}（yəʔ）| 粟su^{53}（yəʔ）| 蜀su^{412}（uəʔ）

4.3　声调例外字

古清平

读阳平：蛙uɑ^{33} | 於y^{33} | 肤fu^{33} | 敷俘孵fu^{33} | 迂y^{33} | 须suɛe^{33} | 鬚需ɕy^{33} | 吁y^{33} | 雌tsʰɿ^{33} | 伊i^{33} | 堤tɕʰi^{33} | 淘tʰo^{33} | 爊ŋo^{33} | 鞦tsʰiɑo^{33} | 幽iɑo^{33} | 珊sã^{33} | 勋ɕyəŋ^{33} | 湘ɕiã^{33} | 肪fã^{33} | 妨fɤu^{33} | 烹pʰəŋ^{33} | 峰fəŋ^{33}

读上声：蜗kuɑ^{412} | 蓖pi^{412} | 煨uɑe^{412} | 歪uɑe^{412} | 脂tsɿ^{412} | 尸屍sɿ^{412} | 嬉熙ɕi^{412} | 几tɕi^{412}～乎（语音归并）| 萎uɛe^{412} | 褒po^{412} | 篇pʰie^{412}

读去声：占tʂie^{53}～卜 | 禁tɕiəŋ^{53}～不住（语音归并）| 看kʰie^{53}（语音归并）| 燕ie^{53}姓（语音归并）| 洇iəŋ^{53}（影母，疑语音归并入“印”）| 熏ɕyəŋ^{53} | 筝tsəŋ^{53} | 轰xuəŋ^{53}（语音归并）| 纵tsuəŋ^{53}～横（语音归并）

古浊平

读阴平：妈mɑ^{213}｜雏tsʰu^{213}（崇）｜殊su^{213}（禅）｜奚兮ɕi^{213}（匣）｜疲pʰi^{213}（並）｜疵tsʰɿ^{213}｜期tɕʰi^{213}｜违uɛe^{213}｜巢tsʰo^{213}｜肴淆nio^{213}｜尤iɑo^{213}｜惭tsʰã^{213}｜监tɕiã^{213}国子～（语音归并）｜吟zəŋ^{213}｜淫iəŋ^{213}｜寅iəŋ^{213}｜浑xuəŋ^{213}｜昂ŋã^{213}｜狂kʰuã^{213}｜腾藤tʰəŋ^{213}｜亭廷庭蜓tʰiəŋ^{213}

读上声：脾pʰi^{412}（並）｜跑pʰo^{412}（並）｜闽miəŋ^{412}｜偿ʂã^{412}｜惩tʂʰəŋ^{412}｜倾tɕʰiəŋ^{412}｜筒tʰuəŋ^{412}

读去声：巫u^{53}｜瞿tɕy^{53}｜娱y^{53}｜仪i^{53}｜号xo^{53}呼～（语音归并）｜嵌tɕʰiã^{53}｜沿ie^{53}｜胜ʂəŋ^{53}～任（语音归并）

读阴入：讹ŋəʔ^{3}｜佘ʂəʔ^{3}｜祈tɕʰiəʔ^{3}

读阳入：葫kuəʔ^{213}

古清上、次浊上

读阴平：几tɕi^{213}茶～｜梓tsɿ^{213}｜揣tsʰuɑe^{213}｜匪榧fɛe^{213}｜沼tʂo^{213}｜缴tɕio^{213}｜剖pʰo^{213}｜窘菌tɕyəŋ^{213}｜谎xuã^{213}

读阳平：愈y^{33}

读去声：孺zu^{412}/zu^{53}｜贿xuɑe^{53}｜矢sɿ^{53}｜纪tɕi^{53}｜懊ŋo^{53}～恼（语音归并）｜茂贸mo^{53}｜诱iɑo^{53}｜挡tã^{53}｜朗lã^{53}｜影i^{53}

读阴入：指tʂɑʔ^{3}

读阳入：五uəʔ^{213}

古全浊上

读阴平：婢pɛe^{213}

读上声：腐辅fu^{412}｜强tɕʰiã^{412}｜挺艇tʰiəŋ^{412}

古去声

读阴平：输ʂu^{213}运～（语音归并）｜思sɿ^{213}｜饲sɿ^{213}｜稍so^{213}｜召tʂo^{213}｜勾kɑo^{213}｜究tɕiɑo^{213}｜荫屋子iəŋ^{213}～得很（声旁类推）

读阳平：谜mi^{33}｜卫uɛe^{33}｜谊ni^{33}｜遂suɛe^{33}｜耗xo^{33}｜疗liɤ^{33}/lio^{33}｜绍ʂo^{33}｜宿siɑo^{33}｜恋luɤ^{33}｜眩ɕye^{33}｜殉ɕyəŋ^{33}｜横

ɕyɑ³³

读上声：厦sɑ⁴¹² | 碍ŋɑe⁴¹² | 霭ŋɑe⁴¹² | 派pʰɑe⁴¹² | 隘ŋɑe⁴¹² | 蒯块kʰuɑe⁴¹² | 赘tsuɛe⁴¹² | 避pʰi⁴¹² | 庇痹pʰi⁴¹² | 翡fɛe⁴¹² | 讳xuɑe⁴¹² | 偶ŋɑo⁴¹²～然（语音归并）| 缆lã⁴¹² | 敛（语音归并）殓（声旁类推）lĩe⁴¹² | 纴ʐəŋ⁴¹² | 振tʂəŋ⁴¹² | 抗kʰɤu⁴¹² | 酿ʐã⁴¹² | 辆liã⁴¹² | 倡tʂʰã⁴¹² | 访fã⁴¹²/fɤu⁴¹² | 泳咏yəŋ⁴¹²

读阴入：个kuəʔ²¹ | 藉tsiəʔ³～故 | 蔗tʂəʔ³ | 做tsuəʔ³ | 恶ŋəʔ³可～ | 去kʰəʔ³ | 续ɕyəʔ³ | 裕yəʔ³ | 復fəʔ³ | 咳kʰəʔ³ | 鐾piəʔ³ | 髻tɕiəʔ³ | 缢iəʔ³ | 臂譬piəʔ³ | 荔liəʔ³ | 秘泌miəʔ³ | 腻niəʔ³ | 厕tsʰɑʔ³ | 復fəʔ³ | 胖pʰɑʔ³

读阳入：鼻pʰiəʔ²¹³

古清入

读上声：僻pʰi⁴¹²～静

读去声：压niɑ⁵³

古浊入

读去声：跃io⁵³ | 划xuɑ⁵³ | 溺ni⁵³

第六章　文白异读与语音层次分析

吴堡话音系的总体面貌比较古老、复杂，尤其是韵母，中古十六摄韵母中，十一摄有文白异读。有的韵摄中叠置着三个语音层次。

一　声母的语音层次分析

吴堡话声母大多与晋语并州片、吕梁片、志延片比较一致，与吕梁片方言最为接近。例见上文第二章第四节。

吴堡话声母的一些特点，反映了该方言早期的特征和层次。

①音值方面，鼻音声母带有同部位的浊塞音成分，音值为[mb nd ŋg]。这一特点主要分布在并州片、吕梁片和陕北黄河沿岸晋语中。

②部分古全浊声母入声字读送气清声母。列举如下：

並母	去声：部簿败跪又	阴入：勃埻僕曝瀑
	阳入：鼻拔薄别白	
定母	阴入：沓特	阳入：叠碟夺犊
从母	阳入：杂截嚼	

澄母 去声:撞 阳入:侄着直值宅轴

崇母 阴入:镯 阳入:炸铡

群母 阴入:掘 阳入:橛

其中"仆曝瀑特"整个陕西方言都读送气音,其余的大都是阳入字,是晋语吕梁片中保留阳入调的方言的共同特点。在全浊送气和阳入调之间有一种互相依存的倚变关系。

这里叠置着两个层次:一个是共同语的层次,特点是古全浊声母今平声送气、仄声不送气;另一个是由唐宋西北方音继承下来的层次,特点是古全浊声母不论平仄一律送气。这一带方言本来的层次应当和晋南、关中部分方言一样,属于古全浊声母不论平仄均送气的类型,但后来被共同语所覆盖。不过,共同语层次借入的时候,它本身的入声调已经消失,于是古全浊声母平声送气、仄声不送气实际上表现为平声送气、上去声不送气。这一特点使这部分不送气声母只扩及到吴堡、佳县、神木南乡、兴县、临县等黄河沿岸晋语的上去声,由于阳入字声调与共同语不对应,所以声母也没有被波及,读阳入调的送气声母得以保留下来。这就是为什么这一带方言的阳入字舒化后,声母同时变成不送气的缘故。

③疑母开口二、三、四等字在今细音前有ŋ n Ø三种读音,下面齐齿呼以假咸山三摄为例,撮口呼以遇摄为例。

齐齿呼:文 Ø:雅验严~格俨谚言~语研~究

白一 n:牙芽衙伢砑岩酽眼颜雁言~喘研硌砚(南部)

白二 ŋ:严盖~(三等)砚[ŋie](四等,北部)

撮口呼:文 Ø:语御愚虞娱遇寓

白 n:鱼渔

一等以外的疑母字在吴堡话齐齿呼韵母前读ŋ母的字很少,使用环境有严格限制。在吕梁片其他方言中也不多,它保留了疑母中古时期的读音,应属方言的滞古层。读n母(包括个别影母、以母字）也是白读层，它比ŋ母晚，比零声母早。读零声母的是文读层。在撮口呼韵母前，古疑母字有两类读音，其中读n的是白读层，零声母是文读层。

从山西、陕北方言的整体情况来分析，疑母字的文读层当来自晋语的权威方言或共同语，白读层则是在吕梁片方言自身演变中形成的。如临县话“疑严谊牙眼银硬鱼渔语”等读n母（李小平1991）。白读一和白读二之间不是叠置关系，而是语音渐变中断后遗留下来的滞古成分，“砚”的两读表现为地域差异，最能说明这一点。

声母中，鼻音声母带同部位浊塞音成分；古浊塞音、塞擦音仄声字今读送气；疑母字白读ŋ n母，属于早期的读音层次。其中可以确定前两点和唐宋西北方音关系密切，是唐宋西北方言语音特点的传承，或称之为唐宋西北方言的层次（王福堂2005：48；罗常培1933；龚煌城2004：243—281；李如龙、辛世彪1999；乔全生2003）。至于后一个特点，则可能属于中古时期的共同语和西北方言共同特点的遗留（蒋冀骋、吴福祥1997）。

二　韵母的语音层次分析

吴堡话韵母中文白异读的情况非常复杂，基本上叠置着两个语音层次，但个别现象可能是更古老的语音层次的遗留。

2.1　较晚期语音层次的特点

①深臻曾梗通摄舒声文读合流，读əŋ iəŋ uəŋ yəŋ韵，这是整个晋语的共同点。从大多数山西晋语深臻通摄无白读、曾梗摄普遍存在文白异读的事实，联系宋西北方音阳声韵的情况来考察（龚煌城2004：283—330，331—377；王洪君1991），这个文读层当来自晋语的权威方言，在吴堡话及同类方言中，是由深臻通摄到曾梗摄的次序逐渐扩散的。

②宕江摄舒声韵与咸山摄一、二等舒声韵文读合流，读ã iã uã韵，咸山摄三、四等和宕江摄分立。如：

榜宕开一 = 板山开二ᶜpã　　杭宕开一 = 韩山开一꜁xã

娘宕开三 = 岩咸开二꜁niã　　江江 = 艰山开二꜀tɕiã

光宕合三 = 观山合一 = 关山合二꜀kuã　　壮宕开三 = 撰山合二tsuãᵓ

这一点和山西北区的忻州、定襄、五台，西区的汾阳、石楼、隰县、大宁、汾西，中区的平遥、文水、孝义、祁县、介休、灵石、盂县相同（侯精一、温端政1993）。从音值看，山西晋语有读-ŋ尾和鼻化韵两种类型。下文将看到，宕江摄文白异读分布在各等呼，而咸山摄只有一等字（合口、开口见系）和个别二等合口字有文白异读，宕江摄文白两读可以分庭抗礼，咸山摄文读则受到严格的条件限制。据此推断：第一，咸山摄的文读层是通过先开口后合口、先二等后一等的次序逐渐叠置在白读层上面的；第二，咸山摄三、四等并不与宕江摄合流，则说明当这两类韵母文读合流的时候，咸山三、四等韵母的主要元音已经高化了，所以合流的时间应当很晚。第三，两类韵母的合流是由宕江摄向咸山摄扩散的，即咸山合于宕江。

2.2　不同的语音层次

韵母中存在不同语音层次的情况，可以提出来下列几项。

①宕江摄白读与果摄合流。具体读音和声母组系如表6-1。

表6-1

韵母	ɤu	iɤu	uɤu
来源	果开 果合帮泥见组 宕开一 宕开三非知章组 江摄帮组	宕开三端见系 江摄见系	果合端精组 宕合 宕开庄组 江摄知庄组

以宕开一帮组、开三见晓庄组为例，列举如下：

文：ã/iã/uã 榜~样谤诽~滂又旁~边螃~蟹芒/疆薑礓姜羌强~调

仰~面朝天乡响向方~/壮~大创开~状孀

白：ɤu/iɤu/uɤu 帮榜榜~上有名谤诽~滂又旁螃~蟹傍忙茫黑~~莽漭/僵缰强单用甥仰~起头香享向~着你/庄装壮~实疮闯创~伤床霜爽

宕摄白读与果摄完全合流是山西吕梁山以西、南区方言的重要特点（王洪君1991；1992），陕西沿河的神木南乡、佳县、清涧、延川、宜川、韩城、合阳、大荔等均程度不同地存在同类现象。不过吴堡话果宕江摄白读的音值，又经历了高化并复化的过程。结合罗常培、龚煌城的考察，宕果合流属于唐宋西北方音的层次（张维佳2004）。

值得注意的是，果摄合口字已经产生新文读："妥椭惰"读uɤ韵，与山合一白读同韵，显然是从共同语借入的。可以预见，不久的将来果摄也将形成文白两个层次。

②曾梗摄白读与果假白止摄合流，读ɑ iɑ yɑ ɛe uɛe i，具体见表6–2。

表6-2

韵母	ɑ	iɑ	yɑ	ɛe	uɛe	i
来源	假开三 梗开二知系	梗开二见系 果开三 假开二见系 假开三白$_1$	果合三 梗合二	曾开三 梗开三、四 假开三白$_2$ 蟹开三、四 止开三泥知（非见系）	梗合三	曾开三 梗开三、四 蟹开三、四 止开三帮见（见系）

下面以梗开二耕韵和梗开三清韵帮精章组见系声母字为例：

文：əŋ/iəŋ 迸棚萌；橙争筝睁口语说"张眼"耿；征整~顿正~确政声~东击西圣成城诚盛兴~茎幸莺鹦樱/饼~子并聘名；精~神晶清~楚请情静靖省性姓；颈劲轻婴缨盈

白：iɑ/ɛe/i 迸~裂子棚；耕/饼~子精单用睛井清~的晴净；正~

月整齐~正反~声~音/赢~了

此外，白读[ɑ yɑ]韵：生庚二开生 ꜀ʂɑ　　横庚二合匣 ꜁ɕyɑ

曾梗摄三、四等白读非见系字读洪音，见系字读细音，是εe韵在舌根音声母后高化的结果，与蟹摄三、四等字中见系与非见系字韵母的分化平行。说明曾梗摄白读与蟹摄三、四等韵合流的时间早于见系三、四等字声母腭化的时间。

王洪君将梗摄舒声韵白读在山西方言中的演变分为A、B两类，具体如下：

A梗开三、四白＝蟹开三、四，梗开二白≠梗开三白

B梗开三、四白＝山（咸）开三、四入，梗二白＝梗二入白

A型分布在晋中、吕梁、忻州南部（王洪君1992）。从类型看，吴堡话梗摄白读二等与三、四等分立，二等与假开三、果三合流，三、四等与蟹摄三、四等合流，基本属于A型。但它的三、四等端知系字无介音，又与山西A型的任何一种方言不同。

吴堡话梗摄白读保留了中古时期梗摄四等韵主元音为*e的特点，不带介音，而且与唐宋西北方音关系密切。据罗常培（1933)考察，唐五代西北方音中，梗摄字与齐韵“对转”。龚煌城的考察则表明，宋西北方音中，梗摄字鼻音-ŋ韵尾完全脱落，而且梗开二与蟹开二关系密切（2004：298例44，300例52，302例56），梗开三、四与假开三关系密切（同上：302例57—60），吴堡话白读层正是梗开二与假开二、开三白一同韵，梗三、四与假开三白二同韵。可以确定梗摄白读层属于唐宋西北方音的层次，而且可能是保留这一语音层次的方言中最古老的。

③咸山开一，山合一、三舒声字有文白异读。其中咸山开一白读分布在见系，与三、四等同韵，与开二见系字读iã韵对立，与文读音ã韵叠置。山合一帮组白读为ɤ韵，与效开三知系字白读合流，帮组以外的其他合一字、合三知系字读uɤ韵，与文读音ã uã叠置。

咸山摄有文白异读的字中,白读仍然占明显优势,而文读音或者用于书面语用字,或者用于有限的使用环境,或者是新派读音,说明它产生的时间比较晚近。例如:

咸开一:白 ie　甘柑泔敢憨埯~瓜种豆;砍庵揞暗
文 ã　感堪龛坎勘含函撼憾;橄喊酣

山合一:白 ɤ/uɤ　般搬盘半绊叛瞒馒满漫/端短断锻团段缎;钻攥钻氽窜酸算蒜;官棺管馆贯灌冠~军,老宽款玩欢唤焕老完丸缓换豌剜碗腕
文 ã/uã　潘判叛新幔攥ᶜtsã/观冠衣~贯~彻冠~军焕~发桓皖

见系开口二等字读iã韵,而声母已经腭化。如:干肝竿꜀kie ≠艰间꜀tɕiã,岸ŋieᵓ≠雁niãᵓ。表明一等字文读音借入时间晚于见系开口二等字声母腭化的时间。

从晋语的大多数方言来看,咸山摄三、四等字读ie ye是普遍现象,是咸山摄主要元音受介音影响而高化的结果,属于文白一致的层次。如没有文白异读的绥德、神木等,咸山摄都是ɛ、iɛ/ie、uɛ、yɛ/ye四个元音韵母。一等见系字尽管与三、四等同韵,但声母互补,并未发生同声母字的混淆。山西吕梁片的离石、岚县、中阳、方山、汾阳、临县、柳林七点咸山摄白读元音高化,尤其值得注意的是临县、柳林咸山开一高化为i韵,而开口三、四等白读则为iæ/ie韵,表现为一等字声母进一步高化(侯精一、温端政1993:442—443)。临县、柳林咸山开一白读与吴堡话处于同一个层次,只是演变速度比吴堡还快。

根据龚煌城(2004:283—330,331—377)考察,12世纪末西北方言的咸山摄阳声韵尾已经脱落,吴堡话及山西晋语咸山摄白读层属于宋西北方音的层次。

总之,阳声韵除深臻通三摄外都有文白异读。表6-3是这六摄阳声韵文白读的对比。

表6-3

	宕	江	咸开一	山开一	山合一三	曾开三	梗二	梗三、四
文	ã iã uã	ã iã uã	ã	ã	ã uã	əŋ iəŋ	əŋ uəŋ	əŋ iəŋ uəŋ
白	ɤu iɤu uɤu	ɤu iɤu uɤu	ie	ie	ɤ uɤ	εe i	ɑ iɑ yɑ	εe i uεe

④假开三的读音可分为三层：文读层韵母是ie；白读一主元音与假摄二等韵相同，是ɑ；白读二均为精组字，声母读舌尖音，韵母为εe。"藉佘"读入声。列举如下：

文：ie 者射麝

白一：iɑ/ɑ 借笡些泻卸邪斜；爹；耶爷也野夜/遮车扯蛇奢赊捨赦舍騇；惹

白二：εe 姐且写谢

与此相关的是，吴堡话蟹开三、四端系绝大多数读εe韵，与合口字读uεe韵对应整齐。而帮见系字则高化为i韵。少数端泥组四等字读i、εe韵，以送气不送气为分化条件，表明元音高化的进程还在继续。请看：

tεe 低底抵帝弟第递

tɕʰi 堤梯体替涕剃屉题提蹄啼

其他蟹开四如：礼꜂lεe｜妻꜀ʦʰεe｜西꜀sεe

蟹开三如：例lεe꜄｜祭ʦεe꜄｜制tʂεe꜄｜世ʂεe꜄。

这样，假开三精组字就与蟹开三、四同韵了：姐＝挤꜂ʦεe写＝洗꜂sεe。

止开三则只有泥知组字读εe韵：

离支꜁lεe｜知支꜀tʂεe｜梨脂꜁lεe｜迟脂꜁tʂʰεe｜你之꜂nεe｜痴之꜀tʂʰεe

由表6–2可知，εe韵中整合了来自中古五摄的异源音类。笔者认为，从音值和读εe韵字的声母组系来看，不论是曾梗摄还是假蟹止摄，都是三等韵并入四等韵，而四等字读洪音，应属中古音的层次。这也许可以印证学术界《切韵》音系四等字无介音的观点[1]。

⑤效摄一等"堡抱菴毛"四字白读为u韵，一等文读和二等字读o韵。三、四等字则有成系统的文白叠置，白读ɤ iɤ韵，文读o io韵。白读反映豪肴宵分韵的特点（参刘勋宁《说〈中原音韵〉的萧豪分韵》，载刘勋宁1998）。一等文读占绝对优势，白读音只是残存形式，而三、四等文白读基本上旗鼓相当。如三等宵韵字：

文：io/o 表裱漂~亮渺秒；燎~原疗治~；焦蕉香~椒辣~剿樵瞧；骄娇嚣要~求要重~姚耀/朝今~超~过朝~代潮赵兆召号~；昭沼诏少~年韶绍邵；绕围~

白：iɤ/ɤ 膘飘漂票瓢嫖鳔鱼~藐庙妙；燎~毛疗~治；焦椒花~醮打~头锹悄俏噍矫乔桥荞轿妖邀~席腰要想~摇谣窑舀鹞/超脑~起召~女婿；招照烧少；饶扰绕单用绕~线

同类情况也存在于山西孝义、文水、祁县、汾阳、岚县、兴县，神木南乡（侯精一、温端政1993：62，邢向东2002a：86—88）。

效摄韵母白读层应当属于这一带方言《中原音韵》或宋西北方音时期的层次，文读层应来自晋语的权威方言。文白读在吴堡话中都发生了单元音化和高化。

⑥在音值上，吴堡话有一个与周围方言都不相同的特点，即流摄韵母的主元音比效摄低（与流摄合流的遇摄泥精组字同此）。在山西、陕西方言中，至今还没有发现相同的方言。如：

效摄：抱一 puᵓ｜袍一 ꜀pʰo｜饱二 ᶜpo｜交二 ꜀tɕio｜要三 ioᵓ/iɤᵓ｜疗三 ꜀lio/꜀liɤ

① 邢向东（2002a：183—184）在讨论神木话"扁"读洪音的原因时，曾引述徐通锵、李如龙等先生关于《切韵》四等字无介音的论述。

流摄：偷一꜀tʰɑo｜鸠三꜀tɕiɑo｜丢三꜀tiɑo｜流三꜁liɑo｜奴遇一꜁nɑo｜祖遇一꜂tsɑo

与此相关的是果摄的读音，如前2.2所述，吴堡话果开一、开三帮组见系字读ɤu韵，果合一端系字读uɤu韵，但县城宋家川部分合口字读u韵，如"过锅棵科裹果和火"，联系陕北清涧、延川（张崇1990）、绥德（刘育林1990）和山西汾西、汾阳方言果摄韵母高化为u/ɯ的事实，可以确定，吴堡话果摄字读ɤu uɤu是由*ɤ *u复化的结果。表6–4是果效流三摄的韵母格局：

表6-4

效摄	果摄	流摄及遇摄泥精组
ɤ/o iɤ/io	ɤu uɤu	ɑo iɑo

之所以形成这种格局，是因为在果、效、流三组韵母之间，发生过链移式的变化。一种可能的解释是，效摄韵母首先单元音化并高化为ɤ/o，迫使果摄韵母高化、复化为ɤu，从而对流摄韵母产生推挤作用，流摄不可能更高，只能低化为ɑo，填补了效摄高化、单化后留下的空位。即：

效摄：*ɑu→ɔ→ɤ/o　果摄：*ɑ→ɤ/o→u→ɤu

流摄：*ɤu→ɑo

三　结语

综上所述，在吴堡话的声母、韵母中，叠置着中古或唐宋西北方音与后来从权威方言或共同语借入的不同语音层次。吴堡县地理位置十分偏僻，方言演变滞后，加上不同层次的语音系统的叠置，造成了吴堡话古老而复杂的语音面貌。

吴堡话韵母中，假开三精组的“姐写”，蟹开三、四等的“例祭制｜低底弟礼妻西”及止开三的“离梨你”等读洪音εe韵，效摄与流摄今韵母舌位高低与周围方言相反，效摄高而流摄低，与不少闽粤方言类似。因此，这两个特点使得吴堡话在周围的方言中显得非常特殊。尽管我们试图在音理上解释这两个现象，但还是有一点玄想：这其中很可能有更加特殊的原因——早期吴堡话可能带有古吴语的特征，只是后来被迁来的“新户”的晋语所覆盖。只是这一点已经难以论证了[①]。

① 据《吴堡县志》记载，东晋到南北朝时期，原居住在江浙一带的居民两次向陕北大迁徙，“吴堡”即“吴儿堡”，是历史上安置吴地移民的地方。历史上五代十国时期的北汉（951）始建吴堡水寨。吴语县有老户、新户之说，谚云：“老户祖先来何处？十有八九是江苏；新户祖先来何处？山西洪洞大槐树。”古吴语曾大量用“港”为河流和聚落命名。在吴堡县境内有三个用“港”命名的地方，周围佳县、柳林、临县有五个村落用“港”命名，可以作为此地曾有成批的古吴地居民迁入的证据。参见李小凡、陈宝贤（2002），吴堡县志编纂委员会（1995）。

第七章　分类词表

说明

1.本词表根据《方言调查词汇条目表》(原载《方言》2003年第一期)调查,略有调整。补充了部分吴堡方言的常用词,尤以动词、形容词和四字格为多。词表的分类和排列顺序,前面29类大致依照该条目表,以方便与其他方言的比较。后面补充"普通名词、普通动词、普通形容词、A格/不/忽BB式形容词、四字格"五类,以全面地反映吴堡话的词汇特点。

2.同一条词语有多种说法的,大致按照使用频率排列,常用的说法先出。

3.意义难懂或与普通话名同实异的词,在词条后加以解释,有的词同时举例说明用法。在吴堡话中有地域差异的,也加以注明,一般只指出"上吴堡、下吴堡"。有些说法比较老、旧,口语中已不常使用,其后用小字注"旧"字。有关词条的特殊意义、结构关系、特殊读音等情况的说明,加小括号放在解释的后边。

4.标音与前文语音部分一致。其中声调只标注实际读法,即有变调的直接标注变调。轻声词一律标为[21]调。

5.有些找不到本字的语素或音节,用同音字代替,字下加浪线。没有同音字的用"□"代替。

6.口语词和四字格中字音变化非常严重,难以考求本字,或者有的词本来就没有"本字",因此在ABB式形容词、A格/不/忽

BB式形容词、四字格中，许多音节都用了同音代替字。其中除了可以确定是同音代替的以外，大多数未划浪线。

一　天文

（1）日、月、星

太爷 t^{h}ae^{53} ia^{21} 太阳

阳崖崖 iɤu^{33} nae^{33} nae^{21}

　阳圪塄塄儿 iɤu^{33} kəʔ^{21} lo^{24} lor^{21} 太阳照到的地方

向阳阳 ɕiɤu^{53} iɤu^{33} iɤu^{21}

背影子 pae^{53} i^{53} tsəʔ^{21} 背阴

日蚀 ʐəʔ^{4} ʂəʔ^{213}

风□□ fəŋ^{24} k^{h}uəʔ^{21} lie^{213} 风圈，即日晕

阳光 iã^{33} kuã^{213}

月明 yəʔ^{21} mɛe^{33} 月亮

月明地儿 yəʔ^{21} mɛe^{33} tər^{53} 月亮照到的地方

月蚀 yəʔ^{4} ʂəʔ^{213}

　天狗吃月明 t^{h}ie^{24} kao^{41} tʂ^{h}əʔ^{3} yəʔ^{21} mɛe^{33}

雨□□ y^{24} k^{h}uəʔ^{21} lie^{213} 月晕

星宿 sɛe^{21} ɕiao^{33}

北斗星 piəʔ^{4} tao^{41} siəŋ^{213}

启明星 tɕ^{h}i^{41} mɛe^{33} sɛe^{213}

天河 t^{h}ie^{21} xɤu^{33}

落明星 laʔ^{21} mɛe^{33} sɛe^{213} 流星

扫帚星 so^{53} ts^{h}u^{21} siəŋ^{213} 彗星

（2）风、云、雷、雨

风 fəŋ^{213}

大风 tɤu^{53} fəŋ^{213}

老风 lo^{41} fəŋ^{213} 狂风

猴风 xao^{33} fəŋ^{213}

　小风 siɤ^{41} fəŋ^{213}

旋风 ɕye^{53} fəŋ^{213}

哨风 so^{53} fəŋ^{213} 微风

劈面风 p^{h}iəʔ^{3} mie^{53} fəŋ^{213} 迎面风

顺风 suəŋ^{53} fəŋ^{213}

刮风 kuaʔ^{21} fəŋ^{213}

风住了 fəŋ^{213} tsu^{53} lie^{21}

云 yəŋ^{33}

黑云 xəʔ^{3} yəŋ^{33}

烧 ʂɤ^{53} 霞

早烧 tso^{41} ʂɤ^{53} 早霞

晚烧 uã^{41} ʂɤ^{53} 晚霞

雷 luae^{33}

吼雷 xao^{41} luae^{33}

雷击了 luɑe^{33} tɕiəʔ^{3} lie^{21} 大树被雷打了

打闪 tɑ^{24} ʂie^{412}（动宾关系）

雨 y^{412}

下雨 xɑ^{53} y^{412}

圪星 kəʔ^{21} sɛe^{213} 掉雨点儿：~一点价

小雨 siɤ^{24} y^{412}

濛糁糁雨 məŋ^{53} səŋ^{24} səŋ^{21} y^{412} 毛毛雨

大雨 tɤu^{53} y^{412}

老雨 lo^{24} y^{412} 暴雨

连阴雨 lie^{33} iəŋ^{24} y^{412}

雷雨 luɑe^{33} y^{412} 雷阵雨

雨住了 y^{412} tsu^{53} lie^{21}

水贯子 suɛe^{41} kuɤ^{53} tsəʔ^{21} 虹

沾了雨了 tʂie^{24} lie^{21} y^{24} lie^{21}

　淋雨了 liəŋ^{33} y^{24} lie^{21}

（3）冰、雪、霜、露

冰 pɛe^{213}

　冬凌 tuəŋ^{21} niɑ^{33}

　冰凌 piəŋ^{21} niɑ^{33}（"凌"读音特殊）

冰凌圪锥儿 piəŋ^{21} niɑ^{33} kəʔ^{21} tsuər^{213}

　挂在屋檐下的冰锥

冻冰 tuəŋ^{53} pɛe^{213}

冷雨 liɑ^{24} y^{21} 冰雹

雪 ɕyəʔ^{3}

下雪 xɑ^{53} ɕyəʔ^{3}

老雪 lo^{41} ɕyəʔ^{3}

　老大雪 lo^{41} tɤu^{53} ɕyəʔ^{3} 鹅毛雪

雪颗子 ɕyəʔ^{4} kʰɤu^{41} tsəʔ^{3}

　雪脖子 ɕyəʔ^{4} pʰɑʔ^{21} tsəʔ^{3} 米粒状的雪

就雨就雪 tsɑo^{53} y^{41} tsɑo^{53} ɕyəʔ^{3} 雨夹雪

雪消了 ɕyəʔ^{3} siɤ^{24} lie^{21}

露水 lɑo^{53} suɛe^{21}

有露水了 iɑo^{41} lɑo^{53} suɛe^{21} lie^{21} 下露

霜 suɤu^{213}

落霜 lɑʔ^{21} suɤu^{213}

雾 u^{53}

雾了 u^{53} lie^{21} 下雾

（4）气候

天气 tʰie^{21} tɕʰi^{53}

晴天 tsʰɛe^{33} tʰie^{213}

阴天 iəŋ^{24} tʰie^{213}

（天气）焆 tɕʰyəŋ^{412} 热

（天气）冷 liɑ^{412}

　凉 liɤu^{33}

伏火天 fəʔ^{4} xɤu^{41} tʰie^{213} 伏天

入伏 zuəʔ^{3} fəʔ^{3}

头伏儿 tʰɑo^{33} fər^{21} 初伏

中伏儿 tsuəŋ^{24} fər^{21}

末伏儿 məʔ^{4} fər^{21}

天旱 tʰie^{21} ɕie^{53}

雨涝 y^{41} lo^{53}

　连阴雨了 lie^{33} iəŋ^{24} y^{24} lie^{21}

二　地理

（1）地

塬地 ye^{33} tɛe^{53}　山下的平地（不完全等于平原）

旱地 ɕie^{53} tɛe^{53}

水地 suɛe^{41} tɛe^{53}

　塬子 ye^{33} tsəʔ^{21}

菜地 sɑe^{53} tɛe^{53}

　塬子 ye^{33} tsəʔ^{21}（在山区，有些小块的水地都在沟里，往往用来种菜，故有时直接用塬子指菜地。实际上塬子不一定都种菜）

荒地 xɤu^{53} tɛe^{53}

面沙地 mie^{53} sɑ^{21} tɛe^{53}　沙土地

坡地 p^{h}ɤu^{21} tɛe^{53}

　洼地 uɑ^{53} tɛe^{53}

碱地 tɕie^{41} tɛe^{53}（当地没有盐碱地，但知道碱地的说法）

滩地 t^{h}ã^{21} tɛe^{53}

山地 sã^{21} tɛe^{53}　山上的农业用地

（2）山

山 sã^{213}

山腰儿 sã^{24} iɤr^{213}

山根儿 sã^{24} kər^{213}　山脚

川 ts^{h}uɤ^{213}　两山之间的平地，比山坳长且宽

山渠 sã^{21} tɕ^{h}y^{33}

　沟渠 kɑo^{21} tɕ^{h}y^{33}　山谷

沟 kɑo^{213}　山沟

洼 uɑ^{53}　山坡。分为阳洼、阴洼

山顶儿 sã^{24} tər^{412}

崖 nɑe^{33}　山崖

圪塄 kəʔ^{3} ləŋ^{33}　较低的山崖

岩 niã^{33}　石崖下面凹进去的空间，黄河畔上特别多：钻到石～下

（3）江、河、湖、海、水

河 xɤu^{33}

　老爷河 lo^{41} i^{33} xɤu^{33}　专指黄河（“爷”读音特殊）

沟 kɑo^{213}　指黄河以外的河

河水 xɤu^{33} suɛe^{412}　黄河水

沟水 kɑo^{24} suɛe^{412}　黄河之外的河里的水

河行 xɤu^{33} xɤu^{412}　河里

水渠 suɛe^{41} tɕ^{h}y^{33}　①流水的渠；②小水沟

渠 tɕ^{h}y^{33}　不流水的干渠

水窟 suɛe^{41} k^{h}uəʔ^{3}　洼地的积水

水窖 suɛe^{41} tɕio^{53}　人工砌成用来存水

的深坑

水坑 sueɛ^{41} kʰəŋ^{213}

滴哨 tiəʔ^{3} so^{53} 瀑布

串堑 tsʰuɤ^{53} tɕʰiɑʔ^{21} 水冲开的深洞

海 xɑe^{412}

岸 ŋie^{53}

坝塄 pɑ^{53} ləŋ^{33} 河堤

腰坝 io^{21} pɑ^{53} 河中拦水的坝

夹心滩 tɕiɑʔ^{21} siəŋ^{24} tʰã^{213} 水中的陆地，洲

河滩 xɤu^{33} tʰã^{213}

水 sueɛ^{412}

清水 tsʰɛe^{24} sueɛ^{412}

浑水 xuəŋ^{24} sueɛ^{412}

雨水 y^{24} sueɛ^{412}

山水 sã^{24} sueɛ^{21} 洪水

发山水 fɑʔ^{21} sã^{24} sueɛ^{21} 发洪水

浪 lɤu^{53} 洪峰

凉水 liɤu^{33} sueɛ^{21}

泉水 tɕʰye^{33} sueɛ^{412}

滚水 kuəŋ^{24} sueɛ^{21} ①热水；②开水

温温水 uəŋ^{24} uəŋ^{21} sueɛ^{412}

暴滚水 po^{53} kuəŋ^{24} sueɛ^{21} 开水

（4）石沙、土块、矿物

石头 ʂəʔ^{21} tʰɑo^{33}

石头儿 ʂəʔ^{21} tʰɑor^{53} 小石块

石子儿 ʂəʔ^{4} tsər^{213}

猴石子儿 xɑo^{33} ʂəʔ^{4} tsər^{213} 较小的石子儿

碎石儿 sueɛ^{53} ʂər^{21} 最小的石子儿，打锅台等用

石板 ʂəʔ^{4} pã^{412}

清骨子石头 tsʰɛe^{21} kuəʔ^{4} tsəʔ^{21} ʂəʔ^{21} tʰɑo^{33} 鹅卵石

二连石 ər^{53} lie^{33} ʂəʔ^{21} 长形的大石头

马牙石 mɑ^{41} niɑ^{33} ʂəʔ^{21} 硬而白的鹅卵石

天裁石 tʰie^{21} tsʰɑe^{33} ʂəʔ^{21} 天然的花而平的石头

五色石儿 uəʔ^{21} ʂɑʔ^{4} ʂər^{213} 多种颜色的碎石

阳砑石儿 iɤu^{33} kie^{24} ʂər^{213} 崖上的石质的煤

沙 sɑ^{213}

沙土 sɑ^{24} tʰu^{21}

河滩 xɤu^{33} tʰã^{213} 沙滩

泥墼 ni^{33} tɕiəʔ^{3} 土坯

砖坯 tsuɤ^{24} pʰɑe^{213}

砖 tsuɤ^{213}

瓦 uɑ^{412}

烂瓦 lã^{53} uɑ^{412} 碎瓦

灰尘 xuɑe^{21} tʂʰəŋ^{33}

黄尘 xɤu^{33} tʂʰəŋ^{33} 灰尘，一般指风刮起或其他物体搅动起来的大的灰尘

泥 ni^{33} 烂泥

泥土 ni^{33} tʰu^{21}（干的）

金 tɕiəŋ^{213}

银 niəŋ^{33}

铜 tʰuəŋ^{33}

铁 tʰiəʔ^{3}

锡 siəʔ^{3}

炭 tʰã^{53}　煤(本地不用煤球、蜂窝煤)

石油 ʂəʔ^{21} iɑo^{33}　煤油

汽油 tɕʰi^{53} iɑo^{33}

白灰 pʰiəʔ^{21} xuɑe^{213}

水泥 suɛe^{41} ni^{33}

　洋灰 iã^{33} xuɑe^{213}

吸铁石儿 ɕiəʔ^{3} tʰiəʔ^{4} ʂər^{213}　磁石

玉 y^{53}

木炭 məʔ^{3} tʰã^{53}

(5)城乡处所

地势儿 tɛe^{53} ʂər^{21}　①地方:那是甚~人? ②地形

城里 tʂʰəŋ^{33} lɛe^{21}　①对乡村而言,指城市;②对城外而言,指城内

城墙 tʂʰəŋ^{33} tsʰiɤu^{21}

壕 xo^{33}

城外 tʂʰəŋ^{33} uɑe^{53}

城门 tʂʰəŋ^{33} məŋ^{33}

圪巷儿 kəʔ^{3} xɤur^{53}　胡同

村里 tsʰuəŋ^{24} lɛe^{21}　乡村(相对城市而言)

僻背村子 pʰi^{41} pɑe^{53} tsʰuəŋ^{24} tsʰəʔ^{21}　偏僻的山村

老家 lo^{41} tɕiɑ^{213} 家乡

赶集 kie^{24} tsʰiəʔ^{213}

街上 tɕiɑe^{21} ʂɤu^{53}

路 lɑo^{53}

大路 tɤu^{53} lɑo^{53}

小路 siɤ^{41} lɑo^{53}

三　时令、时间

(1)季节

春上 tsʰuəŋ^{21} ʂɤu^{53}

　春起 tʂʰuəŋ^{24} tɕʰi^{21}

夏上 ɕiɑ^{53} ʂɤu^{21}

秋里 tsʰiɑo^{24} lɛe^{21}

冬里 tuəŋ^{24} lɛe^{21}

打春 tɑ^{41} tsʰuəŋ^{213}　立春

雨水 y^{24} suɛe^{21}

惊蛰 tɕiəŋ^{21} tʂəʔ^{3}

春分 tsʰuəŋ^{24} fəŋ^{21}

清明 tsʰiəŋ^{21} miəŋ^{33}

谷雨 kuəʔ^{4} y^{412}

立夏 liəʔ^{3} ɕiɑ^{53}

小满 siɤ^{24} mɤ^{412}

芒种 mɤu^{33} tsuəŋ^{53}

夏至 ɕiɑ^{53} tsɿ^{53}

小暑 siɤ^{24} tsʰu^{412}

大暑 tɤu^{53} tsʰu^{412}

立秋 liəʔ^{21} tsʰiɑo^{213}

处暑 tsʰu^{53} tsʰu^{412}

白露 pʰiəʔ^{21} lɑo^{53}

秋分儿 tsʰiɑo^{24} fər^{21}

寒露 ɕie^{33} lɑo^{53}

霜降 suɤu^{21} tɕiɤu^{53}

立冻 liəʔ^{3} tuəŋ^{53} 立冬

小雪 siɤ^{41} ɕyəʔ^{3}

大雪 tɤu^{53} ɕyəʔ^{3}

冬至 tuəŋ^{21} tsɿ^{53}

小寒 siɤ^{41} ɕie^{33}

大寒 tɤu^{53} ɕie^{33}

皇历 xɤu^{33} lɛe^{21}

古历 ku^{41} liəʔ^{3} 农历

阳历 iã^{33} liəʔ^{3}

（2）节日

月尽儿 yəʔ^{21} tsiər^{53} ①除夕；②月底

大年初一儿 tɤu^{53} nie^{33} tsʰu^{21} iər^{53}

拜年 pɑe^{53} nie^{33}

正月十五 tʂɛe^{24} yəʔ^{21} ʂəʔ^{4} u^{21}

端午 tuɤ^{24} uɤ^{21}

八月十五 pɑʔ^{4} yəʔ^{21} ʂəʔ^{4} u^{21}

　中秋节 tsuəŋ^{24} tsʰiɑo^{21} tsiəʔ^{3}

七月七 tsʰiəʔ^{4} yəʔ^{21} tsʰiəʔ^{3} 七夕

九月九 tɕiɑo^{41} yəʔ^{4} tɕiɑo^{412} 重阳节

寒食 ɕie^{33} ʂəʔ^{21} 寒食节

人七儿 zəŋ^{33} tsʰiər^{21} 正月初七

（3）年

今年 tɕiəŋ^{21} nie^{33}

年时 nie^{33} sɿ^{21} 去年

明年 mɛe^{33} nie^{21}

前年 tsʰie^{33} nie^{21}

先前年 sie^{41} tsʰie^{33} nie^{21}

往年 uã^{41} nie^{33}

后年 xɑo^{53} nie^{21}

大后年 tɤu^{53} xɑo^{53} nie^{21}

每年 mɑe^{41} nie^{33}

　常年 tʂʰɤu^{33} nie^{33}

年初 nie^{33} tsʰu^{213}（干部、教师使用）

年中 nie^{33} tsuəŋ^{213}（干部、教师使用）

年底儿 nie^{33} tər^{412}（干部、教师使用）

　临年马到 liəŋ^{33} nie^{33} mɑ^{41} to^{53}

前半年 tsʰie^{33} pã^{53} nie^{33}

后半年 xɑo^{53} pã^{53} nie^{33}

满年 mɤ^{41} nie^{33}

（4）月

正月儿 tʂɛe^{24} yər^{21}

腊月儿 lɑʔ^{4} yər^{21}

闰月 zuəŋ^{53} yəʔ^{213}

初间 tsʰu^{44} tɕiã^{21} 月初

半头 pã^{53} tʰɑo^{33}　月半
一个月 iəʔ^{4} kuəʔ^{21} yəʔ^{213}
上个月 ʂɤu^{53} kuəʔ^{21} yəʔ^{213}
这个月 tʂie^{24} kuəʔ^{21} yəʔ^{213}
再一个月 tsɑe^{53} iəʔ^{4} kuəʔ^{21} yəʔ^{213}　下个月
月月 yəʔ^{4} yəʔ^{21}　每月
上旬 ʂɤu^{53} ɕyəŋ^{33}
中旬 tsuəŋ^{21} ɕyəŋ^{33}
下旬 ɕiɑ^{53} ɕyəŋ^{33}
大进 tɤu^{53} tsiəŋ^{53}　农历三十天的月份
小进 siɤ^{41} tsiəŋ^{53}　农历二十九天的月份

（5）日、时

今儿 tɕiər^{213}
明儿 mər^{53}
后儿 xɑor^{53}
挺后天 tʰiəŋ^{41} xɑo^{53} tʰie^{21}　大后天
夜儿 iɑr^{53} 昨天
递夜儿 tɛe^{53} iɑr^{53}　次日
前儿 tsʰiər^{53}
先前儿 sie^{41} tsʰiər^{53}　大前天
那几天 nɛe^{33} tɕi^{41} tʰie^{213}
星期 siəŋ^{24} tɕʰi^{21}　星期天
一星期 iəʔ^{21} siəŋ^{24} tɕʰi^{21}
满天 mɤ^{41} tʰie^{213}　整天
天夜儿 tʰie^{21} iɑr^{53}　每天
十多天 ʂəʔ^{21} tɤu^{24} tʰie^{213}
半天 pɤ^{53} tʰie^{213}
老半天 lo^{41} pɤ^{53} tʰie^{213}
　半老天 pɤ^{53} lo^{41} tʰie^{213}
临明价 liəŋ^{33} mɛe^{33} tɕiɑ^{21}　凌晨
清早起 tsʰɛe^{24} tso^{24} tɕʰi^{21}　清晨
前晌儿 tsʰie^{33} ʂɤur^{412}　午前
晌午 ʂɤu^{41} xu^{213}　中午
后晌儿 xɑo^{53} ʂɤur^{412}　午后
白夜儿 pʰiəʔ iɑr^{53}　白天
昏黄 xuŋ^{21} xu^{33}　黄昏，傍晚
磨黑儿 mɤu^{53} xər^{33}
　麻子眼儿 mɑ^{33} tsəʔ^{21} niɑr^{213}　天刚黑
黑间儿 xəʔ^{21} tɕiɑr^{213}　晚上
半夜 pɤ^{53} iɑ^{21}
前半夜 tsʰie^{33} pɤ^{53} iɑ^{21}
后半夜 xɑo^{53} pɤ^{53} iɑ^{21}
直一夜 tʂʰəʔ^{21} iəʔ^{3} iɑ^{53}　整夜
天夜儿黑里 tʰie^{21} iɑr^{53} xəʔ^{4} lɛe^{21}
　天夜儿黑间 tʰie^{21} iɑr^{53} xəʔ^{21} tɕiã^{213}　每天晚上

（6）其他时间概念

年份儿 nie^{33} fər^{53}
月份儿 yəʔ^{21} fər^{53}
日子 zəʔ^{21} tsəʔ^{3}
甚会儿 ʂəŋ^{53} xuər^{53}　什么时候
少前儿 ʂɤu^{41} tsʰiər^{53}　先前
老辈子 lo^{41} pɛe^{53} tsəʔ^{21}　很久以前

后来 xɑo⁵³ lɑe³³

以后 i⁴¹ xɑo⁵³

而今儿 ər³³ tɕiər²¹ 现在

四 农业（包括农林牧鱼）

（1）农事

耕地 tɕiɑ²¹ tɛe⁵³

杀地 sɑʔ³ tɛe⁵³ 春耕

夏收 ɕiɑ⁵³ ʂɑo²¹³

收秋 ʂɑo²⁴ tsʰiɑo²¹³（当地不分早秋、晚秋）

翻地 fã²¹ tɛe⁵³

掏地 tʰo²¹ tɛe⁵³ 整地

种庄稼 tsuəŋ⁵³ tsuɤu²⁴ tɕiɑ²¹ 下种

搲草 uã²⁴ tsʰo⁴¹² 薅草

割麦子 kəʔ⁴ miəʔ²¹ tsəʔ³

打场儿 tɑ⁴¹ tʂʰɤur⁵³

场儿 tʂʰɤur⁵³ 场院

锄地 tsʰu³³ tɛe⁵³ ①锄草；②松土

上粪 ʂɤu⁵³ fəŋ⁵³ 施肥

灌粪 kuɤ⁵³ fəŋ⁵³ 挖开钵子一苗一苗地浇粪

漫粪 mɤ⁵³ fəŋ⁵³ 一担一担地将粪倒到地里浇肥，农村缺有机肥，这种做法很少

粪窖 fəŋ⁵³ tɕiɤ⁵³ 粪池

沤肥 ŋɑo⁵³ fɛe³³ 积肥

拾粪 ʂəʔ²¹ fəŋ⁵³

农肥 luəŋ³³ fɛe³³ 沤好的有机肥

圈粪 tɕye⁵³ fəŋ⁵³ 家畜圈里的肥

化肥 xuɑ⁵³ fɛe³³

浇水 tɕiɤ²⁴ suɛe⁴¹²

灌水 kuɤ⁵³ suɛe⁴¹²

放水 fɤu⁵³ suɛe⁴¹² 排水

吊水 tiɤ⁵³ suɛe⁴¹² 从井里或河里取水

井 tsɛe⁴¹² 水井

旱井 ɕie⁵³ tsɛe⁴¹² 蓄水井

（2）农具

水桶子 suɛe²⁴ tʰuəŋ⁴¹ tsəʔ³

吊水绳 tiɤ⁵³ suɛe⁴¹ ʂɛe³³

水车 suɛe⁴¹ tʂʰie²¹³（吴堡曾经用过，现在已不用）

平车 pʰiəŋ³³ tʂʰɑ²¹³ 架子车

牛拉车 niɑo³³ lɑ²⁴ tʂʰɑ²¹³

大车 tɤu⁵³ tʂʰɑ²¹³

牛夹子 niɑo³³ tɕiɑʔ⁴ tsəʔ²¹ 牛轭

牛擱子 niɑo³³ tsʰɑo²⁴ tsəʔ²¹ 牛笼嘴

牛鼻桊子 niɑo³³ pʰiəʔ²¹ ɕye⁵³ tsəʔ²¹

穿在牛鼻子里的铁环

攀胸 pʰã24 ɕyəŋ21　牲口脖子上拴的垫物，以防勒坏肉皮：驴～

耩子 tɕiɤu41 tsəʔ3　犁

耩腰儿 tɕiɤu41 iɤr213　犁身

耩把 tɕiɤu41 pɑ53　犁把

铧 xuɑ33　犁铧

耙 pɑ53　耙子

粮囤子 liɤu33 tuəŋ53 tsəʔ21　用篾片编的席子围成的圆柱形的囤粮用具

瓮 uəŋ53　存放粮食的大缸

仓子 tsʰɤu24 tsəʔ21　用石板砌成的粮仓

扇车 ʂie53 tʂʰɑ213　风车，使米粒与谷壳分离的农具

碌碡 luəʔ4 tsʰuəʔ21　石磙

硙 uɛe53　石磨

硙盘 uɛe53 pʰɤ33　磨盘

硙把儿 uɛe53 pɑr33　磨把儿

硙卜脐儿 uɛe53 pəʔ3 tsʰər33　磨扇中心的铁轴

碾子 zie41 tsəʔ3

筛子 sɑe24 tsəʔ21

草筛 tsʰo41 sɑe213　用来筛草的大筛子

罗子 lɤu33 tsəʔ21　筛粉末状细物（如各种面粉）用的器具。品种多样，如粗罗子，细罗子，绢罗（最细）

绞轴儿 tɕiɤ53 tsʰuər21　连枷

钯子 pʰɑ33 tsəʔ21

镢子 tɕyəʔ4 tsəʔ21　窄而长的镢头

尖镢 tsie24 tɕyəʔ21　一头尖的镢头，用来挖坑等

洋镢 iã33 tɕyəʔ21

洋镐 iã33 ko213 两头有尖的镢头

□□ tɕʰiã24 tɕʰiã21　很小的小镢头，用来揿草，神木叫"小镢头儿"

锄 tsʰu33

铡刀 tsʰɑʔ21 to213

镰儿 liər53　镰刀

砍刀 kʰie41 to213

木锨 məʔ21 tɕʰie213

铁锨 tʰiəʔ21 tɕʰie213

簸箕 pɤu53 tɕʰi21

旧簸箕 tɕiɑo53 pɤu53 tɕʰi21　撮垃圾用的簸箕，无专用的

圪栳 kəʔ4 lo412　放粪的器物，长形，架在肩上，两手往外抓粪

恶塌土 ŋəʔ4 tʰɑʔ21 tʰu412　垃圾

笼子 luəŋ41 tsəʔ3　有系的筐

笸篮 pəʔ21 lã213　有十字系的筐子

笸箩 pəʔ21 lɤu213　箩

扁担 pã41 tã53

担子 tã53 tsəʔ21

担担子 tã21 tã53 tsəʔ21　挑担子

扫帚 so53 tsʰu21

笤帚 tʰiɤ33 tsʰu21

枣络络 tso41 lo53 lo21　从树上往下勾

枣的用具，用铁丝圈、棍儿、网儿制成

络头 lo^{53} tʰɑo^{21} 打鱼工具，渔网

五 植物

（1）农作物

庄稼 tsuɤu^{24} tɕiɑ^{21}

粮食 liɤu^{33} ʂəʔ^{21}

籽实 tsɿ^{24} ʂəʔ^{21}

　籽种 tsɿ^{24} tsuəŋ^{21} 种子

五谷 uəʔ^{21} kuəʔ^{3} ①泛指各种粮食：~杂粮；②专称：安葬死者时用的东西：麻子、豌豆、糜子

麦子 miəʔ^{21} tsəʔ^{3}

荞麦 tɕʰiɤ^{33} miəʔ^{21}

麦茬 miəʔ^{21} tsʰɑ^{33}

米 mi^{412} 小米

谷儿 kuər^{53} 谷子

糜子 mi^{33} tsəʔ^{21}

软糜子 zuɤ^{41} mi^{33} tsəʔ^{21}

硬糜子 niəŋ^{53} mi^{33} tsəʔ^{21}

软米 zuɤ^{24} mi^{21} 软糜子的米，做糕、做米酒

硬米 niəŋ^{53} mi^{21} 硬糜子的米，做捞饭。陕北许多地方叫黄米

玉谿黍 y^{53} tʰo^{53} su^{21} 玉米

谿黍 tʰo^{53} su^{21} 高粱

秕谷儿 pi^{41} kuər^{53}

莠子 iɑo^{41} tsəʔ^{3} 一种长在谷地，同谷子非常像的草。成语“良莠不齐”中的“莠”，指的就是莠子，陕北有的地方又叫“谷莠子”

大米 tɑ^{53} mi^{412} 本地不产水稻，因此关于大米的称呼很简单，没有不同品种的称呼

好面 xo^{41} mie^{53} 白面

红面 xuəŋ^{33} mie^{53} 高粱面

豆面 tɑo^{53} mie^{53} 黄豆、绿豆等磨的面，可以按照不同的豆子来称说，分为黑豆面、白黑豆面、绿黑豆面、绿豆面等等

米面 mi^{41} mie^{53} 硬糜子、软糜子米磨的面，分别叫做“硬米面、软米面”

踖踖 tʂʰɑʔ^{4} tʂʰɑʔ^{21} 高粱、玉米等的糁儿

钱钱 tsʰie^{33} tsʰie^{21} 浸泡后压扁的黑豆。因形状像铜钱得名。钱钱与小米煮的粥叫“钱钱饭”，营养价值很高。神木一带不吃钱钱饭，而是将黑豆磨成“黑豆踖踖”煮稀饭

棉花 mie^{33} xuɑ^{21}

棉花圪蛋儿 mie^{33} xuɑ^{21} kəʔ^{21} tɑr^{53} 棉花桃儿

麻秆儿 mɑ^{33} kiər^{412}

小麻子 siɤ^{412} mɑ^{33} tsəʔ^{21} 苎麻

老麻子 lo^{41} mɑ^{33} tsəʔ^{21} 蓖麻

芝麻 tsɿ^{21} mɑ^{33}

月明花 yəʔ^{3} mɛe^{33} xuɑ^{213} 向日葵 ɕiã^{53} ʐəʔ^{21} k^{h}uɛe^{213}

葵花子儿 k^{h}uɛe^{24} xuɑ^{21} tsər^{412} 向日葵子儿 ɕiã^{53} ʐəʔ^{21} k^{h}uɛe^{213} tsər^{412}

红薯 xuəŋ^{33} su^{21}

山蔓儿 sã^{21} mɤr^{53} 山药 sã^{24} ie^{21} 马铃薯

（2）豆类、菜蔬

黑豆 xəʔ^{3} tɑo^{53} 统称

白黑豆 p^{h}iəʔ^{21} xəʔ^{3} tɑo^{53} 黄豆

黑黑豆 xəʔ^{3} xəʔ^{3} tɑo^{53} 黑色的黑豆

绿黑豆 luəʔ^{21} xəʔ^{3} tɑo^{53} 绿色的黑豆。陕北盛产黑豆。按照颜色区分不同的黑豆，是陕北话的特点，尤其是“白黑豆、黑黑豆”之类，在外地人看来颇为奇怪。有名的甘泉豆腐就是用绿黑豆做的

绿豆 luəʔ^{21} tɑo^{53}

红小豆 xuəŋ^{33} siɤ^{41} tɑo^{53} （当地种得不多）

豌豆 uɤ^{21} tɑo^{53}

豇豆 tɕiɤu^{21} tɑo^{53}

扁豆 p^{h}ie^{41} tɑo^{53}

菜水 ts^{h}ɑe^{53} suɛe^{21} 蔬菜

茄子 tɕ^{h}iɑ^{33} tsəʔ^{21}

黄瓜 xɤu^{33} kuɑ^{21}

毛菜瓜 mo^{33} ts^{h}ɑe^{53} kuɑ^{213} 菜瓜

丝瓜 sɿ^{24} kuɑ^{21}

苦瓜 k^{h}u^{41} kuɑ^{213}

南瓜 nã^{33} kuɑ^{21}

冬瓜 tuəŋ^{24} kuɑ^{21}

葫芦儿 kuəʔ^{21} lur^{213}/xuəʔ^{21} lur^{213}

闷葫芦 məŋ^{53} kuəʔ^{21} lu^{213} 瓠子

葱儿 ts^{h}uər^{213}

洋葱儿 iã^{33} ts^{h}uər^{213}

葱儿叶子 ts^{h}uər^{24} iəʔ^{21} tsəʔ^{3}

葱儿丝 ts^{h}uər^{24} sɿ^{213} 葱白

蒜 suɤ^{53}（本地不种蒜，故没有蒜的各个部位的说法）

蒜圪都 suɤ^{53} kəʔ^{21} tu^{213} 蒜头

蒜泥 suɤ^{53} ni^{33}（蒜泥捣得少）

蒜苗 suɤ^{53} miɤ^{33}（不种，外来）

青蒜 ts^{h}iəŋ^{21} suɤ^{53}（不种，外来）

韭菜 tɕiɑo^{41} ts^{h}ɑe^{53}

韭黄 tɕiɑo^{41} xuã^{33}（不种，外来）

洋柿子 iã^{33} sɿ^{53} tsəʔ^{21} 西红柿

姜 tɕiã^{213}

菜辣子 tsʰɑe^{53} lɑʔ^{21} tsəʔ^{3} 柿子椒

辣子 lɑʔ^{21} tsəʔ^{3} 辣椒

辣面儿 lɑʔ^{21} miər^{53}

芥末儿 tɕiɑe^{53} mər^{21}

胡椒 xu^{33} tsiɤ^{213}

芥子 tɕiɑe^{53} tsəʔ^{21}

　芥菜 tɕiɑe^{53} tsʰɑe^{21}

菠菜 pɤu^{21} tsʰɑe^{53}

白菜 pʰiəʔ^{21} tsʰɑe^{53}

包心菜 po^{24} siəŋ^{213} tsʰɑe^{53}

　卷心菜 tɕye^{41} siəŋ^{213} tsʰɑe^{53}

茴子白 xuɑe^{53} tsəʔ^{21} pɑe^{33} 圆白菜

猴白菜 xɑo^{33} pʰiəʔ^{21} tsʰɑe^{53} 小白菜

莴苣 u^{21} tɕy^{53} 莴笋

莴苣叶子 u^{21} tɕy^{53} iəʔ^{21} tsəʔ^{3}

生菜 səŋ^{21} tsʰɑe^{53}（不种，外来）

莙薘 tɕyəŋ^{24} tʰɑʔ^{21}

芹菜 tɕʰiəŋ^{33} tsʰɑe^{53}

芫荽 ie^{33} suɛe^{21}

萝卜 lɤu^{33} pʰɤu^{21}

（萝卜）走心了 tsɑo^{41} siəŋ^{24} lie^{21} 糠了

萝卜花儿 lɤu^{33} pʰɤu^{21} xuɑr^{213}

干萝卜片儿 kie^{21} lɤu^{33} pʰɤu^{21} pʰiər^{213}

黄萝卜 xɤu^{33} lɤu^{33} pʰɤu^{21} 类似胡萝卜，黄色，个儿大（当地不出胡萝卜）

白萝卜 pʰiəʔ^{21} lɤu^{33} pʰɤu^{21}

蔓菁 mɤ^{33} tsɛe^{213}

芋蔓菁 y^{53} mɤ^{33} tsɛe^{213} 苤蓝

油菜 iɑo^{33} tsʰɑe^{53}

油菜薹儿 iɑo^{33} tsʰɑe^{53} tʰər^{213}

油菜籽儿 iɑo^{33} tsʰɑe^{53} tsʰər^{412}

洋山蔓儿 iã^{33} sã^{21} mɤr^{53} 山芋

（3）树木

树 su^{53}

林地儿 liəŋ^{33} tər^{53}

　树林 su^{53} liəŋ^{33}

树苗子 su^{53} miɤ^{33} tsəʔ^{21}

　树苗儿 su^{53} miɤr^{53}

树身子 su^{53} ʂəŋ^{24} tsəʔ^{21} 树干

树梢子 su^{53} so^{24} tsəʔ^{21} 树梢

树根 su^{53} kəŋ^{213}

树叶子 su^{53} iəʔ^{21} tsəʔ^{3}

树枝子 su^{53} tsʅ^{24} tsəʔ^{21}

树栽子 su^{53} tsɑe^{24} tsəʔ^{21}

栽树 tsɑe^{21} su^{53}

砍树 kʰie^{41} su^{53}

松树 suəŋ^{21} su^{53}

松针 suəŋ^{24} tʂəŋ^{213}

松苔苔 suəŋ^{21} tʰɑe^{33} tʰɑe^{21} 松塔

松香 suəŋ^{24} ɕiã^{21}

桑树 sɤu^{21} su^{53}

桑枣枣 sɤu^{24} tsɤ^{41} tsɤ^{213} 桑葚

桑叶 sɤu^{24} iəʔ^{213}

杨树 iɤu^{33} su^{53}/ iã^{33} su^{53}

柳树 liɑo^{41} su^{53}

樗树 tɕ^{h}y^{21} su^{53}

荆茇 tɕi^{24} pəʔ^{21}　荆条

务柳 u^{53} liɑo^{21}　杞柳

沙柳儿 sɑ^{24} liɑor^{21}　柽柳

圪针 kəʔ^{21} tʂəŋ^{213}　酸枣枝

竹子 tsuəʔ^{4} tsəʔ^{21}（不种）

竹竿儿 tsuəʔ^{3} kiər^{412}

（4）瓜果

青货 ts^{h}ɛe^{21} xɤu^{53}　水果（干果无专门说法）

桃儿 t^{h}or^{53}

杏儿 ɕiɑr^{53}

李子 lɛe^{41} tsəʔ^{3}

苹果 p^{h}iəŋ^{33} kɤu^{21}

沙苹 sɑ^{21} p^{h}iəŋ^{33}

小果 siɤ^{24} kɤu^{21}　当地的一种小沙果，陕北普遍种植

枣 tsɤ^{412}　红枣

长枣 tʂ^{h}ɤu^{33} tsɤ^{21}　长条形的枣

团枣 t^{h}uɤ^{33} tsɤ^{21}　圆形的枣，较小，味酸甜

酸枣　suɤ^{24} tsɤ^{21}　带酸味的一种枣，形体比团枣小，野生品种

熏枣　ɕyəŋ^{53} tsɤ^{21}　熏制的红枣，易保存，营养价值高

醉枣 tsuɛe^{53} tsɤ^{21}　洒上白酒、密封在坛子里腌制的枣

梨儿 lər^{53}

柿子 sʅ^{53} tsəʔ^{21}

柿饼子 sʅ^{53} pɛe^{41} tsəʔ^{3}

石榴儿 ʂəʔ^{21} liɑor^{53}

橘子 tɕyəʔ^{4} tsəʔ^{21}（当地不产）

橙子 tʂ^{h}əŋ^{33} tsəʔ^{21}（当地不产）

木瓜 məʔ^{21} kuɑ^{213}（当地不产）

菠萝 pɤu^{21} lɤu^{33}（当地不产）

核桃 kəʔ^{3} t^{h}o^{33}（当地不产）

西瓜 sɛe^{24} kuɑ^{21}

瓜子儿 kuɑ^{24} tsər^{21}

甜瓜儿 t^{h}ie^{33} kuɑr^{21}

花生 xuɑ^{24} səŋ^{21}

花生仁儿 xuɑ^{24} səŋ^{21} zʅər^{33}

花生皮儿　xuɑ^{24} səŋ^{21} p^{h}iɪr^{53}　花生米外面的红皮

（5）花草、菌类

菊花儿 tɕ^{h}yəʔ^{21} xuɑr^{213}

梅花儿 mɑe^{33} xuɑr^{213}

欠指甲花儿 tɕ^{h}ie^{53} tsʅ^{41} tɕiɑʔ^{3} xuɑr^{213}　凤仙花

莲花儿 lie^{33} xuɑ^{21}　荷花（当地无）

天牛老花儿　t^{h}ie^{21} niɑo^{33} lo^{21} xuɑr^{213}　牵牛花

山丹丹 sã^{21} tã^{53} tã^{21}　杜鹃花

仙人掌 sie^{21} zʅəŋ^{33} tʂã^{21}

花圪都儿 xuɑ^{24} kəʔ^{21} tur^{213}　花蕾

花瓣儿瓣儿 xuɑ^{21} pɑr^{53} pɑr^{21}

花心儿 xuɑ24 siər213 花蕊

芦草 lɑo33 tsho21 芦苇

香菇 ɕiã24 ku213

蘑菇 mo33 ku53

(6)野草

猪耳朵草 tsu24 ər41 tu213 tsho412 车前子

洋得溜儿 iã33 tiəʔ3 liɑr53 王不留行

洋药 iã33 iəʔ21 罂粟

骨嚕草 kuəʔ3 luã33 tsho412 蒲公英

嫩黄蒿 nuəŋ53 xɤu33 xo21 茵陈

野胡麻 iɑ41 xu33 mɑ21 远志

羊铁梢 iɤu33 thiəʔ21 so213 五加皮

黄丝儿 xɤu33 sər213 兔丝子

□□儿 tʂhɑʔ21 mər213 细叶韭（当地山上很多，是陕北人很喜欢的调味品，根据与周边方言的语音对应规则，疑本字为"择毛儿"）

猫儿眼 mor53 niã412 泽漆

（以下是当地常见的野草，不知学名）

鸡鸡蔓 tɕi24 tɕi21 uã53

铲铲花 tshã21 tshã24 xuɑ213

木根根 məʔ21 kəŋ24 kəŋ21

雀儿脑瓜盖 tshiɤr24 no41 kuɑ21 kɑe53

米布袋袋 mi41 pu53 tɑe41 tɑe213

臭罐子 tʂhɑo53 kuɤ53 tsəʔ21

圪刷刷 kəʔ3 suɑʔ4 suɑʔ21

禾稗 xɤu33 pɑe53

打洋烟圪桃儿 tɑ41 iã33 iã21 kəʔ3 thor53

秃稍儿 thuəʔ21 sor213

羊尾巴 iɤu33 i41 pɑ213

六　动物

(1)牲畜

牲灵 səŋ21 liəŋ33 牲口

儿马 ər33 mɑ21

骒马 khu53 mɑ21

骟马 ʂie53 mɑ412 骟过的马

牛公子 niɑo33 kuəŋ24 tsəʔ21 公牛

犍牛 tɕie21 niɑo33 阉过的公牛

骕牛 ʂɑ41 niɑo33 母牛

牛 niɑo33 黄牛

牛犊儿 niɑo33 thuər21

驴 y33

叫驴 tɕiɤ53 y21

草驴 tsho41 y33

骡子 lɤu33 tsəʔ21（没有驴骡、马骡之分）

骆驼 lo53 thɤu21

□羔儿 piəʔ21 kor213 骆驼崽

绵羊 mie33 iɤu21

山羊儿 sã^{21} iɤur^{53}

羊羔儿 iɤu^{33} kor^{213}

狗 kɑo^{412}

牙狗 niɑ^{33} kɑo^{21}　公狗

母狗 mu^{24} kɑo^{21}

狗儿子 kɑo^{412} ər^{33} tsəʔ^{21}　小狗

哈巴儿 xɑ^{41} pɑr^{53}　哈巴狗

猫儿 mor^{53}

牙猫儿 niɑ^{33} mor^{53}

女猫儿 ny^{41} mor^{53}

牙猪 niɑ^{33} tsu^{21}

猪公子 tsu^{24} kuəŋ^{24} tsəʔ^{21}

　猪圪瓶儿 tsu^{24} kəʔ^{21} tər^{213}　较年轻的公猪

羯猪 tɕiəʔ^{21} tsu^{213}　老一点的公猪

童猪 tʰuəŋ^{33} tsu^{213}　劁过的母猪

婆猪 pʰɤu^{33} tsu^{213}　专门下崽儿的母猪

猪儿子 tsu^{21} ər^{33} tsəʔ^{21}　猪崽

劁猪 tsʰiɤ^{24} tsu^{213}　阉母猪

骟猪 ʂie^{53} tsu^{213}　阉公猪

兔儿 tʰur^{53}

鸡 tɕi^{213}

公鸡 kuəŋ^{24} tɕi^{21}

小公鸡 siɤ^{41} kuəŋ^{24} tɕi^{21}　未成年的公鸡

草鸡 tsʰo^{41} tɕi^{213}

落窝鸡 lo^{53} u^{24} tɕi^{213}　正在孵蛋的母鸡

猴草鸡 xɑo^{33} tsʰo^{41} tɕi^{213}　未成年的小母鸡

鸡儿子 tɕi^{21} ər^{33} tsəʔ^{21}　小鸡

鸡蛋 tɕi^{21} tã^{53}

下蛋 xɑ^{53} tã^{53}

菢 pu^{53}

鸡冠子 tɕi^{24} kuɤ^{24} tsəʔ^{21}

鸡爪子 tɕi^{24} tsuɑ^{41} tsəʔ^{3}

鸭 niɑʔ^{3}

牙鸭子 niɑ^{33} niɑʔ^{4} tsəʔ^{21}　公鸭

母鸭子 mu^{41} niɑʔ^{4} tsəʔ^{21}

猴鸭子 xɑo^{33} niɑʔ^{4} tsəʔ^{21}　小鸭

鸭蛋 niɑʔ^{4} tã^{53}

鹅 ŋɤu^{33}（当地不养鹅，所以没有“小鹅儿”的说法）

走圈 tsɑo^{41} tɕye^{53}

　走窝 tsɑo^{41} u^{213}　猪交配

打圈 tɑ^{41} tɕye^{53}　羊交配

踏蛋 tʰɑʔ^{3} tã^{53}　鸡交配

混游 xuəŋ^{53} iɑo^{33}　狗交配

跑窝 pʰo^{41} u^{213}　牲口发情

落羔 lɑʔ^{21} ko^{213}　（家畜）流产

（2）鸟、兽

野物 iɑ^{24} uəʔ^{21}

狮子 sɿ^{24} tsəʔ^{21}

老虎 lo^{24} xu^{21}

母老虎 mu^{41} lo^{24} xu^{21}

猴儿 xɑor^{53}

熊 ɕyəŋ^{33}

豹子 po^{53} tsəʔ^{21}

狐子 xu^{33} tsəʔ^{21} 狐狸

貒子 t^{h}uɤ^{24} tsəʔ^{21} 獾

小黄鼬 siɤ^{41} xɤu^{33} iɑo^{21} 黄鼬

老鼠 lo^{24} su^{21}

剪姑儿 tsie^{41} kur^{213} 没长毛的小老鼠

蛇 ʂɑ^{33}

蛇丝儿 ʂɑ^{33} sər^{213} 蜥蜴

雀雀 ts^{h}iɤ^{41} ts^{h}iɤ^{213} 鸟儿

黑老鸹 xəʔ^{4} lo^{41} uɑ^{21} 乌鸦

野鹊儿 iɑ^{41} ts^{h}iɑr^{53} 喜鹊

雀儿 ts^{h}iɤr^{412} 麻雀

燕儿 iər^{53} 燕子

雁 niã^{53}

水咕咕 suɛe^{41} ku^{53} ku^{21} 斑鸠

白翅翅 p^{h}iəʔ^{3} ts^{h}ʅ^{53} ts^{h}ʅ^{21} 画眉

木鸽 məʔ^{3} kər^{53} 鸽子

种咕儿 tsuəŋ^{53} kɤur^{33} 布谷鸟

鸧树锛锛 tɕ^{h}iã^{21} su^{53} pəŋ^{24} pəŋ^{21} 啄木鸟（字形用“锛锛”有两个理由：一是啄木鸟啄树的时候，发出“pəŋ^{53} pəŋ^{53}”的声音，用“锛锛”大致摹拟声音；二是啄木鸟啄树的样子，有点像“锛子”砍木头的情形。这样记能够反映人们的造词心理。其实也可以直接用“嘣嘣”来记两个音节）

杏虎 ɕiəŋ^{53} xu^{21}

鸱怪子 ts^{h}ʅ^{21} kuɑe^{53} tsəʔ^{21} 猫头鹰（“杏虎”体形比“鸱怪子”大，老百姓不太分得开，动物学上是两种）

八哥儿 pɑʔ^{4} kɤur^{213}（当地不产，有买来养的）

兀鹎 u^{33} pɑe^{53} 老鹰

野鸡 iɑ^{41} tɕi^{213}

圪狸 kəʔ^{21} lɛe^{213} 松鼠

夜鳖蝠儿 iɑ^{53} p^{h}iəʔ^{21} xur^{53} 蝙蝠

翅膀儿 ts^{h}ʅ^{53} p^{h}ɤur^{213}

嘴 tsuɛe^{412} 鸟类之嘴

鸟窝 nio^{41} u^{213}

（3）虫类

蚕儿 ts^{h}ɑr^{53}

蛹子 yəŋ^{41} tsəʔ^{3} 蚕蛹

蚕粪 tsã^{33} fəŋ^{53} 蚕屎

蛛蛛 tsu^{24} tsu^{21}

蚂蚁儿 mɑ^{24} iɪr^{21}

蝼蛄 luəʔ^{3} ku^{53}

鳖虱婆 piəʔ^{4} ʂɑʔ^{21} p^{h}ɤu^{33} 土鳖

蚯蚓 tɕ^{h}iɑo^{24} iəŋ^{21}

蜗蜗牛儿 kuɑ^{41} kuɑ^{21} niɑor^{33} 蜗牛

粪扒牛儿 fəŋ^{53} p^{h}ɑʔ^{3}/p^{h}ɑ^{21} niɑor^{33} 蜣螂

骚秃子 so^{24} t^{h}uəʔ^{21} tsəʔ^{21} 比蜣螂还臭的一种虫子，似蜣螂，头部、尾部尖

毛蚰蜒 mu^{33} iɑo^{33} ie^{53}

蝎子 ɕiəʔ^{4} tsəʔ^{21}

蜥虎儿 siəʔ^{4} xur^{213} 壁虎

圪虫 kəʔ^{3} tsʰuəŋ^{33} 毛虫、肉虫的统称

米圪虫儿 mi^{41} kəʔ^{3} tsʰuər^{53} 米里生的小肉虫

油汗 iɑo^{33} ɕie^{53} 蚜虫

蝇子 i^{33} tsəʔ^{21} 苍蝇

蠓子 məŋ^{41} tsəʔ^{3} 蚊子

豆吊儿 tɑo^{53} tiɤr^{53} 孑孓

虱子 ʂɑʔ^{4} tsəʔ^{21}

壁虱 piəʔ^{4} ʂɑʔ^{21} 臭虫

圪蚤 kəʔ^{4} tso^{412} 跳蚤

虻蝇 miɑ^{33} i^{33} 牛虻

秋蝉儿 tsʰiɑo^{21} tʂʰʅr^{53} ①蟋蟀；②灶蟋蟀，常出没于厨房

蟑螂 tʂã^{24} lã^{33}

百踪 piəʔ^{21} tɕyəŋ^{213} 蝗虫

蹻茬 tɕʰiɤ^{21} tsʰɑ^{33} 蚂蚱（绿色、长腿）

草猴儿 tsʰo^{41} xɑor^{53} 螳螂

烧枣红 ʂɤ^{53} tsɤ^{412} xuəŋ^{33} 蝉

蜜蜂儿 miəʔ^{21} fər^{213}

马蹄蜂 mɑ^{41} tɕʰi^{33} fəŋ^{213} 大蜂

蜇人 tʂəʔ^{3} zəŋ^{33}

蜂窝 fəŋ^{24} u^{213}

蜂蜜 fəŋ^{24} miəʔ^{213}

夜明珠 iɑ^{53} mɛe^{33} tsu^{213} 萤火虫

樗□□ tɕʰy^{21} sɑo^{33} sɑo^{21} 椿象，多俗称臭大姐（sɑo^{33} 是"媳妇"的合音）

打灯蛾 tɑ^{41} təŋ^{21} ŋɤu^{33}

蛾蛾 ŋɤu^{33} ŋɤu^{21}

蝴蝶儿 xu^{33} tʰiər^{21}

帮螂 pɤu^{21} lɤu^{33} 蜻蜓

送饭老婆婆 suəŋ^{53} fã^{53} lo^{41} pʰɤu^{33} pʰɤu^{21} 瓢虫

雷虱 luɑe^{33} ʂɑʔ^{3} 天牛

椿象 tsʰuəŋ^{21} siã^{53} 臭板虫

路虎儿 lɑo^{53} xur^{21} 金龟子

灰虎儿 xuɑe^{24} xur^{21} 象鼻虫

圪挤 kəʔ^{4} tsɛe^{412} 枣尺蠖

坐地虫 tsuɤu^{53} tɛe^{53} tsʰuəŋ^{33} 蛴螬（土豆地、鸡窝粪土里多，神木叫"圪螬虫"）

蹦蹦 piɑ^{53} piɑ^{21} 叩头虫

树壁虱 su^{53} piəʔ^{4} ʂɑʔ^{21} 介壳虫

（4）鱼虾类

鱼 ny^{33}

鲤鱼儿 lɛe^{41} nyɪr^{53}

鲫鱼 tɕiəʔ^{3} ny^{33}

草鱼 tsʰo^{41} ny^{33}

带鱼 tɑe^{53} ny^{33}

鲇鱼 zie^{33} ny^{33}

金鱼儿 tɕiəŋ^{21} nyɪr^{53}

卜□儿 pəʔ^{3} tsɑr^{53} 泥鳅

鱼鳞 ny^{33} liəŋ^{33}

鱼齿齿 ny^{33} tsʰʅ^{41} tsʰʅ^{213}

鱼刺 ny^{33} tsʰʅ^{53}

鱼尿脬 ny^{33} niɤ^{53} pʰo^{21} 鱼鳔儿

鱼脊梁 ny^{33} tsəʔ^{3} liɤu^{33} 鱼鳍

苦腮 k^{h}u^{41} sɑe^{213} 鱼鳃

鱼子 ny^{33} tsɿ^{412}

鱼卜渣儿 ny^{33} pəʔ^{4} tsɑr^{213} 鱼苗儿

钓鱼 tiɤ^{53} ny^{33}

鱼竿儿 ny^{33} kiər^{213}

鱼钩儿 ny^{33} kɑor^{213}

虾 ɕiɑ^{33}

虾仁 ɕiɑ^{33} ʐəŋ^{33}

虾米 ɕiɑ^{33} mi^{21}

龟 kuɛe^{213}

鳖 piəʔ^{3}

蛤蟆 kəʔ^{3} mɑ^{33} 青蛙

圪鸟儿 kəʔ^{4} nior^{213} 蝌蚪

疥蛤蟆 tɕiɑe^{53} kəʔ^{3} mɑ^{33} 蟾蜍

海瓢瓢 xɑe^{41} p^{h}io^{33} p^{h}io^{21} 蛤蜊

七 房舍

（1）房子

第府 tɛe^{53} fu^{21} 住宅

盖房子 kɑe^{53} fɤu^{33} tsəʔ^{21}

房子 fɤu^{33} tsəʔ^{21} 整座房子

院起 ye^{53} tɕ^{h}ie^{21} 院子

耳门圪宅儿 ər^{41} məŋ^{33} kəʔ^{21} tʂ^{h}ɑr^{213} 院子的侧面

墙 ts^{h}iɤu^{33}

照壁儿 tʂɤ^{53} piər^{33}

房 fɤu^{44} 单间的屋子

外房 uɑe^{53} fɤu^{33} 外间

里房 lɛe^{41} fɤu^{33} 里间

正房 tʂəŋ^{53} fɤu^{33}

横房子 ɕyɑ^{33} fɤu^{44} tsəʔ^{21} 厢房

客厅 k^{h}əʔ^{4} t^{h}iəŋ^{213}（新词）

平房 p^{h}ɛe^{33} fɤu^{33}

楼 lɑo^{33} 楼房

楼上 lɑo^{33} ʂɤu^{53}

楼下 lɑo^{33} xɑ^{53}

门楼儿 məŋ^{33} lɑor^{53}

踏蹬儿 t^{h}ɑʔ^{3} tər^{53} ①楼梯；②台阶

梯子 t^{h}ɛe^{24} tsəʔ^{21}（上吴堡）tɕ^{h}i^{24} tsəʔ^{21}（下吴堡）

阳台 iã^{33} t^{h}ɑe^{33}

草房儿 ts^{h}o^{41} fɤur^{53} 用茅草搭成的房子，住人

（2）房屋结构

房顶梁 fɤu^{33} tiəŋ^{41} liɤu^{33} 房脊

房顶 fɤu^{33} tiəŋ^{412}

押檐 niɑʔ^{3} ie^{33} 房檐

瓦瓴子 uɑ^{53} liəŋ^{41} tsəʔ^{3} 房檐头上往下流水的部分

檩 liəŋ^{412}

瓦椽 uɑ^{53} tsʰuɤ^{21} 檩子

梁 liɤu^{44}

椽子 tsʰuɤ^{33} tsəʔ^{21}

柱子 tsu^{53} tsəʔ^{21}

石墩 ʂəʔ^{21} tuəŋ^{213} 柱下石

仰尘 iã^{41} tʂʰəŋ^{33} 天花板

罗门 lɤu^{33} məŋ^{21}

大门 tɤu^{53} məŋ^{21} 正门

后门儿 xɑo^{53} mər^{21}

二门儿 ər^{53} mər^{21} 边门

拐门 kuɑe^{41} məŋ^{33} 侧门

兽头 ʂɑo^{53} tʰɑo^{33} 大门顶上的兽头

门限 məŋ^{33} ɕie^{33} 门槛儿

门圪塄儿 məŋ^{33} kəʔ^{21} lor^{213} 门后

插子 tsʰɑʔ^{21} tsəʔ^{3} 门闩

锁子 suɤu^{41} tsəʔ^{3}

钥匙 iəʔ^{21} sɿ^{33}

窗子 tsʰuɤu^{24} tsəʔ^{21}

窗台儿 tsʰuɤu^{213} tʰər^{53}

过道儿 kɤu^{53} tor^{53} ①走廊;②过道儿

楼道儿 lɑo^{33} tor^{53}

盖板儿 kɑe^{53} pɑr^{412} 楼板

(3)其他设施

灶房 tso^{53} fɤu^{21} 厨房

灶火 tso^{53} xɤu^{21}

吸吼子 ɕiəʔ^{4} xɑo^{41} tsəʔ^{3} 用自然风吹的炉灶

冲槽子 tsʰuəŋ^{21} tsʰo^{33} tsəʔ^{21} 没有风箱的灶。神木叫"春灶儿"

茅子 mo^{33} tsəʔ^{21} 厕所

磨房儿 mɤu^{53} fɤur^{53}

马棚 mɑ^{41} pʰəŋ^{33}

牛圈 niɑo^{33} tɕye^{53}

驴圈 y^{33} tɕye^{53}

猪圈 tsu^{21} tɕye^{53}

猪食槽子 tsu^{24} ʂəʔ^{21} tsʰo^{33} tsəʔ^{21}

羊圈 iɤ^{33} tɕye^{53} 有窑的羊圈

羊□□儿 iɤ^{33} kʰuəʔ^{3} liər^{53} 没有窑的羊圈

狗窝 kɑo^{41} u^{213}

鸡窝 tɕi^{24} u^{213}

鸡笼子 tɕi^{21} luəŋ^{33} tsəʔ^{21} 用铁丝编的鸡笼,可活动

鸡罩 tɕi^{21} tso^{53} 用木条编的鸡笼,固定

柴堆 tsʰɑe^{33} tuɑe^{213}

(4)窑洞及其设施

窑 iɤ^{33} 窑洞(附图:吴堡的窑洞)

枕头窑儿 tʂəŋ^{53} tʰɑo^{21} iɤr^{53} 窑洞的里间

正窑 tʂəŋ^{53} iɤ^{33} 坐北向南的窑洞

横窑 ɕyɑ^{33} iɤ^{33} 东西两侧的窑洞

倒坐窑 to^{53} tsuɤu^{53} iɤ^{33} 与正窑相对的窑洞,坐南向北

支楞窑 tsɿ^{21} ləŋ^{33} iɤ^{33} 在倒坐窑背后加石头砌的小窑洞，目的是支撑倒坐窑，位于院子下面

后窑 xɑo^{53} iɤ^{33} 窑洞里面的后壁上打的小窑洞

拐窑 kuɑe^{41} iɤ^{33} 窑洞里面一侧打的小窑洞

浅窑窑 tɕ^{h}ie^{41} iɤ^{33} iɤ^{21} 比较浅的小窑洞

当中窑 tɤu^{24} tsuəŋ^{21} iɤ^{33} 一排窑洞中最中间的窑

过洞儿 kɤu^{53} tuər^{53} 两窑间相通的门洞

崖打墙 nɑe^{33} tɑ^{41} ts^{h}iɤu^{33} 窑洞外面靠着窑腿的抵墙，作用是加固窑腿，延长窑洞寿命

窑掌子 iɤ^{33} tʂɤu^{41} tsəʔ^{3} 窑后壁

窑拥儿 iɤ^{33} yər^{213} 门窗外面

仰头 niɤu^{33} t^{h}ɑo^{33} 窑高

掏空 t^{h}o^{24} k^{h}uəŋ^{213} 窑宽

立水儿 liəʔ^{4} suər^{21} 炕宽

厦檐 sɑ^{41} ie^{33} 窑洞的檐头，用石制的支架和石板组成

厦头子 suɑ^{41} t^{h}ɑo^{33} tsəʔ^{21} 窑洞上厦檐的支架，石制（"厦"读音特殊，开口呼变合口呼）

挑檐 t^{h}iɤ^{41} ie^{33} 窑洞的厦檐上盖的石板

抱檩儿 po^{53} liər^{412} 厦檐上最长的一根檩

门墩儿 məŋ^{33} tuər^{213} 门扇下起固定作用的木墩儿

门转儿 məŋ^{33} tsuɤr^{213} 门墩儿上的钵儿

门框儿 məŋ^{33} tɕ^{h}iɤur^{53} 门扇上的立框

掩扇 ie^{41} ʂie^{53} 门框靠炕的部分钉的木条，作用是挡风

天窗儿 t^{h}ie^{24} ts^{h}uɤur^{213} 门窗的上部分

炕窗儿 k^{h}ɤu^{53} ts^{h}uɤur^{21} 门窗下部连接窗台的窗户

斜窗儿 siɑ^{33} ts^{h}uɤur^{21} 天窗两边的部分

汽眼 tɕ^{h}i^{53} niã^{21} 天窗最上部中间的孔洞，蒸汽可以从此处出去

斗底窗儿 tɑo^{24} tɛe^{41} ts^{h}uɤur 天窗两侧的正方形小窗户

亮窗儿 liã^{53} ts^{h}uɤur^{21} 天窗上方的小窗

吊窗儿 tiɤ^{53} ts^{h}uɤur^{21} 斜窗上可以用绳子吊起的小窗户，作用是放气

夹耳窗子 tɕiɑʔ^{4} ər^{21} ts^{h}uɤu^{24} tsəʔ^{21} 炕窗两边的部分

过山火 kɤu^{53} sã^{213} xɤu^{412} 连接两个窑洞的灶火，一个生火做饭，另一个取暖

燎薄子 liɤ^{33} p^{h}əʔ^{21} tsəʔ^{3} 炉齿

底坑儿 tɛe^{41} k^{h}ər^{213} 锅底下盛灰的坑儿

灶□爷爷行儿 tso^{53} miəʔ^{21} iɑ^{33} iɑ^{21} xuɤr^{412} 灶台下部靠墙的部分

锅巷 kɤu^{21} xɤu^{53} 锅台与炕连接的部分

横炕 çyɑ^{33} k^{h}ɤu^{53} 顺着窑身的炕

前炕 ts^{h}ie^{33} k^{h}ɤu^{53} 一头连着窗户的炕

后炕 xɑo^{53} k^{h}ɤu^{53} 一头连着灶的炕

掌炕 tʂɤu^{41} k^{h}ɤu^{53} 窑洞里位于后掌子

1.气眼　2.月板　3.圆框　4.天窗　5.天窗门
6.斜窗　7.斗底窗　8.三间柯　9.平框　10.漫窗
11.夹耳窗　12.窗镜　13.立框　14.土框　15.窗底弦
16.卧门框　17.立门框　18.门裙板　19.立门条　20.窑拥
21.窗台　22.窗台崖　23.码面　24.口石　25.窑腿子
26.门关子　27.门道　28.门台　29.窗棂子　30.窗格子
31.筒框　32.老鸹格穴子

吴堡的窑洞

上的炕

左炕 tsɤu^{41} kʰɤu^{53} 窑洞里离窑口子近的炕，在门的左侧

正炕 tʂɛe^{53} kʰɤu^{53} 窑洞里离窑口子近的炕，在门的右侧

上炕 ʂɤu^{53} kʰɤu^{53} 炕上靠前面的部分

下炕 xɑ^{53} kʰɤu^{53} 炕上靠墙的部分

炕楞 kʰɤu^{53} ləŋ^{33} 炕沿儿

炕楞崖 kʰɤu^{53} ləŋ^{33} nɑe^{33} 炕沿儿下的立面

抢面 tsʰiɤu^{41} mie^{53} 锅台下部正面的立面（灶火口那一面）

炕洞 kʰɤu^{53} tuəŋ^{53} 炕皮下面走火、走烟的洞，北方用炕取暖，盘炕时必须设计炕洞

狗窝儿 kɑo^{41} ur^{213} 炕洞和烟筒的连接处开的口子，平时堵严。可以挖炕煤灰，疏通烟道

头灶儿 tʰɑo^{33} tsor^{53} 灶火门下面存灰的地方，有口儿

八 器具、用品

（1）一般家具

家具 tɕiɑ^{21} tɕy^{53}

柜子 kuɛe^{53} tsəʔ^{21}

刺迹 tsʰɿ^{53} tɕiəʔ^{21} 柜子上钉的金属装饰品，一般是铜质：一付新～

桌子 tsuɑʔ^{4} tsəʔ^{21}

圆桌 ye^{33} tsuɑʔ^{3}

方桌 fɤu^{21} tsuɑʔ^{3}

长桌 tʂʰɤu^{33} tsuɑʔ^{3}

办公桌 pã^{53} kuəŋ^{213} tsuɑʔ^{3}

饭桌 fã^{53} tsuɑʔ^{3}

桌布 tsuɑʔ^{3} pu^{53}

围裙儿 uɛe^{33} tɕʰyər^{33} 挂在桌子前面的布

抽斗 tʂʰɑo^{24} tɑo^{412} 抽屉

椅子 i^{41} tsəʔ^{3}

躺椅 tʰɤu^{24} i^{412}

靠背儿 kʰo^{53} pər^{53}

掌子 tsʰəŋ^{53} tsəʔ^{21}

□子 kʰu^{24} tsəʔ^{21} 椅子腿儿中间的横木

板凳儿 pã^{41} tər^{53}

方板凳儿 fɤu^{24} pã^{41} tər^{53}

猴板凳儿 xɑo^{33} pã^{41} tər^{53} 小板凳儿

圆凳子 ye^{33} təŋ^{53} tsəʔ^{21}

高凳子 ko^{21} təŋ^{53} tsəʔ^{21}

软凳子 zuɤ^{41} təŋ^{53} tsəʔ^{21}

软板凳儿 zuɤ^{24} pã^{41} tər^{53} 马扎

（2）卧室用具

炕 $k^hɤu^{53}$

床 $ts^huɤu^{33}$

床板 $ts^huɤu^{33}$ $pã^{412}$

帐子 $tʂɤu^{53}$ $tsəʔ^{21}$

帐钩儿 $tʂɤu^{53}$ $kɑor^{213}$

帐棚 $tʂɤu^{53}$ $p^hiɑ^{33}$ 帐檐儿

毯子 $t^hã^{41}$ $tsəʔ^{3}$

被子 $pɛe^{53}$ $tsəʔ^{21}$

被圪筒儿 $pɛe^{53}$ $kəʔ^{3}$ $t^huər^{213}$ 被窝儿

被里 $pɛe^{53}$ $lɛe^{412}$

被面儿 $pɛe^{53}$ $miər^{53}$

棉花 mie^{33} $xuɑ^{21}$ 棉花胎

网套 $uã^{41}$ t^ho^{53} 用线穿起的棉花胎

护单 xu^{53} $tã^{21}$ 床单

褥子 $ʐuəʔ^{21}$ $tsəʔ^{3}$

草席儿 ts^ho^{24} $siər^{21}$

枕头儿 $tʂəŋ^{41}$ $t^hɑor^{53}$

枕头儿套子 $tʂəŋ^{41}$ $t^hɑor^{53}$ t^ho^{53} $tsəʔ^{21}$ 枕套

谷□□ $kuəʔ^{3}$ $tʂəʔ^{4}$ $tʂəʔ^{21}$ 装在枕头内作芯儿的谷穗儿之类

梳妆台 su^{24} $tsuã^{213}$ $t^hɑe^{33}$

镜子 $tɕi^{53}$ $tsəʔ^{21}$

手□箱 $ʂɑo^{41}$ $t^hiɑo^{33}$ $siã^{213}$ 手提箱

衣架儿 i^{21} $tɕiɑr^{53}$ ①挂衣服的架子；②晾衣架

夜壶 $iɑ^{53}$ xu^{21}

暖壶 $nuɤ^{41}$ xu^{33} 热水壶

（3）炊事用具

风匣 $fəŋ^{24}$ $xɑ^{21}$ 风箱

火箸 $xɤu^{41}$ tsu^{53} 捅炉子的通条

火钳子 $xɤu^{41}$ $tɕ^hie^{24}$ $tsəʔ^{21}$（当地没有火筷子）

撮炭锨儿 $ts^huəʔ^{3}$ $t^hã^{53}$ $tɕ^hiər^{213}$ 火铲

柴草 $ts^hɑe^{33}$ ts^ho^{412}

麦秸 $miəʔ^{21}$ $tɕiɑe^{213}$

棒棒 $pɤu^{53}$ $pɤu^{21}$ 高粱秆儿

棒□□ $pɤu^{53}$ $lɤu^{33}$ $lɤu^{21}$ 高粱秆儿的一节

豆秸 $tɑo^{53}$ $tɕiɑe^{213}$ 豆类打过果实后的秸秆

锯末 $tɕy^{53}$ $məʔ^{213}$

刨花儿 po^{53} $xuɑr^{213}$

洋炔儿 $iã^{33}$ $tɕ^hyər^{21}$（“洋取灯儿”的合音）取灯儿 $tɕ^hyəʔ^{21}$ $tər^{213}$ 火柴

锅底灰 $kɤu^{24}$ $tɛe^{41}$ $xuɑe^{213}$ 锅烟子

炕煤灰 $k^hɤu^{53}$ $mɑe^{33}$ $xuɑe^{213}$ 炕洞里的煤灰

烟筒 ie^{24} $t^huəŋ^{21}$ 烟囱

锅 $kɤu^{213}$（上吴堡）/ku^{213}（下吴堡）

铝锅 $luɛe^{41}$ $kɤu^{213}$

砂锅儿 $sɑ^{24}$ $kɤur^{21}$

大锅 $tɤu^{53}$ $kɤu^{213}$

小锅 siɤ^{41} kɤu^{213}

锅盖 kɤu^{21} kɑe^{53} 根据材料分为木锅盖 məʔ^{21} kɤu^{21} kɑe^{53}、铁锅盖 tʰiəʔ^{21} kɤu^{21} kɑe^{53}、箭箭锅盖 tsie^{53} tsie^{21} kɤu^{21} kɑe^{53}（高粱杆儿做的锅盖）

家匙 tɕiɑ^{21} sɿ^{33} ①炊餐具的总称；②吹拉弹唱的乐器

洗匙碗 sɛe^{41} sɿ^{33} uɤ^{412} 洗炊餐具

铁匙 tʰiəʔ^{3} sɿ^{33} 锅铲

卤壶 lɑo^{41} xu^{33} 水壶

碗 uɤ^{412}

海老碗 xɑe^{24} lo^{24} uɤ^{412} 大瓷碗

茶杯子 tsʰɑ^{33} pɑe^{24} tsəʔ^{21}

碟子 tʰiəʔ^{21} tsəʔ^{3}

勺子 suəʔ^{21} tsəʔ^{3} 饭勺

羹匙 kəŋ^{21} sɿ^{33}

撩羹儿 liɤ^{33} kʰər^{21}（“羹”送气）

筷子 kʰuɑe^{53} tsəʔ^{21}

筷斗子 kʰuɑe^{53} tɑo^{41} tsəʔ^{3} 筷笼

小碟碟 siɤ^{24} tʰiəʔ^{21} tʰiəʔ^{213} 茶托（但当地不用喝茶的盖碗儿）

酒杯 tsiɑo^{41} pɑe^{213}

杯子 pɑe^{24} tsəʔ^{21}

盘儿 pʰɑr^{53}

酒壶儿 tsiɑo^{41} xur^{53}

酒坛子 tsiɑo^{41} tʰã^{33} tsəʔ^{21}

坛子 tʰã^{33} tsəʔ^{21}

盔子 kʰuɑe^{24} tsəʔ^{21} 罐子

□子 tsʰuɤ^{24} tsəʔ^{21} 一种铜管子，装上凉水放在火里烧，烧开后喝

瓢 pʰiɤ^{33}

笊篱 tso^{53} lɛe^{21}

瓶子 pʰɛe^{33} tsəʔ^{21}

瓶盖儿 pʰɛe^{33} kər^{53}

礤子 tsʰɑʔ^{4} tsəʔ^{21} 礤床

抿尖床儿 miəŋ^{41} tsiã^{24} tsʰuɤur^{53} 专门用来压制抿尖儿的炊具

抿拐儿 miəŋ^{24} kuər^{412} 制抿尖儿的另一种工具，圆形，用双手操作。神木话叫“捏钵子”

刀子 to^{24} tsəʔ^{21} 菜刀

斫肉墩 tsɑ^{53} ʐɑo^{53} tuəŋ^{213} 砧板

案子 ŋie^{53} tsəʔ^{21} 面板儿

桶子 tʰuəŋ^{41} tsəʔ^{3} 水桶

药槽子 iəʔ^{21} tsʰo^{33} tsəʔ^{21} 铁制的研药材用具

饭篙儿 fã^{53} kʰuər^{213} 饭桶

蒸笼 tʂəŋ^{21} luəŋ^{33}

箅子 pʰiəʔ^{4} tsəʔ^{21}

水瓮 suɛe^{41} uəŋ^{53} 水缸

泔水瓮 kie^{24} suɛe^{41} uəŋ^{53} 泔水缸

泔水 kie^{24} suɛe^{21}

拭布 ʂəʔ^{3} pu^{53} 抹布

拖把 tʰɤu^{21} pɑ^{53}

（4）工匠用具

推刨儿 t^{h}uɑe^{21} por^{53}

斧子 fu^{41} tsəʔ^{3}

平斤 p^{h}i^{33} tɕiəŋ^{213}　锛子

锯儿 tɕyɪr^{53}

凿子 tɕ^{h}yəʔ^{21} tsəʔ^{3}

拐尺 kuɑe^{41} tʂ^{h}əʔ^{3}　曲尺

折尺 tʂəʔ^{3} tʂ^{h}əʔ^{3}

卷尺 tɕye^{41} tʂ^{h}əʔ^{3}

墨斗子 miəʔ^{4} tɑo^{41} tsəʔ^{3}

　线斗子 sie^{53} tɑo^{41} tsəʔ^{3}

绷线 pəŋ^{21} sie^{53}　墨斗线

钉子 tɛe^{24} tsəʔ^{21}

改锥 kɑe^{41} tsuɛe^{213}　起子：～拧螺丝

钳子 tɕ^{h}ie^{33} tsəʔ^{21}　①钳子；②老虎钳

针钳儿 tʂəŋ^{21} tɕ^{h}iər^{53}　专门夹针用的钳子，较小

小锤儿 siɤ^{41} ts^{h}uər^{53}　钉锤

镊子 niəʔ^{21} tsəʔ^{3}

绳子 ʂɛe^{33} tsəʔ^{21}

合叶儿 xəʔ^{4} iər^{213}

瓦刀 uɑ^{53} tɑo^{213}

泥匙儿 ni^{53} sər^{213}　抹子

泥盘 ni^{53} p^{h}ɤ^{33}　瓦工用来盛抹墙物的木板

麻刀 mɑ^{33} tɑo^{21}

倒灰斗子 to^{53} xuɑe^{24} tɑo^{21} tsəʔ^{3}　用柳条编的倒炉灰的用具

灰斗子 xuɑe^{24} tɑo^{41} tsəʔ^{3} 用来盛白灰、泥浆等的用具

錾子 tsã^{53} tsəʔ^{21}

砧子 tʂəŋ^{24} tsəʔ^{21}（打铁时垫铁块用）

石础子 ʂəʔ^{4} ts^{h}u^{41} tsəʔ^{3}　夯土用的石墩，上有把子，一人用

剃头刀儿 tɕ^{h}i^{53} t^{h}ɑo^{33} tor^{213}

推剪 t^{h}uɑe^{24} tsie^{21}　推子

理发剪子 lɛe^{41} fɑʔ^{3} tsie^{41} tsəʔ^{3}

梳子 su^{24} tsəʔ^{21}

□刀布 tã^{53} to^{213} pu^{53}　鐾刀布

理发椅子 lɛe^{41} fɑʔ^{3} i^{41} tsəʔ^{3}

机子 tɕi^{24} tsəʔ^{21}

　踏衣裳机子 t^{h}ɑʔ^{21} i^{21} ʂɤu^{33} tɕi^{24} tsəʔ^{21}　缝纫机

剪子 tsie^{41} tsəʔ^{3}

尺子 tʂ^{h}əʔ^{4} tsəʔ^{21}

熨斗 yəŋ^{53} tɑo^{21}

熨铁 yəŋ^{53} t^{h}iəʔ^{21}　烙铁

弓儿 kuər^{213}　弹棉花弓子

纺车 fɤu^{41} tʂ^{h}ɑ^{213}

织布机 tʂəʔ^{3} pu^{53} tɕi^{213}

梭子 suɤu^{24} tsəʔ^{21}　织布时用来装线的长形线斗

卜吊 pəʔ^{3} tiɤ^{53}　捻线用具（倒丁字形）：拿柳木做了一个～

(5)其他生活用品

东西 tuəŋ^{24} sɛe^{21}

洗澡盆 sɛe^{24} tso^{41} pʰəŋ^{33}

洗脸盆儿 sɛe^{24} lie^{41} pʰər^{53}

洗脸架 sɛe^{24} lie^{41} tɕiɑ^{53} 脸盆架

洗脸水 sɛe^{24} lie^{24} suɛe^{412}

香皂 ɕiã^{21} tso^{53}

洋胰子 iã^{33} i^{24} tsəʔ^{21}

肥皂 fɛe^{33} tso^{53}

洗衣粉 sɛe^{41} i^{24} fəŋ^{412}

手巾儿 ʂɑo^{41} tɕiər^{213} 毛巾

洗脚盆 sɛe^{41} tɕiəʔ^{3} pʰəŋ^{33}

擦脚布儿 tsʰɑʔ^{3} tɕiəʔ^{3} pur^{53}

汽灯 tɕʰi^{53} təŋ^{21}

蜡 lɑʔ^{213} 蜡烛

罩子灯 tso^{53} tsəʔ^{21} təŋ^{213} 有玻璃罩的煤油灯

灯捻子 təŋ^{21} nie^{53} tsəʔ^{21} (陕北地区煤油灯一般不用灯草,只用捻子)

灯罩儿 təŋ^{21} tsor^{53}

灯盏 təŋ^{24} tsã^{21}

灯花 təŋ^{24} xuɑ^{213} 灯芯燃烧后的灰烬结的疙瘩

灯油 təŋ^{21} iɑo^{33}

灯篓儿 təŋ^{21} lɑor^{53} 灯笼

手提包儿 ʂɑo^{41} tʰi^{33} por^{213}

钱包儿 tsʰie^{33} por^{213}

戳子 tsʰuɑʔ^{4} tsəʔ^{21} 图章

望远镜 uã^{53} ye^{41} tɕiəŋ^{53}

面屎 mie^{53} sɿ^{412}

糨糊 tɕʰiɤu^{53} xu^{21}

顶针儿 tɛe^{41} tʂər^{213}

线陀陀 sie^{53} tʰuɤu^{33} tʰuɤu^{21} 线轴

针冠 tʂəŋ^{24} kuɤ^{213} 针鼻儿

针尖儿 tʂəŋ^{24} tsiər^{213}

针盏儿 tʂəŋ^{24} tsɑr^{21} 放针的布包

针脚 tʂəŋ^{24} tɕiəʔ^{21}

纫针 zʐəŋ^{53} tʂəŋ^{213} 穿针

锥子 tsuɛe^{24} tsəʔ^{21}

挖耳勾子 uɑ^{24} ər^{41} kɑo^{24} tsəʔ^{21}

搓板儿 tsʰɤu^{24} pɑr^{213}

洗衣板儿 sɛe^{41} i^{24} pɑr^{213}

把子 pɑ^{53} tsəʔ^{21} 棒槌

鸡翎刷儿 tɕi^{21} lɛe^{33} suɑr^{21} 鸡毛掸子

扇子 ʂie^{53} tsəʔ^{21}

蒲草扇子 pʰu^{24} tsʰo^{41} ʂie^{53} tsəʔ^{21} 蒲扇

拐棍 kuɑe^{41} kuəŋ^{53}

柱棍儿 tsu^{41} kuər^{53} 拐杖

擦屁眼纸 tsʰɑʔ^{3} pʰi^{53} niã^{21} tsɿ^{412} 手纸

九　称谓

（1）一般称谓

男子汉 nã^{33} tsəʔ^{21} ɕie^{53} 男人

婆姨 pʰɤu^{44} i^{21} ①结过婚的中年妇女，年龄比“□ sɑo^{33} 子”（媳妇儿）大，但比“老婆儿”小；②泛指女人

毛孩儿 mu^{33} ɕiər^{21} 婴儿

猴孩儿 xɑo^{33} ɕiər^{53} 小孩儿

小子 siɤ^{41} tsəʔ^{3} 男孩儿

女子 ny^{41} tsəʔ^{3} 女孩儿

老汉 lo^{41} ɕie^{53} 老头儿

老婆婆 lo^{41} pʰɤ^{33} pʰɤ^{21} 老太婆

后生 xɑo^{53} səŋ^{21} 小伙子

城里人 tʂʰəŋ^{33} lɛe^{21} ʐəŋ^{33}

乡里人 ɕiã^{24} lɛe^{21} ʐəŋ^{33} 乡下人

土包子 tʰu^{41} po^{53} tsəʔ^{21} 带贬义

一家子 iəʔ^{21} tɕiɑ^{24} tsəʔ^{21} 同宗同姓的人

外路人 uɑe^{53} lɑo^{53} ʐəŋ^{33} 外地人

本地人 pəŋ^{41} tɛe^{53} ʐəŋ^{33}

　此地人 tsʰɿ^{41} tɛe^{53} ʐəŋ^{33}

外国人 uɑe^{53} kuəʔ^{3} ʐəŋ^{33}

各人家 kəʔ^{3} ʐəŋ^{33} tɕiɑ^{21} 自己人

外人 uɑe^{53} ʐəŋ^{33}

同岁 tʰuəŋ^{33} suɛe^{53} 同庚

行手 xɤu^{33} ʂɑo^{21} 内行

半匠手 pã^{53} tsiɤu^{53} ʂɑo^{21}

　外行 uɑe^{53} xã^{33}

八成儿成儿 pɑʔ^{3} tʂʰər^{53} tʂʰər^{21}

　憨八成儿 ɕie^{21} pɑʔ^{3} tʂʰər^{53} 智力有缺陷的人

鳏公 kʰuã^{24} kuəŋ^{21}

老女子 lo^{24} ny^{41} tsəʔ^{3} 老姑娘

童养媳 tʰuəŋ^{33} iã^{21} siəʔ^{3}

二婚 ər^{53} xuəŋ^{213} 再婚的人

寡妇 kuɑ^{41} fu^{53}

婊子 piɤ^{21} tsəʔ^{3}

炒面神 tsʰo^{41} mie^{53} ʂəŋ^{21} 与儿媳发生关系的男人

盖佬 kɑe^{53} lo^{21} 老婆有野汉的男人

私孩儿 sɿ^{21} ɕiər^{53} 私生子

犯人 fã^{53} ʐəŋ^{21} 囚犯

奴才 nɑo^{33} tsʰɑe^{21} 衙役

暴发户 po^{53} fɑʔ^{3} xu^{53}

生骨 kɑ^{21} kuəʔ^{3} 吝啬鬼

破败星 pʰɤu^{53} pʰɑe^{53} sɛe^{213} ①败家子；②喜欢破坏东西的人

讨吃的 tʰo^{41} tʂʰəʔ^{4} təʔ^{21}

　外客 uɑe^{53} kʰəʔ^{3} 乞丐

跑码头的 pʰo^{24} mɑ^{41} tʰɑo^{33} təʔ^{21} 走

江湖的

骗子手 p^{h}ie^{53} tsəʔ^{21} ʂɑo^{21}

流氓 liɑo^{33} miəŋ^{21}

土匪 t^{h}u^{41} fɛe^{213}

强盗 tɕ^{h}iã^{33} to^{53} 意义范围较宽，凡是偷过人的人，都可以叫强盗

贼 tsɑe^{33}

剪柳儿 tsie^{24} liɑor^{412}

三只手 sã^{21} tʂəʔ^{4} ʂɑo^{21} 小偷

（2）职业称谓

工作 kuəŋ^{24} tsɑʔ^{21}

工人 kuəŋ^{21} zʅəŋ^{33}

雇工 ku^{53} kuəŋ^{21}（旧词）

长工 tʂ^{h}ɤu^{33} kuəŋ^{21}（旧词）

短工 tuɤ^{41} kuəŋ^{213}（旧词）

小工子 siɤ^{41} kuəŋ^{24} tsəʔ^{21} 零工

受苦人 ʂɑo^{53} k^{h}u^{41} zʅəŋ^{33}

农民 luəŋ^{33} miəŋ^{33}

生意人 səŋ^{21} i^{53} zʅəŋ^{21} 做买卖的

主家 tsu^{41} tɕiɑ^{213} ①主家；②东家

主家老婆 tsu^{41} tɕiɑ^{213} lo^{41} p^{h}o^{33} 老板娘

伙计 xɤu^{41} tɕi^{53}

学徒 ɕiəʔ^{3} t^{h}u^{33}

客人 k^{h}əʔ^{3} zʅəŋ^{33} ①来客；②顾客

货郎子 xuəʔ^{3} lɤu^{33} tsəʔ^{21} 小贩

摆摊摊的 pɑe^{41} t^{h}ã^{24} t^{h}ã^{21} təʔ^{21} 摊贩

先生 sie^{24} səŋ^{21} ①教书先生；②教员

学生 ɕiəʔ^{21} səŋ^{213}

同学 t^{h}uəŋ^{33} ɕiəʔ^{213}

朋友儿 p^{h}əŋ^{33} iɑor^{21}

兵 piəŋ^{213}

警察 tɕiəŋ^{41} ts^{h}ɑʔ^{3}

医生 i^{24} səŋ^{21}

开车的 k^{h}ɑe^{24} tʂ^{h}ɑ^{24} təʔ^{21}

司机 sɿ^{24} tɕi^{213}

匠人 tsiɤu^{53} zʅəŋ^{21} 手艺人

木匠 məʔ^{21} tsiɤu^{53}

瓦匠 uɑ^{41} tsiɤu^{53}

泥水匠 ni^{53} suɛe^{21} tsiɤu^{53}

锡匠（本地无锡匠）

铜匠 t^{h}uəŋ^{33} tsiɤu^{53}

铁匠 t^{h}iəʔ^{3} tsiɤu^{53}

油漆匠 iɑo^{33} ts^{h}iəʔ^{3} tsiɤu^{53}

油匠 iɑo^{33} tsiɤu^{53}

画匠 xuɑ^{53} tsiɤu^{53}

补锅的 pu^{41} kɤu^{24} təʔ^{21}

锢露匠 kuəʔ^{3} lu^{53} tsiɤu^{53}

炉儿匠 lɑor^{53} tsiɤu^{53} 焊洋铁壶的匠人

踏衣裳的 t^{h}ɑʔ^{21} i^{21} ʂɤu^{33} təʔ^{21}

裁缝 ts^{h}ɑe^{33} fəŋ^{21}

剃脑的 tɕ^{h}i^{53} nɑo^{33} təʔ^{21} 理发匠

杀剥手 sɑʔ^{4} pɑʔ^{21} ʂɑo^{21} 屠户

搬运工 pã^{21} yəŋ^{53} kuəŋ^{213}

轿夫 tɕiɤu^{53} fu^{21}（现在已无，山西有）

艄公儿 so^{24} kuər^{21}

管家 kuɤ^{41} tɕia^{213}

朋伙人 p^{h}əŋ^{33} xɤu^{41} ʐəŋ^{33} 合伙做买卖的人

做饭的 tsuəʔ^{3} fã^{53} təʔ^{21} 厨师

养牲灵的 iɤu^{41} səŋ^{21} liəŋ^{33} təʔ^{21}

　喂牲灵的 uɛe^{53} səŋ^{21} liəŋ^{33} təʔ^{21} 饲养员

奶妈 nae^{41} ma^{213}

奶爹 nae^{41} tia^{213} 奶妈之夫

伺候人的 ts^{h}ɿ^{53} xao^{21} ʐəŋ^{33} təʔ^{21} ①仆人；②女仆

丫环 ia^{21} xuã^{33}（旧词）

老娘 lo^{41} niɤu^{33} 接生婆

和尚 xɤu^{33} ʂo^{21}（“尚”韵母特殊）

姑子 ku^{24} tsəʔ^{21} 尼姑

道士 to^{53} sɿ^{21} ①出家的道教徒；②居家修行的道教徒

平师 p^{h}i^{33} sɿ^{213} 风水先生

纠首 tɕiao^{24} ʂao^{21} 庙会主持人

总管 tsuəŋ^{24} kuɤ^{21} 红白喜事的总管理人

响工 ɕiɤu^{41} kuəŋ^{213} 乐队

十　亲属

（1）长辈

大辈儿 tɤu^{53} pər^{53} 长辈

老爷爷 lo^{41} ia^{33} ia^{21} 曾祖父

老娘娘 lo^{41} niɤu^{33} niɤu^{21} 曾祖母

爷爷 ia^{33} ia^{21} 祖父

娘娘 niɤu^{33} niɤu^{21} 祖母

外爷爷 uae^{53} ia^{33} ia^{21} 外祖父

外婆 uae^{53} p^{h}ɤu^{21} 外祖母

老子 lo^{41} tsəʔ^{3}

　爹 tia^{213}

　爸爸 pa^{53} pa^{21} 父亲

娘 niɤu^{33}

　妈 ma^{213} 母亲

妻公 ts^{h}ɛe^{24} kuəŋ^{213} 岳父

妻母 ts^{h}ɛe^{24} mu^{21} 岳母

公 kuəŋ^{213}

　每老人 mɛe^{24} lo^{41} ʐəŋ^{33}（我）公公

婆 p^{h}ɤu^{33}

　每老人 mɛe^{24} lo^{41} ʐəŋ^{33}（我）婆婆

后老子 xao^{53} lo^{41} tsəʔ^{3} 继父

后娘 xao^{53} niɤu^{33} 继母

伯伯 piəʔ^{4} piəʔ^{21} 伯父（面称时，按照排行叫“大伯伯、二伯伯……”）

大娘 tɤu^{53} niɤu^{21} 伯母

叔叔 suəʔ^{4} suəʔ^{21}

　爹 tia^{213} 叔父（面称时，按照排行叫

"二爹、三爹……")

婶子 $ʂəŋ^{41}$ $tsəʔ^{3}$ 叔母

舅舅 $tɕiɑo^{53}$ $tɕiɑo^{21}$ 舅父

妗子 $tɕiəŋ^{53}$ $tsəʔ^{21}$ 舅母

姑姑 ku^{24} ku^{21} 姑母

姨姨 i^{33} i^{21} 姨妈

姑夫 ku^{24} $fəʔ^{21}$("夫"舒声促化)

姨夫 i^{33} $fəʔ^{21}$("夫"舒声促化)

姻伯(弟兄的岳父,姐妹的公公)无专门称呼,叫"伯伯、叔叔"等

老姑姑 lo^{41} ku^{24} ku^{21} 父之姑妈

老姨 lo^{41} i^{33} 父之姨妈

(2)平辈

同辈儿 $t^{h}uəŋ^{33}$ $pər^{53}$

一辈儿 $iəʔ^{3}$ $pər^{53}$ 平辈

婆姨汉 $p^{h}ɤu^{33}$ i^{21} $ɕie^{53}$ 夫妻

女婿 ny^{41} $sɛe^{53}$(年青的)丈夫

老汉 lo^{41} $ɕie^{53}$(年龄大的)丈夫

□子 $sɑo^{33}$ $tsəʔ^{21}$(年青的)妻子(陕北不少地方叫"媳妇子",并将"妇"读成阳平,可知 [$sɑo^{33}$] 是"媳妇"的合音)

婆姨 $p^{h}ɤu^{33}$ i^{21}(年龄大的)妻子

小老婆 $siɤ^{24}$ lo^{41} $p^{h}ɤu^{33}$

大伯 $tɤu^{53}$ $piəʔ^{21}$ 大伯子

兄弟 $suɛe^{21}$ $tɛe^{53}$ 小叔子

姑姑的 ku^{24} ku^{21} $təʔ^{21}$ 大姑子(背称,根据排行大小对人称"大姑姑的,二姑姑的……")

姐姐 $tsɛe^{41}$ $tsɛe^{213}$ 大姑子(面称)

妹妹 $mɑe^{53}$ $mɑe^{21}$ 小姑子(当面叫名字)

妻兄弟 $ts^{h}ɛe^{24}$ $suɛe^{24}$ $tɛe^{53}$ 内兄弟

妻哥哥 $ts^{h}ɛe^{24}$ $kɑ^{41}$ $kɑ^{213}$

妻哥 $ts^{h}ɛe^{24}$ $kɤu^{213}$

小舅子 $siɤ^{41}$ $tɕiɑo^{53}$ $tsəʔ^{21}$

妻姐姐 $ts^{h}e^{24}$ $tsɛe^{41}$ $tsɛe^{213}$ 大姨子

小姨子 $siɤ^{41}$ i^{33} $tsəʔ^{21}$

弟兄子 $tɛe^{53}$ $suɛe^{21}$ $tsəʔ^{33}$

隔山弟兄 $kəʔ^{21}$ $sã^{213}$ $tɛe^{53}$ $suɛe^{21}$ 同父异母兄弟

姊妹子 $tsɿ^{41}$ $mɑe^{53}$ $tsəʔ^{21}$

哥哥 $kɑ^{41}$ $kɑ^{213}$

哥 $kɤu^{213}$

嫂嫂 so^{41} so^{213}

弟弟 $tɛe^{53}$ $tɛe^{21}$

兄弟□ $suɛe^{24}$ $tɛe^{53}$ $sɑo^{21}$ 弟媳妇

先后子 $siɤ^{53}$ $xɑo^{41}$ $tsəʔ^{21}$ 妯娌("先"读音特殊,音同"笑")

姐姐 $tsɛe^{41}$ $tsɛe^{213}$

姐夫 $tsɛe^{41}$ fu^{33}/$tsiɑ^{41}$ fu^{33}

妹子 $mɑe^{53}$ $tsəʔ^{21}$ 妹妹

妹夫 $mɑe^{53}$ fu^{21}

伯叔 $piəʔ^{4}$ $suəʔ^{21}$

叔伯 $suəʔ^{4}$ $piəʔ^{21}$ 堂(兄弟姊妹)

家□ $tɕiɑ^{21}$ $tɕyəʔ^{3}$ 三辈、四辈之内关系

较亲近的伯叔弟兄

伯叔弟兄 piəʔ^{4} suəʔ^{21} tɛe^{53} suɛe^{21} 堂兄弟

伯叔哥哥 piəʔ^{4} suəʔ^{21} kɑ^{41} kɑ^{213} 堂兄

伯叔兄弟 piəʔ^{4} suəʔ^{21} suɛe^{21} tɛe^{53} 堂弟

伯叔姊妹 piəʔ^{4} suəʔ^{21} tsɿ^{41} mɑe^{53} 堂姊妹

伯叔姐姐 piəʔ^{4} suəʔ^{21} tsɛe^{41} tsɛe^{213} 堂姐

伯叔妹子 piəʔ^{4} suəʔ^{21} mɑe^{53} tsəʔ^{21} 堂妹

姑舅弟兄 ku^{21} tɕiɑo^{53} tɛe^{53} suɛe^{21} 姑表兄弟

两姨弟兄 liɤu^{41} i^{33} tɛe^{53} suɛe^{21} 姨表兄弟

姑舅哥哥 ku^{21} tɕiɑo^{53} kɑ^{41} kɑ^{213} 姑表兄

两姨哥哥 liɤu^{41} i^{33} kɑ^{41} kɑ^{213} 姨表兄

姑舅嫂嫂 ku^{21} tɕiɑo^{53} so^{41} so^{213} 姑表嫂

两姨嫂嫂 liɤu^{41} i^{33} so^{41} so^{213} 姨表嫂

姑舅兄弟 ku^{21} tɕiɑo^{53} suɛe^{21} tɛe^{53} 姑表弟

两姨兄弟 liɤu^{41} i^{33} suɛe^{21} tɛe^{53} 姨表弟

姑舅姊妹 ku^{21} tɕiɑo^{53} tsɿ^{41} mɑe^{53} 姑表姊妹

两姨姊妹 liɤu^{41} i^{33} tsɿ^{41} mɑe^{53} 姨表姊妹

姑舅姐姐 ku^{21} tɕiɑo^{53} tsɛe^{41} tsɛe^{213} 姑表姐

两姨姐姐 liɤu^{41} i^{33} tsɛe^{41} tsɛe^{213} 姨表姐

姑舅妹子 ku^{21} tɕiɑo^{53} mɑe^{53} tsəʔ^{21} 姑表妹

两姨妹子 liɤu^{41} i^{33} mɑe^{53} tsəʔ^{21} 姨表妹

（3）晚辈

晚辈 uã^{41} pɑe^{53}

孩儿每 ɕiər^{53} mɛe^{21} 子女

命人 mɛe^{53} ʐəŋ^{33} 对孩子的昵称

小子 siɤ^{41} tsəʔ^{3} 儿子

大小子 tɤu^{53} siɤ^{41} tsəʔ^{3} 大儿子

猴小子 xɑo^{33} siɤ^{41} tsəʔ^{3} 小儿子

老生儿 lo^{41} ʂɑr^{213} 年老以后生的最后一个子女

务养的 u^{53} iɤu^{41} təʔ^{21} 养子

儿□子 ər^{33} sɑo^{33} tsəʔ^{21} 儿媳妇

女子 ny^{41} tsəʔ^{3} 女儿

女婿 ny^{41} sɛe^{53}

孙子 suəŋ^{24} tsəʔ^{21}

孙子□ suəŋ^{24} tsəʔ^{21} sɑo^{33} 孙媳妇

孙子女儿 suəŋ^{24} tsəʔ^{21} nyɪr^{412} 孙女儿

孙子女婿 suəŋ^{24} tsəʔ^{21} ny^{41} sɛe^{53} 孙女婿

重孙子 tsʰuəŋ^{33} suəŋ^{24} tsəʔ^{21}

重孙女儿 tsʰuəŋ^{33} suəŋ^{24} nyɪr^{412}

外甥 uɑe^{53} səŋ^{21} ①外甥；②外孙

外甥女子 uɑe^{53} səŋ^{21} ny^{41} tsəʔ^{3} ①外甥的女儿；② 外孙女儿

侄儿 tʂʰəʔ^{21} ər^{33}

侄女 tʂʰəʔ^{4} ny^{412}

妻侄儿 tsʰɛe^{24} tʂʰəʔ^{21} ər^{33} 妻子的兄弟之子

妻侄女 tsʰɛe^{24} tʂʰəʔ^{4} ny^{412} 妻子的兄

弟之女

（4）其他

连襟 lie^{33} tɕiəŋ^{21}

挑担 t^{h}iɤ^{41} tã^{53} （妻子大的一方叫“连襟”，妻子小的一方叫“挑担”）

亲家 ts^{h}iəŋ^{53} tɕiaʔ^{21} （“家”舒声促化。吴堡话一般不分亲家母和亲家翁）

亲亲 ts^{h}iəŋ^{24} ts^{h}iəŋ^{21} 亲戚

串亲亲 ts^{h}uɤ^{53} ts^{h}iəŋ^{24} ts^{h}iəŋ^{21} 走亲戚

前家儿 ts^{h}ie^{33} tɕia^{21} ər^{33} 妇女改嫁带的儿女

男子汉 nã^{33} tsəʔ^{21} ɕie^{53} 男子通称

婆姨每 p^{h}ɤu^{33} i^{21} mɛe^{21} 妇女通称

娘家 niɤu^{33} tɕiaʔ^{21}

婆家 p^{h}ɤu^{33} tɕiaʔ^{21}

男家 nã^{33} tɕia^{213} 从外人角度说婚姻关系中的男方

女家 ny^{41} tɕia^{213} 从外人角度说婚姻关系中的女方

□家 tɕiã^{41} tɕia^{213} 姥姥家（按照神木等的叫法，可以推测是“姐家”，但吴堡一带语音不对应，有人认为 [tɕiã^{412}] 是“舅家”合音后的音变形式。录以备考）

妻家 ts^{h}ɛe^{24} tɕiaʔ^{21} 丈人家

十一　身体

（1）五官

身子 ʂəŋ^{24} tsəʔ^{21} ①身体；②身材

脑 no^{33} 头

大奔颅人 tɤu^{53} pəŋ^{21} lao^{33} zəŋ^{33} 奔儿头

秃脑 t^{h}uəʔ^{3} no^{33} 秃头

歇顶 ɕiəʔ^{4} tiəŋ^{412} 秃顶

脑门心儿 no^{41} məŋ^{33} siər^{213} 头顶正中

脑瓜盖 no^{41} kua^{213} kae^{53} 头顶

后脑把子 xao^{53} no^{33} pa^{53} tsəʔ^{21} 后脑勺子

脖子 p^{h}aʔ^{21} tsəʔ^{3} 颈

后燕圪坨 xao^{53} ie^{213} kəʔ^{3} t^{h}u^{33} 后脑窝子

头发 t^{h}ao^{33} fa^{21}

白脑 p^{h}iəʔ^{3} no^{33} 白头，包括老少

白头块 p^{h}iəʔ^{3} t^{h}ao^{33} k^{h}uae^{412} 满头白发的人

跌头发 tiəʔ^{3} t^{h}ao^{33} fa^{21} 掉头发

奔颅 pəŋ^{21} lao^{33} 前额

囟门子 siəŋ^{53} məŋ^{21} tsəʔ^{21}

圪皱纹 kəʔ^{3} tsao^{53} uəŋ^{33} 抬头纹

鬓角儿 piəŋ^{53} tɕyar^{21}

辫子 pie^{53} tsəʔ^{21}

攥攥 tsuɤ^{41} tsuɤ^{213} 中老年盘在脑后的髻

马鬃儿 mɑ^{41} tɕyər^{213} 刘海儿

脸 lie^{412}

脸蛋儿 lie^{41} tɑr^{53}

脸圪都 lie^{24} kəʔ^{21} tu^{213} 颧骨

笑靥圪坨儿 siɤ^{53} ie^{33} kəʔ^{3} tʰuɤur^{53} 酒窝儿（"靥"声调特殊）

鼻圪壕儿 pʰiəʔ^{21} kəʔ^{3} xor^{53}

　鼻根 pʰiəʔ^{21} kəŋ^{213} 人中

牙壳子 niɑ^{33} kʰəʔ^{4} tsəʔ^{21} 腮帮子

眼 niã^{412}

眼圈儿 niã^{41} tɕʰyər^{213} ①眼眶；②眼圈儿

眼睛仁儿 niã^{41} tsɛe^{213} ʐər^{53} 眼珠

白眼仁儿 pʰiəʔ^{4} niã^{41} ʐər$^{33/53}$ 白眼珠

黑眼仁儿 xəʔ^{4} niã^{41} ʐər$^{33/53}$ 黑眼珠

眼睛仁仁 niã^{41} tsiəŋ^{213} ʐəŋ^{33} ʐəŋ^{21} 瞳仁儿

眼角儿 niã^{41} tɕyɑr^{53}

大眼角儿 tɤu^{53} niã^{41} tɕyɑr^{53} 眼角靠近鼻子的部位

眼泡 niã^{41} pʰo^{213}

眼泪 niã^{41} luɛe^{53}

脓胶疙瘩 nuəŋ^{33} tɕio^{213} kəʔ^{3} tɑʔ^{3} 眼眵

眼皮儿 niã^{41} pʰiɪr^{33}

单眼皮儿 tã^{24} niã^{41} pʰiɪr^{33}

花眼 xuɑ^{24} niã^{21} 双眼皮儿

眼睫毛 niã^{41} tsɑʔ^{3} mo^{33}

眉 mi^{33}

搐眉嘴儿 tsʰuəʔ^{3} mi^{33} tsuər^{412} 皱眉头

鼻子 pʰiəʔ^{21} tsəʔ^{3} ①鼻子；②鼻涕

鼻痂 pʰiəʔ^{21} tɕiɑ^{213} 干鼻涕

鼻脑子 pʰiəʔ^{4} no^{41} tsəʔ^{3} 鼻涕（贬）

鼻窟窿儿 pʰiəʔ^{21} kʰuəʔ^{4} luər^{213} 鼻孔

鼻子毛 pʰiəʔ^{21} tsəʔ^{3} mo^{33} 鼻毛

鼻尖儿 pʰiəʔ^{21} tsiər^{213}

　鼻圪垛儿 pʰiəʔ^{3} kəʔ^{21} tur^{213} 鼻子顶端

鼻子尖 pʰiəʔ^{21} tsəʔ^{3} tsie^{213} 嗅觉灵敏

鼻弦 pʰiəʔ^{21} ɕie^{33} 鼻孔隔界及人中的沟儿

鼻子梁 pʰiəʔ^{21} tsəʔ^{3} liɤu^{33} 鼻梁

鼻圪蛋儿 pʰiəʔ^{21} kəʔ^{3} tɑr^{53} 鼻翅

鼻夹股儿 pʰiəʔ^{21} tɕiɑʔ^{4} kur^{21} 鼻子梁上方的凹处

红鼻子 xuəŋ^{33} pʰiəʔ^{21} tsəʔ^{3} 酒糟鼻子

嘴 tsuɛe^{412}

嘴唇 tsuɛe^{41} tsʰuəŋ^{33}

唾沫 tʰuɤu^{53} miəʔ^{213}

唾沫圪泡儿 tʰuɤu^{53} miəʔ^{213} kəʔ^{21} pʰor^{213} 唾沫星儿

颔水 ɕie^{24} suɛe^{412} 口水

舌头 ʂəʔ^{21} tʰɑo^{33}

舌苔儿 ʂəʔ^{21} tʰɑr^{213}（从儿化音变看不是"苔"，ɑe 韵的儿化应是 ər）

顶舌舌 tiəŋ^{24} ʂəʔ^{21} ʂəʔ^{213} 大舌头

秃舌舌 tʰuəʔ^{4} ʂəʔ^{21} ʂəʔ^{213} 舌头短

牙 niɑ^{33}

门牙 məŋ^{33} niɑ^{21}

嗓牙 sɤu^{41} niɑ^{33} 大牙

虎牙 xu^{41} niɑ^{33}

牙坩 niɑ^{33} kie^{213} 牙垢

牙床床 niɑ^{33} tsʰuɤu^{33} tsʰuɤu^{21}

虫牙 tsʰuəŋ^{33} niɑ^{33}

耳朵 ər^{41} tuɤu^{213}

耳窟窿窿 ər^{41} kʰuəʔ^{4} luəŋ^{21} luəŋ^{213} 耳朵眼儿

耳塞 ər^{41} ɕiəʔ^{3} 耳屎

耳背后 ər^{24} pɑe^{41} xu^{213} 耳背（“后”读合口呼、阴平，特殊）

下牙壳子 xɑ^{53} niã^{21} kʰəʔ^{4} tsəʔ^{21} 下巴

喉咙 kuəʔ^{21} luəŋ^{213}

锁喉圪瘩 suɤu^{41} xɑo^{33} kəʔ^{21} tɑʔ^{3} 喉结

胡子 xu^{33} tsəʔ^{21} ①嘴唇上部的胡须；②下巴上的胡须

圈脸胡 tɕʰye^{24} lie^{41} xu^{33}

八字儿胡 pɑʔ^{3} tsər^{53} xu^{33}

（2）手、脚、胸、背

肩胛 tɕie^{21} tɕiɑʔ^{3} 肩膀

胛子 tɕiɑʔ^{3} tsəʔ^{21} 肩胛骨

大梁 tɤu^{53} liɤu^{33} 脊椎骨

肋罗弯儿 luəʔ^{21} lɤu^{33} uɑr^{213} 肋肢和胯骨之间的部分

贺家窟□ xɤu^{53} tɕiəʔ^{21} kʰuəʔ^{21} luã^{213} 锁骨

漫肩肩 mɤ^{41} tɕie^{24} tɕie^{21} 溜肩膀

胳膊 kəʔ^{21} pəʔ^{3}

圪扭儿 kəʔ^{4} niɑor^{412} 胳膊肘

胳膊弯儿 kəʔ^{21} pəʔ^{3} uɑr^{213} 肘部内侧弯曲的部分

腿弯儿 tʰuɑe^{41} uɑr^{213} 大腿和小腿的连接处，即膝盖下面弯曲的部分

圪□钵儿 kəʔ^{3} lo^{53} pər^{213} 胳肢窝

手脖子 ʂɑo^{24} pʰɑʔ^{21} tsəʔ^{3} 手腕子

左手 tsɤu^{24} ʂɑo^{21}

正手 tʂɛe^{53} ʂɑo^{21} 右手

指头儿 tʂɑʔ^{3} tʰɑor^{53} 手指

关节儿 kuã^{24} tɕiər^{21}

指头圪拉儿 tʂɑʔ^{3} tʰɑo^{33} kəʔ^{3} lɑr^{53} 手指缝儿

死僵僵 sɿ^{41} tɕiɤu^{24} tɕiɤu^{21} 老茧子

老拇指头儿 lo^{24} məʔ^{21} tʂɑʔ^{3} tʰɑor^{53} 拇指

二指头儿 ər^{53} tʂɑʔ^{3} tʰɑor^{53} 食指

中间指头儿 tsuəŋ^{24} tɕiã^{21} tʂɑʔ^{3} tʰɑor^{53} 中指

四指 sɿ^{53} tsɿ^{412} 无名指（没名字）

猴指头儿 xɑo^{33} tʂɑʔ^{3} tʰɑor^{53} 小拇指

指甲 tsɿ^{41} tɕiɑʔ^{3}

指脉蛋儿 tʂɑʔ^{4} miəʔ^{21} tɑr^{53} 手指末端有指纹的略微隆起的部分

圪都 kəʔ^{21} tu^{213}

锤头 tsʰuɛe^{33} tʰɑo^{21} 拳头

手托子 ʂɑo^{41} tʰɑʔ^{4} tsəʔ^{21} 手掌

（刷）一搭（suɑʔ^{3}）iəʔ^{3} tɑʔ^{3} （打）一巴掌

手心儿 ʂɑo^{41} siər^{213}

手背 ʂɑo^{41} pɑe^{53}

腿 tʰuɑe^{412}（指整条腿）

大腿 tɤu^{53} tʰuɑe^{412}

大腿起儿 tɤu^{53} tʰuɑe^{24} tɕʰiɪr^{412} 大腿根儿

小腿 siɤ^{24} tʰuɑe^{412}

腿肚子 tʰuɑe^{41} tu^{53} tsəʔ^{21}

小腿骨儿 siɤ^{24} tʰuɑe^{41} kuər^{53} 胫骨

圪膝盖儿 kəʔ^{3} ɕiəʔ^{3} kɑr^{53}

安腿骨 ŋie^{24} tʰuɑe^{41} kuəʔ^{3} 胯骨

启沟儿 tuəʔ^{21} kɑor^{213} 裆

屁眼 pʰi^{53} niã^{412} ①屁股；②肛门

粪门 fəŋ^{53} məŋ^{33} 肛门

启蛋 tuəʔ^{3} tã^{53} 屁股蛋

屁眼圪壕儿 pʰi^{53} niã^{41} kəʔ^{21} xor^{53} 屁股沟儿

启头骨 tuəʔ^{3} tʰɑo^{33} kuəʔ^{21} 尾骨

屌子 tiɑo^{24} tsəʔ^{21}

小腹儿 siɤ^{41} fər^{53} 男阴

鸡鸡 tɕi^{24} tɕi^{21}

咕咕 kɤu^{33} kɤu^{33} 赤子阴（当是从"鸡鸡"的叫声转造出来）

下身儿 xɑ^{53} ʂər^{213}

板子 pã^{41} tsəʔ^{3} 女阴

尿泡 nio^{53} pʰo^{21} 膀胱

透 tʰɑo^{53}

□ ʐəʔ^{213} 交合

屃 suəŋ^{33} 精液

身上的 ʂəŋ^{21} ʂɤu^{53} təʔ^{21} 月经

脚脖脖 tɕiəʔ^{4} pʰɑʔ^{21} pʰɑʔ^{3} 脚腕子

划拉骨 xuɑ^{33} lɑ^{21} ku^{21} 踝子骨

脚 tɕiəʔ^{3}

赤脚片子 tʂʰəʔ^{3} tɕiəʔ^{3} pʰie^{41} tsəʔ^{3} 赤脚

脚梁面 tɕiəʔ^{3} liɤu^{44} mie^{53} 脚背

脚板底儿 tɕiəʔ^{4} pã^{24} tər^{412} 脚掌

脚心儿 tɕiəʔ^{21} siər^{213}

脚尖儿 tɕiəʔ^{21} tsiər^{213}

脚指头儿 tɕiəʔ^{21} tʂɑʔ^{3} tʰɑor^{53}

脚趾甲 tɕiəʔ^{21} tsɿ^{41} tɕiɑʔ^{3}

脚后跟 tɕiəʔ^{4} xɑo^{53} kəŋ^{21} 脚跟

脚圪踪 tɕiəʔ^{4} kəʔ^{21} tɕyəŋ^{213} 脚印

鸡眼病 tɕi^{24} niã^{41} pɛe^{53} 一种脚病

心口头 siəŋ^{24} kʰɑo^{41} tʰɑo^{33} 心口儿

胸脯子 ɕyəŋ^{21} pʰu^{33} tsəʔ^{21} 胸脯

肋肢 luəʔ^{21} tsɿ^{213} 肋骨

奶 nɑe^{412} ①乳房；②奶汁

肚子 tu^{53} tsəʔ^{21}

小肚子 siɤ^{41} tu^{53} tsəʔ^{21}

卜脐儿 pəʔ^{3} tsʰər^{53} 肚脐眼

腰 iɤ^{213}

脊背 tsəʔ^{3} pɑe^{53}

脊梁骨 tsəʔ^{3} liɤu^{33} kuəʔ^{21}

（3）其他

旋子 tɕʰye^{33} tsəʔ^{21} 头发旋儿

双旋儿 suɤu^{21} tɕʰyər^{53} 头发上有两个旋儿

指纹 tsɿ^{41} uəŋ^{33}

箥箩 pəʔ^{21} lɤu^{213}

斗 tɑo^{412} 圆形的指纹（当地人认为，"斗"代表会攒钱）

簸箕 pɤu^{53} tɕʰi^{21} 簸箕形的指纹（当地人认为，"簸箕"代表能花钱，不攒钱。俗谚：九箥箩一簸箕，金银满垛起）

汗毛 ɕie^{53} mu^{33} 寒毛

毛骨眼子 mo^{33} kuəʔ^{3} niã^{41} tsəʔ^{3} 寒毛眼

骨殖 kuəʔ^{4} ʂəʔ^{21} 活人的骨

筋 tɕiəŋ^{213}

血 ɕyəʔ^{3}

血管儿 ɕyəʔ^{4} kuər^{213}

脉 miəʔ^{213}

里物 lɛe^{24} uəʔ^{21} 五脏

心 siəŋ^{213}

肝 kie^{213}

肺子 fɛe^{53} tsəʔ^{21}

胆 tã^{412}

涩皮 ʂɑʔ^{3} pʰi^{33} 脾

肚子 tu^{41} tsəʔ^{3} 胃

腰子 iɤ^{24} tsəʔ^{21} 肾

肠子 tʂʰɤu^{33} tsəʔ^{21}

大肠 tɤu^{53} tʂʰɤu^{33}

小肠 siɤ^{41} tʂʰɤu^{33}

盲肠 mã^{33} tʂʰɤu^{33}

十二　疾病、医疗

（1）一般用语

难活 nã^{33} xuəʔ^{21} 病了

病疾 pɛe^{53} tɕiəʔ^{3}

病 pɛe^{53} 疾病

小病儿 siɤ^{41} pər^{53}

病重了 pɛe^{53} tsuəŋ^{53} lie^{21}

轻身了 tɕʰiəŋ^{24} ʂəŋ^{21} lie^{21} 病轻了

病瘥去儿 pɛe^{53} tsʰɑ^{24} kər^{21} 病好了

寻医生 səŋ^{33} i^{24} səŋ^{21} 请医生

治病 tʂɛe^{53} pɛe^{53} （医生）医病

看病 kʰie^{53} pɛe^{53} （病人）求医

拈脉 nie^{33} miəʔ^{213} 号脉

开方子 kʰɑe^{24} fɤu^{24} tsəʔ^{21} 开药方

小偏方 siɤ^{41} pʰie^{24} fɤu^{213}

抓药 tsuɑ^{24} iəʔ^{213} 买中药

买药 mɑe^{24} iəʔ^{213} 买西药

药店儿 iəʔ^{21} tiər^{53}（包括中、西药）

药引子 iəʔ^{4} iəŋ^{41} tsəʔ^{3}

熬药锅子 ŋo^{33} iəʔ^{21} kɤu^{24} tsəʔ^{21}

熬药 ŋo^{33} iəʔ^{213} 煎药

药膏儿 iəʔ^{4} kor^{21}

膏药 ko^{24} iəʔ^{21}

药面儿 iəʔ^{21} miər^{53}

抹药膏儿 mɤu^{41} iəʔ^{4} kor^{21}

　上药（动宾）ʂɤu^{53} iəʔ^{213}搽药膏

出水 ts^{h}uəʔ^{4} suɛe^{412} 发汗

追风 tsuɛe^{24} fəŋ^{213} 去风

泻火 siɑ^{53} xɤu^{412} 去火

消食 siɤ^{24} ʂəʔ^{213}

扎针 tsɑʔ^{21} tʂəŋ^{213}

扳钵子 pã^{21} pəʔ^{4} tsəʔ^{21} 拔火罐子

（2）内科

跑茅 p^{h}o^{41} mo^{33}

　跑肚子 p^{h}o^{41} tu^{53} tsəʔ^{21} 泻肚

发烧 fɑʔ^{21} ʂɤ^{213}

发冷 fɑʔ^{4} liɑ^{412}

起鸡皮疙瘩 tɕ^{h}i^{41} tɕi^{21} p^{h}i^{33} kəʔ^{3} tɑʔ^{3}

伤风 ʂã^{24} fəŋ^{213}

咳嗽 k^{h}əʔ^{3} sɑo^{53}

气喘 tɕ^{h}i^{53} ts^{h}uɤ^{412}

气撅 tɕ^{h}i^{53} tɕyəʔ^{3} 气管炎

气短 tɕ^{h}i^{53} tuɤ^{412}

受火 ʂɑo^{53} xɤu^{412} ①上火；②中暑

积住了 tsiəʔ^{3} tsu^{53} lie^{21} 积食

肚疼 tu^{53} t^{h}əŋ^{33}

　肚子疼 tu^{53} tsəʔ^{21} t^{h}əŋ^{33}

心口疼 siəŋ^{24} k^{h}ɑo^{41} t^{h}əŋ^{33}

脑昏 no^{33} xuəŋ^{213} 头晕

晕车 yəŋ^{53} tʂ^{h}ɑ^{213}

晕船 yəŋ^{53} ts^{h}uɤ^{33}

脑疼 no^{33} t^{h}əŋ^{33} 头痛

恶心 ŋəʔ^{21} siəŋ^{213}

吐了 t^{h}u^{24} lie^{21}（人）吐

吣 ts^{h}iəŋ^{412}（牲口）吐

干呕 kie^{24} ŋɑo^{213}

疝气 suã^{53} tɕ^{h}i^{53}

□启 tɕ^{h}iəʔ^{3} tuəʔ^{3} 脱肛

子宫脱垂 tsɿ^{41} kuəŋ^{213} t^{h}uəʔ^{3} ts^{h}uɛe^{33}

打摆子 tɑ^{24} pɑe^{41} tsəʔ^{3} 发疟子

霍乱儿 xuəʔ^{3} luɤr^{53}

当糠 tɤu^{24} k^{h}ɤu^{213} 出麻疹

出水泡儿 ts^{h}uəʔ^{3} suɛe^{41} p^{h}or^{53} 出水痘儿

出麻差 ts^{h}uəʔ^{3} mɑ^{33} ts^{h}ɑe^{21}

　当差 tɤu^{24} ts^{h}ɑe^{213} 出天花

种牛痘 tsuəŋ^{53} niɑo^{33} tɑo^{53}

伤寒 ʂã^{21} xã^{33}

黄疸 xɤu^{44} tã^{412}

肝炎 kie^{21} ie^{53}

肺炎 fɛe^{53} ie^{53}

胃病 uɛe^{53} pɛe^{53}

醋心 tsʰɑo^{53} siəŋ^{21} 胃酸

盲肠炎 mo^{33} tʂʰɤu^{33} ie^{53}

细病 sɛe^{53} pɛe^{53}

痨症 lo^{33} tʂəŋ^{53} 结核病

(3)外科

跌伤 tiəʔ^{21} ʂɤu^{213}

碰伤 pʰəŋ^{53} ʂɤu^{213}

□破皮儿 tsʰuɑ^{41} pʰɤu^{53} pʰiɪr^{33} 蹭破皮儿

刺了个口子 lɑ^{33} lie^{21} kuəʔ^{21} kʰɑo^{41} tsəʔ^{3}

出血 tsʰuəʔ^{3} ɕyəʔ^{3}

淀血 tie^{53} ɕyəʔ^{3} 淤血

肿 tsuəŋ^{412}

溃脓 xuɑe^{53} nuəŋ^{33}

结了圪痂了 tɕiəʔ^{4} liəʔ^{21} kəʔ^{21} tɕiɑ^{213} lie^{21} 结痂

疤 pɑ^{213}

腮腺炎 sɑe^{21} ɕie^{53} ie^{53}

长疮儿 tʂã^{41} tsʰuɤur^{213}

出疔儿 tsʰuəʔ^{21} tər^{213}

瘘 lɑo^{53} 痔疮

疙痨 kəʔ^{3} lo^{33} 疥疮

癣 ɕie^{412}

焅颗子 tɕʰyəŋ^{24} kʰɤu^{41} tsəʔ^{3} 痱子

汗迹 ɕie^{53} tɕiəʔ^{3} 汗斑

瘊子 xɑo^{33} tsəʔ^{21}

□ iəʔ^{213} 痣

黡 iɑe^{412} 痦子

黑斑 xəʔ^{21} pã^{213} 雀斑

蚕沙 tsʰã^{33} sɑ^{213} 脸上一粒一粒的斑点

记 tɕi^{53} 胎记，分红记、白记两种。(按：神木叫“敏记”)

粉刺 fəŋ^{41} tsʰɿ^{53}

臭骨子 tʂʰɑo^{53} kuəʔ^{4} tsəʔ^{21} 狐臭

口臭 kʰɑo^{41} tʂʰɑo^{53}

肿脖子 tsuəŋ^{24} pʰɑʔ^{21} tsəʔ^{3} 甲状腺肿

鼻子笨 pʰiəʔ^{21} tsəʔ^{3} pəŋ^{53} 嗅觉不灵

囔鼻子 nã^{53} pʰiəʔ^{21} tsəʔ^{3} 鼻子不通气，发音不清

软稻黍杆子 zuɤ^{41} tʰo^{53} su^{21} kie^{41} tsəʔ^{3} 水蛇腰

公鸭嗓(没有专门的说法)

独眼龙 tuəʔ^{4} niã^{41} luəŋ^{33} 一只眼睛瞎了的人

近屈子 tɕiəŋ^{53} tɕʰyəʔ^{4} tsəʔ^{21} 近视眼

远视眼 ye^{41} sɿ^{53} niã^{412}

老花眼 lo^{41} xuɑ^{24} niã^{412}

煮枣儿眼 tsu^{24} tsɤr^{24} niã^{412}

大眼泡儿 tɤu^{53} niã^{41} pʰor^{213} 鼓眼泡儿

对眼子 tuɑe^{53} niã^{41} tsəʔ^{3} 内斜视

眼糊 niã^{41} xu^{53} 羞明

眼橛 niã^{24} tɕʰyəʔ^{21} 麦粒肿

（4）残疾等

地炮 tɛe^{53} p^{h}o^{53} 长的又胖又矮的人

秃圪□子 t^{h}uəʔ^{3} kəʔ^{3} tɑe^{41} tsəʔ^{3} 又粗又矮的人或东西

羊风圪搐 iɤu^{33} fəŋ^{213} kəʔ^{4} ts^{h}uəʔ^{21} 癫痫

抽风 tʂ^{h}ɑo^{24} fəŋ^{213} ①抽风；②小儿惊风

中风 tsuəŋ^{53} fəŋ^{213}

瘫子 t^{h}ã^{41} tsəʔ^{3} 瘫痪病人

瘫了 t^{h}ã^{24} lie^{21} 瘫痪

瘸子 tɕ^{h}yɑ^{33} tsəʔ^{21}

背锅 pɑe^{24} kɤu^{213} 罗锅儿

聋子 luəŋ^{33} tsəʔ^{21}

哑子 niɑ^{41} tsəʔ^{3} 哑巴

吃嗑 tɕiəʔ^{4} k^{h}əʔ^{21} 结巴

瞎子 xɑʔ^{4} tsəʔ^{21}

憨子 ɕie^{24} tsəʔ^{21} 傻子

秃手手 t^{h}uəʔ^{4} ʂɑo^{41} ʂɑo^{213} 手残者，主要指没有指头的人

有秃 iɑo^{41} t^{h}uəʔ^{3} 不长头发或脱发的病，头上一团一团地没有头发

秃子 t^{h}uəʔ^{4} tsəʔ^{21} 不长头发的人

疤 pɑ^{213} 脸上的麻子

疤子 pɑ^{24} tsəʔ^{21} 脸上有麻子的人

豁唇 xuəʔ^{3} ts^{h}uəŋ^{33}

豁唇唇 xuəʔ^{3} ts^{h}uəŋ^{33} ts^{h}uəŋ^{21} 兔唇

豁牙卜□子 xuəʔ^{3} niɑ^{33} pəʔ^{3} lo^{53} tsəʔ^{21} 豁牙

地包天牙 ti^{53} po^{24} t^{h}ie^{213} niɑ^{33} 上面的牙床大，下面的牙床小的（人）

老婆嘴 lo^{41} p^{h}ɤu^{33} ts^{h}uɛe^{412} 不生须的成人

咬舌子 nio^{24} ʂəʔ^{21} tsəʔ^{3} 大舌头的人

六指儿 liɑo^{53} ts^{h}ər^{213}

左边挂 tsɤu^{53} pie^{21} kuɑ^{53} 左撇子

偏腿子 p^{h}ie^{24} t^{h}uɑe^{41} tsəʔ^{3} 一条腿好一条腿不好的人

石女儿 ʂəʔ^{4} nyɪr^{412} ①先天性阴道闭锁的女人；②呆板的人

石姐姐 ʂəʔ^{4} tɕiɑ^{41} tɕiɑ^{21} 阴道不通的女人

十三 衣服、穿戴

（1）服装

穿戴 ts^{h}uɤ^{21} tɑe^{53}

打扮 tɑ^{41} pã^{53}

衣服 i^{24} fəʔ^{21}

制服 tʂɛe^{53} fəʔ^{21}

中式衣裳 tsuəŋ^{21} ʂəʔ^{3} i^{21} ʂɤu^{33} 中装

西装 sɛe^{24} tsuɤu^{213}

袍子 p^{h}o^{33} tsəʔ^{21}

马褂 mɑ^{41} kuɑ^{53}

旗袍儿 tɕ^{h}i^{33} p^{h}or^{21}（新词）

装衣裳 tsuɤu^{53} i^{21} ʂɤu^{33} 棉衣服

装袄儿 tsuɤu^{53} ŋor^{21} 棉袄

皮袄 p^{h}i^{33} ŋo^{21}

大氅 tɑu^{53} tʂ^{h}ɑ̃^{21} 大衣

二衣 ər^{53} i^{21} 短大衣

衬衣 ts^{h}əŋ^{53} i^{213}

罩衣 tso^{53} i^{213}

洞洞 tuəŋ^{53} tuəŋ^{21} 汗衫

架架 tɕiɑ^{53} tɕiɑ^{21} 汗背心儿

肚肚 tu^{41} tu^{213} 兜肚（吴堡话没有“内衣”的统称，只有上面儿种分别的说法）

坎肩子 k^{h}ie^{41} tɕie^{24} tsəʔ^{21}

襟子 tɕiəŋ^{24} tsəʔ^{21} ①衣襟儿；②下摆

大襟儿 tɤu^{53} tɕiər^{213}

小襟儿 siɤ^{41} tɕiər^{213}

对襟儿 tuɑe^{53} tɕiər^{213}

领儿 lər^{412}

领口 lɛe^{24} k^{h}ɑo^{21}

袖子 siɑo^{53} tsəʔ^{21}

长袖子 tʂ^{h}ɤu^{33} siɑo^{53} tsəʔ^{21}

短袖子 tuɤ^{41} siɑo^{53} tsəʔ^{21}

镶边儿 siɤu^{24} piər^{213} 贴边

裙子 tɕ^{h}yəŋ^{33} tsəʔ^{21}

裤儿 k^{h}ur^{53}

单裤儿 tɑ̃^{21} k^{h}ur^{53}

裤衩儿 k^{h}u^{53} ts^{h}ɑr^{21}

半腿子裤儿 pɤ^{53} t^{h}uɑe^{41} tsəʔ^{3} k^{h}ur^{53} 短裤

连蹄裤 lie^{33} tɕ^{h}i^{33} k^{h}u^{53} 连脚裤

开口口裤儿 k^{h}ɑe^{24} k^{h}ɑo^{41} k^{h}ɑo^{213} k^{h}ur^{53} 开裆裤

没口子裤儿 məʔ^{4} k^{h}ɑo^{41} tsəʔ^{3} k^{h}ur^{53} 死裆裤

裤裆 k^{h}u^{53} tɤu^{213}

裤腰 k^{h}u^{53} iɤ^{213}

裤带 k^{h}u^{53} tɑe^{53} 裤腰带

裤腿子 k^{h}u^{53} t^{h}uɑe^{41} tsəʔ^{3} 裤腿儿

衩衩 ts^{h}ɑ^{41} ts^{h}ɑ^{213} 兜儿

圪桃儿 kəʔ^{3} t^{h}or^{53} 中式纽扣

区区 tɕ^{h}y^{24} tɕ^{h}y^{21} 中式扣襻

扣子 k^{h}ɑo^{53} tsəʔ^{21} 西式纽扣

扣眼儿 k^{h}ɑo^{53} niɑr^{412}

（2）鞋帽

鞋 xɑe^{33}

拖鞋 t^{h}ɤu^{21} xɑe^{33}

暖鞋 nuɤ^{41} xɑe^{33} 棉鞋

皮鞋 p^{h}i^{33} xɑe^{33}

毡窝子鞋 tʂie^{24} u^{24} tsəʔ^{21} xɑe^{33}

布鞋 pu^{53} xɑe^{33}

鞋底儿 xɑe^{33} tər^{412}

鞋帮子 xɑe^{33} pɤu^{24} tsəʔ^{21}

鞋楦儿 xɑe^{33} ɕyər^{53}

鞋□子 xɑe^{33} liɑo^{53} tsəʔ^{21}　鞋拔子

雨鞋 y^{41} xɑe^{33}

　水鞋 suɛe^{41} xɑe^{33}

鞋带儿 xɑe^{33} tər^{53}

缉口子 tɕʰiəʔ^{4} kʰɑo^{41} tsəʔ^{3}　鞋帮上的边儿

袜子 uɑʔ^{21} tsəʔ^{3}

线袜子 sie^{53} uɑʔ^{21} tsəʔ^{3}

丝袜子 sɿ^{24} uɑʔ^{21} tsəʔ^{3}

长圪筒儿袜子 tʂʰɤu^{33} kəʔ^{4} tʰuər^{21} uɑʔ^{21} tsəʔ^{3}

短袜子 tuɤ^{24} uɑʔ^{21} tsəʔ^{3}

老婆儿鞋 lo^{41} pʰɤur^{53} xɑe^{33}　旧时裹脚妇女穿的鞋

缠脚布子 tʂʰie^{33} tɕiəʔ^{3} pu^{53} tsəʔ^{21}　旧时妇女的裹脚布

裹腿 kɤu^{24} tʰuɑe^{21}

帽子 mo^{53} tsəʔ^{21}

　帽儿 mor^{53}

皮帽儿 pʰi^{33} mor^{53}

　皮帽子 pʰi^{33} mo^{53} tsəʔ^{21}

礼帽 lɛe^{41} mo^{53}

瓜壳儿帽儿 kuɑ^{21} kʰər^{53} mor^{53}　瓜皮帽

军帽儿 tɕyəŋ^{21} mor^{53}

草帽儿 tsʰo^{41} mor^{53}

帽儿棚棚 mor^{53} pʰiɑ^{33} pʰiɑ^{21}　帽檐儿

（3）装饰品

首饰 ʂɑo^{41} ʂəʔ^{3}

滚子 kuəŋ^{41} tsəʔ^{3}　镯子

箍子 ku^{24} tsəʔ^{21}　戒指

项链儿 ɕiɤu^{53} liər^{53}

开锁 kʰɑe^{24} suɤu^{412}　金属做的项圈

线锁儿 sie^{53} suɤur^{412}　拴在小儿脖子上的锁儿

石锁 ʂəʔ^{4} suɤu^{412}　用石头打的锁子，形状像铁锁，长形，很重，用来拴小儿，防止小孩儿掉炕。上面刻着“百家宝锁，长命富贵”，又叫“百家锁”

别针儿 piəʔ^{21} tʂər^{213}

簪儿 tsər^{213}

耳环儿 ər^{41} xuɑr^{33}

胭脂儿 ie^{24} tsər^{21}

粉粉 fəŋ^{41} fəŋ^{213}　敷面的香粉

（4）其他穿戴用品

腰布 iɤ^{21} pu^{53}　围裙

围脖 uɛe^{33} pʰɑʔ^{21}　围嘴儿

尿布 niɤ^{53} pu^{53}

尿毯毯 niɤ^{53} tʰã^{41} tʰã^{213}　装了棉花的尿布

揩水手巾儿 tɕʰiɑe^{24} suɛe^{24} ʂɑo^{41} tɕiər^{213}　手绢儿

围巾儿 uɛe^{33} tɕiər^{213}

手套儿 ʂɑo^{41} t^{h}or^{53}

眼镜 niã^{41} tɕi^{53}

伞 sã^{412}

雨衣 y^{41} i^{213} （当地没有蓑衣）

表 pio^{213} 手表

十四　饮食

（1）伙食

伙食 xɤu^{24} ʂəʔ^{21}

早起儿饭 tso^{24} tɕ^{h}iər^{21} fã^{53}

晌午饭 ʂɤu^{41} xu^{213} fã^{53} 午饭

黑将饭 xəʔ^{21} tɕiã^{213} fã^{53} 晚饭

打尖 tɑ^{41} tsie^{213} 途中吃点东西

犒工 k^{h}o^{53} kuəŋ^{213} 专门做的一顿好饭，犒劳工人，几天一犒工

吃的 tʂ^{h}əʔ^{4} təʔ^{21} 食物

零食 lɛe^{33} ʂəʔ^{3}

点心 tie^{41} siəŋ^{213} 糕点（不是吃饭时吃的点心）

夜饭 iɑ^{53} fã^{53} 夜宵

重茬饭 ts^{h}uəŋ^{33} ts^{h}ɑ^{21} fã^{53}

　煎饭 tsie^{21} fã^{53} 剩饭：吃重茬饭，吃煎饭

剩饭 ʂəŋ^{53} fã^{53} 本顿吃剩的饭

旧饭 tɕiɑo^{53} fã^{53} 以前剩下的饭

（饭）煳焌了 xu^{33} pəʔ^{21} lie^{21} 糊了

（饭）馊馊气了 siɑo^{33} siɑo^{21} tɕ^{h}i^{53} lie^{21} 馊了

（2）米食

捞饭 lo^{33} fã^{53} 干饭，大米、黄米、小米均可做

米汤 mi^{41} t^{h}ɤu^{213} ①专门煮得很稀的稀饭；②捞干饭滗出来的汤

稀饭 ɕi^{21} fã^{53} 稀粥

米糊糊 mi^{41} xu^{33} xu^{21}

钱钱饭 ts^{h}ie^{33} ts^{h}ie^{21} fã^{53} 当地人常喝的一种稀饭：将黄豆、黑豆压扁呈铜钱状，和小米一起煮粥，营养丰富

圪巴 kəʔ^{21} pɑ^{213} 锅巴

粽子 tɕyəŋ^{53} tsəʔ^{21}

（3）面食

面 mie^{53} 面粉

旗子面 tɕ^{h}i^{33} tsəʔ^{21} mie^{53}

　旗旗面 tɕ^{h}i^{33} tɕ^{h}i^{21} mie^{53}

　面旗子 mie^{53} tɕ^{h}i^{33} tsəʔ^{21} 短面条儿

挂面 kuɑ^{53} mie^{21}

机器面 tɕi^{21} tɕ^{h}i^{53} mie^{53} 机制的宽的面条

汤面 tʰɤu^{21} mie^{53}

臊子 so^{53} tsəʔ^{21} 用小肉丁和土豆、豆腐等做成的拌面的副食。分为肉臊子、素臊子

揪片子 tsiɑo^{24} pʰie^{41} tsəʔ^{33} 面片儿

面糊子 mie^{53} xu^{33} tsəʔ^{21} 用面做成的糊状食物

馍馍 mɤu^{33} mɤu^{21} 馒头

包儿 por^{213} 包子

油条 iɑo^{33} tʰiɤ^{33}

饼子 pɛe^{41} tsəʔ^{3} 烧饼

烙饼 lo^{53} piəŋ^{21}

油馍馍 iɑo^{33} mɤu^{33} mɤu^{21} 花卷儿

扁食 pie^{24} ʂəʔ^{21} 饺子的统称，可分：煮扁食、蒸扁食

馅子 xã^{53} tsəʔ^{21} 饺子馅儿

馄饨 xuəŋ^{33} tuəŋ^{53}

蛋糕 tã^{53} ko^{213} ①老式小圆形的蛋糕；②大蛋糕

汤圆 tʰã^{21} ye^{33}（当地人不做，超市卖）

糖饼儿 tʰã^{33} piər^{412}

　月饼 yəʔ^{4} piəŋ^{21}

饼干儿 piəŋ^{41} kiər^{213}

酵子 tɕio^{53} tsəʔ^{21}

圪搅 kəʔ^{4} tɕio^{21} 搅团，一般用荞麦面做。将水烧开后，边往里撒面，边搅动，熟后成很稠的糊状，蘸汁儿吃。也可用玉米面做

馅子饼 xã^{53} tsəʔ^{21} piəŋ^{412} 红枣馅儿的糖饼

□□ xəʔ^{3} ləŋ^{53} 洋芋丸子，是陕北人很喜欢吃的一种食品。吴堡的做法是：将土豆淀粉加水和好，搓成小球状，蒸熟后蘸汁儿吃

抿尖儿 miəŋ^{41} tsiɑr^{213} 一种豆面食品，从有孔的器具中压出来，煮食后加臊子或加清汤吃。是陕北很普遍的食品（韵母特殊）

煿饼子 pəʔ^{4} pɛe^{41} tsəʔ^{3} 烙饼（动宾短语）：你～，我做菜

（4）肉、蛋

肉丁丁 ʐɑo^{53} tiəŋ^{24} tiəŋ^{21}

肉片儿 ʐɑo^{53} pʰiər^{412}

肉丝儿 ʐɑo^{53} sər^{213}

肉末儿 ʐɑo^{53} mər^{33}

肉皮 ʐɑo^{53} pʰi^{33}

肘子 tʂɑo^{41} tsəʔ^{3}

猪蹄子 tsu^{21} tɕʰi^{33} tsəʔ^{21}

牛舌头 niɑo^{33} ʂəʔ^{21} tʰɑo^{213}

猪舌头 tsu^{24} ʂəʔ^{21} tʰɑo^{213}

下水 ɕiɑ^{53} suɛe^{21}

　里物 lɛe^{24} uəʔ^{21} 指猪牛羊的内脏

肺子 fɛe^{53} tsəʔ^{21}

肠子 tʂʰɤu^{33} tsəʔ^{21}

壳□子 kʰəʔ^{21} lɤu^{24} tsəʔ^{21} 猪的腔骨

排骨 p^{h}ɑe^{33} kuəʔ^{21}

黑肉 xəʔ^{3} ʐɑo^{53} 瘦肉

肥肉 fɛe^{33} ʐɑo^{53}（当地人传统上只分瘦肉和肥肉，不细分里脊之类）

牛肚子 niɑo^{33} tu^{41} tsəʔ^{3}

肝子 kie^{24} tsəʔ^{21}

腰子 iɤ^{24} tsəʔ^{21}

鸡里物 tɕi^{24} lɛe^{24} uəʔ^{21} 鸡下水

鸡卜□儿 tɕi^{24} pəʔ^{21} ts^{h}ər^{213} 鸡肫（鸡内金）

猪血 tsu^{21} ɕyəʔ^{3}

鸡血 tɕi^{21} ɕyəʔ^{3}

炒鸡蛋 ts^{h}o^{41} tɕi^{21} tã^{53}

跌鸡蛋 tiəʔ^{21} tɕi^{21} tã^{53} 卧鸡子儿（当地人不煎油荷包蛋）

煮鸡蛋 tsu^{41} tɕi^{21} tã^{53}

炖鸡蛋 tuəŋ^{53} tɕi^{21} tã^{53} 蛋羹

变蛋 pie^{53} tã^{53} 松花蛋（外来的）

鸡嗉嗉 tɕi^{21} sɑo^{53} sɑo^{21} 鸡嗉子

咸鸡蛋 xã^{33} tɕi^{21} tã^{53}

香肠儿 ɕiã^{21} tʂ^{h}ɤur$^{33/53}$

蛋汤 tã^{53} t^{h}ɤu^{213}

（5）菜

菜 ts^{h}ɑe^{53}

素菜 sɑo^{53} ts^{h}ɑe^{53}

肉菜 ʐɑo^{53} ts^{h}ɑe^{53} 荤菜

就菜 tsiɑo^{53} ts^{h}ɑe^{53} 小菜

豆腐 tɑo^{53} fu^{21}

豆腐皮儿 tɑo^{53} fu^{21} p^{h}iɪr^{33}

腐竹 fu^{41} tsuəʔ^{3}

豆腐干儿 tɑo^{53} fu^{21} kiər^{213}

豆腐脑儿 tɑo^{53} fu^{21} nor^{413}

豆浆 tɑo^{53} tsiɤu^{213}

臭豆腐 tʂ^{h}ɑo^{53} tɑo^{53} fu^{21} 豆腐乳

粉丝儿 fəŋ^{41} sər^{213}

漏粉 lɑo^{53} fəŋ^{21}

　线粉 sie^{53} fəŋ^{21} 粉条，分为粗粉、细粉、宽粉

片粉 p^{h}ie^{53} fəŋ^{21} 片儿状的粉条，用来做拼三鲜、片粉汤等

凉粉 liɤu^{33} fəŋ^{21} 粉皮，一种小吃

面筋 mie^{53} tɕiəŋ^{213}

藕粉 ŋɑo^{24} fəŋ^{21}

芡面儿 tɕ^{h}ie^{53} miər^{53}

木耳 məʔ^{4} ər^{412}

　耳子 ər^{41} tsəʔ^{3}

银耳 niəŋ^{33} ər^{21}

金针 tɕiəŋ^{24} tʂəŋ^{21}

海参 xɑe^{41} səŋ^{213}

海带 xɑe^{41} tɑe^{53}

海蜇（当地人不吃海蜇）

豆芽儿 tɑo^{53} niɑr^{53}

　豆芽子 tɑo^{53} niɑr^{33} tsəʔ^{21}

（6）油盐作料

味道儿 uɛe^{53} tor^{53}　滋味

味气 uɛe^{53} tɕ^{h}i^{53}　气味

颜色 niã^{33} ʂɑʔ^{21}

脂油 tsɿ^{21} iɑo^{33}　猪油

羊油 iɤu^{33} iɑo^{33}

素油 sɑo^{53} iɑo^{33}

花生油 xuɑ^{24} səŋ^{21} iɑo^{33}

菜籽儿油 ts^{h}ae^{53} tsər^{213} iɑo^{33}

芝麻油 tsɿ^{21} mɑ^{33} iɑo^{33}

盐 ie^{33}

大盐 tɤu^{53} ie^{33}　粗盐

小盐 siɤ^{41} ie^{33}　精盐

酱油 tsiɤu^{53} iɑo^{33}

芝麻酱 tsɿ^{21} mɑ^{33} tsiɤu^{53}

酱 tsiɤu^{53}

　黑酱 xəʔ^{3} tsiɤu^{53}（当地人吃黑酱，不吃甜面酱）

豆瓣儿酱 tɑo^{53} pɑr^{53} tsiɤu^{53}

辣酱 lɑʔ^{3} tsiɤu^{53}

醋 ts^{h}ɑo^{53}

料酒 liɤ^{53} tsiɑo^{412}

红糖 xuəŋ^{33} t^{h}ã^{33}

白糖 p^{h}iəʔ^{3} t^{h}ã^{33}

冰糖 piəŋ^{21} t^{h}ã^{33}

糖卜浪 t^{h}ã^{33} pəʔ^{3} lɤu^{53}　水果糖

调和 t^{h}iɤ^{33} xɤu^{21}

大茴 tɑ^{53} xuɑe^{33}

花椒 xuɑ^{24} tsiɤ^{21}

胡椒面儿 xu^{33} tsiɤ^{41} miər^{53}

（7）烟、茶、酒

烟 ie^{213}

烟叶子 ie^{24} iəʔ^{21} tsəʔ^{3}

烟丝儿 ie^{24} sər^{213}

纸烟 tsɿ^{41} ie^{213}　香烟

旱烟 ɕie^{53} ie^{21}

水烟 suɛe^{41} ie^{213}

水烟袋儿 suɛe^{41} ie^{213} tər^{53}

旱烟袋儿 ɕie^{53} ie^{213} tər^{53}　细竹杆儿做的烟具

烟盒子 ie^{24} xɑʔ^{21} tsəʔ^{3}　装香烟的金属盒，有的还带打火机

烟锈 ie^{21} siɑo^{53}　烟油子

烟灰 ie^{24} xuɑe^{213}

火镰 xɤu^{41} lie^{33}　旧时的取火用具

火石 xɤu^{24} ʂəʔ^{21}

艾 ŋae^{53}　火镰打火后点的媒介，用来点火、点烟

茶 ts^{h}ɑ^{33}

茶叶 ts^{h}ɑ^{33} iəʔ^{21}

泡茶 p^{h}o^{53} ts^{h}ɑ^{33}

倒茶 to^{53} ts^{h}ɑ^{33}

白酒 p^{h}iəʔ^{4} tsiɑo^{412}

　辣酒 lɑʔ^{4} tsiɑo^{412}

黄酒 xɤu^{33} tsiɑo^{412} 米酒，用软糜子米、软谷子米做成

十五　红白大事

（1）婚姻、生育

亲事 tsʰiəŋ^{21} sɿ^{53}

管媒 kuɤ^{41} mɑe^{44} 说媒

媒人 mɑe^{33} zəŋ^{21}

相□子 siɤu^{21} sɑo^{33} tsəʔ^{21} 相媳妇

眉眼 mi^{33} niã^{21}

　靓子 liã^{53} tsəʔ^{21} 相貌

岁数 suɛe^{53} su^{21} 年龄

定婚 tiəŋ^{53} xuəŋ^{213}

递把定 tɛe^{53} pɑ^{41} tiəŋ^{53} 送定礼

良辰吉日 liã^{33} tʂʰəŋ^{33} tɕiəʔ^{4} zəʔ^{21} 喜期

喜酒 ɕi^{24} tsiɑo^{412}

下陪分 ɕiɑ^{53} pʰɑe^{33} fəŋ^{21} 过嫁妆

引□子 iəŋ^{41} sɑo^{33} tsəʔ^{21} 娶亲

出嫁 tsʰuəʔ^{3} tɕiɑ^{53}

出女 tsʰuəʔ^{4} ny^{412} 嫁闺女

结婚 tɕiəʔ^{21} xuəŋ^{213}

轿 tɕiɤ^{53} 花轿

新女婿 siəŋ^{24} ny^{41} sɛe^{53} 新郎

新□子 siəŋ^{21} sɑo^{33} tsəʔ^{21} 新娘

新人窑儿 siəŋ^{21} zəŋ^{33} iɤr^{53} 新房

暖窑 nuɤ^{41} iɤ^{33} 暖房

回门 xuɑe^{33} məŋ^{33}

招汉 tʂɤ^{21} ɕie^{53} 寡妇招上门女婿

寻老汉 səŋ^{33} lo^{41} ɕie^{53} 寡妇再嫁

办老婆 pã^{53} lo^{41} pʰɤu^{33}

　办家舍 pã^{53} tɕiɑ^{21} ʂɑ^{53} 续弦

续亲 ɕyəʔ^{21} tsʰiəŋ^{213} 妻子去世后，娶小姨子为妻

后婆姨 xɑo^{53} pʰɤu^{33} i^{21} 填房

有孩儿 iɑo^{41} ɕiər^{53}

　挌大肚 tɕʰiɑ^{21} tɑ^{53} tu^{53}

　不干连 pəʔ^{21} kie^{21} lie^{33} 怀孕了

害孩儿婆姨 xɑe^{53} ɕiər^{53} pʰɤu^{33} i^{21} 孕妇

小跌了 siɤ^{41} tiəʔ^{4} lie^{21} 小产

坐月子 tsuɤu^{53} yəʔ^{21} tsəʔ^{3} ①生孩子；②坐月子

襄哄养孩儿 siɤu^{33} xuəŋ^{21} iɤ^{41} ɕiər^{53} 接生

衣 i^{213} 胎盘

满月 mɤ^{24} yəʔ^{21}

头胎 tʰɑo^{33} tʰɑe^{213}

双生儿 suã^{53} sər^{213} 双胞胎

打胎 tɑ^{41} tʰɑe^{213}

墓生生 mu^{53} səŋ^{24} səŋ^{21} 遗腹子

吃奶 tʂʰəʔ^{4} nɑe^{412}

奶头儿 nɑe^{41} tʰɑor^{53}

（小孩子）尿床 niɤ^{53} tsʰuɤu^{33}

（2）寿辰、丧礼

生儿 ʂɑr^{213} 生日

过生儿 kɤu^{53} ʂɑr^{213} 做生日

庆寿 tɕʰiəŋ^{53} ʂɑo^{53} 祝寿

老寿星 lo^{41} ʂɑo^{53} siəŋ^{21}

白事 pʰiəʔ^{21} sɿ^{53} 丧事

赶事业 kie^{41} sɿ^{53} iəʔ^{21} 参加丧仪

老迁 lo^{41} tsʰie^{213}

要命 iɤ^{53} mɛe^{53}

老了 lo^{24} lie^{21} 死了

灵床 liəŋ^{33} tsʰuɤu^{33}（当地做法：在地上放些干草，将尸体放到干草上）

材子 tsʰɑe^{33} tsəʔ^{21} 棺材

寿头 ʂɑo^{53} tʰɑo^{33}

寿木 ʂɑo^{53} məʔ^{21} 生前预制的棺材

盛涵 tʂʰəŋ^{33} xã^{33} 入殓

灵棚儿 liəŋ^{33} pʰər^{53}

挽口儿 uã^{24} kʰɑor^{412} 比较豪华的灵棚

守灵 ʂɑo^{41} liəŋ^{33}

带孝 tɑe^{53} xɤu^{53}

抹孝 mɑʔ^{21} xɤu^{53} 除孝

孝子 ɕio^{53} tsɿ^{412}

孝孙 ɕio^{53} suəŋ^{213}

迁灵 tsʰie^{21} liəŋ^{33} 出殡

启程 tɕʰi^{41} tʂʰəŋ^{33} 送葬

拄丧棍儿 tsu^{41} sɤu^{213} kuər^{53} 哭丧棒

纸活 tsɿ^{24} xuəʔ^{213}

纸扎 tsɿ^{41} tsɑʔ^{3} 埋葬死人时烧化的纸火

鬼票票 kuɛe^{41} pʰiɤ^{53} pʰiɤ^{21}

烧纸 ʂɤ^{24} tsɿ^{412} 纸钱

穴地 ɕyəʔ^{21} tɛe^{53} 坟墓所在的地方

坟儿 fər^{53}

碑 pɑe^{213} ①石碑；②墓碑

上坟 ʂɤu^{53} fəŋ^{33} （吴堡话只说"头七、二七……"，没有统称的"做七"）

冥婚 mi^{33} xuəŋ^{21} 死人娶妻（也是死人），及物动词：~了个老婆

寻无常 səŋ^{33} u^{33} tʂʰã^{21} 自杀

跳河 tʰiɤ^{53} xɤu^{33} 投水自尽

上吊 ʂɤu^{53} tiɤ^{53}

白骨 pʰiəʔ^{21} kuəʔ^{3} 尸骨

（3）迷信

天爷爷 tʰie^{21} iɑ^{33} iɑ^{21} 老天爷

灶□爷爷 tso^{53} miəʔ^{21} iɑ^{33} iɑ^{21} 灶王爷

佛家爷爷 fəʔ^{21} tɕiɑ^{213} iɑ^{33} iɑ^{21} 佛爷

菩萨 pʰu^{33} sɑ^{21}

观音 kuɤ^{24} iəŋ^{213}

土地庙 tʰu^{41} tɛe^{53} miɤ^{53}

老爷庙 lo^{41} i^{33} miɤ^{53} 关帝庙（当地没有城隍庙）

阎王 ie^{33} u^{21}

财神阁子 tsʰɑe^{33} ʂəŋ^{21} kəʔ^{4} tsəʔ^{21} 供

神佛的龛（没有专门的佛龛）

香案 ɕiɤu^{21} ŋie^{53}

奠献 tie^{53} ɕie^{53} 上供

蜡 laʔ^{213}（敬神用时和普通的说法没有区别）

香 ɕiɤu^{213}（敬神用时和普通的说法没有区别）

香炉 ɕiɤu^{21} lao^{33}

上香 ʂɤu^{53} ɕiɤu^{213}

签 tɕʰie^{213} 刻有文字符号用于占卜的细长小竹片或小细棍

抽签 tʂʰao^{24} tɕʰie^{213} 求签

打卦 ta^{41} kua^{53}

庙会 miɤ^{53} xuae^{53}

念经 nie^{53} tɕiəŋ^{213}

开八字 kʰae^{21} paʔ^{3} tsɿ^{53} 测字

看风间 kʰie^{53} fəŋ^{21} tɕiã^{53} 看风水

算命 suɤ^{53} miəŋ^{53}

算命的 suɤ^{53} miəŋ^{53} təʔ^{21} 包括各种算命、看相的人

神婆 ʂəŋ^{33} pʰɤu^{21} 女巫神

神官 ʂəŋ^{33} kuɤ^{21} 男巫神

跳神 tʰiɤ^{53} ʂəŋ^{33}

许口愿 ɕy^{24} kʰao^{41} ye^{53} 许愿

还愿 xuã^{33} ye^{53}

吊米盏儿 tiɤ^{53} mi^{24} tsar^{213} 一种利用迷信给孩子治病的办法：在小碗里放上米，用布包住，倒抓着，用碗口在孩子身上来回移动，同时念叨："……接前心，接后心，真魂老门上了身。"完了后在米碗中点上香

十六 日常生活

（1）衣

穿衣服 tsʰuɤ^{24} i^{24} fəʔ^{21}

脱衣服 tʰuəʔ^{21} i^{24} fəʔ^{21}

脱鞋 tʰuəʔ^{3} xae^{33}

量衣服 liɤu^{33} i^{24} fəʔ^{21}

做衣服 tsuəʔ^{21} i^{24} fəʔ^{21}

贴边儿 tʰiəʔ^{21} piər^{213} 缝在衣服里子边儿上的窄条

撩边儿 liɤ^{33} piər^{213} 缲边儿

鞔鞋 mɤ^{33} xae^{33} 鞔鞋帮儿

纳鞋底儿 naʔ^{213} xae^{33} tər^{412}

缀扣子 tsuɛe^{53} kʰao^{53} tsəʔ^{21} 钉扣子

扎花儿 tsaʔ^{21} xuar^{213} 绣花儿

打补丁 ta^{41} pu^{24} tɛe^{21}

缝被子 fəŋ^{33} pi^{53} tsəʔ^{21} 做被卧

洗衣裳 sɛe^{41} i^{21} ʂɤu^{33}

洗恶水 sɛe^{41} ŋəʔ^{4} suɛe^{21}　洗衣服

洗一鞯 sɛe^{41} iəʔ^{3} tsʰã^{53}　洗一水

摆 pɑe^{412}　用清水漂洗

晒衣服 sɑe^{53} i^{24} fəʔ^{21}

晾衣服 liɤu^{53} i^{24} fəʔ^{21}

浆衣服 tɕiɤu^{53} i^{24} fəʔ^{21}

熨衣服 yəŋ^{53} i^{24} fəʔ^{21}

（2）食

生火 ʂɑ^{24} xɤu^{412}

做饭 tsuəʔ^{3} fã^{53}

淘米 tʰo^{33} mi^{412}

起面 tɕʰi^{41} mie^{53}　发面

和面 xɤu^{33} mie^{53}　①和面；②揉面

擀面 kie^{41} mie^{53}

扯面 tʂʰɑ^{41} mie^{53}　抻面条

蒸馍馍 tʂɛe^{21} mɤu^{33} mɤu^{21}　蒸馒头

拣菜 tɕiã^{41} tsʰɑe^{53}　择菜

熬菜 ŋo^{33} tsʰɑe^{53}　烩菜

熬汤 ŋo^{33} tʰɤu^{213}　做汤

饭熟了 fã^{53} suəʔ^{4} lie^{21}

（饭）生 ʂɑ^{213}

吃饭 tʂʰəʔ^{3} fã^{53}　开饭

舀饭 iɤ^{41} fã^{53}　盛稀饭

拣饭 tɕiã^{41} fã^{53}　盛干饭

抄菜 tsʰo^{21} tsʰɑe^{53}　搛菜

舀汤 iɤ^{41} tʰɤu^{213}

吃早起儿饭 tʂʰəʔ^{3} tso^{24} tɕʰiər^{21} fã^{53}　吃早饭

吃晌午饭 tʂʰəʔ^{3} ʂɤu^{41} xu^{213} fã^{53}　吃午饭

吃黑将饭 tʂʰəʔ^{3} xəʔ^{21} tɕiã^{213} fã^{53}　吃晚饭

零吃 lɛe^{33} tʂʰəʔ^{3}　吃零食

捉筷子 tsuɑʔ^{3} kʰuɑe^{53} tsəʔ^{21}　使筷子

肉硬 ʐɑo^{53} niəŋ^{53}　肉不烂

咬不烂 nio^{41} pəʔ^{3} lã^{53}　嚼不动

（吃饭）噎住了 iəʔ^{3} tsu^{53} lie^{21}

（吃饱后）打饱声 tɑ^{24} po^{41} ʂɛe^{213}

不嗝儿 pəʔ^{4} kər^{21}　打嗝儿

（吃的太多了）挣了 tsəŋ^{53} lie^{21}　撑了

口淡 kʰɑo^{41} tã^{53}　嘴没味儿

喝茶 xəʔ^{3} tsʰɑ^{33}

喝酒 xəʔ^{4} tsiɑo^{412}

吃烟 tʂʰəʔ^{21} ie^{213}　抽烟

饿了 ŋɤu^{53} lie^{21}

（3）住

起 tɕʰi^{412}　起床

洗手 sɛe^{24} ʂɑo^{412}

洗脸 sɛe^{24} lie^{412}

漱口 sɑo^{53} kʰɑo^{412}

刷牙 suɑʔ^{3} niɑ^{33}

梳脑 su^{21} no^{33}　梳头

梳辫子 su^{21} pie^{53} tsəʔ^{21}

梳攥攥 tsu^{213} tsuɤ^{41} tsuɤ^{412}　梳髻

铰指甲 tɕio^{24} tsɿ^{41} tɕiɑʔ^{3}　剪指甲

抠耳塞 kʰɑo^{24} ər^{41} ɕiəʔ^{3} 掏耳朵

洗身上 sɛe^{41} ʂəŋ^{21} ʂɤu^{53} 洗澡

搓圪卷儿 tsʰɤu^{24} kəʔ^{21} tɕyar^{213}

　搓身上 tsʰɤu^{24} ʂəŋ^{21} ʂɤu^{53} 搓澡

尿尿 niɤ^{53} niɤ^{53} 小便

屙 pɑ^{412} 大便

歇凉凉 ɕiəʔ^{3} liɤu^{33} liɤu^{21} 乘凉

晒太阳 sɑe^{53} tʰɑe^{53} iã^{21}

烤火 kʰo^{24} xɤu^{412}

搔咬咬 zo^{24} nio^{41} nio^{213} 挠痒痒

点灯 tie^{41} təŋ^{213}

吹灯 tsʰuɛe^{24} təŋ^{213}

歇歇儿 ɕiəʔ^{3} ɕiər^{53}

　歇一下儿 ɕiəʔ^{3} iəʔ^{3} xɑr^{53} 休息一会儿

打盹 tɑ^{24} tuəŋ^{412}

呵牙 xɤu^{21} niɑ^{33} 打哈欠

熬了 ŋo^{33} lie^{21} 困了

铺被褥 pʰu^{21} pɛe^{53} ʐuəʔ^{21} 铺床

睡下 suɛe^{53} xɑ^{21} 躺下

睡着了 suɛe^{53} tʂʰəʔ^{21} lie^{21}

打鼾睡 tɑ^{41} ɕie^{53} suɛe^{21} 打呼

睡不着 suɛe^{53} pəʔ^{4} tʂʰəʔ^{21}

歇晌午 ɕiəʔ^{3} ʂɤu^{41} xu^{213}

着天 tʂʰəʔ^{21} tʰie^{213} 仰面朝天：~睡觉

仰面睡 niã^{41} mie^{53} suɛe^{53}

侧面睡 tsʰɑʔ^{3} mie^{53} suɛe^{53}

爬下睡 pʰɑ^{33} xɑ^{53} suɛe^{53} 趴着睡

仰枕 niã^{41} tʂəŋ^{53} 落枕

翻腿肚 fã^{24} tʰuɑe^{41} tu^{53} 抽筋儿

梦梦 məŋ^{53} məŋ^{53} 做梦

说梦话 suəʔ^{3} məŋ^{53} xuɑ^{53}

睡魇住了 suɛe^{53} iəʔ^{21} tsu^{53} lie^{21}

熬夜 ŋo^{33} iɑ^{53}

开夜车 kʰɑe^{21} iɑ^{53} tʂʰɑ^{213}

（4）行

上地 ʂɤu^{53} tɛe^{53} 去地里干活

出工 tsʰuəʔ^{21} kuəŋ^{213}

收工 ʂɑo^{24} kuəŋ^{213}

出去了 tsʰuəʔ^{3} kəʔ^{21} lie^{21}

放歇儿 fɤu^{53} ɕiər^{53} 做工中间休息一下

回家了 xuɑe^{33} tɕiɑ^{213} lie^{21}

串街 tsʰuɤ^{53} tɕiɑe^{213} 逛街

闲走 ɕiã^{44} tsɑo^{412}

　遛达 liɑo^{53} tɑʔ^{21}

十七 讼事

（本类有些词过旧，久已不用，未收录）

打官司 tɑ^{41} kuɤ^{21} sɿ^{33}

告状 ko^{53} tsuɤu^{53}

状子 tsuɤu^{53} tsəʔ^{21}

证人 tʂəŋ^{53} ʐəŋ^{21}

人证 ʐəŋ^{33} tʂəŋ^{53}

物证 uəʔ^{3} tʂəŋ^{53}

订对 tiəŋ^{21} tuɑe^{53} 对质

家务事 tɕiɑ^{21} u^{53} sɿ^{53}

律师 luəʔ^{21} sɿ^{213}

服 fəʔ^{213}

不服 pəʔ^{4} fəʔ^{213}

上告 ʂã^{53} ko^{53}

判 pʰɤ^{53}

承认 tʂʰəŋ^{33} ʐəŋ^{53}

口供 kʰɑo^{41} kuəŋ^{53}

说 suəʔ^{3} 供：～出同谋

合伙 xəʔ^{3} xɤu^{21} 同谋

故犯 ku^{53} fã^{53}

误犯 u^{53} fã^{53}

犯法 fã^{53} fɑʔ^{3}

犯罪 fã^{53} tsuɑe^{53}

作害 tsɑʔ^{3} xɑe^{53}

　黑做 xəʔ^{3} tsuəʔ^{3} 诬告

捕人 pu^{41} ʐəŋ^{33} 逮捕人

赃官儿 tsɤu^{24} kuɤr^{213}

受贿 ʂɑo^{53} xuɑe^{53}

握钱儿 uɑʔ^{3} tsʰiər^{53} 行贿

罚款 fɑʔ^{4} kʰuɤ^{412}

砍脑 kʰie^{41} no^{33} 斩首

枪打 tsʰiɤu^{24} tɑ^{412} 枪毙

审问 ʂəŋ^{41} uəŋ^{53} 拷打

上铐子 ʂɤu^{53} kʰo^{53} tsəʔ^{21} 戴手铐

手铐子 ʂɑo^{41} kʰo^{53} tsəʔ^{21}

脚镣 tɕiəʔ^{4} liɤ^{53}

绑起 pɤu^{24} tɕʰi^{21}

填到禁闭窟子 tʰie^{33} to^{53} tɕiəŋ^{41} pi^{53} kʰuəʔ^{4} tsəʔ^{21} 囚禁起来

倒禁闭 to^{24} tɕiəŋ^{41} pi^{53}

　坐紧闭 tsuɤu^{53} tɕiəŋ^{41} pi^{53} 坐牢

打条子 tɑ^{41} tʰiɤ^{33} tsəʔ^{21} 立字据

压手印儿 niɑ^{53} ʂɑo^{41} iər^{53}

　脚墨手印儿 tɕiəʔ^{3} miəʔ^{3} ʂɑo^{41} iər^{53}

地租 tɛe^{53} tsɑo^{213}

文约执把 uəŋ^{33} iəʔ^{21} tʂəʔ^{3} pɑ^{53} 地契

上税 ʂɤu^{53} suɛe^{53}

执照 tʂəʔ^{3} tʂo^{53}

告示 ko^{53} sɿ^{53}

通传 tʰuəŋ^{21} tsʰuɤ^{33}

通知 tʰuəŋ^{24} tʂεe^{213}

路条儿 lɑo^{53} tʰiɤr^{53}

命令 miəŋ^{53} liəŋ^{53}

戳子 tsʰuɑʔ^{4} tsəʔ^{21} 印

交代 tɕio^{21} tɑe^{53} 把经手的事务移交给接替的人

上任 ʂɤu^{53} ʐəŋ^{53}

下台儿 ɕiɑ^{53} tʰər^{53} ①卸任;②罢免

十八 交际

应酬 iəŋ^{53} tsʰ[illegible]

来往 lɑe^{33} uã^{21}

看人 kʰie^{53} ʐəŋ^{33} 看望人

请客 tsʰiəŋ^{41} kʰəʔ^{3}

招待 tʂo^{21} tɑe^{53}

男的 nã^{33} təʔ^{21} 男客

女的 ny^{41} təʔ^{3} 女客

送礼 suəŋ^{53} lεe^{412}

礼 lεe^{412} 礼物

人情 ʐəŋ^{33} tsʰεe^{21}

待应 tɑe^{53} iəŋ^{53} 招待

陪人 pʰɑe^{33} ʐəŋ^{33} 陪客

送 suəŋ^{53} 送客

不起来了 pəʔ^{4} tɕʰi^{41} lɑe^{33} lie^{21} 不送了

谢谢 sεe^{53} sεe^{53}

没事,没事 məʔ^{3} sɿ^{53} məʔ^{3} sɿ^{53} 不客气

倒茶 to^{53} tsʰɑ^{33}

摆酒席 pɑe^{41} tsiɑo^{24} siəʔ^{213}

一桌酒席 iəʔ^{3} tsuɑʔ^{3} tsiɑo^{24} siəʔ^{213}

请帖 tsʰiəŋ^{41} tʰiəʔ^{3}

送请帖 suəŋ^{53} tsʰiəŋ^{41} tʰiəʔ^{3}

坐 tsuɤu^{53} 入席

上菜 ʂɤu^{53} tsʰɑe^{53}

倒酒 to^{53} tsiɑo^{412} 斟酒

劝酒 tɕʰye^{53} tsiɑo^{412}

干杯 kã^{24} pɑe^{213}

打平伙 tɑ^{41} pʰiəŋ^{33} xɤu^{21}/xu^{21} 凑份子吃饭,类似 AA 制吃饭

假驳弹 tɕiɑ^{41} pɑʔ^{3} tʰã^{33} 挑剔

黑告信 xəʔ^{3} ko^{53} siəŋ^{53} 匿名信

不一劲 pəʔ^{3} iəʔ^{3} tɕiəŋ^{53} 不和

仇人 ʂɑo^{33} ʐəŋ^{21} 冤家

不忿 pəʔ^{3} fəŋ^{53} 感到不平

冤枉 ye^{24} uã^{21}

多嘴 tɤu^{24} tsuεe^{412} 插嘴

剥事角角 pɑʔ^{3} sɿ^{53} tɕyɑʔ^{4} tɕyɑʔ^{21} 吹毛求疵

做样子 tsuəʔ^{3} iɤu^{53} tsəʔ^{21} 做作

摆架子 pɑe^{41} tɕiɑ^{53} tsəʔ^{21}

装憨 tsuɤu^{24} ɕie^{213} 装傻

出洋相 tsʰuəʔ^{3} iã^{33} siã^{53}

丢人 tiɑo^{21} ʐəŋ^{33}

溜舔 liɑo^{24} tʰie^{21} 巴结

串门子 tsʰuɤ^{53} məŋ^{33} tsəʔ^{21} ①串门儿；②（男人）与人发生不正当性关系

看起 kʰie^{53} tɕʰi^{412} 看得起

低眼 tɛe^{24} niã^{21} 看不起

朋伙伙 pʰəŋ^{33} xɤu^{41} xɤu^{213} 合伙儿

应承 iəŋ^{53} tʂʰəŋ^{21} 答应

不承应 pəʔ^{3} tʂʰəŋ^{33} iəŋ^{53} 不答应

断出去 tuɤ^{53} tsʰuəʔ^{4} kəʔ^{21} 撵出去

鸡斗 tɕi^{21} tɑo^{53} 吵嚷，闹腾：两个又～了一回

十九　商业、交通

（1）经商行业

字号儿 tsɿ^{53} xor^{53}

招牌 tʂɤ^{21} pʰɑe^{33}

广告 kuã^{41} ko^{53}

开铺子 kʰɑe^{21} pʰu^{53} tsəʔ^{21}

门面 məŋ^{33} mie^{53} 铺面

摆摊子 pɑe^{41} tʰã^{24} tsəʔ^{21}

做生意 tsuəʔ^{21} səŋ^{21} i^{53}

旅店 luɛe^{41} tie^{53}

食堂 ʂəʔ^{21} tʰã^{33} 饭馆儿

进食堂 tsiəŋ^{53} ʂəʔ^{3} tʰã^{33}

　进馆子 tsiəŋ^{53} kuɤ^{41} tsəʔ^{21} 下馆子

跑堂的 pʰo^{21} tʰã^{33} təʔ^{21} 堂倌儿

布店儿 pu^{53} tiər^{53}

百货店 piəʔ^{3} xɤu^{53} tie^{53}

　供销社 kuəŋ^{53} sio^{21} ʂɑ^{53}

杂货摊子 tsʰɑʔ^{21} xɤu^{53} tʰã^{24} tsəʔ^{21}

粮站 liɤu^{33} tsã^{53} 粮店

剃脑铺儿 tɕʰi^{53} no^{33} pʰur^{53}

　剃头铺儿 tɕʰi^{53} tʰɑo^{33} pʰur^{53}

推脑 tʰuɑe^{21} no^{33}

　剃脑 tɕʰi^{53} no^{33} 理发

刮脸 kuɑʔ^{4} lie^{412}

刮胡子 kuɑʔ^{3}/kuɑ^{21} xu^{33} tsəʔ^{21}

肉摊儿 ʐɑo^{53} tʰɑr^{213}

　肉铺儿 ʐɑo^{53} pʰur^{53}

杀猪 sɑʔ^{21} tsu^{213}

当铺 tɤu^{53} pʰu^{53}

赁房子 liəŋ^{53} fɤu^{33} tsəʔ^{21} 租房子

典房子 tie^{41} fɤu^{33} tsəʔ^{21}

卖炭处 mɑe^{53} tʰã^{53} tsʰu^{21} 卖煤的地方

（2）经营、交易

开业 kʰɑe^{24} iəʔ^{213}

倒塌 to^{41} tʰɑʔ^{3} 停业

点货 tie^{41} xɤu^{53}

栏柜 lã^{33} kuɛe^{53} 柜台

说个价 suəʔ^{4} kuəʔ^{21} tɕiɑ^{53} 开价

搞价 ko^{41} tɕiɑ^{53} 还价

（价钱）便宜 pʰie^{33} i^{53}

（价钱）贵 kuɛe^{53}

（价钱）公道 kuəŋ^{21} to^{53}

成总买了 tʂʰəŋ^{33} tsuəŋ^{21} mɑe^{24} lie^{21} 包圆儿

买卖好 mɑe^{41} mɑe^{53} xo^{412}

好生意 xo^{41} səŋ^{21} i^{53}

生意不作摩 səŋ^{21} i^{53} pəʔ^{4} tsəʔ^{21} mɑ^{213} 买卖清淡

工钱 kuəŋ^{21} tsʰie^{33}

本钱 pəŋ^{41} tsʰie^{33}

本儿 pər^{412}

保本儿 po^{24} pər^{412}

挣钱 tsəŋ^{53} tsʰie^{33} 赚钱

赔 pʰɑe^{33} 亏本儿

盘缠 pʰɤ^{44} tʂʰie^{21}

利 lɛe^{53} ①做买卖的赚头；②利息

行运 ɕiəŋ^{33} yəŋ^{53} 运气好

短 tuɤ^{412} ①欠：~我五毛钱；②差：~五毛十块，即九块五毛

押金 niɑʔ^{21} tɕiəŋ^{213}

（3）帐目、度量衡

帐房 tʂɤu^{53} fɤu^{33}

开清 kʰɑe^{24} tsʰiəŋ^{213}

收帐 ʂɑo^{21} tʂɤu^{53} 记收入的帐

出帐 tsʰuəʔ^{3} tʂɤu^{53} 记付出的帐

欠帐 tɕʰie^{53} tʂɤu^{53}

要帐 iɤ^{53} tʂɤu^{53}

烂帐 lã^{53} tʂɤu^{53} 要不来的帐

发票 fɑʔ^{3} pʰiɤ^{53}

收据 ʂɑo^{21} tɕy^{53}

存款 tsʰuəŋ^{33} kʰuɤ^{412} 存下的钱

零钱儿 lɛe^{33} tsʰiər^{53}

票子 pʰiɤ^{53} tsəʔ^{21}

银元元 niɤŋ^{33} ye^{33} ye^{21} 硬币

铜钱儿 tʰuəŋ^{33} ye^{33}

黄钱儿 xɤu^{33} tsʰiər^{53}

银元 niəŋ^{33} ye^{33}

一块钱儿 iəʔ^{4} kʰuɑe^{41} tsʰiər^{53}

一毛钱儿 iəʔ^{3} mo^{33} tsʰiər^{53}

一分钱儿 iəʔ^{3} fəŋ^{213} tsʰiər^{53}

十块钱 ʂəʔ^{4} kʰuɑe^{41} tsʰie^{33}

一张票子（钞票）iəʔ^{21} tʂɤu^{213} pʰiɤ^{53} tsəʔ^{21}

一个铜圆 iəʔ^{4} kuəʔ^{21} tʰuəŋ^{33} ye^{53} 一种旧币，小的值 5 个铜钱儿，大的值 10 个铜钱儿

一个黄钱儿 iəʔ^{4} kuəʔ^{21} xɤu^{33} tsʰiər^{53} 一个铜板儿

一百钱 iəʔ^{3} piəʔ^{3} tsʰie^{33}

算盘儿 suɤ^{53} pʰɤr^{33}

算盘子 suɤ^{53} pʰɤ^{33} tsəʔ^{21}

天平 tʰie^{21} pʰiəŋ^{33}

戥子 təŋ^{41} tsəʔ^{3}

秤 tʂʰɛe^{53}

磅子 pəŋ^{53} tsəʔ^{21} 磅秤

秤盘子 tʂʰɛe^{53} pʰɤ^{33} tsəʔ^{21}

秤星儿 tʂʰɛe^{53} sər^{213}

秤杆子 tʂʰɛe^{53} kie^{41} tsəʔ^{3}

秤钩子 tʂʰɛe^{53} kɑo^{24} tsəʔ^{3}

秤锤 tʂʰɛe^{53} tsʰuɛe^{33}

毫系 xo^{33} ɕi^{53} 秤毫

仰头秤 niɤu^{33} tʰɑo^{33} tʂʰɛe^{53} 称东西时秤尾高

流气了 liɑo^{33} tɕʰi^{53} lie^{21} 称东西时秤尾低

刮子 kuɑʔ^{4} tsəʔ^{21} 平斗斛的木片

（4）交通

铁路 tʰiəʔ^{3} lɑo^{53}

火车 xɤu^{41} tʂʰɑ^{213}（吴堡未通火车）

火车站 xɤu^{41} tʂʰɑ^{213} tsã^{53}（距吴堡最近的较大火车站是绥德站）

汽车路 tɕʰi^{53} tʂʰɑ^{21} lɑo^{53}

汽车 tɕʰi^{53} tʂʰɑ^{213}

客车 kʰəʔ^{21} tʂʰɑ^{213} 拉客的汽车

货车 xɤu^{53} tʂʰɑ^{213} 拉货的汽车

蛋蛋车 tã^{53} tã^{21} tʂʰɑ^{213} 公共汽车（吴堡县城没有公共汽车，所以用的是戏谑的说法）

小车儿 siɤ^{41} tʂʰɑr^{213} 小轿车

摩托 mɤu^{33} tʰɑʔ^{3}

三轮儿 sã^{21} luər^{53} ①载人的三轮车；②拉货的三轮车

车子 tʂʰɑ^{24} tsəʔ^{21} 自行车

马车 mɑ^{41} tʂʰɑ^{213} 大车

船 tsʰuɤ^{33} ①船的总称；②渡船

尾 i^{412} 船舵

櫂 tso^{53} 浆

撑杆 tsʰəŋ^{24} kie^{213} 槁

踏板 tʰɑʔ^{3} pã^{412} 上下船用的跳板

过河 kɤu^{53} xɤu^{33} 过摆渡

渡口 tu^{53} kʰɑo^{412}（吴堡沿黄河有许多渡口，著名的军渡就在县城宋家川）

二十　文化教育

（1）学校

书窑儿 su^{21} iɤr^{53} 学校

上学 ʂɤu^{53} ɕiəʔ^{3} 开始上小学

念书 nie^{53} su^{213} 去学校上课

散学 sã^{53} ɕiəʔ^{3} ①放学；②放假

逃学 t^{h}o^{33} ɕiəʔ^{3}

幼儿园 iɑo^{53} ər^{33} ye^{33}

托儿所 t^{h}ɑʔ^{3} ər^{33} suɤu^{412}

学资 ɕiəʔ^{21} tsɿ^{213} 学费

暑假 ts^{h}u^{41} tɕiɑ^{53}

寒假 xã^{33} tɕiɑ^{53}

请假 ts^{h}iəŋ^{41} tɕiɑ^{53}

（2）教室、文具

教室 tɕio^{53} ʂəʔ^{3}

上课 ʂɤu^{53} k^{h}ɤu^{53}

下课 ɕiɑ^{53} k^{h}ɤu^{53}

讲台 tɕiã^{41} t^{h}ɑe^{33}

黑板 xəʔ^{4} pã^{21}

粉笔 fəŋ^{41} piəʔ^{3}

黑板擦子 xəʔ^{4} pã^{41} ts^{h}ɑʔ^{4} tsəʔ^{21}

点名册 tie^{41} miəŋ^{33} ts^{h}ɑʔ^{3}

戒尺 tɕiɑe^{53} tʂ^{h}əʔ^{21}（现在不用戒尺来打学生）

笔记本儿 piəʔ^{3} tɕi^{53} pər^{412}

课本儿 k^{h}ɤu^{53} pər^{412}

铅笔 tɕ^{h}iã^{24} piəʔ^{21}

擦坨坨 ts^{h}ɑʔ^{3} t^{h}uɤu^{33} t^{h}uɤu^{21} 橡皮

铅笔刀 tɕ^{h}iã^{21} piəʔ^{3} tor^{213} 指旋着削的转笔刀

圆规 ye^{33} k^{h}uɛe^{213}（老）/ye^{33} kuɛe^{213}（新）

三角板儿 sã^{21} tɕyɑʔ^{4} pɑr^{412}

压纸尺子 niɑ^{53} tsɿ^{41} tʂ^{h}əʔ^{4} tsəʔ^{21} 镇纸

作文本儿 tsɑʔ^{3} uəŋ^{33} pər^{412}

大字本儿 tɤu^{53} tsɿ^{53} pər^{412}

引格儿 iəŋ^{41} kər^{213} 红模子

水笔 suɛe^{41} piəʔ^{3}

　自来水笔 tsɿ^{53} lɑe^{33} suɛe^{41} piəʔ^{3}

毛笔 mo^{33} piəʔ^{3}

笔帽儿 piəʔ^{3} mor^{53}

笔筒儿 piəʔ^{4} t^{h}uər^{412}

砚瓦儿 nie^{53} uɑr^{21}

磨墨 mɤu^{33} miəʔ^{213} 研墨

墨盒儿 miəʔ^{21} xɑr^{213}

墨汁 miəʔ^{21} tʂəʔ^{3}

□笔儿 tã^{53} piər^{53} 掭笔

墨水儿 miəʔ^{4} suər^{412}

书包 su^{24} po^{213}

（3）读书识字

念书的 nie^{53} su^{24} təʔ^{21}

识字的 ʂəʔ^{3} tsɿ^{53} təʔ^{21}

张眼瞎子 tʂã^{24} niã^{21} xɑʔ^{4} tsəʔ^{21} 文盲

念书 nie^{53} su^{213} 读书

温书 uəŋ^{24} su^{213}

背书 pɑe^{53} su^{213}

报名 po^{53} miəŋ^{33}

考场 k^{h}o^{24} tʂ^{h}ɤu^{412}

进考场 tsiəŋ^{53} k^{h}o^{24} tʂ^{h}ɤu^{412}

考试 k^{h}o^{41} sɿ^{53}

考试卷子 k^{h}o^{41} sɿ^{53} tɕye^{53} tsəʔ^{21}

满分儿 mɤ^{41} fər^{213}

零分儿 liəŋ^{33} fər^{213}

　鸡蛋 tɕi^{21} tã^{53}

发榜 faʔ^{4} pɤu^{412}

头名 t^{h}ao^{33} miəŋ^{33}

　第一名 ti^{53} iəʔ^{3} miəŋ^{33}

末名 ma^{53} miəŋ^{33}

毕业 piəʔ^{4} iəʔ^{21}

肄业 i^{53} iəʔ^{21}

毕业证儿 piəʔ^{4} iəʔ^{21} tʂər^{53}　文凭

（4）写字

大字 tɤu^{53} tsɿ^{53}

小字 siɤ^{41} tsɿ^{53}

字帖 tsɿ^{53} t^{h}iəʔ^{3}

临帖 liəŋ^{33} t^{h}iəʔ^{3}

抹了 mɤu^{24} lie^{21}　涂了

写白字 sia^{24} p^{h}iəʔ^{21} tsɿ^{53}

撂字 liɤ^{53} tsɿ^{53}　掉字

草稿儿 ts^{h}o^{24} kor^{412}

打草儿 ta^{24} ts^{h}or^{412}　打草稿

誊 t^{h}əŋ^{33}　誊清

一点儿 iəʔ^{4} tiər^{412}

一横 iəʔ^{3} xuəŋ^{33} / iəʔ^{3} ɕya^{33}

一立 iəʔ^{4} liəʔ^{213}　一竖

一撇 iəʔ^{3} p^{h}iəʔ^{3}

撇腿腿 p^{h}iəʔ^{4} t^{h}uae^{41} t^{h}uae^{213}　一捺

一勾勾 iəʔ^{21} kao^{24} kao^{21}　一勾

一挑 iəʔ^{4} t^{h}iɤ^{412}　一提

一划儿 iəʔ^{4} xuar^{213}　一笔（"划儿"声调特殊）

边儿 piər^{213}　偏旁

立人儿 liəʔ^{21} zʐər^{53}

双立人儿 suɤu^{24} liəʔ^{21} zʐər^{53}

弓长张 kuəŋ^{21} tʂ^{h}ã^{33} tʂã^{213}

立早章 liəʔ^{4} tso^{41} tʂã^{213}

禾目儿程 xɤu^{33} mər^{21} tʂ^{h}əŋ^{33}

大口 tɤu^{53} k^{h}ao^{412}

宝盖儿 po^{41} kər^{53}

秃宝盖儿 t^{h}uəʔ^{4} po^{41} kər^{53}

竖心儿 su^{53} siər^{21}

乱犬儿 luɤ^{53} tɕ^{h}yər^{21}　反犬旁

单耳朵 tã^{24} ər^{21} tuɤu^{213}

双耳朵 suɤu^{24} ər^{21} tuɤu^{213}

扑文儿 p^{h}əʔ^{3} uər^{53}　反文旁

王字边儿 uã^{33} tsɿ^{53} piər^{213}　斜玉儿

提土边儿 t^{h}iəʔ^{4} t^{h}u^{21} piər^{213}　提土旁

竹字脑儿 tsuəʔ^{3} tsɿ^{53} nor^{53}　竹字头

火字边儿 xɤu^{41} tsɿ^{53} piər^{213}　火字旁

四点点 sɿ^{53} tie^{41} tie^{213}　四点底

三滴水儿 sã^{21} tiəʔ^{4} suər^{21}　三点水

两滴水儿 liɤu^{41} tiəʔ^{4} suər^{21}　两点水

病角儿 piəŋ^{53} tɕyar^{21}　病旁儿

达之□儿 taʔ^{21} tsɿ^{24} iər^{213}　走之儿

扭丝儿 niao^{41} sər^{213}　绞丝旁

提手儿 $t^hiəʔ^4$ $ʂɑor^{21}$ 提手旁

草头儿 ts^ho^{41} $t^hɑor^{53}$

二十一 文体活动

（1）游戏、玩具

风筝 $fəŋ^{21}$ $tsəŋ^{53}$

藏□□ $tʂ^hɤu^{33}$ $mɤu^{33}$ $mɤu^{21}$ 寻找预先藏在某个角落的同伴（应是“藏猫猫”的音变）

踢毽毽 $t^hiəʔ^4$ $tɕie^{41}$ $tɕie^{21}$

拿骨骨 $nɑ^{33}$ $kuəʔ^{21}$ $kuəʔ^3$

拿子子 $nɑ^{33}$ $ts^hɿ^{41}$ $ts^hɿ^{213}$ 一种游戏，用羊骨头子儿扔起其一，将地上同一面儿的子儿揽几个后再接住扔起的那个

弹球儿 $t^hã^{33}$ $tɕ^hiɑor^{33}$

弹蛋蛋 $t^hã^{33}$ $tã^{53}$ ta^{21}

打瓦儿 $tɑ^{24}$ $uɑr^{412}$

打水飘儿 $tɑ^{24}$ $suɛe^{41}$ $p^hiɤr^{213}$ 一种儿童游戏，在水面上掷瓦片，比看谁的瓦片飘得远

跳格子 $t^hiɤ^{53}$ $kəʔ^4$ $tsəʔ^{21}$ 跳房子

掏绞绞 t^ho^{24} $tɕio^{24}$ $tɕio^{21}$ “花样翻绳”游戏，两人轮换翻动手指头上的细绳，变出各种花样

划拳 $xuɑ^{33}$ $tɕ^hye^{33}$

出枚枚 $tsuəʔ^3$ $mɑe^{33}$ $mɑe^{21}$ 出谜语

猜枚枚 $ts^hɑe^{21}$ $mɑe^{33}$ $mɑe^{21}$ 猜谜语

扳不倒儿 $pã^{21}$ $pəʔ^4$ tor^{21} 不倒翁

牌九儿 $p^hɑe^{33}$ $tɕiɑor^{412}$

麻架 $mɑ^{33}$ $tɕiɑ^{53}$ 麻将（“架”应为“将”的音变）

跌色 $tiəʔ^3$ $ʂɑʔ^3$ 掷色子

压宝 $niɑ^{53}$ po^{412}

放鞭炮儿 $fɤu^{53}$ pie^{21} p^hor^{53}

两响子炮 $liɤu^{24}$ $ɕiɤu^{41}$ $tsəʔ^3$ p^ho^{53} 二踢脚

烟火 ie^{24} $xɤu^{21}$

放花炮 $fɤu^{53}$ $xuɑ^{21}$ p^ho^{53}

（2）体育

象棋 $siã^{53}$ $tɕ^hi^{33}$

下棋 $ɕiɑ^{53}$ $tɕ^hi^{33}$

将 $tsiã^{53}$

帅 $suɑe^{53}$

士 $sɿ^{53}$

象、相 $siã^{53}$

车 $tɕy^{213}$

马 $mɑ^{412}$

炮 p^ho^{53}

兵 $piəŋ^{213}$

卒子 tɕ^{h}yəʔ^{21} tsəʔ^{3}

拱卒 kuəŋ^{24} tɕ^{h}yəʔ^{213}

上士 ʂɤu^{53} sɿ^{53}

退士 t^{h}uɑe^{53} sɿ^{53}

飞象 fɛe^{21} siã^{53}

回象 xuɑe^{33} siã^{53}

将军 tsiɤu^{53} tɕyəŋ^{213}

围棋 uɛe^{33} tɕ^{h}i^{33}

黑子儿 xəʔ^{4} tsər^{412}

白子儿 p^{h}iəʔ^{4} tsər^{412}

和棋 xɤu^{33} tɕ^{h}i^{33}

拔河 pɑʔ^{3} xɤu^{33}

浮水 fu^{33} suɛe^{412} 下河游泳

背着水 pɑe^{53} tʂəʔ^{21} suɛe^{412} 仰泳

蛤蟆水 kəʔ^{3} mɑ^{33} suɛe^{412} 蛙泳

刨水 po^{24} suɛe^{412} 自由泳

打□没儿 tɑ^{41} niã^{53} mər^{21} 潜水

打球 tɑ^{41} tɕ^{h}iɑo^{33}

比赛 pɛe^{41} sɑe^{53} ①赛球；②一切体育比赛；③非体育的竞赛

乒乓球儿 p^{h}iəŋ^{53} p^{h}ɑr^{53} tɕ^{h}iɑor^{53}

篮球 lã^{33} tɕ^{h}iɑo^{21}

排球 p^{h}ɑe^{33} tɕ^{h}iɑo^{21}

足球儿 tɕyəʔ^{3} tɕ^{h}iɑor^{33}

羽毛球儿 y^{41} mo^{33} tɕ^{h}iɑor^{21}

跳远儿 t^{h}io^{53} yər^{412}

跳高儿 t^{h}io^{53} kor^{213}

（3）武术、舞蹈

打猫儿斤头 tɑ^{53} mor^{53} tɕiəŋ^{21} t^{h}ɑo^{33} 翻跟头

丟猫儿栽栽 tuəʔ^{3} mor^{53} tsɑe^{24} tsɑe^{21} 倒立

耍狮子 suɑ^{41} sɿ^{24} tsəʔ^{21} 舞狮子

扳水船儿 pã^{24} suɛe^{41} ts^{h}uɤr^{33}

踏拐子 tsɑ^{24} kuɑe^{41} tsəʔ^{3} 踩高跷

耍刀 suɑ^{41} to^{213}

耍枪 suɑ^{41} ts^{h}iɤu^{213}

耍流星锤 suɑ^{41} liɑo^{33} siəŋ^{213} ts^{h}uɛe^{33}

扭秧歌儿 no^{53} iã^{33} kɤur^{21}

打腰鼓 tɑ^{41} iɤ^{24} ku^{412}

跳舞 t^{h}iɤ^{53} u^{412}

灯游会儿 təŋ^{21} iɑo^{33} xuər^{53} 转九曲（九曲黄河阵），是春节期间的一种大型文娱活动

（4）戏剧

木偶儿戏 məʔ^{4} ŋɑor^{41} ɕi^{53}

皮影儿 p^{h}i^{33} iər^{213}

大戏 tɤu^{53} ɕi^{53} 大型戏曲，角色多、乐器多、演唱内容复杂

京剧 tɕiəŋ^{21} tɕy^{53}（新词）

话剧 xuɑ^{53} tɕy^{53}（新词）

戏院 ɕi^{53} ye^{53}（新词）

戏台子 ɕi^{53} t^{h}ɑe^{33} tsəʔ^{21}

演员儿 ie^{41} yər^{53}

耍魔术 suɑ^{41} mɤ^{33} suəʔ^{3}

说书 suəʔ^{21} su^{213}

花脸 xuɑ^{24} lie^{412}

小丑 siɤ^{24} tʂʰɑo^{412}

老生 lo^{41} səŋ^{213}

小生 siɤ^{41} səŋ^{213}

武生 u^{41} səŋ^{213}

武旦 u^{41} tã^{53}

老旦 lo^{41} tã^{53}

青衣 tsʰiəŋ^{24} i^{213}

花旦 xuɑ^{21} tã^{53}

小旦 siɤ^{41} tã^{53}

跑龙套的 pʰo^{41} luəŋ^{33} tʰo^{53} təʔ^{21}

二十二　动作

（1）一般动作

站 tsã^{53}

　丟 tuəʔ^{3}（贬）

圪蹴 kəʔ^{21} tsiɑo^{213} 蹲

跌倒了 tiəʔ^{4} to^{24} lie^{21}

圪趴起来 kəʔ^{21} pɑ^{213} tɕʰi^{41} lɑe^{33} 爬起来

摇脑 iɤ^{33} no^{33} 摇头

点头 tie^{41} tʰɑo^{33}

抬头 tʰɑe^{33} tʰɑo^{33}

低头 tεe^{21} tʰɑo^{33}

　圪低下脑 kəʔ^{21} tεe^{213} xɑ^{53} no^{33}

回头 xuɑe^{33} tʰɑo^{33}

　掉转脑 tiɤ^{53} tsuã^{53} no^{33}

脸拧过去 lie^{41} niəŋ^{33} kɤu^{53} kʰəʔ^{21}

张眼 tʂɤu^{24} niã^{412} 睁眼

瞪眼 təŋ^{53} niã^{412}

合眼 xəʔ^{4} niã^{412} 闭眼

挤眼 tsεe^{24} niã^{412}

眨眼 tsã^{24} niã^{412}

碰见 pʰəŋ^{53} tɕie^{53} 遇见

看 kʰie^{53}

眼乱转 niã^{412} luɤ^{53} tsuɤ^{53}

流泪 liɑo^{33} luεe^{53}

张嘴 tʂɤu^{24} tsuεe^{412}

合住嘴 xəʔ^{3} tsu^{53} tsuεe^{412} 闭嘴

努嘴 nu^{24} tsuεe^{412}

噘嘴 tɕyəʔ^{4} tsuεe^{412}

举手 tɕy^{24} ʂɑo^{412}

摆手 pɑe^{24} ʂɑo^{412}

撂手 liɤ^{53} ʂɑo^{412} 撒手

伸手 ʂəŋ^{24} ʂɑo^{412}

动手 tuəŋ^{53} ʂɑo^{412} 只许动口，不许～

拍手 pʰiəʔ^{4} ʂɑo^{412}

背着手 pɑe^{24} tʂəʔ^{21} ʂɑo^{412}

抱手 pu^{53} ʂɑo^{412} 两手交叉在胸前

把手拥住 pɑ^{24} ʂɑo^{412} yəŋ^{41} tsu^{53} 双手交叉伸到袖筒里

拨拉 pəʔ^{21} lɑʔ^{33} ①拨拉；②摩挲：用手～猫背

捂住 uəʔ^{3} tsu^{53}

掫 tsɑo^{213} 端：～碗

提的㞎 tɕ^{h}i^{33} təʔ^{21} pɑ^{412} 把屎

提的尿 tɕ^{h}i^{33} təʔ^{21} niɤ^{53} 把尿

扶住 fu^{33}tsu^{53}

　扶着 fu^{33} tʂəʔ^{21}·

弹指头儿 t^{h}ã^{33} tʂɑʔ^{3} t^{h}ɑor^{53}

握住圪都 uɑʔ^{3} tsu^{53} kəʔ^{21} tu^{213} 攥起拳头

跺脚 tuɤu^{53} tɕiəʔ^{3}

踮起脚 tie^{24} tɕ^{h}i^{21} tɕiəʔ^{3}

　圪撩起脚 kəʔ^{3} liɤ^{33} tɕ^{h}i^{21} tɕiəʔ^{3}

大脚搁在二脚上 tɤu^{53} tɕiəʔ^{3} kəʔ^{3} tsɑe^{53} ər^{53} tɕiəʔ^{3} ʂɤu^{53} 翘二郎腿

盘腿 p^{h}ɤ^{33} t^{h}uɑe^{412} 蜷腿

擞腿 sɑo^{24} t^{h}uɑe^{412} 抖腿

踢脚片子 t^{h}iəʔ^{3} tɕiəʔ^{3} p^{h}ie^{41} tsəʔ^{3} 踢腿

弯腰 uã^{24} iɤ^{213}

伸腰 ʂəŋ^{24} iɤ^{213}

撑腰 ts^{h}əŋ^{24} iɤ^{213} 支持

哨启子 so^{53} tuəʔ^{4} tsəʔ^{21} 撅屁股

捶背 ts^{h}uɛe^{33} pɑe^{53}

擤鼻子 ɕi^{24} p^{h}iəʔ^{21} tsəʔ^{3} 擤鼻涕

吸鼻子 ɕiəʔ^{4} p^{h}iəʔ^{21} tsəʔ^{3} 吸溜鼻涕

打喷嚏 tɑ^{41} p^{h}əŋ^{53} t^{h}ɛe^{53}

咬 nio^{412}

闻 uəŋ^{33}

嫌 ɕie^{33}

　嫌弃 ɕie^{33} tɕ^{h}i^{53}

哭 k^{h}uəʔ^{3}

扔 ər^{412}

　撂 liɤ^{53} 把没用东西～了

说 suəʔ^{3}

跑 p^{h}o^{412}

　逛 kã^{53}

走 tsɑo^{412}

行 ɕiəŋ^{33} （地基、山）移动

放 fɤu^{53}

　搁 kəʔ^{3} ～在桌子上

搀 ts^{h}ã^{213} 酒里～水

收拾（东西）ʂɑo^{24} ʂəʔ^{21}

　收紧 ʂɑo^{24} tɕiəŋ

　拾摞 ʂəʔ^{21} lɤu^{53}

　摭摞 tʂəʔ^{3} lɤu^{53}

　摭腾 tʂəʔ^{3} t^{h}əŋ^{33}

　拾掇 ʂəʔ^{21} tuəʔ^{3}

挑 t^{h}iɤ^{213} 选择

□起（东西）t^{h}iɑo^{33} tɕ^{h}i^{21} 提起

捡起 tɕie^{24} tɕ^{h}i^{21}

擦了 ts^{h}ɑʔ^{3} lie^{21}

撂了 liɤ^{53} lie^{21} 丢失

撂 liɤ^{53} 因忘记而把东西遗放在某处

寻见 $siəŋ^{33}$ $tɕie^{53}$ 找着了

（把东西）抬（起来）$t^{h}ɑe^{33}$

藏（人）藏（起来）$ts^{h}ɤu^{33}$

摞起来 $lɤu^{53}$ $tɕ^{h}i^{41}$ $lɑe^{33}$

垒起来 $luɑe^{24}$ $tɕ^{h}i^{41}$ $lɑe^{33}$ 码起来

（2）心理活动

晓得 $ɕiɤ^{41}$ $təʔ^{3}$

解开 $xɑe^{53}$ $k^{h}ɑe^{213}$

知道 $tʂɛe^{21}$ to^{53}

解开了 $xɑe^{53}$ $k^{h}ɑe^{213}$ lie^{21}

解下了 $xɑe^{53}$ $xɑ^{21}$ lie^{21} ①懂了；②会了

会了 $xuɑe^{53}$ lie^{21}

认得 $zəŋ^{53}$ $təʔ^{21}$

解开 $xɑe^{53}$ $k^{h}ɑe^{213}$

解下 $xɑe^{53}$ $xɑ^{21}$

认不得 $zəŋ^{53}$ $pəʔ^{3}$ $təʔ^{3}$

解不开 $xɑe^{53}$ $pəʔ^{21}$ $k^{h}ɑe^{213}$

解不下 $xɑe^{53}$ $pəʔ^{21}$ $xɑ^{53}$

认字 $zəŋ^{53}$ $tsɿ^{53}$ 识字

想给下 $siɤu^{41}$ $kɛe^{53}$ $xɑ^{21}$

谋算给下 mu^{33} $suɤ^{53}$ $kɛe^{53}$ $xɑ^{21}$

谋给下 mu^{33} $kɛe^{53}$ $xɑ^{21}$

想一想 $siɤu^{41}$ $iəʔ^{4}$ $siɤu^{412}$

估划 ku^{41} $xuɑ^{33}$ 估量

出主意 $ts^{h}uəʔ^{3}$ tsu^{41} i^{53} 想主意

揣想 $ts^{h}uɑe^{24}$ $siɤu^{412}$

猜想 $ts^{h}ɑe^{24}$ $siɤu^{412}$

估量到 ku^{41} $liɤu^{33}$ to^{53}

估计到 ku^{41} $tɕi^{53}$ to^{53} 料定

主张 tsu^{41} $tʂã^{213}$

保信 pu^{41} $siəŋ^{53}$

保来 pu^{41} $lɑe^{33}$

相信 $siɤu^{21}$ $siəŋ^{53}$

信 $siəŋ^{53}$

猜疑 $ts^{h}ɑe^{21}$ ni^{33}

谋合 mu^{33} $xəʔ^{21}$ 沉思

二心不定 $ər^{53}$ $siəŋ^{21}$ $pəʔ^{3}$ $tiəŋ^{53}$ 犹疑

操心 $ts^{h}o^{24}$ $siəŋ^{213}$ 留神

怕 $p^{h}ɑ^{53}$

害怕 $xɑe^{53}$ $p^{h}ɑ^{53}$

心怂了 $siəŋ^{21}$ $suəŋ^{33}$ lie^{21}

受怕了 $ʂɑo^{53}$ $p^{h}ɑ^{53}$ lie^{21} 吓着了

着急 $tʂ^{h}əʔ^{21}$ $tɕiəʔ^{3}$

惦念 tie^{21} nie^{53}

想望 $siɤu^{41}$ $uɤu^{53}$ 挂念

放心 $fɤu^{53}$ $siəŋ^{213}$

盼 $p^{h}ã^{53}$ 盼望

巴不得 $pɑ^{21}$ $pəʔ^{3}$ $təʔ^{3}$

盼不得 $p^{h}ã^{33}$ $pəʔ^{3}$ $təʔ^{3}$

记着（不要忘）$tɕi^{53}$ $tʂəʔ^{21}$

记住 $tɕi^{53}$ tsu^{21}

忘了 $uɤu^{53}$ lie^{21} 忘记了

想起来了 $siã^{24}$ $tɕ^{h}i^{41}$ $lɑe^{33}$ lie^{21}

想起了 $siã^{24}$ $tɕ^{h}i^{41}$ lie^{21}

眼红 niã^{41} xuəŋ^{33}

眼气 niã^{24} tɕʰiəʔ^{21}（"气"读音特殊，促化）嫉妒

日眼 zʅəʔ^{4} niã^{412}

黑水 xəʔ^{4} suɛe^{21} 讨厌（某人）

恨 xəŋ^{53}

爱 ŋɑe^{53} 羡慕

偏心 pʰie^{24} siəŋ^{213}

害着气 xɑe^{53} tʂʰəʔ^{3} tɕʰi^{53} 因意见分歧而生气

埋怨 mɑe^{33} ye^{53}

憋气 pɛe^{53} tɕʰi^{53}

起火 tɕʰi^{24} xɤu^{21} 生气

（对物）心疼 siəŋ^{21} tʰəŋ^{33}

舍不得 ʂɑ^{41} pəʔ^{3} təʔ^{3}

（对人）心疼 siəŋ^{21} tʰəŋ^{33}

疼心 tʰəŋ^{33} siəŋ^{213}

疼 tʰəŋ^{33} 疼爱

欢喜 xuɤ^{24} ɕi^{412}

喜欢 ɕi^{41} xuɤ^{213}

酬谢 tʂʰɑo^{33} ɕiɑ^{53} （用物）感谢

幸 ɕiəŋ^{53}

娇养值贵 tɕiɤ^{24} iɤ^{41} tʂəʔ^{3} kuɛe^{53} 娇惯

幸 ɕiəŋ^{53} 宠爱

迁就 tsʰie^{21} tsiɑo^{53}

让缩 zʅɤu^{53} suɑʔ^{21}

且活 tsʰie^{41} xuəʔ^{3}

古董 ku^{24} tuəŋ^{21} 将就

𠮨戳 tuəʔ^{4} tsʰuɑʔ^{21} ①督促；②怂恿

当成 tɤu^{53} tʂʰəŋ^{33} 以为

翻把 fã^{21} pɑ^{53} 反悔

怪 kuɑe^{53} 责备

约摸 io^{24} məʔ^{21} 估量

乐 lɤu^{53} 高兴

（3）语言动作

说话 suəʔ^{3} xuɑ^{53}

拉闲话 lɑ^{53} ɕiã^{33} xuɑ^{53}

闲拉 ɕiã^{33} lɑ^{53} 聊天

插嘴 tsʰɑʔ^{4} tsuɛe^{412} 打岔儿

不言喘 pəʔ^{3} nie^{33} tsʰuɤ^{21} 不做声

□ kʰuɑe^{412}

哄 xuəŋ^{412} 骗

给……说 kɛe^{41} suəʔ^{3} 告诉

急罼 tɕiəʔ^{21} tɕiɤu^{53}

捩筋 liəʔ^{21} tɕiəŋ^{213} 抬杠

顶嘴 tiəŋ^{24} tsuɛe^{412}

相吵 siəʔ^{4} tsʰo^{412} 吵架

相打 siəʔ^{4} tɑ^{412} 打架

喊 xã^{412} 训斥：老师把学生～了一顿

骂 mɑ^{53}

嗟 tɕye^{412}

日嗟 zʅəʔ^{4} tɕye^{412} 破口骂

挨嗟 nɑe^{33} tɕye^{412} 挨骂

委咐 i^{41} fu^{33} 嘱咐

挨头子 nɑe^{33} tʰɑo^{33} tsəʔ^{21} 挨说，挨批评

唠叨 lo^{33} to^{21}

　嘴碎 tsuɛe^{41} suɑe^{53}

吼 xɑo^{412} 喊：把那～得来

笑话 siɤ^{53} xuɑ^{21} 嘲笑

二十三　位置

上面儿 ʂɤu^{53} miər^{21}

　上头 ʂɤu^{53} tʰɑo^{21}

下面儿 xɑ^{53} miər^{21}

　下头 xɑ^{53} tʰɑo^{21}

地下 tee^{53} xɑ^{21} 操心把孩儿跌在～着

天上 tʰie^{21} ʂɤu^{53}

山上 sã^{21} ʂɤu^{53}

路上 lɑo^{53} ʂɤu^{21}

街上 tɕiɑe^{21} ʂɤu^{53}

墙上 tsʰiɤu^{33} ʂɤu^{53}

门上 məŋ^{33} ʂɤu^{53}

桌儿上 tsuɑr^{53} ʂɤu^{53}

　桌子上 tsuɑʔ^{3} tsəʔ^{21} ʂɤu^{53}

椅子上 i^{41} tsəʔ^{3} ʂɤu^{53}

边边起 pie^{24} pie^{21} tɕʰi^{21}

　边边上 pie^{24} pie^{21} ʂɤu^{53} 边儿上

里面儿 lɛe^{41} miər^{53}

　里头儿 lɛe^{41} tʰɑor^{53}

　里厢 lɛe^{41} siɤu^{213}

外面儿 uɑe^{53} miər^{21}

　外头儿 uɑe^{53} tʰɑor^{21}

　外厢 uɑe^{53} siɤu^{213}

手行（里）ʂɑo^{24} xɤu^{412} lɛe^{412} 手里

心里 siəŋ^{24} lɛe^{21}

　心锤儿 siəŋ^{21} tsʰuər^{53}

水行（里）suɛe^{24} xɤu^{412} lɛe^{213} 水里

乡上 ɕiɤu^{21} ʂɤu^{53} 乡里

镇子上 tʂəŋ^{53} tsəʔ^{21} ʂɤu^{53} 镇里

野场场 iɑ^{24} tʂʰɤu^{41} tʂʰɤu^{213} 野外

大门外 tɤu^{53} məŋ^{33} uɑe^{53}

院前 ye^{53} tsʰie^{21} 门儿外、窗外

墙外 tsʰiɤu^{33} uɑe^{53}

　硷上 tɕie^{41} ʂɤu^{53}

车里头儿 tʂʰɑ^{24} lɛe^{41} tʰɑor^{53}

车外头儿 tʂʰɑ^{21} uɑe^{53} tʰɑor^{21}

怀前 xuɑe^{33} tsʰie^{33}

　前面儿 tsʰie^{33} miər^{53}

　前边儿 tsʰie^{33} piər^{213} 指人的正面的方位

头前 tʰɑo^{33} tsʰie^{33}

　前头 tsʰie^{33} tʰɑo^{33} 前面

后面儿 xɑo^{53} miər^{21}

　后边儿 xɑo^{53} piər^{213}

山怀前 sã^{213} xuɑe^{33} tsʰie^{33} 山前

山后背 sã^{213} xɑo^{53} pɑe^{21}　山后

车怀前 tʂʰɑ^{213} xuɑe^{33} tsʰie^{33}　车前

车后背 tʂʰɑ^{213} xɑo^{53} pɑe^{21}　车后

房后背 fɤu^{33} xɑo^{53} pɑe^{21}　房后

背窠 pɑe^{41} kʰu^{213}

　后背 xɑo^{53} pɑe^{21}

　背后 pɑe^{53} xɑo^{21}

以前 i^{41} tsʰie^{33}

以后 i^{41} xɑo^{53}

以上 i^{41} ʂɤu^{53}

以下 i^{41} xɑ^{53}

而后 ər^{33} xɑo^{53}

　后来 xɑo^{53} lɑe^{33}

从今向后 tsʰuəŋ^{33} tɕiəŋ^{213} ɕiã^{53} xɑo^{53}　将来

从那儿以后 tsʰuəŋ^{33} nɑr^{53} i^{41} xɑo^{53}　从过去的某时起

东面儿 tuəŋ^{21} miər^{53}

西面儿 sɛe^{21} miər^{53}

南面儿 nã^{33} miər^{53}

北面儿 piəʔ^{3} miər^{53}

东南 tuəŋ^{21} nã^{33}

东北 tuəŋ^{21} piəʔ^{3}

西南 sɛe^{21} nã^{33}

西北 sɛe^{21} piəʔ^{3}

路边儿 lɑo^{53} piər^{213}

　路畔上 lɑo^{53} pɤ^{53} ʂɤu^{21}

当中 tɤu^{24} tsuəŋ^{21}　当间

床底下 tsʰuɤu^{33} tɛe^{41} xɑ^{53}

楼底下 lɑo^{33} tɛe^{41} xɑ^{53}

脚底下 tɕiəʔ^{4} tɛe^{41} xɑ^{53}

碗底底 uɤ^{24} tɛe^{41} tɛe^{412}

　碗底子 uɤ^{24} tɛe^{41} tsəʔ^{3}

　碗底上 uɤ^{24} tɛe^{41} ʂɤu^{53}

锅底底 kɤu^{24} tɛe^{41} tɛe^{412}

　锅底子 kɤu^{24} tɛe^{41} tsəʔ^{3}

　锅底上 kɤu^{24} tɛe^{41} ʂɤu^{53}

瓮底底 uəŋ^{53} tɛe^{41} tɛe^{412}

　瓮底子 uəŋ^{53} tɛe^{41} tsəʔ^{3}

　瓮底上 uəŋ^{53} tɛe^{41} ʂɤu^{53}

旁面儿 pʰã^{33} miər^{21}　旁边

跟前 kəŋ^{21} tsʰie^{33}　①跟前;②附近

甚地方 ʂəŋ^{53} tɛe^{53} fɤu^{21}

　哪儿 lɑr^{53}

　哪里 lɑ^{41} lɛe^{213}

左面儿 tsɤu^{53} miər^{21}

右面儿 iɑo^{53} miər^{21}

朝里走 tʂʰɤ^{33} lɛe^{24} tsɑo^{412}

朝外走 tʂʰɤ^{33} uɑe^{53} tsɑo^{412}

朝东走 tʂʰɤ^{33} tuəŋ^{213} tsɑo^{412}

朝西走 tʂʰɤ^{33} sɛe^{213} tsɑo^{412}

朝回走 tʂʰɤ^{33} xuɑe^{33} tsɑo^{412}

朝前走 tʂʰɤ^{33} tsʰie^{33} tsɑo^{412}

以东 i^{41} tuəŋ^{213}

以西 i^{41} sɛe^{213}

以南 i^{41} nã^{33}

以北 i^{41} piəʔ^{3}

以里 i^{24} lɛe^{412} 以内

以外 i^{41} uɑe^{53}

以来 i^{41} lɑe^{33}

以后 i^{41} xɑo^{53}

以前 i^{41} tsʰie^{33}

中间 tsuəŋ^{24} tɕiã^{21} 之间

以上 i^{41} ʂɤu^{53}

以下 i^{41} ɕiɑ^{53}

二十四 代词等

我 ŋɤu^{412}

你 nɛe^{412}

那 nɤ^{412} 他

每 mɛe^{213}

　我每 ŋɤu^{41} mɛe^{213} 我们

咱 tsʰɑ^{33}

　咱每 tsʰɑ^{33} mɛe^{21} 咱们

□ niɑ^{213}

　□每 niɑ^{24} mɛe^{21} 你们

那家 nəʔ^{21} tɕiɑ^{21}

　兀家 uəʔ^{21} tɕiɑ^{213}

　那些 nəʔ^{21} sie^{213}

　兀些 uɛe^{33} sie^{21}

　他每 tʰɑ^{24} mɛe^{21} 他们

每 mɛe^{213} 第一人称领属形式

□ niəʔ^{213} 第二人称领属形式（韵母、声调和单数不同）

那家 nəʔ^{21} tɕiɑ^{213}

　那些 nəʔ^{21} sie^{213} 张家山一带 第三人称领属形式

我的 ŋɤu^{41} təʔ^{3}

　每的 mɛe^{24} təʔ^{21}

人家 zəŋ^{33} tɕiɑ^{21}

大家 tɤu^{53} tɕiɑ^{21}

谁 suɛe^{33}

底个 tɛe^{24} kuəʔ^{21}

　这个 tʂɛe^{24} kuəʔ^{21}

兀个 uɛe^{33} kuəʔ^{21}

　那个 nɛe^{33} kuəʔ^{21}

兀底个 uəʔ^{21} tɛe^{24} kuəʔ^{21}

　哪个 lɑ^{33} kuəʔ^{21}

这些儿 tʂɛe^{33} siər^{21}

兀些儿 uɛe^{33} siər^{21}

　那些儿 nɛe^{33} siər^{21}

哪些 lɑ^{33} siəʔ^{21}

这里 tʂəʔ^{21} lɛe^{213}

　这儿 tʂər^{53}

　这搭儿 tʂəʔ^{21} tɑr^{213}

那里 nəʔ^{21} lɛe^{213}

　那儿 nər^{53}

那搭儿 nəʔ^{21} tar^{213}

兀里 uəʔ^{21} lɛe^{213}

兀儿 uər^{53}

兀搭儿 uəʔ^{21} tɑr^{213}

哪儿 lɑr^{53}

哪搭儿 lɑ^{33} tɑr^{53}

这底(高)tʂəʔ^{21} tɛe^{213} 这么(高)

这底(做)tʂəʔ^{21} tɛe^{213}

底价 tɛe^{24} tɕiəʔ^{21}

这底价 tʂəʔ^{21} tɛe^{24} tɕiəʔ^{21}

这底个 tʂəʔ^{21} tɛe^{24} kuəʔ^{21} 这么(做)

那底(高)nəʔ^{21} tɛe^{213}

兀底(高)uəʔ^{21} tɛe^{213} 那么(高)

那底(做)nəʔ^{21} tɛe^{213}

兀底 uəʔ^{21} tɛe^{213}

那底价 nəʔ^{21} tɛe^{24} tɕiəʔ^{21}

那底个 nəʔ^{21} tɛe^{24} kuəʔ^{21}

兀底价 uəʔ^{21} tɛe^{24} tɕiəʔ^{21}

兀底个 uəʔ^{21} tɛe^{24} kuəʔ^{21} 那么(做)

作摩 tsəʔ^{21} mɑ^{213}

作摩价 tsəʔ^{21} mɑ^{24} tɕiəʔ^{21}

作摩底个 tsəʔ^{21} mɑ^{213} tɛe^{24} kuəʔ^{21}

哪底个 lɑ^{33} tɛe^{33} kuəʔ^{21} 怎么样

哪底(做)lɑ^{33} tɛe^{33} 怎么(做)

哪底办 lɑ^{33} tɛe^{33} pã^{53} 怎么办

为甚 uɛe^{53} ʂəŋ^{53} 为什么

甚 ʂəŋ^{53} 什么

多少(钱)tɤu^{24} ʂɤ^{21}

哪底(久、高、大、厚、重)lɑ^{33} tɛe^{33}

兀来儿 uəʔ^{21} lɑr^{213}

那些 nɛe^{33} siɑ^{21} 表示数量多的代词:那学校要~学生嘞!

每两个 mɛe^{24} liɤu^{24} kuəʔ^{21}

我每两个 ŋɤu^{41} mɛe^{213} liɤu^{24} kuəʔ^{21} 我们俩

咱每两个 tsʰɑ^{33} mɛe^{21} liɤu^{24} kuəʔ^{21} 咱们俩

□两个 niɑ^{24} liɤu^{24} kuəʔ^{21} 你们俩

那些两个 nəʔ^{21} sie^{24} liɤu^{24} kuəʔ^{21} 他们俩

婆姨汉 pʰɤu^{33} i^{21} ɕie^{53} 夫妻俩

娘们子 niɤu^{44} məʔ^{21} tsəʔ^{21} 母亲和子女

父子老子 fu^{53} tsɿ^{412} lo^{41} tsəʔ^{3} 父亲和子女

爷爷孙子 iɑ^{33} iɑ^{21} suəŋ^{24} tsəʔ^{21} 爷孙俩

婆婆□子 pʰɤu^{33} pʰɤu^{21} sɑo^{33} tsəʔ^{21} 婆媳俩

弟兄两个 tɛe^{53} suɛe^{21} liɤu^{24} kuəʔ^{21} 兄弟俩

姊妹两个 tsɿ^{41} mae^{53} liɤu^{24} kuəʔ^{21} ①姐妹俩;②兄妹俩;③姐弟俩

舅舅外甥 tɕiɑo^{53} tɕiɑo^{21} uae^{53} ʂɑ^{21} 舅甥俩

姑姑侄儿 ku^{24} ku^{21} tʂʰər^{213} 姑侄俩

叔叔侄儿 suəʔ^{4} suəʔ^{21} tʂ^{h}ər^{213} 叔侄俩

师傅徒弟 sɿ^{21} fu^{33} t^{h}u^{33} tɛe^{53} 师徒俩

谁每 suɛe^{33} mɛe^{21} 谁们：~不同意举手

人每 ʐəŋ^{33} mɛe^{21} 人们

先后子每 siɤ^{53} xɑo^{21} tsəʔ^{21} mɛe^{21} 妯娌们

师傅徒弟每 sɿ^{21} fu^{33} t^{h}u^{33} tɛe^{53} mɛe^{21} 师徒们

二十五 形容词

好 xo^{412} 这个比那个~一点儿

不差 pəʔ^{3} ts^{h}ɑ^{53} 不错

不差甚 pəʔ^{21} ts^{h}ɑ^{213} ʂəŋ^{53} 差不多

不作摩底个 pəʔ^{4} tsəʔ^{21} mɑ^{213} tɛe^{33} kuəʔ^{21} 不怎么样

不顶事 pəʔ^{4} tɛe^{41} sɿ^{53}

赖 lɑe^{53}

　瞎 xɑʔ^{3} （人）不好

烂 lã^{53} （东西）不好

次 ts^{h}ɿ^{53} 人品可~嘞，东西可~嘞

凑乎 ts^{h}ɑo^{53} xu^{21}

俊 tɕyəŋ^{53}

　□ tɕ^{h}iã^{53}

　骨香 kuəʔ^{21} ɕiɤu^{213}

　惜人 siəʔ^{3} ʐəŋ^{33}

　喜相 ɕi^{41} siɤu^{53}

　靓子好 liã^{53} tsəʔ^{21} xo^{412}

丑 tʂ^{h}ɑo^{412}

　不俊 pəʔ^{3} tɕyəŋ^{53} 难看

要紧 iɤ^{53} tɕiəŋ^{21}

　当紧 tɤu^{24} tɕiəŋ^{21}

红火 xuəŋ^{33} xɤu^{53} 热闹

耐 nɑe^{53}

　扎实 tsɑʔ^{4} ʂəʔ^{21} 坚固

硬 niəŋ^{53}

　瓷 ts^{h}ɿ^{33}

　瓷实 ts^{h}ɿ^{33} ʂəʔ^{21}

软 zuɤ^{412}

　绵 mie^{33}

干净 kie^{21} tsɛe^{53}

　拴正 suɤ^{21} tʂɛe^{53}

脏 tsɤu^{213}

　赖 lɑe^{53} 不干净

日脏 ʐəʔ^{21} tsɤu^{213}

　恶脏 ŋəʔ^{21} tsɤu^{213} 非常脏

日□ ʐəʔ^{3} tsɤu^{412} 没门儿，妄想，常作谓语：教我给那说好话动儿想让我给他说好话，~了

咸 xã^{33}

甜 t^{h}ie^{33} ①形容糖的味道，与“苦”相

对;②淡(盐少),与“咸”相对

香 çiɤu^{213}

可口 k^{h}ɤu^{53} k^{h}ɑo^{21}

臭 tʂ^{h}ɑo^{53}

转味 tsuɤ^{53} uɛe^{53}

变味 pie^{53} uɛe^{53}(直接说“臭”少)

酸 suɤ^{213}

苦 k^{h}u^{412}

辣 lɑʔ^{213}

稀 çi^{213} ①饭里水多米少;②(庄稼等)不密

沙 sɑ^{53} (庄稼等)不密

稠 tʂ^{h}ɑo^{33} ①饭里米多水少;②(庄稼等)密;③(人)多:街上人可~嘞

肥 çi^{33} ①形容动物脂肪多;②形容人胖

胖 p^{h}ɑʔ^{3} 形容小孩儿胖,胖得可爱

肥胖 çi^{33} p^{h}ɑʔ^{3}

胖壮 p^{h}ɑʔ^{3} tsuɤu^{53} 多指年青人胖

瘦 sɑo^{53} 不肥,不胖

瘦 sɑo^{53}

蔫皮 ie^{21} p^{h}i^{33} 指肉瘦

畅快 tʂ^{h}ã^{53} k^{h}uɑe^{53}

散恬 sã^{53} t^{h}iəʔ^{21}

舒服 su^{24} fəʔ^{21}

难过 nã^{33} kɤu^{53}

难活 nã^{33} xuəʔ^{21}

难窚 nã^{33} ʂəŋ^{33} 难受

不好意思 pəʔ^{3} xo^{41} i^{53} sɿ^{21} 腼腆

背兴 pɑe^{53} çiəŋ^{53} 因丢脸而感到失意

乖 kuɑe^{213}

听话 t^{h}ɛe^{21} xuɑ^{53}

调皮 t^{h}iɤ^{53} p^{h}i^{21}

顽皮 uã^{33} p^{h}i^{21}

皮 p^{h}i^{33} 不听话

不吵喇 pəʔ^{3} ts^{h}o^{41} lɑʔ^{3} (小孩儿)调皮,贼胆大:这孩儿~,甚也敢作害嘞

能行 nəŋ^{33} çiəŋ^{33}

行 çiəŋ^{33}

日怪 zʅəʔ^{3} kuɑe^{53} 形容人能干

不行 pəʔ^{3} çiəŋ^{33}

使不得 sɿ^{41} pəʔ^{3} təʔ^{3} ①形容人无能,干不成事儿;②形容东西用不成

缺德 tɕ^{h}yəʔ^{3} təʔ^{3}

德性不行 təʔ^{3} siəŋ^{53} pəʔ^{3} çiəŋ^{3}

灵活 liəŋ^{33} xuəʔ^{21}

活套 xuəʔ^{3} t^{h}o^{53} 机灵

活灵 xuəʔ^{21} liəŋ^{213}

眼眼儿说话 niã^{41} niɑr^{412} suəʔ^{3} xuɑ^{53} 形容过于灵活,带贬义

手巧 ʂɑo^{24} tɕ^{h}io^{21}

巧 tɕ^{h}io^{412} 灵巧

忽□ xuəʔ^{3} lu^{53}

糊脑 xu^{53} no^{21} 糊涂

死心眼儿 sɿ^{41} siəŋ^{24} niɑr^{213}

笨 pəŋ^{53}

闷 məŋ^{53} 不聪明,迟钝

躺卜□ tʰɤu^{41} pəʔ^{3} lɤu^{53} 无用的人，脓包

赖种子 lɑe^{53} tsuəŋ^{41} tsəʔ^{3}

水泡泡枣儿 suɛe^{41} pʰo^{53} pʰo^{21} tsɤr^{412} 窝囊废，孬种

啬皮 ʂɑʔ^{3} pʰi^{33} 吝啬鬼

小气 siɤ^{41} tɕʰi^{53}

死格抠抠 sɿ^{24} kəʔ^{21} kʰɑo^{24} kʰɑo^{21}

大落 tɤu^{53} lɑʔ^{21}

大样 tɤu^{53} iɤu^{53}

大方 tɑ^{53} fɑ̃^{21}

囫囵 xuəʔ^{21} luəŋ^{213} 鸡蛋吃～的

浑 xuəŋ^{33} ～身是汗

堆 tuɑe^{213}

圪堆 kəʔ^{21} tuɑe^{213} 凸

坨 tʰuɤu^{33}

圪坨 kəʔ^{21} tʰuɤu^{33} 凹

凉快 liɤu^{33} kʰuɑe^{53}

凉哨 liɤu^{33} so^{53}

凉渐 liɤu^{33} tsie^{53}

僻背 pʰi^{41} pɑe^{53}

背静 pɑe^{53} tsiəŋ^{21}

活络 xuəʔ^{3} lɑʔ^{3} 活动的，不稳固

地道 tɛe^{53} to^{53} ～的陕北风味

齐整 tsʰɛe^{33} tʂɛe^{21} 整齐

称心 tʂʰəŋ^{53} siəŋ^{213}

满意 mɤ^{41} i^{53}

迟 tʂʰɛe^{33} 来～了

多 tɤu^{213}

齉 nɤu^{53}

少 ʂɤ^{412}

太半 tʰɑe^{41} pɤ^{53} 大部分

大 tɤu^{53}

猴 xɑo^{33} 小

长 tʂʰɤu^{33}

短 tuɤ^{412}

宽 kʰuɤ^{213}

窄 tʂɑʔ^{3}

厚 xɑo^{53}

薄 pʰəʔ^{213}

枵妙 ɕiɤ^{21} miɤ^{53} 薄，脆弱，不结实

深 ʂəŋ^{213}

浅 tsʰie^{412}

高 ko^{213}

低 tɛe^{213}

猴 xɑo^{33}

低 tɛe^{213} 矮

端 tuɤ^{213}

正 tʂɛe^{53}

端正 tuɤ^{21} tʂɛe^{53}

□ tɕʰiɑo^{213}

歪 uɑe^{412}

斜 siɑ^{33}

十斜 ʂəʔ^{3} siɑ^{33}

笡 tsʰiɑ^{53}

红 xuəŋ^{33}

朱红 tsu^{21} xuəŋ^{33}

粉红红 fəŋ^{41} xuəŋ^{33} xuəŋ^{21}

深红 ʂəŋ^{21} xuəŋ^{33}

　枣红 tsɤ^{41} xuəŋ^{33}

淡红红 tã^{53} xuəŋ^{33} xuəŋ^{21}

　杏红 ɕiɑ^{53} xuəŋ^{33} 浅红

蓝 lã^{33}

浅蓝 ts^{h}ie^{41} lã^{33}

　淡蓝 tã^{53} lã^{33}

深蓝 ʂəŋ^{21} lã^{33}

天蓝 t^{h}ie^{21} lã^{33}

绿 luəʔ^{213}

草绿 ts^{h}o^{24} luəʔ^{213}

水绿 suεe^{24} luəʔ^{213}

浅绿 ts^{h}ie^{24} luəʔ^{213}

　淡绿 tã^{53} luəʔ^{213}

白 p^{h}iəʔ^{213}

漂白 p^{h}iɤ^{53} pɑe^{33}

灰 xuɑe^{213}

深灰 ʂəŋ^{24} xuɑe^{213}

浅灰灰 ts^{h}ie^{41} xuɑe^{24} xuɑe^{21}

　白灰灰 p^{h}iəʔ^{21} xuɑe^{24} xuɑe^{21}

银灰灰 niəŋ^{33} xuɑe^{24} xuɑe^{21}

黄 xɤu^{53}

杏黄 ɕiɑ^{53} xɤu^{33}

深黄 ʂəŋ^{21} xɤu^{33}

淡黄 tã^{53} xɤu^{33}

土黄黄 t^{h}u^{41} xuã^{33} xuã^{21} 浅黄

黑 xəʔ^{3}

深黑 ʂəŋ^{21} xəʔ^{3}

浅黑 ts^{h}ie^{41} xəʔ^{3}

紫 tsɿ^{412}

驼色 t^{h}ɤu^{33} ʂɑʔ^{3}

烟色 ie^{21} ʂɑʔ^{3}

古铜色 ku^{41} t^{h}uəŋ^{33} ʂɑʔ

二十六　副词、介词等

（1）调查表里的词

刚 tɕiã^{213}

　刚恰儿 tɕiã^{21} tɕ^{h}iɑr^{53}

　才刚 ts^{h}ɑe^{33} tɕiã^{213}

　才 ts^{h}ɑe^{33} 我～来，没赶上

正好 tʂεe^{53} xo^{412} ～十块钱

正 tʂεe^{53} 刚：不大不小，～合适

正好 tʂεe^{53} xo^{412} ～我在那搭儿嘞

可恰 k^{h}ɤu^{53} tɕ^{h}iɑʔ^{21} 恰好：我正饿了，～来了个卖饭的

精 tsεe^{213} 净：～吃米，不吃面

有些儿 iɑo^{24} siər^{21} 天～冷

怕 p^{h}ɑ^{53}

恐怕 kʰuəŋ^{41} pʰɑ^{53} 也许：~要下雨嘞

天麻乎儿 tʰie^{24} mɑ^{21} xur^{21}

砍麻乎儿 kʰie^{24} mɑ^{21} xur^{21} 差点儿：~跌倒了

非……才 fɛe^{213} tsʰɑe^{33} 非……不：非到九点才开会

撩么 liɤ^{24} mɑʔ^{21} 赶紧，迅速：~过来，救救这个人

趁早 tʂʰəŋ^{53} tso^{412} ~走吧

甚会儿 ʂəŋ^{53} xuər^{53}

迟早 tʂʰɛe^{33} tso^{21} 随时：~来都行

眼看 niã^{41} kʰie^{53} ~就到期了

幸亏 ɕiəŋ^{53} kʰuɛe^{21}

全凭 tɕʰye^{33} pʰiəŋ^{33} ~你来了，要不我们就走错了

当面 tã^{21} mie^{53} 有话~说

背地儿 pɑe^{53} tər^{53} 不要~说

一搭儿 iə^{4} tɑr^{213} 一块儿：咱们~去

一个 iəʔ^{4} kuəʔ^{21} 自己：那~去

捎带 so^{21} tɑe^{53}

顺事儿 suəŋ^{53} sər^{53} 顺便儿：你去榆林~给我买本书

专门 tsuɤ^{21} məŋ^{33}

有意 iɑo^{41} i^{53} 故意：~捣乱

到底 to^{53} tɛe^{21} 究竟：那~走了没，你要问清楚

根本 kəŋ^{24} pəŋ^{21} 压根儿：那~不晓得

实在 ʂəʔ^{21} tsɑe^{53} 这人~好

平（四十）pʰɛe^{33} 接近（四十）：这人~四十了

一共 iəʔ^{3} kuəŋ^{53}

拢共 luəŋ^{41} kuəŋ^{53}

统共 tʰuəŋ^{41} kuəŋ^{53}

满共 mɤ^{41} kuəŋ^{53} 总共（表少）：~才来了十来个人

总共 tsuəŋ^{41} kuəŋ^{53} 这个村村~有三百多人

别 pie^{53} 不要：慢慢儿走，~跑

白 pɑe^{33} ①不要钱：~吃；②空：~跑一趟（"白"读上声，声调特殊）

偏偏儿 pʰie^{21} pʰiər^{53} 偏：你不叫我去，我~要去

胡 xu^{33}

瞎 xɑʔ^{3} ~做，~说

先 sie^{213}

头前 tʰɑo^{33} tsʰie^{33} 你~走，我随后就来

先 sie^{213}

开始 kʰɑe^{24} sɿ^{213}

以前 i^{41} tsʰie^{33} 那~不晓得，后来才听人说的

另外 lɛe^{53} uɑe^{53} ~还有一个人

则 tsɑ^{53} ①表示时间上的前后连贯的副词，用于后分句：吃完喝完了，则走也。② 表示条件与结果之间关系的副词，用于结果分句：国庆节放假动

儿，则回家也。③ 表商量、劝告的语气副词，就：我～给咱做饭，你～给收拾家

可究 $k^hə?^{21}$ $tɕiao^{213}$ （千万）别：～教打起来千万别叫打起来，打起来就不好看了

可地儿 $k^hə?^3$ $tər^{21}$ 大约摸：东西太多了，～是放不下了

教 $tɕio^{213}$ ①让：～那去吧；②被：～狗咬了一口；③照：～我看不算错

把 $pɑ?^3$ ～门关住

对 $tuɑe^{53}$ 你～那好，那就～你好

朝 $tʂ^hɤ^{33}$ 那～我直笑

到 to^{53} ～哪儿去也？

到 to^{53} ～哪一天为止？

到 to^{53}

在 $tsɑe^{53}$

得 $tə?^3$ 撂～水里

朝 $tʂ^hɤ^{33}$ ～后头看看。～哪儿走？

自到 $tsɿ^{53}$ to^{53} 自从：～那走后我一直不放心

照 $tʂɤ^{53}$ ～这么做就好

拿 $nɑ^{33}$

□ $xɤu^{412}$ 使：你～毛笔写

顺 $suəŋ^{53}$

顺着 $suəŋ^{53}$ $tʂə?^{21}$

跟上 $kəŋ^{21}$ $ʂɤu^{53}$ 沿着：～河边走

顶 $tiəŋ^{412}$ 替：你～我写封信

给 $kɛe^{33}$ ～大家办事（声调变阳平，特殊，下三例同）

给 $kɛe^{33}$ 助词，用于祈使句，意义很虚：把门～关住

给我 $kɛe^{33}$ $ŋɤu^{412}$ 虚用，加重语气；你～把这碗饭吃了

给咱 $kɛe^{33}$ $ts^hɑ^{33}$ 表祈使语气，表示请求、劝告：你～上街买上点东西

或另 $xuə?^3$ $liəŋ^{53}$ 或者：～谁去都行嘞

和 $xuəŋ^{33}$ 和：这个～那个一样

和 $xuəŋ^{33}$ 向：～那打听一下

和 $xuəŋ^{33}$ 问：～那借一本书

把……叫 $pɑ?^3$ $tɕiɤ^{53}$ 吴堡把土豆叫山蔓儿

□……当 $xɤu^{412}$ $tã^{213}$ 拿……当：有些地方□麦秸当柴烧

从小儿 $ts^huəŋ^{33}$ $siɤr^{21}$ 那～就能吃苦

给出 $kɛe^{33}$ $tʂ^huə?^3$ 望外：老王钱多，舍不得～掏

赶 kie^{412} 你得～天黑以前到

（2）补充的副词

笼共儿 $luəŋ^{33}$ $kuər^{21}$ ①本来：～那还有病嘞么。②何况：你还叫那写字嘞；本来那懒蛋，～那这两天还有病嘞

量微 $liã^{33}$ $uɛe^{33}$ 稍微：张三比李四～高一点

的实 $tiə?^4$ $ʂə?^{21}$ 的确：～是那回事

通门 t^{h}uəŋ^{21} məŋ^{33} 始终，从来：那～没有上过学（一般用于否定）

实多 ʂəʔ^{21} tɤu^{213} 可能，大概：这事～是那来该

通身儿 t^{h}uəŋ^{24} ʂər^{21} 完全：那成天贪赌，～不顾家

瞅空儿 ts^{h}ɑo^{41} k^{h}uər^{53} 伺机，抽空儿：～去一回

绝法 tɕyəʔ^{3} fɑʔ^{3} 根本，完全：那太调皮，～管不下

踏实儿 t^{h}ɑʔ^{3} ʂər^{53} 确实，的确：～没办法

原旧儿 ye^{33} tɕiər^{53} 仍旧：情况～是那底个，没甚改变

当限 tɤu^{21} ɕiã^{53} 当时：时间来不及了，～就去

早里 tso^{41} lɛe^{213} 本来：～有病，还要做营生

攀门 p^{h}ã^{21} məŋ^{33}/p^{h}ɤ^{21} məŋ^{33} 专门：为这个事情我～走了一回

说中 suəʔ^{21} tsuəŋ^{213} 一会儿，用不了太长时间：那～就来了

□ tsuɑ^{33} （动作）快速，准确，当下：～的一下就打死一只老鼠，～的一下就要嘞？

失策 ʂəʔ^{3} ts^{h}ɑʔ^{21} 无意：～把碗打烂了

失未 ʂəʔ^{3} uɛe^{53} 忽许，说不定：买上一张彩票，～能中奖

地根儿 tɛe^{53} kər^{21} 从来：～就不是好人

带根儿 tɑe^{53} kər^{213} 本来：为甚不吃饭？是不是不舒服嘞？不是，～不想吃

其情 tɕ^{h}i^{33} ts^{h}iəŋ^{33} 其实：～是这么回事

成总 tʂ^{h}əŋ^{33} tsuəŋ^{412} 用整数（买卖）：那把苹果～买了

舍狠 ʂɑ^{24} xəŋ^{21} 索性，更加：你越厉害，那～不去了

清多 ts^{h}iəŋ^{24} tɤu^{213} 一般情况下：～没人到那儿去

世曾 ʂɛe^{53} ts^{h}əŋ^{33} 从来，用于否定句：那～不到这来

一刬 iəʔ^{4} ts^{h}ã^{412} 全部，全都：山上～是红枣树

眼限 niã^{41} ɕiã^{53} 马上，当时：～就要收秋了

续翻 ɕyəʔ^{21} fã^{213} 很快，马上

扯通 tʂ^{h}ɑ^{41} t^{h}uəŋ^{213} 全部，完全：把事～说给一遍

打总儿 tɑ^{24} tsuər^{21} 完全，索性：～不念书了

这里股 tʂəʔ^{21} lɛe^{24} ku^{21} 从今以后，从这里开始：～再不敢偷人了

猛子股 məŋ^{41} tsəʔ^{4} ku^{21} 突如其来，突然：～当头来了一棒

猛不防 miɑ^{41} pəʔ^{3} fɤu^{33} 来不及预防，冷不丁

劲没股 tɕiəŋ^{53} məʔ^{21} ku^{21} 平时，一贯：～还是个老实人

大劲功儿 tɤu^{53} tɕiəŋ^{53} kuər^{213}　大体上：～捡一下就行了

后子来 xɑo^{53} tsəʔ^{21} lɑe^{33}　以后，后来：以前不好，～改好了

如流水儿 zu^{33} liɑo^{33} suər^{21}　不间断地：旅游景点～来人

当初夜儿 tã^{24} ts^{h}u^{213} iɑr^{53}　起初，当初：～不是这回事

投罢里 t^{h}ɑo^{33} pɑ^{53} lɛe^{21}　过一会儿：我～就回来了

特□来 t^{h}ɑʔ^{4} xəʔ^{21} lɑe^{213}　接连不断地，一股劲地：宴席上～上菜

伤河畔儿 ʂɤu^{21} xɤu^{33} pɤr^{53}　忽许，说不定：～能碰上就好了

上早向儿 ʂɤu^{53} tso^{41} ɕiɑr^{53}　前一段时间，前一向儿：～我去了一次西安

一齉水 iəʔ^{3} nɤu^{53} suər^{213}　一个人，连续、一直：孙子是我～喂养大的

一老家儿 iəʔ^{3} lo^{41} tɕiɑr^{213}　大家，全部：我们～都在楼上住着嘞

一纳嗨 iəʔ^{4} nɑʔ^{21} xɑe^{21}　一体，不分彼此：把那些～批评了一顿

一出马 iəʔ^{3} ts^{h}uəʔ^{4} mɑ^{21}　刚开始（就）

一马连儿 iəʔ^{3} mɑ^{41} liər^{33}　所有，全都：连地带树～都给了那

一到底儿 iəʔ^{3} to^{53} tər^{412}　自古以来，从来：这人～就可勤劳；～不好好吃

一扑蹋 iəʔ^{3} p^{h}əʔ^{3} t^{h}ɑʔ^{3}　一下子（坐下）：～就坐在地上

一喷头儿 iəʔ^{21} p^{h}əŋ^{24} t^{h}ɑor^{53}　刚开始：～就骂人

劈头子 p^{h}iəʔ^{3} t^{h}ɑo^{33} tsəʔ^{21}　刚开始，立刻：～就收拾了一顿

一暂声 iəʔ^{3} tsã^{53} ʂɛe^{213}　一下子（就知道了）：那干了坏事，～就传出去了

一没揽儿 iəʔ^{3} məʔ^{21} lɑr^{213}　全部：那把饭菜～就吃完了

一鞭齐 iəʔ^{3} pie^{213} ts^{h}ɛe^{33}　全部：娶媳妇儿的东西～都准备好了

千十辈儿 ts^{h}ie^{24} ʂəʔ^{21} pər^{53}　从来，指时间久：狼吞虎咽的，好像～没吃饭

架把子 tɕiɑ^{53} pɑ^{53} tsəʔ^{21}　未经过当事人同意就做，擅自做：～就把东西拿走了

眼不错儿 ȵiã^{41} pəʔ^{3} ts^{h}ɤur^{53}　一霎时，一眨眼：～就不见了

端端照 tuɤ^{24} tuɤ^{21} tʂɤ^{53}　恰恰，恰好：今天～碰见了老同学

依估划 i^{24} ku^{41} xuɑ^{33}　据估计：～能考上大学

刚冒儿刚 tɕiɤu^{21} mor^{53} tɕiɤu^{213}　刚刚（够数）：～够一个月的开支

先不先儿 sie^{24} pəʔ^{21} siər^{213}　首先，抢在别人前面（做）

海囫囵 xɑe^{24} xuəʔ^{21} luəŋ^{213}　实在：没牙了，～咬不下

未每价 uɛe^{53} mɛe^{21} tɕiɑ^{21} 或许,说不定:好好儿念书,~能考上大学嘞

依拼下 i^{24} pʰɤu^{41} xɑ^{53} 豁出去,索性:我~明儿也不来了

实骨子 ʂəʔ^{3} kuəʔ^{4} tsəʔ^{21} 实际上、本质上:不要看那做了点错事,~还是个好人

二十七 量词

一把(椅子)iəʔ^{4} pɑ^{412}

一个 iəʔ^{4} kuəʔ^{21}

一个(奖章)iəʔ^{4} kuəʔ^{21}

一本儿(书)iəʔ^{4} pər^{412}

一笔(款)iəʔ^{3} piəʔ^{3}

一匹(马)iəʔ^{3} pʰiəʔ^{3}

一头(牛)iəʔ^{3} tʰɑo^{33}

一犋(牛)iəʔ^{3} tɕy^{53} 一头(吴堡话与一般地方不同,一般指两头牛)

一道(信)iəʔ^{4} to^{53}

一封(信)iəʔ^{4} fəŋ^{213}

一服儿(药)iəʔ^{4} fər^{213}

一张(膏药)iəʔ^{4} tʂɤu^{213}

一味味(药)iəʔ^{3} uɛe^{53} uɛe^{21}

一条(沟)iəʔ^{3} tʰiɤ^{33}

一顶(帽子)iəʔ^{4} tiəŋ^{412}

一锭儿(墨)iəʔ^{3} tiər^{53}

一样(事)iəʔ^{3} iɤu^{53} 一档子(事)

一朵(花儿)iəʔ^{21} tuɤu^{213}

一顿(饭)iəʔ^{3} tuəŋ^{53}

一圪瘩(手巾)iəʔ^{3} kəʔ^{3} tɑʔ^{3} 一块儿

一挂(车)iəʔ^{3} kuɑ^{53}

一个(车)iəʔ^{4} kuəʔ^{21}

一柱(香)iəʔ^{3} tsu^{53}

一板儿(香)iəʔ^{4} pɑr^{412}

一枝枝(花儿)iəʔ^{21} tsɿ^{24} tsɿ^{21}

一只(手)iəʔ^{3} tʂəʔ^{3}

一盏(灯)iəʔ^{4} tsã^{412}

一张(桌子)iəʔ^{21} tʂɤu^{213}

一桌(酒席)iəʔ^{3} tsuɑʔ^{3}

一场(雨)iəʔ^{3} tʂʰɤu^{33}

一出(戏)iəʔ^{3} tsʰuəʔ^{3}

一床(被子)iəʔ^{3} tsʰuɤu^{33}

一圪瘩(被子)iəʔ^{3} kəʔ^{3} tɑʔ^{3}

一身(棉衣)iəʔ^{21} ʂəŋ^{213}

一根(枪)iəʔ^{21} kəŋ^{213}

一杆(枪)iəʔ^{4} kie^{412}

一支(笔)iəʔ^{21} tsɿ^{213}

一根(头发)iəʔ^{21} kəŋ^{213}

一茇(树)iəʔ^{3} pəʔ^{3} 一棵

一颗(米)iəʔ^{21} kʰɤu^{213}

一圪瘩(砖)iəʔ^{3} kəʔ^{3} tɑʔ^{3}

一个（猪）iəʔ^{4} kuəʔ^{21}

一口（猪）iəʔ^{4} k^{h}ɑo^{412}

一口儿（人）iəʔ^{4} k^{h}ɑor^{412}

一口口（人）iəʔ^{4} k^{h}ɑo^{21} k^{h}ɑo^{21}

两口子 liɤu^{24} k^{h}ɑo^{41} tsəʔ^{3} 夫妻俩

一个（铺子）iəʔ^{4} kuəʔ^{21}

一架（飞机）iəʔ^{3} tɕiɑ^{53}

一间（房）iəʔ^{21} tɕiã^{213}

一座（房子）iəʔ^{3} tsuɤu^{53}

一件儿（衣裳）iəʔ^{3} tɕiər^{53}

一行行（字）iəʔ^{3} xã^{33} xã^{21}

一道道（字）iəʔ^{3} to^{53} to^{21}

一篇儿（文章）iəʔ^{4} p^{h}iər^{21}

一页儿（书）iəʔ^{4} iər^{21}

一段儿（文章）iəʔ^{3} tuɤr^{53}

一段段（文章）iəʔ^{3} tuɤ^{53} tuɤ^{21}

一片（好心）iəʔ^{3} p^{h}ie^{53}

一片儿（肉）iəʔ^{3} p^{h}iər^{21}

一面（旗）iəʔ^{3} mie^{53}

一层（纸）iəʔ^{3} ts^{h}əŋ^{33}

一股儿（香味儿）iəʔ^{3} kur^{53}

一座（桥）iəʔ^{3} tsuɤu^{53}

一个（桥）iəʔ^{3} kuəʔ^{21}

一盘（棋）iəʔ^{3} p^{h}ɤ^{33}

一门（亲事）iəʔ^{3} məŋ^{33}

一门儿（亲事）iəʔ^{3} mər^{53}

一刀（纸）iəʔ^{21} to^{213}

一沓沓（纸）iəʔ^{3} t^{h}ɑʔ^{4} t^{h}ɑʔ^{21}

一桩儿（事情）iəʔ^{3} tsuɤur^{213}

一个（事情）iəʔ^{4} kuəʔ^{21}

一宗宗（事情）iəʔ^{21} tsuəŋ^{24} tsuəŋ^{21}

一瓮（水）iəʔ^{3} uəŋ^{53} 一缸（水）

一碗碗（饭）iəʔ^{3} uɤ^{41} uɤ^{213}

一杯（茶）iəʔ^{3} pɑe^{213}

一把（米）iəʔ^{3} pɑ^{412}

一把儿（萝卜）iəʔ^{4} pɑr^{412}

一包（花生）iəʔ^{21} po^{213}

一卷儿（纸）iəʔ^{4} tɕyər^{412}

一捆捆（行李）iəʔ^{4} k^{h}uəŋ^{41} k^{h}uəŋ^{213}

一石（米）iəʔ^{3} tã^{53}（不是一担）

一担（水）iəʔ^{3} tã^{53}

一排（桌子）iəʔ^{3} p^{h}ɑe^{33}

一串串（鞭炮）iəʔ^{3} ts^{h}uɤ^{53} ts^{h}uɤ^{21}

一句（话）iəʔ^{3} tɕy^{53}

一个（客人）iəʔ^{4} kuəʔ^{21}

一双（鞋）iəʔ^{21} suɤu^{213}

一对（花瓶）iəʔ^{3} tuɑe^{53}

一副（眼镜）iəʔ^{3} fu^{53}

一套（书）iəʔ^{3} t^{h}o^{53}

一样（虫子）iəʔ^{3} iɤu^{53} 一种

一伙伙（人）iəʔ^{4} xɤu^{41} xɤu^{213}

一帮子（人）iəʔ^{21} pɤu^{24} tsəʔ^{21}

一批（货）iəʔ^{21} p^{h}i^{213}

一股儿（人）iəʔ^{4} kur^{412}

一股股（人）iəʔ^{4} ku^{41} ku^{213}

一摞（砖）iəʔ^{3} lɤu^{53}

一□ iəʔ^{3} tʂɑo^{53}（碗）一定数的器物系在一起的数量，用于碗、啤酒等

一搭（柴）iəʔ^{21} tɕʰiɑ^{213} 一抱，指抱东西的数量

一探（高）iəʔ^{3} tʰã^{53} 人站直、手向上伸直的高度

一窝（蜂）iəʔ^{21} u^{213}

一圪抓（葡萄）iəʔ^{3} kəʔ^{21} tsuɑ^{213}

　一串（葡萄）iəʔ^{3} tsʰuɤ^{53}

　一圪瘩（葡萄）iəʔ^{3} kəʔ^{3} tɑʔ^{3}

　一突弄 iəʔ^{3} tʰuəʔ^{3} luəŋ^{53}

一拃 iəʔ^{3} tsɑ^{412} 大拇指与中指张开的长度

一虎口儿 iəʔ^{3} xu^{24} kʰɑor^{21} 大拇指与食指张开的长度

一庹 iəʔ^{3} tʰɑʔ^{3} 两臂平伸两手伸直的长度

一指（长）iəʔ^{4} tsɿ^{412}

一圪都 iəʔ^{3} kəʔ^{3} tu^{21} 一份儿：分成三圪都

一成儿 iəʔ^{3} tʂʰər^{53}

一脸（土）iəʔ^{4} lie^{412}

一身（土）iəʔ^{21} ʂəŋ^{213}

一肚子（气）iəʔ^{3} tu^{53} tsəʔ^{21}

（吃）一顿 iəʔ^{3} tuəŋ^{53}

（走）一回 iəʔ^{3} xuɑe^{33}

（打）一下 iəʔ^{3} xɑ^{53}

（看）一眼 iəʔ^{4} niã^{412}

（吃）一口 iəʔ^{4} kʰɑo^{412}

（拉）一阵儿（话）iəʔ^{3} tʂər^{53}

（下）一阵儿（雨）iəʔ^{3} tʂər^{53}

（鸡斗）一回 iəʔ^{3} xuɑe^{33} （闹）一场

（见）一面 iəʔ^{3} mie^{53}

一个（泥像）iəʔ^{4} kuəʔ^{21} 一尊（佛像）

一扇（门）iəʔ^{3} ʂie^{53}

一张（画儿）iəʔ^{21} tʂɤu^{213} 一幅（画儿）

一根（墙）iəʔ^{3} kəŋ^{213} 一堵（墙）

一瓣（花瓣）iəʔ^{3} pã^{53}

一处（地方）iəʔ^{4} tsʰu^{412}

一部（书）iəʔ^{3} pʰu^{53}

一班（车）iəʔ^{21} pã^{213}

（洗）一水（衣裳）iəʔ^{4} suɛe^{412}

　（洗）一鞯 iəʔ^{4} tsʰã^{53}

（烧）一炉（糖饼儿）iəʔ^{3} lɑo^{33}

一圪瘩（泥）iəʔ^{3} kəʔ^{3} tɑʔ^{3} 一团

一堆（雪）iəʔ^{21} tuɑe^{213}

一壳子（牙）iəʔ^{3} kʰəʔ^{4} tsəʔ^{21} 一槽

一圪都（问题）iəʔ^{3} kəʔ^{4} tu^{21} 一系列

一师（兵）iəʔ^{21} sɿ^{213}

一旅（兵）iəʔ^{4} luɛe^{412}

一团（兵）iəʔ^{3} tʰuɤ^{33}

一营（兵）iəʔ^{3} iəŋ^{33}

一连（兵）iəʔ^{3} lie^{33}

一排（兵）iəʔ^{3} pʰɑe^{33}

一班（兵）iəʔ^{21} pã^{213}

一组 iəʔ^{4} tsao^{412}

一圪撮（毛）iəʔ^{3} kəʔ^{3} tsuəʔ^{3}

一轴子（线）iəʔ^{3} tsʰuəʔ^{4} tsəʔ^{21}

一溜儿（头发）iəʔ^{3} liaor^{53}　一绺儿

（写）一手（好字）iəʔ^{4} ʂao^{412}

（写）一笔（好字）iəʔ^{3} piəʔ^{3}

（开）一届（会议）iəʔ^{3} tɕie^{53}

（做）一任（官）iəʔ^{3} ʐəŋ^{53}

（下）一盘（棋）iəʔ^{3} pʰɤ^{33}

（请）一桌（客）iəʔ^{3} tsuaʔ^{3}

（打）一圈（麻将）iəʔ^{21} tɕʰye^{213}

（打）一副（麻将）iəʔ^{3} fu^{53}

（唱）一台（戏）iəʔ^{3} tʰae^{33}

一点点（肉）iəʔ^{21} tie^{24} tie^{21}

一点儿（面）iəʔ^{3} tiər^{213}

一滴（雨）iəʔ^{3} tiəʔ^{3}

一盒儿（洋炔儿）iəʔ^{3} xar^{21}　一盒儿（火柴）

一匣子（首饰）iəʔ^{4} xaʔ^{21} tsəʔ^{3}

一箱子（衣裳）iəʔ^{3} siɤu^{24} tsəʔ^{21}

　一箱箱（衣裳）iəʔ^{21} siɤu^{24} siɤu^{21}

一架（小说）iəʔ^{3} tɕia^{53}

一柜子（书）iəʔ^{3} kuɛe^{53} tsəʔ^{21}

一抽斗（文件）iəʔ^{21} tʂʰao^{24} tao^{213}　一抽屉

一笼子（菠菜）iəʔ^{3} luəŋ^{41} tsəʔ^{3}　一筐

一篮子（梨）iəʔ^{3} lã^{33} tsəʔ^{21}

　一篮篮（梨）iəʔ^{3} lã^{33} lã^{21}

一篓子（炭）iəʔ^{3} lao^{41} tsəʔ^{4}

　一篓篓（炭）iəʔ^{4} lao^{41} lao^{213}

一炉子（灰）iəʔ^{3} lao^{33} tsəʔ^{21}

一包（书）iəʔ^{21} po^{213}

一布袋子（干粮）iəʔ^{3} pu^{53} tae^{21} tsəʔ^{3}

　一布袋袋（干粮）iəʔ^{3} pu^{53} tae^{53} tae^{21}

一窟子（水）iəʔ^{3} kʰuəʔ^{4} tsəʔ^{21}　一池（水）

一瓶子（醋）iəʔ^{3} pʰɛe^{33} tsəʔ^{21}

　一瓶瓶（醋）iəʔ^{3} pʰɛe^{33} pʰɛe^{21}

一罐罐（荔枝）iəʔ^{3} kuɤ^{53} kuɤ^{21}

一坛子（酒）iəʔ^{3} tʰã^{33} tsəʔ^{21}

　一坛坛（酒）iəʔ^{3} tʰã^{33} tʰã^{21}

一桶（汽油）iəʔ^{4} tʰuəŋ^{412}

　一桶桶（汽油）iəʔ^{4} tʰuəŋ^{41} tʰuəŋ^{213}

一□子（开水）iəʔ^{3} tsʰuɤ^{24} tsəʔ^{21}　□子：一种铜管子，装上凉水，放在火里烧，烧开后喝

一盆（洗澡水）iəʔ^{3} pʰəŋ^{33}

一壶（茶）iəʔ^{3} xu^{33}

一锅（饭）iəʔ^{3} kɤu^{213}

一笼（包子）iəʔ^{3} luəŋ^{33}

一盘子（水果）iəʔ^{3} pʰɤ^{33} tsəʔ^{21}

一碟儿（小菜）iəʔ^{21} tʰiər^{213}

一碗（饭）iəʔ^{4} uɤ^{21}

一盅子（烧酒）iəʔ^{21} tsuəŋ^{24} tsəʔ^{21}

　一盅儿（烧酒）iəʔ^{21} tsuər^{213}

一盅盅（烧酒）iəʔ^{21} tsuəŋ^{24} tsuəŋ^{21}

一勺子（汤）iəʔ^{4} suəʔ^{21} tsəʔ^{3}

一勺勺（酱油）iəʔ^{4} suəʔ^{21} suəʔ^{213}

一圪茧 iəʔ^{3} kəʔ^{4} tɕie^{412}　成束的东西，一把：割下一～麦子

一场伙 iəʔ^{3} tʂ^{h}ɤu^{33} xu^{21}　一个回合，一圈儿：只打了～麻将，就不要了

一两个 iəʔ^{4} liɤu^{24} kuəʔ^{21}　个把两个

百十来个 piəʔ^{4} ʂəʔ^{21} lɑe^{33} kuəʔ^{21}

一千来的人　iəʔ^{21} ts^{h}ie^{213} lɑe^{33} təʔ^{21} zʐəŋ^{33}　千把人

一万来的钱 iəʔ^{3} uã^{53} lɑe^{33} təʔ^{21} ts^{h}ie^{33}　万把块钱

一里来的路 iəʔ^{4} lɛe^{41} lɑe^{33} təʔ^{21} lɑo^{53}　里把路

一二里路 iəʔ^{3} ər^{53} lɛe^{41} lɑo^{53}　里把二里路

一二亩 iəʔ^{3} ər^{53} mu^{21}

一锥（地）iəʔ^{21} tsuɛe^{213}　半亩（地）

一行（地）iəʔ^{3} ɕiəŋ^{33}　五锥（地），即两亩半

一揹　iəʔ^{3} k^{h}əŋ^{53}　手里握的一点点：抓的～米

一□　iəʔ^{3} tɕ^{h}iəŋ^{53}　少量，把，一小捆，比“一揹”粗、多：背～柴火

一出链 iəʔ^{3} ts^{h}uəʔ^{3} lie^{53}　一长串儿：串起一～辣椒，疑即“串”的分音词

二十八　附加成分

（1）后加成分

－要命 iɤ^{53} mɛe^{53}　疼得～

－不行 pəʔ^{3} ɕiəŋ^{33}　疼得～

－死了 sɿ^{24} lie^{21}　冷～

－死人 sɿ^{24} zʐəŋ^{33}　熇～了

－不楞腾的 pəʔ^{3} ləŋ^{53} t^{h}əŋ^{53} təʔ^{21} 灰～

再……不过 tsɑe^{53}……pəʔ^{3} kɤu^{53}　这么价再好不过

吃头 tʂ^{h}əʔ^{3} t^{h}ɑo^{33}　这个菜没～

喝头 xəʔ^{3} t^{h}ɑo^{33}　那个酒没～

看头 k^{h}ie^{53} t^{h}ɑo^{33}　这出戏有个～

做头 tsuəʔ^{3} t^{h}ɑo^{33}

奔头 pəŋ^{53} t^{h}ɑo^{33}

苦头 k^{h}u^{41} t^{h}ɑo^{33}

苦头头 k^{h}u^{41} t^{h}ɑo^{33} t^{h}ɑo^{21}

甜头 t^{h}ie^{33} t^{h}ɑo^{33}

甜头头 t^{h}ie^{33} t^{h}ɑo^{33} t^{h}ɑo^{21}

（2）前加成分

胖－p^{h}ã^{213}　～圆，～臭

死－sɿ^{412}　～沉，～笨，～重

□□ - tɕʰyəʔ^{4} tɕʰiɑʔ^{21}　～新：崭新

生 - səŋ^{213}　～疼

黢 - tɕʰyəʔ^{3}　～黑，～～儿黑

稀 - ɕi^{213}　～软

铁 - tʰiəʔ^{3}　～硬

怪 - kuɑe^{53}　～好

黑来 - xəʔ^{21} lɑe^{24}　十分，可：～好嘞

翻 - fã^{213}　～肥

丁 - tiəŋ^{213}　～咸

雪 - ɕyəʔ^{3}　～甜：太淡（盐太少）

□ - ɕyəŋ^{53}　～甜：很甜（糖很多）

（3）虚字

了 1 li^{21}

了 2 lie^{21}

着 tʂəʔ^{21}/tʂəʔ^{3}（上声后）

得 təʔ^{21}/tʂəʔ^{3}（上声后）

的 təʔ^{21}/tʂəʔ^{3}（上声后）

嘞 ləʔ^{21}/tʂəʔ^{3}（上声后）

地 tɕi^{21}　助词

二十九　数字等

一号（指日期、下同）iəʔ^{3} xo^{53}

二号 ər^{53} xo^{53}

十号 ʂəʔ^{3} xo^{53}

初一 tsʰu^{21} iəʔ^{3}

初二 tsʰu^{21} ər^{53}

初十 tsʰu^{24} ʂəʔ^{213}

老大 lo^{41} tɑ^{53}

老二 lo^{41} ər^{53}

老三 lo^{41} sã^{213}

老四 lo^{41} sɿ^{53}

老五 lo^{24} uəʔ^{213}

老六 lo^{41} liɑo^{53}

稚儿 tsɿ^{53} ər^{33}　老幺，最小的儿子

大哥 tɤu^{53} kɑ^{21}

二哥 ər^{53} kɑ^{21}

猴兄弟 xɑo^{33} suɛe^{21} tɛe^{53}

一个 iəʔ^{4} kuəʔ^{21}

两个 liɤu^{24} kuəʔ^{21}

三个 sã^{24} kuəʔ^{21}

十个 ʂəʔ^{4} kuəʔ^{21}

第一 tɛe^{53} iəʔ^{3}

第二 tɛe^{53} ər^{53}

第三 tɛe^{53} sã^{213}

第十 tɛe^{53} ʂəʔ^{213}

第一个 tɛe^{53} iəʔ^{4} kuəʔ^{21}

第二个 tɛe^{53} ər^{53} kuəʔ^{21}

第三个 tɛe^{53} sã^{24} kuəʔ^{21}

第十个 tɛe^{53} ʂəʔ^{21} kuəʔ^{3}

一 iəʔ^{3}

二 ər^{53}

三 sã^{213}

四 sɿ^{53}

五 uəʔ^{213}

六 liɑo^{53}

七 ts^{h}iəʔ^{3}

八 pɑʔ^{3}

九 tɕiɑo^{412}

十 ʂəʔ^{213}

十一 ʂəʔ^{21} iəʔ^{3}

二十 ər^{53} ʂəʔ^{21}

二十一 ər^{53} ʂəʔ^{3} iəʔ^{3}

三十 sã^{24} ʂəʔ^{21}

三十一 sã^{24} ʂəʔ^{21} iəʔ^{3}

一百 iəʔ^{3} piəʔ^{3}

一千 iəʔ^{21} ts^{h}ie^{213}

一百一十 iəʔ^{3} piəʔ^{3} iəʔ^{4} ʂəʔ^{21}

一百一十一 iəʔ^{3} piəʔ^{3} iəʔ^{4} ʂəʔ^{21} iəʔ^{3}

一百一十二 iəʔ^{3} piəʔ^{3} iəʔ^{4} ʂəʔ^{21} ər^{53}

一百二十 iəʔ^{3} piəʔ^{3} ər^{53} ʂəʔ^{21}

一百二 iəʔ^{3} piəʔ^{3} ər^{53}

一百三十 iəʔ^{3} piəʔ^{3} sã^{24} ʂəʔ^{21}

一百三 iəʔ^{3} piəʔ^{3} sã^{213}

一百五十 iəʔ^{3} piəʔ^{3} uəʔ^{4} ʂəʔ^{21}

一百五 iəʔ^{3} piəʔ^{3} uəʔ^{213}

一百五十个 iəʔ^{3} piəʔ^{3} uəʔ^{4} ʂəʔ^{21} kuəʔ^{21}

二百五十 ər^{53} piəʔ^{3} uəʔ^{4} ʂəʔ^{21}

二百五 ər^{53} piəʔ^{3} uəʔ^{213} 头脑简单的人

二百五十个 ər^{53} piəʔ^{3} uəʔ^{4} ʂəʔ^{21} kuəʔ^{21}

三百一十 sã^{21} piəʔ^{3} iəʔ^{4} ʂəʔ^{21}

三百一 sã^{213} piəʔ^{3} iəʔ^{4}

三百三十 sã^{21} piəʔ^{3} sã^{24} ʂəʔ^{21}

三百三 sã^{21} piəʔ^{3} sã^{24}

三百六十 sã^{21} piəʔ^{3} liɑo^{53} ʂəʔ^{21}

三百六 sã^{21} piəʔ^{3} liɑo^{53}

三百八十 sã^{21} piəʔ^{3} pɑʔ^{4} ʂəʔ^{21}

三百八 sã^{21} piəʔ^{3} pɑʔ^{3}

一千一百 iəʔ^{21} ts^{h}ie^{213} iəʔ^{3} piəʔ^{3}

一千一 iəʔ^{21} ts^{h}ie^{213} iəʔ^{3}

千一 ts^{h}ie^{21} iəʔ^{3}

一千一百个 iəʔ^{21} ts^{h}ie^{213} iəʔ^{3} piəʔ^{3} kuəʔ^{21}

一千九百 iəʔ^{21} ts^{h}ie^{24} tɕiɑo^{41} piəʔ^{3}

一千九 iəʔ^{21} ts^{h}ie^{24} tɕiɑo^{412}

千九 ts^{h}ie^{24} tɕiɑo^{412}

一千九百个 iəʔ^{21} ts^{h}ie^{24} tɕiɑo^{41} piəʔ^{3} kuəʔ^{21}

三千 sã^{24} ts^{h}ie^{213}

五千 uəʔ^{21} ts^{h}ie^{213}

八千 pɑʔ^{21} ts^{h}ie^{213}

一万 iəʔ^{3} uã^{53}

一万二千 iəʔ^{3} uã^{53} ər^{53} ts^{h}ie^{213}

一万二 iəʔ^{3} uã^{53} ər^{53}

万二 uã^{53} ər^{53}

一万二千个 iəʔ^{3} uã^{53} ər^{53} ts^{h}ie^{213}

kuəʔ^{21}

三万五千 sã^{21} uã^{53} uəʔ^{21} tsʰie^{213}

三万五 sã^{21} uã^{53} uəʔ^{213}

三万五千个 sã^{21} uã^{53} uəʔ^{21} tsʰie^{213} kuəʔ^{21}

零 lɛe^{33}

二斤 ər^{53} tɕiəŋ^{21}

两斤 liɤu^{41} tɕiəŋ^{213}

二两 ər^{53} liɤu^{412}

二钱 ər^{53} tsʰie^{33}

二分 ər^{53} fəŋ^{213}

二厘 ər^{53} lɛe^{33}

两丈 liɤu^{41} tʂã^{53}

二尺 ər^{53} tʂʰəʔ^{3}

二寸 ər^{53} tsʰuəŋ^{21}

二分 ər^{53} fəŋ^{213}

二里 ər^{53} lɛe^{21}

两担 liɤu^{41}tã^{53}

两斗 liɤu^{24} tɑo^{21}

两升 liɤu^{41} ʂɛe^{213}

两合 liɤu^{41} kəʔ^{3}

两亩 liɤu^{24} mu^{21}

两锥 liɤu^{41} tsuɛe^{213}　合一亩

两行 liɤu^{41} ɕiəŋ^{33}　合两亩半

几个 tɕi^{24} kuəʔ^{21}

好几个 xo^{24} tɕi^{24} kuəʔ^{21}

好些些 xo^{24} siɑ^{21} siɑr^{213}

大些儿 tɤu^{53} siɑr^{21}

一点儿 iəʔ^{21} tiər^{213}

一点点 iəʔ^{21} tie^{24} tie^{21}

大点儿 tɤu^{53} tiər^{213}

十个以出 ʂəʔ^{4} kuəʔ^{21} i^{41} tsʰuəʔ^{3}　十多个

一百以出 iəʔ^{3} piəʔ^{3} i^{41} tsʰuəʔ^{3}　一百多个

十来个 ʂəʔ^{21} lɑe^{33} kuəʔ^{21}　不到十个

一千来的 iəʔ^{21} tsʰie^{213} lɑe^{33} təʔ^{21}　千数

百儿八十 piəʔ^{3} ər^{21} pɑʔ^{4} ʂəʔ^{21}　百把个

半掐 pɤ^{53} tɕʰiɑʔ^{21}　半个

一半儿 iəʔ^{3} pɤr^{53}

两半掐 liɤu^{41} pɤ^{53} tɕʰiɑʔ^{21}　两半儿

多半掐 tɤu^{21} pɤ^{53} tɕʰiɑʔ^{21}　一多半儿

一大半掐 iəʔ^{3} tɤu^{53} pɤ^{53} tɕʰiɑʔ^{21}　一大半儿

一个半 iəʔ^{4} kuəʔ^{21} pɤ^{53}

……上下 ʂɤu^{53} xɑ^{53}

……左右 tsɤu^{41} iɑo^{53}

……来回 lɑe^{33} xuɑe^{21}

干支、属相

甲 tɕiɑʔ^{3}

乙 iəʔ^{3}

丙 piəŋ^{412}

丁 tiəŋ^{213}

戊 u^{53}

己 tɕi^{53}（声调特殊）

庚 kəŋ^{213}

辛 siəŋ^{213}

壬 zəŋ^{33}

癸 kuɛe^{213}/kuɛe^{412}

子 tsɿ^{412}

鼠 su^{412}

丑 tʂʰao^{412}

牛 niao^{33}

寅 iəŋ^{33}

虎 xu^{412}

卯 mo^{412}

兔儿 tʰur^{53}

辰 tʂʰəŋ^{33}

龙 luŋ^{33}

巳 sɿ^{53}

蛇 tʂie^{53}（老）/ʂɑ^{33}（新）

午 u^{412}

马 mɑ^{412}

未 uɛe^{53}

羊 iã^{33}

申 ʂəŋ^{213}

猴 xao^{33}

酉 iao^{412}

鸡 tɕi^{213}

戌 ɕyəʔ^{3}

狗 kao^{412}

亥 xae^{53}

猪 tsu^{213}

三十 普通名词

（1）单、双音节名词

垄 lyəŋ^{412} 身体上的长条形痕迹：身上打得一～一～的；圪蚤咬得起了一～

死像儿 sɿ^{41} siar^{53} 身体不健壮、气色不好的样子

圪绽 kəʔ^{3} tsã^{53} 裂口：衣服开了个～

圪□ kəʔ^{21} tɕyɑ^{213} 小卷儿：把面搓成～

圪槽 kəʔ^{3} tsʰo^{33} 两头高中间低的地形：这些～可深嘞，见不上太阳

圪糁 kəʔ^{21} səŋ^{213} 碎粒儿

圪渣 kəʔ^{21} tsɑ^{213} 碎的柴、草

圪巴 kəʔ^{21} pɑ^{213} 锅巴

圪踪 kəʔ^{21} tɕyəŋ^{213} 脚印

圪虫 kəʔ^{3} tsʰuəŋ^{33} 小肉虫

圪嘴儿 kəʔ^{4} tsuər^{412} 奶嘴儿

圪把 kəʔ^{3} pɑ^{53} 梁峁地的下部：底～上去了一回

圪崩 kəʔ^{21} pəŋ^{213} （头部，山崖）上部突出的部分

礼规 lɛe^{41} kʰuɛe^{213} 规矩：做事要有～嘞

利星 lɛe^{53} siəŋ^{21} 利益，好处：生意好～

音声 iəŋ^{24} ʂɛe^{213}

声音 ʂɛe²⁴ iəŋ²¹³

筒丈 tʰuəŋ⁴¹ tʂɤu⁵³ 音质(好),声音(洪亮):这班吹鼓手~好

样式 iɤu⁵³ ʂəʔ²¹

式样 ʂəʔ³ iɤu⁵³

骨碌 kuəʔ²¹ lu²¹³ 圆形物

落杂 lɑʔ⁴ tsʰɑʔ²¹ 各样的食物,尤其是粗粮制作的食物:吃了~,营养丰富

夹衬 tɕiɑʔ³ tsʰəŋ⁵³ 物体中间夹的东西:被子里头有~

夹码儿 tɕiɑʔ⁴ mɑr²¹ 起固定限制作用的物体:蓄水沟里打上~

靠苦 kʰo⁵³ kʰu⁴¹² 操劳:生活不好,常受~

杂办 tsʰɑ²¹ pã⁵³ 打杂工

握徒 uɑʔ³ tʰu³³

喃由 nɑ⁵³ iɑo²¹ 没本事的人

年成 nie³³ tʂʰəŋ²¹ 灾荒:跌~

年难 nie³³ nã⁵³ 灾难:今年是~,到处是老鼠

紧抓 tɕiəŋ⁴¹ tsuɑ²¹³ 利索的人,泼辣的人:那就和~样,可能干嘞

精怪 tsɛe²¹ kuɑe⁵³ 妖怪

秃痂 tʰuəʔ²¹ tɕiɑ²¹³ 留在嘴唇上的干鼻涕:嘴上有了~了

嘈害 tsʰo³³ xɑe⁵³ 杂质,不纯的东西:粮食里头~太多

醒哨 sɛe⁴¹ so⁵³ 察觉:那早就染上毒瘾了,家里人根本没~。有~的话,不至于教那董下底大的乱子

挨的 ŋɑe²⁴ təʔ²¹ 自然的道理:谁养的谁亲,兀是挨的

捎桩 so²⁴ tsuɤu²¹³ 捎带的东西:一车尽是~

捎绳 so²¹ ʂɛe³³ 车上用的较短的绳

陪份 pʰɑe³³ fəŋ²¹ 出嫁时娘家陪送的东西

彩气 tsʰɑe⁴¹ tɕʰi⁵³ 运气:做生意是凭~嘞

闪头 ʂie⁴¹ tʰɑo³³ 个头:那的~比我高一点

把式 pɑ⁴¹ ʂəʔ³ 能手,有本事人

毫系 xo³³ ɕi⁵³ ①喉咙;②秤上的提绳

□□ tɕiã⁵³ tɕiã²¹ (土豆、萝卜等)切成的丝儿:洋芋~

帅子 suɑe⁵³ tsəʔ²¹ 棍子上缠的长形的线蛋儿:棉花缠上个~

茬系 tsʰɑ³³ ɕi⁵³ 可能的对象:有~的话,给那说上个□[sɑo³³]子(媳妇儿)

茬口儿 tsʰɑ³³ kʰɑo⁴¹² 机会:只要有好~,生意就能赚钱

茬拔儿 tsʰɑ³³ pʰɑr²¹³ 个性:这人~硬着嘞,谁也不怕

茬牙 tsʰɑ³³ niɑ³³ 不整齐的东西:这墙砌得不整齐,和~一样价

狗儿神 kɑor⁴¹ ʂəŋ³³ 关系时近时远的

人:那些两个真是~

擞神 sɑo^{41} ʂəŋ^{33} 喻指不稳重、放荡的人:那是个~

支靠 tsɿ^{21} k^{h}o^{53} 依靠:生活有~了

指证 tsɿ^{41} tʂɛe^{53} 证明人

桩样 tsuɤu^{21} iɤu^{53} 模样,长相

庄农 tsuɤu^{21} luəŋ^{33} 农活儿:春天一到~就动了

腰身 iɤ^{24} ʂəŋ^{21} 身材

掏绞 t^{h}o^{24} tɕio^{21} 隐情,表面看不出的交易:事情里面有~嘞

卯眼 mo^{24} niã^{21} 机会:瞅个~

火性 xɤu^{41} sɛe^{53} 脾气(大)

铺持 p^{h}u^{21} tʂ^{h}ɛe^{33} 铺盖,行李

槽道 ts^{h}o^{33} to^{53} 牲口的饲料:好~

窝哨 u^{21} so^{53} 住处:修了一孔窑,则有了~了

围圆 y^{33} ye^{33} 周围,邻近处:左打~没有一个人

累世 luɛe^{53} ʂɛe^{53} 负担,拖累:老人有病是我的~

里起 lɛe^{24} tɕ^{h}i^{412} 眼色:给那个好处,这人还不识~

心劲 siəŋ^{21} tɕiəŋ^{53} 信心,心思

心水 siəŋ^{24} suɛe^{21} 心底,心地:这人~好,对前家儿好

漫张 mɤ^{53} tʂɤu^{213} 面积,范围

颗仗 k^{h}ɤu^{41} tʂɤu^{53} 颗粒

皮草 p^{h}i^{33} ts^{h}o^{21} 衣服(贬义)

般辈 pã^{21} pɑe^{53} 辈数

教门 tɕio^{53} məŋ^{21} 家教,门风:~好的,娃娃是个好的,~不好,娃娃将来成不了器

□□ miɑ^{53} miɑ^{21} 哨子:这是唢呐上的~~

乜子 miɑ^{33} tsəʔ^{21} 傻子

(2)三音节名词

一头起 iəʔ^{3} t^{h}ɑo^{33} tɕ^{h}i^{21} 一旁:把它擺到~

一名君 iəʔ^{3} miəŋ^{33} tɕyəŋ^{213} 有生命的东西:牲口是~,照样要好好喂养嘞

一身人 iəʔ^{21} ʂəŋ^{213} ʐəŋ^{33} 内向的人:那是~,不爱和人接近

一份书 iəʔ^{3} fəŋ^{53} su^{21} (已进行了不少的)事情、工作,指某事进行得差不多了:到我们去的时候,那倒做成~了

一门头 iəʔ^{3} məŋ^{33} t^{h}ɑo^{21} 同一家族的:那些是~人,都姓王

一门谱 iəʔ^{3} məŋ^{33} p^{h}u^{21} 同宗的:我们是~的,都是二门家

二打流 ər^{53} tɑ^{41} liɑo^{213} 不稳重的人,没规矩的人,衣貌不整的人,行动散漫的人

两世人 liɤu^{41} ʂɛe^{53} ʐəŋ^{33} 迷信中指转

世的人

双头马 suɤu^{21} tʰɑo^{33} mɑ^{412}（得了）双份儿的东西：那提了～，应该退一份

四开蹄 sɿ^{53} kʰɑe^{21} tɕʰi^{33}　喻指裤腿扯通的样子

四不像 sɿ^{53} pəʔ^{3} siɤu^{53}　什么都不像的东西

八不错 pɑʔ^{3} pəʔ^{3} tsʰuɤu^{53}　什么都懂点的人

十不足儿 ṣəʔ^{3} pəʔ^{3} tɕyər^{53}　永不满足的人

四方窖 sɿ^{53} fɤu^{21} tɕio^{53}　正方体的坑

五叉股 uəʔ^{21} tsʰɑ^{24} ku^{21}　喻指手指头

二混子 ər^{53} xuəŋ^{53} tsəʔ^{21}　混血儿

二杆子 ər^{53} kie^{41} tsəʔ^{3}　冒失鬼

扬杆子 iɤu^{53} kie^{41} tsəʔ^{3}　①表里不一的人，做样子的人；②摆设，没实际用处的东西

糊涂子 xuəʔ^{4} tʰuəʔ^{21} tsəʔ^{21}　不讲道理的糊涂人

街爬子 tɕiɑe^{21} pʰɑ^{33} tsəʔ^{21}　城镇上的流浪人

野进子 iɑ^{41} piɑ^{53} tsəʔ^{21}　不是家生、家养的（东西，人），指人有贬义

死架子 sɿ^{41} tɕiɑ^{53} tsəʔ^{21}　没精打采的样子

卡脖子 tɕʰiɑ^{53} pʰɑʔ^{21} tsəʔ^{3}　两头大中间小的东西：酒壶子是个～

对门子 tuɑe^{53} məŋ^{33} tsəʔ^{21}　门对门住的人家

去头子 tɕʰy^{53} tʰɑo^{33} tsəʔ^{21}

胆头子 tʰã^{41} tʰɑo^{33} tsəʔ^{21}　胆子，胆量：～不硬，虚喊一声就倯了

火头子 xɤu^{41} tʰɑo^{33} tsəʔ^{21}　正在发火的时候

兴头子 ɕiəŋ^{53} tʰɑo^{33} tsəʔ^{21}　刚开始的劲头，威风：～打住了，不要怕

人头子 ẓəŋ^{33} tʰɑo^{33} tsəʔ^{21}　相貌，长相

耍头子 suɑ^{41} tʰɑo^{33} tsəʔ^{21}　房檐下的石雕

暗曲子 ŋie^{53} tɕʰyəʔ^{21} tsəʔ^{21}　不出声的狗，也可用来骂人：这狗是～，人走开才咬

久油子 tɕiɑo^{41} iɑo^{33} tsəʔ^{21}　惯犯

实拍子 ṣəʔ^{21} pʰiəʔ^{3} tsəʔ^{21}　笨蛋，一点儿不懂事的人：那是个～，一个字也学不会

半落子 pɤ^{53} lɑʔ^{21} tsəʔ^{21}　做了半截的事情，办事的中途、中间（就停顿了）

半罐子 pɤ^{53} kuɤ^{53} tsəʔ^{21}　脑筋不灵的人

巧垫子 tɕʰio^{41} tie^{53} tsəʔ^{21}　大门上的自动装置

鬼滑子 kuɛe^{24} xuɑʔ^{21} tsəʔ^{3}　狡猾的人

挂鼓子 kuɑ^{53} ku^{41} tsəʔ^{3}　扭秧歌时二人场子的男角

头身子 tʰɑo^{31} ṣəŋ^{24} tsəʔ^{21}　初生孩子

接嘴子 tɕiəʔ^{4} tsuɛe^{41} tsəʔ^{3} 爱插嘴的人

稳盘子 uəŋ^{41} p^{h}ɤ^{33} tsəʔ^{21} 有把握的事

夜朦子 iɑ^{53} məŋ^{21} tsəʔ^{21} 夜盲症患者

操腿子 ts^{h}o^{24} t^{h}uɑe^{41} tsəʔ^{3} O形腿的人

撇腿子 p^{h}ie^{24} t^{h}uɑe^{41} tsəʔ^{3} X形腿的人

扯腿子 tʂ^{h}ɑ^{24} t^{h}uɑe^{41} tsəʔ^{3} 有腿疾、走路时一只脚在前一只脚在后的人

毛鞑子 mo^{33} tɑʔ^{33} tsəʔ^{21} 头发很长的男人

憨种子 ɕie^{24} tsuəŋ^{41} tsəʔ^{3} 不聪明的人

瞎种子 xɑʔ^{4} tsuəŋ^{41} tsəʔ^{3} 坏东西,用于骂人

弄家子 luəŋ^{53} tɕiɑ^{24} tsəʔ^{21} 败家子儿

赤身子 tʂ^{h}əʔ^{21} ʂəŋ^{24} tsəʔ^{21} 裸体,光身子

活身子 xuəʔ^{21} ʂəŋ^{24} tsəʔ^{21} 没有干过活的人,没锤炼出来的人:那是个~,干不下甚重活

倯囊子 suŋ^{33} nã^{41} tsəʔ^{3} 不厉害,太善良的人

秕片子 pɛe^{24} p^{h}ie^{41} tsəʔ^{3} 薄片状的东西

展片子 tʂie^{24} p^{h}ie^{41} tsəʔ^{3} 无折皱的东西(贬)

嘁片子 ts^{h}iəʔ^{4} p^{h}ie^{41} tsəʔ^{3} 好说笑话的人

人底子 zəŋ^{33} tɛe^{41} tsəʔ^{3} 辈数最小的人

草缨子 ts^{h}o^{41} iɤ^{53} tsəʔ^{21} 用草拧成的绳子

炒颗子 ts^{h}o^{24} k^{h}ɤu^{41} tsəʔ^{3} 炒熟的粮食,如麦子,玉米,高粱等

鸧奔子 tɕ^{h}iã^{24} pəŋ^{24} tsəʔ^{21} ①前额突起的样子:~脑;②指这种人

神晃子 ʂəŋ^{33} xuã^{41} tsəʔ^{3} 做事不稳重的人

扭彩子 niɑo^{24} ts^{h}ɑe^{41} tsəʔ^{3} 装饰灵堂的门

瞟眼子 p^{h}iɤ^{24} niã^{41} tsəʔ^{3} 斜视眼

生奔子 ʂɑ^{21} pəŋ^{53} tsəʔ^{21} 对事情很生疏的人,门外汉

憨架子 ɕie^{21} tɕiɑ^{53} tsəʔ^{21} ①胡闹,冒失行为;②没规矩的人:客人还没吃嘞,那就吃开了,真是个~

瓦瓴子 uɑ^{53} liəŋ^{21} tsəʔ^{3} 房檐上的滴水

清水子 ts^{h}ɛe^{24} suɛe^{41} tsəʔ^{3} 过于稀淡的液体食品

小跳子 siɤ^{41} t^{h}iɤ^{53} tsəʔ^{21} 走路一蹦一跳的人

后顿子 xɑo^{53} tuəŋ^{53} tsəʔ^{21} 吃第二次的饭:吃饱了,还要留个~

操拐子 ts^{h}o^{24} kuɑe^{41} tsəʔ^{3} 罗圈儿腿的人

孽罐子 niəʔ^{3} kuɤ^{53} tsəʔ^{21} 作孽的事情:这人~快满了

秃顶子 t^{h}uəʔ^{4} tiəŋ^{41} tsəʔ^{3} 没头发的人

瘫挟子 t^{h}ã^{41} tɕiɑʔ^{4} tsəʔ^{21} (迷信说法)摄取孩子的灵魂的人,他的灵魂出去摄取孩子的灵魂,被捉的孩子会生病,甚至死亡:怕~挌嘞

秃锤子 tʰuəʔ^{3} tsʰuɛe^{33} tsəʔ^{21} 钝器，不尖锐的器物

残楞子 tsʰã^{33} ləŋ^{33} tsəʔ^{21} 石头上尖锐的楞子

窄绺子 tʂɑʔ^{21} liɑo^{24} tsəʔ^{21} 长条形

罄口子 tɕʰiəŋ^{53} kʰɑo^{41} tsəʔ^{3} 肚大口小的形状：坛子是个～

帽盖子 mo^{53} kɑe^{53} tsəʔ^{21} 一种发型，不留辫子，有的地方叫"短帽儿"

空身子 kʰuəŋ^{24} ʂəŋ^{24} tsəʔ^{21} 未怀孕的妇女

油斜子 iɑo^{33} siɑ^{33} tsəʔ^{21} 三角形的油饼子

白土子 pʰiəʔ^{4} tʰu^{41} tsəʔ^{3} 粉刷窑洞用的白色石料儿，压碎后刷窑

后影子 xɑo^{53} i^{41} tsəʔ^{3} 背后，从背后看：～像李五，走到前面不是

绵不济儿 mie^{33} pəʔ^{3} tsər^{21} 软弱的人：那是个～，身上没有劲

躺不浪 tʰɤu^{41} pəʔ^{4} lɤu^{53} 笨蛋

突辐板 tʰuəʔ^{3} fəʔ^{3} pã^{412} 无缝的整块木头

走马水 tsɑo^{24} mɑ^{24} suɛe^{412} 不抽自流的水，顺沟里流到地畦里的水

泥疙瘩 ni^{33} kəʔ^{3} tɑʔ^{3}

死泥疙瘩 sɿ^{41} ni^{33} kəʔ^{3} tɑʔ^{3} 指死心眼儿的人

狗獠牙 kɑo^{41} liɤ^{33} niɑ^{21} 参差不齐的牙

牛油秃 niɑo^{33} iɑo^{33} tʰuəʔ^{3} 性格固执，顽固的人

活独串 xuəʔ^{21} tuəʔ^{3} tsʰuɤ^{53} 活泼过火的人

倒咬狗 to^{53} nio^{24} kɑo^{412} 喻指替外人说话的人，"胳膊肘朝外面拐"的人

折腰蜂儿 ʂəʔ^{21} iɤ^{24} fər^{213} 喻指体长腰细的人

巡山虎 ɕyəŋ^{33} sã^{24} xu^{412} 喻指逞厉害，耍横的人

血头狼 ɕyəʔ^{3} tʰɑo^{33} lɤu^{33} 满头流血的样子

吃人狼 tʂʰəʔ^{3} ʐəŋ^{33} lɤu^{33} 喻指欺人太甚的人

天瞢夜儿 tʰie^{24} məŋ^{213} iər^{53} 每天，成天（应当是"天每夜儿"的音变）

小殷勤 siɤ^{41} iəŋ^{213} tɕʰiəŋ^{33} 显能的人，喜欢出头露面的人

小蒜脑 siɤ^{41} suɤ^{53} no^{33} 喻指身子大头小的人

小红曲儿 siɤ^{41} xuəŋ^{33} tɕʰyər^{21}

短折子 tuɤ^{41} tʂɑʔ^{4} tsəʔ^{21} 小技巧：耍了个～，把那打得招架不住了

大搅头 tɤu^{53} tɕio^{41} tʰɑo^{33} 制造是非的人：那是个～，挑拨得两家不和

鬼八卦儿 kuɛe^{41} pɑʔ^{3} kuɑr^{53} 花招

鬼心眼儿 kuɛe^{41} siəŋ^{24} niɑr^{412} 花招，计谋

鬼棒槌儿 kuεe^{41} pɤu^{53} ts^{h}uər^{21} 喜欢耍鬼的人

鬼音调儿 kuεe^{41} iəŋ^{23} tiɤr^{53} 怪里怪气的声音

诌经鬼儿 tsɑo^{24} tɕiəŋ^{213} kuər^{412} 说谎的人

挣命鬼 tsəŋ^{53} mεe^{53} kuεe^{412} 拼命干活的人

捣式鬼 to^{41} ʂəʔ^{3} kuεe^{412} 哄骗人的人

倒运鬼 to^{41} yəŋ^{53} kuεe^{412} 不做好事的人

爬场鬼 p^{h}ɑ^{33} tʂ^{h}ɤu^{33} kuεe^{412} 不正经的人

急尿鬼 tɕiəʔ^{3} niɤ^{53} kuεe^{412} 急性子的人

虚说鬼儿 ɕy^{24} ʂuəʔ^{21} kuər^{412} 喜欢说谎的人

洋相儿鬼儿 iã^{33} ɕiɑr^{53} kuər^{412} 喜欢怪模怪样的人，爱出怪相的人

血腥鬼 ɕyəʔ^{21} sεe^{24} kuεe^{412} 迷信指流血死后的鬼魂

爬佡鬼 p^{h}ɑ^{33} suəŋ^{21} kuεe^{412} 调皮捣蛋的人

断路鬼 tuɤ^{53} lɑo^{53} kuεe^{412} 骂做坏事的人

烧把头 ʂɤ^{24} pɑ^{41} t^{h}ɑo^{33} 爱调戏女人的人

灰把头 xuɑe^{24} pɑ^{41} t^{h}ɑo^{33} 喜欢冒险的人

棘针头 kəʔ^{21} tʂəŋ^{213} t^{h}ɑo^{33} 比喻危险处：正禁酒后驾车着嘞，你算是碰到～上了

肚渣股 tu^{41} tsɑ^{24} ku^{21} 肚量（大）：～不小，敢干大事

海上方 xɑe^{41} ʂɤu^{53} fã^{213} 没办法的办法：求神也是个～

全红瓢 tɕ^{h}ye^{33} xuəŋ^{33} p^{h}iɤ^{21} 喻指知识广的人

响铁牌 ɕiɤu^{41} t^{h}iəʔ^{3} p^{h}ɑe^{33} 声音宏亮的人

垫底户 tie^{53} tεe^{41} xu^{53} 最软弱受欺的人

大家舍 tɤu^{53} tɕiɑ^{213} ʂɑ^{53} 人口多的家庭

突箍锭 t^{h}uəʔ^{21} ku^{213} tiəŋ^{53} 整体状，囫囵东西

舀油勺儿 iɤ^{41} iɑo^{55} suər^{213} 说话没定准，信口开河的人：这女人是～，由她说嘞

筋骨连 tɕiəŋ^{24} kuəʔ^{21} lie^{33} 难受的日子：冬天寻上穷人的～了

挨打爬 nɑe^{33} tɑ^{41} p^{h}ɑ^{33} 经常挨打的人

挨刀货 nɑe^{33} to^{213} xɤu^{53} 罪大恶极的人，该死的人

盖满村 kɑe^{53} mɤ^{41} ts^{h}uəŋ^{213} 全村最漂亮的人

碱疤脑 tɕiã^{41} pɑʔ^{3} no^{33} 头上有斑秃的人

憨八成儿 ɕie^{213} pɑʔ^{4} tʂ^{h}ər^{53} 脑子有缺陷、不精明的人

憨乜秃儿 ɕie^{213} miɑ^{33} t^{h}uər^{53} 脑子

笨、不灵活的人

紧阵风 tɕiəŋ^{41} tʂəŋ^{53} fəŋ^{213} 动作迅速的人

明则溜 mɛe^{33} tsəʔ^{3} liɑo^{33} 表面精明、实际上傻的人

耳报神 ər^{41} po^{53} ʂəŋ^{21} 传话人

毛鬼神 mo^{33} kuɛe^{21} ʂəŋ^{21} ①偷盗财物的人；②纠缠不放的人

欠金魂 tɕʰie^{53} tɕiəŋ^{213} xuəŋ^{33} 累赘，给人造成负担的人：真是个～，把人都绊死了

泡圪蛋 pʰo^{53} kəʔ^{3} tã^{53} 指又矮又胖的人

草包蛋 tsʰo^{41} po^{213} tã^{53} ①没力气的人；②软弱的人

风儿流星 fər^{24} liɑo^{33} siəŋ^{21} ①走路速度快的人；②性格不沉稳的人

䠞河石 tsʰuã^{41} xɤu^{33} ʂəʔ^{21} 靠在黄河上敲诈的人：真是个～，硬指敲的吃

怪骨石儿 kuɑe^{53} kuəʔ^{4} ʂər^{21} 聪明手巧的人

夹窝佬 tɕiɑʔ^{21} u^{24} lo^{21} 不爱出外的人

明浇虫 mɛe^{33} tɕiɤ^{213} tsʰuəŋ^{33} 很聪明的幼童

臭板虫 tʂʰɑo^{53} pã^{41} tsʰuəŋ^{33} ①椿象；②喜欢耍赖的人：这人是个～，打牌还要赖嘞

活络相儿 xuəʔ^{21} lɑʔ^{3} siɑr^{53} 不牢固的样子

活捉鱼儿 xuəʔ^{21} tsuɑʔ^{3} nyɪr^{53} 动作灵活的人

犟板筋 tɕiɤu^{53} pã^{41} tɕiəŋ^{213} 性格倔强的人

白掠筋 pʰiəʔ^{4} liəʔ^{21} tɕiəŋ^{213} 喜欢抬杠的人

白格处 pʰiəʔ^{3} kəʔ^{3} tsʰu^{53} 不讲道理的人

白头块 pʰiəʔ^{3} tʰɑo^{33} kʰuɑe^{412} 满头白发的人

红火柱 xuəŋ^{33} xɤu^{41} tsu^{53} 挑拨离间的人

女夜叉 ny^{41} iɑ^{53} tsʰɑ^{21} 逞强的女人

点忽系 tie^{41} xuəʔ^{3} ɕi^{53} 要害处：说话要说到～上

直壳篓 tʂʰəʔ^{4} kʰəʔ^{21} lɤu^{213} 粗心人，直性子人

直圪筒 tʂʰəʔ^{4} kəʔ^{4} tʰuəŋ^{412} 有话直说的人

攮饭包 nã^{41} fã^{53} po^{213} 力气小，能吃不能干的人

老不变儿 lo^{41} pəʔ^{3} piər^{53} 总是保持原状的人、东西

铁不扎儿 tʰiəʔ^{3} pəʔ^{3} tsɑr^{53} 硬头货（指人、东西），有力的人

老来红 lo^{41} lɑe^{33} xuəŋ^{33} 喻指返老还童的人

老家亲 lo^{41} tɕiɑ^{24} tɕʰiəŋ^{21} 去了世的祖宗

老献贡 lo^{41} ɕie^{53} kuəŋ^{21} 为死者制作

的面食

老圪□ lo^{41} kəʔ^{3} tʂ^{h}ɑ^{33} 有资格的老年人:那是个~,谁都得尊重那

老二凉 lo^{41} ər^{53} liã^{33} 爱显能的老年人

半一窝 pɤ^{53} iəʔ^{21} u^{213} 一半的地方,中腰的地方

老一造 lo^{41} iəʔ^{3} ts^{h}o^{53} 老一辈儿,老一茬人

老一份儿 lo^{41} iəʔ^{3} fər^{53} 老年人自己挣下的应当享受的待遇

老人手 lo^{41} ʐəŋ^{33} ʂɑo^{21} 同行、同事中的老一辈

眯子眼 mi^{53} tsəʔ^{21} niã^{41}4"眯眯眼儿

崩子脑 pəŋ^{24} tsəʔ^{21} no^{33} 前额或后脑勺突出的头形

柠条根 mi^{33} t^{h}iɤ^{21} kəŋ^{213} 喻指顽固的人

链子嘴 lie^{53} tsəʔ^{21} tsuɛe^{412} 擅长说顺口溜的嘴巴

面子货 mie^{53} tsəʔ^{21} xɤu^{53} 表面看上去不错、实际质量不好的东西

咬手货 nio^{24} ʂɑo^{41} xɤu^{53} 棘手的事,拖累人的东西:家里买下一群~,连门也出不成

黄土洼 xɤu^{44} t^{h}u^{41} uɑ^{53} ①黄土坡地;②被人欺负的弱者

死迷锤 sɿ^{41} mɛe^{33} ts^{h}uɛe^{21} 不灵活、被动的人

死般数 sɿ^{41} pɤ^{24} su^{21} 不解决问题的老一套做法

死架势 sɿ^{41} tɕiɑ^{53} ʂɛe^{21} 指可怜的样子

死仇人 sɿ^{41} ʂɑo^{33} ʐəŋ^{21} 骂干错事的人:~,不能这么做么

死黑皮 sɿ^{41} xəʔ^{3} p^{h}i^{33} 不讲理的人

重茬锅 ts^{h}uəŋ^{33} ts^{h}ɑ^{21} kɤu^{213} 未洗又做饭的锅

影眼法儿 i^{53} niã^{41} fɑr^{33} 花招,花样,哄人的把戏:来了个~就不见了

饿眼皮 ŋɤu^{53} niã^{41} p^{h}i^{33} 单薄的、不结实的东西:这布是~,根本不耐

苦筋缝儿 k^{h}u^{41} tɕiəŋ^{213} fər^{53} 比喻受的苦、累:这点钱还是从~挣来了

䊲䊲饭 ts^{h}uã^{41} ts^{h}uã^{213} fã^{53} 蹭吃的饭

上马贼 ʂɤu^{53} mɑ^{41} tsɑe^{33} 贼胆大的人

下把孙 ɕiɑ^{53} pɑʔ^{21} suəŋ^{213} 没骨气的人,爱巴结人的人

遢烂孙 t^{h}ɑʔ^{3} lã^{53} suəŋ^{213} 行动缓慢、衣冠不整的人

瓷格料儿 ts^{h}ɿ^{33} kəʔ^{3} liɤr^{53} ①倔强的人;②说话办事都比别人强的人

窝家饭 u^{24} tɕiəʔ^{21} fã^{53} 全家族一块吃的饭

骚圪瓶儿 so^{24} kəʔ^{21} tər^{213} 喻指好色的男人

偶格崽 ŋɑo^{24} kəʔ^{21} tsɑe^{213} 品质不好的人

碾硙轴 ʐie^{41} uɛe^{33} ts^{h}uəʔ^{213} 碾子中心

竖穿的铁棍

知熟病 tʂɛe^{24} suəʔ^{21} pɛe^{53} 常见病

闪塌嘴 ʂie^{41} tʰɑʔ^{4} tsuɛe^{412} 比喻空壳儿:这个饼子是个~

香油嘴 ɕiã^{24} iɑo^{33} tsuɛe^{412} 会说好话的嘴巴

眉和眼 mi^{33} xɤu^{33} niã^{412} 面部

赤脊背 tʂʰəʔ^{3} tsəʔ^{3} pɑe^{53} 光脊背

窟□梢 kʰuəʔ^{21} luã^{24} so^{213} 找人、找地方时绕的一个大圈

干圪筋 kie^{24} kəʔ^{21} tɕiəŋ^{213} 喻指身体干瘦的情形:那长得个~

贩穷贼 fã^{53} tɕʰyəŋ^{33} tsɑe^{33} 败家子

闷的星 məŋ^{53} təʔ^{21} siəŋ^{213} 头脑笨,迟钝的人

活性性 xuəʔ^{21} ɕiəŋ^{53} ɕiəŋ^{21} ①不固定的状态:这颗螺丝是个~;②说话没定准,信口开河的人,同"舀油勺"

活区区 xuəʔ^{21} tɕʰy^{24} tɕʰy^{21} 活结

底拃拃 tɛe^{24} tsɑ^{41} tsɑ^{213} (心里有)底儿、把握:我有~嘞,你不用着急

断头头 tuɤ^{53} tʰɑo^{33} tʰɑo^{21} 不连续的绳子、线之类东西

死规规 sɿ^{41} kʰuɛe^{24} kʰuɛe^{21} 老规程

起头头 tɕʰi^{41} tʰɑo^{33} tʰɑo^{21} 事情刚开头的时候

中腰腰 tsuəŋ^{24} iɤ^{24} iɤ^{21} 中部

扁钱钱 pã^{41} tsʰie^{33} tsʰie^{21} 片状物

崖畔畔 nɑe^{33} pɤ^{53} pɤ^{21} 地边的崖

圪筋筋 kəʔ^{21} tɕiəŋ^{24} tɕiəŋ^{21} 干瘪的没有水分的东西,又叫"死纥筋"

腆肚肚 nie^{41} tu^{53} tu^{21} 中部鼓起的形状:坛子都是个~

秕仁仁 pɛe^{41} zəŋ^{33} zəŋ^{21} 颗粒不饱满的形状

病痨痨 pɛe^{53} lo^{33} lo^{21} 经常有病的人

命系系 mɛe^{53} ɕi^{53} ɕi^{21} 维持生计、维持生命的唯一依靠:这儿亩地是那的~

垫窝窝 tie^{53} u^{24} u^{21} ①一胎中最后生的;②家里最小的孩子

死眼眼 sɿ^{24} niã^{41} niã^{213} 不灵活、死板的人

鬼窜窜 kuɛe^{41} tsʰuɤ^{53} tsʰuɤ^{21} 又瘦又小的人

鬼蛋蛋 kuɛe^{41} tã^{53} tã^{21} 又碎又小的东西

鬼心心 kuɛe^{41} siəŋ^{24} siəŋ^{21} 指有阴谋诡计的人

鬼点点 kuɛe^{24} tie^{41} tie^{213} 坏主意

单爪爪 tã^{24} tso^{41} tso^{412} (本来成双而)不成双的东西:筷子是个~

炒泡泡 tsʰo^{41} pʰo^{53} pʰo^{21} 炒的面制品,形状像杏核

且活活 tsʰie^{41} xuəʔ^{4} xuəʔ^{21} 不牢固的、能凑合着用的工具,器物:这把镢头是个~

猪蹄扎儿 tsu^{21} tɕʰi^{33} tsɑr^{21} 一种打绳

结的方法

窜洞风 $ts^{h}u\gamma^{53}$ $tu\partial\eta^{53}$ $f\partial\eta^{213}$ 洞里的风

穿沟风 $ts^{h}u\gamma^{24}$ $k\alpha o^{24}$ $f\partial\eta^{213}$ 穿堂风，穿沟道的风硬，容易使人生病

推辞话 $t^{h}u\alpha e^{21}$ $s\eta^{33}$ $xu\alpha^{53}$ 推托的话

天头上 $t^{h}ie^{21}$ $t^{h}\alpha o^{33}$ $ʂ\gamma u^{53}$ 天堂

三十一 普通动词

（1）单音节动词

晃 xuã⁵³

摇 $i\gamma^{33}$ /io^{33} 摇动

摆 $p\alpha e^{412}$ 摆动

坐 $tsu\gamma u^{53}$

躺 $t^{h}\gamma u^{412}$

爬 $p^{h}\alpha^{33}$

跌 $ti\partial ʔ^{3}$

　掼 $ku\tilde{a}^{53}$ 摔倒

刷 $su\alpha ʔ^{3}$ ①用刷子等工具清洗、涂抹；②甩掉；③扔掉

扔 ∂r^{412} 投掷

挤 $ts\varepsilon e^{412}$

靠 $k^{h}o^{53}$

踢 $t^{h}i\partial ʔ^{3}$

踩 $ts^{h}\alpha e^{412}$

跐 $ts^{h}\eta^{213}$ 用力踩，脚后跟有蹬的动作

跳 $t^{h}i\gamma^{53}$

扳（折）$p\tilde{a}^{24}$ 折（断）

扯 $tʂ^{h}\alpha^{412}$ 撕

撞 $ts^{h}u\gamma u^{53}$

碰 $p^{h}\partial\eta^{53}$

挪 $n\gamma u^{33}$

缩 $su\alpha ʔ^{3}$

探 $t^{h}\tilde{a}^{53}$

捅 $t^{h}u\partial\eta^{412}$

敲 $tɕ^{h}io^{213}$

打 $t\alpha^{412}$

抱 pu^{53}

扶 fu^{33}

拔（草）$p^{h}\alpha ʔ^{213}$

　挽（草）$u\tilde{a}^{412}$

抽（出去）$tʂ^{h}\alpha o^{213}$

拉 $l\alpha ʔ^{213}$ 牵

撑 $ts^{h}\partial\eta^{213}$

挡 $t\tilde{a}^{53}$

　堵 tu^{412}

　截 $ts^{h}i\partial ʔ^{213}$

推 $t^{h}u\alpha e^{213}$

　掀 $ɕye^{213}$

压 $ni\alpha^{53}$

搬 pɤ^{213}

背 pɑe^{213}

摍 no^{412} ①扛；②举

抬 t^{h}ɑe^{33}

端 tuɤ^{213} 捧

托 t^{h}ɑʔ^{3}

□ t^{h}iɑo^{33}（"提溜"的合音词）提

搓 tṣ^{h}ɤu^{213}

揉 ẓɑo^{33}

揣 ts^{h}uɑe^{412} 摸

摘 tṣɑʔ^{3}

捏 niəʔ^{213}

□ xɤu^{412} 拿（通常认为是"荷"字，但秋谷裕幸、邢向东 2009 认为本字不是"荷"，不过他们也未提出本字为何）

撮 ts^{h}uəʔ^{3}

擦 ts^{h}ɑʔ^{3}

藏 ts^{h}ɤu^{33}

绊 pɤ^{53}

　卜烂 pəʔ^{3} lã^{53}

拌 pɤ^{53}

搅 tɕiɤ^{412}

绞 tɕiɤ^{53} ～住：用绳子和短棍拧住

断 tuɤ^{53}

　撵 nie^{412} 追

弯 uã^{213}

　骨圝 kuəʔ^{3} luã^{33} 蜷

拾 ṣəʔ^{213}

　拣 tɕiã^{412}

沙 sɑ^{53} 挑拣

抢 ts^{h}iɤu^{412}

抓 tsuɑ^{213}

掰 piəʔ^{3}

　扳 pã^{213}

拴 suã^{213} 系

搧 ṣie^{213}

覰 ts^{h}ɑo^{33} 隔着缝儿看

瞅 ts^{h}ɑo^{412} 朝固定目标看

瞭 liɤ^{53} 远看

听 t^{h}ɛe^{213}

闻 uəŋ^{33}

咬 nio^{412}

嚼 tɕ^{h}yəʔ^{213}

舔 t^{h}ie^{412}

咽 ie^{53}

噙 tɕ^{h}iəŋ^{33} 含

吸 ɕiəʔ^{3}

喷 p^{h}əŋ^{213}

吹 ts^{h}uɛe^{213}

唾 t^{h}uɤ^{53}（痰）吐

尝 ṣɤu^{33}

滚 kuəŋ^{412}

　抛 p^{h}o^{53}

问 uəŋ^{53}

笑 siɤ^{53}

哭 k^{h}uəʔ^{3}

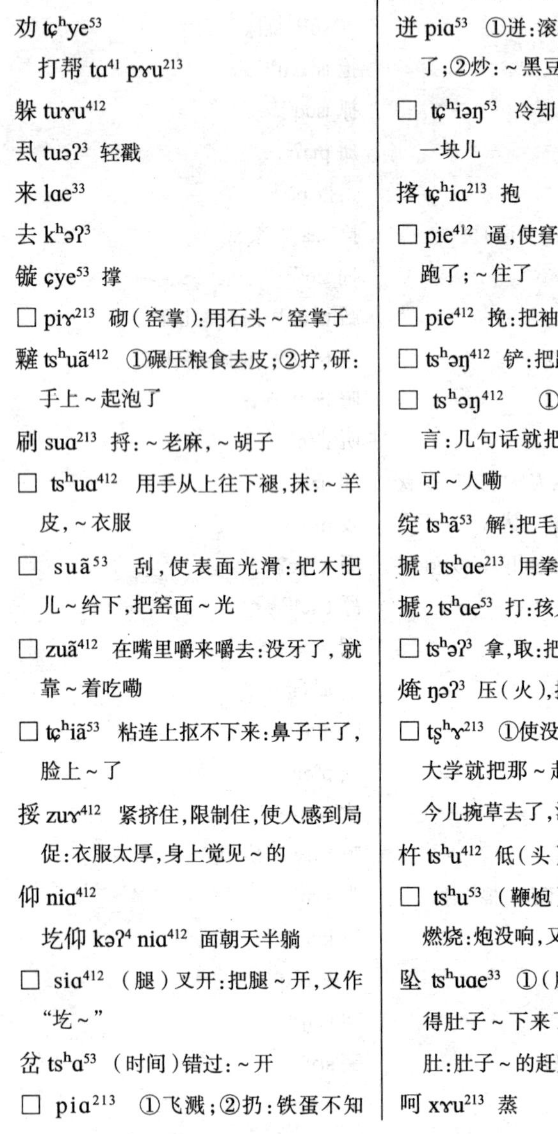

嚎 xo^{33}

劝 tɕ^{h}ye^{53}

打帮 tɑ^{41} pɤu^{213}

躲 tuɤu^{412}

厾 tuəʔ^{3}　轻戳

来 lɑe^{33}

去 k^{h}əʔ^{3}

镟 ɕye^{53}　撑

□ piɤ^{213}　砌（窑掌）：用石头～窑掌子

[illegible] ts^{h}uã^{412}　①碾压粮食去皮；②拧，研：手上～起泡了

刷 suɑ^{213}　捋：～老麻，～胡子

□ ts^{h}uɑ^{412}　用手从上往下褪，抹：～羊皮，～衣服

□ suã^{53}　刮，使表面光滑：把木把儿～给下，把窑面～光

□ zuã^{412}　在嘴里嚼来嚼去：没牙了，就靠～着吃嘞

□ tɕ^{h}iã^{53}　粘连上抠不下来：鼻子干了，脸上～了

挼 zuɤ^{412}　紧挤住，限制住，使人感到局促：衣服太厚，身上觉见～的

仰 niɑ^{412}

圪仰 kəʔ^{4} niɑ^{412}　面朝天半躺

□ siɑ^{412}　（腿）叉开：把腿～开，又作“圪～”

岔 ts^{h}ɑ^{53}　（时间）错过：～开

□ piɑ^{213}　①飞溅；②扔：铁蛋不知道～到哪去了；③摔：～到地上

迸 piɑ^{53}　①迸：滚珠不知道～到哪儿去了；②炒：～黑豆；～玉米花儿

□ tɕ^{h}iəŋ^{53}　冷却，凝固：炼的猪油～成一块儿

挌 tɕ^{h}iɑ^{213}　抱

□ pie^{412}　逼，使窘迫：欠账太多，～得那跑了；～住了

□ pie^{412}　挽：把袖子～起来

□ ts^{h}əŋ^{412}　铲：把路上的雪～了

□ ts^{h}əŋ^{412}　①驳斥，使对方闭口无言：几句话就把那～住了；②吓：蛇可～人嘞

绽 ts^{h}ã^{53}　解：把毛线～开

搋$_{1}$ ts^{h}ɑe^{213}　用拳头揉：～糕，～面

搋$_{2}$ ts^{h}ɑe^{53}　打：孩儿不听话，就～给一顿

□ ts^{h}əʔ^{3}　拿，取：把柜子里的东西～出来

熗 ŋəʔ^{3}　压（火），捂（火）：把火～住

□ tʂ^{h}ɤ^{213}　①使没有着落，困住：没考上大学就把那～起了；②办事没结果：今儿搲草去了，没草，空～了一回

杵 ts^{h}u^{412}　低（头）：脑～下

□ ts^{h}u^{53}　（鞭炮）没有爆响，火药直接燃烧：炮没响，又～了

坠 ts^{h}uɑe^{33}　①（腹部的横肉）下坠：吃得肚子～下来了；②肚子下坠，要跑肚：肚子～的赶紧茅子去一下嘞

呵 xɤu^{213}　蒸

荒 xɤu^{53}　土地撂荒：地～了

□ xo^{213}　吹晾：衣裳风一阵儿就～干了

号 xo^{53}　①缠，纠缠：这孩儿就把我～住了；②盯（上了）：老师把我～住了，寻上麻烦没完

胤 iəŋ^{53}　繁殖：～种子

濛 məŋ^{53}　泡：把豆子～上

□ iəʔ^{213}　沉陷，沙土遇水后沉下去：～地基；把地～下去一块

拽 iəʔ^{213}　拉：～住

砍 k^{h}ie^{412}　①砍：～了一背袋柴；②中断，中途停顿：做的做的～下了

拢 lyəŋ^{412}　笼络，管：～住

淋 liəŋ^{53}　过滤

□ lɤu^{412}　割，切：～上一圪瘩肉

□ mi^{53}　瞄，瞅准：～住好捉

漫 mɤ^{53}　撒菜籽儿

□ mu^{53}　不用尺子，大致量一下：～给下看大小

拚 p^{h}ɤu^{412}　豁出去：～出去，～下

□ p^{h}io^{53}　打（架）：～了一架

□ p^{h}iɑ^{412}　①分开，叉开：把腿～开；两个枝枝一～两半；②扯掉：～树枝

□ p^{h}iɑ^{213}　（水）满，溢出：水桶～了

棚 p^{h}iɑ^{33}　①棚顶；②棚子（须重叠）：搭了个～～；③（两头搁住）别上去：把这个棍棍～到树上

□ p^{h}iɑ^{53}　①破裂：木板晒得～了；②观点不一致，说不到一起：话拉～了

□ niã^{213}　舀：～水

□ suɑe^{53}　本来装在上面的东西溜到下面：～下去了

淹 niã^{213}

蹻 tɕ^{h}iɤ^{213}　迈：～了一步，步子～大给下

□ ɕiɑ^{213}　惹：～下了

□ ɕiɑo^{412}　皱，收缩：瓜～了，圪～

□ ɕiəŋ^{53}　（伤口）愈合，不再发展：伤疤～住了

□ ɕiəŋ^{53}　站立：～的兀儿，～住了

□ siɑo^{33}　眼睛模糊、发涩：刚睡醒眼～嘞

□ ɕyɑ^{53}　赖着：要不下账，～下要

□ tso^{53}　焯：把粉条～给下（疑即“焯”字，但声母、声调均不合）

□ uɤ^{53}　陷（进泥水里）：把脚～到泥钵子行儿

柯 k^{h}ɤu^{213}　修剪：～树

炕 k^{h}ɤu^{53}　①火炕；②烘：～饼子

熰 ŋɑo^{412}　烧煳：饼子～焦了

□ tʂɑo^{53}　拉：把绳子～一下

□ ts^{h}ɛe^{412}　滑落，放在边上的东西，受力后掉下去：木板～下去了

冲 ts^{h}uəŋ^{53}　打孔：～窟窿

抬 t^{h}ɑe^{33}　存放：把东西～起

寄 tɕi^{53}　保存：把钱儿～在二哥家

□ ɕiɤ^{33}

圪□ kəʔ^{3} ɕiɤ^{33} （腿，臀）抬起：腿～起，屁子～起

（2）双音节动词

圪摇 kəʔ^{3} iɤ^{33} /kəʔ^{3} io^{33} 幅度小的摇动

圪摆 kəʔ^{4} pɑe^{412} 幅度小的摆动

圪僵 kəʔ^{21} tɕiɤu^{213} ①僵硬：老鼠的腿～了；②收缩：牲口临死前～了一下

圪和 kəʔ^{3} xɤu^{53} 搅和：菜和饭～到一搭

圪昧 kəʔ^{3} mi^{53} 偷拿，趁人不注意把别人或公家的东西拿走

圪喋 kəʔ^{3} tiəʔ^{3} 撒娇：这孩儿可能～嘞

圪捣 kəʔ^{4} to^{412} 变通：事情～一下就好办了

圪稳 kəʔ^{4} uəŋ^{412} 虚搁住，固定得不很牢靠：拿泥把砖～住

圪绌 kəʔ^{3} ts^{h}uəʔ^{3} 发皱：裤儿～了

收剎 ʂɑo^{24} sɑʔ^{21} 使结束，收拾：矛盾～住了

圪燎 kəʔ^{4} liɤ^{412} 用小火烧一下：～给下就不冷了

圪夹 kəʔ^{3} tɕiɑʔ^{3} 在胳膊和腰间夹着拿东西

圪操 kəʔ^{21} ts^{h}o^{213} 腿向内弯曲：把腿～住，炕上就能睡下了

圪拥 kəʔ^{4} yoŋ^{412} 手缩到袖筒里：把手～住

圪焖 kə^{21} məŋ^{213} 故意装作不知：～住

圪□ kəʔ^{4} siɑ^{412} （腿）叉开：～腿

圪爬 kəʔ^{3} p^{h}ɑ^{33} （身子）弯下：～在那搭儿像个老汉

圪泡 kəʔ^{21} p^{h}o^{213} 鼓起：桌面子～了

圪亲 kəʔ^{21} ts^{h}iəŋ^{213} 撒娇：这孩儿真～嘞

圪称 kəʔ^{3} tʂ^{h}əŋ^{53} 轻轻扶起：把那～的站起来

圪逞 kəʔ^{4} tʂ^{h}əŋ^{412} 逞能

圪趴 kəʔ^{21} pɑ^{213} 爬起来

圪休 kəʔ^{21} ɕiɑo^{213} 停止，不发展：伤口～住了

圪淀 kəʔ^{3} tie^{53} 不消化：饭吃得～在肚子里了

嗝露 kəʔ^{3} lɑo^{53} 倒食，打嗝

圪乜 kəʔ^{3} miɑ^{33} 说一声，稍微说：那～了一句，众人就知道了

圪缚 kəʔ^{3} fəʔ^{3} 手缩在袖筒里

圪筋 kəʔ^{21} tɕiəŋ^{213} 变得又干又细

圪缩 kəʔ^{21} suɑʔ^{3} 蜷缩：冷得～成一团

圪逮 kəʔ^{4} tɑe^{412} （小孩儿）猛然想起要做某事：～起个饼子，要吃饼子

圪霸 kəʔ^{3} pɑ^{53} （把东西）占住

圪遛 kəʔ^{3} liɑo^{53} 偷跑

圪猴 kəʔ^{3} xɑo^{33} 等待

圪张 kəʔ^{21} tʂɤu^{213} 嘴一张一张地喘气：嘴～一下，～一下

圪定 kəʔ^{3} tiəŋ^{53} 中途停顿

圪折 kəʔ^{21} tʂəʔ^{3}　起折皱,折住

圪□ kəʔ^{3} p^{h}iɑ^{33}　搁在上面:把棍~在墙上

圪盹 kəʔ^{4} tuəŋ^{21}　稍稍睡一下,打个盹儿

圪董 kəʔ^{4} tuəŋ^{21}　消费,浪费:几天就把钱~完了

圪猫 kəʔ^{3} mo^{33}　身体缩回:把腰~住

圪吵 kəʔ^{4} ts^{h}o^{412}　①吵闹;②议论

圪拃 kəʔ^{4} tsɑ^{412}　刚学走路时迈步:~了几步

圪点 kəʔ^{4} tie^{412}　脚尖着地走路:~上走路

圪仰 kəʔ^{3} niɤu^{33}　抬(头)

圪低 kəʔ^{21} tɛe^{213}　低(头)

圪嚽 kəʔ^{21} tsã^{213}　小口地吃:~上吃饭,太慢了

圪伺 kəʔ^{3} ts^{h}ʅ^{53}　稍等一会儿:~一阵儿

圪撩 kəʔ^{3} liɤ^{33}　翘起:腿~起

圪烂 kəʔ^{3} lã^{53}　轻轻捆住:用绳子~住

圪捩 kəʔ^{21} liəʔ^{3}　扭曲:腿~住,不得出来了

圪缚 kəʔ^{3} fəʔ^{3}　忍耐,收敛:多少把兀~住个儿,一满没点儿样样

圪确 kəʔ^{3} tɕ^{h}yɑʔ^{3}　住在一起,关系亲近:爷爷孙子一搭~了几年,舍不得离开

圪□ kəʔ^{4} lo^{412}　搅:把东西~出来

圪□ kəʔ^{21} lɛe^{213}　哈痒:~给下儿

卜拉 pəʔ^{3} lɑʔ^{3}　拨

卜咂(嘴)pəʔ^{3} tsɑʔ^{3}　咂

卜搔 pəʔ^{21} tso^{213}　操劳:~了三年,才修了一孔窑

卜□ pəʔ^{21} liɑ^{213}　乱滚:身体疼得~了一阵

卜□ pəʔ^{21} lie^{213}　扭动(身体)

襄哄 siɤu^{44} xuəŋ^{21}　帮忙

耍笑 suɑ^{41} siɤ^{53}　开玩笑

停当 t^{h}ɛe^{33} tɤu^{53}　了结

扎挣 tsɑʔ^{3} tsəŋ^{53}

　挣扎 tsəŋ^{53} tsɑʔ^{21}

依心 i^{24} siəŋ^{213}

　心依 siəŋ^{24} i^{213}　挂念

赅管 kɑe^{24} kuɤ^{21}

　经管 tɕiəŋ^{24} kuɤ^{21}

　经由 tɕiəŋ^{213} iɑo^{33}　管理、照看:每家孩儿你给~上几天

起首 tɕ^{h}i^{24} ʂɑo^{21}　开始

起解 tɕ^{h}i^{41} tɕiɑe^{53}　清除,打发

起殃 tɕ^{h}i^{41} iɤu^{213}　人死了以后,阴阳先生念咒驱魔

起势 tɕ^{h}i^{41} ʂɛe^{53}　兴旺

起去 tɕ^{h}i^{41} kəʔ^{3}　向离开说话人的上方位移:飞~

起开 tɕ^{h}i^{41} k^{h}ɑe^{213}　离开,用于祈使句:快~

提行 tɕ^{h}i^{33} ɕiəŋ^{33}　提示,提醒

欺拔 tɕ^{h}i^{24} p^{h}ɑʔ^{21} 忍受：~不住那的干扰

扎踏 tsɑʔ^{3} t^{h}aʔ^{21} 杂支，开支：这回出门，~了多少

□搅 tɕ^{h}iəʔ^{3} tɕio^{21}

打交 tɑ^{24} tɕio^{21} 在一起共事，打交道：我和那~了一辈子

嘁量 ts^{h}iəʔ^{3} liɤu^{33} 背后说别人的坏话：不要~人家

切斫 ts^{h}iəʔ^{3} tsɑ^{53} 分割：把这块肉~开

怯护 tɕ^{h}iəʔ^{3} xu^{53} 害怕：张三就~李四嘞

怨抱 ye^{53} po^{21} 抱怨

噌驳 ts^{h}əŋ^{41} pɑʔ^{3} 谴责：那说的不在理，我把那~了一顿

卡掂 tɕ^{h}iɑ^{41} tie^{213} 抱怨：再~也没用，事情已经发生了

哈麻 xɑ^{21} mɑ^{33} 纠缠着索取：孩儿经常~住要钱

夹剥 tɕiɑʔ^{3} pɑʔ^{3} 小取，在替别人做事时给自己留一点儿赚头：这几个钱而都是平时~下的，不价从哪儿来嘞？

祈祷 tɕ^{h}iəʔ^{3} to^{21} 因发愁而发出怨言：娃娃不听话，大人~上没完

切喳 ts^{h}iəʔ^{3} tso^{53} 暗暗地较劲：那俩正~着嘞

切割 ts^{h}iəʔ^{21} kəʔ^{3} 糟蹋，祸害

砍斫 k^{h}ie^{41} tsɑ^{53} 说瞎话：瞎~

等对 təŋ^{41} tuɑe^{53} 量：~一下衣服。重叠：等等对对

等足 təŋ^{41} tɕyəʔ^{3} 完全相同，相等：生活没~，有高有低

等都 təŋ^{41} tu^{213} 开始：那好不容易~上车了

数话 su^{41} xuɑ^{53} 批评，责怪

撩逗 liɤ^{33} tɑo^{53} 戏要逗乐

□探 ʂɤ^{33} t^{h}ã^{53} 故意打问：知道就对了，不要再~了

失势 ʂəʔ^{3} ʂɛe^{53} 失去依靠，可怜无助

失格 ʂəʔ^{3} kəʔ^{3} 败兴：做错事了，觉见可~嘞

操烦 ts^{h}o^{24} fã^{21} 搅扰，给人添麻烦

设盼 ʂəʔ^{3} p^{h}ã^{53} 希望，盼望：~下上一场雨

射翻 ʂəʔ^{21} fã^{213} 乱找，乱翻

射乱 ʂəʔ^{3} luɤ^{53} 准备：把东西~好，准备出门

射闹 ʂəʔ^{3}no^{53} 开始办：那家的婚事也~起来了

射砍 ʂəʔ^{4} k^{h}ie^{21} 试试：学习不好，还~考大学

射张 ʂəʔ^{3} tʂɤu^{213} 沉不住气：不用~了，没甚事

实堲 ʂəʔ^{3} tsuəʔ^{3} （孔道）堵死，一点都不通

插系 ts^{h}ɑʔ^{3} ɕi^{53} 筐子里东西装得满满的，顶到筐系上

拆瓦 tʂ^{h}ɑʔ^{3} uɑ^{53} ①翻修；②惩治：把这

个剪柳儿～给一顿

抹蘸 mɤu41 tsã53　给一点小的好处、东西：给点儿好处～给下

□哄 kʰuɑe24 xuəŋ412　安慰，劝，哄

订对 tiəŋ21 tuɑe53　核实

订调 tiəŋ21 tiɤ53　调换

顶板 tiəŋ24 pã21　两个关系不好的人相遇：两个仇人～住了

订认 tiəŋ21 zəŋ53　确认：～一下办事人

顶碰 tiəŋ41 pʰəŋ53　①相斗，抬杠；②顶嘴：这孩儿还～老子的嘞

抵命 tɛe41 mɛe53　偿命

标翻 piɤ24 fã21　筹集：为孩儿念书～几个钱

刮□ kuɑʔ3 so33　发现：～见那里有东西

刮打 kuɑʔ4 tɑ21　阻碍：路可宽嘞，开车没～

团打 tʰuɤ33 tɑ21　拢络：你把那～住，那还好着嘞

低打 tɛe24 tɑ21　下贱：古时候唱戏人可～嘞

妖打 iɤ24 tɑ21　本来会，装作不会：教你唱你就唱上几句，你～甚嘞

拧打 niəŋ33 tɑ21　①用手拧人体某部位或东西；②扭动身体，各用来指扭秧歌或来回走动

递打 tɛe53 tɑ21　来往：同学之间常～嘞

懵打 məŋ24 tɑ21　装样子：知道的事还～住不说

接打 tsiəʔ3 tɑ21　同别人少说几句话：我和那～了几句

试打 sɿ53 tɑ21　尝试：你～买上一张彩票

丢打 tiɑo24 tɑ21　数落，责备：我把那～了一顿

掼打 kuã53tɑ21　使性子，发火：有话好好说，不要～

□打 tʰiɑo33 tɑ21　数落：我把那～了一噘

噘打 tɕyəʔ4 tɑ21

打噘 tɑ41 tɕyəʔ3　打骂：不好好学习，就要～嘞

抖落 tɑo41 lɑʔ3　展示：把刚买回来的东西～出来教人看

称盘 tʂʰɛe21 pʰɤ33　衡量（自己的水平）：把各人～给下

拨撩 pɤu41 liɤ33

撩拨 liɤ33 pɤu21　①修理，简单收拾一下：锁子坏了，～给下；②治疗

拨□ pəʔ3 ɕyəʔ3　指导，辅导：把孩儿～给下，慢慢就学会了

剥□ pɑʔ4 tsʰuɑʔ21　本指剥取植物的皮，喻指零碎掠取：老人本来就不富裕，孩儿每还～些

驳责 pɑʔ4 tsɑʔ21　挑别人的刺：～人家嘞

详情 ɕiã33 tsʰiəŋ33　估计：这事～不是那做的

拶处 tʂɑo24 tsʰu21　惩处：好好叫公安局

把那～给下

周留 tʂɑo^{21} liɑo^{33} 召集：把人～给下，咱开会；～人咱开会

嚇诈 xəʔ^{3} tsɑ^{53} 吓唬：教那一声倒把那家伙～住了

惊乍 tɕi^{21} tsɑ^{53} 猛惊：把那～的一夜没好睡着

劈斫 p^{h}iəʔ^{3} tsɑ^{53} 用斧头等砍、劈：把树枝～开

咒杀 tʂɑo^{53} sɑʔ^{21} 诅咒（死）：老天把坏人～了

谝嘴 p^{h}ie^{24} tsuɛe^{412} 自吹：本事不大，还经常～

谝恰 p^{h}ie^{41} tɕ^{h}iɑʔ^{3} 吹嘘：～儿子有本事

囋贱 tsã^{21} tsie^{53} 说别人坏话：～别人

赞见 tsã^{53} tɕie^{53} 预先知道：～那儿有草嘞，去搲去了

赞不见 tsã^{53} pəʔ^{3} tɕie^{53}

赞办 tsã^{53} pã^{53} 筹备，准备：得～一下嘞

打夺 tɑ^{24} t^{h}uəʔ^{213} 抢：～人家的东西

打掐 tɑ^{41} tɕ^{h}iɑʔ^{3} 给蔬菜、花草整枝：～西红柿

打摭 tɑ^{41} tʂəʔ^{3} 清理：家里～得干干净净

打衬 tɑ^{41} ts^{h}əŋ^{53} 装进去封闭起来，多指装殓死人时固定、封闭严实

打捆 tɑ^{24} k^{h}uəŋ^{21} 整理：～铺盖

打腾 tɑ^{41} t^{h}əŋ^{21} 打（人）：那常～孩儿嘞

打澄 tɑ^{41} təŋ^{53} 过滤：把渣子～出去

打瞭 tɑ^{41} liɤ^{53} 探望：时间长了，把老人～给下

打熬 tɑ^{41} ŋo^{33} 习惯了干苦活、累活：时常劳动，身体～下了

打散 tɑ^{41} sã^{53} 分发：把东西给人～出去，该给谁了给谁

打压 tɑ^{41} niɑ^{53} 安置，安稳地住在一个地方

打坌 tɑ^{41} pəŋ^{53} 眼里钻进异物：眼睛～了

□哄 t^{h}ɑe^{41} xuəŋ^{53} 开玩笑，逗笑

觑眼 ts^{h}ɑo^{33} nie^{21} 了解，打听：～那里有营生干

占揽 tʂie^{53} lã^{21} 占到自己名下：你～下那么多做甚也？

指计 tsɿ^{41} tɕi^{53} 打算：不～去北京

指礼 tsɿ^{24} lɛe^{412} 为丧事当先生，念祭文：老王到王庄～去了

仔脉 tsɿ^{24} miəʔ^{21} 节俭：这家人生活可～嘞

改种儿 kɑe^{24} tsuər^{412} 变种，性格脾气与父辈不同：那～了，和娘老子不一样

杀割 sɑʔ^{4} kəʔ^{21}

割杀 kəʔ^{4} sɑʔ^{21} 完成，做完：把所有营生都～了（当为音节换位造成的同素异序词）

杀剥 sɑʔ^{4} pɑʔ^{21} 宰杀：～了一头猪

刹劲 sɑʔ^{3} tɕiəŋ^{53} 松劲儿：怒气则～了

撒泼 sɑʔ^{4} p^{h}ɑʔ^{21}　零碎的东西、粮食等丢落一地：袋子开了，粮食都～了

装裹 tsuɤu^{24} kɤu^{412}　佯装，装样子：这孩儿平时可皮嘞，来了人，总算～了一阵

扑砍 p^{h}əʔ^{4} k^{h}ie^{41}　试着，跃跃欲试地要干：没本事还想瞎～；会干不会干～给一回

搂搜 lɑo^{33} sɑo^{21}　逮住：把那～住，那就无话可说了

搂扯 lɑo^{33} tʂ^{h}ɑ^{21}　收揽：～了好多东西

搂拾 lɑo^{24} ʂəʔ^{21}　拾掇，整理，使整齐：把东西～起来

绌扯 ts^{h}uəʔ^{4} tʂ^{h}ɑ^{21}

抽扯 tʂ^{h}ɑo^{24} tʂ^{h}ɑ^{21}　因生气而不言语，不动弹：（把孩子惹恼后劝说）：不要～

□扯 tʂɑo^{53} tʂ^{h}ɑ^{21}　撮合：把两人～到一搭

锯扯 tɕy^{53} tʂ^{h}ɑ^{21}　拉着不想让人离开：～住不让走

撅扯 tɕyəʔ^{4} tʂ^{h}ɑ^{21}　拉扯：把布～成两块

持扯 tʂ^{h}ɛe^{33} tʂ^{h}ɑ^{21}　维持（家庭）：全凭老婆～家着嘞

撅筋 tɕyəʔ^{21} tɕiəŋ^{213}　闹别扭：两口子不要～了

绝粮 tɕyəʔ^{3} liɤu^{33}　孤立，无助：家里没吃的，把那～起了

结缘 tɕiəʔ^{3} ie^{33}　完成：把生活都～了

结决 tɕiəʔ^{3} tɕyəʔ^{3}　解决，了结：事情～了

结挽 tɕiəʔ^{3} uã^{41}　算清，算账：把这点儿帐～给下

急犟 tɕiəʔ^{3} tɕiɤu^{53}　强词夺理：明知错了，还要～嘞

揭捣 tɕiəʔ^{3} to^{21}　折腾：老鼠～了一夜

揭殃 tɕiəʔ^{21} iɤu^{213}　揭短：不要～

得擱 təʔ^{3} liɤ^{53}　改变物体方向、方位：把东西～过来，当为"掉"的分音词

得溜 təʔ^{21} liɑo^{213}　随便拿着，提：把枕头～上

得□ təʔ^{21} lu^{213}　逮住，抓住：把老鼠～了

嘶声 sɿ^{41} ʂɛe^{213}　叫唤：头疼得直～

撕挖 sɿ^{24} uɑ^{21}　撕扯：两人～了一顿

试幸 sɿ^{53} ɕiəŋ^{21}　试：～去一回，看咋底个

散扬 sã^{53} iɤu^{21}　宣扬：那就爱～别人不好

散攉 sã^{53} xuəʔ^{21}　散开：开会的人都～了

散心 sã^{53} siəŋ^{213}　解愁，解闷：出去散上几天心，心情就好了

散交 sã^{53} tɕio^{213}　关系破裂：刚结婚，两个就～了

搨套 t^{h}ɑʔ^{3} t^{h}o^{53}　重叠地穿衣服：～了几件衣服

托保 t^{h}ɑʔ^{4} pu^{412}　相信，信任：这人老

实，能～

塌炉 tʰɑʔ^{3} lɑo^{33} 本指炉火塌陷，喻指事情中途失败：眼看快闹成了，结果～了

特陀 tʰɑʔ^{3} tʰɤu^{33} 贪得无厌：这人可～嘞，甚也要嘞

整捣 tʂəŋ^{24} to^{21} 干扰：邻家孩儿睡哭嘞，把人～了一夜

翻搅 fã^{24} tɕio^{21} 翻腾：～东西

翻腾 fã^{21} tʰəŋ^{33} ①倒腾：把桌子里头的东西～过来；②回想：过去的事情又～起来了

原估 ye^{33} ku^{21} 估计：我～了一下，大概就是这底个

端量 tuɤ^{21} liɤu^{33} 打量，察看：事先～一下，看咋底个

端担 tuɤ^{21} tã^{53} 送（饭）：老人不能做饭，～的吃一点

断顿 tuɤ^{53} tuəŋ^{53} 没有吃的：那家穷得厉害，快～了

□架 tso^{41} tɕiɑ^{53} 搭架子：泥粉楼房要～嘞

理□ lɛe^{24} suɛe^{21} 预先（声明），提前（声明）：还没布置嘞，～就说那不去

理识 lɛe^{41} ʂəʔ^{3} 批评，责备：教老子的把那～了一顿

凌迟 lɛe^{33} tʂʰɛe^{21} 揉搓，蹂躏：不要～猴孩儿/～猫儿

刨闹 pʰo^{33} no^{53} 努力干活儿：～了一天

送行 suŋ^{53} ɕiəŋ^{21} 安葬（去世的老人）

觉瞧 tɕyɑʔ^{3} tɕʰiɤ^{33} 有所知道，察觉：我～不对劲

押擦 niɑʔ^{4} tsʰɑʔ^{21}

纳擦 nɑʔ^{4} tsʰɑʔ^{21} 劝说，把事情压下去：把那～住，不要董乱子

拉漏 lɑ^{33} lɑo^{53} 提示：把这个事情～给下儿

拉把 lɑ^{24} pɑ^{21} 给亲戚帮忙，使沾光

落架 lɑʔ^{3} tɕiɑ^{53} ①水果熟过了；②饭菜蒸的时间太长

落牢 lɑʔ^{3} lo^{33} 死在监狱里

搜零 sɑo^{21} liəŋ^{33} 别人收获后又去搜寻剩下的：～枣，～山药

猴拔 xɑo^{33} pɑʔ^{21} 挑逗：不要～那

老拗 lo^{41} nio^{53} 别住挪不动，抽不出来：棍子～了

垫引 tie^{53} iəŋ^{21} 幸、惯孩子：把孩儿～坏了

治找 tʂɛe^{53} tso^{412} 惩处：把那～给一顿

治够 tʂɛe^{53} kɑo^{53} 报复：今儿把那～了

置买 tʂɛe^{53} mɑe^{412} 购买，置办

嚷噪 ʐɤu^{41} tso^{53} 吵闹

禳叨 ʐɤu^{33} to^{21} 干扰：不要～，说正话

品消 pʰiəŋ^{41} siɤu^{213} 分配，处理无用的东西：把剩下的都～了

品对 pʰiəŋ^{41} tuɑe^{53} 调整：把时间～一

下。重叠:品品对对

挨对 ŋɑe^{21} tuɑe^{53} ①靠:两个人~得可紧嘞;②(与人)来往:不要~那

匀对 yəŋ^{33} tuɑe^{53} 平均分开:~开

挪对 nɤu^{33} tuɑe^{53} 调换位置:把水瓮~一下

方对 fɤu^{21} tuɑe^{53} 调整计划以照顾别人:~给下时间

妨犯 fɤu^{21} fã^{53} 妨碍

垛搨 tuɤu^{53} t^{h}ɑʔ^{21} 整理(行李)

整端 tʂɛe^{41} tuɤ^{213} 修缮(房子等)

整掂 tʂɛe^{41} tie^{213} 整理

知底儿 tʂɛe^{24} tər^{412} 知道底细

藐觉 miɤ^{41} tɕyɑʔ^{3} 觉察,稍知道一点

洒扫 sɑ^{24} so^{41} 死人葬后洒水念咒

夹瞒 tɕiɑʔ^{3} mɤ^{33} 藏(东西),隐瞒(东西),不告诉别人

加捏 tɕiɑ^{24} niəʔ^{213}

加言 tɕiɑ^{21} ie^{33} 捏造,添油加醋:这话是那~的;不要胡~

黑门儿 xəʔ^{3} mər^{53} 无后

黑水 xəʔ^{4} suɛe^{21} 讨厌:可~这种爱小的人嘞

喝喊 xəʔ^{4} xã^{21}

喊喝 xã^{41} xəʔ^{3} 对人、牲畜等喊叫

黑冷 xəʔ^{4} ləŋ^{412} 摇动,晃动:把桌子~一下

合学 xəʔ^{21} ɕiəʔ^{3} 叙述,诉说:你给人家~给下,人家敢好救济你

忽吸 xuəʔ^{3} ɕiəʔ^{3} 呼吸,肚皮收缩

忽塌 xuəʔ^{3} t^{h}ɑʔ^{3} 凑合:老家具还能~一下

忽撕 xuəʔ^{21} sʅ^{213} 浪费,乱开支

忽撒 xuəʔ^{4} sɑ^{412} (绑着的东西)散开

忽闹 xuəʔ^{3} no^{53} 敷衍了事地干活儿:时间还早嘞,再~给阵儿

忽扬 xuəʔ^{3} iɤu^{53} 应付:~了一阵

忽搅 xuəʔ^{4} tɕio^{21} 挑拨

忽叉 xuəʔ^{4} ts^{h}ɑʔ^{21} 裤裆破裂

挨黏 ŋɑe^{21} ʐie^{33} 靠近,与人亲近:孩儿~大人

挨插 ŋɑe^{24} ts^{h}ɑʔ^{21} 靠近:~到一搭儿

抹蘸 mɤu^{41} tsã^{53} 给点吃的或小恩小惠:给孩儿~上点儿就不哭了

出恨 ts^{h}uəʔ^{3} xəŋ^{53} 解恨,报仇

出褪 ts^{h}uəʔ^{3} t^{h}uɑe^{53} 教训,收拾,打

搐筋 ts^{h}uəʔ^{21} tɕiəŋ^{213} 闹别扭

搐呲 ts^{h}uəʔ^{4} ts^{h}ɿ^{412} 闹情绪:不要~了,算你有理就对了

马爬 mɑ^{41} p^{h}ɑ^{33} 面着地(摔倒):~跌在地上

献讨 ɕie^{53} t^{h}o^{412} 詈语,让人吃饭:把饭~了

酬客 tʂ^{h}ɑo^{33} k^{h}əʔ^{3} 补请客人

臭扬 tʂ^{h}ɑo^{53} iɤu^{21} 说别人坏话

挣命 tsəŋ^{53} mɛe^{53} 拼命干、做

挣架 tsəŋ⁵³ tɕiɑ⁵³ 反抗,不甘示弱:挨了打还~着嘞

告苦 ko⁵³ kʰu⁴¹² 诉苦,诉说自己的委屈:各人~各人的恓惶

靠实 kʰo⁵³ ʂəʔ³ 落实

比靠 pɛe⁴¹ kʰo⁵³ 质对,逼:~一下是不是那干的

约预 iɤ²¹ y⁵³ 估计,预计:~给下,看你能考多少分

邀席 iɤ²⁴ siəʔ²¹ 请客

抿没 miəŋ⁴¹ məʔ³ 消灭

掏挽 tʰo²⁴ uã⁴¹² ①三面环山一面开口的地:~地;②技巧:那人有~;③要技巧:怎么能~的把你赢嘞

掏腾 tʰo²¹ tʰəŋ³³ 善于办事情:这人会~嘞

套弄 tʰo⁵³ luəŋ²¹ 哄骗,骗取好处:~了几个钱

套踏 tʰo⁵³ tʰɑʔ²¹ 预先沟通、安排好:先~给下

拆架 tʂʰɑʔ³ tɕiɑ⁵³ 离婚:那两个关系不好,~了

拆行 tʂʰɑʔ³ ɕiəŋ³³ 调解:把那两个~开了

拆腾 tʂʰɑʔ³ tʰəŋ³³ 倒腾

拆剥 tʂʰɑʔ⁴ pɑʔ²¹ 拆除:把旧门窗~了

涮掏 suã⁵³ tʰo²¹ 巧言说服,劝服:~的那同意了

剪口 tsie²⁴ kʰɑo⁴¹² 口子没扎好,挣开了:粮食装的太满,~了

拧搅 niəŋ³³ tɕiɤ²¹ ①搅动:把面~成糊糊了;②糟蹋:牲口在地里疯~

磨搅 mɤu⁵³ tɕio²¹ 唠叨:成天~孩儿不好好学习

绕事 zɤ⁴¹ sɿ⁵³ 惹是非

绕送 zɤ⁴¹ suəŋ⁵³ 挑事:婆婆~的和媳妇子不和

绕弯 zɤ⁵³ uã²¹ 不直截了当,侧面说或转着弯说

拈香 nie³³ ɕiɤu²¹³ 结拜(兄弟)

捏掇 niəʔ²¹ tuəʔ³ 捏造

逮找 tɑe²⁴ tso²¹ 捉拿

蹅舞 tsɑ²⁴ u²¹ 跃跃欲试,试着干:~了一回考大学

执留 tʂəʔ³ liɑo³³ 挽留

执衬 tʂəʔ³ tsʰəŋ⁵³ 供:小庙~不下大神道

砌插 tsʰɛe⁵³ tsʰɑʔ²¹ 把打碎的东西粘住

经作 tɕiəŋ²⁴ tsɑʔ²¹ 管理,经管

紧缩 tɕiəŋ⁴¹ suɑʔ³ 节俭

紧空 tɕiəŋ⁴¹ kʰuəŋ²¹³ 困难,缺吃少穿:这两年没挣下,生活~了

紧剥 tɕiəŋ⁴¹ pɑʔ³ 节省,节约:~出来的一点钱儿,买了房子

紧对 tɕiəŋ⁴¹ tuɑe⁵³ 把吃的、用的节约下来,以照顾别人:好的都~的给孩儿吃了

烫踏 tʰɤu⁵³ tʰɑʔ²¹ 惹,挑拨:~得两个

人打了一架

急说 tɕiəʔ^{3} suəʔ^{3} 没理硬要说有理

喃踏 nã^{53} tʰɑʔ^{21} 念叨

洗沙 sɛe^{41} sɑ^{53} 背地议论：不要～别人

彆泡 piəʔ^{21} pʰo^{213} 鼓起：柜门子～得不好闭

憋局 piəʔ^{4} tɕyəʔ^{21}

局憋 tɕyəʔ^{4} piəʔ^{21} 因空间狭窄或事情不顺感到困窘：房子太小，把人～的

操忙 tsʰo^{21} mɤu^{33} 操劳

操烦 tsʰo^{24} fã^{21} 打搅

造毛 tsʰo^{53} mo^{33} 骚扰：～得不得安宁

造怪 tsʰo^{53} kuɑe^{53} 挑逗，挑衅

跌漫 tiəʔ^{3} mɤ^{53} 故意调皮：孙子在爷爷身上常～

呲噆 tsʰɿ^{21} tsã^{53} 讥笑，讽刺

伺陪 tsʰɿ^{21} pʰɑe^{33} 陪伴，应酬

投当 tʰɑo^{33} tã^{53} 试探：把那～给下儿，看那咋价也

投散 tʰɑo^{33} sã^{53} 主动送东西给人

搬担 pɤ^{21} tã^{53} 搬动较轻的东西：把家具～到新房

搬沿 pɤ^{21} ie^{33} 搬动：地里收下些玉米，直一天才～完

定懂 tɛe^{53} tuəŋ^{21} 觉醒，想清楚了：～过来

递搭 tɛe^{53} tɑʔ^{21} 交往：亲戚要常～嘞

处交 tsʰu^{41} tɕio^{213} 相处

处治 tsʰu^{41} tʂɛe^{53} 惩处：把坏人～了

谴葬 tɕʰie^{21} tsɤu^{53} 谴责

且忽 tsʰie^{41} xuəʔ^{3} 凑合：～给下就行了。重叠：且且忽忽

放当 fɤu^{53} tɤu^{21} 替人感到害臊：穿得这么邋遢，可～人嘞

清格 tsʰiəŋ^{24} kəʔ^{21} 清除

揉搓 ʐɑo^{33} tsʰɤu^{21} 搓，揉

揉筛 ʐɑo^{33} sɑe^{21} 用力揉，晃动

忙□ mɤu^{33} tɕi^{53} 忙碌

引逗 iəŋ^{41} tɑo^{53} 引诱

引送 iəŋ^{41} suəŋ^{53} 结婚时娘家和婆家娶、送（的人）：来了十多个～人

意乐 i^{53} lɑʔ^{21} 用稍微一点儿来应付，意思意思：有一点肉～一下就行

多强 tɤu^{21} tɕʰiɤu^{33} 逞强：那人太～

服伺 fəʔ^{3} sɿ^{53} 伺候

铺排 pʰu^{21} pʰɑe^{33} 布置：事情～好了

铺谋 pʰu^{21} mu^{33} 预谋，打算：～买一套房子

作遭 tsɑʔ^{21} tso^{213} 造孽：这都是自己～成的

扎裹 tsɑʔ^{4} kɤu^{21} 打扮

绳裹 ʂɛe^{33} kɤu^{21} 完结，做完：总算把一双鞋～起来了

砍刻 kʰie^{41} kʰəʔ^{3} 虐待：继母经常～孩子

栽拐 tsɑe^{24} kuɑe^{412} 闯祸，冒险

避驳 pʰi^{41} pɑʔ^{3} 嫌弃别人

庇躲 pʰi^{24} tuɤu^{21}

庇护 pʰi^{41} xu^{53} 包庇

相死 siəʔ^{4} sɿ^{412} 打架

相夺 siəʔ^{4} tʰuəʔ^{213} 争夺

相仿 siəʔ^{3} fã^{53} 面貌相似

相跟 siəʔ^{21} kəŋ^{213} 相随

问讯 uəŋ^{53} ɕiəŋ^{21}

问仔 uəŋ^{53} tsɿ^{21} 打听

□皮 tɕʰiã^{53} pʰi^{21} 粘连：油漆～在木板上了

编整 pie^{24} tʂɛe^{21} 编造

伴串 pɤ^{53} tsʰuɤ^{53} 陪伴：把孩儿每～大

伴治 pɤ^{53} tʂɛe^{21} 抚养：娘的殁了，孩儿全靠老子的～嘞

母治 mu^{41} tʂɛe^{53} 考虑：好好～一下

母拟 mu^{41} ni^{53} 打量：～一下看大小嘞

拨学 pəʔ^{4} ɕyəʔ^{21} 教育，教：～孩儿多念字

撞拐 tsʰuɤu^{53} kuɑe^{412} 碰撞：你把狗～给下，那就咬你一口

耐却 nɑe^{53} tsʰiəʔ^{21} 忍耐

务营 u^{53} i^{21} 抚养（孩子）

脱嘴儿 tʰuəʔ^{4} tsuər^{412} 在外倚靠他人度日

脱空 tʰuəʔ^{21} kʰuəŋ^{213} 内部变空：锁子～了，用不成

脱且 tʰuəʔ^{4} tɕʰie^{21} 磨时间，磨洋工

脱笼 tʰuəʔ^{3} luəŋ^{33} 脱开

脱死 tʰuəʔ^{4} sɿ^{412} 等死

脱福 tʰuəʔ^{3} fəʔ^{3} 不满足：不要发～，生活够好了

脱剥 tʰuəʔ^{4} pɑʔ^{21} 脱（衣服）

脱圈 tʰuəʔ^{21} tɕʰye^{213} ①超出范围；②说话走题

拼费 pʰɤu^{41} fɛe^{53} 破坏：把东西～了

拼命 pʰɤu^{41} mɛe^{53} 舍命

遭拐 tso^{24} kuɑe^{21} 遭难

遭逢 tso^{21} fəŋ^{33} 遇，遭遇

摊擢 tʰã^{24} xuəʔ^{21} 浪费：东西瞎～了

摊掏 tʰã^{21} tʰo^{33} ①安排：你把事情～给下；②铺排：把事情～大了

黐摸 tsʰuã^{41} məʔ^{3} 自学：那识的字都是～的

黐练 tsʰuã^{41} lie^{53} 磨炼：多～就能成功

挖抓 uɑ^{24} tsuɑ^{21} 摸，揣

窝曲 u^{24} tɕʰyəʔ^{21} 弯曲：把棍子～成弧形

舞挽 u^{24} uã^{21} 笨拙地干活，不熟练地做：～了半天才做成

骚情 so^{24} tsʰiəŋ^{213} 骚扰，拍马屁：胡～

下抓 ɕiɑ^{53} tsuɑ^{21} 制服：把那～了

□切 lɤu^{41} tsʰiəʔ^{3} 用刀割（肉）

完团 uɤ^{33} tʰuɤ^{33} 成就，完成：把事情～了

剜切 uɤ^{24} tsʰiəʔ^{21} 挖

裹没 kɤu^{41} məʔ^{3} 夹带，混入：把不好的～进去一搭卖了

搭留 tɑʔ^{3} liɑo^{33}　挽留：~住

斗阵 tɑo^{53} tʂəŋ^{53}　吵架：那两个~了半天

抖落 tɑo^{41} lɑʔ^{3}　夸耀：~衣服

嗔结 tʂʰəŋ^{24} tɕiəʔ^{21}　嗔恼，因别人责怪自己而不悦：~我说了那了

勒揹 luəʔ^{3} kʰəŋ^{53}　限制，苛刻地对待人：把我~的死死儿的

贴搭 tʰiəʔ^{3} tɑʔ^{3}　巴结

搭挂 tɑʔ^{3} kuɑ^{53}　披，盖：睡觉的时候~上衣服

搭□ tɑʔ^{3} ʂɤ^{33}　搭讪，主动地和人说话：不要~那

搭张 tɑʔ^{21} tʂã^{213}　理睬：你则~给下那

回掘 xuɑe^{33} tɕʰyəʔ^{21}　不服气，寻事：问题一解决，那则不~了

坏掏 xuɑe^{53} tʰo^{21}　拨弄是非：硬那~的把事闹大

扯剥 tʂʰɑ^{41} pɑʔ^{3}　脱掉（衣服）：把旧衣服~了

扯拉 tʂʰɑ^{41} lɑʔ^{3}　①分开，离开：~的太远，不好照顾；②说开：~开就又得给你说一遍

和人 xɤu^{33} ʐəŋ^{33}　团结（人），跟人友好相处：多~有好处

和淘 xɤu^{53} tʰo^{21}　混合：吃了~饭

添弥 tʰie^{21} mi^{33}　添加，弥补：再~点儿就够了

添襄 tʰie^{24} siɤu^{213}　办大事时亲戚凑钱帮忙：~几个就差不多了

围拔 y^{33} pʰɑʔ^{21}　围住：~住就跑不了

余对 y^{33} tuɑe^{53}　挤出，余下时间：~点儿时间，来上一回

峪拔 yəʔ^{4} pʰɑʔ^{21}　①使范围缩小，使收缩：编筐子~住就好捉了；②逼迫人做某事

煺剥 tʰuɑe^{53} pɑʔ^{21}　煺毛皮

猜暇 tsʰɑe^{41} ɕiɑ^{33}　①猜疑；②揣测

闪忽 ʂie^{41} xuəʔ^{3}　耽误，重叠：闪闪忽忽

闪戏 ʂie^{41} ɕi^{53}　闪，哄：不要~我

嗑咬 kʰɤu^{53} nio^{412}　少量吃一点东西

海叨 xɑe^{24} to^{21}　叫唤：~孩儿起床上学

解绽 xɑe^{41} tsʰã^{53}　调解：那两个相吵嘞，过去~给下

仗胆 tʂɤu^{53} tã^{412}　壮胆

理纠 lɛe^{41} tɕiɑo^{213}　处理

里烂 lɛe^{41} lã^{53}　内讧

花支 xuɑ^{24} tsʅ^{21}　花费：这回出门~了多少

划派 xuɑ^{33} pʰɑe^{21}　清点：把开支~给下

划算 xuɑ^{33} suɤ^{53}　①计算；②合算

划作 xuɑ^{53} tsɑʔ^{21}　涂写：不要在墙上胡~

捋剥 lyəʔ^{3} pɑʔ^{3}　纠缠着索取东西：~的吃嘞

两离 liɤu^{41} lɛe^{53}　相互不粘连

量簸 liɤu^{33} pɤu^{21}　用尺子打量，测量

晾簸 liɤu^{53} pɤu^{21} 晾晒

探指 t^{h}ã^{53} tsɿ^{21} 探望

捉衬 tsuɑʔ^{3} ts^{h}əŋ^{53} 哄人干活：~的那做了一阵营生

捉拔 tsuɑʔ^{4} p^{h}ɑʔ^{21} 扶助：把老人~住，小心跌倒

眼却 niã^{24} tɑ^{h}iəʔ^{21} 眼红：不要~人家的东西

走攒 tsɑo^{24} tsã^{21} 浪费，流失：东西都~了

诌经 tsɑo^{24} tɕiəŋ^{213} 胡干，做不成（事情）：做不了，不要~了

分支 fəŋ^{24} tsɿ^{21} 分开

捣寄 to^{41} tɕi^{53} 把东西藏到别处

维挽 uɛe^{33} uã^{21} 维持

连身 lie^{33} ʂəŋ^{213} 不脱衣服（睡觉）

旋剥 ɕye^{53} pɑʔ^{21} 将不好的部分剜掉

催断 ts^{h}uɑe^{21} tuɤ^{53} 催促：~给下叫快些去

机武 tɕi^{24} u^{21} 干（比较烦乱的事情），搬：一堆砖一早就~完了

唾臭 t^{h}uɤu^{53} tʂ^{h}ɑo^{53} 说坏话：~人家

□说 ʂɤ^{53} suəʔ^{3} 想要、想吃又不直说，拐弯抹角地说

忌讳 tɕi^{53} xuɑe^{21} 在意：不要~那

擩架 zu^{41} tɕiɑ^{53} 竖起，立起：~得太高，谁能探上嘞

搬挖 pã^{24} uɑʔ^{21} 搬

窖止 tɕio^{53} tsɿ^{21} 种植后不出苗：洋芋~了，不出苗

歌叨 kɤu^{24} to^{21} 应付：咋把事情~停当了

生□ ʂɑ^{21} ni^{33} 生锈

消汤 siɤ^{24} t^{h}ɤu^{21} 比喻事情半途而废：工程做的中途就~了

贩弄 fã^{53} luəŋ^{21} 把不该卖的东西卖掉

红兴 xuəŋ^{33} ɕiəŋ^{21} 为表现体面满足别人：包了几个粽子，全~完了

填还 t^{h}ie^{33} xuã^{21} 为主人造福利：这羊~了主家，一年下了两茬羔

急斗 tɕiəʔ^{3} tɑo^{53} 挣扎：瞎~了一年，没弄的个甚

沙澄 sɑ^{21} təŋ^{53} （小孩儿）夭折

撑本 ts^{h}əŋ^{24} pəŋ^{412} 显能

吸笼 ɕiəʔ^{3} luəŋ^{33} 蒸馒头加得水少，把馒头弄焦了

喧谎 ɕye^{24} xuã^{213} 夸张，吹牛

截头 tɕ^{h}iəʔ^{3} t^{h}ɑo^{33} 超前：别~，后面慢慢走

造罪 tso^{53} tsuɑe^{53} 干不该干的事，作孽

折并 tʂəʔ^{3} piəŋ^{53} 将共同的物品转归一方

咬唣 nio^{41} tso^{53} 检举共同犯罪、犯错的人

黑丢 xəʔ^{3} tuəʔ^{3} 诬告，栽赃：~人家嘞

鸽拔 tɕ^{h}iã^{24} p^{h}ɑʔ^{21} 断定别人不能做、做不成某事

牛迷 niɑo^{33} mi^{33}　僵持，不答应：～了几天才答应了

（3）三音节动词

重回炉 tsʰuəŋ^{33} xuɑe^{33} lɑo^{33}　废旧的东西重做一次

打通关 tɑ^{41} tʰuəŋ^{24} kuã^{213}　轮一圈儿（主要用于行酒令，如划拳、打杠子）

打噍头 tɑ^{41} tsiɤ^{53} tʰɑo^{21}　牛反刍

打圪瘆 tɑ^{24} kəʔ^{21} səŋ^{213}　因受惊、害怕而身体哆嗦

打雁帽儿 tɑ^{41} niã^{53} mor^{53}　游泳时头朝下从水中钻进去。神木叫"打淹没儿"

打脑抢 tɑ^{41} no^{24} tsʰiɤu^{21}　身体不稳，头往下耷拉

打露水 tɑ^{41} lɑo^{53} suɛe^{21}　不起作用的人跟上沾光

打伙计 tɑ^{41} xɤu^{41} tɕi^{53}　男女私通

打忙工 tɑ^{41} mɤu^{33} kuəŋ^{21}　当雇工

打照回 tɑ^{41} tʂɤ^{53} xuɑe^{21}　返家探望：那出门在外，中途打了一回照回

打家匙 tɑ^{41} tɕiɑ^{21} sɿ^{33}　敲打击乐

打反锤 tɑ^{41} fã^{21} tsʰuɑe^{33}　①颠倒做事的次序；②倒过来想：将心比心，打上个反锤

打醋坛 tɑ^{41} tsʰɑo^{53} tʰã^{21}　将醋倒在烧热的铁器上驱邪、防病

打地狱 tɑ^{41} tɛe^{53} y^{21}　咒人早死：把你个～孙子

做营生 tsuəʔ^{3} i^{33} ʂɑ^{21}　干活儿

细歌摆 sɛe^{53} kɤu^{24} pɑe^{21}　周密细致地安排布置事情

捣京腔 to^{41} tɕiəŋ^{24} tɕʰiɤu^{213}　与本地人说外地话

囔藏经 nã^{41} tsã^{53} tɕiəŋ^{213}　说废话

片儿刮打 pʰiər^{53} kuɑʔ^{4} tɑʔ^{21}　不严重地吵架：婆姨汉～一下没关系

识详随儿 ʂəʔ^{3} siã^{33} suər^{33}　观颜察色：办事情要～嘞，看领导意图

探口供 tʰã^{53} kʰɑo^{41} kuəŋ^{53}　试探别人的说法

危卜搔 uɛe^{24} pəʔ^{21} tso^{213}　冒险求生：不～就没办法了

偏面子 pʰie^{21} mie^{53} tsəʔ^{21}　偏向：我们领导为人不公，～嘞

□头子 mɑe^{41} tʰɑo^{33} tsəʔ^{21}　①柴炭火灭了；②身上的疤长痂了

破脑子 pʰɤu^{53} no^{41} tsəʔ^{3}　拼命，决一死战

胤种子 iəŋ^{53} tsuəŋ^{41} tsəʔ^{3}　留后代

踢场子 tʰiəʔ^{4} tʂʰɤu^{41} tsəʔ^{3}　秧歌里的一个节目，有二人、四人、六人、八人场子等

海场子 xɑe^{24} tʂʰɤu^{41} tsəʔ^{3}　闹秧歌时，使人向外，扩大场地

裹面子 kɤu^{21} mie^{53} tsəʔ^{21}　给人留面子

溜面子 liɑo^{53} mie^{53} tsəʔ^{21} 在人面前表现好:做~事

瞅明气 tsʰɑo^{41} mɛe^{33} tɕʰi^{53} 占便宜,瞅便宜

害着气 xɑe^{53} tʂʰəʔ^{3} tɕʰi^{53} 因生气而不干某事了:我早就~了

接口气 tɕiəʔ^{4} kʰɑo^{41} tɕʰi^{53} 别人说好,自己也说好,顺别人说话

疯啕气 fəŋ^{21} tʰo^{33} tɕʰi^{53} 一股劲儿寻找事端

看异气 kʰie^{53} i^{53} tɕʰi^{53} 看别人的笑话

挼时气 zuɑ^{33} sɿ^{33} tɕʰi^{53} 连续发生不顺心的事:真是~,不断生事

扑时气 pʰəʔ^{3} sɿ^{33} tɕʰi^{53} 用一种行为或语言使他人倒霉,破坏别人的运气

对彩气 tuɑe^{53} tsʰɑe^{41} tɕʰi^{53} 碰机会,碰运气

不着心 pəʔ^{3} tʂʰəʔ^{21} siəŋ^{213} 不关心,不上心

不打正 pəʔ^{3} tɑ^{41} tʂəŋ^{53} 不注意

不搭张 pəʔ^{3} tɑʔ^{21} tʂã^{213} 不理睬,不关心

不贵气 pəʔ^{3} kuɛe^{53} tɕʰi^{53} 不爱惜、不喜欢(人、东西):光亲小子,~女子

不言出 pəʔ^{3} nie^{33} tsʰuəʔ^{21} 不说话

不雅意 pəʔ^{3} iɑ^{33} i^{53} 不服气:那学习好,我还~那

不起山儿 pəʔ^{3} tɕʰi^{41} sɑr^{213} 整天不叠铺盖

着不得 tʂəʔ^{3} pəʔ^{3} təʔ^{3} 不喜欢:~人多

晓不得 ɕiɤ^{41} pəʔ^{3} təʔ^{3} 不知道

拉黑牛儿 lɑ^{21} xəʔ^{3} niɑor^{53} 作托儿

胡日鬼 xu^{33} ẓəʔ^{4} kuɛe^{412} 乱做事

穷急斗 tɕʰyəŋ^{33} tɕiəʔ^{3} tɑo^{53} 条件不具备还要做

紧捞抹 tɕiəŋ^{41} lo^{33} mɑʔ^{21} 抓紧办事,赶时间

呜呐喊 u^{53} nɑʔ^{4} xã^{21} ①叫喊;②稍微警告一下:~一下就行了

跌软腰 tiəʔ^{4} zuɤ^{41} iɤ^{213} 扭秧歌时,女角色下腰的动作

夹门觑 tɕiɑʔ^{3} məŋ^{33} tsʰɑo^{33} 从门缝里瞧

自定罪 tsɿ^{53} tiəŋ^{53} tsuɑe^{53} 自作自受

自寻死 tsɿ^{53} səŋ^{33} sɿ^{412} 自取灭亡,自找苦吃

自卜□ tsɿ^{53} pəʔ^{21} liɑ^{213} 自力更生,自己靠自己生活

自投堂 tsɿ^{53} tʰɑo^{33} tʰã^{33} 投案自首

套二犁 tʰo^{52} ər^{53} lɛe^{33} 重复耕地两次

坐对月 tsuɤu^{53} tuɑe^{53} yəʔ^{21} 旧俗:婚后新娘分别在婆家、娘家住相同的天数,有的住 7—8 天,有的住 8—9 天

董烂包 tuəŋ^{41} lã^{53} po^{213} 把事情搅乱

去疑心 tɕʰy^{53} i^{33} siəŋ^{213} 消除疑虑,求得心理安慰

死仰下 sɿ^{24} niɤu^{41} xɑ^{53} 躺着不动,懒得干活儿

脑担起 no^{33} tã^{24} tɕ^{h}i^{21}　头向上抬起

尽气力 tsiəŋ^{53} tɕ^{h}i^{53} liəʔ^{21}　用尽本事做

搔秃痂 zo^{33} t^{h}uəʔ^{21} tɕiɑ^{213}　用手搔死皮

露筋骨 lɑo^{53} tɕiəŋ^{24} kuəʔ^{21}　暴露内幕，说了不该说的话

翻嘴舌 fã^{24} tsuεe^{24} ʂəʔ^{21}　传话

质嘴舌 tʂəʔ^{21} tsuεe^{24} ʂəʔ^{21}　当面对质：咱～，究竟是谁说的

揞嘴舌 ŋie^{41} tsuεe^{24} ʂəʔ^{21}　用东西堵人的嘴

捉话把儿 tsuɑʔ^{3} xuɑ^{53} pɑr^{53}　抓把柄

吃独份儿 tʂ^{h}əʔ^{4} t^{h}uəʔ^{21} fər^{53}　独占

撑好汉 ts^{h}əŋ^{24} xo^{41} ɕie^{53}　逞强

撑憨本 ts^{h}əŋ^{24} ɕie^{24} pəŋ^{412}　没本事、不厉害还想逞能

上牙爪 ʂɤu^{53} niɑ^{33} tso^{53}　施加压力，用严厉的手段管教（“爪”变读去声）

上硬阵 ʂɤu^{53} niəŋ^{53} tʂəŋ^{53}　上王法，给颜色瞧

转慢慢 tsuɤ^{53} mɤ^{53} mɤ^{21}　身体旋转（神木叫“转磨磨”，疑“慢”为“磨”之音变）

打站站 tɑ^{41} tsã^{53} tsã^{21}　小孩儿学习站立

跑登登 p^{h}o^{41} təŋ^{213} təŋ^{33}　打杂

溜马马 liɑo^{53} mɑ^{41} mɑ^{213}　从坡上坐着往下溜

缭边边 liɤ^{33} pie^{24} pie^{21}　从侧面提示、提醒：我～给那提了一下

打餐餐 tɑ^{41} ts^{h}ã^{53} ts^{h}ã^{21}　比赛吃饭

打筒筒 tɑ^{24} t^{h}uəŋ^{41} t^{h}uəŋ^{213}　两个人在一个被窝睡觉

套筒筒 t^{h}o^{53} t^{h}uəŋ^{41} t^{h}uəŋ^{213}　事先商量好一致的说法，共谋

抓瓦瓦 tsuɑ^{24} uɑ^{41} uɑ^{213}　抓阄儿

三十二　普通形容词

（1）单音节形容词

老 lo^{412}　①不年轻；②不嫩

嫩 nuəŋ^{53}

生 səŋ^{213}

熟 suəʔ^{213}

（天气）热 ʐəʔ^{213}

　熇 tɕ^{h}yəŋ^{412}

（天气）暖 nuɤ^{412}　暖和

（天气）冷 liɑ^{412}

（触觉）烫 t^{h}ɤu^{53}

（触觉）凉 liɤu^{33}

（触觉）温 uəŋ^{213}

弯 uɤ^{213}

　圪溜 kəʔ^{21} liɑo^{213}“勾”的分音词

端 tuɤ^{213}

直 tʂ^{h}əʔ^{213}

疼 t^{h}əŋ^{33}

咬 nio^{412} 痒

熬 ŋo^{33} 累

乖 kuɑe^{213}

精 tsɛe^{213}

精能 tsɛe^{213} nəŋ^{33}

忙 mɤu^{33}

忙□ mɤu^{33} tɕi^{53}

闲 ɕiã^{33}

横 ɕyɑ^{33} 蛮横

扁 pã^{412}

乱 luɤ^{53}

（刀子）快 k^{h}uɑe^{53}

利 lɛe^{53} 锋利

笨 pəŋ^{53} 钝

慢 mɤ^{53}

干 kie^{213}

湿 ʂəʔ^{213}

（坡）陡 tɑo^{412}

立 liəʔ^{213}

（坡）漫平 mã^{53} p^{h}ɛe^{33} 缓

□ tɕ^{h}iã^{53} 合适

愣 ləŋ^{53} ①（东西）粗笨；②（人）胖大

碜 ts^{h}əŋ^{412} 口里有土

犃 ts^{h}ɑe^{213} 不生育的：~婆姨

□ ts^{h}o^{53}（丁字形的工具，如镢头等）角度小，朝里弯

直 tʂ^{h}əʔ^{213}（丁字形的工具，如镢头等）角度大，太朝外弯

□ tɕiəʔ^{3} 干，稠：把水泥调~一点儿

□ nio^{33} 愁，烦，腻味：打了几年字，打得~了

□ luɑe^{412} 骄傲：这人当了官，~起来了

欻 ts^{h}uɑ^{53} 象声词，反映动作迅速，快速：~的一下就把老鼠捉住了

□ xɤu^{213} 形容动作迅速：~的一下就揣在怀里了

乜 miɑ^{33} 痴呆，傻

绒 zuəŋ^{33} 柔软：~毛；~格处处儿

□ zuəŋ^{412} 软，不干：把泥调~给儿

□ zɑe^{33} 形容说话不干脆，嗲声嗲气

（2）双音节形容词

乜斜 miɑ^{33} siɑ^{33} 痴呆的样子

咬硬 nio^{41} niəŋ^{53} ①形容事情难度大：这个营生太~了，我做不了。②形容难以承受的（价格等）：甲：这种车好。乙：太~了，买不起

□粗 lɤu^{41} ts^{h}u^{213} 粗心大意：小子病了那么长时间娘老子还不知道，真是太~了

嵌手 tɕ^{h}iã^{53} ʂɑo^{21} 合适：家具~

嵌缩 tɕ^{h}iã^{53} suaʔ^{21} 刚好，不大不小

焰爹 ie^{53} tsɑ^{53} ①颜色太扎眼；②嚣张

嘴犟 tsuɑe^{41} tɕiɤu^{53}

古怪 ku^{41} kuɑe^{53} 奇怪

精明 tsɛe^{21} mɛe^{33} 清楚

麻糊 mɑ^{33} xu^{21} 模糊

恓惶 sɛe^{21} xɤu^{33} 可怜

嘁称 tsʰiəʔ^{3} tʂʰəŋ^{53} 好说风趣的话：这人可～嘞

拴正 ʂuã^{21} tʂɛe^{53} 人的品性好：这人太～了，不做坏事

跐爬 tsʰʅ^{21} pʰɑ^{33} 身体结实

撩斜 liɤ^{33} siɑ^{33} 斜着，不直：这条路～修过去了

食细 ʂəʔ^{3} sɛe^{53} 厌食，挑食：这孩儿可～嘞

失撩 ʂəʔ^{3} liɤ^{33} 护疼，怕疼，爱大惊小怪：你真～嘞，针没挨上就吼上了

实插 ʂəʔ^{21} tsʰaʔ^{3} 挤的满满的样子：戏场的人～了

实受 ʂəʔ^{3} ʂɑo^{53} 老实：这个人太～，没一点灵活劲

胖臭 pʰã^{21} tʂʰɑo^{53} 臭的厉害：污水～

丁瓷 tiəŋ^{21} tsʰʅ^{33} 生硬：饼干～，咬不烂

丁酸 tiəŋ^{24} suɤ^{213} 酸得厉害：醋～

丁咸 tiəŋ^{21} xã^{33} 咸得厉害：饭菜～

丁苦 tiəŋ^{24} kʰu^{412} 苦得厉害：黄连～

老腔 lo^{41} tɕʰiã^{213} 过熟，蔬菜等太老：葫芦～得吃不成了

痴慢 tʂʰɛe^{21} mã^{53} 动作缓慢，反应迟钝

泼岔 pʰəʔ^{3} tsʰɑ^{53} 胆大，泼辣：这个婆姨做营生可～嘞

肘奓 tʂɑo^{41} tsɑ^{53} 身大体胖：这个人长的可～嘞

丑奓 tʂʰɑo^{41} tsɑ^{53} 丑陋：面貌～

偏截 pʰie^{24} tsʰiəʔ^{21} 轻重不均：两只桶大小不一样，～着嘞

偏薄 pʰie^{24} pʰəʔ^{21} 一边厚一边薄：这块石板～着嘞

偏背 pʰie^{24} pɑe^{213} 驼背的人背上的突出部分不正，偏在一面：张三是个～锅

圪碜 kəʔ^{4} tsʰəŋ^{412} ①牙碜；②难看，瘆人：蛇看去可～嘞

圪料 kəʔ^{3} liɤ^{53} 不顺，别扭：绳子～的解不开

圪慌 kəʔ^{21} xɤu^{213} 紧张，不大方：～得伸不出手来

隔手 kəʔ^{4} ʂɑo^{412} 间接的：～事情，我不弄

鲁怔 lɑo^{41} tʂɛe^{53} 笨拙：脑筋不灵，可～嘞

搂利 lɑo^{33} lɛe^{53} 利索，熟悉：干活～

圪筋 kəʔ^{21} tɕiəŋ^{213} 又干又瘦：瘦～

圪争 kəʔ^{21} tsəŋ^{213} 不爱别人的东西，不贪小便宜

圪尖 kəʔ^{21} tsie^{213} 冒起：粮堆～了

局火 tɕyəʔ^{4} xɤu^{41} 身体不舒服：浑身～得不舒服

狂打 $k^hu\tilde{a}^{33}$ $t\alpha^{21}$ 不稳重，妖里妖气

结健 $t\varsigma i\partial ʔ^{3}$ $t\varsigma ie^{53}$ 健康

吃嗑 $t\varsigma i\partial ʔ^{4}$ $k^h\partial ʔ^{21}$ 口吃

死相 $s\eta^{41}$ $si\gamma u^{53}$ 呆板，不灵活

四正 $s\eta^{53}$ $t\c{s}\varepsilon e^{53}$ （东西）整洁、整齐

熨帖 $y\partial ʔ^{4}$ $t^hi\partial ʔ^{21}$ （生活）美满，宽裕；妥当

圆乎 ye^{33} xu^{21} 妥帖：孩儿考上大学了，心则～了

圆挽 ye^{33} $u\tilde{a}^{21}$ 事情结果圆满

远悠 ye^{41} $i\alpha o^{33}$ 长久，时间长：今年才上小学，离考大学还～着嘞

远窎 ye^{41} $ti\gamma^{53}$ 遥远

但微 $t\tilde{a}^{53}$ $u\varepsilon e^{21}$ 小的，稍微的

圪影 $k\partial ʔ^{4}$ i^{412} 肮脏，瘆人

利洒 $l\varepsilon e^{53}$ $s\alpha^{21}$

利净 $l\varepsilon e^{53}$ $ts\varepsilon e^{53}$ 干净，清洁

松动 $su\partial\eta^{21}$ $tu\partial\eta^{53}$ 难受劲儿过去了，不太难过了：吃了一根烟，肚子疼得～了

厚成 $x\alpha o^{53}$ $t\c{s}^h\partial\eta^{21}$ 物质充裕，富裕

薄却 $p^h\partial ʔ^{3}$ $ts^hi\partial ʔ^{3}$ 单薄

拉常 $l\alpha^{21}$ $t\c{s}^h\gamma u^{33}$ 老不替换的（衣服）

邋赖 $l\alpha ʔ^{3}$ $l\alpha e^{53}$ 不卫生，不整洁，又"邋遢"

真姿 $t\c{s}\partial\eta^{24}$ $ts\eta^{21}$ 东西质量可靠：这是～黄米

理良 $l\varepsilon e^{41}$ $li\tilde{a}^{33}$ 衣貌不整的样子：看衣服穿的那～样儿

整一 $t\c{s}\varepsilon e^{41}$ $i\partial ʔ^{3}$ （观点、行动）整齐。重叠：整整一一

整桩 $t\c{s}\varepsilon e^{41}$ $tsu\gamma u^{213}$ 完整，整齐，不凌乱。重叠：整整桩桩

知熟 $t\c{s}\varepsilon e^{24}$ $su\partial ʔ^{213}$ 清楚的，熟悉的：那是个～人

窄便 $t\c{s}\alpha ʔ^{3}$ pie^{53} 狭窄，狭小：房子太小，实在～嘞

夹缠 $t\varsigma i\alpha ʔ^{3}$ $t\c{s}^hie^{33}$ 麻缠，麻烦

合厚 $x\partial ʔ^{21}$ $x\alpha o^{53}$ 关系密切，有深交

合文 $x\partial ʔ^{3}$ $u\partial\eta^{33}$ 精通，老练：做营生可～嘞

活声 $xu\partial ʔ^{21}$ $\c{s}\varepsilon e^{213}$ 儿孙多，人丁兴旺

活沙 $xu\partial ʔ^{21}$ $s\alpha^{213}$ 不稳重：那女子太～了

豁牙 $xu\partial ʔ^{3}$ $\eta\!\!\!\!, i\alpha^{33}$ 形容缺牙

暗抠 ηie^{33} $\eta\alpha o^{53}$ 隐蔽，人不知鬼不觉：事情做得～，谁都不知道

俊样 $t\varsigma y\partial\eta^{53}$ $i\gamma u^{53}$ 貌美，好看

备细 $p\varepsilon e^{53}$ $s\varepsilon e^{53}$ 仔细

下茬 $x\alpha^{53}$ $ts^h\alpha^{33}$ 勇敢，胆大：做事可～嘞

□□ $p^h\alpha e^{53}$ $u\alpha e^{33}$ 又胖又笨的样子：那的身体可～嘞

奸窍 $tsie^{21}$ $t\varsigma^hi\gamma^{53}$ 自私：这人太～，总想占别人的便宜

紧帮 $t\varsigma i\partial\eta^{41}$ $p\gamma u^{213}$ 紧张，忙乱，事多：事情太多，～的

入溜 zuəʔ^{21} liɑo^{33}　动作灵活：这娃娃可～嘞

秀妙 siɑo^{53} miɤ^{53}　东西又贵又不结实

次落 tsʰɿ^{53} lɑʔ^{21}　质量不好。重叠：次次落落

扎牙 tsɑʔ^{3} niɑ^{33}　凶残，厉害

秃舌 tʰuəʔ^{4} ʂəʔ^{21}　大舌头

嘈杂 tsʰo^{33} tsɑ^{213}　杂乱，混乱

嘈拗 tsʰo^{33} nio^{53}　跳皮，捣蛋，难相处：那人～嘞，谁也惹不起

挖窝儿 uɑ^{24} ur^{21}　全家人一起出动走亲戚，参加典礼：来了～亲戚

和手 xɤu^{33} ʂɑo^{21}　熟练，技艺精湛：～把式

和稳 xɤu^{33} uəŋ^{21}　熟练，稳重

漂梢 pʰiɤ^{24} so^{213}　偏僻：离村子太远，有点儿～

乖在 kuɑe^{21} tsɑe^{53}　不调皮，乖

况余 kʰuã^{53} y^{33}　多余

把家 pɑ^{41} tɕiɑ^{213}　家里有东西舍不得给人

把稳 pɑ^{24} uəŋ^{21}　肯定，保准

霸横 pɑ^{53} ɕyɑ^{33}　霸道，无理欺负人

硬茬 niəŋ^{53} tsʰɑ^{21}　未耕翻过的（地）

硬把 niəŋ^{53} pɑ^{21}　①不软，硬；②结实

里透 lɛe^{41} tʰɑo^{53}　湿透：衣服～了

花哨 xuɑ^{21} so^{53}　式样多，品种多

绒然 zuəŋ^{33} zʅe^{21}　（性格）绵软，温和

探食 tʰã^{53} ʂəʔ^{3}　贪吃

扛硬 kʰɤu^{41} niəŋ^{53}　结实，坚强

捣式 to^{41} ʂəʔ^{3}　好逸恶劳，好吃懒做，取财无道的（人）。蒙古语借词

练颠 lie^{53} tie^{21}　迅速，敏捷：干活～点儿

刚骨 kã^{24} kuəʔ^{21}　不喜欢占便宜，有骨气

辣实 lɑʔ^{4} ʂəʔ^{21}　数量多，丰盛

服实 fəʔ^{4} ʂəʔ^{21}　（捆扎得）牢固

搅嘴 tɕiɤ^{24} tsuɑe^{412}　话多惹事，喜出风头

小就 siɤ^{41} tsiɑo^{53}　办事不求大，不声张

攒□ tsʰuɤ^{33} tsʰiã^{53}　规模不大，正合适

黑痞 xəʔ^{3} pʰi^{33}　①蛮横无理；②指蛮不讲理的人：跌～

吸钵 ɕiəʔ^{3} pəʔ^{3}　凹陷下去：～地，～子

乏困 fɑʔ^{3} kʰuəŋ^{53}　疲惫，累

（3）三音节形容词

一副龙儿 iəʔ^{3} fu^{53} luər^{21}　整套：剪锯～都有了

一圪炸 iəʔ^{3} kəʔ^{3} tsɑ^{53}　形容动不动就发火：有话慢慢说，不要行动就～

一圪绕 iəʔ^{3} kəʔ^{3} zɤ^{53}　趁人不注意快速溜走：怕连累各人，～就躲开了

一背着儿 iəʔ^{3} pɑe^{53} tʂər^{21}　背部着地（滑倒）

一趔趄 iəʔ^{3} liɑ^{53} tɕʰiɑ^{53}　斜着身子：～就躲开了

一剔一 iəʔ^{3} tʰiəʔ^{3} iəʔ^{3}　好中选好的：这枣是～的好枣

一跟冲 iəʔ^{21} kəŋ^{24} tsʰuəŋ^{21}　不停地，

接连不断地：~来了一群人

一世界 iəʔ^{3} ʂɛe^{53} tɕiɑe^{53} 到处：谷儿撒下~

一趁哄儿 iəʔ^{3} tʂʰəŋ^{53} xuər^{21} 形容跟风做事情：~都买了摩托车

一忽吸 iəʔ^{3} xuəʔ^{3} ɕiəʔ^{3} 形容肚皮收缩的样子：肚子~、~的

一笼通 iəʔ^{3} luəŋ^{33} tʰuəŋ^{213} 上下一样粗，胖

一忽哧 iəʔ^{3} xuəʔ^{3} tʂʰəʔ^{3} ①快速；②提前，抢在前头：那~就跑到前面了

一圪哧 iəʔ^{3} kəʔ^{3} tʂʰəʔ^{3} 形容身子前后、上下晃动，多因有生理缺陷：走路~、~的

一眼眼 iəʔ^{3} niã^{33} niã^{21} 一个劲儿，只认准一件事的：那不愿意吃馍，~吃面

一磨磨 iəʔ^{3} mɤu^{53} mɤu^{21} 一股劲儿：~好好学，才能考上大学嘞

一土土 iəʔ^{3} tʰu^{21} tʰu^{213} 一直没中断：在工厂~干了十多年

一糊泡 iəʔ^{3} xu^{33} pʰo^{213} 杂乱：做事做的~，寻不上精明

一塌堆 iəʔ^{3} tʰɑʔ^{21} tuɑe^{213} 东西放置得杂乱，乱堆在一起：衣裳放得~，一满不整齐

一表石儿 iəʔ^{3} pʰiɤ^{24} ʂər^{213} 形容单层垒砖石：这墙是~垒起的

一跑砖 iəʔ^{3} pʰo^{41} tsuã^{213} 形容用一层砖垒墙

一口腔 iəʔ^{3} kʰɑo^{41} tɕʰiã^{213} 一言堂，一个人说了算：那~就定了，没和其他人商量

两岔股 liɤu^{41} tsʰɑ^{53} ku^{21} 不一致，不统一：一件事说的~

两分头儿 liɤu^{41} fəŋ^{213} tʰɑor^{53} 分开，分头：羊扔了，咱们分成~找

双扶手 suɤu^{21} fu^{33} ʂɑo^{412} 用两只手：那脑疼嘞，~抱着不放

四方墩 sɿ^{53} fɤu^{24} tuəŋ^{213} 正方体的：一块~石头，可重嘞

四明头 sɿ^{53} miəŋ^{33} tʰɑo^{21} 地方空旷，四面没有遮拦：修了个~窑，冬天可冷嘞

散角子 sã^{53} tɕyəʔ^{21} tsəʔ^{3} 不规则的：~石头

挽沿子 uã^{41} ie^{33} tsəʔ^{21} 口儿反卷起来：~口袋好装东西

□把子 tɕʰiɑ^{53} pɑ^{53} tsəʔ^{21} 事情没有办成，失败：这事情~了

□人子 tɕʰiɑ^{33} zəŋ^{21} tsəʔ^{21} 贵得超出承受能力：一套楼几十万，太~了

短折子 tuɤ^{41} tʂəʔ^{4} tsəʔ^{21} （用）小动作：我安了个~就把坏人制服住了

较短子 tɕiɤ^{53} tuɤ^{41} tsəʔ^{3} 故意作对，较劲：那故意和我~

当胛子 tã^{53} tɕiɑ^{53} tsəʔ^{21} 从肩胛打下去

逊门子 ɕyəŋ^{53} məŋ^{33} tsəʔ^{21} 没心事，没兴趣：对那的做法我就～了

封门子 fəŋ^{213} məŋ^{33} tsəʔ^{21} 不可能：这事～了，绝对办不成

抓耳子 tsuɑ^{24} ər^{41} tsəʔ^{21} 耳朵竖起的，多指狗：～狗

海满子 xɑe^{24} mɤ^{41} tsəʔ^{3} 大胆：你需要多少，则～说

搂根子 lɑo^{33} kəŋ^{24} tsəʔ^{21} 从底部（抬、锯）：～把树锯倒

滚身子 kuəŋ^{41} ʂəŋ^{24} tsəʔ^{21} 形容刚睡觉起来身体发热

赤启子 tʂ^{h}əʔ^{3} tuəʔ^{4} tsəʔ^{21} 形容不穿裤子，光屁股

朽启子 ɕiɑo^{41} tuəʔ^{4} tsəʔ^{21} 形容瓜果类皱缩状

瓮启子 uəŋ^{53} tuəʔ^{4} tsəʔ^{21} 形容错事，难以收拾的事：做下～营生了

吊扇子 tiɤ^{53} ʂie^{53} tsəʔ^{21} 门扇合页下移

插根子 ts^{h}ɑʔ^{21} kəŋ^{24} tsəʔ^{21}

插土子 ts^{h}ɑʔ^{4} t^{h}u^{41} tsəʔ^{3} 既不留茬，也不挖坑，顺地面上（刨、砍）：把树～砍了

敞豁子 tʂ^{h}ɤu^{41} xuəʔ^{21} tsəʔ^{3} 没有围墙的（院子）

张口子 tʂɤu^{24} k^{h}ɑo^{41} tsəʔ^{3} 口沿部分没有遮盖的（东西）：～窑

绌口子 ts^{h}uəʔ^{4} k^{h}ɑo^{41} tsəʔ^{3} 用松紧带穿系的（口袋）：布袋做成～

害眼子 xɑe^{53} niã^{41} tsəʔ^{3} 眼儿比正常大：钉子口～了；螺丝成了～

趟壕子 t^{h}ɤu^{41} xo^{33} tsəʔ^{21} 种庄稼撒种时，不分株距，满壕都撒的方法，以保证出苗足

拦脑子 lã^{33} no^{41} tsəʔ^{3} 从顶部劈、割：把树苗～削下去

空头子 k^{h}uəŋ^{53} t^{h}ɑo^{33} tsəʔ^{21} 光嘴说不付诸实施的（话）

□温子 u^{53} uəŋ^{24} tsəʔ^{21} 不太热的

搂肚子 lɑo^{24} tu^{41} tsəʔ^{3} 下大上小的形状，葫芦状地形

□茬子 ts^{h}uɑ^{41} ts^{h}ɑ^{33} tsəʔ^{21} 形容木头不顺着纹理裂开：这块木头一劈就～了

断种子 tuɤ^{53} tsuəŋ^{41} tsəʔ^{3} 无儿女的，断子绝孙的

倒沿子 to^{41} ie^{33} tsəʔ^{21} 道路横向一边高一边低的，斜着的，坡度大的：～路不好走

土腥气 t^{h}u^{41} sɛe^{213} tɕ^{h}i^{53} 形容带泥腥味儿，比如池塘养的鱼的味儿：王八肉～着嘞

狗夹气 kɑo^{41} tɕiɑʔ^{3} tɕ^{h}i^{53} 形容狗的味道

日脏气 ʐəʔ^{21} tsɤu^{24} tɕ^{h}i^{53} 形容肮脏的样子

哈拉气 xəʔ^{21} lɑ^{213} tɕ^{h}i^{53} 形容（肉，油）陈旧味

陈糠气 tʂ^{h}əŋ^{33} k^{h}ɤu^{213} tɕ^{h}i^{53} 形容陈旧的谷糠味

油哼气 iɑo^{33} xəŋ^{213} tɕ^{h}i^{53} 形容油变味后的味道

霉子气 mɑe^{33} tsəʔ^{21} tɕ^{h}i^{53} 形容发霉变质的味道

烟霉气 ie^{21} mɑe^{33} tɕ^{h}i^{53} 形容烟熏的气味儿

尿臊气 niɤ^{53} so^{213} tɕ^{h}i^{53} 形容尿臭味儿

尿着气 tɕ^{h}iɑo^{33} tʂ^{h}əʔ^{21} tɕ^{h}i^{53} 泄气,不想干了:对那就~了

龌粕气 uɑʔ^{4} p^{h}əʔ^{21} tɕ^{h}i^{53} 形容不干的粮食被捂变质后发出的味儿

爬倯气 p^{h}ɑ^{33} suəŋ^{21} tɕ^{h}i^{53} 骂人行为不正:看你个~

恶心气 ŋəʔ^{21} siəŋ^{24} tɕ^{h}i^{53} 厌恶:这么做,我就~了

突腥气 t^{h}uəʔ^{21} sɛe^{213} tɕ^{h}i^{53} 形容不成熟的味道:黄瓜还有点~

够心气 kɑo^{53} siəŋ^{21} tɕ^{h}i^{53} 形容不满意的情绪:对那就~

蛹腥气 yəŋ^{21} sɛe^{213} tɕ^{h}i^{53} 形容蚕蛹的味儿

生食气 ʂɑ^{24} ʂəʔ^{21} tɕ^{h}i^{53} 形容消化不良发出的气味

厌恶气 ie^{53} u^{21} tɕ^{h}i^{53} 感到厌烦讨厌:这事我~了

霉人气 mɑe^{33} ʐəŋ^{33} tɕ^{h}i^{53} 因事情没做成而感到倒霉

熓焦气 ŋɑo^{41} tsiɤ^{213} tɕ^{h}i^{53} 本指焦糊味儿,喻指怪怨事情没做好的情绪:今儿真是~

死蔫气 sʅ^{41} ie^{213} tɕ^{h}i^{53} 行动怠慢,迟缓

鬼火气 kuɛe^{24} xɤu^{41} tɕ^{h}i^{53} 生气,发脾气

麻烦气 mɑ^{33} fã^{21} tɕ^{h}i^{53} 感到麻烦:心不顺,觉见~

可口气 k^{h}ɤu^{53} k^{h}ɑo^{21} tɕ^{h}i^{53} 因不刷牙口腔不干净而发出的气味

青草气 ts^{h}ɛe^{24} ts^{h}o^{41} tɕ^{h}i^{53} 形容嫩草味儿

不异气 pəʔ^{3} i^{53} tɕ^{h}i^{53} 不觉得稀罕

不骨气 pəʔ^{3} kuəʔ^{3} tɕ^{h}i^{53} 不正经的

不奋气 pəʔ^{21} t^{h}ɑe^{41} tɕ^{h}i^{53} 不大方,给人东西时数量少,质量低:做事~

不住气 pəʔ^{3} tsu^{53} tɕ^{h}i^{53} 形容不停歇地干活

不草次 pəʔ^{3} ts^{h}o^{41} ts^{h}ʅ^{53} 不稳重,冒失

不着意 pəʔ^{3} tʂəʔ^{3} i^{53} 无意

不打眼 pəʔ^{3} tɑ^{24} niã^{412} 不醒目,不鲜艳

不利生 pəʔ^{3} lɛe^{53} səŋ^{21} 有病

不日骨 pəʔ^{3} ʐəʔ^{21} kuəʔ^{3} 不好,丑陋

不着骨 pəʔ^{3} tʂəʔ^{3} kuəʔ^{3} 体质不好,爱生病

不算人 pəʔ^{3} suɤ^{53} ʐəŋ^{33} 不做正事,不讲理

不朝理 pəʔ^{3} tʂ^{h}ɤ^{33} lɛe^{21} 不理睬

不超淘 pəʔ^{3} tʂʰɤ^{21} tʰo^{33}　不正经

不应手 pəʔ^{3} iəŋ^{53} ʂɑo^{21}　工具不合适，不自如

不逮手 pəʔ^{3} tɑe^{24} ʂɑo^{21}　不熟练

不[illegible]己 pəʔ^{3} tuəʔ^{4} tɕi^{412}

不摘己 pəʔ^{3} tʂɑʔ^{4} tɕi^{412}　不自量力：这人～，不会唱还非参加合唱队

不藏情 pəʔ^{3} tsʰɤu^{33} tsʰiəŋ^{33}　心直口快，直爽

不捉发 pəʔ^{3} tsuɑʔ^{3} fɑʔ^{3} 不精干，不漂亮

不治事 pəʔ^{3} tʂɛe^{53} sɿ^{53}　不成事

不凑事 pəʔ^{3} tsʰɑo^{53} sɿ^{53}　（人、东西）不恰当，（时机）不适合

不通泰 pəʔ^{21} tʰuəŋ^{21} tʰɑe^{53}　不精通

不实称 pəʔ^{3} ʂəʔ^{3} tʂʰəŋ^{53}　不认真，办事敷衍

不颠实 pəʔ^{21} tie^{24} ʂəʔ^{21}　不稳重

不关本儿 pəʔ^{21} kuã^{24} pər^{213}　不花本钱获得东西：这东西是人家给的，～

不得领儿 pəʔ^{3} təʔ^{4} liər^{213}　还没有独立生活、干事的能力：孩儿猴嘞，还～

不下气 pəʔ^{3} ɕiɑ^{53} tɕʰi^{53}　做错事不承认，不道歉

不出超 pəʔ^{4} tsʰuəʔ^{21} tʂʰɤ^{213}　没出息

不出跳 pəʔ^{3} tsʰuəʔ^{3} tʰiɤ^{53}　胆量小

不识话 pəʔ^{3} ʂəʔ^{3} xuɑ^{53}　（小孩儿）不懂事，不会察言观色

不识幸 pəʔ^{3} ʂəʔ^{3} ɕiəŋ^{53}　不满足，不识惯

不少嵌 pəʔ^{3} ʂɤ^{41} tɕʰiã^{53} 埋怨自己不该做什么事情，后悔：～我就戳了一下

不显戏 pəʔ^{3} ɕie^{41} ɕi^{53}　差别不明显：红星和元帅（两个品种的苹果）也～甚

不全换 pəʔ^{3} tɕʰye^{33} xuã^{21}　不全，不完整

不搦包 pəʔ^{3} no^{41} po^{213}　不吃亏：买东西～，挺实惠

陀儿不空 tʰɤur^{53} pəʔ^{3} kʰuəŋ^{53}　智障，脑子不清：那～，算不见账

尿不蛋 tɕʰiɑo^{33} pəʔ^{3} tã^{53}　形容能力差，胆小，什么都干不成

由不得 iɑo^{33} pəʔ^{3} təʔ^{3}　情不自禁，控制不住自己

使不得 sɿ^{41} pəʔ^{3} təʔ^{3}　不能用

平不塌 pʰɛe^{33} pəʔ^{3} tʰɑʔ^{3}　事情没结果：事情没处理，还是个～

漫不塌儿 mã^{53} pəʔ^{4} tʰɑr^{213}　差不多：～和那长得一样高

值不过 tʂʰəʔ^{3} pəʔ^{3} kɤu^{53}　没必要，不值得：问题不大，～和那争论

狗不张 kɑo^{41} pəʔ^{3} tʂã^{213}　没人理睬

吃不定 tʂʰəʔ^{3} pəʔ^{3} tɛe^{53}　支架不起，吃不住：绳子太细，～这么重的东西

使不上 sɿ^{41} pəʔ^{3} ʂɤu^{53}　不合适，用不上

肿不愣 tsuəŋ^{41} pəʔ^{3} ləŋ^{53}　浮肿的样子：蜂蛰得脸～

皮不腾 pʰi^{33} pəʔ^{4} tʰəŋ^{21}　做事缺乏主动性：这孩儿一满不听话，说上了～

皮不利 pʰi^{33} pəʔ^{4} lɛe^{53} 形容人纠缠不清，沾惹不得：这人～，死缠磨缠的

没胎孩 məʔ^{21} tʰɑe^{213} xɑe^{33} 贪得无厌：这人～，吃了还要□[xɤu^{412}]拿上

打侧墙儿 tɑ^{41} tsʰɑʔ^{3} tsʰiɤur^{33} 从侧面了解：～问讯给下

打八更 tɑ^{24} pɑʔ^{21} kəŋ^{213} 熟睡：睡得～，甚也不知道

狗翻肠 kɑo^{41} fã^{21} tʂʰɤu^{33} ①出尔反尔，说了又反悔；②记起很早以前的事，翻旧账

狗不挨 kɑo^{24} pəʔ^{21} ŋɑe^{213} （遭人）嫌弃、忌避：那活得～

鬼不挨 kuɛe^{24} pəʔ^{21} ŋɑe^{213} 没有人接近（比“狗不挨”重）：人气不好，～那

牛尿国儿 niɑo^{33} tɕʰiɑo^{33} kuər^{53} 出卖别人，致人于死地：把那丢到个～

驴相赶 y^{33} siəʔ^{4} kie^{412} 一顺子，不对称：两只鞋成了～

天打误 tʰie^{24} tɑ^{41} u^{53} 因天气原因而耽误了事情：～的没去成

天要命 tʰie^{21} iɤ^{53} mɛe^{53} 自然、意外死亡

天处人 tʰie^{24} tsʰu^{41} ʐəŋ^{33} 非人力所能支配的，不正常的：这是～，没办法

天睁眼 tʰie^{24} tʂɑ^{24} niã^{412} 出现转机：哪一天～，我也要活的不比人下

天登劲 tʰie^{24} təŋ^{21} tɕiəŋ^{53} 风调雨顺，老天照应：今年收成好，是～

大木头 tɤu^{53} məʔ^{21} tʰɑo^{213} 粗心大意的：那是个～人，甚事做不成

鬼扯腿 kuɛe^{24} tʂʰɑ^{24} tʰuɑe^{412} 互相扯皮，做不成事

鬼抽筋 kuɛe^{41} tʂʰɑo^{24} tɕiəŋ^{213} 形容闹别扭

疯捣鬼 fəŋ^{24} to^{24} kuɛe^{412} 撒谎成性的行为

搞斗头 ko^{24} tɑo^{41} tʰɑo^{33} 形容讨价还价

杵回头 tsʰu^{41} xuɑe^{33} tʰɑo^{33} 怕再吃亏不敢做了：离婚了两次，把那～了

发突福 fɑʔ^{3} tʰuəʔ^{3} fəʔ^{3} 不知足：不要～，生活够好了

紧阵风 tɕiəŋ^{41} tʂəŋ^{53} fəŋ^{213} 比喻快速：～一样跑到现场

大摆拉 tɤu^{53} pɑe^{41} lɑʔ^{3} 讲排场，讲阔气：给孩儿过生儿，～给下

大颠里 tɤu^{53} tie^{24} lɛe^{21} 形容跑得很快：怕人追上，～跑了

拐门儿开 kuɑe^{41} mər^{53} kʰɑe^{213} 遭祸，倒霉：常做坏事的人，快～了

攒毛地 tsʰuɤ^{33} mo^{33} tɛe^{53} 形容事情接踵而来：这两天～了，把人累的

烂杂翻 lã^{53} tsʰɑʔ^{21} fã^{213} 乱七八糟的样子

受局制 ʂɑo^{53} tɕyəʔ^{3} tʂɛe^{53} 不自由，受限制

耍大家 suɑ^{41} tɤu^{53} tɕiɑ^{21} 比喻是大家

共同的事：天不下雨～，不是我一家受灾

脚相踏 tɕiəʔ^{4} siəʔ^{4} tʰɑʔ^{21} 紧跟着：～那就来了

亲相看 tsʰiəŋ^{24} siəʔ^{4} kʰie^{213} 自由恋爱

相搂腰 siəʔ^{4} lɑo^{41} iɤ^{213} 互相搂住摔跤：咱俩来个～摔跤

理驳指儿 lɛe^{24} pɑʔ^{21} tsər^{213} 吹毛求疵：经常把孩儿～

日剥欻 ʐɤʔ^{3} pɑʔ^{4} tsʰuɑ^{412} 形容理也不理：那做的事，我～

风响快 fəŋ^{24} ɕiɤu^{41} kʰuɑe^{53} 速度极快

圪啦嚓 kəʔ^{3} lɑ^{53} tsʰɑ^{53} 形容猛烈的声音：～就把棍子折断了

忽啦塌 xuəʔ^{3} lɑ^{53} tʰɑʔ^{21} 猛地、一下子倒塌：房顶～就下来了

眼吹灯 niã^{41} tsʰuɛe^{24} təŋ^{213} 立竿见影

活杀下 xuəʔ^{21} sɑʔ^{3} xɑ^{53} 比喻极度不幸：老汉殁了，把一家人～了

红膊溜 xuəŋ^{33} pəʔ^{21} liɑo^{213} 赤身裸体

连三乾儿 lie^{33} sã^{21} tɕʰiər^{53} 将东西连在一起带：分开好拿，不要～

连相赶 lie^{33} səʔ^{4} kie^{412} 紧接着：几家人～都来了

连头蹄 lie^{33} tʰɑo^{33} tɕʰi^{21} 牲畜宰杀后连下水一起称重

自来虎儿 tsɿ^{53} lɑe^{33} xur^{412} 白来的，没花钱就得到的

侉子淀儿 kʰuɑ^{41} tsəʔ^{3} uɑr^{53} 比喻（撂到）一边，（排挤到）一边：把张三撂到～了

老门头 lo^{41} məŋ^{33} tʰɑo^{21} 祖父一辈及以上的：那家～弟兄两个

没一支 məʔ^{4} iəʔ^{21} tsɿ^{213}

没支架 məʔ^{21} tsɿ^{213} tɕiɑ^{53} 挺不住，顶不住

有钢水 iɑo^{41} kɤu^{24} suɛe^{412} 性格坚强：那是个～的人

有托找 iɑo^{41} tʰɑʔ^{4} tso^{21} 有可依靠的人、物

没加捏 məʔ^{21} tɕiɑ^{24} niəʔ^{21} 没有规矩，随意

没夹眼 məʔ^{3} tɕiɑʔ^{4} niã^{21} 没门路：这批货还～着嘞，不知道咋办

没扬想 məʔ^{3} iɤu^{33} siɤu^{21} 没希望：靠那养活我也～

没取意 məʔ^{4} tɕʰy^{41} i^{53} 没意义，不值得

没了尽 məʔ^{4} liɤ^{41} tsiəŋ^{53} 没完没了

踏倒跟 tʰɑʔ^{4} to^{41} kəŋ^{213} 把鞋跟踩倒穿鞋

好回身 xo^{41} xuɑe^{33} ʂəŋ^{21} 死的时候没有痛苦。神木话叫“好回世”

沙沙窝 sɑ^{24} sɑ^{21} u^{213} 比喻乱了套的情形：打开圈门，羊和～一样

不行乎儿 pəʔ^{3} ɕiəŋ^{44} xur^{53} 支撑不住，承受不住：饿得～

到口酥 to^{53} kʰɑo^{41} sɑo^{213} （指糕点类）

不咬自烂

直占全 tʂ^{h}əʔ^{3} tʂie^{53} tɕ^{h}ye^{33} 指全部，面面俱到。尤其多用于毛病多

努折腰 nu^{24} ʂəʔ^{21} iɤ^{213} 出尽力气（也做不成某事）

黢崭新 tɕ^{h}yəʔ^{4} tsã^{41} siəŋ^{213} 崭新

稀特烂 ɕi^{21} t^{h}ɑʔ^{4} lã^{53} 形容穿戴不整洁

干杠稠 kie^{21} kã^{53} tʂ^{h}ɑo^{33} 过密，过稠

干啃掐 kie^{24} k^{h}uəŋ^{41} tɕ^{h}iɑʔ^{3} 干吃，不就水

痛水湿 t^{h}uəŋ^{41} suɛe^{41} ʂəʔ^{3} 湿透，稀湿

痛时兴 t^{h}uəŋ^{41} sɿ^{44} ɕiəŋ^{21} 很时髦

伤家匙 ʂɤu^{24} tɕiɑ^{21} sɿ^{33} 伤感情:这人说话可～嘞

乱片柴儿 luɤ^{53} p^{h}ie^{41} ts^{h}ɑr^{53} 说话没条理:说话～，没有一点条理

乱拔毛儿 luɤ^{53} p^{h}ɑʔ^{3} mor^{53} 无目标地乱打

嘟噜圆 tuəʔ^{21} lu^{213} ye^{33} 圆形的样子

磨□乎 mɤu^{53} liɤ^{33} xu^{21} 刚够本，生意不赔不赚:今年生意是个～

上槽硬 ʂɤu^{53} ts^{h}o^{33} niəŋ^{53} 胆大无畏，性格强悍

脑插脑 no^{33} ts^{h}ɑʔ^{3} no^{33} 头互相挨在一起

尽打尽 tsiəŋ^{53} tɑ^{41} tsiəŋ^{53} 所有的全部拿出:～有十块钱，连一斤肉都不够买

光溜儿光 kɤu^{21} liɑor^{53} kɤu^{213} 完全没有，一点儿也没有

原旧儿原 ye^{33} tɕiɑor^{53} ye^{33} 原封不动:山上还是～，没有甚变化

旋不旋儿 ɕye^{33} pəʔ^{21} ɕyər^{53} 不连续地，分开，多次少量地:孩儿要～喂嘞，不要一顿吃饱

闲不闲儿 ɕiã^{33} pəʔ^{21} ɕiãr^{53} 不是专门做某事，试试看:～街上去一回，看看有甚需要的没

滑一滑儿 xuɑʔ^{21} iəʔ^{4} xuɑr^{21} 差不多，略微差一点:～体重上一百了

紧上紧 tɕiəŋ^{41} ʂɤu^{53} tɕiəŋ^{412} 情形紧迫、紧急:那的病～，快请医生治

一量量 iəʔ^{3} liɤu^{33} liɤu^{21} 单一地，仅仅，就:那～会唱歌，其他甚也不会

一顺顺儿 iəʔ^{3} suəŋ^{53} suər^{21} 顺着一个方向（生长、走）

无闲闲 u^{33} ɕiã^{33} ɕiã^{21}/u^{33} xã^{33} xã^{21} 没必要:～不要惹人，没好处.

（4）ABB 形容词

落把把 lɑʔ^{3} pɑ^{53} pɑ^{21} 结束的时候，到最后:那～才来，没看完全本戏

断弦弦 tuɤ^{53} ɕie^{33} ɕie^{21} 中断的（路）

倒沿沿 to^{41} ie^{33} ie^{21} 路面倾斜的样子

倒笡笡 to^{53} ts^{h}iɑ^{53} ts^{h}iɑ^{21} 坡度很大的:～路

对角角 tuɑe^{53} tɕyɑʔ^{4} tɕyɑʔ^{21} 两角相对地（折）

等棍棍 təŋ^{41} kuəŋ^{53} kuəŋ^{21} 相等，一致：人有穷富之分，不能～齐

互拉拉 xu^{53} lɑʔ^{21} lɑʔ^{3} 中等，一般的（生活）

觑眼眼 tsʰɑo^{33} niã^{33} niã^{21} 瞅机会：～回老家一次

掯眼眼 kʰəŋ^{53} niã^{33} niã^{21} 没余地的，刚够的：～有这么多

尽材材 tsiəŋ^{53} tsʰɑe^{33} tsʰɑe^{21} 把剩余的、多余的材料用尽：～做完算了

碰茬茬 pʰəŋ^{53} tsʰɑ^{33} tsʰɑ^{21} 合起来计算：称完后～算账

驼心心 tʰɤu^{33} siəŋ^{24} siəŋ^{21}（红枣）内虚

错扇扇 tsʰɤu^{53} ʂie^{53} ʂie^{21} 两扇门一高一低的样子

偏截截 pʰie^{24} tsʰiəʔ^{21} tsʰiəʔ^{213} ·担子一头轻一头重

包馅馅 po^{21} xã^{53} xã^{21} 喻指夹杂不好的东西：外面看去光溜溜的，里面～着嘞

背巷巷 pɑe^{53} xã^{53} xã^{21} 东西没用到需要的地方：你给的东西～了

跳间间 tʰiɤ^{53} tɕiã^{53} tɕiã^{21} 东西、颜色间隔排列：颜色～调配开

间峁峁 tɕiã^{53} mo^{41} mo^{213} 品字形排列：庄稼要～种

间花花 tɕiã^{53} xuɑ^{24} xuɑ^{21} 零星地种植、装饰：～种上几苃白菜

捉把把 tsuɑʔ^{3} pɑ^{53} pɑ^{21} 只有唯一的一件（东西）：我～就这么一个

重沓沓 tsʰuəŋ^{33} tʰɑʔ^{21} tʰɑʔ^{21} 形容重复获取东西：～拿了两份儿

没捏捏 məʔ^{4} niəʔ^{21} niəʔ^{3} 没本事、没能力的

磨地地 mɤu^{53} tɛe^{53} tɛe^{21}（裤腿，东西）拖到地上

顺壕壕 suəŋ^{53} xo^{33} xo^{21} 顺着壕沟

顺毛毛 suəŋ^{53} mo^{33} mo^{21} 顺着对方心意、性格做：这人要～拨拉，不敢惹

实坙坙 ʂəʔ^{21} tsuəʔ^{4} tsuəʔ^{21} 内部填实，不通：炕洞子～了

实磊磊 ʂəʔ^{4} luɑe^{41} luɑe^{213} 确实的，实在的：那事情是个～，不存在含糊问题

紧绷绷 tɕiəŋ^{41} piɑ^{53} piɑ^{21} 头上发紧的感觉

利索索 lɛe^{53} sɑʔ^{21} sɑʔ^{3} 精干利索的样子

真捉捉 tʂəŋ^{24} tsuɑʔ^{21} tsuɑʔ^{3} 真切、清楚的样子

薄缭缭 pʰəʔ^{21} liɤ^{24} liɤ^{21} 微薄的样子

黏抿抿 ʐie^{33} miəŋ^{213} miəŋ^{33} 黏而粘手的样子

糊□□ xu^{53} tsʰuɑʔ^{21} tsʰuɑʔ^{3}（稀粥等）煮得黏稠的样子

直溜溜 tʂʰəʔ^{21} liɑo^{213} liɑo^{33} 形容身

材等直溜的样子

死□□ sɿ^{41} tʰɛe^{53} tʰɛe^{21} 指人死气沉沉的样子

乜节节 miɑ^{33} tɕiəʔ^{3} tɕiəʔ^{3} 不清醒、不灵活的样子：这人刚睡起来，看见～的

猛纠纠 miɑ^{41} tɕiɑo^{24} tɕiɑo^{213} ①（面）没有发酵的样子；②人反应迟钝的样子

火□□ xɤu^{41} piəŋ^{24} piəŋ^{21} 发火的样子

木愣愣 məʔ^{3} ləŋ^{53} ləŋ^{21} 发麻的感觉

松懈懈 suəŋ^{21} xɑe^{21} xɑe^{213} 松弛的样子

聒喃喃 kuəʔ^{3} nã^{33} nã^{33} 唠叨不停的

甜丝丝 tʰie^{33}sɿ^{213} sɿ^{33}

甜□□ tʰie^{33} mɑe^{213} mɑe^{33} 形容味道很甜

苦□□ kʰu^{41} piɑ^{53} piɑ^{21} 形容味道很苦

酸滋滋 suɤ^{21} tsɿ^{53} tsɿ^{21}

酸溜溜 suɤ^{21} liɑo^{53} liɑo^{21} 形容味道很酸

辣滋滋 lɑʔ^{21} tsɿ^{53} tsɿ^{21}

辣丝丝 lɑʔ^{21} sɿ^{24} sɿ^{21} 形容味道很辣

稀亮亮 ɕi^{21} liã^{53} liã^{21} 米汤之类过稀的样子

稀沙沙 ɕi^{21} sɑ^{53} sɑ^{21} 庄稼等过稀的情形

水汪汪 suɛe^{41} uã^{53} uã^{21} 形容水多而灵动的样子

暖烘烘 nuɤ^{41} xuəŋ^{53} xuəŋ^{21} 形容屋里很暖和

黑洞洞 xəʔ^{3} tuəŋ^{53} tuəŋ^{21} 形容天色很黑

黑油油 xəʔ^{3} iɑo^{53} iɑo^{21} 形容物体表面黑亮的样子

白生生 pʰiəʔ^{21} səŋ^{213} səŋ^{33} 白净好看的样子

白处处 pʰiəʔ^{21} tsʰu^{53} tsʰu^{21} 脸上沾满白灰的样子

白□□ pʰiəʔ^{21} uɛe^{24} uɛe^{21} 脸上没有血色的样子

白烧烧 pʰiəʔ^{21} ʂɤ^{53} ʂɤ^{21} 苍白的样子

绿洼洼 luəʔ^{3} uɑ^{53} uɑ^{21} 形容绿得难看

滑溜溜 xuɑʔ^{3} liɑo^{53} liɑo^{21} 形容很滑

平焉焉 pʰɛe^{33} ie^{213} ie^{33} 形容道路、物体表面很平

乱哄哄 luɤ^{53} xuəŋ^{213} xuəŋ^{33} 形容人多嘈杂的情形

肉囔囔 zɑo^{53} nã^{213} nã^{33} 形容肥肉的样子

嫩丹丹 nuəŋ^{53} tã^{213} tã^{33} 形容很嫩

腻纳纳 ni^{53} nɑʔ^{21} nɑʔ^{3} 形容饭菜腻人的感觉

油□□ iɑo^{33} niɑ^{213} niɑ^{33} 肥肉、油脂油乎乎的样子

蔫踉踉 ie^{21} liã^{53} liã^{21} 走路没劲、疲沓的样子

烂翻翻 lã^{53} fã^{213} fã^{33} 东西多而杂乱的样子

貌堂堂 mo^{53} tʰã^{213} tʰã^{33} 男人气宇轩昂的样子

昏悠悠 xuəŋ^{21} iɑo^{53} iɑo^{21} 形容人头晕的感觉

齐铮铮 tsʰεe^{33} tsəŋ^{213} tsəŋ^{33} 非常整齐的情形

棱铮铮 ləŋ^{33} tsəŋ^{213} tsəŋ^{33} 形容穿着整齐、有形

硬韧韧 niəŋ^{53} ʐəŋ^{213} ʐəŋ^{33} 形容食物不烂

冰洼洼 pεe^{21} uɑ^{53} uɑ^{21} 形容冰凉的感觉

潮溻溻 tʂʰo^{33} tʰɑʔ^{3} tʰɑʔ^{3} 形容潮湿的感觉

驼处处 tʰɤu^{53} tsʰu^{213} tsʰu^{33} 形容人性格慢而温和，言语不多

滚浪浪 kuəŋ^{41} lɤu^{53} lɤu^{21} 形容食物、饭菜很热

树□□ su^{53} tʂɑʔ^{21} tʂɑʔ^{3} 身材魁梧的样子

母斯斯 mu^{41} sɿ^{24} sɿ^{21} 形容女人气急败坏、像母夜叉

秃处处 tʰuəʔ^{21} tsʰu^{213} tsʰu^{33} 身材矮墩墩的样子

本焉焉 pəŋ^{41} ie^{24} ie^{21} 形容不慌不忙、稳重的性格

恼□□ no^{41} tɕʰiɑ^{53} tɕʰiɑ^{21} 不高兴的样子

细晃晃 sεe^{53} xuã^{213} xuã^{33} 身材、物体又细又长的样子

哨哄哄 so^{53} xuəŋ^{213} xuəŋ^{33} 寂寞、孤单的感觉

空朗朗 kʰuəŋ^{53} lã^{213} lã^{33} 屋里、家具里没有东西、空荡荡的样子

乱哄哄 luɤ^{53} xuəŋ^{213} xuəŋ^{33} ①东西乱七八糟的情形；②人多嘈杂的情形

花喷喷 xuɑ^{21} pʰəŋ^{53} pʰəŋ^{21} 颜色多而鲜艳的样子

干卡卡 kie^{24} tɕʰiɑ^{213} tɕʰiɑ^{33} 东西水分少、不湿润的样子

寡□□ kuɑ^{41} tʂʰɑʔ^{3} tʂʰɑʔ^{3} ①形容饭菜没味儿；②形容人言语很少，不喜欢与人交流

丑腾腾 tʂʰɑo^{41} tʰəŋ^{53} tʰəŋ^{21} 形容小孩儿略丑（但仍有惹人喜爱之处），带亲昵意味

丑□□ tʂʰɑo^{41} liã^{53} liã^{21} 五官不正的样子

臭胖胖 tʂʰɑo^{53} pʰã^{213} pʰã^{33} 形容味道、气味儿不好

大娄娄 tɤu^{53} lɑo^{213} lɑo^{33} ①形容东西体积过大；②形容人的身材过高

捩罗罗 liəʔ^{21} lɤu^{33} lɤu^{21} 形容人性格暴躁

圪缩缩 kəʔ^{3} suɑʔ^{3} suɑʔ^{3} 身体蜷缩在一起的样子

圪僵僵 kəʔ^{21} tɕiã^{213} tɕiã^{33} （衣服、东西）小、不大方的样子

圪□□ kəʔ^{21} xɤu^{213} xɤu^{33} 形容人腼

腆、胆小，总像没理的样子

圪□□ kəʔ³ tʂɑo⁵³ tʂɑo²¹ 形容一群人一个接一个地到来的情形

圪爬爬 kəʔ³ pʰɑ³³ pʰɑ³³ 字写得歪歪扭扭的样子

忽散散 xuəʔ³ sã⁴¹ sã²¹³ 不粘连的形状：糕面水少了，成了～

忽沙沙 xuəʔ³ sɑ⁵³ sɑ²¹ 多而乱的样子：蚂蚁～的遍地跑

忽袭袭 xuəʔ²¹ ɕiəʔ²¹³ ɕiəʔ³ （看到蛇、虫等）惊惧的样子

卜衍衍 pəʔ²¹ ie²⁴ ie²¹ 水满的样子

三十三 A格/不/忽BB式形容词

一格劲劲儿 iəʔ⁴ kəʔ²¹ tɕiəŋ²¹³ tɕiər⁵³ 和睦，协调：婆姨汉～

一格样样儿 iəʔ⁴ kəʔ²¹ iɤu²¹³ iɤur⁵³ 完全相同

正格当当儿 tʂɛe⁵³ kəʔ²¹ tã²¹³ tɑr⁵³ 摆放的位置端正

昏格悠悠儿 xuəŋ²⁴ kəʔ²¹ iɑo²¹³ iɑor⁵³ 微昏的感觉：转了几圈，觉见～

胖格垂垂儿 pʰɑʔ³ kəʔ²¹ tsʰuɛe²¹³ tsʰuər⁵³ 小孩儿胖而好看的样子

皮格垂垂儿 pʰi³³ kəʔ²¹ tsʰuɛe²¹³ tsʰuər⁵³ 形容干活儿不主动，使唤不动：这孩儿说上～

稀格害害儿 ɕi²⁴ kəʔ²¹ xɑe²¹³ xɑr⁵³ 地上水湿的样子

烂格泛泛儿 lã⁵³ kəʔ²¹ fã²¹³ fɑr⁵³ 碎小的样子：把肉剁得～

实格兜兜儿 ʂəʔ²¹ kəʔ²¹ tɑo²¹³ tɑor⁵³ 形容事情没有虚假

虚格处处儿 ɕy²⁴ kəʔ²¹ tsʰu²¹³ tsʰur⁵³ 很虚很松的样子

短格处处儿 tuɤ⁴¹ kəʔ³ tsʰu⁵³ tsʰur²¹ 形容不太长

笨格处处儿 pəŋ⁵³ kəʔ²¹ tsʰu²¹³ tsʰur⁵³ 不尖锐，钝：刀子～，不好切菜

滚格处处儿 kuəŋ²⁴ kəʔ²¹ tsʰu²¹³ tsʰur⁵³ （炕等）热呼呼：睡到炕上觉见～

滚格烫烫儿 kuəŋ⁴¹ kəʔ³ tʰã⁵³ tʰɑr²¹ （饭、水等）热呼呼：饭～，快吃上一碗

红格颜颜儿 xuəŋ³³ kəʔ²¹ niã²¹³ niɑr⁵³ 形容红得鲜艳

红格滋滋儿 xuəŋ³³ kəʔ²¹ tsɿ²¹³ tsər⁵³ 形容很红的样子

红格□□儿 xuəŋ³³ kəʔ²¹ tsʰuɑʔ²¹³ tsʰuɑr⁵³ 形容地里没有庄稼、草木，

光秃秃的样子

红格□□儿 xuəŋ³³ kəʔ²¹ piɑ²¹³ piɑr⁵³ 形容脸发红

红格丹丹儿 xuəŋ³³ kəʔ²¹ tã²¹³ tɑr⁵³ 形容红得好看

清格颜颜儿 tsʰɛe²⁴ kəʔ²¹ niã²¹³ niɑr⁵³ （水）清澈，透明

绿格尖尖儿 luəʔ²¹ kəʔ³ tsie²¹³ tsiər⁵³ 绿格铮铮儿 luəʔ²¹ kəʔ³ tsəŋ²¹³ tsər⁵³ 形容绿得好看

绿格油油儿 luəʔ²¹ kəʔ³ iɑo²¹³ iɑor⁵³ 绿格沿沿儿 luəʔ²¹ kəʔ³ ie²¹³ iər⁵³ 形容植物的绿色

白格生生儿 pʰiəʔ²¹ kəʔ³ səŋ²¹³ sər⁵³ 形容白得好看

白得拉拉儿 pʰiəʔ²¹ təʔ³ lɑ²¹³lɑr⁵³ 形容很白

满格沿沿儿 mɤ²⁴ kəʔ²¹ ie²¹³ iər⁵³ 形容满

灰格蓬蓬儿 xuɑe²⁴ kəʔ²¹ pʰəŋ²¹³ pʰər⁵³ 形容一般的灰色

灰格处处儿 xuɑe²⁴ kəʔ²¹ tsʰu²¹³ tsʰur⁵³ 形容浅灰色

灰格抿抿儿 xuɑe²⁴ kəʔ²¹ miəŋ²¹³ miər⁵³ 屋里满是灰尘的样子

绵格敦敦儿 mie³³ kəʔ²¹ tuəŋ²¹³ tuər⁵³ 软绵绵的

绒格敦敦儿 zuəŋ³³ kəʔ²¹ tuəŋ²¹³ tuər⁵³ 形容物体表面柔软

酥格处处儿 sɑo²⁴ kəʔ²¹ tsʰu²¹³ tsʰur⁵³ 形容酥

毛格敦敦儿 mo³³ kəʔ²¹ tuəŋ²¹³ tuər⁵³ 形容毛又软又密

硬格梆梆儿 niəŋ⁵³ kəʔ²¹ pã²¹³ pɑr⁵³ 形容硬

尖格锐锐儿 tsie²⁴ kəʔ²¹ zuɛe²¹³ zuər⁵³ 形容尖锐

嫩格水水儿 nuəŋ⁵³ kəʔ²¹ suɛe²¹³ suər⁵³ 形容蔬菜、水果等鲜嫩

圆格垂垂儿 ye³³ kəʔ²¹ tsʰuɛe²¹³ tsʰuər⁵³ 东西圆而可爱的样子

横格乎乎儿 ɕyɑ³³ kəʔ²¹ xu²¹³ xur⁵³ 形容不圆：筐子编得～

立格铮铮儿 liəʔ³ kəʔ²¹ tsəŋ²¹³ tsər⁵³ 东西放得端正的样子

稳格焉焉儿 uəŋ²⁴ kəʔ²¹ ie²¹³ iər⁵³ 十分稳固，牢固

水格津津儿 suɛe²⁴ kəʔ²¹ tsiəŋ²¹³ tsiər⁵³ 水湿的样子

精格当当儿 tsiəŋ²⁴ kəʔ²¹ tã²¹³ tɑr⁵³ 形容聪明的样子

乜格□□儿 miɑ³³ kəʔ²¹ tʰɛe²¹³ tʰər⁵³ 反应迟钝的样子

乖格垂垂儿 kuɑe²⁴ kəʔ²¹ tsʰuɛe²¹³ tsʰuər⁵³ 形容小孩儿文静、听话

笑格眯眯儿 siɤ⁵³ kəʔ²¹ mi²¹³ miər⁵³

笑眯眯的样子

哭格淋淋儿 $k^huə?^4$ $kə?^{21}$ $liəŋ^{213}$ $liər^{53}$ 哭淋淋的样子

喜格眯眯儿 $ɕi^{41}$ $kə?^3$ mi^{213} $miər^{53}$ 喜滋滋的样子

顺格焉焉儿 $suəŋ^{53}$ $kə?^{21}$ ie^{213} $iər^{53}$ 顺格丹丹儿 $suəŋ^{53}$ $kə?^{21}$ $tã^{213}$ $tɑr^{53}$ 形容东西摆放整齐、伏贴的样子

粉格腾腾儿 $fəŋ^{41}$ $kə?^3$ $t^həŋ^{53}$ $t^hər^{21}$ 形容粉得好看

紫格颜颜儿 $tsɿ^{24}$ $kə?^{21}$ $niã^{213}$ $niɑr^{53}$ 形容紫色

蓝格铮铮儿 $lã^{33}$ $kə?^{21}$ $tsəŋ^{213}$ $tsər^{53}$ 形容蓝色

蓝格蓬蓬儿 $lã^{33}$ $kə?^{21}$ $p^həŋ^{213}$ $p^hər^{53}$ 形容大面积的蓝色

青格毛毛儿 $tsɛe^{24}$ $kə?^{21}$ mo^{213} mor^{53} 形容草的青色

细格蒙蒙儿 $sɛe^{53}$ $kə?^{21}$ $məŋ^{213}$ $mər^{53}$ 很细

粗格欣欣儿 ts^hu^{213} $kə?^{21}$ $ɕiəŋ^{213}$ $ɕiər^{53}$ 很粗

饱格颜颜儿 po^{41} $kə?^3$ $niã^{213}$ $niɑr^{53}$ 形容粮食的子实饱满

静格央央儿 $tsiəŋ^{53}$ $kə?^{21}$ $iã^{213}$ $iɑr^{53}$ 形容安静

净格丹丹儿 $tsɛe^{53}$ $kə?^{21}$ $tã^{213}$ $tɑr^{53}$ 很干净

脆格铮铮儿 $ts^huɛe^{53}$ $kə?^{21}$ $tsəŋ^{213}$ $tsər^{53}$ 形容又鲜又脆

匀格铮铮儿 $iəŋ^{33}$ $kə?^{21}$ $tsəŋ^{213}$ $tsər^{53}$ 形容均匀

方格铮铮儿 $fɤu^{24}$ $kə?^{21}$ $tsəŋ^{213}$ $tsər^{53}$ 形容方形

愣格垂垂儿 $ləŋ^{53}$ $kə?^{21}$ $ts^huɛe^{213}$ $ts^huər^{53}$ 小孩儿长得身小、略胖的样子

楞格铮铮儿 $ləŋ^{33}$ $kə?^{21}$ $tsəŋ^{213}$ $tsər^{53}$ 衣服直楞的样子

黑格霉霉儿 $xə?^4$ $kə?^{21}$ $mɑe^{213}$ $mər^{53}$ 黑乎乎的样子

黑格闷闷儿 $xə?^4$ $kə?^{21}$ $məŋ^{213}$ $mər^{53}$ 一点儿不知道：我对这事～，甚也不知道

黑格卡卡儿 $xə?^4$ $kə?^{21}$ $tɕ^hiɑ^{213}$ $tɕ^hiɑ^{53}$ 黑而瘦的样子

灵格泛泛儿 $liəŋ^{33}$ $kə?^{21}$ $fã^{213}$ $fɑr^{53}$ 聪明伶俐：这人～，一看就会

重格甸甸儿 $tsuəŋ^{53}$ $kə?^{21}$ tie^{213} $tiər^{53}$ 形容分量重

□格沿沿儿 $p^hiɑ^{24}$ $kə?^{21}$ ie^{213} $iər^{53}$ 水满溢出的情形

捂格□□儿 u^{53} $kə?^{21}$ $ʂə?^3$ $ʂər^{53}$ 形容家里不冷不热的感觉

利格沙沙儿 $lɛe^{53}$ $kə?^{21}$ $sɑ^{213}$ $sɑr^{53}$ 颜色清楚、分明

黄则兰兰儿 $xɤu^{33}$ $tsə?^{21}$ $lã^{213}$ $lɑr^{53}$

金黄金黄的

金则楞楞儿 tɕiəŋ^{24} tsəʔ^{21} ləŋ^{213} lər^{53} 形容金黄色:这条项链~

薄忽缭缭儿 p^{h}əʔ^{21} xuəʔ^{3} liɤ^{213} liɤr^{53} 微薄的样子

秕忽缭缭儿 pɛe^{41} xuəʔ^{3} liɤ^{213} liɤr^{53} 形容粮食的子实不满

设特缭缭儿 ʂəʔ^{4} t^{h}əʔ^{21} liɤ^{213} liɤr^{53} 爱慕的样子

嵌可篓篓儿 tɕ^{h}iã^{53} k^{h}əʔ^{21} lɑo^{213} lɑor^{53} 合适,刚好

马忽塌塌儿 mɑ^{24} xuəʔ^{21} t^{h}ɑʔ^{213} t^{h}ɑr^{53} 用言语表示害怕、惊讶的样子:~怕死人了

蔫不拖拖儿 ie^{24} pəʔ^{21} t^{h}ɤu^{213} t^{h}ɤur^{53} 身上没劲,乏困的样子

光不溜溜儿 kɤu^{24} pəʔ^{21} liɑo^{213} liɑor^{53} 光滑的样子

黑不溜溜儿 xəʔ^{4} pəʔ^{21} liɑo^{213} liɑor^{53} 形容黑得好看

紧不□□儿 tɕiəŋ^{24} pəʔ^{21} liɑ^{213} liɑr^{53} 形容紧:盖子拧得~

凉不扯扯儿 liɤu^{33} pəʔ^{21} tʂ^{h}ɑ^{213} tʂ^{h}ɑr^{53} ①冰冷;②不热心

空得朗朗儿 k^{h}uəŋ^{24} təʔ^{21} lã^{213} lɑr^{53} 形容家里家具、摆设不多

清得朗朗儿 ts^{h}ɛe^{24} təʔ^{21} lã^{213} lɑr^{53} 清澈的样子

黑得朗朗儿 xəʔ^{4} təʔ^{21} lã^{213} lɑr^{53} 形容寂静,人少:会议室~没有几个人

三十四　四字格

为便于查询,四字格的排列以第一字的声母为纲,同声母的以韵母为序。声母、韵母的排列顺序同声母表、韵母表。

抱抱纳纳 pu^{53} pu^{21} nɑʔ^{21} nɑʔ^{21} 亲热地拥抱的样子

巴明不实 pɑ^{21} mɛe^{33} pəʔ^{4} ʂəʔ^{213} 天不亮:~就上地去了

疤疤牙牙 pɑ^{24} pɑ^{21} niɑ^{33} niɑ^{21} 物体表面不光滑的样子

边边沿沿 pie^{24} pie^{21} ie^{53} ie^{21} 指东西多,丰盛

边头崾畔 pie^{21} t^{h}ɑo^{33} iɤ^{53} pɤ^{53} 田地的边畔:~,尽是杂草

变眉失眼 pie^{53} mi^{33} ʂəʔ^{4} niã^{412} 形容神色难看

遍天二地 pie^{53} t^{h}ie^{213} ər^{53} tɛe^{53} 同"遍地"

半疯圪遮 pɤ^{53} fəŋ^{213} kəʔ^{21} tʂɑ^{213} 疯

疯癫癫、不沉稳：这人～，办事靠不住

半憨缭牙 pɤ^{53} ɕie^{213} liɤ^{33} niɑ^{21} 形容有神经病

半零杀割 pɤ^{53} liəŋ^{33} sɑʔ^{3} kəʔ^{21} 事情进行到一半儿时中止（一般含有不满义）：做得～就走了

半路三家 pɤ^{53} lɑo^{53} sã^{24} tɕiɑ^{213} 中途，半道儿：～把个老婆殁了

半皮忽撕 pɤ^{53} p^{h}i^{21} xuəʔ^{21} sɿ^{213} 做事情不认真：把树籽～就撒完了

半生拉熟 pɤ^{53} səŋ^{21} lɑʔ^{4} suəʔ^{21} 半熟

半死一活 pɤ^{53} sɿ^{41} iəʔ^{4} xuəʔ^{21} 半死不活

饱眉憋眼 po^{41} mi^{33} piəʔ^{4} niã^{412} 形容天庭饱满

饱生保月 po^{41} ʂɑ^{213} pu^{24} yəʔ^{21} 指孩子出生在年初

饱窝实克 po^{41} u^{213} ʂəʔ^{21} k^{h}əʔ^{3} ①饱：吃得～，一天不饿；②生活富裕

饱胸憋撵 po^{41} ɕyəŋ^{33} piəʔ^{4} nie^{21} 形容饱

背包乞探 pɑe^{24} po^{213} tɕ^{h}iəʔ^{21} t^{h}ã^{53} 形容行李很多：～，不晓拿些甚东西

背藏夹裹 pɑe^{53} ts^{h}ɤu^{33} tɕiɑʔ^{3} kɤu^{21} 躲躲闪闪：经常～，不到人面前来

背地儿骂鬼 pɑe^{53} tər^{53} mɑ^{53} kuɑe^{412} 指当面不敢说，喜欢背后议论

冰人瓦罐 pɛe^{21} zəŋ^{33} uɑ^{41} kuɤ^{53} ①指（家里）不暖和，凉；②（水）冰凉

病死连天 pɛe^{53} sɿ^{41} lie^{33} t^{h}ie^{21} 形容常年患病

播播撩撩 pɤu^{21} pɤu^{213} liɤ^{53} liɤ^{21} 爱不释手的样子

扁骨四台 pã^{41} kuəʔ^{3} sɿ^{53} t^{h}ɑe^{21} 脸扁平的样子

奔心炼肝 pəŋ^{53} siəŋ^{213} lie^{53} kie^{213}

剜肚钻心 uɤ^{21} tu^{53} tsuɤ^{24} siəŋ^{213} 指极度的着急、痛心：老汉赌博输了，老婆唵得～

本本业业 pəŋ^{24} pəŋ^{21} iəʔ^{4} iəʔ^{21} 一本正经

本乡田地 pəŋ^{41} ɕiã^{213} t^{h}ie^{33} tɛe^{53} 本地

笨雀儿先飞 pəŋ^{53} ts^{h}iɤr^{21} sie^{24} fɛe^{213} 笨鸟先飞

冰倒擦滑 piəŋ^{24} to^{41} ts^{h}ɑʔ^{4} xuɑʔ^{21} ①形容路滑：下雪天～，操心些儿；②喻指意外之事：万一有个～，就不好了

驳滋驳味 pɑʔ^{21} tsɿ^{213} pɑʔ^{3} uɛe^{53} 挑肥拣瘦：这人～，难伺候嘞

卜□儿弹仗 pəʔ^{21} liɑr^{24} t^{h}ã^{33} tʂɤu^{53} 形容乱打滚：那疼得～

卜里卜烂 pəʔ^{21} lɛe^{213} pəʔ^{3} lã^{53} 因地面障碍物多而使得行走不便；绊义

卜听四踏 pəʔ^{21} t^{h}iəŋ^{213} sɿ^{53} t^{h}ɑʔ^{21} 形容脚步声缓慢而凌乱：那～走的来

不超烂淘 pəʔ^{21} tʂ^{h}ɤ^{213} lã^{53} t^{h}o^{33} ①东

西质量差:剩下些东西~,不买了;②人素质低:这人~,没规矩

不风不由 pəʔ^{21} fəŋ^{213} pəʔ^{21} iɑo^{213}　不知不觉,下意识地:~就走到这了

不骨烂气 pəʔ^{4} kuəʔ^{21} lã^{53} tɕʰi^{53}　行为不轨,作风不正

不规烂矩 pəʔ^{21} kuɑe^{213} lã^{53} tɕy^{53}　①不遵守规矩;②好色,不正经

不憨不蠢 pəʔ^{21} ɕie^{213} pəʔ^{4} tsʰuəŋ^{412}　指脑子好使

不合神道 pəʔ^{4} xəʔ^{21} ʂəŋ^{33} to^{53}　不懂规矩

不精倒明 pəʔ^{21} tsɛe^{213} to^{53} mɛe^{33}　①昏迷不醒;②不明白,糊涂

不蒙一顾 pəʔ^{3} məŋ^{33} iəʔ^{3} ku^{53}　猛不防:~,头上挨了一拳

不欺烂下 pəʔ^{21} tɕʰi^{213} lã^{53} ɕiɑ^{53}　不硬,不结实,力量弱小

不识崖畔 pəʔ^{4} ʂəʔ^{21} nɑe^{33} pɤ^{53}　①不懂事;②比喻贪得无厌

不行不显 pəʔ^{3} ɕiəŋ^{33} pəʔ^{4} ɕie^{21}　变化不明显,维持现状:治了两天病,还~

不言打出 pəʔ^{3} nie^{33} tɑ^{24} tsʰuəʔ^{21}　不言不语(神木话说"不言打喘")

百病攒身 piəʔ^{3} pɛe^{53} tsʰuɤ^{33} ʂəŋ^{213}　浑身是病

百话休提 piəʔ^{3} xuɑ^{53} ɕiɑo^{213} tɕʰi^{33}　什么都不必说(多指不好的事情)

百事不成 piəʔ^{3} sɿ^{53} pəʔ^{3} tʂʰəŋ^{33}　指人不成事,靠不住

逼不已地 piəʔ^{3} pəʔ^{3} i^{41} tɛe^{53}　逼不得已:~,还要求人办事

皮不楞腾 pʰi^{33} pəʔ^{21} ləŋ^{53} tʰəŋ^{53}　形容麻木不仁:说上那~,和没听见一样

皮眉溜眼 pʰi^{33} mi^{33} liɑo^{53} niã^{412}　不自觉;(小孩)不听话

皮皮戳戳 pʰi^{33} pʰi^{21} tsʰuɑʔ^{3} tsʰuɑʔ^{21}　泛指皮屑

皮皮毯毯 pʰi^{33} pʰi^{21} tʰã^{41} tʰã^{213}　指零乱的衣被等:把~收拾一下

皮袄毯袷 pʰi^{33} ŋo^{41} tʰã^{41} tɕʰiɑʔ^{3}　泛指破旧的皮毛制品:那家里~放一堆

皮臊骨臭 pʰi^{33} so^{213} kuəʔ^{3} tʂʰɑo^{53}　指有狐臭

铺兵摆阵 pʰu^{24} piəŋ^{213} pɑe^{41} tʂəŋ^{53}　计划,安排

铺底下线 pʰu^{24} tɛe^{41} ɕiɑ^{53} siã^{53}　为以后做事打基础

铺摊下马 pʰu^{21} tʰã^{33} ɕiɑ^{53} mɑ^{412}　安心住下("摊"变调)

爬缘扯地 pʰɑ^{33} ie^{21} tʂʰɑ^{41} tɛe^{53}　弯着腰,手扶着东西前行的样子

□□流衍 pʰiɑ^{24} pʰiɑ^{213} liɑo^{33} ie^{53}　形容水满到要溢出的情形:水桶满得~

偏亲带故 pʰie^{24} tsʰiəŋ^{213} tɑe^{53} ku^{53}　沾亲带故

遍山二漥 p^{h}ie^{53} sã^{213} ər^{53} uɑ^{53} 满山遍野

片片扇扇 p^{h}ie^{41} p^{h}ie^{213} ʂie^{53} ʂie^{21} 零乱的样子：墙上的纸烂得～

片片恰恰 p^{h}ie^{41} p^{h}ie^{213} tɕ^{h}iɑʔ^{4} tɕ^{h}iɑʔ^{21} 形容东西呈扁形

盘缠绞计 p^{h}ɤ^{33} tʂ^{h}ie^{21} tɕio^{41} tɕi^{53} 出门的花费：不要去了，～还要多花钱

盘膝打坐 p^{h}ɤ^{33} ɕiəʔ^{21} tɑ^{41} tsuɤu^{53} 指盘腿坐

破片连扇 p^{h}ɤu^{53} p^{h}ie^{41} lie^{33} ʂie^{53} 形容衣冠不整的样子

抛天骨隆 p^{h}o^{53} t^{h}ie^{21} kuəʔ^{4} luəŋ^{213} 趺趺撞撞的情形

跑跑累累 p^{h}o^{24} p^{h}o^{21} luɛe^{53} luɛe^{21} 形容普通的生活：～就行了

培尘圪土 p^{h}ɑe^{33} tʂ^{h}əŋ^{21} kəʔ^{3} t^{h}u^{21} 灰尘覆盖的情形

□锣筛鼓 p^{h}ɤu^{21} lɤu^{33} sɑe^{24} ku^{21} 一边唠叨一边发火的样子：～嚷了一气

盼天二地 pã^{53} t^{h}ie^{213} ər^{53} tɛe^{53} 盼望

蓬头圪都 p^{h}əŋ^{33} t^{h}ɑo^{21} kəʔ^{21} tu^{213} 指没有枝梢的树：桑树教羊啃成～

碰头切格 p^{h}əŋ^{53} t^{h}ɑo^{33} ts^{h}iəʔ^{3} kəʔ^{3} 形容做事不稳当：～做事太愣

拼死一活 p^{h}iəŋ^{53} sɿ^{41} iəʔ^{4} xuəʔ^{21} 拼命：和那～干一场

品滋和蔫 p^{h}iəŋ^{41} tsɿ^{213} xɤu^{33} ie^{21} 说话不直爽，不干脆

平出平里 p^{h}iəŋ^{33} ts^{h}uəʔ^{3} p^{h}iəŋ^{33} lɛe^{412} ①道路平坦；②出入毫无阻拦：我进县委大院～

扑扑叉叉 p^{h}əʔ^{4} p^{h}əʔ^{21} ts^{h}ɑ^{53} ts^{h}ɑ^{21} 形容办事利索，不缩手缩脚

扑图儿神使 p^{h}əʔ^{4} t^{h}ur^{21} ʂəŋ^{33} sɿ^{412} 形容卖力，肯干

拍红打黑 p^{h}iəʔ^{3} xuəŋ^{33} tɑ^{41} xəʔ^{3} 说话风趣，爱开玩笑：那说话～，可有意思嘞

拍脚打手 p^{h}iəʔ^{3} tɕiəʔ^{3} tɑ^{24} ʂɑo^{21} 手舞足蹈的样子

白骨蓝堂 p^{h}iəʔ^{21} kuəʔ^{3} lã^{33} t^{h}ã^{21} 只有白色（不是洁白）因而不好看的样子：这疙瘩布～不好看

白胡土地 p^{h}iəʔ^{21} xu^{33} t^{h}u^{41} tɛe^{53} 满脸白胡子的样子

白眉溜眼 p^{h}iəʔ^{21} mi^{33} liɑo^{53} niã^{412} 形容不讲道理

眉高眼低 mi^{33} ko^{213} niã^{41} tɛe^{213} 脸色：不要看那的～

眉泡眼肿 mi^{33} p^{h}o^{213} niã^{24} tsuəŋ^{412} 面部浮肿的样子

眉秃眼瞎 mi^{33} t^{h}uəʔ^{3} niã^{41} xɑʔ^{3} 形容失明

迷人草马 mi^{33} ʐəŋ^{21} ts^{h}o^{24} mɑ^{21} 不明白规矩的人，不懂规矩的人：那是～，

不要计较

毛茬绞缘 mu^{33} ts^{h}ɑʔ^{21} tɕiɤ^{41} ie^{53}　衣服边角不齐的样子

毛翻更阵 mu^{33} fã^{21} kəŋ^{53} tʂəŋ^{53}　乱七八糟,不整齐:家里~,不整洁

毛皮不正 mu^{33} p^{h}i^{21} pəʔ^{3} tʂəŋ^{53}　不规矩:这人~,常想弹逗女人们

木不楞腾 mu^{53} pəʔ^{21} ləŋ^{53} t^{h}əŋ^{53}　麻木,不灵活,没感觉:手麻得~

母龙四海 mu^{41} luəŋ^{33} sɿ^{53} xɑe^{21}　指因衣服过大而显得不精干:衣服~,不贴身

母猪搂窝 mu^{41} tsu^{213} lɑo^{33} u^{213}　形容贪婪:就像~,尽量霸揽东西

麻关绌链 mɑ^{33} kuã^{213} ts^{h}uəʔ^{3} lie^{53}　成串的东西挂在身上、墙上的情形

麻里十烦 mɑ^{33} lɛe^{21} ʂəʔ^{4} fã^{21}　麻烦

马名大王 mɑ^{41} miəŋ^{33} tɑe^{53} uã^{21}　身高体大,魁伟的样子:那人长得~

乜眉睁眼 miɑ^{33} mi^{21} tsəŋ^{53} niã^{412}　漫不经心地样子

绵济圪捼 mie^{33} tsɛe^{21} kəʔ^{4} zuɑ^{21}　东西太软:糕蒸得~,不好拿

面面糙糙 mie^{53} mie^{21} ts^{h}o^{21} ts^{h}o^{21}　指面粉之类

面无一交 mie^{53} u^{33} iəʔ^{21} tɕio^{213}　指未谋面,未打过交道

满承满应 mɤ^{41} tʂ^{h}əŋ^{33} mɤ^{41} iəŋ^{53}　痛快答应

满壶烧酒 mɤ^{41} xu^{33} ʂə^{24} tsiɑo^{21}　比喻心满意足

满抬二举 mɤ^{41} t^{h}ɑe^{33} ər^{53} tɕy^{53}　热情招待

慢死圪捼 mɤ^{53} sɿ^{41} kəʔ^{4} zuɑʔ^{21}　干活缓慢的样子:做点饭~,弄了一早上

慢踏流水 mɤ^{53} t^{h}ɑʔ^{21} liɑo^{33} suɛe^{21}　走路、动作迟钝缓慢的样子

漫漫滩滩 mɤ^{53} mɤ^{21} t^{h}ã^{24} t^{h}ã^{21}　形容东西摊得到处都是:~挖下一地洋芋

猫天鬼神 mo^{33} t^{h}ie^{213} kuɛe^{41} ʂəŋ^{33}　鬼鬼祟祟的样子

猫头滴水 mo^{33} t^{h}ɑo^{33} tiəʔ^{4} suɛe^{21}　大门房檐上的兽头

毛骨缩利 mo^{33} kuəʔ^{3} suɤu^{41} lɛe^{53}　极度害怕,毛骨悚然

猫吆吼叫 mo^{33} iɤ^{213} xɑo^{41} tɕiɤ^{53}　不停叫喊

毛渣混水 mo^{33} tsɑ^{213} xuəŋ^{53} suɛe^{21}　连毛带水、一片肮脏的情形:屠宰场~脏得很

冒打无量 mo^{53} tɑ^{41} u^{33} liɤu^{33}　未了解情况,盲目冒进:~不敢行事

冒天失地 mo^{53} t^{h}ie^{213} ʂəʔ^{3} tɛe^{53}　鲁莽,冒失

磨屄擦沿 mo^{33} pi^{213} ts^{h}ɑʔ^{3} ie^{53}　爱说谎,不实在

磨牙费口 mo^{33} niɑ^{33} ɕi^{53} k^{h}ɑo^{21} 多费口舌

磨眼儿推风 mo^{53} niɑr^{41} t^{h}uɑe^{24} fəŋ^{213} 指有必然关系，推脱不了干系：~，除了那再有谁

冒儿不通风 mor^{53} pəʔ^{21} t^{h}uəŋ^{24} fəŋ^{213} 未打招呼，事情没约好：人家给你说来了你就去，不要~去

霉生皂四 mɑe^{33} ʂɑ^{21} tso^{53} sɿ^{53} 形容发霉：肉放得~，不能吃了

卖良失心 mɑe^{53} liɤu^{33} ʂəʔ^{21} siəŋ^{213} 忘恩负义

明黑夜班 mɛɛ^{33} xəʔ^{3} iɑ^{53} pã^{213} 不分昼夜：~干了十多天

忙人无智 mɤu^{33} ʐəŋ^{21} u^{33} tʂʅ^{53} 指人太忙就来不及仔细考虑事情

忙生烂事 mɤu^{33} ʂɑ^{213} lã^{53} sɿ^{53} 着急，慌乱：~，就忘了拿了

忙死恰活 mɤu^{33} sɿ^{21} tɕ^{h}iɑʔ^{4} xuəʔ^{21} 形容忙活，操劳：~干了一天

忙业时分 mɤu^{33} iəʔ^{21} sɿ^{33} fəŋ^{21} 夏秋季收获的繁忙时候：~你就不要来了

抹牙喤口 mɤu^{41} niɑ^{33} tso^{53} k^{h}ɑo^{412} 栽赃陷害：~，诬陷好人

抹油蘸醋 mɤu^{41} iɑo^{33} tsã^{53} ts^{h}ɑo^{53} 形容做饭时见调料就放

门缝不出 məŋ^{33} fəŋ^{21} pəʔ^{3} ts^{h}uəʔ^{3} 呆在家里不出门

门门相支 məŋ^{33} məŋ^{21} siəʔ^{21} tsɿ^{213} 形容近邻关系

门三户四 məŋ^{33} sã^{21} xu^{53} sɿ^{53} 指有关狐臭的遗传（名，陕北不少地方把有狐臭叫“有门户”）：只要~好就行了

门头夹道 məŋ^{33} t^{h}ɑo^{21} tɕiɑʔ^{3} to^{53} 比喻做事情的窍门儿

门箱竖柜 məŋ^{33} siɤu^{213} su^{53} kuɑe^{21} 指各种家具

闷闷悻悻 məŋ^{53} məŋ^{21} ɕiəŋ^{53} ɕiəŋ^{21} 头脑不清醒：今儿不舒服，脑上~

猛猴儿上树 məŋ^{41} xɑor^{53} ʂɤu^{53} su^{53} 形容事情来不及准备，不容迟缓

明舍暗赐 miəŋ^{33} ʂɑ^{412} ŋie^{53} sɿ^{53} 形容偷偷摸摸拿东西给别人：媳妇子~，往娘家里拿了多少东西

没多有少 məʔ^{4} tɤu^{213} iɑo^{41} ʂɤ^{412} 多少不限

没老二小 məʔ^{4} lo^{41} ər^{53} siɤ^{21} 没大没小（贬）

没眉害眼 məʔ^{21} mi^{213} xɑe^{53} niã^{412} 不要脸

没牛使驴儿 məʔ^{3} niɑo^{33} sɿ^{41} yr^{53} 没有好的只好用差一点的，即退而求其次

没挪没移 məʔ^{3} nɤu^{33} məʔ^{3} i^{33} 既定的决定不能变动：~，你非去不行

没掌缭乱 məʔ^{4} tʂã^{41} liɤ^{33} luɤ^{53} 形容不安静

没抓没挖 məʔ^{21} tsuɑ^{213} məʔ^{21} uɑ^{213} 指无依托，没办法

灭门霸户 miəʔ^{3} məŋ^{33} pɑ^{53} xu^{53} 独霸家产

夫夫道妻 fu^{24} fu^{21} to^{53} ts^{h}ɛe^{213} 指夫妻关系：~了一辈子

扶起放倒 fu^{33} tɕ^{h}i^{41} fɤu^{53} to^{412} 形容不能自理的情形

浮搁高架 fu^{33} kəʔ^{3} ko^{213} tɕiɑ^{53} 指出门后没有适当住处：赶事业就是~，没个好停仗

浮皮浅沿 fu^{33} p^{h}i^{33} ts^{h}ie^{41} ie^{53} 指修建时挖得不深，垫得不厚，即不结实

浮缘窜畔 fu^{33} ie^{33} ts^{h}uɤ^{53} pɤ^{53} ①不走正路，喜欢走路边地畔；②比喻不抓重点、本质，只干零碎的事情

浮钻底漏 fu^{33} tsuɤ^{213} tɛe^{41} lɑo^{53} 偷拿暗取

富郎公子 fu^{53} lã^{33} kuəŋ^{24} tsɿ^{21} 富家子弟

富生富长 fu^{53} səŋ^{213} fu^{53} tʂɤu^{412} 在富裕家境中成长

飞花揭盖 fɛe^{24} xuɑ^{213} tɕiəʔ^{3} kɑe^{53} 稀烂：几天连阴雨下的枣儿~

飞嫖结赌 fɛe^{21} p^{h}iɤ^{33} tɕiəʔ^{4} tu^{412} 作恶多端

房班里外 fɤu^{33} pã^{213} lɛe^{41} uɑe^{53} 统指办事时所有帮忙的人

房楼瓦舍 fɤu^{33} lɑo^{33} uɑ^{41} ʂɑ^{53} 住房：~新修下不少

风尘草动 fəŋ^{21} tʂ^{h}əŋ^{33} ts^{h}o^{41} tuəŋ^{53} 风吹草动，动静

风吹扬簸 fəŋ^{24} ts^{h}uɛe^{24} iɤu^{33} pɤu^{21} 形容风把东西都刮走了：那点儿谷儿晾在外头，~都糟蹋了

疯常古道 fəŋ^{21} tʂ^{h}ã^{33} ku^{41} to^{53}

疯疯势势 fəŋ^{24} fəŋ^{21} ʂɛe^{53} ʂɛe^{21} 疯

疯侵二害 fəŋ^{24} ts^{h}iəŋ^{213} ər^{53} xɑe^{53} 糟蹋东西，故意破坏：这孩儿~

翻出运里 fã^{21} ts^{h}uəʔ^{3} yəŋ^{53} lɛe^{412} 人来人往，络绎不绝：集会上人们~

翻和做造 fã^{21} xɤu^{33} tsuəʔ^{3} tso^{53} 违反常规行事

翻梁达背 fã^{21} liɤu^{33} tɑʔ^{3} pɑe^{53} 指一座山的前后，满山遍野

翻麻搅正 fã^{21} mɑ^{33} tɕiɤ^{41} tʂəŋ^{53} 容易反悔：说话不算数，~

翻眉调眼 fã^{21} mi^{33} tiɤ^{53} niã^{412} 东张西望，向后看

翻踏流水 fã^{24} t^{h}ɑʔ^{21} liɑo^{33} suɛe^{21} 颠三倒四

翻天浪地 fã^{24} t^{h}ie^{213} lɤu^{53} tɛe^{53} ①形容河里浪大，难以行船；②指屋里蒸汽浓厚

翻重叠沿 fã^{21} ts^{h}uəŋ^{33} t^{h}iəʔ^{21} ie^{53} 形容穿衣服件数多，一件摞一件

翻祖揭盖 fã^{24} tsɑo^{213} tɕiəʔ^{3} kɑe^{53} 连祖宗都骂上了,形容骂得太厉害

翻嘴撂舌 fã^{24} tsuɛe^{41} liɤ^{53} ʂəʔ^{21} 喜欢传话

反打正算 fã^{24} tɑ^{41} tʂɛe^{53} suɤ^{53} 反复考虑

赌博三道 tu^{41} pəʔ^{3} sã^{21} to^{53} 赌博成性

赌神发咒 tu^{41} ʂəŋ^{33} fɑʔ^{3} tʂɑo^{53} 赌咒发誓

打包摇铃 tɑ^{41} po^{213} iɤ^{33} lɛe^{33} 力劝:人家不想,硬是~

打茬对话 tɑ^{41} tsʰɑ^{33} tuɑe^{53} xuɑ^{53} 形容说话针锋相对

打狗看主 tɑ^{24} kɑo^{41} kʰie^{53} tsu^{21} 看眼色行事

打官论司 tɑ^{41} kuɤ^{213} luəŋ^{53} sɿ^{33} 告状,打官司

打伙求财 tɑ^{24} xɤu^{41} tɕʰiɑo^{33} tsʰɑe^{33} 成年男女为了生存而另找老伴

打家劫盗 tɑ^{41} tɕiɑ^{213} tɕʰiəʔ^{21} to^{53} 乱翻东西

打驴儿喊醒 tɑ^{41} yɪr^{53} xã^{24} sɛe^{412} 定下制度,安民告示:要~,不能盲目

打忙儿程工 tɑ^{41} mɤur^{53} tʂʰəŋ^{33} kuəŋ^{213} 打工干活:靠~挣几个钱

打皮忽哨 tɑ^{41} pʰi^{213} xuəʔ^{3} so^{53} 敷衍了事

打树寻根 tɑ^{41} su^{53} səŋ^{33} kəŋ^{213} 喻指解决问题要追根寻源

打死抱怨 tɑ^{24} sɿ^{41} po^{53} ye^{53} 因后悔而埋怨,形容极度后悔的样子

打堂跳神 tɑ^{41} tʰã^{33} tʰiɤ^{53} ʂəŋ^{33} 形容不稳重,不专心:~,不好好学习

颠倒马爬 tie^{21} to^{53} mɑ^{41} pʰɑ^{33} 倾斜,不稳当

颠连儿倒胯 tie^{21} liər^{53} to^{53} kʰuɑ^{21} 形容(瞌睡得)东倒西歪的样子

典窑赁房 tie^{41} iɤ^{33} liəŋ^{53} fɤu^{33} 租赁房屋

点达故丝儿 tie^{41} tɑʔ^{3} ku^{53} sər^{21} 一点一滴,指少:~给一点,多了舍不得

点浆泼水 tie^{41} tɕiɤu^{213} pəʔ^{4} suɛe^{21} 液体从端着的器皿中溢出、滴下的情形

点眉忽哨 tie^{41} mi^{33} xuəʔ^{3} so^{53} 使眼色:~给那提示嘞

淀清瓦害 tie^{53} tsʰɛe^{213} uɑ^{41} xɑe^{53} 指(米汤,菜汤等)稀淡,易沉淀

刁留火暂 tiɤ^{21} liɑo^{33} xɤu^{41} tsã^{53} 形容时间短暂,匆忙:那~停了一会儿

貂眉鼠眼 tio^{21} mi^{33} su^{24} niã^{412} 不稳重的样子

端来直道 tuɤ^{21} lɑe^{33} tʂʰəʔ^{21} to^{53} 直来直去,不拐弯抹角

端眉正眼 tuɤ^{21} mi^{33} tʂɛe^{53} niã^{412} 相貌端正的样子

端盘抹桌 tuɤ^{21} pʰɤ^{33} mɑʔ^{21} tsuɑʔ^{3}

指饭馆儿里端饭的活儿

端射二跳 tuɤ^{24} ʂəʔ^{21} ər^{53} t^{h}iɤ^{53} 暴跳如雷的样子：扔了东西，急得那～

断口缺粮 tuɤ^{53} k^{h}ɑo^{41} tɕ^{h}yəʔ^{3} liɤu^{33} 形容十分贫困

断气马爬 tuɤ^{53} tɕ^{h}i^{53} mɑ^{41} p^{h}ɑ^{33} （小孩哭泣时）上气不接下气

刀割水离 to^{21} kəʔ^{3} sueɛ^{41} lɛe^{53} 断绝关系，互不往来

刀红抢黑 to^{21} xuəŋ^{33} ts^{h}iɤu^{41} xəʔ^{3} 偷盗抢劫，无所不为

刀尖儿相磨 to^{24} tsiər^{213} siəʔ^{3} mɤu^{33} 针尖对麦芒，矛盾激烈。谚云：姑姑做婆，两家不和；姨姨做婆，刀尖相磨。

刀镰不下 to^{21} lie^{33} pəʔ^{3} ɕiɑ^{53} 庄稼没有收成

刀杀斧砍 to^{21} sɑʔ^{3} fu^{24} k^{h}ie^{412} 粗暴行凶，刀枪相见

捣跟拍饼 to^{41} kəŋ^{213} p^{h}iəʔ^{3} pɛe^{412} 因不努力而导致生活困顿，无所作为：～，没有出息

捣鬼扬长 to^{24} kuɛe^{41} iã^{33} tʂ^{h}ã^{33} 爱说谎

捣京撂腔 to^{41} tɕiəŋ^{213} liɤ^{53} tɕ^{h}iã^{21} 在本地说外地话（贬）

捣门击窗 to^{41} məŋ^{33} tɕiəʔ^{21} ts^{h}uɤu^{213} 敲击、破坏门窗，形容行为粗鲁，野蛮

呆呆悻悻 tɑe^{24} tɑe^{21} ɕiəŋ^{53} ɕiəŋ^{21}

呆眉悻眼 tɑe^{21} mi^{33} ɕiəŋ^{53} niã^{412} 痴呆的样子

带流古气 tɑe^{53} liɑo^{33} ku^{41} tɕ^{h}i^{53}

带常古气 tɑe^{53} tʂ^{h}ã^{33} ku^{41} tɕ^{h}i^{53} 漫不经心：做事～，一满不操心

堆山积岭 tuɑe^{24} sã^{213} tɕiəʔ^{3} liəŋ^{53} （"岭"当为"楞 [ləŋ^{53}]"之音变）东西堆放多

对对方方 tuɑe^{53} tuɑe^{21} fɤu^{24} fɤu^{21} 满足对方的要求，使对方方便

对天说话 tuɑe^{53} t^{h}ie^{213} suəʔ^{3} xuɑ^{53} 形容自己光明正大，没有假话

低防小忌 tɛe^{21} fɤu^{33} siɤ^{41} tɕi^{53} 不相信别人，多疑：这人做事～

低眉下眼 tɛe^{21} mi^{33} ɕiɑ^{53} niã^{412} 形容因理亏而抬不起头的样子

斗牛称马 tɑo^{41} niɑo^{33} tʂ^{h}ɛe^{24} mɑ^{21} 小题大做：小事一宗，不需要～

抖精换神 tɑo^{41} tsɛe^{213} xuɤ^{53} ʂəŋ^{33} 故意显示的样子

丢帮跌底 tiɑo^{24} pɤu^{213} tiəʔ^{4} tɛe^{412} 比喻做事不完满，不完善：做事～，甚也靠不住

丢东撂西 tiɑo^{24} tuəŋ^{213} liɤ^{53} sɛe^{213}

丢三扯二 tiɑo^{24} sã^{213} tʂ^{h}ɑ^{41} sɿ^{53} 做事不谨慎，丢三落四

丢眉扯眼 tiɑo^{21} mi^{33} tʂ^{h}ɑ^{24} niã^{412} 东张西望的样子

丢人背兴 tiɑo^{21} zəŋ^{33} pɑe^{53} ɕiəŋ^{53} 丢

人现眼

大不走理儿 tɤu^{53} pəʔ^{3} tsɑo^{24} liər^{213} 差不多：那手艺倒也一般，不过做的营生还～

大打明响 tɤu^{53} tɑ^{41} miəŋ^{33} ɕiã^{21} 明目张胆：～就拿人家的东西嘞

大肚麻也 tɤu^{53} tu^{53} mɑ^{33} ie^{21} 怀孕后肚子大的样子

大嚎小叫 tɤu^{53} xɑo^{33} siɤ^{41} tɕiɤ^{53} 嚎叫

大浑解带 tɤu^{53} xuəŋ^{33} tɕiɑe^{41} tɑe^{53} 彻底解脱：事情处理了，真是～

大来小去 tɤu^{53} lɑe^{33} siɤ^{41} kəʔ^{3} 随便大小都行：～摘上几颗西红柿

大破二费 tɤu^{53} pʰɤu^{41} ər^{53} fɛe^{53} 严重浪费，大肆挥霍

大侵二害 tɤu^{53} tsʰiəŋ^{21} ər^{53} xɑe^{53} 大肆破坏：～，把家具都做坏了

大头没搅 tɤu^{53} tʰɑo^{33} məʔ^{4} lã^{412} 大体上，粗略地：把东西～收拾了一顿

大头小尾 tɤu^{53} tʰɑo^{33} siɤ^{24} i^{412} 多指木料等一头大，一头小，不匀称

多何应少 tɤu^{21} xɤu^{33} iəŋ^{53} ʂɤ^{412} 不拘多少，多用于帮忙凑钱：那病了，～给凑上

多嘴八舌 tɤu^{24} tsuɛe^{41} pɑʔ^{4} ʂəʔ^{213} 好说闲话，多嘴多舌

躲奸撒赖 tuɤu^{41} tɕiã^{213} sɑʔ^{3} lɑe^{53} 逃避干活，要奸

躲七蹓八 tuɤu^{41} tsʰiəʔ^{3} liɑo^{53} pɑʔ^{3} 东躲西藏

躲前缩后 tuɤu^{41} tsʰie^{33} suɑʔ^{3} xɑo^{53} 畏首畏尾

躲眼儿不见 tuɤu^{24} niɑr^{41} pəʔ^{3} tɕie^{53} 躲避

单眉细眼 tã^{21} mi^{33} ɕi^{53} niã^{412} （女性）貌美的样子

单皮薄沿 tã^{21} pʰi^{33} pʰəʔ^{21} ie^{53} 衣衫单薄

淡留不扯 tã^{53} liɑo^{33} pəʔ^{4} tʂʰɑʔ^{21} 味道寡淡：这饭～，没味儿

当头对正 tã^{21} tʰɑo^{33} tuɑe^{53} tʂəŋ^{53} 当面对质

挡沟邻家 tã^{53} kɑo^{213} liəŋ^{33} tɕiɑ^{21} 距离很近的、一沟相隔的邻家

丁干儿烂瓷 tiəŋ^{24} kiər^{213} lã^{53} tsʰɿ^{33} （食品）又干又硬；（土质）坚硬

顶牙裂嘴 tiəŋ^{41} niɑ^{33} liəʔ^{4} tsuɛe^{412} 形容顶嘴，不听话的样子

东乜西站 tuəŋ^{21} miɑ^{33} sɛe^{21} tsã^{53} 东张西望

东挪以散 tuəŋ^{21} nɤu^{33} i^{41} sã^{53} 四处逃散：旧社会逃难的人～

冬没寒天 tuəŋ^{24} məʔ^{21} xã^{33} tʰie^{213} 形容天寒地冻

冬时寒月 tuəŋ^{21} sɿ^{33} ɕie^{33} yəʔ^{21} 指又冷又短的冬天

冬夏长天 tuəŋ^{21} ɕiɑ^{53} tʂ^{h}ɤu^{33} t^{h}ie^{213} 指一年四季：~毛头还不怕冷

达眉苍眼 tɑʔ^{3} mi^{33} ts^{h}ɤu^{24} niã^{412} 形容脸皮厚

得留连挂 təʔ^{21} liɑo^{213} lie^{33} kuɑ^{53} 形容东西带得不整齐，提一件、扛一件的样子

得一加十 təʔ^{3} iəʔ^{3} tɕiɑ^{24} ʂəʔ^{21} 添油加醋

滴口不闻 tiəʔ^{4} k^{h}ɑo^{41} pəʔ^{3} uəŋ^{33} 一口也不吃，不思饮食

滴流淡水 tiəʔ^{3} liɑo^{33} tã^{53} suɛe^{21} 断断续续：~才来了几个人

跌倒算账 tiəʔ^{4} to^{41} suɤ^{53} tʂɤu^{53} 做生意时，最后再算总帐

跌怀不下 tiəʔ^{3} xuɑe^{33} pəʔ^{3} xɑ^{53} 指小孩坐怀不离，放下就哭

跌饥烂荒 tieʔ^{21} tɕi^{213} lã^{53} xɤu^{21} 家庭贫困，债务缠身：~，光景不好

跌跤骨隆 tiəʔ^{21} tɕio^{24} kuəʔ^{4} luəŋ^{21}

跌跤马爬 tiəʔ^{21} tɕio^{213} mɑ^{41} p^{h}ɑ^{33} 形容走路跌跌撞撞的样子

跌角不少 tiəʔ^{3} tɕyɑʔ^{3} pəʔ^{3} ʂɤ^{412} 卖东西不讲价，一分也不能让步，没有余地

启把脑跑 tuəʔ^{3} pɑ^{53} no^{33} p^{h}o^{412} 头低下撅起屁股干活的样子

厾厾打打 tuəʔ^{4} tuəʔ^{21} tɑ^{24} tɑ^{21} ①用棍子、指头点东西；②支配人

厾棍拄枪 tuəʔ^{3} kuəŋ^{53} tsu^{41} ts^{h}iɤu^{213} 依靠拐杖等走路

厾前站后 tuəʔ^{3} ts^{h}ie^{33} tsã^{53} xɑo^{53} 形容这儿站一会儿，那儿站一会

独燎灶火 tuəʔ^{3} liɤu^{33} tso^{53} xɤu^{21}（孤寡老人）自己烧火做饭

独子难教 tuəʔ^{4} tsɿ^{41} nã^{33} tɕio^{53} 独生子不容易教育

图死纳命 t^{h}u^{33} sɿ^{41} nɑʔ^{3} mɛe^{53} 形容睡得沉，叫也叫不醒

土乎介落 t^{h}u^{41} xu^{213} tɕiɑe^{53} lɑʔ^{21} 身上沾土的样子：刚地里回来，身上~

土近邻前 t^{h}u^{41} tɕiəŋ^{53} liəŋ^{33} ts^{h}ie^{33} 左邻右舍

土眉幸眼 t^{h}u^{41} mi^{33} ɕiəŋ^{53} niã^{412} 土气

土牛木马 t^{h}u^{41} niɑo^{33} məʔ^{4} mɑ^{21} 喻指呆板的人

吐啕圪哇 t^{h}u^{41} t^{h}o^{33} kəʔ^{4} uɑ^{21} 呕吐的样子

调里把和 t^{h}iɤ^{33} lɛe^{21} pɑ^{24} xɤu^{21} 调料

天地不懂 t^{h}ie^{21} tɛe^{53} pəʔ^{4} tuəŋ^{412}（小孩儿）什么都不明白

天寒日短 t^{h}ie^{21} ɕie^{33} ʐəʔ^{4} tuɤ^{412} 冬天白昼短暂

天旱黄尘 t^{h}ie^{21} ɕie^{53} xɤu^{33} tʂ^{h}əŋ^{33} 指持续干旱

天空儿之事 t^{h}ie^{24} k^{h}uər^{213} tsɿ^{41} sɿ^{53}

天上的事情

天名算卦 tʰie^{21} miəŋ^{33} suɤ^{53} kuɑ^{53} 命中注定：~那有两个儿子

天破世乱 tʰie^{21} pʰɤ^{53} ʂɛe^{53} luɤ^{53} 社会混乱：旧社会~，很不安宁

天斜之道 tʰie^{21} siɑ^{33} tsʅ^{41} to^{53} 老天造就

天阴雨湿 tʰie^{24} iəŋ^{213} y^{41} ʂəʔ^{3} 阴雨连绵：~不好出门

甜点白遛 tʰie^{33} tie^{41} pʰiəʔ^{3} liɑo^{53} 不上肥种庄稼：~种里去了

甜流儿淡水 tʰie^{33} liɑo^{21}tã^{53} suɛe^{21} 形容味道太淡

舔馋磨嘴 tʰie^{41} tsʰã^{33} mɤu^{53} tsuɛe^{21} 喜欢占小便宜：~就爱占人便宜

跳天续地 tʰiɤ^{53} tʰie^{33} ɕyəʔ^{3} tɛe^{53} 蹦蹦跳跳的样子：把孩儿高兴得~

逃命所生 tʰo^{33} mɛe^{53} suɤu^{41} səŋ^{213} 危在旦夕：孩儿病得~

逃奴做婢 tʰo^{33} nɑo^{33} tsɑʔ^{3} pɛe^{53} 伺候人

啕声哇气 tʰo^{33} ʂɛe^{213} uɑ^{41} tɕʰi^{53} （家里）争吵，吵闹

□溜驳舌 tʰɑe^{41} liɑo^{53} pɑʔ^{3} ʂəʔ^{21} 逗笑：不要~，有话正经说

抬竿打墓 tʰɑe^{33} kie^{213} tɑ^{41} mu^{53} 泛指埋葬死人的活儿

推涌不断 tʰuɑe^{24} yəŋ^{41} pəʔ^{3} tuɤ^{53} 熙熙攘攘：赶集的人~

偷东拾西 tʰɑo^{24} tuəŋ^{213} ʂəʔ^{21} sɛe^{213} 小偷小摸

头顶的对 tʰɑo^{33} tiəŋ^{41} tiəʔ^{3} tuɑe^{53} 花掉的钱和余钱分文不差：进出账目~

头蹄下水 tʰɑo^{33} tɕʰi^{33} ɕiɑ^{53} suɛe^{21} 动物的四肢、内脏

头头点点 tʰɑo^{33} tʰɑo^{21} tie^{41} tie^{213}

点点丝丝 tie^{41} tie^{213} sʅ^{24} sʅ^{21} 为数不多，少量

头子拜带 tʰɑo^{33} tsəʔ^{21} pɑe^{53} tɑe^{53} 指受到的批评数落：~经常受气，挨的够受

□□搭搭 tʰiɑo^{33} tʰiɑo^{21} tɑʔ^{3} tɑʔ^{21} □：提，指不停地训斥、指责

拖三慢二 tʰɤu^{24}sã^{213} mɤ^{53} ər^{53} 疲疲沓沓，办事拖拉

拖裙儿尿裤儿 tʰɤu^{21} tɕʰyər^{53} niɤ^{53} kʰur^{53} 衣着不整的样子

汤造儿虑饭 tʰɤu^{41} tsʰor^{53} luɛe^{53} fã^{53} 家常便饭

弹歌小唱 tʰã^{33} kɤu^{213} siɤ^{41} tʂʰɤu^{53} 有说有笑、有唱有跳的热闹情景

摊土成平 tʰã^{24} tʰu^{41} tʂʰəŋ^{33} pʰiəŋ^{33} ①把土堆铲平；②房倒屋塌

谈天论地 tʰã^{33} tʰie^{213} luəŋ^{53} tɛe^{53} 谈天说地

毯毯袷袷 tʰã^{41} tʰã^{213} tɕʰiɑʔ^{4} tɕʰiɑʔ^{21}

泛指(小孩用的)毯子、垫子等

趟天骨隆 t^{h}ã^{53} t^{h}ie^{21} kuəʔ^{3} luəŋ^{412} 在地上打滚的样子

吞利不足 t^{h}əŋ^{21} lɛe^{53} pəʔ^{3} tɕyəʔ^{3} 贪得无厌

吞踏练嘴 t^{h}əŋ^{41} t^{h}ɑʔ^{3} lie^{53} tsuɛe^{412} 吃饭不挑剔

疼死怯活 t^{h}əŋ^{33} sɿ^{21} tɕ^{h}iɑʔ^{4} xuəʔ^{21} 疼痛难忍

同家老小 t^{h}uəŋ^{33} tɕiɑ^{213} lɑo^{24} siɤ^{412} 指全家人

同流般辈 t^{h}uəŋ^{33} liɑo^{21} pã^{21} pɑe^{53} 辈份相同

同年等岁 t^{h}uəŋ^{33} nie^{21} təŋ^{41} suɛe^{53} 年龄相当

同人鉴决 t^{h}uəŋ^{33} ʐəŋ^{33} tɕiã^{53} tɕyəʔ^{3} 当着众人的面签约,不能反悔

铜帮铁底 t^{h}uəŋ^{33} pɤu^{213} t^{h}iəʔ^{4} tɛe^{412} 坚硬牢固:这堵墙筑的~,坏不了

铜脑铁背 t^{h}uəŋ^{33} no^{33} t^{h}iəʔ^{3} pɑe^{53} 身体结实,经打

他娘把戏 t^{h}ɑʔ^{3} niɤu^{33} pɑ^{41} ɕi^{53} 形容嘴里不干净,尤指骂娘:有话好好说,不要~

塌八里九 t^{h}ɑʔ^{3} pɑʔ^{3} lɛe^{24} tɕiɑo^{21} 指衣着不精干,踩倒鞋根儿穿鞋的样子

塌脚磨手 t^{h}ɑʔ^{3} tɕiəʔ^{3} mɤu^{53} ʂɑo^{21} 衣帽不整的样子

塌启擂块 t^{h}ɑʔ^{3} tuəʔ^{3} luɑe^{53} k^{h}uɑe^{21} 指裤子穿得松松垮垮的样子

塌驼拜带 t^{h}ɑʔ^{3} t^{h}ɤu^{33} pɑe^{53} tɑe^{21} 贪婪,不满足:~,甚也不嫌

特留儿旋风 t^{h}əʔ^{21} liɑor^{24} ɕye^{53} fəŋ^{21} 故意闹别扭

剔骨抽丝 t^{h}iəʔ^{3} kuəʔ^{3} tʂ^{h}ɑo^{24} sɿ^{213} 吹毛求疵:这个检查团~

踢烂门限 t^{h}iəʔ^{3} lã^{53} məŋ^{33} ɕie^{33} 形容来人极多

铁脸儿无情 t^{h}iəʔ^{4} liər^{213} u^{33} ts^{h}iəŋ^{33} 形容不讲情面

铁桶相连 t^{h}iəʔ^{4} t^{h}uəŋ^{41} siã^{21} lie^{33} 连得很紧,很牢固:这几个做的营生~,乱包不了

毒毒害害 t^{h}uəʔ^{4} t^{h}uəʔ^{21} xɑe^{53} xɑe^{21} 形容骂人的语言狠毒:把孩儿骂得~

秃眉竖眼 t^{h}uəʔ^{3} mi^{33} su^{53} niã^{412} 没有眉毛的样子

秃舌卜□ t^{h}uəʔ^{4} ʂəʔ^{21} pəʔ^{4} liɑʔ^{213} 形容舌头短,说话不清楚

秃头树脑 t^{h}uəʔ^{3} t^{h}ɑo^{33} su^{53} no^{21} 形容高高低低,不整齐:~养下一群

突稀露稠 t^{h}uəʔ^{21} ɕi^{213} lɑo^{53} tʂ^{h}ɑo^{21} 形容庄稼稀疏

脱鼻脑水 t^{h}uəʔ^{4} p^{h}iəʔ^{21} no^{24} suɛe^{21} 流鼻涕的样子:这孩儿~,可赖嘞

脱汤露水 t^{h}uəʔ^{21} t^{h}ɤu^{213} lɑo^{53} suɛe^{21}

藏不住话,容易穿帮

泥糊参杵 ni^{33} xu^{21} $ts^{h}ã^{24}$ $ts^{h}u^{41}$ 身上沾了泥土的样子

泥脚泥手 ni^{33} $tɕiəʔ^{3}$ ni^{33} $ʂao^{21}$ 手脚沾满泥的样子

努嘴洼脸 nu^{24} tsu^{41} ua^{53} lie^{412} 不高兴的样子

女甥外客 ny^{41} $ʂa^{213}$ uae^{53} $tɕ^{h}iaʔ^{3}$ ①女儿和外孙;②泛指子孙等亲近的后代:逢年过节,~来了一大群

拿般七势 na^{33} $pɤ^{213}$ $ts^{h}iəʔ^{3}$ $ʂee^{53}$ ①故意摆弄,装模作样:修个笔么,~弄了半天;②形容不稳重:~,没个稳重气

拿弓弄箭 na^{33} $kuəŋ^{213}$ $luəŋ^{53}$ $tsie^{53}$ 耀武扬威

牙黄口臭 nia^{33} $xɤu^{33}$ $k^{h}ao^{41}$ $tʂ^{h}ao^{53}$ 形容极度饥饿:大荒之年,饿得人~

牙天恨地 nia^{33} $t^{h}ie^{213}$ $xəŋ^{53}$ tee^{53} 形容说话凶狠

牙咬脚蹬 nia^{33} nio^{412} $tɕiəʔ^{21}$ $təŋ^{213}$ 浑身用力:~拉着一车货

哑眉静悄 nia^{41} mi^{33} $tsiəŋ^{53}$ $ts^{h}iɤ^{41}$ 寂静无声

哑声啰叨 nia^{41} $ʂee^{33}$ $lɤu^{33}$ to^{21} 形容声音嘶哑

牙残口苦 nia^{33} $ts^{h}ã^{33}$ $k^{h}ao^{24}$ $k^{h}u^{412}$ 严厉训斥:不要对孩儿~,有话慢慢说

年轻岁小 nie^{33} $tɕ^{h}iəŋ^{213}$ $suee^{53}$ $siɤ^{412}$ 年纪轻:~正在干活儿的时期嘞

暖窑热炕 $nuɤ^{41}$ $iɤ^{33}$ $zəʔ^{3}$ $k^{h}ɤu^{53}$ 指屋子暖和

挨头挖脸 nae^{33} $t^{h}ao^{21}$ ua^{24} lie^{412} 受人数落:干不了事,整天~

崖塌水泥 nae^{33} $t^{h}aʔ^{3}$ $suee^{41}$ ni^{33} 比喻彻底崩溃:一个肇事把那赔得~

崖头圪塄 nae^{33} $t^{h}ao^{21}$ $kəʔ^{3}$ $ləŋ^{33}$ 崖畔:~小心点,不敢掉下去

牛马驴骡 $niao^{33}$ ma^{21} y^{33} $lɤu^{33}$ 大家畜的总称

牛皮刮风 $niao^{33}$ $p^{h}i^{21}$ $kuaʔ^{21}$ $fəŋ^{213}$ 对牛弹琴:和那说话是~

牛天动地 $niao^{33}$ $t^{h}ie^{213}$ $tuəŋ^{53}$ tee^{53} 形容声音高而杂乱

牛心大利 $niao^{33}$ $siəŋ^{21}$ ta^{53} lee^{53} 指利润高,获利多:开房地产,是~

牛行地转 $niao^{33}$ $ɕiəŋ^{33}$ tee^{53} $tsuɤ^{53}$ 指耕种季节到来,开始春耕

扭精作怪 $niao^{41}$ $tsee^{213}$ $tsaʔ^{3}$ kuae 找借口,推托着不想去做某事

扭纹疙瘩 $niao^{41}$ $uəŋ^{33}$ $kəʔ^{3}$ $taʔ^{3}$ 纹理不顺的木头:这块木头是~

扭腰趔胯 $niao^{41}$ $iɤ^{213}$ lia^{53} $k^{h}ua^{21}$ 身子晃来晃去,四肢乱动的样子

扭嘴算卦 $niao^{24}$ $tsuee^{41}$ $suɤ^{53}$ kua^{53} 娇气,挑剔,矫情:~,实在不好伺候

仰天立地 $niɤu^{33}$ $t^{h}ie^{213}$ $liəʔ^{3}$ tee^{53} 仰

着头站立：拿个凳子坐下，不要～

男妇女人 nã33 fu53 ny41 zəŋ33　男男女女，不论男女

眼头意见 niã41 tʰɑo33 i53 tɕie53　形容有眼色，识时务：这孩儿～，挺有礼貌

眼眼窍窍 niã41 niã213 tɕʰiɤ53 tɕʰiɤ21　指人心眼儿多：～甚也误不了那

眼张竖鼻 niã24 tʂɤu213 su53 pʰiəʔ213　众目睽睽：～摆在人前

眼饱眼见 niã24 po21 niã41 tɕie53　亲眼所见

眼馋肚饱 niã41 tsʰã33 tu41 po412　肚子饱了还想吃

眼对奔奔 niã41 tuɑe53 pəŋ24 pəŋ21　面对面，当面：～和那啦的么

眼泪婆娑 niã41 luɛe53 pʰɑ33 sɑ21　泪眼婆娑的样子：那哭得～，有甚伤心事嘞

眼熟面滑 niã24 suəʔ21 mie53 xuɑʔ213　眼熟（人）：～好像见过

眼同晓记 niã41 tʰuəŋ33 ɕiɤ41 tɕi53（买卖双方）共同看好，不能反悔：～都看好

能屄刷言 nəŋ33 pi213 suɑʔ3 ie33　多管闲事：人家的事，不要～

能头得摺 nəŋ33 tʰɑo21 təʔ3 liɤ53　显能的样子

能言七势 nəŋ33 ie33 tsʰiəʔ3 ʂɛe53　多嘴，显能

硬□不呲 niəŋ53 pʰã21 pəʔ4 tsʰɿ21　形容（肉、菜）坚韧、不容易嚼

硬碰实磕 niəŋ53 pʰəŋ53 ʂəʔ21 kʰəʔ3　凭能力、凭实力干：～，各人考上的

拧启筛胯 niəŋ33 tuəʔ3 sɑe24 kʰuɑ412　因不满意而发泄：～，又是为甚

拧头得摺 niəŋ33 tʰɑo21 təʔ3 liɤ53　①有怒气的样子；②不情愿做某事的样子

拧油滋水 niəŋ33 iɑo33 tsɪ24 suɛe21　自己无事反复打扰别人：～，一天来几回

纳命忧愁 nɑʔ3 mɛe53 iɑo21 tsʰɑo33　①极度忧愁；②极度怕、愁（干活）

呐三道四 nɑʔ21 sã213 to53 sɿ53　信口开河

呐声要气 nɑʔ21 ʂəŋ213 iɤ53 tɕʰi53　形容说话声高

鸭子筛蛋 niɑʔ21 tsəʔ3 sɑe41 tã53　走路东摇西摆的样子

拉沟下蛋 lɑ24 kɑo213 xɑ53 tã53　喜欢做事反悔：～，茅厕儿吃饭（谚语）

拉亏倒欠 lɑ24 kuɛe213 to53 tɕʰie53　经常欠别人的债：有钱就给那，不要～

拉骡道马 lɑ21 lɤu33 to53 mɑ412（做生意的人）赶牲口，做生意

梁天雾地 liã33 tʰie213 u53 tɛe53　莽撞行事：做事～，一点也不考虑

冷恓圪欺 liɑ41 sɛe24 kəʔ21 tɕʰi213　冰凉的感觉：～，穿上衣服就好了

冷热相击 liɑ24 zəʔ21 siəʔ3 tɕiəʔ3　冷热相遇：～，容易感冒

冷洼淘食 liɑ^{41} uɑ^{24} t^{h}o^{33} ʂəʔ^{21} 形容吃冷饭：~，吃了不舒服

连冬数九 lie^{33} tuəŋ^{213} su^{24} tɕiɑo^{21} 指冬至开始数九，天已开始大冷

连泥带土 lie^{33} ni^{33} tɑe^{53} t^{h}u^{412} 身上、鞋上沾满泥土，不干净

连三赶四 lie^{33} sã^{213} kie^{41} sɪ^{53} 紧接着，一气

连鞋带袜 lie^{33} xɑe^{33} tɑe^{53} uɑʔ^{213} 不脱鞋袜：~就上了炕

撩起射坐 liɤ^{33} tɕ^{h}i^{41} ʂəʔ^{3} ts^{h}uɤu^{53} 坐卧不安的样子

鸾红打架 luɤ^{33} xuəŋ^{33} tɑ^{41} tɕiɑ^{53} 嬉戏打斗的情形：孩儿弭耍得~

乱麻铺整 luɤ^{53} mɑ^{33} p^{h}u^{24} tʂɛe^{21} 凌乱，不整齐的样子

乱手□脚 luɤ^{53} ʂɑo^{41} tɕ^{h}iəʔ^{21} tɕiəʔ^{3} 形容人多手杂，做不好事情：~，没有规矩

乱嘴舍家 luɤ^{53} tsuɛe^{41} ʂɑ^{53} tɕiəʔ^{21} 形容七嘴八舌：~，说甚的也有

老蚧蛤蟆 lo^{41} tɕiɑe^{33} kəʔ^{21} mɑ^{33} 人老身笨的样子：~你还能做个甚嘞

老来老到 lo^{41} lɑe^{33} lo^{41} to^{53} 到年龄大的时候：买上一间房子，~有个住处

老雷老雨 lo^{41} luɑe^{33} lo^{24} y^{21} 雷雨交加的情形

老眉皱眼 lo^{41} mi^{33} tsɑo^{53} niã^{412} 满面皱纹的样子

老凭无故 lo^{41} p^{h}iəŋ^{33} u^{33} ku^{53}

白凭无故 pɑe^{33} p^{h}iəŋ^{33} u^{33} ku^{53} 无缘无故

老山儿捉的 lo^{41} sɑr^{213} tsuɑʔ^{4} təʔ^{21} 对自己家的东西、位置不熟悉，什么也找不到：~，甚也寻不上

老雨厾锥 lo^{24} y^{41} tuəʔ^{21} tsuɛe^{213} 下倾盆大雨的情形：下得~，实在不好行动

来人去客 lɑe^{33} ʐəŋ^{21} tɕ^{h}y^{53} tɕ^{h}iɑʔ^{3} 往来的亲朋

来三去四 lɑe^{33} sã^{213} tɕ^{h}y^{53} sɿ^{53} 所作所为：看那的~，就是好人

雷鸣击鼓 luɑe^{33} miəŋ^{21} tɕiəʔ^{4} ku^{21} 指乐器声响大

零打小碎 lɛe^{33} tɑ^{24} siɤ^{41} suɑe^{53} 零零碎碎：~给人家做一点事情

零零把把 lɛe^{33} lɛe^{21} pɑ^{53} pɑ^{21} 剩余的零碎部分、零钱

零碎丢人 lɛe^{33} suɑe^{53} tiɑo^{213} ʐəŋ^{33} 出丑，丢脸

礼规三道 lɛe^{41} k^{h}uɛe^{213} sã^{21} to^{53} 各种规矩

里溜儿兰淡 lɛe^{41} liɑor^{53} lã^{33} tã^{53} 满不在乎：学习总是~，不用功

里心外计 lɛe^{41} səŋ^{213} uɑe^{53} tɕi^{53} 身在此处，想着别人（尤其用于后娶的老婆等）

理应公该 lɛe^{41} iəŋ^{53} kuəŋ^{24} kɑe^{213}　应该

利汤利水 lɛe^{53} tʰɤu^{213} lɛe^{53} suɛe^{21}　形容稀饭不黏，不糊 [xu^{53}]

路头路脑 lɑo^{53} tʰɑo^{33} lɑo^{53} no^{412}　在路上：～或许还能遇见

溜官损民 liɑo^{24} kuɤ^{213} suəŋ^{41} miəŋ^{33}　巴结上头，欺负百姓

流品滋水 liɑo^{33} pʰiəŋ^{41} tsɿ^{24} suɛe^{21}　溜油踏水 liɑo^{53} iɑo^{33} tʰɑʔ^{4} suɛe^{21}　形容喜欢说下流话：那一天～，不说一句好话

流油滴水 liɑo^{33} iɑo^{33} tiəʔ^{4} suɛe^{21}　满头大汗的样子

柳眉杏眼 liɑo^{41} mi^{33} ɕiəŋ^{53} niã^{412}　美貌的样子

绺绺斜斜 liɑo^{24} liɑo^{21} siɑ^{33} siɑ^{21}　指不规则的（布头，木匠的下角料等）

梁檩板担 liɤu^{33} liəŋ^{213} pã^{41} tã^{53}　身材魁梧：～长得兀底高

两不伤情 liɤu^{41} pəʔ^{3} ʂɤu^{21} tsʰiəŋ^{33}　两方面都不伤感情：咱对两家人平等对待，～

两场世人 liɤu^{41} tʂʰɤu^{33} ʂɛe^{53} ʐəŋ^{33}　别人，不是一家人：～不管这事

两楞十靠 liɤu^{41} ləŋ^{33} ʂəʔ^{3} kʰo^{53}　比喻话说得非常确定：说的～，肯定不会反悔

两满相可 liɤu^{24} mɤ^{41} siəʔ^{3} kʰəʔ^{3}　正好，刚合适：桌子摆在床边上～

两命相孤 liɤu^{41} mɛe^{53} siəʔ^{21} ku^{213}　使尽力气：从早到晚做营生真是～

两头三搧 liɤu^{41} tʰɑo^{33} sã^{24} ʂie^{213}　两面三刀，串弄是非：那～，这面说罢兀面说

滥滥摊摊 lã^{33} lã^{21} tʰã^{33} tʰã^{21}　乱七八糟：家里～，快整理一下（“摊”声调特殊）

塄上埝下 ləŋ^{33} ʂɤu^{53} tɕie^{41} xɑ^{53}　上下相邻：～，都很了解

冷眉淡眼 ləŋ^{41} mi^{33} tã^{53} niã^{412}　对人冷淡的样子

冷眉冷眼 ləŋ^{41} mi^{33} ləŋ^{24} niã^{412}　憎恨的样子

愣声愣气 ləŋ^{53} ʂɛe^{213} ləŋ^{53} tɕʰi^{53}　形容说话声音粗，嗓门大

邻居壁舍 liəŋ^{33} tɕy^{213} piəʔ^{3} ʂɑ^{213}　近邻

临灯上马 liəŋ^{33} təŋ^{213} ʂɤu^{53} mɑ^{412}　形容弥留之际的状态

临梢到把儿 liəŋ^{33} so^{213} to^{53} pɑr^{53}　最终，最后

临梢末尾儿 liəŋ^{33} so^{213} məʔ^{4} uər^{213}　到最后，快到尽头的时候

另乡旁人 liəŋ^{53} ɕiã^{213} pʰã^{33} ʐəŋ^{33}　别人，外人

龙眉凤眼 luəŋ^{33} mi^{33} fəŋ^{53} niã^{412}　形容（多为女子）眼睛又大又亮，漂亮

笼头盖面 luəŋ^{33} tʰɑo^{21} kɑe^{53} mie^{53}

遮着头、脸的样子：那有病嘞，经常～

聋眉扯眼 luəŋ^{33} mi^{33} tʂ^{h}ɑ^{24} niã^{412} 耳聋的样子

拉天磨地 lɑʔ^{21} t^{h}ie^{213} mɤu^{53} tɛe^{53} 形容东西太长，拖到地上的样子

落到原槽 lɑʔ^{3} to^{53} ye^{33} ts^{h}o^{33} 归根结底：～，还是那干的

力逼九平 liəʔ^{3} piəʔ^{3} tɕiɑo^{41} p^{h}iəŋ^{33} 逼得很紧，不容迟缓

力叉和海 liəʔ^{21} ts^{h}ɑ^{213} xɤu^{53} xɑe^{21} 泼辣，不缩前缩后

力刀力抢 liəʔ^{3} to^{213} liəʔ^{4} ts^{h}iɤu^{21} 形容抢东西的动作又快又猛（"刀"疑为"刁"的音变）

力力相伙 liəʔ^{4} liəʔ^{21} siəʔ^{4} xɤu^{412} 毫不退让，竭力争斗

力扑三阵 liəʔ^{3} p^{h}əʔ^{3} sã^{21} tʂəŋ^{53} 拼命打斗

立霸为王 liəʔ^{3} pɑ^{53} uɛe^{33} uã^{33} 称王称霸

立眉竖眼 liəʔ^{3} mi^{33} su^{53} niã^{412} 眼眉竖起

立上高竿 liəʔ^{3} ʂɤu^{53} ko^{24} kie^{213} 立即，马上（就要达到目的）

裂牙舞爪 liəʔ^{3} niɑ^{33} u^{24} tso^{21} 说话不和蔼，凶暴、蛮横

支楞凳架 tsɿ^{21} ləŋ^{33} təŋ^{53} tɕiɑ^{53} 摆架势，拿架子

支门应户 tsɿ^{21} məŋ^{33} iəŋ^{53} xu^{53} 应付平常的事务、事情

吱哇流水 tsɿ^{33} uɑ^{33} liɑo^{33} suɛe^{21} 大声叫唤，喧哗

子母离身 tsɿ^{24} mu^{41} lɛe^{33} ʂəŋ^{213} ①指母亲把孩子生下来就不管了；②比喻把事情介绍完就不管了，剩下的是别人的事情了

猪嘴狗牙 tsu^{24} tsuɛe^{412} kɑo^{41} niɑ^{33} 相貌丑陋

踏天舞地 tsɑ^{24} t^{h}ie^{213} u^{41} tɛe^{53} 乱吹嘘：说话～，没个下数

咋把吆什 tsɑ^{24} pɑ^{213} iɤ^{53} ʂəʔ^{213} 高声喊叫：有理不在高言，为甚～

咋乐八实 tsɑ^{41} lɑʔ^{3} pɑʔ^{4} ʂəʔ^{21} 说话、行为不稳重的样子：说话总是～

咋麻吼叫 tsɑ^{21} mɑ^{33} xɑo^{41} tɕiɤ^{53} 形容大声惊叫

爹脚舞手 tsɑ^{53} tɕiəʔ^{21} u^{24} ʂɑo^{21} 四肢伸展的样子：那人睡在地上～

借口传愿 tsiɑ^{53} k^{h}ɑo^{41} ts^{h}uɤ^{33} ye^{53} 捕风捉影

尖头细尾 tsie^{21} t^{h}ɑo^{33} sɛe^{53} i^{412} 形容木料、棍子等两头小中间大

钻沟遛洼 tsuɤ^{24} kɑo^{213} liɑo^{53} uɑ^{53} 到处躲藏：那几年计划生育，断得婆姨们～

钻眼儿无情 tsuɤ^{24} niɑr^{41} u^{33} ts^{h}iəŋ^{33}

为了报复而刻意找机会伤害他人：那对我～

穿是捏非 $ts^hu\gamma^{21}$ $s\eta^{53}$ $ni\partial ʔ^{21}$ $f\varepsilon e^{213}$ 挑拨是非

串门倒对 $ts^hu\gamma^{53}$ $m\partial\eta^{33}$ to^{41} $tu\alpha e^{53}$ 形容游手好闲，东游西逛

遭孽拜带 tso^{24} $ni\partial ʔ^{21}$ $p\alpha e^{53}$ $t\alpha e^{53}$ 做恶事，造孽：把青苗犯了，真是～

遭扰失火 tso^{24} $z\gamma^{41}$ $s\partial ʔ^{4}$ $x\gamma u^{412}$ 打扰，打搅

唣年兀乱 tso^{41} nie^{33} $u\partial ʔ^{3}$ $lu\tilde{a}^{53}$ 形容说话难懂：广东人说话～，一句也解不开

走关失套 $ts\alpha o^{41}$ $ku\tilde{a}^{213}$ $s\partial ʔ^{21}$ t^ho^{53} 捣鬼，撒谎

贼汉强盗 $ts\varepsilon e^{21}$ φie^{53} $t\varphi^hi\gamma u^{33}$ to^{53} 盗贼

精精把把 $ts\varepsilon e^{24}$ $ts\varepsilon e^{21}$ $p\alpha ʔ^{4}$ $p\alpha^{21}$ 聪明灵动

精灵捷痛 $ts\varepsilon e^{21}$ $l\varepsilon e^{33}$ $tsi\partial ʔ^{3}$ $t^hu\partial\eta^{53}$ 聪明伶俐：这孩儿～，甚也解开嘞

精眉滑眼 $ts\varepsilon e^{21}$ mi^{33} $xu\alpha ʔ^{4}$ $ni\tilde{a}^{412}$

滑眉溜眼 $xu\alpha ʔ^{21}$ mi^{33} $li\alpha o^{53}$ $ni\tilde{a}^{412}$ 狡猾的样子

挤尿床床 $ts\varepsilon e^{41}$ $ni\gamma^{33}$ $ts^hu\gamma u^{33}$ $ts^hu\gamma u^{21}$ 比喻一点一点逼着交代：硬是～才说出来

挤脓压水 $ts\varepsilon e^{41}$ $nu\partial\eta^{33}$ $ni\alpha^{53}$ $su\varepsilon e^{21}$ 形容哭不出，强哭：要么放开哭，不要～

贼吱嘹哇 $ts\varepsilon e^{33}$ $ts\eta^{33}$ $li\gamma^{33}$ $u\alpha^{21}$ 乱喊乱叫的情形：不要～，一个一个说

锥扎不动 $tsu\varepsilon e^{21}$ $ts\alpha ʔ^{3}$ $p\partial ʔ^{3}$ $tu\partial\eta^{53}$ 不管如何催促都毫无反应，毫不动弹：懒得～

嘴吵嘹哇 $tsu\varepsilon e^{24}$ ts^ho^{41} $li\gamma^{33}$ $u\alpha^{21}$ 形容争吵：那家婆姨汉两个，常～

嘴尖毛长 $tsu\varepsilon e^{41}$ $tsie^{213}$ mo^{33} $t\c{s}^h\gamma u^{33}$ 自私，好挑剔；事儿多，好多嘴

醉么圪盹 $tsu\varepsilon e^{53}$ $m\alpha^{21}$ $k\partial ʔ^{4}$ $tu\partial\eta^{21}$ 形容醉态

诌书捏戏 $ts\alpha o^{24}$ su^{213} $ni\partial ʔ^{3}$ φi^{53} 指编故事、写戏

祖朝三辈 $ts\alpha o^{41}$ $t\c{s}^h\gamma^{33}$ $s\tilde{a}^{21}$ $p\alpha r^{53}$

祖十万辈 $ts\alpha o^{24}$ $s\partial ʔ^{21}$ $u\tilde{a}^{53}$ $p\alpha e^{53}$ 时间极长，从来：～不说一句谎话

左打围园 $ts\gamma u^{24}$ $t\alpha^{41}$ y^{33} ye^{33} 邻近的村子，街坊四邻

坐地为龙 $tsu\gamma u^{53}$ $t\varepsilon e^{53}$ $u\varepsilon e^{33}$ $lu\partial\eta^{33}$ 形容地痞流氓的行径

装疯卖哑 $tsu\gamma u^{24}$ $f\partial\eta^{213}$ $m\alpha e^{53}$ $ni\alpha^{412}$ 故意装糊涂

装神贴病 $tsu\gamma u^{21}$ $s\partial\eta^{33}$ $t^hi\partial ʔ^{3}$ $p\varepsilon e^{53}$ 因不想干活而装病

撞头砍脑 $ts^hu\gamma u^{41}$ $t^h\alpha o^{33}$ k^hie^{24} no^{412} 冒冒失失的样子

盏盏沿沿 $ts\tilde{a}^{41}$ $ts\tilde{a}^{213}$ ie^{53} ie^{21} 形容碗、

盆儿等又小又浅:碗小了~多放不下

眨眉弄眼 tsã^{21} mi^{33} luəŋ^{53} niã^{412} 挤眉弄眼

肿眉疱眼 tsuəŋ^{41} mi^{33} p^{h}o^{24} niã^{412} 面部浮肿的样子

捉鳖弄蝎 tsuɑʔ^{3} piəʔ^{3} luəŋ^{53} ɕiəʔ^{3} 做事不熟练,不利索

只多不少 tsəʔ^{21} tɤu^{213} pəʔ^{4} ʂɤ^{412} (数量)有余头,没短头

只高不低 tsəʔ^{21} kɑo^{213} pəʔ^{21} tɛe^{213} (长短,高低)有长头

做茶打饭 tsuəʔ^{3} ts^{h}ɑ^{33} tɑ^{41} fã^{53} 做饭

做贼嫁汉 tsuəʔ^{3} tsɛe^{33} tɕiɑ^{53} ɕie^{53} 偷盗卖淫

呲眉罩眼 ts^{h}ʅ^{21} mi^{33} tso^{53} niã^{412} 呲牙咧嘴的样子

磁盘碗盏 ts^{h}ʅ^{33} p^{h}ɤ^{33} uɤ^{24} tsã^{412} 餐具的总称

次前以后 ts^{h}ʅ^{53} ts^{h}ie^{33} i^{41} xɑo^{53} 或前或后,随便什么时间:~,抽空去一下

初头乍马 ts^{h}u^{21} t^{h}ɑo^{33} tsɑ^{53} mɑ^{21} 第一次做某事,首次

喳喳哇哇 ts^{h}ɑ^{21} ts^{h}ɑ^{213} uɑ^{53} uɑ^{21} 形容人多,吵声大:人弭做甚吵得~

叉梁没道 ts^{h}ɑ^{21} liɤu^{33} məʔ^{3} to^{53} 形容(小孩儿)不停乱跑乱跳

茬茬牙牙 ts^{h}ɑ^{33} ts^{h}ɑ^{21} niɑ^{33} niɑ^{21} 东西参差不齐的样子

千年古辈儿 ts^{h}ie^{21} nie^{33} ku^{41} pər^{53} 形容时间很久

千委万咐 ts^{h}ie^{24} i^{41} uã^{53} fu^{33} 反复叮咛

千乡百里 ts^{h}ie^{24} ɕiɤu^{213} pəʔ^{4} lɛe^{412} 路途遥远:~请来个师傅,咱则好好儿学习

前村后社 ts^{h}ie^{33} ts^{h}uəŋ^{21} xɑo^{53} ʂɑ^{53} 指附近村子

前家后继 ts^{h}ie^{33} tɕiɑ^{213} xɑo^{53} tɕi^{53} 指继养的关系

前纳后盖 ts^{h}ie^{33} nɑʔ^{21} xɑo^{53} kɑe^{53} 设法掩盖以平息事态

钱眼儿有火 ts^{h}ie^{33} niãr^{412} iɑo^{24} xɤu^{412} 为了利益不怕累:连夜大干,真是~

浅没意思 ts^{h}ie^{24} məʔ^{21} i^{53} sʅ^{21} 无关紧要的事情:~,就不争斗了

浅皮淡沿 ts^{h}ie^{41} p^{h}i^{33} tã^{53} ie^{53} 形容东西单薄,不结实

悄悄分明 ts^{h}iɤ^{24} ts^{h}iɤ^{21} fəŋ^{21} mɛe^{33} 偷偷的、不打招呼(做某事)

吵天吵地 ts^{h}o^{41} t^{h}ie^{213} ts^{h}o^{41} tɛe^{53} 到处吵嚷的样子

炒肉打饼 ts^{h}o^{41} ʐɑo^{53} tɑ^{24} piəŋ^{412} 概指做好饭

揣天摸地 ts^{h}uɑe^{41} t^{h}ie^{213} məʔ^{3} tɛe^{53} 摸黑:街上没灯,~甚也看不见

齐股落铡 ts^{h}ɛe^{33} ku^{41} lɑʔ^{3} ts^{h}ɑʔ^{21} 顿时,立即,猛地:老师一进来,学生

们～不说了

齐头故施　tsʰεe^{33} tʰɑo^{21} ku^{53} sɿ^{21}　简单粗暴（地训斥）：有话好好说，不要～乱训人

齐牙齐口　tsʰεe^{33} niɑ^{33} tsʰεe^{33} kʰɑo^{21}　牙齿齐全，用以指年轻人

清汤利水　tsʰεe^{24} tʰɤu^{213} lεe^{53} suεe^{21}　形容饭稀薄

吹皮擂鼓　tsʰuεe^{21} pʰi^{33} luɑe^{53} ku^{412}　形容大肆吹牛

吹锣作决　tsʰuεe^{21} lɤu^{33} tsɑʔ^{3} tɕyəʔ^{3}　形容乐器和鸣，热闹非凡

觑觑眼眼　tsʰɑo^{33} tsʰɑo^{21} niã^{41} niã^{213}　形容窥视、踅摸的样子：这人～，不知道看甚嘞

觑眼暴疾　tsʰɑo^{33} niã^{53} po^{53} tɕiəʔ^{3}　视力不好，眯着看东西的样子：～，不要再看了

瞅眉剜眼　tsʰɑo^{41} mi^{33} uã^{24} niã^{412}　嫌弃人的样子：对孩儿～

丑眉怪眼　tʂʰɑo^{41} mi^{33} kuɑe^{53} niã^{412}　形容相貌丑陋

丑姿八怪　tʂʰɑo^{41} tsɿ^{213} pɑʔ^{3} kuɑe^{53}　形容长相丑陋

凑手不及　tsʰɑo^{53} ʂɑo^{41} pəʔ^{3} tɕiəʔ^{3}　人少，来不及完成任务

凑堂问卦　tsʰɑo^{53} tã^{33} uəŋ^{53} kuɑ^{53}　利用已有的条件借机办自己的事情

粗薄粮食　tsʰɑo^{24} pʰəʔ^{21} liɤu^{33} ʂəʔ^{21}　指粗粮

粗气不喘　tsʰɑo^{21} tɕʰi^{53} pəʔ^{4} tsʰuɤ^{412}　拿东西时轻松自在的样子

秋猫稚狗　tsʰiɑo^{21} mo^{33} tsɿ^{53} kɑo^{412}　最后生的（人、动物）

苍眉悻眼　tsʰɤu^{21} mi^{33} ɕiəŋ^{53} niã^{412}　面色灰白的样子

藏脑露启　tsʰɤu^{33} no^{33} lɑo^{53} tuəʔ^{3}　躲藏起来，不愿出门：～，不敢见人

搓手捏脚　tsʰɤu^{24} ʂɑo^{41} niəʔ^{21} tɕiəʔ^{3}　十分焦急，抓耳挠腮的样子

抢茬把道　tsʰiɤu^{21} tsʰɑ^{33} pɑ^{41} to^{53}　形容说话总要占上风，不讲理

抢淘忽撕　tsʰiɤu^{41} tʰo^{33} xuəʔ^{21} sɿ^{213}　（遇到好事）争速度，抢时间（贬）：吃饭～，就怕吃不饱嘞

残场马会　tsʰã^{33} tʂʰɤu^{33} mɑ^{41} xuɑe^{53}　剩余的次品：～，没甚好的了

掺汤和水　tsʰã^{24} tʰɤu^{213} xɤu^{53} suεe^{412}　往饭里掺水

疮痍疙瘩　tsʰuã^{24} i^{213} kəʔ^{3} tɑʔ^{3}　指疮、疖之类病

亲哥儿弟兄　tsʰiəŋ^{24} kɤur^{213} tεe^{53} suεe^{21}　亲兄弟

亲戚道属　tsʰiəŋ^{24} tsʰiəʔ^{21} to^{53} su^{21}　指亲戚关系：～不好意思惹人

亲手自在　tsʰiəŋ^{24} ʂɑo^{41} tsɿ^{53} tsɑe^{53}　不

该动手时就动手：这人有点～，十分随便

亲堂骨肉 tsʰiəŋ^{21} tʰã^{33} kuəʔ^{4} zuəʔ^{21} 同一个爷爷的子孙

亲姊圪妹儿 tsʰiəŋ^{24} tsɿ^{41} kəʔ^{3} mər^{53} 亲姐妹

清堂利净 tsʰiəŋ^{21} tʰã^{33} lɛe^{53} tsɛe^{53} 干干净净

情软面善 tsʰiəŋ^{33} zuɤ^{41} mie^{53} ʂie^{53} 心慈手软，不敢得罪人：～怕惹人

重三万四 tsʰuəŋ^{33} sã^{21} uã^{53} sɿ^{53} 形容说话重重沓沓

从根打底 tsʰuəŋ^{33} kəŋ^{213} tɑ^{24} tɛe^{412} 自始至终

葱韭薤蒜 tsʰuəŋ^{24} tɕiɑo^{41} xɑe^{53} suɤ^{53} 植物类调料的总称

杂八溜戏 tsʰɑʔ^{21} pɑʔ^{3} liɑo^{33} ɕi^{53}（东西）杂乱：～，都搅到一搭了

擦天滑地 tsʰɑʔ^{21} tʰie^{213} xuɑʔ^{21} tɛe^{53} 形容路滑

□起放下 tsʰəʔ^{4} tɕʰi^{41} fɤu^{53} xɑ^{21} 指做事很容易，不费力：不复杂，是～的事情

七病八痛 tsʰiəʔ^{3} piəŋ^{53} pɑʔ^{4} tʰuəŋ^{21} 常有病：那老子的～，身体一满不好

七打八误 tsʰiəʔ^{4} tɑ^{41} pɑʔ^{3} u^{53} 因各种原因耽误时间：路上～来不了

七等八待 tsʰiəʔ^{4} təŋ^{41} pɑʔ^{3} tɑe^{53} 等来这个等那个，长时间等待

七翻八踏 tsʰiəʔ^{3} fã^{213} pɑʔ^{4} tʰɑʔ^{21} 说了一遍又一遍：～说不清楚

七翻八腾 tsʰiəʔ^{21} fã^{213} pɑʔ^{3} tʰəŋ^{33}

七倒八腾 tsʰiəʔ^{3} to^{41} pɑʔ^{3} tʰəŋ^{33} 乱倒腾，把东西倒来倒去

七扶八凑 tsʰiəʔ^{3} fu^{33} pɑʔ^{3} tsʰɑo^{21} 众人凑钱帮忙

七关八套 tsʰiəʔ^{21} kuã^{213} pɑʔ^{3} tʰo^{53} 关口多，环节多：～实在弄不清楚

七鬼八蛋 tsʰiəʔ^{4} kuɛe^{41} pɑʔ^{3} tã^{53} 碎而小，不匀称：洋芋长得～

七家八具 tsʰiəʔ^{21} tɕiɑ^{213} pɑʔ^{3} tɕy^{53} 各种家具：～放下一大堆

七角八脑 tsʰiəʔ^{3} tɕyɑʔ^{3} pɑʔ^{4} no^{21} 形容东西形状不规则

七脚八手 tsʰiəʔ^{3} tɕiəʔ^{3} pɑʔ^{4} ʂɑo^{21} 人手众多：～来了好多帮忙的人

七烂八掐 tsʰiəʔ^{3} lã^{53} pɑʔ^{4} tɕʰiɑʔ^{21} 破破烂烂的

七楞八瓣 tsʰiəʔ^{3} ləŋ^{33} pɑʔ^{3} pã^{53} 不光滑，不圆，不规则的：这个南瓜长得～

七流八窜 tsʰiəʔ^{3} liɑo^{33} pɑʔ^{3} tsʰuɤ^{53} 不务正业，在别人家窜来窜去

七丘八歪 tsʰiəʔ^{21} tɕʰiɑo^{213} pɑʔ^{4} uɑe^{21} 指东西摆放不整齐

七瘸二跛 tsʰiəʔ^{3} tɕʰyɑ^{33} ər^{53} pɤu^{21} 腿上有毛病，行走不便的样子

出门拽户 tsʰuəʔ33 məŋ33 iəʔ3 xu21 指外出，出门

出消瞭西 tsʰuəʔ21 siɤ213 liɤ53 sɛe213 暗中提示别人：～，教那知道

绌绌链链 tsʰuəʔ4 tsʰuəʔ21 lie53 lie21 好多的、接连不断的：～来了一大群人

搐筋马爬 tsʰuəʔ21 tɕiəŋ213 mɑ41 pʰɑ33 形容闹别扭：～，不知甚事又惹下了

促出攮里 tsʰuəʔ3 tsʰuəʔ3 nã24 lɛe412 地位低下，不被人当人看待：～，由人摆布

促除圪老 tsʰuəʔ3 tsʰu33 kəʔ21 lo213 形容碍手碍脚，干扰别人：快离开，不要～

促蛮倒对 tsʰuəʔ3 mã33 to41 tuɑe53 形容像佣人一样干活儿

千零搁整 tsʰiəʔ3 lɛe33 kəʔ4 tʂɛe21 积少成多：～，慢慢就攒起来了

时分八字 sɿ33 fəŋ21 pɑʔ3 tsɿ53 生辰八字

时临暂刻 sɿ33 liəŋ21 tsã53 kʰəʔ3 时间短暂

私病短头 sɿ21 pɛe53 tuɤ41 tʰɑo33 指人的忌讳处，怕人说的事情：你在我这里压下～了

嘶嘶呻呻 sɿ24 sɿ21 ʂəŋ24 ʂəŋ21 疾病无常：一阵好了，一阵犯了，～拖了几个月

撕气淡胯 sɿ21 tɕʰi53 tã53 kʰuɑ21

撕麻油气 sɿ21 mɑ33 iɑo33 tɕʰi53 做事不干脆、慷慨，态度不明朗

撕撕挼挼 sɿ24 sɿ21 zuɑʔ3 zuɑʔ21 拉拉扯扯

死熬死战 sɿ41 ŋo33 sɿ41 tʂie53 苦干：～才闹到这地步

死般烂术 sɿ41 pɤ213 lã53 suəʔ3 虚假的动作：烧香叩头都是～

死不算人 sɿ41 pəʔ3 suɤ53 zəŋ33 不成人，不干人事：那不干好事，～

死缠磨缠 sɿ41 tʂʰie33 mɤu53 tʂʰie33 纠缠不放

死肠烂肚 sɿ41 tʂʰɤu33 lã53 tu412 指牲口内脏（贬）

死翻烂翻 sɿ41 fã213 lã53 fã213 一句话翻来复去说上没完

死枯儿颜色 sɿ41 kur213 niã33 ʂɑʔ21 指颜色淡暗：这圪瘩布～，不打眼

死驴剥皮 sɿ41 y33 pɑʔ3 pʰi33 比喻狠心拷打，残酷虐待

死毛骨联 sɿ41 mo33 kuəʔ3 luã33 毛皮不顺的样子：这些鸡～，没精神

死命不顾 sɿ41 mɛe53 pəʔ3 ku53 为了得到某种利益，不要命

死命下手 sɿ41 mɛe53 xɑ53 ʂɑo41 抓住不放

死牛抵墙 sɿ41 niɑo33 tɛe41 tsʰiɤu33 死不认错，百般抵赖：犯了错还～不认账

死趴活□ sɿ41 pɑ213 xuəʔ3 tɕiɛe53 尽

力而为，用尽力气：~才达到了目的

死强活盗 sɿ^{41} ts^{h}iɤu^{33} xuəʔ^{21} to^{53} 用尽气力：~才把那挽留回来

死皮烂毯 sɿ^{41} p^{h}i^{33} lã^{53} t^{h}ã^{21} 指破旧衣物

死气无力 sɿ^{41} tɕ^{h}i^{53} u^{33} liəʔ^{21} 没精打采的样子

死守现地 sɿ^{24} ʂɑo^{41} ɕie^{53} tɛe^{53} 坚守不离：~，一刻也不离开

死心不倒 sɿ^{41} siəŋ^{213} pəʔ^{4} to^{412} 形容不服气，不死心

死蔫打盹 sɿ^{41} ie^{24} tɑ^{24} tuəŋ^{21} 没有精神、萎靡不振的样子：走路~，没有一点劲

死蔫淋落 sɿ^{41} ie^{24} liəŋ^{33} lɑʔ^{21} ①植物枯萎的样子；②人没精打采的样子

死央祷告 sɿ^{41} iɤu^{213} to^{41} ko^{53} 苦苦哀求

死阴背豁 sɿ^{41} iəŋ^{213} pɑe^{53} xuəʔ^{3} 形容总是见不到太阳的：那里~，冬天可冷嘞

四脚四手 sɿ^{53} tɕiəʔ^{3} sɿ^{53} ʂɑo^{412} 四肢一齐地，连手带脚：把犯人~绑住了

四六三七 sɿ^{53} liɑo^{53} sã^{53} ts^{h}iəʔ^{3} 陆续离开：开完会~人都走完了（"三"变调为去声）

四渠谋虑 sɿ^{53} tɕ^{h}y^{33} mu^{33} luɛe^{53} 多方考虑：办事要~，不能盲目

四随相和 sɿ^{53} suɛe^{33} siã^{21} xɤu^{33} 搭配合理，条件具备：做一碗好饭也要~嘞

四马攒蹄 sɿ^{53} mɑ^{41} ts^{h}uɤ^{33} tɕ^{h}i^{33} 事情接踵而来，应接不暇：真是~，直忙了一天

四游无水 sɿ^{53} iɑo^{33} u^{33} suɛe^{21} 消极怠慢，没有时间观念：工人们~，不按时上工

树马林枪 su^{53} mɑ^{41} liəŋ^{33} ts^{h}iã^{21} 站下一群人的情形

数理儿划指 su^{41} liər^{53} xuɑ^{53} tsɿ^{412} 批评数落

沙声要气 sɑ^{24} ʂɛe^{213} iɤ^{53} tɕ^{h}i^{53} 指嗓音发沙

□八留戏 siɑ^{41} pɑʔ^{3} liɑo^{33} ɕi^{53} 两腿分开的样子

斜眉歪眼 siɑ^{33} mi^{33} uɑe^{24} niã^{412} 凶横的样子

耍把弄戏 suɑ^{24} pɑ^{41} luəŋ^{53} ɕi^{53} ①耍魔术；②捣鬼作怪

耍鬼弄棒 suɑ^{24} kuɛe^{41} luəŋ^{53} pɤu^{53} 通过不正当手段获取利益

耍手设艺 suɑ^{24} ʂɑo^{41} ʂəʔ^{3} i^{53} 凭手艺为生

想前忘后 siɤ^{41} ts^{h}ie^{33} uɤu^{53} xɑo^{53} 思前想后，念念叨叨的样子

小村背舍 siɤ^{41} ts^{h}uəŋ^{213} pɑe^{53} ʂɑ^{53} 指偏僻的小山村

小妇夺的 siɤ^{41} fu^{53} tʰuəʔ^{21} təʔ^{3}　轻浮，不稳重：真个～，没有一点稳重劲

小人打搅 siɤ^{41} zəŋ^{33} tɑ^{24} tɕiɤ^{21}　坏人从中干扰，陷害

小使薄活 siɤ^{24} sɿ^{41} pʰəʔ^{4} xuəʔ^{213}　零碎事情：这孩儿～还能帮大人干点营生

小心小胆 siɤ^{41} siəŋ^{213} siɤ^{24} tã^{412}　胆量小

小嘴踏舌 siɤ^{24} tsuɛe^{41} tʰɑʔ^{4} ʂəʔ^{21}　绕弯子说话：～，有话还不直说

酸骡臭马 suɤ^{21} lɤu^{33} tʂʰɑo^{53} mɑ^{412}　形容骡肉酸，马肉臭

酸眉溜眼 suɤ^{21} mi^{33} liɑo^{53} niã^{412}　风趣、逗笑的样子

酸死兀乱 suɤ^{24} sɿ^{41} uəʔ^{3} luã^{53}　形容饭有了馊味儿：饭搁得～的了，不能吃

酸汤辣水 suɤ^{24} tʰɤu^{213} lɑʔ^{4} suɛe^{21}　指酸辣味儿的菜汤之类

酸桃烂杏 suɤ^{21} tʰɑo^{33} lã^{53} ɕiɑr^{53}　形容桃杏容易腐烂：～几天就放坏了

缩脖弄系 suɤu^{24} pʰɑʔ^{21} luəŋ^{53} ɕi^{53}　形容脖子短

锁肩八老 suɤu^{41} tɕie^{213} pɑʔ^{4} lo^{21}　形容肩膀竖起的样子

骚情拜带 so^{24} tsʰiəŋ^{213} pɑe^{53} tɑe^{53}　形容喜欢献小殷勤

臊气难闻 so^{21} tɕʰi^{53} nã^{33} uəŋ^{33}　喻指有损声誉：尿脬打人，～

捎来带去 so^{21} lɑe^{33} tɑe^{53} kəʔ^{21}　捎带

扫地窗窑 so^{41} tɛe^{53} ʂɛe^{33} iɤ^{33}　买来的房子一切就绪，就等人住：买上那好房子，真是你～，一点也不用操劳

哨歌儿流水 so^{53} kɤur^{213} liɑo^{33} suɛe^{21}　偏僻，寂寞：留下我一个人在家～

筛筛浪浪 sɑe^{41} sɑe^{213} lɤu^{53} lɤu^{21}　不稳重的样子：而今的女子们～

筛神打马 sɑe^{41} ʂəŋ^{33} tɑ^{24} mɑ^{21} 形容不稳重，沉不住气，有事生怕人不知道

筛丝圪喋 sɑe^{41} sɿ^{24} kəʔ^{21} tiəʔ^{3}　不庄重，轻浮：好好儿说，不要～

西阴倒筐 sɛe^{24} iəŋ^{24} to^{41} tsʰiɑ^{53}　夕阳西下

洗匙涮碗 sɛe^{41} sɿ^{213} suã^{53} uɤ^{412}　指清洗碗筷

细吹二打 sɛe^{53} tsʰuɛe^{213} ər^{53} tɑ^{21}　一板一眼地认真吹奏

细声二气 sɛe^{53} ʂəŋ^{213} ər^{53} tɕʰi^{53}　说话声音细、小

细枝麻害 sɛe^{53} tsɿ^{213} mɑ^{33} xɑe^{21}　指棍子过细，不结实

惺眉瞪眼 sɛe^{33} mi^{21} təŋ^{53} niã^{412}　①瞌睡迷糊的样子；②精神不振的样子

须须挂挂　suɛe^{33} suɛe^{21} kuɑ^{53} kuɑ^{21}　形容装饰繁杂

水尽鹅飞　suɛe^{53} tsiəŋ^{53} ŋɤu^{33} fɛe^{213}　极度贫困，穷得叮当响：家里穷得～

水精明白 suɛe^{41} tsɛe^{213} miəŋ^{33} p^{h}iəʔ^{213}（多指老人）精精明明，一点不糊涂

水淋不济 suɛe^{41} liəŋ^{33} pəʔ^{3} tsɛe^{53} 衣服、东西被雨水浇湿的情形：刚下过雨，庄稼～

水石河道 suɛe^{24} ʂəʔ^{21} xɤu^{33} to^{53} 指沟河一带地方：～，靠船过活

水水害害 suɛe^{41} suɛe^{213} xɑe^{53} xɑe^{21} 淋得到处是水的情形

水水汗脸 suɛe^{41} suɛe^{213} ɕie^{53} lie^{21} 满头大汗的样子

睡梦不醒 suɛe^{53} məŋ^{53} pəʔ^{3} sɛe^{412} 睡得糊里糊涂

睡梦圪遮儿 suɛe^{53} məŋ^{53} kəʔ^{21} tʂɑr^{213} 睡梦中

随茶便饭 suɛe^{33} ts^{h}ɑ^{21} pie^{53} fã^{53} 家常便饭

随心布施 suɛe^{33} siəŋ^{213} pu^{53} sɿ^{21} 指布施、捐款不限数额：捐款是～，想多少就多少

随心起意 suɑe^{33} ʂiəŋ^{213} tɕ^{h}i^{41} i^{53} 自己想办法（解决）：做事不求人，～

碎神小鬼 suɑe^{53} ʂəŋ^{21} siɤ^{24} kuɛe^{412} 比喻碎小：～来了一群孩儿

搜斯圪挼 sɑo^{24} sɿ^{213} kəʔ^{4} zuɑ^{21} 形容动作缓慢：做事～，不利索

擞糠打颤 sɑo^{24} k^{h}ɑo^{213} tɑ^{41} tʂie^{53} 发抖的样子

擞皮算卦 sɑo^{41} p^{h}i^{33} suɤ^{53} kuɑ^{53}

擞骨撂石 sɑo^{24} kuəʔ^{21} liɤ^{53} ʂəʔ^{213} 不稳重的样子

瘦枝麻害 sɑo^{53} tsɿ^{21} mɑ^{33} xɑe^{21} 骨瘦如柴的样子

羞眉处眼 siɑo^{21} mi^{33} ts^{h}u^{53} niã^{412} 害羞的样子

三八两句 sã^{21} pɑʔ^{3} liɤu^{41} tɕy^{53} 三言两语

三八六九 sã^{21} pɑʔ^{3} liɑo^{53} tɕiɑo^{21} 形容次数频繁：那～就来一次

三般两样 sã^{24} pɤ^{21} liɤu^{41} iɤu^{53} 花样多：不要～，有上一种就行了

三不值二 sã^{21} pəʔ^{3} tʂ^{h}əʔ^{21} ər^{53} 指将东西贱卖

三场两雨 sã^{21} tʂ^{h}ɤu^{33} liɤu^{24} y^{21} 连续下雨

三回九转 sã^{21} xuɑe^{33} tɕiɑo^{41} tsuɤ^{53} 经常来来往往：～，一股劲来往着嘞

三门不出 sã^{21} məŋ^{33} pəʔ^{3} ts^{h}uəʔ^{3} 呆在家里不出门

三匹二马 sã^{21} p^{h}iəʔ^{3} ər^{53} mɑ^{21} 做事不认真，敷衍了事：～就把洋芋种进去了

三歧两岔 sã^{21} tɕ^{h}i^{33} liɤu^{41} ts^{h}ɑ^{53} 居住分散：几户人家还住的～

三蹻两步 sã^{24} tɕ^{h}iɤ^{213} liɤu^{41} pu^{53} 大

步行走的样子：走得真快嘞，~就到学校了

三推九溜 sã^{24} t^{h}uae^{213} tɕiao^{41} liao^{53} 一再推辞，躲避

三颜二色 sã^{21} niã^{33} ər^{53} ʂaʔ^{3} 颜色花哨：这块布~，挺好看

三衣五套 sã^{24} i^{213} uəʔ^{21} t^{h}o^{53} 衣裳多

山驴野马 sã^{21} y^{33} ia^{24} ma^{412} 形容不守规矩：这群人~，尽胡闹

山峁圪垯 sã^{24} mo^{41} kəʔ^{3} taʔ^{3} 指不平的地形，丘陵地形

山门不出 sã^{21} məŋ^{33} pəʔ^{3} ts^{h}uəʔ^{3} 不好游串，喜欢呆在家里：这人一天~，就在家里窚着嘞

山灾苦难 sã^{24} tsae^{213} k^{h}u^{41} nã^{53} 灾难，灾荒

些小意思 sie^{24} siɤ^{41} i^{53} sɿ^{21} 形容事情不重要，不值得花力气做

相好到处 siã^{24} xo^{41} to^{53} ts^{h}u^{41} 形容关系亲密，亲近

详情识意 siã^{33} ts^{h}iəŋ^{33} ʂəʔ^{3} i^{53} 分析情况，见机行事

寻人摆布 səŋ^{33} ʐəŋ^{33} pae^{41} pu^{53} 求人办事：要上好学校，还要~

生根长土 səŋ^{24} kəŋ^{213} tʂɤu^{24} t^{h}u^{21} 生长、成长（之地）：吴堡是我~的地方

生神二意 səŋ^{21} ʂəŋ^{33} ər^{53} i^{21} 寻衅滋事：~，和人寻事

生死打架 səŋ^{24} sɿ^{41}ta^{41} tɕia^{53} 拼命打斗

生死兀烂 səŋ^{24} sɿ^{41} uəʔ^{21} lã^{53} 指食物没有煮熟：饿伤了，把饭~就吃了

心倒无常 siəŋ^{24} to^{41} u^{33} tʂ^{h}ã^{33} 情绪低落，没心思：赌博输了钱，做营生~

心惶少日 siəŋ^{24} xɤu^{33} ʂɤ^{53} ʐəʔ^{3} 发愁，心急：麻烦得~

心平意静 siəŋ^{21} p^{h}iəŋ^{33} i^{53} tsiəŋ^{53} 心中平静

心擞肉跳 siəŋ^{24} sao^{41} ʐao^{53} t^{h}iɤ^{53} 胆颤心惊

心心事事 siəŋ^{24} siəŋ^{21} sɿ^{53} sɿ^{21} 心里总想做某事：那~想考一回大学

心依忽踏 siəŋ^{24} i^{213} xuəʔ^{4} t^{h}aʔ^{21} 牵挂，不放心：孩儿一各人走了，~不知道路上安全不安全

新正上月 siəŋ^{24} tʂεe^{213} ʂɤu^{53} yəʔ^{21} 大正月

松泡烂下 suəŋ^{24} p^{h}o^{213} lã^{53} ɕia^{53} 松散，不紧凑，不结实：被子盖得~

松死破肚 suəŋ^{24} sɿ^{41} p^{h}ɤu^{53} tu^{53} 形容东西捆扎得不紧

刷天掼地 suaʔ^{21} t^{h}ie^{213} kuã^{53} tεe^{53} 因生气而砸、摔东西的样子

惜病养身 siəʔ^{3} pεe^{53} iã^{41} ʂəŋ^{213} 养病

相打害命 siəʔ^{4} ta^{41} xae^{53} mεe^{53} 互相打闹、吵嚷的情形

相打啕气 siəʔ^{4} ta^{41} t^{h}o^{33} tɕ^{h}i^{53} （家里

人）关系不和，经常打闹

相拉绊扯 siəʔ^{21} lɑ^{213} pɤ^{53} tʂʰɑ^{412} 互相拉扯的样子：大人拖了一群孩儿，~价

熟眉惯眼 suəʔ^{3} mi^{33} kuã^{53} niã^{412} 形容熟悉

说神攮鬼 suəʔ^{3} ʂəŋ^{33} nã^{24} kuεe^{412} 多指算卦先生说鬼话骗人

说要凑笑 suəʔ^{4} suɑ^{41} tsʰɑo^{53} siɤ^{53} 指一群人开玩笑，逗红火

说吱儿拉话 suəʔ^{21} tsər^{213} lɑ^{53} xuɑ^{53} 聊天的情形：老两口~，不孤单

擩眉擩眼 zu^{41} mi^{33} zu^{24} niã^{412} 因肥胖而眼睛挤成缝儿的样子

擩天盖地 zu^{41} tʰie^{213} kɑe^{53} tεe^{53} 东西堆满的样子

软绵不济 zuɤ^{412} mie^{33} pəʔ^{3} tsεe^{53} 形容人没精打采，软弱无力

软绵卧倒 zuɤ^{412} mie^{33} u^{53} to^{21} 东西直立不起的情形：这布袋山蔓儿没装瓷，~立不起来

软歪八踏 zuɤ^{41} uɑe^{213} pɑʔ^{3} tʰɑʔ^{21} 形容浑身无力

遮眉盖眼 tʂɑ^{21} mi^{33} kɑe^{53} niã^{412} 包着头、盖着眼睛的样子

展眉□眼 tʂie^{41} mi^{33} tʰɤu^{24} niã^{412} 形容脸上无皱纹

展展烫烫 tʂie^{24} tʂie^{21} tʰɤu^{53} tʰɤu^{21} ①平展：这块地~，好种；②行动自在，不拘束：~不要拘束

知根打扣 tʂεe^{24} kəŋ^{213} tɑ^{41} kʰɑo^{53} 知根打底，完全了解

真本实利 tʂəŋ^{24} pəŋ^{41} ʂəʔ^{3} lεe^{53} 真本领

真眉捉眼 tʂəŋ^{21} mi^{33} tsuɑʔ^{4} niã^{412} 形容看东西清晰

真米化谷 tʂəŋ^{24} mi^{41} xuɑ^{53} kuəʔ^{3} 形容东西的材料没有假：都是~

真朋实友儿 tʂəŋ^{21} pʰəŋ^{33} ʂəʔ^{4} iɑor^{412} 真心朋友

枕头劝妻 tʂəŋ^{41} tʰɑo^{213} tɕʰye^{53} tsʰεe^{213} 劝说妻子：你则~么，慢慢说得她或许回心转意

正行还道 tʂəŋ^{53} ɕiəŋ^{33} xuã^{33} to^{53} ①东西没假：我的文凭是~从陕师大得的；②形容正直：~做事

窄窑小炕 tʂɑʔ^{3} iɤ^{33} siɤ^{41} kʰɤu^{53} 房屋狭小：~，睡不下几个人

稙儿早女 tʂəʔ^{3} ər^{33} tso^{24} ny^{412} 早生早育

扯旗放炮 tʂʰɑ^{41} tɕʰi^{33} fɤu^{53} pʰo^{53} 距离远，来往不方便：东一处，西一处，~不方便

扯声流气 tʂʰɑ^{41} ʂεe^{213} liɑo^{33} tɕʰi^{53} 形容说话时声音拉得长

扯条摞蔓 tʂʰɑ^{41} tʰiɤ^{33} lɤu^{53} uã^{53} 形容蔓条凌乱的样子：红薯~，脚也踏

不下

闪逃忽撕 tʂʰie^{41} tʰo^{33} xuəʔ^{21} sɿ^{213} ①指干活儿速度快：~就干完了；②抽空儿：你~到我这来一下

超唇挽嘴 tʂʰɤ^{21} tsʰuəŋ^{33} uã^{24} tsuɛe^{21} 噘起嘴出洋相的样子

朝扬滴水 tʂʰɤ^{33} iã^{33} tiəʔ^{4} suɛe^{412} 注意力不集中：~，把工作不当回事

痴眉瞪眼 tʂʰɛe^{21} mi^{33} təŋ^{53} niã^{412} 形容不活跃

痴乜圪瞪 tʂʰɛe^{21} miɑ^{33} kəʔ^{3} təŋ^{53} 不灵活，不机灵

迟来早去 tʂʰɛe^{33} lɑe^{33} tso^{41} kəʔ^{3} 不论迟早（都行），任何时候（都行）

迟三过五 tʂʰɛe^{33} sã^{213} kɤu^{53} uəʔ^{213} 略微几天，形容期限较短

稠泔练水 tʂʰɑo^{33} kie^{213} lie^{53} suɛe^{412} 稠泔水

丑不楞腾 tʂʰɑo^{41} pəʔ^{3} ləŋ^{53} tʰəŋ^{53} （小孩儿）胖而貌丑

丑家模样 tʂʰɑo^{41} tɕiɑ^{213} mu^{33} iɤu^{53} 东西做得不合规格，难看

臭天动地 tʂʰɑo^{53} tʰie^{21} tuəŋ^{53} tɛe^{53} 臭气冲天

长唉儿短气 tʂʰɤu^{33} xɑr^{213} tuɤ^{41} tɕʰi^{53} 唉声叹气：没考上大学，愁得~

长衣片扇 tʂʰɤu^{33} i^{213} pʰie^{41} ʂie^{53} 形容衣服不整，长短不一

唱歌兰叹 tʂʰɤu^{53} kɤu^{213} lã^{33} tʰã^{21} 高兴得不停唱歌的样子

撑棚搭帐 tsʰəŋ^{21} pʰəŋ^{33} tɑʔ^{3} tʂã^{53} 搭棚帐（待客）：家里办事业，院里~

成冰瓦害 tʂʰəŋ^{33} pɛc^{213} uɑ^{41} xɑe^{53} 冰凉：饭~，不要吃了

陈年古辈儿 tʂʰəŋ^{33} nie^{33} ku^{41} pər^{53} 旧式的，过时的

冲言绊语 tsʰuəŋ^{21} ie^{33} pã^{53} y^{21} 说话带刺：对人说话总是~

侄男弟子 tʂʰəʔ^{21} nã^{33} tɛe^{53} tsɿ^{412} 侄儿，侄女

直留板担 tʂʰəʔ^{21} liɑo^{33} pã^{41} tã^{53} 形容人性子直：这人~

直枝担胯 tʂʰəʔ^{21} tsɿ^{213} tã^{53} kʰuɑ^{21} 形容树梢稀疏，不茂盛

吃钢咬铁 tʂʰəʔ^{21} kɤu^{213} niɑo^{41} tʰiəʔ^{3} 比喻为人厉害，喜欢要横

吃屎攀伴儿 tʂʰəʔ^{4} sɿ^{41} pʰã^{21} pər^{53} 喜欢攀别人同做某事（贬）：~，就爱和人一搭

吃铁化水 tʂʰəʔ^{3} tʰiəʔ^{3} xuɑ^{53} suɛe^{412} 指消化好

吃烟打火 tʂʰəʔ^{21} ie^{24} tɑ^{24} xɤu^{21} 形容吸烟

赤脚打片 tʂʰəʔ^{3} tɕiəʔ^{3} tɑ^{24} pʰie^{21} 光脚的样子

生烦燥恼 ʂɑ^{21} fã^{33} tso^{53} no^{412} 麻烦苦

恼的样子：这几天天夜儿～，心不顺

蛇头兔脑 ʂɑ^{33} t^{h}ɑo^{33} t^{h}u^{53} no^{21} （小孩子们）聚在一起的样子：吃饭时，孩儿们～都来了

舍眉背眼 ʂɑ^{41} mi^{33} pɑe^{53} niã^{412} 形容舍了脸皮求人：～给你要的几个救济款

舍命切格 ʂɑ^{41} mɛe^{53} ts^{h}iəʔ^{21} kəʔ^{3} 形容拼命干：怕下雨，～往回收庄稼

生拔老硬 ʂɑ^{24} p^{h}ɑʔ^{21} lo^{41} niəŋ^{53} 指十分坚硬，不熟：肉煮得～，咬不动

生年满月 ʂɑ^{21} nie^{33} mɤ^{24} yəʔ^{21} 过年、过生日的时候

生吞活咽 ʂɑ^{24} t^{h}əŋ^{213} xuəʔ^{3} ie^{53} 吃东西不管生熟

善退江山 ʂie^{53} t^{h}uɑe^{53} tɕiã^{24} sã^{21} 比喻不与人争斗，自行退开

上叉立地 ʂɤ^{53} ts^{h}ɑ^{213} liəʔ^{3} tɛe^{53} 小孩儿不停地乱跑乱爬的样子：这孩儿～一阵不停

烧红打黑 ʂɤ^{21} xuəŋ^{33} tɑ^{41} xəʔ^{3} 比喻挑拨是非

烧壶二酒 ʂɤ^{21} xu^{33} ər^{53} tsiɑo^{412} 酒肉招待：来了客人～，热情招待

烧筋烫骨 ʂɤ^{24} tɕiəŋ^{213} t^{h}ɤu^{53} kuəʔ^{3} 形容心里藏不住事：～，生怕人家不知道

烧炉打铁 ʂɤ^{21} lɑo^{33} tɑ^{41} t^{h}iəʔ^{3} 做不必做的麻烦事情：不要～，但能得过就过去了

烧眉歪眼 ʂɤ^{21} mi^{33} uɑe^{24} niã^{412} 在女人面前嬉皮笑脸，挑逗的样子

烧钱挂纸 ʂɤ^{21} ts^{h}ie^{33} kuɑ^{53} tsɿ^{412} 指上坟烧香纸

烧人火力 ʂɤ^{21} zəŋ^{33} xɤu^{24} liəʔ^{21} 天气炎热，温度高（“力”神木话等读“燎”）

烧死烫活 ʂɤ^{24} sɿ^{41} t^{h}ɤu^{53} xuəʔ^{21} 指饭菜太烫

烧香磕头 ʂɤ^{24} ɕiɤu^{213} k^{h}əʔ^{3} t^{h}ɑo^{33} 指上坟烧纸，上庙敬神、求祈

少本没事 ʂɤ^{24} pəŋ^{41} məʔ^{3} sɿ^{53} 没有本事

少东没西 ʂɤ^{41} tuəŋ^{213} məʔ^{21} sɛe^{213} 家徒四壁

少粪没土 ʂɤ^{41} fəŋ^{53} məʔ^{4} t^{h}u^{412} 土地贫瘠

少规没矩 ʂɤ^{41} kuɛe^{213} məʔ^{3} tɕy^{53} 不懂规矩

少家没具 ʂɤ^{41} tɕiɑ^{213} məʔ^{3} tɕy^{53} 家中的摆设太少

少家没舍 ʂɤ^{41} tɕiɑ^{213} məʔ^{3} ʂɑ^{53} 没有妻室

少硷没院 ʂɤ^{24} tɕie^{24} məʔ^{3} ye^{53} 院子狭窄：～，连个粮食也不能晒

少里没面 ʂɤ^{24} lɛe^{41} məʔ^{3} mie^{53} 没有熟人，没有亲近人：～甚事也办不成

少眉没眼 ʂɤ^{41} mi^{33} məʔ^{4} niã^{412} ①长得眉、眼儿不全；②做事顾前不顾后，不完善

少牛没马 ʂɤ^{41} niɑo^{33} məʔ^{4} mɑ^{412} 缺少牲口

少人没亲 ʂɤ^{41} ʐəŋ^{33} məʔ^{21} tsʰiəŋ^{213} 没有亲人

少人没手 ʂɤ^{41} ʐəŋ^{33} məʔ^{3} ʂɑo^{21} 人手缺乏

少田没地 ʂɤ^{41} tʰie^{33} məʔ^{3} tɛe^{53} 没有土地

少心没劲 ʂɤ^{41} siəŋ^{213} məʔ^{3} tɕiəŋ^{53} （做事）没有心劲儿，没有心情

少窑没炕 ʂɤ^{41} iɤ^{33} məʔ^{3} kʰɤu^{53} 住房困难

少做没弄 ʂɤ^{41} tsuəʔ^{3} məʔ^{3} luəŋ^{53} 做了理亏事，不知如何是好的样子：一句说得那～，不好意思

□说三道 ʂɤ^{33} suəʔ^{3} sã^{21} to^{53} 说话拐弯抹角

□言七势 ʂɤ^{33} ie^{33} tsʰiəʔ^{3} ʂɛe^{53} 形容明知故问

成成就就 ʂɛe^{33} ʂɛe^{21} tsiɑo^{53} tsiɑo^{21} 事情做得完整、质量好：东西准备得～

绳秋拌地 ʂɛe^{33} tsʰiɑo^{213} pɤ^{53} tɛe^{53} 秋收忙乱的时节：～，人家忙着嘞

绳拴棍打 ʂɛe^{33} suã^{213} kuəŋ^{53} tɑ^{412} 捆起来打

收口拔沿 ʂɑo^{24} kʰɑo^{41} pʰɑʔ^{3} ie^{53} 工作、事情快要结束的时候：到了～，那才来了

收天拾地 ʂɑo^{24} tʰie^{213} ʂəʔ^{3} tɛe^{53} 形容这里忙一下，那里忙一下，时间不知不觉就过去了

手底除钱 ʂɑo^{24} ti^{41} tsʰu^{33} tsʰie^{33} 把所欠的钱从应发的钱中扣掉，不管你愿不愿意

手熟为能 ʂɑo^{24} suəʔ^{21} uɛe^{33} nəŋ^{33} 熟能生巧

手捉把把 ʂɑo^{41} tsuɑʔ^{3} pɑ^{53} pɑ^{21} 东西缺少，没多余的：～只有一个儿子

仇人见世 ʂɑo^{33} ʐəŋ^{21} tɕie^{53} ʂɛe^{53}

仇人敌对 ʂɑo^{33} ʐəŋ^{21} tiəʔ^{3} tuɑe^{53} 互相敌对

仇声烂气 ʂɑo^{33} ʂɛe^{21} lã^{53} tɕʰi^{53} 人与人、家庭与家庭不和：两家人～

伤筋动骨 ʂɤu^{24} tɕiəŋ^{213} tʰuəŋ^{53} kuəʔ^{21} 损伤了筋骨

上邻下舍 ʂɤu^{53} liəŋ^{33} xɑ^{53} ʂɑ^{53} 左邻右舍

上上大大 ʂɤu^{53} ʂɤu^{21} tɤu^{53} tɤu^{21} 胆大：把那～，不要躲前缩后

身小力怯 ʂəŋ^{24} siɤ^{41} liəʔ^{3} tsʰiəʔ^{3} 身材矮小，没有力气

呻呻唤唤 ʂəŋ^{24} ʂəŋ^{21} xuɤ^{53} xuɤ^{21} 不

停呻吟的情形

神催鬼报 ʂəŋ^{33} tsʰuɑe^{213} kuɛe^{41} po^{53} 不由自主

神捣上滢 ʂəŋ^{33} to^{41} ʂɤu^{53} uɑ^{53} 乱跑乱抓：～，一阵都不停歇

神眉光眼 ʂəŋ^{33} mi^{33} kɤu^{24} niã^{412} 不高兴、生气的样子

神婆缭乱 ʂəŋ^{33} pʰo^{21} liɤ^{33} luɤ^{53} 坐卧不安的样子：看那急得～

神掐鬼扭 ʂəŋ^{33} tɕʰiɑʔ^{3} kuɛe^{24} niɑo^{21} 不知不觉：库里的东西～总不够

神天晃地 ʂəŋ^{33} tʰie^{213} xuã^{41} tɛe^{53}

神神晃晃 ʂəŋ^{33} ʂəŋ^{21} xuã^{41} xuã^{213} 形容喜欢到处跑：～一天不知道干甚嘞

失张马爬 ʂəʔ^{21} tʂɤu^{213} mɑ^{41} pʰɑ^{33}

失张麻害 ʂəʔ^{21} tʂɤu^{213} mɑ^{33} xɑe^{53} 一惊一乍

十层五纳 ʂəʔ^{3} tsʰəŋ^{33} uəʔ^{4} nɑʔ^{21} 衣服层数多，但没好的：穿的～，还怕冷

十家九亲 ʂəʔ^{21} tɕiɑ^{213} tɕiɑo^{41} tsʰiəŋ^{213} 周围的人都是亲戚

十里八步 ʂəʔ^{4} lɛe^{41} pɑʔ^{3} pu^{53} 形容籽种撒得稀疏：洋芋～种一钵

十里火仗 ʂəʔ^{21} lɛe^{24} xɤu^{41} tʂɤu^{53} 惊慌失措：不要～，慢些儿（“火仗”为“慌张”的音变）

十人八马 ʂəʔ^{3} ʐəŋ^{33} pɑʔ^{4} mɑ^{21} 人数众多：～才把它拉的来

十字马爬 ʂəʔ^{3} tsɿ^{53} mɑ^{41} pʰɑ^{33} 棍棒摆放得横七竖八的样子

石头瓦块 ʂəʔ^{21} tʰɑo^{213} uɑ^{24} kʰuɑe^{21} 烂石头

实挨实板 ʂəʔ^{21} ŋɑe^{213} ʂəʔ^{4} pã^{412} 指做事踏实

实锤实捣 ʂəʔ^{21} tsʰuɛe^{213} ʂəʔ^{4} to^{21} 实话实说

实塞不通 ʂəʔ^{3} ɕiəʔ^{3} pəʔ^{21} tʰuəŋ^{213} 形容堵死了，一点儿也不通

拾拾揽揽 ʂəʔ^{4} ʂəʔ^{21} lã^{53} lã^{21} 形容见东西就爱，喜欢收拾残菜剩羹

射天砍地 ʂəʔ^{21} tʰie^{213} kʰie^{41} tɛe^{53} 做事不思考，不谨慎，盲目冒进

适可二至 ʂəʔ^{4} kʰɤu^{41} ər^{53} tsɿ^{53} 适当，适可而止

惹鸡斗狗 ʐɑ^{41} tɕi^{213} tɑo^{53} kɑo^{412} 惹是生非

惹人拜带 ʐɑ^{41} ʐəŋ^{33} pɑe^{53} tɑe^{21} 形容做得罪人的事情

惹神斗鬼 ʐɑ^{41} ʂəŋ^{33} tɑo^{53} kuɛe^{412} 指写符咒驱邪等行为：这是些～的事情，你不要做

黏溜圪捉 ʐie^{33} liɑo^{21} kəʔ^{3} tsuɑʔ^{3} （手上）沾了稀面，黏黏乎乎的情形

黏黏搲搲 ʐie^{33} ʐie^{21} uɑʔ^{4} uɑʔ^{21} 形容喜欢占便宜：遇事就想～

黏黏拽拽 ʐie^{33} ʐie^{21} tsuɑe^{53} tsuɑe^{21}

形容孩子离不开大人

绕凉滋水 zɣ41 liã33 tsɿ24 suɛe41 惹事，引起是非

□声股气 zɑe33 ʂɛe213 ku41 tɕhi53 形容说话不干脆

肉烂自香 zɑo53 lã53 tsɿ53 ɕiɤu213 肉熟了自然有香味

嚷天筛地 zɤu41 thie213 sɑe41 tɛe53 形容乱嚷乱吵

人财两丢 zəŋ33 tshɑe33 liɤu41 tiɑo213 人财两空

人分礼至 zəŋ33 fəŋ213 lɛe41 tsɿ53 （小孩儿）有礼貌：这孩儿～，说叫甚叫甚

人命油子 zəŋ33 mɛe53 iɑo33 tsəʔ21 亡命徒

人前面后 zəŋ33 tshie33 mie53 xɑo53 阳奉阴违：这人说话～

人情门户 zəŋ33 tshɛe21 məŋ33 xu53 互相来往应遵守的礼节，主要指礼物上的来往

人情世事 zəŋ33 tshiəŋ33 ʂɛe53 sɿ53 指人际来往中的东西往还：那人没有一点～，只有里没有出

人死绞架 zəŋ33 sɿ213 tɕio41 tɕia53 拼命（打架）：～打了一场

人天立地 zəŋ33 thie21 liəʔ3 tɛe53 众人面前：～骂了那一顿

人危必反 zəŋ33 uɛe213 piəʔ4 fã412 人被逼急了定会反抗

热蒸现卖 zəʔ21 tʂɛe213 ɕie53 mɑe53 （食物）随做随卖

日伴君王 zəʔ3 pɤ53 tɕyəŋ21 uã33 天天陪伴：～伺候老人着嘞

日久长磨 zəʔ4 tɕiɑo41 tʂhɤu33 mɤu33 指时间漫长：～了我不能经常守你着

日谋夜算 zəʔ3 mu33 iɑ53 suɤ53 不停地考虑

日七鬼八 zəʔ3 tshiəʔ3 kuɛe41 pɑʔ3 捣鬼，要诡计：～不晓得那干甚嘞

日死没活 zəʔ4 sɿ41 məʔ4 xuəʔ21 拼命干活：～地干了老半天

鸡叫临明 tɕi21 tɕiɤ53 liəŋ33 mɛe33 天快亮时：～就下地做营生去了

鸡神斗马 tɕi21 ʂəŋ33 tɑo53 mɑ21 家里人打架吵嘴，不安宁

鸡踏狗□ tɕi24 thɑʔ21 kɑo41 sie33 乱糟糟的样子：院子糟踏得～，没人管

加神显艳 tɕiɑ21 ʂəŋ33 ɕie41 ie53 说的神乎其神，夸大其词

更深半夜 tɕiɑ24 ʂəŋ213 pɤ53 iɑ53 半夜三更

家国一理 tɕiɑ21 kuəʔ3 iəʔ4 lɛe412 指大事小事一个道理

假迷三道 tɕiɑ41 mi33 sã21 to53 装模作样

假滋驳味 tɕiɑ41 tsɿ213 pɑʔ3 uɛe53 为人挑剔，不好伺候

喽死介命 tɕye^{24} sɿ^{41} tɕiɑe^{53} mɛe^{53} 竭尽全力：~，供孩儿弭上学

喽天骂地 tɕye^{41} t^{h}ie^{213} mɑ^{53} tɛe^{53} 形容蛮骂、乱骂

□命踏实 tɕiɛe^{53} mɛe^{53} t^{h}ɑʔ^{4} ʂəʔ^{21} 竭尽全力干：为了生活，~做营生

交手并决 tɕio^{24} ʂɑo^{41} piəŋ^{53} tɕyəʔ^{3} 亲手交付：~，再不短欠了

搅家不和 tɕio^{41} tɕiɑ^{213} pəʔ^{3} xɤu^{33} 形容挑拨是非，破坏家庭、单位的和睦

搅毛垫圈 tɕio^{41} mo^{213} tie^{53} tɕye^{53} 瞎掺和，干扰别人做事：不要~，掺乎人家

搅嘴撂舌 tɕio^{24} tsuɛe^{41} liɤ^{53} ʂəʔ^{21} 多嘴惹事

久惯劳长 tɕiɑo^{41} kuɤ^{53} lo^{33} tʂ^{h}ɤu^{33} 时间长，习惯了

僵直板担 tɕiɤu^{24} tʂ^{h}əʔ^{21} pã^{41} tã^{53} 性格倔强，不随和

拣般六样 tɕiã^{41} pɤ^{213} luəʔ^{21} iɤu^{53} 挑穿挑吃，过于讲究

俭口儿待客 tɕiã^{24} k^{h}ɑor^{41} tɑe^{53} k^{h}əʔ^{3} 宁愿自己少吃，也要待好客人

俭米克谷 tɕiã^{24} mi^{41} k^{h}əʔ^{3} kuəʔ^{3} 俭省节约

将苦求财 tɕiã^{24} k^{h}u^{41} tɕ^{h}iɑo^{33} ts^{h}ɑe^{33} 靠劳动为生

将死撞活 tɕiã^{24} sɿ^{412} ts^{h}uɤu^{53} xuəʔ^{21} 拼着性命行事

今生万辈儿 tɕiəŋ^{24} səŋ^{213} uã^{53} pər^{53} 一辈子，永世

斤二八两 tɕiəŋ^{21} ər^{53} pɑʔ^{4} liɤu^{41} 分量少，不够吃用：总共才~，没意思

金盆不动 tɕiəŋ^{21} p^{h}əŋ^{33} pəʔ^{3} tuəŋ^{53} 原封不动：家里东西~全给了人

衿裙打褂 tɕiəŋ^{21} tɕ^{h}yəŋ^{33} tɑ^{24} kuɑ^{21} 腰系围裙、准备做饭的样子

紧动二三 tɕiəŋ^{41} tuəŋ^{53} ər^{53} sã^{21} 连忙接待（客人）的情形：来了客人，那~

紧接二待 tɕiəŋ^{41} tsiəʔ^{3} ər^{53} tɑe^{53} 热情招待的样子

紧生圪料 tɕiəŋ^{41} ʂɑ^{213} kəʔ^{3} liɤ^{53} 形容说话快而不清晰

紧相不烂 tɕiəŋ^{41} siəʔ^{3} pəʔ^{3} lã^{53} 两方面旗鼓相当：那俩摔跤~

紧心盼力 tɕiəŋ^{41} siəŋ^{213} p^{h}ã^{53} liəʔ^{213} 做事、待客尽力而为

紧由自在 tɕiəŋ^{41} iɑo^{213} tsɿ^{53} tsɑe^{53} 自由自在

夹河渡篱 tɕiɑʔ^{3} xɤu^{33} tu^{53} lɛe^{33} 有河阻隔，来往不易

夹三调二 tɕiɑʔ^{21} sã^{213} tiɤ^{53} ər^{53} 时间有间隔，不时地：她~就来看一回老母亲

夹野带撂 tɕiɑʔ^{4} iɑ^{41} tɑe^{53} liɤ^{53} 东西拿得不牢，边走边丢

急肠烂肚 tɕiəʔ^{3} tʂʰɤu^{33} lã^{53} tu^{412} 形容悲伤、急躁：家里出了事，成天～

急打慌忙 tɕiəʔ^{4} tɑ^{41} xɤu^{21} mɤu^{33} 急急忙忙，措手不及

急里拐故 tɕiəʔ^{4} lɛe^{213} kuɑe^{41} ku^{53} 不知不觉

急缺马打 tɕiəʔ^{3} tɕʰyəʔ^{3} mɑ^{24} tɑ^{21} 事情紧急：～，来不及认真了

急捎不丝儿 tɕiəʔ^{21} so^{213} pəʔ^{21} sər^{213} 短暂，捎带，顺便：～来住了几天

急水下船 tɕiəʔ^{4} suɛe^{41} ɕiɑ^{53} tsʰuɤ^{33} 形容事情紧急，来不及考虑、准备

脚痴手笨 tɕiəʔ^{21} tʂʰɛe^{213} ʂɑo^{41} pəŋ^{53} 动作迟缓、笨拙

脚麻腿困 tɕiəʔ^{3} mɑ^{33} tʰuɑe^{41} kʰuəŋ^{53} 腿脚发麻、酸困

脚轻手快 tɕiəʔ^{21} tɕʰiəŋ^{213} ʂɑo^{41} kʰuɑe^{53} 身体爽快利落的感觉

脚失手失 tɕiəʔ^{4} ʂəʔ^{21} ʂɑo^{24} ʂəʔ^{21} 束手无策：写字扔了笔，～没办法

结结案案 tɕiəʔ^{4} tɕiəʔ^{21} ŋie^{53} ŋie^{21} 凑凑合合

局人火里 tɕyəʔ^{3} ʐəŋ^{33} xɤu^{24} lɛe^{21} 形容身体不舒服

噘气马爬 tɕyəʔ^{3} tɕʰi^{53} mɑ^{41} pʰɑ^{33} 呼吸困难的样子：一担水就压得那～

撅烂袖口 tɕyəʔ^{3} lã^{53} siɑo^{53} kʰɑo^{21} 形容争抢着要

撧筋马爬 tɕyəʔ^{21} tɕiəŋ^{213} mɑ^{41} pʰɑ^{33} 形容闹意见，闹别扭：两人性子不合，经常～

蹷眉要眼 tɕyəʔ^{3} mi^{33} iɤ^{53} niã^{412} 不顺心的样子

其其实实 tɕʰi^{33} tɕʰi^{21} ʂəʔ^{3} ʂəʔ^{21} 实实在在：～坐下，不要虚绕

奇沟八岔 tɕʰi^{33} kɑo^{213} pɑʔ^{3} tsʰɑ^{53} 沟壑纵横的地形

奇吭压哇 tɕʰi^{33} kʰəŋ^{33} niɑ^{53} uɑ^{21} 不出声哭的样子：这孩儿为甚～

奇形八怪 tɕʰi^{33} ɕiəŋ^{33} pɑʔ^{3} kuɑe^{53} 形状不正，不规则：山上的石头都是～的

提头立位 tɕʰi^{33} tʰɑo^{33} liəʔ^{3} uɛe^{53} 提示一下：给那～，那就想起来了

骑墙片瓦 tɕʰi^{33} tsʰiɤu^{33} pʰie^{53} uɑ^{412} （小孩儿）调皮，一会儿都不停

起根源由 tɕʰi^{41} kəŋ^{213} ye^{33} iɑo^{33} 事情的根源，起因

起火八踏 tɕʰi^{24} xɤu^{41} pɑʔ^{4} tʰɑʔ^{21} 形容发怒：自己做错事，还对人～

起楼盖舍 tɕʰi^{41} lɑo^{33} kɑe^{53} ʂɑ^{53} 修建楼房

起名送号 tɕʰi^{41} mɛe^{33} suəŋ^{53} xɑo^{53} 起绰号

气喉儿喘咽 tɕʰi^{53} xɑor^{53} tʰo^{33} ie^{21} 气喘不止的样子

气瘷痨嗽 tɕʰi^{53} tɕyəʔ^{3} lo^{33} sɑo^{53} 气喘麻害 tɕʰi^{53} tsʰuɤ^{41} mɑ^{33} xɑe^{53} 指老年人气喘咳嗽

气浪翻天 tɕʰi^{53} lɤu^{53} fã^{24} tʰie^{213} 蒸气腾腾的样子

搭儿抱蛋 tɕʰiɑ^{21} ər^{33} pu^{53} tã^{53} 带着一群小孩的情形

瘸懒半病 tɕʰyɑ^{33} lã^{41} pɤ^{53} pɛe^{53} 指人腰腿有病,行走不便

瘸歪瞎启 tɕʰyɑ^{33} uɑe^{41} xɑʔ^{3} tuəʔ^{3} 指人身体有残疾:这人~,是个残疾人

全挂罗成 tɕʰye^{33} kuɑ^{53} lɤu^{33} tʂʰəŋ^{21} 指本领全面,什么都会的人

敲神拍鬼 tɕʰio^{21} səŋ^{33} pʰiəʔ^{4} kuɛe^{412} (算卦的人)不说正道的话

揩屎刮尿 tɕʰiɑe^{24} sɿ^{41} kuɑʔ^{3} niɤ^{53} 打扫屎尿,伺候(病人、老人或小孩)

屎毛鬼胎 tɕʰiɑo^{33} mo^{33} kuɛe^{41} tʰɑe^{213} 吝啬,不大方

屎毛捻线 tɕʰiɑo^{33} mo^{33} nie^{41} sie^{53} 形容过分吝啬

屎眉竖眼 tɕʰiɑo^{33} mi^{21} su^{53} niã^{412} 不要脸

屎头菜瓜 tɕʰiɑo^{33} tʰɑo^{33} tsʰɑe^{53} kuɑ^{21} 劈头盖脑:~地训斥了一顿

丘鼻眼斜 tɕʰiɑo^{24} pʰiəʔ^{21} niã^{41} siɑ^{33} 五官不正:那人中了风,~

丘唇怒嘴 tɕʰiɑo^{21} tʂʰuəŋ^{33} nu^{53} tsuɛe^{412} 不高兴的样子:谁也没惹你,为甚~

强眉赖眼 tɕʰiɤu^{33} mi^{33} lɑe^{53} niã^{412} 形容不顾别人反对,强行参加某项活动

强说强犟 tɕʰiɤu^{33} suəʔ^{3} tɕʰiɤu^{33} tɕiɤu^{53} 说一句、顶一句

强牙裂嘴 tɕʰiɤu^{33} niɑ^{21} liəʔ^{4} tsuɛe^{21} 形容顶嘴:~,不认输

勤欻流水 tɕʰiəŋ^{33} tsʰuɑ^{33} liɑo^{33} suɛe^{21} 形容做事动作利落的样子:干事~,可来劲儿嘞

轻骨探舌 tɕʰiəŋ^{21} kuəʔ^{3} tʰã^{53} ʂəʔ^{21} 说话轻浮,娇里娇气的样子

轻皮忽哨 tɕʰiəŋ^{21} pʰi^{33} xuəʔ^{3} so^{53} 不严肃的样子:~,没有一点稳重气

穷哥弟兄 tɕʰyəŋ^{33} kɤu^{213} tɛe^{53} suɛe^{21} 双方都穷、一起受苦的人

穷家没烂 tɕʰyəŋ^{33} tɕiɑ^{213} məʔ^{4} lã^{21} 家境贫寒

穷人打马 tɕʰyəŋ^{33} zəŋ^{33} tɑ^{24} mɑ^{21} 泛指穷人("打马"义为"之类",是陕北话常用的构成四字格的后缀)

穷声烂气 tɕʰyəŋ^{33} ʂɛe^{213} lã^{53} tɕʰi^{53} 因为穷而整天唉声叹气的样子

祈仇儿祷告 tɕʰiəʔ^{3} ʂɑor^{53} to^{41} ko^{53} 苦苦哀求,求告

缺少为贵 tɕʰyəʔ^{3} ʂɤ^{41} uɛe^{33} kuɛe^{53}

指东西少了就贵重

缺生欠子 tɕʰyəʔ^{21} səŋ^{213} tɕʰie^{53} tsɿ^{412} 形容人丁不旺

黢黑打盹 tɕʰyəʔ^{3} xəʔ^{3} tɑ^{24} tuəŋ^{21} 形容光线非常黑

稀零忽落 ɕi^{21} liəŋ^{33} xuəʔ^{4} lɑʔ^{21} 星星点点，稀疏的样子

稀溜打盹 ɕi^{21} liɑo^{33} tɑ^{24} tuəŋ^{21}

稀汤不水 ɕi^{24} tʰɤu^{213} pəʔ^{4} suɛe^{21} 指饭稀

稀泥擦水 ɕi^{21} ni^{33} tsʰɑʔ^{4} suɛe^{41} 形容道路泥泞

稀死破肚 ɕi^{24} sɿ^{41} pʰɤu^{53} tu^{53} 衣服肥大的样子

稀踏赖嘴 ɕi^{24} tʰɑʔ^{21} lɑe^{53} tsuɛe^{21} 吃过饭后不擦嘴，不干净的样子

稀稀害害 ɕi^{24} ɕi^{21} xɑe^{53} xɑe^{21} 形容太软、稀的情形

稀稀沙沙 ɕi^{24} ɕi^{21} sɑ^{53} sɑ^{21} 稀疏的样子

喜吉够斗 ɕi^{41} tɕiəʔ^{3} kɑo^{53} tɑo^{53} 喜事临门：～，红火了一天

喜眉乐笑 ɕi^{41} mi^{33} lɑʔ^{21} siɤ^{53} 喜笑颜开

喜心不尽 ɕi^{41} siəŋ^{213} pəʔ^{3} tɕiəŋ^{53} 心满意足

肥黑马壮 ɕi^{33} xəʔ^{3} mɑ^{41} tsuɤu^{53} 高大肥胖的样子

肥跳卜□ ɕi^{33} tʰiɤ^{53} pəʔ^{21} liɑ^{213} 不停地蹦跳的样子：一天价～不歇一阵儿

擤鼻唾痰 ɕi^{24} pʰiəʔ^{21} tʰuɤu^{53} tʰã^{33} 又流鼻涕又咳嗽吐痰的样子

虚捏假造 ɕy^{21} niəʔ^{3} tɕiɑ^{41} tsʰo^{53} 造谣

虚泡烂下 ɕy^{24} pʰo^{213} lã^{53} ɕiɑ^{53} 东西捆扎得松散

虚声洋气 ɕy^{24} ʂɛe^{213} iã^{33} tɕʰi^{53} 说话不实在

虚慌七道 ɕy^{21} xɤu^{33} tsʰiəʔ^{3} to^{53} 爱说谎话

虚笼奓火 ɕy^{21} luəŋ^{33} tsɑ^{53} xɤu^{21} 器物中的东西放得不瓷实：～，挽了一筐草

下牙舞爪 ɕiɑ^{53} niɑ^{33} u^{41} tso^{53} 严厉训斥（孩子）：～管教孩儿嘞（“爪”变调）

横避顺对 ɕyɑ^{33} pʰi^{41} suəŋ^{53} tuɑe^{53} 形容顶牛，犟嘴

横摞十字 ɕyɑ^{33} lɤu^{21} ʂəʔ^{3} tsɿ^{53} 东西堆放不整齐，横七竖八的样子

横么卜料 ɕyɑ^{33} mɑ^{21} pəʔ^{3} liɤ^{53} 比喻没有教养，不讲道理

憨流少势 ɕie^{21} liɑo^{33} ʂɤ^{41} ʂɛe^{53} 智障，头脑不清

憨眉处眼 ɕie^{21} mi^{33} tsʰu^{53} niã^{412} 不伶俐的样子

寒风冷气 ɕie^{33} fəŋ^{213} liɑ^{41} tɕʰi^{53} 喻指没必要的话，没用的话：～，不要再说了

汉脚要手 ɕie^{53} tɕiəʔ^{3} iɤ^{53} ʂɑo^{412} 形容光棍汉的生活：～，没人陪伴

显另儿支怪 ɕie^{41} lər^{53} tsɿ^{21} kuɑe^{53} 形

容做事总和别人不同

显能圪水 çie^{41} nəŋ^{33} kəʔ^{4} suɛe^{21} 逞能的样子

显实二艳 çie^{24} ʂəʔ^{21} ər^{53} ie^{53} 说话夸大其词的样子：把那说得～

现把留成 çie^{53} pɑ^{41} liɑo^{33} tʂ^{h}əŋ^{21} 当即兑现，不拖不欠

现眉入眼 çie^{53} mi^{33} zuəʔ^{4} niã^{412} 形容惹人嫌弃

逍游散淡 çiɤ^{21} iɑo^{33} sã^{21} tã^{53} 逍遥自在：吃过饭，～街上串了一阵儿

小和二水 çiɤ^{41} xɤu^{33} ər^{53} suɛe^{41} 胆怯、没理的样子：这孩儿在后娘跟前～

响锣镲带 çiɤu^{41} lɤu^{33} ts^{h}ɑʔ^{21} tɑe^{53} 指牲口身上串铃的声音响亮

响锣击鼓 çiɤu^{41} lɤu^{33} tçiəʔ^{3} ku^{412} 锣鼓齐鸣，热闹非凡

乡河之道 çiã^{21} xɤu^{33} tsɿ^{41} to^{53} 指乡村，农村

闲言不淡 çiã^{33} ie^{21} pəʔ^{3} tã^{53}

闲里淡话 çiã^{33} lɛe^{41} tã^{53} xuɑ^{53} 闲话

□头晃脑 çiəŋ^{41} t^{h}ɑo^{33} xuã^{53} no^{21} 不稳重的样子

行门打户 çiəŋ^{33} məŋ^{33} tɑ^{24} xu^{21} 指行礼：今年～也花了上千块钱

行强八实 çiəŋ^{33} ts^{h}iã^{33} pɑʔ^{3} ʂəʔ^{21} 过于自信，喜欢吹嘘、炫耀

行言举动 çiəŋ^{33} ie^{21} tçy^{41} tuəŋ^{53} 言行

熏日黄天 çyəŋ^{24} ʐəʔ^{21} xɤu^{33} t^{h}ie^{213} 炎热的天气

凶神恶鬼 çyəŋ^{21} ʂəŋ^{33} ŋəʔ^{4} kuɛe^{21} 指妖魔鬼怪

吸命捣蒜 çiəʔ^{3} mɛe^{53} to^{41} suɤ^{53} 过分疼爱：把孩儿亲得～

吸汤落水 çiəʔ^{21} t^{h}ɤu^{213} lɑʔ^{4} suɛe^{21} 形容说话不干脆，吞吞吐吐，声音拉得长

雪闭山门 çyəʔ^{3} pɛe^{53} sã^{21} məŋ^{33} 形容大雪覆盖，不能出行

血糊淋漆 çyəʔ^{3} xu^{33} liəŋ^{33} ts^{h}iəʔ^{3} 沾满血污的样子：刚杀下的羊头～

孤神饿鬼 ku^{21} ʂəŋ^{33} ŋɤu^{53} kuɛe^{21} 泛指饿肚子的孤魂野鬼

箍肠买卖 ku^{41} tʂ^{h}ɤu^{33} mɑe^{41} mɑe^{53} 被逼住做的生意，比喻不做不行的事情

箍离打盹 ku^{21} lɛe^{33} tɑ^{24} tuəŋ^{21} 做事得过且过，不求精细：～，得过去就行了

古式二怪 ku^{24} ʂəʔ^{21} ər^{53} kuɑe^{53} 稀奇古怪

果不中其 ku^{41} pəʔ^{3} tsuəŋ^{53} tç^{h}i^{21} 果不其然

瓜茄葫芦 kuɑ^{24} tç^{h}iɑ^{33} kuʔ^{21} lu^{213} 蔬菜的总称

瓜茄块擂 kuɑ^{21} tç^{h}iɑ^{33} k^{h}uɑe^{41} luɑe^{53} 形容携带东西多的样子

寡如身月 kuɑ^{41} zu^{33} ʂɛe^{24} yəʔ^{21}　指寡妇的生活：~，没人给她帮忙

干吃尽拿 kie^{21} tʂ^{h}əʔ^{3} tɕiəŋ^{41} nɑ^{33}　①吃干拿尽；②白吃白喝

干稠压洼 kie^{21} tʂ^{h}ɑo^{33} niɑ^{53} uɑ^{21}　①泛指饭菜、庄稼、果实等太稠；②指说话声高气重

干火灵恰 kie^{24} xɤu^{41} liəŋ^{33} tɕ^{h}iɑʔ^{21}　形容口渴难耐

干筋骨瘦 kie^{24} tɕiəŋ^{213} kuəʔ^{3} sɑo^{53}　骨瘦如柴

干连儿出身 kie^{21} liər^{53} ts^{h}uəʔ^{21} ʂəŋ^{21}　出门时不带任何东西，赤手空拳

干麻鼠怪 kie^{21} mɑ^{33} su^{41} kuɑe^{53}　形容身体又瘦又小：营养不良，吃得~

干毛儿舌焦 kie^{21} mur^{53} ʂəʔ^{21} tsiɤ^{53}　屋里太干燥：家里~，洒上点儿水

干牙赛死 kie^{21} niɑ^{33} sɑe^{53} sɿ^{21}　不喝水吃干饼子之类的感觉：饼子~，不如上点儿饭

干颜洁净 kie^{21} ie^{33} tɕiəʔ^{3} tɕɛe^{53}　清洁，整齐

赶端直近 kie^{41} tuɤ^{213} tʂ^{h}əʔ^{21} tɕiəŋ^{53}　指说话直截了当，不拐弯抹角

高把硬正 ko^{24} pɑ^{41} niəŋ^{53} tʂəŋ^{53}　说话声大，慷慨有力

高打贵算 ko^{24} tɑ^{41} kuɛe^{53} suɤ^{53}　形容卖东西时要价太高：这人卖货~，太心重了

归汤落水 kuɛe^{24} t^{h}ɤu^{213} lɑʔ^{3} suɛe^{21}　落花流水

规盘二矩 kuɛe^{21} p^{h}ɤ^{33} ər^{53} tɕy^{53}　规盘律位 kuɛe^{21} p^{h}ɤ^{33} luəʔ^{3} uɛe^{53}　有规有矩，按规程办事，没有漏洞

鬼绌烂下 kuɛe^{41} ts^{h}uəʔ^{3} lã^{53} ɕiɑ^{53}　缩头缩脑、不敢出头露面的样子

鬼谷兰叹 kuɛe^{41} kuəʔ^{4} lã^{33} t^{h}ã^{21}　破烂，零乱，不整洁，不鲜亮：那个会场~

鬼火乱窜 kuɛe^{24} xɤu^{41} luɤ^{53} ts^{h}uɤ^{53}　形容因心烦而发脾气

鬼留哨道 kuɛe^{41} liɑo^{33} so^{53} to^{53}　做事鬼鬼祟祟：做事~，就怕人晓得嘞

鬼眉弯眼 kuɛe^{41} mi^{33} uã^{24} niã^{412}　形容要诡计

鬼七六八 kuɛe^{41} ts^{h}iəʔ^{3} liɑo^{53} pɑʔ^{3}　①同上；②行为举止鬼鬼祟祟：做事~

鬼声二气 kuɛe^{41} ʂɛe^{213} ər^{53} tɕ^{h}i^{53}　怪声怪气：说话~

鬼头三望 kuɛe^{41} t^{h}ɑo^{33} sã^{21} uã^{53}　偷偷摸摸地四处窥探：这人~，到处乱看

鬼阴拍饼 kuɛe^{41} iəŋ^{213} p^{h}iəʔ^{4} pɛe^{412}　不诚实，喜欢撒谎：做事~，不老实

鬼张六七 kuɛe^{41} tʂã^{213} liɑo^{53} ts^{h}iəʔ^{3}　形容爱撒谎：~，不说一句实话

勾眉处眼 kɑo^{21} mi^{33} ts^{h}u^{53} niã^{412}　低

着头的样子

勾头处脑 kɑo^{21} t^{h}ɑo^{33} ts^{h}u^{24} no^{21} 低头弯腰的样子：做了坏事了，~不敢见人

沟渠圪塄 kɑo^{21} tɕ^{h}y^{33} kəʔ^{21} lo^{213} 指槽状地形：~只有栽树种草

狗断老鼠 kɑo^{41} tuɤ^{41} lo^{24} su^{21} 狗咬耗子，多管闲事

狗脸儿亲家 kɑo^{24} liər^{213} ts^{h}iəŋ^{53} tɕiɑ^{21} 关系好坏无常：真是~，一阵儿说好，一阵儿说坏

狗猫鸡鸭 kɑo^{41} mo^{33} tɕi^{21} niɑʔ^{3} 家禽的总称

狗屎摆摊儿 kɑo^{24} sɿ^{41} pɑe^{41} t^{h}ɑr^{213} 东西乱放，不整齐：真是~，乱放下一地

狗舔红毬 kɑo^{24} t^{h}ie^{41} xuŋ^{33} tɕ^{h}iɑo^{33} 喻指自己吃自己：朋友吃饭，还是~，各人吃各人

狗咬石匠 kɑo^{24} nio^{41} ʂəʔ^{3} tsiɤu^{53} 喻指找着吃亏：~，想挨锤子了

过已过后 kɤu^{53} i^{41} kɤu^{41} xɑo^{53} 事情过后：~和那谈一谈

关天关地 kuã^{24} t^{h}ie^{213} kuã^{21} tɛe^{53} 极其重要：这孩儿对咱来说~，可要看好嘞

鳏公失缘 kuã^{24} kuəŋ^{21} ʂəʔ^{3} ie^{33} 形容光棍汉的生活：~就一人过着嘞

光眉滑眼 kuã^{21} mi^{33} xuɑʔ^{4} niã^{412} 眉毛少，眼皮单的样子

根茬无净 kəŋ^{21} ts^{h}ɑ^{33} u^{33} tsɛe^{53} 完全、彻底地除掉

工程马道 kuəŋ^{21} tʂ^{h}əŋ^{33} mɑ^{41} to^{53} 工程上开工的场地：~伙食好不嘞

工满钱足 kuəŋ^{24} mɤ^{41} ts^{h}ie^{33} tɕyəʔ^{3} 不赊欠工资，干完活就付酬

公其公道 kuəŋ^{21} tɕ^{h}i^{33} kuəŋ^{21} to^{53} 公道办事：~，不要有偏向

公取明财 kuəŋ^{24} tɕ^{h}y^{41} miəŋ^{33} ts^{h}ɑe^{33} 通过正道取得财物，光明正大地挣钱

滚滚浪浪 kuəŋ^{41} kuəŋ^{213} lɤu^{53} lɤu^{21} 形容饭滚烫：~吃一点儿，身上就不冷了

滚汤热水 kuəŋ^{41} t^{h}ɤu^{213} ẓəʔ^{4} suɛe^{21} 指热水

滚崖探畔 kuəŋ^{41} nɑe^{33} t^{h}ã^{53} pã^{53} 因着急而不怕危险，死命不顾

圪巴獠牙 kəʔ^{21} pɑ^{213} liɤ^{33} niɑ^{21} 锅底结的锅巴翘起，坝里的泥裂干卷起的样子

圪杈麻也 kəʔ^{21} ts^{h}ɑ^{24} mɑ^{33} ie^{21} 棍、树枝有分杈的样子

圪绌獠牙 kəʔ^{3} ts^{h}uəʔ^{3} liɤ^{33} niɑ^{21} 有折皱的样子

圪绌散死 kəʔ^{3} ts^{h}uəʔ^{3} sã^{53} sɿ^{21} 不平展的样子：衣服穿得~

圪蹴小坐 kəʔ^{21} tɕiɑo^{213} siɤ^{41} tsuɤu^{53}

没有好地方坐，站一会儿坐一会儿的样子

圪低打盹 kəʔ^{21} tɛe^{213} tɑ^{24} tuəŋ^{21} 做事马马虎虎，不太精细：~你一半儿我一半儿，不用那么细算

圪低圪蛋 kəʔ^{21} tɛe^{213} kəʔ^{3} tã^{53} 零碎，碎小的样子

圪低圪坨 kəʔ^{21} tɛe^{213} kəʔ^{3} t^{h}uɤu^{33}

圪坨眼曲 kəʔ^{3} t^{h}uɤu^{33} niã^{24} tɕ^{h}yəʔ^{21} 地不平整的情形

圪低练董 kəʔ^{21} tɛe^{213} lie^{53} tuəŋ^{21} 记事马虎，自己也弄不清楚，记不起来

圪喋半事 kəʔ^{21} tiəʔ^{3} pã^{53} sɿ^{53} 说话轻浮的样子

圪丁冒垯 kəʔ^{21} tiəŋ^{213} mo^{53} tɑʔ^{21}

圪垯铆窌 kəʔ^{21} tɑʔ^{3} mo^{41} tɕ^{h}iɤ^{53}

圪垯丸降 kəʔ^{21} tɑʔ^{3} uã^{33} tɕiã^{53} 身体、物体表面不光滑，有突出的样子

圪堆马爬 kəʔ^{21} tuɑe^{213} mɑ^{41} p^{h}ɑ^{33} 东西装得溢出来的样子：粮食打得~

圪浮獠牙 kəʔ^{21} fu^{213} liɤ^{33} niɑ^{21} 不自在，不自然的样子

圪虮落虫 kəʔ^{21} tsɛe^{213} lɑʔ^{3} ts^{h}uəŋ^{21} 指家里的各种虫害

圪焦圪彆 kəʔ^{21} tsiɤ^{24} kəʔ^{21} piəʔ^{3} 不自在

圪筋咬牙 kəʔ^{21} tɕiəŋ^{213} nio^{41} niɑ^{33} 咬牙切齿的样子

圪精害在 kəʔ^{21} tsiəŋ^{213} xɑe^{53} tsɑe^{53} 指动作快速，利索：~做完就对了

圪老关搅 kəʔ^{4} lo^{41} kuã^{24} tɕiɤ^{412} 形容互相干扰：两人~，睡不到一搭

圪塄绊脚 kəʔ^{3} ləŋ^{33} pã^{53} tɕiəʔ^{21} 东西绊脚或道路坎坷不平的情形

圪梁缘爬 kəʔ^{21} liɤu^{33} ie^{33} p^{h}ɑ^{21} 行走不便，弯腰或靠着东西走路的样子

圪缭圪缩 kəʔ^{21} liɤ^{33} kəʔ^{3} suɑʔ^{3} 拘束、不随便的样子

圪溜儿板担 kəʔ^{21} liɑor^{213} pã^{41} tã^{53} 形容说话不完整，表达不清楚，多用于指儿童

圪且磨趄 kəʔ^{21} ts^{h}ɛe^{213} mɤu^{53} tɕ^{h}iɑ^{53} 动作、做事拖拉

圪糁瓦害 kəʔ^{21} səŋ^{213} uɑ^{41} xɑe^{53} ①形容物体表面不光滑；②粮食里有石子儿等，不纯净

圪松小气 kəʔ^{21} suəŋ^{213} siɤ^{41} tɕ^{h}i^{53} 不大方：~，舍不得东西

圪兴腆肚 kəʔ^{21} ɕiəŋ^{213} nie^{41} tu^{53} 挺着肚子的样子

圪须团达 kəʔ^{21} ɕy^{213} t^{h}uɤ^{33} tɑʔ^{21} 棉衣、被褥棉花外露，团到一起的样子：这被套~不平展

圪摇散死 kəʔ^{21} iɤ^{33} sã^{53} sɿ^{21} 形容东西放得不稳：桌子放得~

圪由自转 kəʔ^{21} iɑo^{33} tsɿ^{53} tsuɤ^{53} 自

由自在

圪渣罗茹 kəʔ^{21} tsɑ^{213} lɤu^{33} zu^{21} 柴草洒了一地的样子：地上～，打扫给下

圪纣麻也 kəʔ^{21} tʂɑo^{53} mɑ^{33} ie^{21} 人跟随了一大溜的样子

蛤蟆圪鸟儿 kəʔ^{21} mɑ^{33} kəʔ^{4} nior^{21} 形容一群人有大有小：～来了一大群

各打各账 kəʔ^{4} tɑ^{41} kəʔ^{3} tʂɤu^{53} 双方各自为自己打算：～，都认为有利

各倒各运 kəʔ^{4} to^{41} kəʔ^{3} yuəŋ^{53} 各干各的，不合作：～，不在一搭干了

骨□颜道 kuəʔ^{21} luɤ^{213} niã^{33} to^{53} 纯色的东西上乱画了其他颜色，又乱又难看的样子：裤儿～，不干净

骨骨落落 kuəʔ^{4} kuəʔ^{21} lɑʔ^{4} lɑʔ^{21} 形容东西做得结实，硬梆

骨骨气气 kuəʔ^{4} kuəʔ^{21} tɕʰi^{53} tɕʰi^{21} 形容有骨气，不贪便宜

骨里画乱 kuəʔ^{21} lɛe^{213} xuɑ^{53} luɤ^{21} 颜色杂乱，脏污不堪的样子：墙上～，则洗涮给下

骨联抱节 kuəʔ^{21} luã^{33} po^{53} tɕiəʔ^{3} 牲口、家禽毛皮不顺的样子：这只鸡长的～

骨软三分 kuəʔ^{3} zuɤ^{41} sã^{24} fəŋ^{213} 形容极度害怕：老鼠见了猫，怕得～

苦不枉受 kʰu^{41} pəʔ^{3} uã^{41} ʂɑo^{53} 形容勤劳自有收获、回报

苦年苦月 kʰu^{41} nie^{33} kʰu^{24} yəʔ^{21} 苦难的岁月

看风行事 kʰie^{53} fəŋ^{213} ɕiəŋ^{33} sɿ^{53} 根据具体情况确定如何行事

看门照户 kʰie^{21} məŋ^{33} tʂɤ^{53} xu^{53} 看管门户

看面送情 kʰie^{21} mie^{53} suəŋ^{53} tsʰiəŋ^{33} 形容看人身份行事

看样合样 kʰie^{53} iɤu^{53} xəʔ^{21} iɤu^{53} 照样子（做事）：这人～，人家穿个甚那穿个甚

宽眉大眼 kʰuɤ^{21} mi^{33} tɤu^{53} niã^{412} 眉目显著、帅气的样子

宽门大窗 kʰuɤ^{21} məŋ^{33} tɤu^{53} tsʰuɤu^{213} 门窗高大，光线充足

宽窑大炕 kʰuɤ^{21} iɤ^{33} tɤu^{53} kʰɤu^{53} 房屋宽敞：～，住下舒服

开肠劐肚 kʰɑe^{21} tʂʰɤu^{33} xuəʔ^{4} tu^{412} 开肠破肚

开眉阔眼 kʰɑe^{21} mi^{33} kʰuəʔ^{4} niã^{412} 形容地方开阔，眼亮

开门扭锁 kʰɑe^{24} məŋ^{33} niɑo^{24} suɤu^{412} 指小偷的行为

抠抠掐掐 kʰɑo^{24} kʰɑo^{21} tɕʰiɑʔ^{4} tɕʰiɑʔ^{21} ①形容不由得要摸揣东西；②抠厘掐毫，生怕吃亏；③喜欢找人的不是，给人穿小鞋

口张眼瞪 kʰɑo^{41} tʂɤu^{213} niã^{41} təŋ^{53}

吓得目瞪口呆的样子

颗克无粮 kʰɤu^{41} kʰəʔ^{3} u^{33} liɤu^{33} 形容粮食困难,断顿儿

可怜乞势 kʰɤu^{41} lie^{33} tɕʰiəʔ^{3} ʂɛe^{53} 形容可怜的样子

侃侃利利 kʰã^{24} kʰã^{21} lɛe^{53} lɛe^{21} 形容干事利索、清楚

狂溜打扇 kʰuã^{33} liɑo^{21} tɑ^{41} ʂie^{53} 形容动作活泼自如:~,闹的好秧歌

空手落脚 kʰuəŋ^{24} ʂɑo^{21} lɑʔ^{21} tɕiəʔ^{3} 形容(到别人家或外出时)赤手空拳,不拿东西

咳西淡嗽 kʰəʔ^{21} sɛe^{213} tã^{53} sɑo^{53} 假装咳嗽:~给人出暗示

渴人火里 kʰəʔ^{3} ʐəŋ^{33} xɤu^{24} lɛe^{21} 形容口渴得厉害

刻骨打髓 kʰəʔ^{3} kuəʔ^{3} tɑ^{24} suɛe^{412} 完全了解、清楚:对那的性格我~都晓得嘞

客大欺主 kʰəʔ^{3} tɤu^{53} tɕʰi^{24} tsu^{21} 客人多了就不怕主人了

客走主安 kʰəʔ^{4} tsɑo^{41} tsu^{41} ŋie^{213} 客人走了主人就放松了

哭眉苍眼 kʰuəʔ^{3} mi^{33} tsʰɤu^{24} niã^{412} 不高兴地哭的样子

哭眉处眼 kʰuəʔ^{3} mi^{33} tsʰu^{53} niã^{412} 刚哭过的样子

哭神筛泪 kʰuəʔ^{3} ʂəŋ^{33} sɑe^{41} luɛe^{53} 哭哭啼啼的样子

哭声挠气 kʰuəʔ^{21} ʂɛe^{213} no^{33} tɕʰi^{53} 不顺心地哭叫:不给那,那就~硬要

哭鼻流水 kʰuəʔ^{4} pʰiəʔ^{21} liɑo^{33} suɛe^{21} 哭泣的样子,意义比“哭神筛泪”等轻

哭啼嚓背 kʰuəʔ^{3} tɕʰi^{33} tsʰɑʔ^{21} pɑe^{53} 伤心痛哭的样子

哭天付脸 kʰuəʔ^{21} tʰie^{213} fu^{53} lie^{21} 伤心痛哭的样子

窟里窟窿 kʰuəʔ^{21} lɛe^{213} kʰuəʔ^{4} luəŋ^{412} 到处是窟窿的情形

窟联套系 kʰuəʔ^{21} luã^{213} tʰo^{53} ɕi^{21} 形容互相牵连,找不到头绪:这几家亲亲关系~,闹不清楚

窟窿眼橛 kʰuəʔ^{4} luəŋ^{21} niã^{24} tɕʰyəʔ^{21} 形容孔洞比较多的样子

安门立窗 ŋie^{21} məŋ^{33} liəʔ^{21} tsʰuɤu^{213} 安门窗

揞无后害 ŋie^{41} u^{33} xɑo^{53} xɑe^{53} 斩草除根,清除后患

掩门儿闭窗 ŋie^{41} mər^{53} pɛe^{53} tsʰuɤu^{213} 形容关门闭户

熬死掐活 ŋo^{33} sɿ^{41} tɕʰiɑʔ^{4} xuəʔ^{21} 拼命干,不顾劳累地干:~不停地干

熬油把火 ŋo^{33} iɑo^{33} pɑ^{24} xɤu^{412} 白白浪费:天还不黑,不要~点灯

挨远着近 ŋɑe^{24} ye^{41} tʂʰəʔ^{21} tɕiəŋ^{53} 指近亲的关系

屙脓压水 ŋɤu^{21} nuəŋ^{33} niɑ^{53} suɛe^{21} 比喻不出声地哭

□眉缩眼 ŋɤu^{21} mi^{33} suɑʔ^{4} niã^{412} 不高兴的样子：这人～，不喜乐

讹图撒癞 ŋɤu^{33} t^{h}u^{33} sɑʔ^{3} lɑe^{53} 形容要赖皮，不讲理，讹诈人

饿死乞吊 ŋɤu^{53} sɿ^{41} tɕ^{h}iəʔ^{3} tiɤ^{53} 指饿着肚子：困难时期，～还养孩儿嘞

恶水瓦恰 ŋəʔ^{4} suɛe^{412} uɑ^{41} tɕ^{h}iɑʔ^{3} 衣服上斑斑点点，不干净的样子

恶心瓦害 ŋəʔ^{21} siəŋ^{213} uɑ^{41} xɑe^{53} 恶心的感觉

胡场八九 xu^{33} tʂ^{h}ã^{41} pɑʔ^{4} tɕiɑo^{21} 形容胡扯淡，乱说一气：～不知道说了些甚

胡打外挂 xu^{33} tɑ^{41} uɑe^{53} kuɑ^{53} 形容不说正经事，胡扯一通

胡梦颠倒 xu^{33} məŋ^{53} tie^{21} to^{53} 形容梦多：一睡觉就～

胡品鬼捣 xu^{33} p^{h}iəŋ^{41} kuɛe^{24} to^{21} 捣鬼，胡说

胡说白溜 xu^{33} suəʔ^{3} p^{h}iəʔ^{21} liɑo^{53} 胡说八道

糊糊馇馇 xu^{33} xu^{21} ts^{h}ɑʔ^{4} ts^{h}ɑʔ^{21} ①糊住、粘住的样子：便宜我也不要你这～的，我要新的嘞；②汤汁漫到地上、锅台上的情形

糊糊落落 xu^{53} xu^{21} lɑʔ^{4} lɑʔ^{21} 一般，差不多：不要贪心，～就行了

糊阴圪绌 xu^{53} iəŋ^{21} kəʔ^{4} ts^{h}uəʔ^{21} 天气不清亮的样子：今儿～，太阳不亮

户家户计 xu^{53} tɕiɑ^{21} xu^{53} tɕi^{53} 同一家族的不同家庭之间

花般零石 xuɑ^{24} pɤ^{213} lɛe^{33} ʂəʔ^{21} ①琳琅满目：商店里面东西摆得～；②花样繁多：啥人啥得～

花红不溜 xuɑ^{21} xuəŋ^{33} pəʔ^{21} liɑo^{213} 半红不红的样子：枣～，还不熟

花零小蘸 xuɑ^{21} lɛe^{33} siɤ^{41} tsã^{53} 色样多，大大小小的样子：衣服～不大方

花麻油嘴 xuɑ^{21} mɑ^{33} iɑo^{33} tsuɛe^{21} 能说会道（贬）：这人～，看去一满不实在

哗哗流衍 xuɑ^{24} xuɑ^{21} liɑo^{33} ie^{53} 有说有笑的样子

话丑理端 xuɑ^{53} tʂ^{h}ɑo^{412} lɛe^{41} tuɤ^{213} 话不好听但道理是对的

话头话语 xuɑ^{53} t^{h}ɑo^{33} xuɑ^{53} y^{21} 侧面的语言（表达实情）：～也能听出来意思

嚎嚎带哭 xo^{33} xo^{21} tɑe^{53} k^{h}uəʔ^{3} 形容嚎哭不止

嚎天扯地 xo^{33} t^{h}ie^{213} tʂ^{h}ɑ^{41} tɛe^{53} 拼命地不停哭嚎

好不至一 xo^{41} pəʔ^{3} tsɿ^{53} iəʔ^{3} 达到最好程度

好吃二喝 xo^{41} tʂ^{h}əʔ^{3} ər^{53} xəʔ^{3} 好吃

好喝

好活圆故 xo^{24} xuəʔ^{21} ye^{33} ku^{53} 生活安然

好眉打眼 xo^{41} mi^{33} tɑ^{24} niã^{412} 形容看上去一切正常

好软儿没法儿 xo^{41} zuɤr^{213} məʔ^{3} fɑr^{53} 实在没办法：孩儿不学习，大人～

害害拆拆 xɑe^{53} xɑe^{21} tʂʰɑʔ^{4} tʂʰɑʔ^{21} 零乱、不干净的样子：鸡吃罢，碗里总是～

怀身却肚 xuɑe^{33} ʂəŋ^{213} tɕʰiəʔ^{21} tu^{53} 形容怀孕

灰楼瓦舍 xuɑe^{21} lɑo^{33} uɑ^{41} ʂɑ^{53} 形容崭新的瓦顶住宅

灰眉处眼 xuɑe^{21} mi^{33} tsʰu^{53} niã^{412} 脸上沾灰的样子

灰幕儿野火 xuɑe^{21} mur^{53} iɑ^{24} xɤu^{21} 灰尘四起的情形：家里～，好好打扫一下

灰渣底子 xuɑe^{24} tsɑ^{213} tɛe^{41} tsəʔ^{3} 指无恶不作的人

猴眉碎眼 xɑo^{33} mi^{33} suɑe^{53} niã^{412} 形容眼睛小

猴头把尾 xɑo^{33} tʰɑo^{33} pɑ^{24} uɛe^{412} 又细又短的样子：葫芦～，太小了

猴星鬼气 xɑo^{33} sɛe^{213} kuɛe^{41} tɕʰi^{53} 指又碎又小的样子：今年的红薯长得个～

吼雷暴震 xɑo^{41} luɑe^{33} po^{53} tʂəŋ^{53} 雷声隆隆

吼雷打闪 xɑo^{41} luɑe^{33} tɑ^{24} ʂie^{412} 雷电交加的情形

慌眉兔眼 xɤu^{21} mi^{33} tʰu^{53} niã^{412} 惊慌的样子

黄尘冒烟 xɤu^{33} tʂʰəŋ^{33} mo^{53} ie^{213} 灰尘四起的样子

黄风雾气 xɤu^{33} fəŋ^{21} u^{53} tɕʰi^{53} 形容女人不正经：这女人～

黄皮焦怪 xɤu^{33} pʰi^{33} tsiɤ^{21} kuɑe^{53} 面黄肌瘦的样子

黄天黑地 xɤu^{33} tʰie^{213} xəʔ^{3} tɛe^{53} 形容昏沉得厉害：昏得～，甚也不知道

火生儿缭乱 xɤu^{41} ʂɑr^{213} liɤ^{33} luɤ^{53} 心急如焚，像热锅上的蚂蚁：急得那～

火冒钻天 xɤu^{41} mo^{53} tsuɤ^{24} tʰie^{213} 因着急、愤怒而火冒三丈的样子

昏闷不醒 xuəŋ^{21} məŋ^{53} pəʔ^{4} sɛe^{412} 不醒人事

昏死忽路 xuəŋ^{24} sɿ^{41} xuəʔ^{3} lu^{53} ①头脑不清；②昏迷

昏头扬脑 xuəŋ^{21} tʰɑo^{33} iɤu^{53} no^{21} 头昏脑闷的感觉

轰轰震震 xuəŋ^{53} xuəŋ^{21} tʂəŋ^{53} tʂəŋ^{21} 稀里糊涂：～我也记不清楚

红鼻酸眼 xuəŋ^{33} pʰiəʔ^{21} suɤ^{24} niã^{213} 脸部受冻的样子

红脖涨脸 xuəŋ^{33} pʰɑʔ^{21} tʂɤu^{53} lie^{412} 满头是汗,脸和脖子发红的样子

红黑不挡 xuəŋ^{33} xəʔ^{3} pəʔ^{3} tã^{53} 无所畏惧,豁出去:~,甚也不怕

红黑烂伤 xuəŋ^{33} xəʔ^{3} lã^{53} ʂɤu^{213} 受伤太厉害,红一股青一股的:脸上打的~

红黑死挨 xuəŋ^{33} xəʔ^{3} sɿ^{41} nɑe^{33} 好坏一并承担,不顾一切后果,豁出去:~有我负责

红火烂盏 xuəŋ^{33} xɤu^{53} lã^{53} tsã^{53} 红火热闹的样子

红眉赤眼 xuəŋ^{33} mi^{33} tʂʰəʔ^{4} niã^{412} 冻得面部发红的样子

红汤瓦舍 xuəŋ^{33} tʰɤu^{213} uɑ^{41} ʂɑ^{53} 血流满地、到处浸染的情形:猪头一割,~流下一滩血

红天火地 xuəŋ^{33} tʰie^{21} xɤu^{41} tɛe^{53} 形容热闹非凡

红天焦日 xuəŋ^{33} tʰie^{213} tsiɤ^{53} ʐəʔ^{21} 天气酷热:~操心上了火("焦"变调)

红紫八茄 xuəŋ^{33} tsɿ^{41} pɑʔ^{4} tɕʰiɑ^{21} 染得到处是红色、血色的情形:把个墙染得~,脏死了

瞎捶乱打 xɑʔ^{3} tsʰuɛe^{33} luɤ^{53} tɑ^{412} 做事不讲规则、章法,乱来

瞎眉绽眼 xɑʔ^{3} mi^{33} tsã^{53} niã^{412}

瞎眉苍眼 xɑʔ^{3} mi^{33} tsʰɤu^{24} niã^{412} 视力不好

瞎牛老驴 xɑʔ^{3} niɑo^{33} lo^{41} y^{213}

瞎八老九 xɑʔ^{3} pɑʔ^{3} lo^{24} tɕiɑo^{21} 喻指老弱病残:~,都办不成事

瞎跑乱逛 xɑʔ^{4} pʰo^{41} luɤ^{53} kã^{53} 形容到处乱跑

瞎做瞎道 xɑʔ^{3} tsuəʔ^{3} xɑʔ^{3} to^{53} 形容不干正事

合唇淡言 xəʔ^{21} tsʰuəŋ^{33} tã^{53} ie^{33} 跟着人说话,人云亦云:这孩儿~,人说甚,那说甚

黑铁霉嘴 xəʔ^{4} tʰiəʔ^{21} mɑe^{33} tsuɛe^{21} 颜色发黑而不干净的样子:桌子洗得~

黑头黑夜 xəʔ^{3} tʰɑo^{33} xəʔ^{3} iɑ^{53} 天黑

黑云动地 xəʔ^{3} yəŋ^{33} tuəŋ^{53} tɛe^{53} 乌云密布的情形

黑猪回河 xəʔ^{21} tsu^{213} xuɑe^{33} xɤu^{33} 乌云遮月的天气:~,必下一场

嘿呤要落 xəʔ^{21} liəŋ^{24} iɤ^{53} lɑʔ^{21} 形容东西的螺丝、卯榫松动,动一下就有声响

合眉闭眼 xəʔ^{21} mi^{33} pɛe^{53} niã^{412} 眼睛闭住的样子

黑揣黑摸 xəʔ^{4} tsʰuɑe^{41} xəʔ^{4} məʔ^{21} 在漆黑的夜晚干活、走路

黑打麻胡 xəʔ^{4} tɑ^{41} mɑ^{33} xu^{21}　夜晚没有灯光、亮光的情形：~不好走路

黑胡婆娑 xəʔ^{3} xu^{33} pʰɑ^{33} sɑ^{21}　满脸胡须的样子

黑焦兀烂 xəʔ^{21} tsiɤ^{213} uəʔ^{3} lã^{53}　东西烧烤得过火，发黑的样子

黑里振倒 xəʔ^{21} lɛe^{24} tʂəŋ^{41} to^{53}　响声很大：~聒得人睡不成（神木话叫"黑里倒阵"，后两个音节与吴堡话声调互换，可见在口语四字格中，各种音变非常容易发生，本字难求）

黑淋落水 xəʔ^{3} liəŋ^{33} lɑʔ^{4} suɛe^{21}　乌黑而不干净的样子

黑眉烫眼 xəʔ^{3} mi^{33} tʰɤu^{53} niã^{412}　脸部抹黑的样子

黑墨蓝靛 xəʔ^{3} miəʔ^{3} lã^{33} tie^{53}　染得黑一块、青一块的样子：衣服叫黑水染得~

黑皮界狗 xəʔ^{3} pʰi^{33} tɕiɑe^{53} kɑo^{21}　指耍赖的人：~是些甚人

黑青泡蓝 xəʔ^{21} tsʰɛe^{213} pʰo^{53} lã^{33}　黑色衣服崭新的样子

黑青压洼 xəʔ^{21} tsʰɛe^{213} niɑ^{53} uɑ^{21}　身上脸上黑青的样子：脸上冻得~

黑神黑死 xəʔ^{3} ʂəŋ^{33} xəʔ^{4} sɿ^{21}　奋力干活的样子：~不住气做营生

黑死夜静 xəʔ^{4} sɿ^{41} iɑ^{53} tsiəŋ^{53}　半夜三更，十分寂静：~，人都睡下了

忽赤半撒 xuəʔ^{21} tʂʰəʔ^{3} pɤ^{53} sɑ^{21}　抛撒：端上豆子~，撒下一地

忽里忽路 xuəʔ^{21} lɛe^{213} xuəʔ^{3} lu^{51}　神志不清

忽撕打搧 xuəʔ^{21} sɿ^{213} tɑ^{41} ʂie^{53}　手舞足蹈的样子

活溜闪电 xuəʔ^{21} liɑo^{213} ʂie^{41} tie^{53}　形容行事不稳重

活抹笼头 xuəʔ^{4} mɑʔ^{21} luəŋ^{33} tʰɑo^{21}　大体估计：~算了一账

活驱活纳 xuəʔ^{21} tɕʰy^{213} xuəʔ^{4} nɑʔ^{213}　本来活生生的：这孩儿没得病么，~就死了

活字眼眼 xuəʔ^{21} tsɿ^{53} niã^{41} niã^{213}　喻指机会

活作二道 xuəʔ^{21} tsɑʔ^{3} ər^{53} to^{53}　不正经行事

儿成女就 ər^{33} tʂʰəŋ^{33} ny^{41} tsiɑo^{53}　子女成家立业

儿男子孙 ər^{33} nã^{21} tsɿ^{41} suəŋ^{213}　后代

耳鼻口眼 ər^{24} pʰiəʔ^{21} kʰɑo^{4} niã^{412}　指五官

二巴武气 ər^{53} pɑ^{213} u^{41} tɕʰi^{53}　说话冒失，做事欠考虑：看那~的样子

二打马胡 ər^{53} tɑ^{41} mɑ^{41} xu^{33}　昏昏沉沉，稀里糊涂：~甚也记不清了

二二或或 ər^{53} ər^{21} xuəʔ^{4} xuəʔ^{21}　①不清楚具体情况；②拿不定主意

二圪榄子 ər53 kəʔ3 lã41 tsəʔ3 冒失鬼：那是个～。"二杆子"的分音词

二圪尾子 ər53 kəʔ3 i41 tsəʔ3（动物、植物）既不像这种又不像那种：这个羊羔子是个～吧

二格匀匀 ər53 kəʔ21 iəŋ33 iəŋ21 不大不小，中等：买上个～就行了

二鬼把门 ər53 kuɛe41 pɑ41 məŋ33 ①比喻门牙两侧有两个较长；②在门牙两侧镶两颗牙

二流打卦 ər53 liɑo33 tɑ41 kuɑ53 任性而轻浮：不要～，拿稳些儿

二罗八踏 ər53 lɤu21 pɑʔ4 tʰɑʔ21 粗心大意：～甚也干不成

二眉二眼 ər53 mi33 ər53 niã412 思想不集中：这人～不知道想甚嘞

二武八踏 ər53 u41 pɑʔ4 tʰɑʔ21 情绪失控，不由自主地：喝酒喝的那～

以拼撒赖 i24 pʰɤu41 sɑʔ3 lɑe53 不顾脸面要赖

以平事价 i41 pʰiəŋ213 sɿ53 tɕiɑ53 价格公平合理

蝇蠓蛇蚤 i33 məŋ41 kəʔ3 tso412 有害昆虫的总称

野鸡儿失散 iɑ41 tɕiər213 ʂəʔ21 sã53 因受惊吓而四处乱窜的情形：狼来了，把羊怕得～

野屁野尿 iɑ24 pɑ412 iɑ41 niɤ53 大小便失禁

烟蓬雾罩 ie21 pʰəŋ33 u53 tso53 形容浓烟笼罩：家里～，把人熏得

蔫胡踏拉 ie21 xu33 tʰɑʔ3 lɑʔ213 形容动作缓慢

蔫溜打盹 ie21 liɑo33 tɑ24 tuəŋ21 形容浑身没劲，动作无力

蔫蔫趔趔 ie24 ie21 liɑ53 liɑ21 动作、行走缓慢的样子

言通语顺 ie33 tʰuəŋ213 y41 suəŋ53 言语投机，观点一致

缘边走水 ie33 pie213 tsɑo24 suɛe412 不走正路，喜欢走田边路畔

缘缘爬爬 ie33 ie21 pʰɑ33 pʰɑ21 形容行走不便，弯腰走路

妖留七势 iɤ21 liɑo33 tsʰiəʔ3 ʂɛe53 妖留打卦 iɤ21 liɑo33 tɑ41 kuɑ53 妖里妖气

妖妖溜溜 iɤ24 iɤ21 liɑo33 liɑo21 为人不正经的样子：～要甚鬼把戏

腰直腿硬 iɤ24 tʂʰəʔ21 tʰuɑe41 niəŋ53 形容四肢不灵，行为不便

摇出摆里 iɤ33 tsʰuəʔ3 pɑe24 lɛe412 逍遥自在：一天～，无事闲逛

摇脑圪散 iɤ33 no33 kəʔ3 sã53 因得意而摇头摆身的样子：这人能得～

要命七格 iɤ53 mɛe53 tsʰiəʔ3 kəʔ3 不要命地干活：干起活来～

要命生死 iɤ^{53} mɛe^{53} səŋ^{24} sɿ^{21}　拼命争斗：这人跟人嚷起来～

吆三慢二 iɤ^{24} sã^{213} mɤ^{53} ər^{53}　形容时间观念差，办事拖拖拉拉

妖逼鼠怪 iɤ^{21} piəʔ^{3} su^{41} kuɑe^{53}　挤眉弄眼，行为不庄重

由省不得 iɑo^{33} səŋ^{41} pəʔ^{3} təʔ^{3}　不由自主：爷爷亲孙子，～就要亲嘞么

油食富贵 iɑo^{33} ʂəʔ^{21} fu^{53} kuɛe^{53}　饮食丰盛：那家～，生活挺好

油香□底 iɑo^{33} ɕiɤu^{213} pʰɛe^{53} tɛe^{21}　香味扑鼻：厨房里～

油脂不乜 iɑo^{33} tsɿ^{21} pəʔ^{4} nie^{21}　手上沾满油渍的感觉、样子：刚切罢肉，手上～

有打有啳 iɑo^{24} tɑ^{41} iɑo^{24} tɕye^{412}　随意打骂

有东没西 iɑo^{41} tuəŋ^{213} məʔ^{21} sɛe^{213}　形容东西缺乏，贫困

有酒是饭 iɑo^{24} tsiɑo^{41} sɿ^{53} fã^{53}　指热情招待

有理霸份 iɑo^{24} lɛe^{41} pɑ^{53} fəŋ^{53}　毫不理短、毫无约束的样子

有了有尽 iɑo^{24} liɤ^{41} iɑo^{41} tɕiəŋ^{53}　指事情、东西终有完的时候

有没二揽 iɑo^{24} məʔ^{21} ər^{53} lã^{21}　所有，全部：家里的东西～打折起来，不值几个钱

有死没活 iɑo^{24} sɿ^{41} məʔ^{4} xuəʔ^{21}　受到极度虐待的状态：这后娘打得孩儿～

有颜二色 iɑo^{41} niã^{33} ər^{53} ʂɑʔ^{21}　颜色鲜艳

央声央念 iɤu^{24} ʂɛe^{21} iɤu^{21} nie^{53}　形容央求、求告的样子：那～，不想再念书了

阳合二背 iɤu^{33} xəʔ^{21} ər^{53} pɑe^{53}　指地形的阴阳两面：那块地～都栽了树

养老归宗 iɤu^{24} lo^{41} kuɛe^{24} tsuəŋ^{213}（把老人）养到终老为止

因风吹火 iəŋ^{24} fəŋ^{213} tsʰuɛe^{24} xɤu^{21}　比喻借机寻事

因鸡骂狗 iəŋ^{24} tɕi^{213} mɑ^{53} kɑo^{412}　指桑骂槐

因酒撒赖 iəŋ^{24} tsiɑo^{41} sɑʔ^{3} lɑe^{53}　借酒撒泼，耍赖

因耍带笑 iəŋ^{24} suɑ^{41} tɑe^{53} siɤ^{53}　用开玩笑的方式把真实意图表达出来

阴麻哨道 iəŋ^{21} mɑ^{33} so^{53} to^{21}　形容天阴的厉害：天气～，可能下雨也

隐隐忽忽 iəŋ^{24} iəŋ^{21} xuəʔ^{4} xuəʔ^{21}　隐隐约约，记不清楚

迎出送里 iəŋ^{33} tsʰuəʔ^{3} suəŋ^{53} lɛe^{412}　不断地迎送客人

一场提名 iəʔ^{4} tʂʰɤu^{41} tɕʰi^{33} mɛe^{33}　名声远扬：那家娃娃考上大学了，～都知道了

一场一鞿 iəʔ^{4} tʂʰɤu^{41} iəʔ^{3} tsʰã^{53}　反复

做了多次：~叫上不答应

一尘不染 iəʔ^{3} tş^{h}əŋ^{33} pəʔ^{4} z̧ie^{412} 一点也不沾惹，不介入：对那的事情~

一道一整 iəʔ^{3} to^{53} iəʔ^{4} tşεe^{412} 从未分离的（夫妻），一直相处的（朋友）：人家是~的好夫妻

一点无褿 iəʔ^{4} tie^{41} u^{33} ts^{h}o^{33} 没有缺点、瑕疵：那把各人说得~

一堆一塄 iəʔ^{21} tuɑe^{213} iəʔ^{3} ləŋ^{53} 东西堆得又多又大：地里的秸秆儿放的~

一干领尽 iəʔ^{21} kie^{213} liəŋ^{41} tɕiəŋ^{53} 全部，完全：~把瓜茄葫芦都收完了

一根一板 iəʔ^{21} kəŋ^{213} iəʔ^{4} pã^{21} 详细叙述：把事情~说给一遍

一家落子 iəʔ^{21} tɕiɑ^{213} lɑʔ^{4} tsəʔ^{21} 一下子：~就把老鼠打死了

一家无外 iəʔ^{21} tɕiɑ^{213} u^{33} uɑe^{53} 一家人：都是~，不要闹纠纷

一交二年 iəʔ^{21} tɕio^{213} ər^{53} nie^{33} 够了两年，跨到两年

一街两巷 iəʔ^{21} tɕiɑe^{213} liɤu^{41} xɤu^{53} ①满街满巷：~都是人；②（东西）多：物资交流会上，东西摆的~

一类同罪 iəʔ^{3} luεe^{53} t^{h}uəŋ^{33} tsuɑe^{53} 同甘共苦：咱们~，齐心做

一了一世 iəʔ^{4} liɤ^{21} iəʔ^{3} şεe^{53} 从以前到现在：~就是个正路人

一眉二眼 iəʔ^{3} mi^{33} ər^{53} niã^{412} 一模一样

一磨二揽 iəʔ^{3} mɤu^{53} ər^{53} lã^{21} 不分对错一并批评：不分对错，~批评了一顿

一抹二揽 iəʔ^{4} məʔ^{21} ər^{53} lã^{21} 所有，全部算上：我们单位~才有10个人

一母同胞 iəʔ^{4} mu^{41} t^{h}uəŋ^{33} p^{h}o^{33} 一个母亲所生

一娘九种 iəʔ^{3} niɤu^{33} tɕiɑo^{24} tsuəŋ^{21} 指兄弟姊妹各自性格不同

一铺实心 iəʔ^{21} p^{h}u^{213} şəʔ^{21} siəŋ^{213} 实心实意

一齐两伙 iəʔ^{3} ts^{h}εe^{33} liɤu^{24} xɤu^{21} 一并，共同：把客人~都招待了

一切两开 iəʔ^{3} ts^{h}iəʔ^{3} liɤu^{41} k^{h}ɑe^{213} 一分为二

一怯两胆 iəʔ^{3} ts^{h}iəʔ^{3} liɤu^{24} tã^{21} 担心害怕：那~，不敢去打彩

一囔两筛 iəʔ^{3} z̧ɤu^{53} liɤu^{24} sɑe^{21} （发火时）嘴里囔着，身子晃着的情形

一人一性 iəʔ^{3} z̧əŋ^{33} iəʔ^{3} ɕiəŋ^{53} 指人性格各异

一捎二带 iəʔ^{21} so^{213} ər^{53} tɑe^{53} 一次办两件事：~把集也赶了，亲亲也见了

一生二熟 iəʔ^{21} səŋ^{213} ər^{53} suəʔ^{213} 一回生两回熟

一时半霎 iəʔ^{3} sɿ^{33} pɤ^{53} sɑ^{21} 一时半会儿

一手四下 iəʔ^{4} şao^{41} sɿ^{53} ɕiɑ^{53} 事情由一人掌管：在家里~都由那管

一双一对 iəʔ^{21} suɤu^{213} iəʔ^{3} tuɑe^{53}　成双成对

一死二活 iəʔ^{4} sɿ^{41} ər^{53} xuəʔ^{213}　下定决心，一心一意

一天二地 iəʔ^{21} tʰic^{213} ər^{53} tɛe^{53}　到处，一地

一星管二 iəʔ^{21} sɛe^{213} kuɤ^{41} ər^{53}　一人干两样事：我～，又打工又看家

一眼时辰 iəʔ^{4} niã^{41} sɿ^{33} ʂəŋ^{21}　霎时间，瞬间：雷声一吼，～就下雨了

一一劲劲 iəʔ^{4} iəʔ^{21} tɕiəŋ^{53} tɕiəŋ^{21}（多指夫妻）和睦相处，一门心思过日子

一引二送 iəʔ^{4} iəŋ^{41}ər^{53} suəŋ^{53}　三三两两一起出去：～那些都走了

一种八代 iəʔ^{4} tsuəŋ^{41} pɑʔ^{3} tɑe^{53}（性格）代代遗传：这家人～，性子长相都差不多

以命作对 i^{41} mɛe^{53} tsɑʔ^{3} tuɑe^{53}

以死为邻 i^{24} sɿ^{41} uɑe^{33} liəŋ^{33}　与人拼命对着干

窝大十口 u^{21} tɤu^{53} ʂəʔ^{4} kʰɑo^{412}　家庭人多：那家～，生活挺困难

窝眉圪碎 u^{21} mi^{33} kəʔ^{3} suɑe^{53}　形容偷偷说话，嘀嘀咕咕：那俩～不知道说甚嘞

窝眉洼眼 u^{21} mi^{33} uɑ^{53} niã^{412}

绌眉罩眼 tsʰuəʔ^{3} mi^{33} tso^{53} niã^{412}　眉头紧皱的样子

窝窝压压 u^{24} u^{21} niɑ^{53} niɑ^{21}　①不利索，不痛快；②指睡在床上不起，不下地

呜天嘿塄 u^{24} tʰie^{213} xəʔ^{3} ləŋ^{53}　形容干活时动作猛，声势浩大：搬点儿东西～价

无本儿净利 u^{33} pər^{41} tsɛe^{21} lɛe^{53}　不花本钱得到的利益、好处

无边海沿 u^{33} pie^{213} xɑe^{41} ie^{53}　无边无际的情形：庄稼种得～

无家失教 u^{33} tɕiɑ^{213} ʂəʔ^{3} tɕio^{53}　指小孩子没有教养

无眉没眼 u^{33} mi^{33} məʔ^{4} niã^{412}　宽阔无垠：～的一个大草原

无名少讯 u^{33} miəŋ^{33} ʂɤ^{41} siəŋ^{53}　没有音讯

无千代万 u^{33} tsʰie^{213} tɑe^{53} uã^{53}　形容数量极大：杨凌农高会上人～

误工踏夫 u^{53} kuəŋ^{213} tʰɑʔ^{4} fu^{21}　耽误时间

无雀儿打水 u^{33} tsʰiər^{213} tɑ^{24} suɛe^{21}　鸦雀无声

无头人命 u^{33} tʰɑo^{33} ẓəŋ^{33} mɛe^{53}　指找不到线索的案子

五八楞铮 u^{41} pɑʔ^{3} ləŋ^{33} tsəŋ^{53}　新衣服整洁、硬气的样子：那人穿得～，像个大干部

五八整周 u^{41} pɑʔ^{3} tʂɛe^{24} tʂɑo^{213}　庄重、有理的样子：～坐在正位上

五黄六月 u^{41} xɤu^{33} liɑo^{53} yəʔ^{21} 酷热的夏天

五痨七呻 u^{41} lo^{33} tsʰiəʔ^{3} ʂəŋ^{21} 又咳嗽又吐痰的样子：~病了几个月

挖心炼肝 uɑ^{24} siəŋ^{213} lie^{53} kie^{213}

危心炼肝 uɛe^{24} siəŋ^{213} lie^{53} kie^{213} 形容撕心裂肺，过度伤心

洼眉哭眼 uɑ^{21} mi^{33} kʰuəʔ^{4} niã^{412} 脸上污黑的样子

弯弯溜溜 uɤ^{24} uɤ^{21} liɑo^{53} liɑo^{21} 曲曲折折：这条路~，不是一条直线

歪楞倒坐 uɑe^{41} ləŋ^{213} to^{53} tsuɤu^{53} ①姿势不正；②基点不稳，倾斜：这堵墙~，快要塌下了

歪汤好水 uɑe^{24} tʰɤu^{24} xo^{24} suɛe^{21} 不管饭菜好坏：~都要吃饱

外家百姓 uɑe^{53} tɕiɑ^{213} piəʔ^{3} siəŋ^{53} 不是同一家族的人

崴崴不动 uɛe^{24} uɛe^{21} pəʔ^{3} tuəŋ^{53} 毫不动弹：这孩儿可赖嘞，说上~

危捣急挖 uɛe^{24} to^{41} tɕiəʔ^{4} uɑ^{213} 形容什么事都敢做，铤而走险

危急留猴 uɛe^{21} tɕiəʔ^{3} liɑo^{33} xɑo^{33} 万分焦急的情形：债主来了，怕得~

弯腰马爬 uã^{24} iɤ^{213} mɑ^{41} pʰɑ^{33} 弯腰驼背的样子

挽眼儿不开 uã^{24} niɑr^{412} pəʔ^{21} kʰɑe^{213} 固执己见，不听劝说

万长久月 uã^{53} tʂʰã^{33} tɕiɑo^{24} yəʔ^{213} 时间长，年代久：建楼房是~的事，要做牢靠嘞

万中选一 uã^{53} tsuəŋ^{213} ɕye^{41} iəʔ^{3} 百里挑一，非常稀少

妄心打倒 uã^{53} siəŋ^{213} tɑ^{24} to^{412} 不可能的，休想，不要指望

文分礼至 uəŋ^{33} fəŋ^{213} lɛe^{41} tsɿ^{53} （小孩儿）有礼貌的样子

文分人家 uəŋ^{33} fəŋ^{213} ʐəŋ^{33} tɕiɑ^{21} 门风好的家庭：~的孩儿都是好样的

文约执把 uəŋ^{33} iəʔ^{21} tʂəʔ^{3} pɑ^{53} 指契约、合同：有了~，就不好反悔了

稳排四坐 uəŋ^{41} pʰɑe^{33} sɿ^{53} tsuɤu^{53} 安稳、踏实地坐立的样子：长辈的~，都安好了

兀哩兀烂 uəʔ^{21} lɛe^{24} uəʔ^{4} lã^{21} 形容言语不清，口音难懂

余余对对 y^{33} y^{21} tuɑe^{53} tuɑe^{21} （事情）避不过去，推辞不掉：~，还离不开我去

鱼鳖海怪 y^{33} piəʔ^{3} xɑe^{41} kuɑe^{53} 水生动物的总称

驴踢狗咬 y^{33} tʰiəʔ^{3} kɑo^{24} nio^{412} 不和气：弟兄之间经常~闹不和

驴蹄马胯 y^{33} tɕʰi^{33} mɑ^{24} kʰuɑ^{412} （说话）东拉西扯，不着边际

原溜儿实话 ye^{33} liɑor^{21} ʂəʔ^{3} xuɑ^{53} 形容精确传达别人的话

原气不顺 ye^{33} tɕ^{h}i^{53} pəʔ^{3} suəŋ^{53}　形容心里不舒服，气不顺

原人原马 ye^{33} ẓəŋ^{33} ye^{33} mɑ^{21}　指原来的人手

远乡百里 ye^{41} ɕiã^{213} piəʔ^{4} lɛe^{21}　地方、路途遥远

远远路程 ye^{24} ye^{41} lɑo^{53} tṣ^{h}əŋ^{33}　指路途遥远

云搅月黑 yəŋ^{33} tɕio^{41} yəʔ^{21} xəʔ^{3}　漆黑的夜晚，没有月亮和星星：~甚也看不清，走路打上手电

云天雾地 yəŋ^{33} t^{h}ie^{213} u^{53} tɛe^{53}　云雾笼罩的情形

涌流水湿 yəŋ^{41} liɑo^{33} suɛe^{41} ṣəʔ^{3}　浑身湿透

涌天摸地 yəŋ^{24} t^{h}ie^{21} məʔ^{3} tɛe^{53}　形容东西极多

第八章 构词法

吴堡话的构词法一方面体现了晋语的共同特征，另一方面也有自己的独特之处。本章考察吴堡话中几种重要的构词方式，并随文讨论派生构词中的一些问题。

一 分音词

吴堡话有大量分音词。分音词是晋语中普遍存在的词汇现象。分音词又称"嵌l词、析音词、切脚词"，是一种前字读入声、后字多为l母的双音节单纯词，是通过语音手段分离单音词而构成的一种特殊词汇形式。分音词的具体词项，在晋语中具有极大的一致性，在陕北晋语内部尤其如此。吴堡话的分音词中，一部分能找到"本词"，如"卜浪[pəʔ³ lã⁵³]"的"本词"是"棒"，"卜拉[pəʔ³ lɑʔ³]"的"本词"是"拨"，"壳□[lɤu²¹³]"的"本词"是"腔"，等等。由于分音词是方言口语词，绝大多数在书面上很少记载，只有少数与共同语相同的分音词，在汉语史文献中得到了记载，并在共同语中流传。如"窟窿"为"孔"，"囫囵"为"浑"（完整），"旮旯"与晋语的"圪塄"同为"角"的分音词。有的分音词，方言中的发音和共同语不对应，如"葫芦[kuəʔ²¹ lu²¹³]"的前字，方言是k母，共同语是x母，但所指相同，词音的其他部分完全对应。"圪塄[kəʔ²¹ lo²¹³]"在共同语的对应说法是"角落"，但由于"角落"历史久远，因此一般人并不认为是分音词，在带有东北方言色彩的普通话口语中，以“旮旯”的形式出现。此外，共同语的“耷拉”对应方言的“得□[təʔ21 lã213]、得连[təʔ3 lie33]”；“箧篮、箧篓”两词在方言和共同语中都存在，但意义不一定完全相同。

关于陕北晋语分音词的语音特点，邢向东（2002a）曾经作过详细分析。吴堡话分音词在语音上和神木话大同小异。不过有一点需要特别指出：神木话入声不分阴阳，分音词前字读入声；吴堡话分阴阳入，分音词前字有阴入（卜来、卜烂、圪榄），有阳入（葫芦、囫囵、骨□[luɤ213]：环），它们的对应“本词”都是全浊声母字。因此可以确定，分音词是在全浊声母字的基础上分成两个音节的，吴堡话保留了分音词较早时期的读音特点。另外，神木话不少分音词的后字与前字的开合口相对应，如“圈”的分音词，神木话说“窟□[kʰuəʔ21 lye213]”，后字是撮口呼，吴堡话说“窟□儿[kʰuəʔ21 liər213]”，后字是齐齿呼并儿化。从这一点看，神木话分音词与“本词”的语音对应性更强。

下面列举吴堡话常见的分音词，其中大多数不知道“本字”，用同音字代替。本词已经明确的，举出本词。

不□[pəʔ3 lɤu53]——棒
卜拉[pəʔ3 lɑʔ3]——拨
不烂[pəʔ3 lã53]——拌
卜□[pəʔ21 liɑ213]乱滚
卜□[pəʔ21 lie213]扭动
卜来[pəʔ3 lɑe412]——摆
箧篓[pəʔ21 lɤu213]
箧篮[pəʔ21 lã213]四个系的筐
得□[təʔ21 lã213]——耷拉
得连[təʔ21 lie33]——耷拉
得□[təʔ21 liɑo213]抓住
得料[təʔ3 liɤ53]——掉
突弄[tʰuəʔ3 luəŋ53]——嗵 tʰuəŋ53
突笼[tʰuəʔ3 luəŋ33]——脱落
突□[tʰuəʔ3 lu33]喝粥的声音
突□□[tʰuəʔ3 lu53 lu21]打激灵：~的
圪拉[kəʔ3 lɑ53]——鎼
圪塄[kəʔ21 lo213]角落——角
圪榄[kəʔ3 lã412]棍~子——杆
圪楞[kəʔ3 ləŋ33]陡峭的山崖、土楞：

崖～——埂
圪□[kəʔ21 lɛe213]松鼠
圪老[kəʔ4 lo412]——搅
圪路[kəʔ3 lɑo53]打嗝
圪撩[kəʔ3 liɤ33]泥皮、墙皮卷起——翘
圪料[kəʔ3 liɤ53]不顺，别扭——翘
圪□[kəʔ21 lɛe213]哈痒
圪□[kəʔ3 lɤu53]干扰
圪烂[kəʔ3 lã53]轻轻绑住
圪捩[kəʔ21 liəʔ3]扭曲
圪□[kəʔ3 liɑo213]——勾
圪溜[kəʔ3 liɑo53]偷偷走掉，偷拿东西
骨辘儿[kuəʔ3 lur53]圆形的能转动的东西，轱辘
骨隆[kuəʔ3 luəŋ412]——滚
骨联[kuəʔ3 luã33]——蜷
骨联[kuəʔ3 luã33]东西在嘴里嚼过来嚼过去而不咽下
骨噜[kuəʔ3 lu53]——咕ku53
骨露[kuəʔ3 lu33]焊接缝隙——箍
骨□[kuəʔ21 luɤ213]环状印迹：恶水～子——环
葫芦[kuəʔ21 lu213]
壳□[kʰəʔ21 lɤu213]猪～，羊～——腔
克□[kʰəʔ21 lɑo213]高粱的外壳儿
窟窿[kʰuəʔ21 luəŋ213]——孔
窟□儿[kʰuəʔ21 liər213]——圈
窟□儿[kʰuəʔ21 liər53]——圈
黑□[xəʔ3 ləŋ53]撼动
囫囵[xuəʔ21 luəŋ213]——浑
忽□[xuəʔ3 lu53]失去知觉——糊？
忽拉1[xuəʔ3 lɑ33]～开——划1
忽拉2[xuəʔ3 lɑ53]形容快：～一下——划2
蒺藜儿[tsəʔ3 lər53]
积溜[tsiəʔ21 liɑo213]机灵

二　前缀"圪"

"圪"是晋语中最重要的前缀，是晋语的突出特点。"圪"没有具体的词汇意义和语法意义，可以构成名词、量词、动词、形容词、象声词等。"圪"在一部分词中具有表小作用。

2.1　圪头名词

圪针酸枣枝　　圪都拳头　　圪蚤跳蚤　　圪乌儿蝌蚪

圪巴锅巴	圪桃儿中式纽扣	圪搅搅团	圪丁
圪蛋	圪瘩	圪筒	圪渣
圪桩	圪痂	圪台	圪膝盖儿
圪糁碎粒儿	圪踪脚印	圪□[$tɕya^{213}$]捻状的东西	
圪槽两头高中间低的地形		圪渣碎的柴、草	
圪虫小肉虫		圪把[pa^{53}]梁峁地的下部	
圪绽裂口		圪崩（头部，山崖）上部突出的部分	
圪巷儿胡同	圪嘴儿奶嘴儿	圪卷儿	圪湾儿
圪堆儿	圪锥儿	圪扭儿	
圪筋筋干瘪的没有水分的东西		圪刷刷小刷子	
圪折折折子	圪抓抓成串的东西		

圪头名词中的词根绝大多数不能单用，如“虫、蚤、筒、丁、瘩、蛋、巴、痂、渣、槽”等，都要加上其他构词成分（其他词根或后缀“子”）才能成词。有的词根是动词性语素，如“锥、卷、搅、扭、刷”，多数也需要加上前缀“圪”或后缀“子”才能成词。个别圪头词由于年代久远，词根的本字已经湮没难明，如指拳头、蒜头的“圪都”，“都”的本字不明。“圪瘩”一词更是历史久远，在共同语中就有几种写法（疙瘩、圪垯），词根的本字不详。少数圪头词由于历史上字形类推的缘故，前缀“圪”随词根而定，如“疙瘩（圪瘩）、圪垯（圪瘩）、虼蚤（圪蚤）、骨堆（圪堆）、骨朵（圪都）”等的前缀，由于在不同方言之间辗转流播，加上字形类推，形成了不同的写法。

名词中的前缀“圪”有表小作用，构成的名词大多表示比较小的物体或物体上比较小的部位。这一点从它组成的短语也能看得出来。

圪头名词经常充当中心语，构成偏正短语。其前面可以是形容词和名词。例如：

形容词+圪头词：

泡圪蛋又矮又胖的人 直圪筒有话直说的人
老圪□[tʂʰɑ³³]有资格的老年人 干圪筋喻指身体干瘦的情形
秃圪□[tɑe⁴¹]子又粗又矮的人或东西 碎圪渣

名词+圪头词：

冰棱圪锥儿 棉花圪蛋儿棉花桃儿 花圪都儿花蕾
猪圪羝儿较年轻的公猪 被圪筒儿被窝儿 后燕圪坨后脑窝子
脸圪都颧骨 笑颜圪坨儿酒窝 鼻圪壕儿人中
鼻圪垛儿鼻子顶端 鼻圪蛋儿鼻翅 唾沫圪泡儿唾沫星儿
屁眼圪壕儿屁股沟 锁喉圪瘩喉结 耳门圪宅儿院子的侧面
脚圪踪脚印 羊风圪搐癫痫

2.2 圪头量词

量词基本是在名词基础上形成的。例如：

一圪瘩一块儿，一团 一圪抓一串 一圪截 一圪卷
一圪撮 一圪都一停儿（分成三圪都）
一圪茧一把，修饰成束的东西

2.3 圪头动词

圪头动词大多表示具体的动作，具有明显的小称作用，即指称幅度较小的动作，其中大多数是人体发出的动作；其次是自然的、人以外的事物的状态及其变化。表示行为的圪头动词较少。

圪摇 圪摆 圪僵①僵硬；②收缩 圪和搅和
圪捣变通 圪昧偷拿，趁人不注意把别人或公家的东西拿走
圪喋撒娇 圪绌发皱 圪稳虚搁住，固定得不很牢靠
圪夹 圪操小腿向内弯曲 圪泡鼓起
圪拥手缩到袖筒里 圪焖故意装作不知 圪爬
圪亲撒娇 圪逞逞能 圪乘轻轻扶起 圪趴爬起来
圪乜[miɑ³³]说一声，稍微说
圪缚手缩在袖筒里 圪猴等待
圪张嘴一张一张地喘气 圪猫身体缩回

圪逮(小孩儿)猛然想起要做某事:~起个饼子,要吃饼子

圪盹稍稍睡一下,打个盹儿　圪董消费,浪费

圪吵①吵闹;②议论　圪拃刚学走路时迈步

圪点脚尖着地走路　圪仰$_1$[niɑ^{412}]半躺

圪仰$_2$[niɤu^{33}]抬(头)　圪低低(头)　圪嚝小口地吃

(打)圪瘆因受惊、害怕而身体哆嗦　圪伺稍等一会儿

圪星掉点儿　圪燎用小火烧一下　圪坨凹

圪堆凸　圪休停止,不发展　圪淀不消化

圪□[siɑ^{412}](腿)叉开　圪筋收缩　圪缩收缩

圪霸(把东西)占住　圪定中途停顿　圪衍水稍微溢出

圪折起折皱,折住　圪□[lɤ^{412}]摇晃　圪□[p^{h}iɑ^{33}]搁在上面

圪头动词的词根,大多数可以独立成词,如"燎、低、张、仰、稳、点、摇、摆、晃"等,但也有部分不能独立成词,如"喋、沲、乘、休、盹、伺"等,有的甚至不知道本字为何,如"圪□[siɑ^{412}]、圪乜[miɑ^{33}]、圪□[p^{h}iɑ^{33}]"的词根。尽管在吴堡话中,圪头动词是封闭的,不能在某个动词词根上随意加"圪"构成新的圪头词;但在整个晋语中,不同方言之间圪头动词相差很大,词根多数是自由语素。圪头动词具有一定的开放性、能产性。

2.4　圪头形容词

圪头形容词有双音节、三音节两小类。

双音节:

圪碜①牙碜;②难看,瘆人　圪筋干瘦　圪尖冒起

圪争不爱别人的东西,不贪小便宜　圪瘷[tsiɑo^{53}]蜷缩

圪擩(手因冷、冻而)发僵　圪影[i^{412}]肮脏,瘆人

(一)圪炸顿时、动不动就发火　(一)圪绕快速溜走,趁人不注意就走了

(一)圪哧身子前后、上下晃动,多因有毛病

三音节:

圪晃晃　圪涌涌　圪冒冒　圪轰轰　圪爬爬

圪疲疲[fã⁵³ fã²¹]重感冒后难受的感觉　　圪洞洞

圪茶茶不放心的样子　圪□□[tsie⁵³ tsie²¹]发烧的样子

圪窜窜走路等特别快的样子

圪□□[liɤ³³ liɤ³³]脚尖踮起的样子

圪□□[liəŋ⁵³ liəŋ²¹]形容小孩儿长得快

圪堆堆儿　　圪尖尖儿　　圪弯弯儿　　圪都都儿

圪猴猴儿　　圪彬彬儿文质彬彬的样子

双音节圪头形容词数量不多,词根基本都不能独立;其中有些带"圪"的形容词,严格地说应属于"一"作前缀构成的(见下文)。三音节形容词又分两小类:一类后面的词根不儿化,表示比较抽象的状态,如"圪冒冒"等;一类后头的词根需儿化,表示比较具体形象的状态。这两小类的句法功能没有区别,都在句中充当谓语。总的来说,圪头形容词数量有限,功能也比较单一。

2.5　圪头象声词

象声词是表示模拟声音的词,在句中充当"一声"的修饰语,或作状语,或构成独词句。吴堡话带"圪"头的象声词数量不多。

双音节:

圪叭[pɑ⁵³]　　圪嚓[tsʰɑ⁵³]　　圪噔[təŋ⁵³]　　圪吱[tsɿ³³]

圪噌[tsʰəŋ⁵³]　　圪嘣[pəŋ³³]　　圪炸[tsɑ⁵³]

三音节:

圪炸炸　　圪噔噔　　圪地地　　圪叭叭

四音节(是双音节的重叠式,表示反复出现的声音):

圪叭圪叭　　圪吱圪吱　　圪嘣圪嘣　　圪噔圪噔

2.6　圪头词与四字格

圪头词可以组成四字格。四字格中的圪头词有三类:一类是现成的圪头词加上其他成分构成四字格;一类是"临时"圪头词加上其他成分构成四字格;还有一类是前两类的结合:一个现成的圪头词加上一个临时圪头词构成四字格。

2.6.1　现成的圪头词加上其他成分

例如“圪堆马爬”,用形容词“圪堆”表示东西堆、摞得高,装得满,后加“马爬”,表示程度更高,形容东西装得溢出来的样子。又如“山峁圪瘩”,“山峁”指山梁,和“圪瘩”一起表示不平的地形,丘陵地形。再如“圪糁瓦害”,名词“圪糁”指碎粒儿,如玉米圪糁、高粱圪糁等,后加“瓦害”后,①形容物体表面不光滑;②形容粮食里有石子儿等,不纯净。与现成圪头词组合的成分,往往是不成词的语素,有的类似后缀,如“麻也、散死、瓦害、马爬”等。再如:

筛丝圪喋	圪绌獠牙	圪巴獠牙	圪绌散死
圪杈麻也	圪摇散死	圪喋半事	圪且磨趄
圪渣罗茹	圪瘩铆窍	圪低圪坨	圪丁冒垅
圪瘩丸降	圪缭圪缩		

2.6.2　临时圪头词加上其他成分

这一类中的圪头词在一般口语中不用,是专为构成四字格而造的。如“痴乜圪瞪”,“痴乜”表示痴呆、迟钝,“圪瞪”大致表示痴呆的样子,组合起来形容不灵活,不机灵。又如“绵济圪挼”,“绵”指绵软,“济”无义,“挼”指揉搓使绵软之意,“圪挼”大致表示绵软的形态,组合以后形容东西太软。值得注意的是,“圪挼”在四字格中是多用圪头词,除了这个词,还组成“慢死圪挼”形容干活动作缓慢的样子,“搜斯圪挼”形容动作缓慢,等等。再如:

醉么圪盹	吐啕圪哇	摇脑圪散	窝眉圪碎
半疯圪遮	显能圪水	圪焦圪弩	圪浮獠牙
圪精害在	圪低打盹	圪低练董	圪松小气
圪纣麻也	圪虮落虫	圪兴胰肚	圪梁缘爬
圪由自转	圪絮团达	圪筋咬牙	

2.6.3 圪头词组合

圪头词还可以组合起来,构成四字格。如"圪低"是圪头动词,在"圪低圪坨"中与名词性的"圪坨"组合,形容地不平整的情形,同"圪蛋"组合成形容词性的"圪低圪蛋",指零碎、碎小的样子;"圪撩圪缩"中,"圪撩"和"圪缩"都是动词,组合后变成形容词性的四字格,表示拘束、不随便的样子。临时圪头词的存在,证明"圪"具有强大的构词功能。

总之,从圪头词在陕北晋语中的作用来看,我们认为将"圪"分析为构词法中的前缀是合适的。从来源看,它的表义功能并不明显,但后来随着构词作用的扩大、泛化,滋生出了种种附加意义。"圪"是不是构成了一种独立的构形成分,仍然需要讨论。

关于分音词和圪头词之间的关系,邢向东(1986,2002a,2004b)都作过考察。我们认为,圪头词是在晋语词汇双音化的洪流中,在以"圪"打头的分音词的影响下,通过对分音词的重新分析,"挪借"分音词的前字作为词头,由后者类推产生的(邢向东2002a:277)。

三 其他词缀及派生词

3.1 前缀

3.1.1 前缀"忽"

前缀"忽"的来源与"圪"相同,是从"x-l-"型分音词中挪借过来的。"忽"能构成几个动词,都很常用。例如:

忽吸呼吸,肚皮收缩　忽塌指凑合着用　忽撕浪费,乱开支

忽搧搧　忽撒绑着的东西散开　忽闹指敷衍了事地干活儿

忽扬[iɤu⁵³]应付　忽搅挑拨　忽闪闪

忽头形容词都是"忽AA"式,其语音特点是,后面的词根AA都是[53+21]调:

忽沙沙[sɑ⁵³ sɑ²¹]形容体积很小的东西之多

忽跳跳[tʰiɤ⁵³ tʰiɤ²¹]形容走路时步子碎、速度快的样子，有不稳重的意思

忽赛赛 [sɑe⁵³ sɑe²¹]身上轻轻地发痒的感觉

忽少少 [ʂɤ⁵³ ʂɤ²¹]小动物爬行的样子

忽缭缭[liɤ⁵³ liɤ²¹]旗帜、布料等飘动的样子

象声词大都是双音节词，后字一律读去声。个别三音节的，声调特点与形容词相同。

忽嗤[tʃʰʅ⁵³]　忽嗵[tʰuəŋ⁵³]　忽啦[lɑ⁵³]　忽杵[tsʰu⁵³]

忽□[tʃʰɑ⁵³]泼水声　忽嗒嗒[tʰɑ⁵³ tʰɑ²¹]

忽杵杵[tsʰu⁵³ tsʰu²¹]刀子扎进肉体的声音

3.1.2　前缀“卜”

前缀“卜”也是从“p-l-”型分音词中挪借过来的。“卜”作前缀构成的词语很有限，常见的有几个名词和动词、象声词。如“卜脐儿”指肚脐眼儿，有人认为，其中的“卜”的本字是“脖”，即“脖脐”，应当是有道理的。不过，吴堡话“脖”读[pʰɑʔ²¹³]，声母送气且声调为阳入，“卜脐儿”的“卜”读[pəʔ³]，声韵调皆不合，故仍记作“卜脐儿”。其他名词如：“卜吊”是一种倒丁字形的捻线用具，“（鱼）卜渣儿”指鱼苗儿，“卜滩儿”指小水滩儿，“卜甀[tsʰã⁵³]”指水缸、瓦器残余的底部，用来充当喂猪喂狗的器具：“猪卜甀、狗卜甀”。动词“卜咂”表示咂（嘴），“卜搔”指辛苦地操劳（神木话指“搔、挠”），“卜衍”指水的波纹一圈一圈地荡开，“卜够儿”指打嗝儿。用“卜”作前缀的象声词很少，如“卜嘶儿[tsʰər⁵³]”指扯烂布帛的声音，“卜嗒”指“嗒嗒”声，“卜菜”指打碎瓷器的声音；这些象声词还可重叠词根，构成“卜AA”式：“卜嗒嗒、卜嘶嘶、卜菜菜”。

3.1.3　前缀“日”

前缀“日”读[zəʔ³]，可以组成动词和形容词，带有消极评价意义，都是贬义词。有的词单就词义来看不是贬义词，但只能用

于否定式，其评价意义和感情色彩还是否定的。如“日骨”指有出息，但只用于“不日骨，日骨不了”；“日超”表示正经，但只能用于“不日超”，骂人不正经。列举如下。

动词：

日鬼瞎鼓捣　　日弄戏弄　　日哄哄骗　　日蹋糟蹋

日晃戏弄　　日戏戏弄　　日殃说人坏话：~人

日□[tsʰuɑ⁴¹²]顶撞、粗鲁地对待

日□[uã⁴¹²]乱踩乱踏：不敢在人家西瓜地里瞎~

形容词：

日怪　　日脏　　日超正经，只用于否定式：不~

日赖　　日殃好笑，好出洋相

日骨有出息：~不了；长相不难看：不~

日念多：粮食打得不~　　日能精明，带讽刺意味

日□[ɕiəŋ⁴¹²]形容喜欢出风头，耍小聪明

3.1.4　前缀“打”

“打”作前缀构成双音节及物动词，在词中不表示具体意义，词语的意义由词根表示。如“打夺”义为“抢”，“打掐”指给蔬菜、花草整枝，“打衬”指装进去封闭起来，多指装殓死人时固定、封闭严实，“打捆”指整理，等等。再如：

打摭清理　　打澄过滤　　打瞭探望

打熬习惯了干苦活、累活　　打散分发，把东西给人

打压安置，安稳地住在一个地方

3.1.5　前缀“相”

前缀“相”读[siəʔ³]，作前缀有相互之义，构成的词一般都表示需要双方或多人才能完成的动作、行为。如陕北话最常用的“相跟”指相随，“相死”指打架，“相夺”指争夺，“相仿”指面貌相似等。“相搂腰”指互相搂住摔跤，“相”作前缀，“搂腰”是词根语素，可以再分析为“搂、腰”两个语素。陕北话有谚语“穷相吵，饿

相嚷”。

顺便指出，吴堡话的“相”还可放在词语中间，构成陈述式的三音节词，即“X +相Y”，后头的“相Y”是陈述前面的语素“X”的。如“脚相踏”表示紧跟着，“亲相看”表示自己搞对象、自由恋爱，“连相赶”表示紧接着，等等。

3.1.6　前缀“一”

晋语中有不少用“一”充当前缀的词，吴堡话也不例外，能用“一”构成许多三音节形容词。“一”作前缀有两个模糊的义项：一是表示“一下子、快速”之类意思，后头的词根是可以独立使用的双音节词，如“圪绕、趔趄、圪炸、忽哧、忽吸、笼统”；二是表示“都、满”之类意思，后头的词根不能独立成词，如“塌堆、表石儿、跑砖、齉水、口腔”等。第一小类如：

一圪炸形容顿时、动不动就发火

一圪绕形容快速溜走，趁人不注意溜走　　一背着儿背部着地（滑倒）

一趔趄斜着身子　　一忽吸收缩肚皮的样子

一跟冲一个接一个，接连不断地　　一忽哧①快速；②提前，抢在前头

一圪哧身子前后、上下晃动，多因有毛病

第二小类如：

一糊泡杂乱　　一表石儿形容单层垒砖、石

一跑砖形容用一层砖垒墙　　一齉水一个人，连续、一直

一塌堆东西放置得杂乱，乱堆在一起　　一世界到处

一趁哄儿形容看别人样子做　　一笼统上下一样粗，胖

一口腔一言堂，一个人说了算　　一老家儿大家，全部

在第二小类中，有的词根是“重叠式”，如“一眼眼不变样的、一磨磨一股劲儿、一妥妥一直没中断”等。

3.1.7　前缀“不”

“不”作前缀仍然保有一定的否定意义，所以只能说是个“准前缀”。“不”缀词大都是表否定意义的形容词，后头的词根大都

是独立的双音词。如“异气”指感到新奇,“不异气”表示不觉得稀罕;“骨气”是指人的精神,“有骨气”指正经、不爱占便宜等,“不骨气”则指不正经;“住气”是停止之意,“不住气”指不停歇地干活儿。再如:

不奋气不大方　不着意无意　不草次不稳重,冒失

不打眼不醒目,不鲜艳　不捉发不精干,不漂亮

不利生有病　不日骨丑陋　不直骨体质不好,爱生病

不超淘不正经　不治事什么都做不成

不下气做错事不承认,不道歉,不赔情　不颠实不稳重

不乭己不自量力　不摘己不自量力　不显戏差别不明显

不识幸不满足,不识惯

3.2　后缀

3.2.1　后缀“子”

“子”是陕北话中构词能力最强的名词后缀。它在陕北晋语中的使用情况,可参看邢向东《神木方言研究》中的描写。

吴堡话中,三音节的“子”缀词值得特别描写。这些词大致有三种类型。第一种:表示某种具体的物件,或具有某种形状的东西,其中后者的形象色彩非常突出。如“巧垫子”指大门上的自动装置;“秕片子”指薄片状的东西,“秕”指不饱满的籽实,如“秕谷子”;“清水子”指过于稀淡的液体食品;“油斜子”指三角形的油饼儿;“帽盖子”指女性不留辫子的发型。再如:

瓦瓴子房檐上的滴水　展片子无折皱的东西(贬)

孽罐子作孽的事情　秃锤子钝器,不尖锐的器物

残楞子石头上尖锐的楞子　稳盘子有把握的事

第二种:构成人物词(人品词),表示具有某种特征的人物,其中有的是有生理缺陷的人,一般带有贬抑和不满的意味。如“鸽奔子”指前额特别长的人,“二混子”指混血儿,“生奔子”指对事情很生疏的人、门外汉,“糊涂子”指不讲道理的糊涂人,“街爬

子”指城镇里的流浪汉，“神晃子”指做事不稳重的人，“野迸[piɑ⁵³]子”指不是家生的（东西，人）、野地迸出的人，多用于骂人。再如：

扬[iɤu⁵³]杆子表里不一的人，做样子的人　　半罐子脑筋不灵的人
久油子惯犯　　实拍子笨蛋，一点儿不懂事的人
鬼滑子狡猾的人　　接嘴子爱插嘴的人
毛鞑子头发很长的男人　　憨种子不聪明的人
活身子没有干过活的人，没锤炼出来的人　　瞟眼子斜视眼

第三种：表示某一种具体的形状和状态，其中有的只能作定语。如“罄口子”指肚大口小的形状，“窄绺子”指又窄又长的形状，“滚身子”指刚睡觉起来身体发热的状态，“赤启子”指不穿裤子、光屁股的样子，“逊门子”表示没心事，没兴趣，“海满子”表示大胆。再如：

朽启子瓜果类皱缩状　　瓮启子错（事），难以收拾的（事）
敞豁子没有围墙的（院子）　　张口子口沿部分没有遮盖的（东西）
害眼子眼儿比正常大了的　　空头子光嘴说不付诸实施的（话）
□[u⁵³]温子不太热的　　□[tsʰuɑ⁴¹²]茬子纹理不顺的（木头）
倒沿子道路横向一边高一边底的，斜着的，坡度大的

有的三音节“子”缀词是副词，只能充当状语，如“搂根子”表示从底部（抬、锯）：“～把树锯倒。”“实骨子”义为“实际上”：“不要看他做了点错事，～还是个好人。”“拦脑子”指从顶部（劈、割）：“把树苗～削下去。”再如“插根子、插土子”均指既不留茬，也不挖坑，顺地面上（刨、砍）：“把树～砍了。”

3.2.2　后缀“气”

后缀“气”构成的词可以分为两种。

第一种：“气”表示“味道”，构成的词都表示某种气味，大都是不好的气味，如“土腥气”形容某种东西带泥腥味儿，比如池塘养的鱼的味儿，“狗夹气”形容狗身上的味道，“哈拉气”形容肉、油的陈旧味儿，“陈糠气”形容陈旧的谷糠味。再如：

油哼气油变味后的味道　　霉子气发霉变质的味道

尿臊气尿臭味儿　　烟霉气烟熏的气味儿

生食气消化不良发出的气味　　蛹腥气蚕蛹的味儿

齷粕[uɑʔ4 pʰəʔ21]气不干的粮食被捂后发出的味儿

突腥气不成熟的味道　　青草气不成熟的嫩草味

可口气因不刷牙口腔不干净而发出的气味

第二种:"气"由表示味道进一步抽象化为表示一种感觉、态度、情绪,词根也逐渐抽象化,构成一种表义特殊的形容词。如"够腥气"形容不满意的情绪,其中"够"表示对某种东西感到厌倦、厌烦;"爬偢气"用来骂人行为不正,"爬偢"是指不求上进、让人看不起的人;"厌恶气"指感到厌烦讨厌,等等。再如:

日脏气肮脏的样子　　恶心气形容令人厌恶

霉人气因事情没做成而感到倒霉　　鬼火气形容生气,发脾气

熰焦气抱怨事情没做好的情绪　　死蔫气 行动怠慢,迟缓

麻烦气形容感到麻烦

3.2.3　后缀"鬼"

"鬼"是詈词后缀,构成的词都是指被人贬抑或受人诅咒的人。如"谄经鬼儿"指说谎的人,"谄经"义为胡诌经文;"挣命鬼"指拼命干活的人;"捣式鬼"指哄骗人的人,"捣式"是蒙古语借词,义为调皮、不老实。再如:

倒运鬼不做好事的人　　爬场鬼不正经的人

急尿鬼急性子的人　　虚说鬼儿喜欢说谎的人

爬偢鬼调皮捣蛋的人　　断路鬼骂做坏事的人

洋相鬼儿喜欢出洋相、没有正形的人

3.2.4　后缀"踏"

吴堡话中"踏"可以位于合成词的后部,组成派生动词,"踏"没有实在意义,所在词语的词汇意义靠前面的词根表示。如"套踏"表示"排练,预先安排好",意义主要与"套"有关;"烫踏"表示

"挑逗、挑拨",其中"谖"就是怂恿之意,"踏"没有意思;"喃踏"表示念叨;"扎踏"表示杂支,开支。

3.2.5　后缀"打"

"打"作后缀构成的词语,大多与"打"的意义无关。如"掼打"表示发火,意思主要与"掼"有关;"刮打"表示阻碍,意义跟"刮"密切相关;"团打"表示笼络,与"团"的"团弄"义相关;"递打"指来往,与"递"关系密切。再如:

低打下贱	妖打本来会,装作不会	拧打
懵打装样子	接打同别人少说几句话	试打试验
丢打数落,责备	喽打打骂	

3.2.6　后缀"股"

"股"充当后缀构成副词,常见的有三个词:"这里股"表示从今以后、从这里开始,"猛子股"表示突如其来、突然,"进没股"表示平时、一贯。

3.3　中缀

吴堡话的中缀不发达,常见的中缀有"不"。

"不"作中缀构成三音节词,词的内部结构有三种。

第一种是补充式,前面的动词性语素"X"加上后面的补语性语素"不Y",严格地说,这类词是补充式复合词。如"由不得"表示情不自禁,控制不住自己,内部关系是"由+不得",普通话的对应词正是"不由得";"舍不得"的普通话对应词是"不舍得";"吃不定"是支持不住、吃不住之义,内部关系是"吃+不定"。

第二种是陈述式,前面的"X"是名词性语素,后头的"不Y"对其加以陈述。如"皮不利"指沾惹不得,"不利"对"皮"进行陈述;"狗不张"指没人理睬的状态,类似于"狗不理"。

第三种中的"不"是更地道的中缀,难以说明其意义,如"平不塌","平"意思比较明确,"不塌"的意思不明确;"肿不楞"中,"肿"的意思明确,但"不楞"意义不详。

总之,把这三类词中的"不"处理成中缀,仅仅是从形式上中间都插入"不"出发来考虑的,如果要严格按照内部关系来归类,只好将它们分别归入三种构词法中。列举如下:

第一种:使不得用不上,不行

值不过没必要,不值得(比较神木话:值不着)

吃不定支持不住,吃不住

使不上不合适,用不成(比较神木话:使不成)

第二种:皮不利能缠人,沾惹不得　　狗不张没人理睬

第三种:肿不愣浮肿的样子　　皮不腾做事缺乏主动性,没反应

平不塌办事没结果,如官司没输赢　　漫不塌儿差不多

着不得不喜欢　　晓不得不知道

还有些三音节词,是在双音节词的基础上插入一个类似中缀的音节扩展而成,以满足三音节的需要。例如:"稀特烂"是"稀烂"加意义模糊的"特"构成;"干杠稠"指过密、过稠,是"干稠"的基础上加"杠"扩展而成的。

四　四字格及其结构

4.1　四字格的结构

四字格是方言区人民喜闻乐见的一种口头成语。四字格形象、生动、使用灵活,具有鲜明的感情色彩和地域特点。晋语的四字格有一定的共性,如"A眉B眼"式四字格,就在晋语的不同方言之间存在相当大的一致性。关于四字格的内部结构,邢向东(2002a)曾经作过较为详细的分析、描写,本书不再重复。一般来说,四字格的内部结构可以分为两大类:一类是复合式,又以并列式为主,还有陈述、支配、补充、偏正等;另一类是派生式,即词根语素加上各类词缀构成四字格,其中有大量的后缀、中缀。值得注意的是,方言区人民为了创造四字格,运用了不少特

有的“词套子”，从构词法的角度可以叫作“特定的构词格式”，如“A眉B眼”就是著名的词套子。用这些词套子可以造出许多四字格，有的四字格甚至带有一定的偶发性和个人色彩。晋语的不同方言之间，往往词套子相同，具体的四字格有所不同。本节主要描写和讨论吴堡话构成四字格的后缀和词套子。

4.2　构成四字格的常用后缀

四字格大多是形容词性的，在句中充当谓语、补语、定语最为常见。与此相应，在派生式四字格中，词根往往是形容词性，后缀的作用除了增加音节以外，还给四字格增加了形象色彩、程度色彩，使它不再受程度副词的修饰。下面是常见的四字格后缀，由于意义模糊，所以用字难以确定本字，只遵从习惯的写法。

瓦害[uɑ^{41} xɑe^{53}]　形容令人厌恶的颜色、状态等：

淀清瓦害（米汤，菜汤等）稀淡，一会就沉淀下去的样子　　圪糁瓦害

成冰瓦害冰凉　　恶心瓦害恶心的感觉

八踏[pɑʔ^{4} tʰɑʔ^{21}]　形容某种心理状态：

二罗八踏粗心大意　　二武八踏情绪失控，不由自主地

七势[tsʰiəʔ^{3} ʂɛe^{53}]　形容外在的表现：

能言七势多嘴显能的样子　　拿般七势拿捏，装样子

妖留七势妖里妖气　　□[ʂɤ^{33}]言七势明知故问

拜带[pɑe^{53} tɑe^{21}]　形容令人厌恶的性状（神木话：摆带[pᴇ^{21} tᴇ^{53}]）：

惹人拜带形容做惹人的事情　　塌驼拜带贪婪，没有满足

遭孽拜带做恶事，造孽

马爬[mɑ^{41} pʰɑ^{33}]　形容某种具体状态：

撇筋马爬形容闹意见，闹别扭　　嘶气马爬呼吸困难的样子

颠倒马爬东西摆放的位置不端正　　圪堆马爬东西装得溢出来的样子

弯腰马爬弯腰驼背的样子

麻也[mɑ^{33} ie^{21}]　形容某种具体状态：

圪杈麻也棍、树枝有分杈的样子　圪纣麻也人跟随了一大溜的样子

大肚麻也怀孕后的样子

麻害[mɑ³³ xɑe⁵³]　形容某种具体状态：

气喘麻害指老年人气短咳嗽

瘦枝麻害骨瘦如柴的样子（比较神木话：瘦死麻害）

烂气[lã⁵³ tɕʰi⁵³]　形容某种令人厌恶的状态：

不骨烂气行为不轨，喜欢乱搞男女关系

仇声烂气人与人、家庭与家庭不和

穷声烂气因为穷而整天唉声叹气的样子

4.3　四字格的“词套子”

四字格的大量涌现和使用，与它在构成上的多样性、灵活性密切相关。方言区人民运用多种灵活的手段来创造四字格，其中不少“词套子”起了重要作用。所谓“词套子”，是指在一定的构词形式中，某些词语是固定出现的，这些词语就形成了特定的格式，人们可以通过变换其他位置上的成分来构成新词语，这些格式一般是对称结构。晋语中最典型的构成四字格的“词套子”是“A眉B眼”式，所有晋语方言都有大量的“A眉B眼”式，如“贼眉溜眼、清眉俊眼、鬼眉溜眼、灰眉杵眼、白眉鼠眼”等，形成一个庞大的四字格家族。

在吴堡话中，除了“A眉B眼”式之外，另一个比较典型的“词套子”是“少A没B”式。该式的结构意义是缺乏某一类东西，包括物质的或精神的，内部结构是“支配+支配”。有的“A、B”是将现成双音词拆开形成的，如“少人没手、少规没距、少家没具、少本没事、少东没西、少粪没土”；有的“A、B”是同义、类义词，如“少心没劲、少人没亲、少窑没炕、少家没舍、少做没弄”等。

四字格的另一个“词套子”是“七A八B”式，该式大多表示某种感官上令人不悦的外部状态，如不整齐、不规则、不光滑等，内部结构是“偏正+偏正”。其中的“A、B”，一部分是将双音词拆开

形成的，如“七病八痛、七翻八腾、七倒八腾、七流八窜、七家八具”；也有不少是同义或类义语素，如“七等八待、七丘八歪、七楞八瓣、七角八脑、七脚八手、七打八误、七关八套”；还有个别是凑上去的近义语素，如“七烂八掐、七鬼八蛋”等。

近年来“构式语法”理论在国内颇为流行（陆俭明2004）。从构式语法的观点来看，这些“词套子”无疑是一种构式，具有强大而固定的构式意义。在结构的意义甚至结构的附加色彩已经固定的情况下，填入有关语素表示特定的意义内容，当然会成为方言区人民热烈“追捧”的表达方式。

4.4　“凑”四字格的现象

由于四字格受到大众的特别喜爱，所以语言运用者为了追求四字格的韵律效果，往往在某些双音词、三音词基础上“凑”成不少四字格。不过，一旦成为四字格，它在韵律上就遵守“2+2”的模式，并逐渐固定下来。

有的名词性四字格，是在已有的三个音节中添加一个音节凑成的。例如：“亲哥儿弟兄”指亲兄弟，从表义看，“亲弟兄”就足够了，“哥儿”与“兄”同义重复，是为了满足四个音节的需要而加上去的，说话时的节奏是“亲哥儿+弟兄”，句中用例如：“他们是～，一娘所生。”前后分句均为四字格，韵律整齐。再如“亲姊圪妹儿”指亲姐妹，“圪”是凑足音节的；“稠泔练 [lie^{53}]水”指稠泔水，等等。

动词性、形容词性四字格也有在三个音节基础上凑成的。例如：“误工踏夫”指耽误时间，意思靠“误工夫”表达，“踏”的作用是凑成四字格，整个四字格的节奏律是“误工+踏夫”；“满抬二举”指热情招待，“满”是副词，“抬举”是中心词，“二”是凑足音节的。再如，“不规烂矩”指①不遵守规矩；②好色，不正经，表义成分是“不规矩”；“不骨烂气”指男人行为不轨，喜欢和女人乱搞，“不骨气”是表义成分，“烂”凑足音节；“不超烂淘”指①东西质量差;②人素质低,不守规矩;“跌饥烂荒”指家庭贫困,债务缠身。以上几个四字格,“烂”的作用主要是凑足音节,同时表示贬义。

有些四字格,将一个音节放在一定的位置上,除了凑足四个字以外,还起着“凑足结构”的作用。如“打官论司”指告状,打官司。“官司”本来是一个词,不能分开,“打官司”是支配结构,为了构成四字格,用动词性的语素“论”将其拆开,构成“支配+支配”的联合型四字格,词性也变为形容词性。又如“耍手设艺”指凭手艺为生,在支配结构“耍手艺”的基础上,插入动词性的“设”,构成“支配+支配”式的联合型四字格。再如“卖良失心”指忘恩负义,在支配结构“卖良心”中插入“失”,构成联合型四字格。

有的四字格,即使形式上是四个音节,但结构上并非联合型。如“满抬二举”的基式是“满抬举”,“紧接二待热情招待的情形”的基式是“紧接待”,原来都是状中结构,由于插入的“二”很难说是状语性的成分,因此构成的四字格是否为“状中+状中”的联合型,就难以确定。这正是许多四字格的结构难以分析的主要原因之一,也充分表明了方言四字格的口语性质。

在双音节基础上,插入两个音节,构成四字格的,也有两种方式。一种是在双音词之后加上类似后缀的成分。如“生死兀烂”指食物没有煮熟(饿伤了,把饭~就吃了),“兀烂”还可说“兀乱”,其实都是没有意义的后缀。“圪杈麻也”是在“圪杈树枝的枝杈”后加上后缀“麻也”,表示树枝之类到处乱放的样子。

另一种方式是在双音节词中间插入两个音节,构成四字格。如“嗬声哇[ua41]气”指家庭不和,不停地吵闹,“嗬气”是陕北晋语常用词,指家庭内部吵架、打架,“声、哇”都跟“嗬气”有关,又没有明确的意思,主要作用是凑成四字格,并将原来的动词变成形容词性。再如“调里把和[xɤu53]”指做饭用的佐料,其中的“调和”就是佐料，“里、把”的作用是构成四字格；“麻里十烦”指麻烦，形容词性，是在“麻烦”上插入“里、十”形成的；“规盘二矩”指有规有矩，按规程办事，没有漏洞，在“规矩”之间插入“盘、二”构成。

这些在原词基础上插入的音节，有的并无明确的意义，但也不仅仅是为凑成四个字而存在的。在凑成四字格的同时，它们也给词语加上了描绘色彩、感情色彩，有的将名词、动词变成了形容词，有的词性不变，但与“基式”的用法不完全相同。如“嗬气”是动词，“嗬声哇气”是形容词，具有描绘意义；“卖良心”是动词性，“卖良失心”是形容词性。

4.5　四字格在流传中的音变

四字格是方言口语成分，在方言区人民的口头上流传。在长期的使用过程中，在不同方言之间的流播过程中，由于方言之间语音系统的差异，由于各种语流中的共时音变，难免会发生语音上的变化，给探求四字格的原始形式造成困难。我们可以通过邻近方言之间同源四字格的不同语音形式，观察方言四字格在流传过程中的语音变化。

例如，吴堡话的“踏拉八射[ʦɑ^{41} lɑʔ^{3} pɑʔ^{4} ʂ̥əʔ^{21}]”指说话、行为不稳重的样子：“说话总是～。”神木话叫“踏拉把式[tsa^{213} la^{33} pa^{21} ʂ̥əʔ^{4}]”，后两个字为“把式”，与吴堡话的最大差异在于第三个音节是否读入声，大概神木话的读音更接近原形。又如，“黑里振倒[xəʔ^{21} lɛe^{24} tʂ̥əŋ^{41} to^{53}]”形容响声很大：“～聒得人睡不成。”神木话叫“黑里倒阵[xəʔ^{21} li^{213} tɔ^{21} tʂ̥əŋ^{53}]”，后两个音节与吴堡话声调互换，可能更接近原形。再如，“横摞十字[ɕyɑ^{33} lɤu^{21} ʂ̥əʔ^{3} ʦʅ^{53}]”指东西堆放不整齐，横七竖八的样子：“木料放得～。”后两个字神木说“十四[ʂ̥əʔ^{3} sʅ^{53}]”，第四音节是擦音，于意义无解，大概是吴堡话更接近原形。“哗哗流沿[xuɑ^{24} xuɑ^{21} liɑo^{33} ie^{53}]”指有说有笑的样子，神木说“呱呱流沿”，前两个字读塞音，而吴堡是擦音，颇难确定吴堡和神木哪一家的说法更接近原形。“神眉光眼[ʂ̩əŋ^{33} mi^{33} kɤu^{24} niã^{412}]”指不高兴、生气的样子，神木话叫“蛇[ʂʅə^{33}]眉果[kuo^{213}]眼”，从意义上看，吴堡话的读音较好解释，但它的意义也是模糊的。

附：表被领属的结构助词“的”

“的”音[təʔ^{0}]，本是表领属的结构助词，如“我的书、我家的房子、端端儿地的一茇树、贼眉溜眼地的个人”。还可构成“的”字短语，如“我的、那他的、吃的、穿的、红的、黑的、喂牲口的、要饭的、当干部的、教书的”等，其中表人的职业的“的”字短语，结构非常固定，可以看作名词。

同其他陕北晋语一样，吴堡话也在亲属称谓后加“的”表示其“被”领属形式。例如：

爷爷的他爷爷	娘娘的他奶奶	公公的他公公
婆婆的他婆婆	老子的他爸爸	娘的他妈妈
哥哥的他哥哥	姐姐的他姐姐	妹子的他妹妹
兄弟的他兄弟	姊妹的他妹妹	小子的他儿子
女子的他闺女	□[sɑo^{33}]子的他儿媳妇	女婿的他女婿
妻公的他岳父	妻母的他岳母	妻哥哥的他大舅子
小舅子的他小舅子	妻姐姐的他大姨子	小姨子的他小姨子
姑舅的他姑表	两姨的他两姨	连襟的他连襟
亲家的他亲家	长辈的长辈们	小辈的晚辈们

这种“的”字短语中“的”的作用，与一般的“的”不同，它不是和前面的名词组成短语，表示这个人物领有的对象，而是像一个后置的第三人称代词一样，表示前面的亲属称谓是被领属的。没有语感的外地人理解起来，颇为别扭，要拐几道弯儿才能想通。所以，邢向东（2002a）将神木话的同类成分叫做“被领属形

式”。这种成分像一个亲属称谓的“被领属格”，可以分析为一种“形态”。如果前面加修饰语，就只能加人名、有定表人名词、人称代词“那家他的”、指示代词“这家他的”等，例如：

张秀卿娘的张秀卿她妈妈　　老张小子的老张他儿子
娃娃老子的孩子他爸爸　　那家爷爷的他爷爷
那家妻母的他老丈母　　那家连襟的他连襟
这家两姨的他姨表　　这家姑舅的他姑表
谁谁谁女子的某某人他姑娘

据黑维强（2003）考证，近代汉语中即有“亲属称谓+的”表被领属形式的用法。据此可以推测，陕北晋语的这种特殊形式，有可能是历史上从阿尔泰语系语言中的某一种“格”借入的。

第九章　重叠式构词和词的重叠

吴堡方言具有丰富的重叠式，其中有的是重叠式构词，有的是词的重叠。重叠式的核心意义是具有小称义，体现在重叠式名词、量词、动词和形容词的重叠式中。本章从重叠式的内部结构、表义特点、句法功能等方面描写吴堡话的重叠式。

一　重叠式名词

同其他晋语一样，吴堡话有发达的重叠式名词。重叠是名词表达小称义的主要手段。与此相联系，吴堡话的名词一般不能重叠使用。

儿化是吴堡话的另一种表达小称义的手段，不过两者并不形成交叉。倒是有些互相叠加的现象，如“八成儿成儿”指智力不很健全的人、半瓶醋，同义词是“憨八成儿”。重叠和儿化有时可以区别词义，如“眼睛仁儿”指眼珠，“眼睛仁仁”则指瞳仁儿。

重叠也可表示与非重叠的同根词不同的意思，如“银元”指袁大头，“银元元”指硬币，过去相当于其他晋语的“分分钱”，现在则包括一角、五角、一元的硬币。

重叠式名词的格式有AA式、ABB式、AAB式三种。下面逐类描写。

1.1　AA式名词

许多AA式名词是固定形式，表示特定意义和对象，并非单音节名词的重叠形式。尽管没有对应的非重叠形式，但其小称义还是很明显的，所指称的对象大多是形体较小的动物或食品、衣物、小物件儿等。这类重叠名词的语素大都不自由，有的甚至不知道本字为何。例如：

宿宿麻雀　　蛾蛾蝴蝶儿　　蹦蹦[piɑ^{53} piɑ^{21}]叩头虫

蛛蛛蜘蛛　　窝窝窝头　　馍馍

□□[tɕiã^{53} tɕiã^{21}]（土豆、萝卜等）切成的丝儿

䠞䠞[tʂʰɑʔ^{4} tʂʰɑʔ^{21}]高粱糁儿　　糊糊糊状物

□□[miɑ^{53} miɑ^{21}]哨子

钱钱黑豆去皮后压成圆扁状，状似铜钱　　洞洞汗衫

架架汗背心儿　　肚肚兜肚　　衩衩兜儿

区区中式扣襻　　亲亲亲戚　　攥攥中老年妇女盘在脑后的髻

另一类AA式名词的词根基本上是自由语素，可以独立成词，有的能带上其他词缀构成派生词。由于存在对应形式，所以这类词的小称义更加显豁。如“绳绳”指细绳儿，如果是较粗的绳子，则称为“绳、绳子”；“水水”指数量较少的液体，如药水儿之类，如果指一般的液体，则用对应的“水”；“勺勺”指吃饭的小勺儿，舀饭勺叫“勺子”。再如：

珠珠　　盆盆　　影影　　线线　　豆豆

蛋蛋小的球形物　　角角　　叶叶　　桌桌

印印　　盒盒　　壕壕抠出来的小壕儿　　道道

棍棍　　拐拐角儿　　粉粉末儿

以上两小类有时候不能截然分开，如“馍馍”，从有对应的“蒸馍”来看，似乎应属第二类，但从表示特定的食品来看，应属第一类。

1.2 ABB式名词

ABB式名词是方言重叠式的主要形式之一，从前后语素的关系看，属于偏正式复合词。

ABB式可以根据A和BB之间关系的松紧程度分为几类。第一类：A和BB不能分离，分开后A或BB不能独立成词。这一类词大都表示特定的对象，如动物、人物（尤其是有生理缺陷的人物）及其他物件儿，有的甚至是单纯词重叠后一音节所构成，如“棒□□[pɤu^{53} lɤu^{33} lɤu^{21}]”指高粱秆儿的一节，当为分音词重叠后一音节，比较神木：“棒棒”。它们没有对应的等义词，虽有表小色彩，但不甚明显，如：

水咕咕斑鸠　白翅翅画眉　木根根一种植物
圪刷刷一种植物　松苔苔松塔　桑枣枣桑葚
墓生生遗腹子　顶舌舌大舌头　秃舌舌舌头短（的人）
死僵僵老茧子　豁唇唇兔唇
秃手手手残者，主要指没有指头的人　八成儿成儿半瓶醋

第二类：词根都是自由的，可以分析为两个自由语素组成一个新词。尽管语素自由，但从功能看，基本还是表示特定的意义和对象，一般没有对应的等义词，只有少数有对应的等义词。如“海瓢瓢”指蛤蜊；“尿毯毯”不是一般的尿布，而是指装了棉花的尿布；“米糊糊”是用大米制成、用来喂婴儿的稀糊儿，过去农村哺乳期的妇女没奶时，用来替代母乳的；“油馍馍”指花卷儿等。但“浅窑窑”指比较浅的小窑洞，有相应的“窑”指一般的窑洞。再如：

野场场野外　线陀陀线轴　肉丁丁　鸡嗉嗉鸡嗉子
牙床床　鬼票票冥币　天爷爷老天爷
枣络络从树上往下勾枣的用具　碗底底
棉窝窝　帽儿棚棚帽檐儿

ABB式有几种变体形式。第一种是前面的A为双音节，如

“灶□[miəʔ21]爷爷灶王爷、佛家爷爷佛爷、鸽树锛锛啄木鸟、眼睛仁仁瞳仁儿”。第二种是后头的“BB”为三音节，如“耳窟窿窿耳朵眼儿”，“窟窿窿”是分音词“窟窿”的叠音形式；“米布袋袋”，“布袋袋”本身是重叠式，与“米”结合以后表示一种当地常见的植物，因而属于构词的层次，不是短语。

从A和BB各自的性质来看，BB一般是名词性的，A的性质则比较复杂。ABB式也可以据此分为若干小类。第一类：A和BB都是名词性语素。如：

心尖尖　　门楔楔　　崖畔畔地边的崖

石姐姐阴道不通的女人　　病痨痨经常有病的人

命系系维持生计、维持生命的唯一依靠

鬼窜窜又瘦又小的人　　鬼蛋蛋又碎又小的东西　　鬼点点坏主意

鬼心心指有阴谋诡计的人

第二类：A是形容词性语素，BB是名词性语素，如：

漫肩肩溜肩膀　　秕仁仁颗粒不饱满的形状　　扁钱钱片状物

活性性①不固定的状态；②说话没定准，信口开河的人　　活区区活结

单爪爪（本来成双而）不成双的东西　　死规规老规程

死眼眼不灵活、死板的人

第三类：A是动词性语素，但在构词上起修饰、限定作用，构成的是偏正式复合词。如：

起头头事情刚开头的时候　　断头头不连续的东西

撇腿腿一捺　　腆肚肚中部鼓起的形状

炒泡泡炒的面制品，形状像杏核

垫窝窝①一胎中最后生的；②家里最小的孩子

第四类：A是其他成分，如“圪瘩瘩、圪筋筋干瘪的没有水分的东西”，“圪”是前缀；“初生生第一个孩子”，“初”是副词性语素，“生”是动词，“生生”重叠成名词性语素；“底拃拃（心里有）底儿”，“底”是方位词，“拃”是动词，“拃拃”重叠成名词性语素；“中腰腰”，

“中”是方位词，与“腰腰”结合以后，指中部；“四点点四点底”，数词修饰名词性语素。

有的ABB式名词是在双音节形容词基础上，直接重叠后面的词根构成的，三音节名词与双音节形容词意思相关，如“且活凑合（形）—且活活凑合的东西（名）—且且活活凑凑合合（形容词重叠）”，“重沓反复（形）—重沓沓反复说的话（名）—重重沓沓反反复复（形容词）”。

值得指出的是，吴堡话中的不少亲属称谓采用ABB形式，如“老爷爷曾祖父、老娘娘曾祖母、外爷爷外祖父、妻哥哥大舅子、妻姐姐大姨子”等。它们都是在AA式基础上，前面加上修饰、限定性语素构成的。

1.3 AAB式名词

AAB式也是吴堡话普遍存在的重叠名词。可以根据AA与B的关系分为若干类。第一类：AA是不自由语素，不能独立成词，与B组成词后表示特定的意义和对象。如：

鸡鸡蔓一种植物　　铲铲花一种植物　　碗碗草一种植物
䵚䵚饭[$ts^huã^{41}$ $ts^huã^{213}$ $fã^{53}$]蹭吃的饭　　蛋蛋车公共汽车
蜗蜗牛　　旗旗面短面条儿

第二类：AA和B能够独立成词，成词后也表示某种特定的对象。如：

钱钱饭一种用钱钱和小米煮的稀饭　　人人书小人书　　把把烟
节节面　　牛牛车　　哇哇声　　温温水

在AAB式中，“濛糁糁雨毛毛雨”比较特殊，它是在ABB式的基础上形成的，不过“濛糁糁”不能成词，因此“濛糁糁雨”只能属于构词法的范畴。

顺便指出，在AAB式中，有个别副词，如“端端照”指恰恰、恰好，例如：“今儿～碰见了老同学。”

二　重叠式量词

量词与名词具有相似性。吴堡话重叠式量词的语义特征、形式特征也与名词类似。有重叠式的是名量词和借用量词,两者在来源上都与名词有联系,都有小称义,表示客观或主观上较小的量,且都采用AA式。

名量词是专职量词。吴堡话中,并不是每一个名量词都可以采用AA重叠式,而是具有约定俗成性。有的重叠式量词没有对应的非重叠式词形,如"一味味药"不能说"一味药","一沓沓纸"不能说"一沓纸","一道道字"不能说"一道字"。例如:

一枝枝(花儿)　一段段(文章)　一行行(字)
一口口(人)　一宗宗(事情)　一碗碗(饭)
一捆捆(行李)　一股股(人)　一伙伙(人)
一串串(鞭炮)

重叠式借用量词都借自容器类名词,用为量词后表示盛放物品的容器较小,并转指数量词所修饰名词的小量。重叠式借用量词大多没有非重叠式的词形,只能用重叠式,如"一坛坛酒"不能说"一坛酒","一篓篓炭"不能说"一篓炭","一篮篮梨"不能说"一篮梨"。例如:

一罐罐(荔枝)　一坛坛(酒)　一瓶瓶(醋)
一勺勺(酱油)　一布袋袋(干粮)　一篮篮(梨)
一篓篓(炭)　一箱箱(衣裳)　一盅盅(烧酒)

三　重叠式动词

像其他晋语一样,吴堡话有不少ABB式动词。从构词成分看,该类动词是动词性语素A加上重叠的名词性语素BB构成的;

从词的整体来看,则可以看作是在ABB式名词基础上类推出来的。

重叠式动词与名词一样,具有小称义。指称对象有两类,一类是令人感到舒服的活动,如“歇凉凉、搔咬咬”;一类是儿童游戏,如“溜马马、踢毽毽”,后者同样是令人愉悦的动作行为。

从A和BB是否自由来分析,ABB式动词可以分为两类。一类是A和BB都是自由语素,可以独立成词,组成新词后表示与原词有关的意义和对象,如“拿骨骨”,“拿”可独立运用,“骨骨”指羊骨头子儿,也可独立运用,组成新词表示“抓骨头子儿”的游戏;“出枚枚”指出谜语,“猜枚枚”指猜谜语,“出、猜”和“枚枚”都是独立运用的词,组成新词后表示猜谜语游戏及其具体过程。这部分词只占ABB式动词的少数。再如:

朋伙伙搭伙做事情　溜马马从坡上坐着往下溜　抓瓦瓦
踢毽毽　缭边边从侧面提示、提醒

另一类ABB式的语素不自由,其中有些语素和词之间意义上的联系不明显,有的比较明显。如“藏猫猫”,“藏”是自由语素,但“猫猫”不自由,而且这种游戏与“猫”之间的关系也不确切;“掏绞绞”指两人轮换翻动手指头上的细绳,变出各种花样,“掏”的意思是做游戏时双方要掏来掏去,“绞绞”指游戏中细绳儿需相互绞合,但“绞”本身是动词性语素,“绞绞”重叠以后具有名词性(不能独立成词),词的意义跟语素义有关,但并不完全对应。这类词占ABB式动词的大多数。可见,这些重叠式动词是由AA式重叠名词类推出来的。再如:

转慢慢身体旋转,神木叫“转磨磨”,疑“慢[mɤ^{53}]”为“磨[mɤu^{53}]”之音变
打站站小孩儿学习站立　歇凉凉乘凉　跑蹬蹬打杂
搔咬咬挠痒痒　打餐餐比赛吃饭
打筒筒两个人在一个被窝睡觉　套筒筒事先商量好一致的说法,共谋

四　重叠式形容词和带重叠后缀的形容词

4.1　ABA式

吴堡话有一种ABA式三音节形容词，其中前后音节是同一个语素，中间的语素类似中缀，可以看作一种特殊的重叠式构词形式。通过这种构词形式，表示一种状态的程度很高。如"净打净"表示将所有的东西全部拿出，没有保留，"净"是形容词性词根，"打"类似重叠的词根之间的中缀，重叠后表示"净"的程度高。"光溜儿光"指完全没有，一点儿也没有；"紧上紧"指情形紧迫、紧急。这种词所表状态的程度，比"AA儿"式的还高。有的词不表示程度高，这时大多数后头的B要儿化。例如：

原旧儿原原封不动

玄不玄儿不连续地，分开，多次少量地

闲不闲儿不是专门做某事，试试看

滑一滑儿差不多，略微差一点

4.2　一AA式

该式的内部结构是"一+AA"，其中"一"指"不变的、不断的"等抽象意义，后面的重叠语素主要是名词性、量词性的，如"一眼眼"指不变样的："那不爱吃馍，~吃面。""一磨磨"指一个劲儿的："~好好学，才能考上大学嘞。""一量量"指单一的，仅仅，就："他~会唱歌，其它什么都不会。"也有形容词性的，如"一顺顺儿"指顺着一个方向（生长、放置、走）："这后生走上路脚、手是~。""一妥妥"指一直没中断的："在工厂~干了二十来年。"

一AA式具有轻微的小称义，个别词还和儿化发生叠加，如"一顺顺儿"。

4.3　ABB式

ABB式形容词是汉语中极其普遍的构词形式。吴堡话中

ABB式形容词很多,其中有一些和共同语及其他方言形式相同,实际结构不同,具有自己的特点。

根据A和BB的性质及两者之间的关系,ABB式可以分为几个小类。第一类:表示颜色的ABB式,A是修饰成分,BB是重叠的中心成分,总体结构是偏正式复合词,有的还具有"AB"型的基础形式。ABB式具有小称义,表示不重的颜色,凡表示浅色的形容词都可以采用这种形式。如"粉红—粉红红"是带粉色的红,"浅灰—浅灰灰"是较浅的灰,"深红、枣红、深黑"就不能用此种格式。再如:

淡红红　　白灰灰灰白　　银灰灰

第二类:A是动词性语素,BB是名词性语素,内部结构是支配式复合词。构成形容词后表示一种性状,有的仍有小称义,即表示这种性状程度不很高,或说话人认为程度不高,如"倒上声沿沿"指路面倾斜的样子;"断弦弦"表示中断的(路);"觑眼眼"形容瞅机会,充当状语:"~回老家一回。"后面的BB都是名词性语素,例如"倒笡笡"中,"倒去声"是动词性语素,"笡平面倾斜"本是动词性语素,重叠后变成名词性语素,和"倒"结合后表示平面上倾斜的、坡度很大的(路),在句子中作定语,如"倒笡笡路"。

与内部结构的特殊性相联系,该小类在句法功能上也有一个特点,即在句法结构中多充当状语。如"尽材材"指把剩余的、多余的材料用尽,多作状语:"~做完算了。""揹眼眼"表示没余地的,刚够的:"~有这么多。""跳间间"指东西、颜色间隔排列:"颜色~调配开。"也有少数可以充当谓语、定语等。ABB作谓语时颇像一个述宾短语,但意义是凝固的。如"包馅馅"喻指夹杂不好的东西:"外面看去光溜溜的,里面~着嘞。""背巷巷"指东西没用到需要的地方:"你给的东西~了。"

该类形容词数量很多,再如:

对角角两角相对地(折)　　等棍棍相等,一致

碰茬茬合起来计算　　间花花零星地种植、装饰
错扇扇两扇门一高一低的样子　　偏截截担子一头轻一头重
间峁峁品字形排列　　驼心心（红枣）内虚
捉把把只有唯一的一件（东西）　　磨地地（裤腿，东西）拖到地上
顺壕壕顺着壕沟　　顺毛毛顺着对方心意、性格做
没捏捏没本事、没能力的　　落把把结束的时候，到最后

第三类：A是词根，BB是重叠式后缀，这种类型是汉语普通话和方言中普遍存在的状态形容词，表示某种状态，如颜色、声音、形状、触觉、味觉等。结构上属于带重叠后缀的派生词，可以单独充当谓语，或作其他成分。

这类形容词中，BB尽管不表示实在意义，但有的还是同词根有一定的联系，对增强形容词的形象性和所表程度有重要作用，并且将性质形容词变成状态形容词。如“实埣埣[ʂəʔ^{21} tsuəʔ^{4} tsuəʔ^{21}]”指内部填实，不通，“埣”是动词，义为“填、堵，使实”等，显然与词根“实”语义相关；“紧绷绷”指头皮发紧的感觉，“绷”是“使紧”的手段之一；“重沓沓”指重复获取东西：“～拿了两份儿。”“沓”是“重”的同义语素。再如：

实磊磊确实的，实在的　　乜节节不清醒、不灵活的样子
互拉拉中等，一般的（生活）　　火□□[piəŋ^{24} piəŋ^{21}]正在发火的样子
木愣愣发麻的感觉　　松懈懈松弛的样子
聒喃喃唠叨不停的　　甜丝丝形容糖多的味觉
辣丝丝形容辣的味觉　　苦□□[k^{h}u^{41} piɑ^{24} piɑ^{21}]形容苦的味觉
稀亮亮形容饭里水多米少的情形　　稀沙沙形容地里庄稼等稀疏的情形

第四类：A是表音前缀“忽”，BB是词根，内部结构是带前缀的派生词。但这个词根的意义有时候颇为模糊，与第三类的BB比较相似，只是A完全没有意义，使BB“升格”为词根。该式的意义特点、句法特点与上一类相同。如“忽散散”指不粘连的形状；“忽沙沙”指多而乱的样子：“蚂蚁～地遍地跑。”

4.4 A格BB儿式及类似的形容词

A格BB儿式是陕北晋语中十分普遍的形容词形式。从形成过程来看,该式是在ABB式的基础上填入中缀“格”形成的,在填入中缀的同时,BB的后一音节须儿化。如“硬格梆梆儿”以“硬梆梆”为基础,加中缀并使“梆”儿化;“白格生生儿”形容面皮白皙,是以“白生生”为基础构成的,同类的如“红丹丹—红格丹丹儿、蓝茵茵—蓝格茵茵儿”。不过,A格BB儿式一旦成为一种构词格式,就会产生独立的构词能力,直接构成新词,而不一定非要以ABB式为“基式”。因此,许多A格BB儿式的形容词,并没有对应的ABB式词。如“一格劲劲儿”指和睦、协调,其基础是“一劲”,而不是“一劲劲”;“胖[p^hɑʔ^3]格垂垂儿”指小孩儿胖而好看的样子,完全是用该格式新造的词,没有对应的基础形式;“正格当当儿”指东西摆放的位置端正,并没有“正当当”的基础形式。其他如“满格沿沿儿、灰格蓬蓬儿、酥格处处儿、嫩格水水儿”等,都没有对应的基础形式。其实在普通话中,类似的情形也很普遍,如AABB式形容词有AB式形容词作为基础,“高兴—高高兴兴,欢喜—欢欢喜喜、慌张—慌慌张张”,但“三三两两”就没有对应的“三两”,“吹吹拍拍”也没有对应的“吹拍”。在此,我们看到两种存在派生关系的形式之间,并不一定有一一对应的关系。那个后派生出来的构词格式,一旦作为独立的形式出现,就不完全受制于原来的基础形式,而是自成一个系统,具有独立运作的能力。构词法的系统性在此得到了鲜明的体现。

由于中缀“格”和后缀“儿”的共同作用,该式具有明显的小称义,大多表示一种程度不高或适中的状态,如“昏格悠悠儿”指微昏的感觉,如果昏得天旋地转,就不能用;再如“胖格垂垂儿”只能用来形容小孩儿胖得可爱,如果小孩儿胖得太厉害,就不适用。至于感情色彩,则不一定都是令人喜爱的,如“稀格害害儿”形容地上水湿的样子,“烂格泛泛儿”形容碎小的样子,都不是令人喜爱的性状。这里体现的是小称义和喜爱色彩之间的关系：后者是从前者派生出来的。但令人十分厌恶的性状，不能用这种词来表示，这是由格式的小称义决定的。再如：

园格垂垂儿很圆的形状

皮格垂垂儿形容干活儿不主动，使唤不动

实格豆豆儿形容事情没有虚假　　虚格处处儿很虚很松的样子

短格处处儿形容不太长　　笨格处处儿不尖锐，钝

滚格处处儿（炕等）热呼呼的　　红格颜颜儿形容红得好看

清格颜颜儿（水）清澈，透明　　绿格尖尖儿形容绿得好看

白格生生儿形容白得好看　　满格沿沿儿形容满

绵格敦敦儿软绵绵的　　尖格锐锐儿形容尖锐

嫩格水水儿形容蔬菜、水果等鲜嫩　　水格津津儿水湿的样子

吴堡话还有其他一些与A格BB儿类似的形容词，如A不BB儿、A忽BB儿、A则BB儿、A得BB儿等。其中，A不BB儿式数量不多，语义色彩与上一式相同，如“蔫不拖拖儿”指身上没劲、乏困的样子，“光不溜溜儿”指光滑的样子，“黑不溜溜儿”形容黑得好看，等等。其他如“黄则兰兰儿、金则楞楞儿”形容金黄色，中缀是“则”；“薄忽缭缭儿”形容微薄的样子，“马忽塌塌儿”指用言语表示害怕、惊讶的样子，中缀是“忽”；“空得朗朗儿”形容家里家具、摆设不多，“清得朗朗儿”形容清澈，“黑得朗朗儿”形容寂静，人少，中缀、后缀都是“得朗朗儿”。凡此种种，都显示了“A+中缀+BB儿”作为一种构词方式的能产性。

4.5 AA儿式

AA儿式是单音节形容词的重叠形式，其语法意义和普通话相同。重叠后有使程度增强的作用，因此不能再受程度副词的修饰。例如：

乖乖儿　悄悄儿　匀匀儿　稠稠儿　饱饱儿

水水儿　硬硬儿　厚厚儿　足足儿　实实儿

4.6 AABB式

AABB式是双音节形容词的重叠形式，语法意义和ABB式相同。例如：

高高兴兴　　一一劲劲

展展烫烫①平展；②行动自在，不拘束　　精精把把形容聪明灵动

稀稀沙沙稀疏的样子　　绺绺斜斜指不规则的

黏黏揿揿形容喜欢占便宜　　茬茬牙牙东西参差不齐的样子

麻麻糊糊　　骨骨气气有骨气，不贪便宜

侃侃利利干事利索、清楚　　扑扑叉叉遇事胆大，不缩手缩脚

成成就就事情做得完整、质量好

以上是有AB式形容词作为基式的AABB式。还有一些是由双音节动词重叠成为形容词性的，这种形式也不能再受程度副词修饰。例如：

二二惑惑①不清楚具体情况；②拿不定主意

嘶嘶呻呻病快快的样子　　缘缘爬爬形容行走不便，弯腰走路

呻呻唤唤不停呻吟的情形　　余余对对（事情）避不过去，推辞不掉

毒毒害害形容骂人的语言狠毒

拾拾揽揽形容见东西就爱，喜欢收拾残菜剩羹

撕撕挼挼拉拉扯扯　　觑觑眼眼形容窥视、踅摸的样子

漫漫滩滩形容东西摊得到处都是

播播撩撩爱不释手的样子　　丟丟打打用棍子、指头点东西的样子

以上这些AABB式，如果回复到AB式，都是动词，在句中作谓语，其中大多是不及物动词，如"二惑、嘶呻、呻唤、余对、缘爬、觑眼"，也有少数及物动词，如"毒害、拾揽、播撩"等。句中用例如：

（1）八十几的人了，缘爬一年算一年吧。

（2）人老了，走上路缘缘爬爬地，一满不利索了。

（3）孩儿这搭儿觑眼给下儿，兀搭儿觑眼给下，大概儿是饿了。

(4)这人觍觍眼眼地,不知道看甚嘞。

还有一部分AABB式,完全没有基式,如果一定要区分词法和句法,那么它们属于重叠式形容词,是在那些有基式的重叠式基础上类推出来的。例如:

头头点点为数不多,少量　点点丝丝为数不多,少量
片片扇扇零乱挂着东西的样子　片片恰恰形容扁形的东西
边边沿沿形容东西多,丰盛　心心事事心里总想做某事
疯疯势势精神不正常的样子　糊糊落落一般,差不多
害害拆拆零乱、不干净的样子　水水害害淋洒得满地是水的情形
稀稀害害形容太软、稀的情形　骨骨落落形容东西做得结实,硬梆
皮皮戳戳泛指剥下、削下来的皮屑　皮皮毯毯指零乱的衣被等
毯毯袷袷小毯子、垫子等多而乱的情形

从语素的角度看,这些词大多数是由名词性语素构成的,如"皮、毯、片、边、沿、扇、点、丝"等,形容的对象也多是某种情形,如东西数量多、少或放置凌乱的情形。

根据以上描写,AABB式某种程度上属于构词形式。由此可见,在汉语语法中,构词法与造句法的界限并不总是清楚的,有时很难将二者截然分开。

4.7　这底AA式

"这底[tʂəʔ²¹ tɛe²¹³]"是指称性状的近指代词,义为"这么"。部分单音节形容词可以在重叠后放在"这底"后,组成偏正短语充当谓语,用于具体语境下形容、描写对象的外形等。后头的重叠式不能离开"这底"独立存在,所以该格式应为"这底AA"。它将指示代词的指别功能和AA式的描绘功能结合起来,具有一种特殊的"指别+描绘"作用。重叠以后的形容词具有小称义,所指性状程度都不高。能够这样用的词限于部分表示积极意义的形容词,有的词意义比较抽象,如"重"。常见的如:

这底高高 这底长长 这底大大 这底厚厚 这底重重

(5)那个桌子就这底高高,这底长长。

值得注意的是,与上述几个词语义对应的词,都不能用于同样的语境,如不能说"这底低低、这底短短、这底猴猴"等,即使是积极意义的词,也不一定能用,如没有"这底宽宽"的说法。因此,这是一种很受限制的语法格式。

4.8 不AA式

部分表积极意义的单音节形容词可以在重叠后放在"不"之后,共同充当谓语。这时形容词也具有小称义,表示程度不高的状态,有的重叠后还可儿化,如:"宋川到横沟不远远儿。"再如:

不高高 不长长 不远远儿 不大大

不厚厚 不重重 不宽宽

能进入这个格式的形容词,范围比进入"这底AA"式的略宽,原因是这种格式是表示否定的,所指称的性状不需比划着进行描写、说明,所以有些在当前语境下无法比划的形容词也能使用。与上一种相同的是,表消极意义的词也不能这样用。

4.9 一AB一AB式

这是将"一+动词"加以重叠的格式,表示某种动作间歇性地反复出现,抽象意义相当于"一下一下地+V",其中"A"是前缀"圪、忽"。在句中充当谓语,后头必须加词尾"的"。如"一忽吸一忽吸"指间歇性地反复收缩肚皮:"肚子~的。""一圪哧一圪哧"指身体前后、上下晃动,多因有毛病:"走路~的。"

五 重叠式象声词和象声词重叠

5.1 重叠式象声词

吴堡话的重叠式象声词主要是圪AA、卜AA、忽AA式,其中

“圪、卜、忽”是前缀，后头的AA是重叠的词根。象声词的声调比较特殊，前缀为入声，词根AA一律读去声。由于象声词都是模拟自然界或人的声音的，所以下面举例时采用同音字，找不到同音字的用“□”代替并标音。例如：

圪嘣嘣咬牙声　　圪□□[piɑ⁵³ piɑ⁵³]炒豆子、芝麻时的声音

圪吱吱门开闭时的声音　　圪哇哇喇叭声、哭声

圪地地笑声　　卜嗒嗒[tʰɑ⁵³ tʰɑ⁵³]发抖的声音

卜呲呲扯布声　　卜啦啦枣子落地

卜嚓嚓雨点溅落声　　忽嗵嗵较猛的倒水声

忽□□[tʂʰɑ⁵³ tʂʰɑ⁵³]水流得较大的声音

忽杵杵刀子扎进肉体的声音　　忽嗒嗒[tʰɑ⁵³ tʰɑ⁵³]跑步声

忽沙沙豆类、小米等漏下的声音

象声词最典型的用法是作补语，如：“雨下得卜嚓嚓的价。门响得圪吱吱的价。牙咬得圪嘣嘣的价。”也可以作状语，如：“眼看刀子忽杵杵就捅进去了。”

5.2　象声词的重叠式

象声词的重叠有两叠式（AA）和三叠式（AAA），两者的区别主要在语用上，大致两叠式表示的声音小而轻，三叠式表示的声音大而重。例如：

圪吱圪吱　　圪呼圪呼

圪□儿[tsuɑr³³]圪□儿[tsuɑr³³]下完雨后零星掉雨点的声音

吭吭气出不上来，一口一口换气的声音　　咔咔[tɕʰiɑ³³ tɕʰiɑ³³]咳嗽声

嗞嗞[sɿ³³ sɿ³³]不太大的风声　　□儿□儿[tsuɑr³³ tsuɑr³³]下小雨的声音

哼哼人、动物的哼声　　呼呼呼刮风声

哗哗哗流水声　　嘿嘿嘿[xɛe³³xɛe³³ xɛe³³]笑声

欻欻欻[tsʰuɑ³³ tsʰuɑ³³ tsʰuɑ³³]流水声

需要特别注意的是，吴堡话象声词重叠以后有阳平、去声两种声调。不论两叠式还是三叠式，声调不同，它所模拟声音的急

促程度也有所差异。当A读阳平时，模拟的声音不太急促，当A读去声时，则模拟的声音比较急促。如形容刮风的声音，如果风声不急，要用“风刮得呼、呼[xu^{33} xu^{33}]的价”来形容，重叠的“呼呼”之间略有停顿，如果风声急促，则多用“风刮得呼呼呼[xu^{53} xu^{53} xu^{53}]的价”来形容，三个“呼”之间没有停顿。再如形容沉重的呼吸声，如果说“忽杵、忽杵[xuəʔ^{3} tsʰu^{33} xuəʔ^{3} tsʰu^{33}]”，则表示呼吸不很急促，是一下一下的，如果说“忽杵忽杵[xuəʔ^{3} tsʰu^{53} xuəʔ^{3} tsʰu^{53}]”，则表示呼吸声不但沉重，而且急促，声音是连续不断的。所有的象声词重叠式都可以通过声调的不同来表示声音是否急促。

这种区别也扩散到由象声词演变来的形容词上面。如描写闪电的情景，如果用“哗、哗[xuɑ^{33} xuɑ^{33}]”来形容，表示闪电有间隔，如果用“哗哗哗[xuɑ^{53} xuɑ^{53} xuɑ^{53}]”来形容，则表示闪电非常耀眼，而且连续出现。

象声词是与物质世界、人的生活关系最为直接的词类。吴堡话象声词重叠时根据两叠式和三叠式表示声音轻重有别，又随着声调不同而急促程度有别，是语言象似性原理的典型反映。

六　余论

重叠是晋语和西北官话中极其重要的语法手段。按照传统的分析方法，有的重叠属于构词法层面，叫做重叠词，有的属于句法层面，叫词的重叠。不过如上所述，实际上有些重叠的格式到底是重叠词还是词的重叠，区分起来颇费踌躇。这反映出构词法和造句法之间并没有一条简单的、截然分明的界限，而是存在着模糊地带。比如AABB式本是一种形容词的重叠现象，属于句法范畴，但随着功能扩大，类推出了许多没有“基式”的AABB式，是AABB式进一步语法化（词汇化）的产物。“今天的词法就是昨天的句法”（[美]鲍尔·J.霍伯尔、伊丽莎白·克劳丝·特拉格特著，梁银峰译2008），语法化理论中的这个著名信条，用于认识方言重叠式及其他类似现象的性质，是非常具有解释力的。这类现象也一再揭示出，汉语描写语法中承认中介物和“呼唤柔性”的重要意义（陈建民1986，史有为1992）。

从上文的描写可以看出，吴堡话乃至整个晋语、西北官话中，大多数重叠式都有一个共同的语义特征：小称义。这一点前人时贤已经做过不少考察，不需赘述。需要指出的是，小称义不仅体现在名词中，而且在量词、动词（ABB式）、形容词（部分ABB式、A格BB儿式、这底AA式、不AA式）中也有体现。从发展的眼光来看，重叠式名词的小称义应是最早形成的，其后逐渐扩散到量词、动词、形容词，这是语法化理论中“功能泛化”的典型表现形式。

第十章　代　词

一　人称代词

1.1　吴堡话人称代词表

吴堡话的人称代词见表10–1。

表10-1　人称代词表

	单　数	复　数	领　属
第一人称	我 ŋɤu^{412}	我每 ŋɤu^{41} mɛe^{213} 每 mɛe^{213} 咱 tsʰɑ^{33}	我每 ŋɤu^{41} mɛe^{213} 每 mɛe^{213} 咱每 tsʰɑ^{33} mɛe^{21}
第二人称	你 nɛe^{412}	□ niɑ^{213} □每 niɑ^{24} mɛe^{21}	□niɑ^{213} □niəʔ^{3}
第三人称	那 nɤ^{412}	那家 nəʔ^{21} tɕiɑ^{213} 兀家 uəʔ^{21} tɕiɑ^{213} 那些nəʔ^{21} sie^{213} 兀些uɛe^{33} sie^{21} 他每 tʰɑ^{24} mɛe^{21}	那家 nəʔ^{21} tɕiɑ^{213} 他每 tʰɑ^{24} mɛe^{21}
自称	各人 kəʔ^{3} zəŋ^{33} 个儿 kər^{33}	各人家 kəʔ^{3} zəŋ^{33} tɕiɑ^{0}	
他称	人家 zəŋ^{33} tɕiɑ^{21} 再的人 tsɑe^{53} təʔ^{21} zəŋ^{33}		

1.2 “每”表复数和领属及人称代词复数后缀

吴堡话中,“每[mεe²¹³]”可以充当第一人称代词复数和领属形式。例如:

(1)每一共去了三十个人。

(2)每都是些老实人,你可不敢哄每。

(3)每爹,每妈,每爷爷,都是受苦人。

(4)每家行我们家种的是软糜子。

同时,吴堡话人称代词的复数后缀也是“每[mεe²¹³]”。如第一人称代词的复数和领属形式都有“我每”,第二人称代词复数形式有“□每 [niɑ²⁴ mεe²¹]”,第三人称代词的复数和领属形式都有“他每”。

周边方言中,吴堡南面的清涧、北面的佳县,黄河对岸的山西临县、离石话,第一人称复数、领属形式后缀都是“[mi]”。临县话“[mi]”和吴堡一样,可以直接充当第一人称代词的复数和领属形式。这个形式在近代汉语中早有记载,唐代写作“弭”和“伟”,元代文献和明代早期文献中多写作“每”(吕叔湘1985:54-59)。吴堡话中,“每”属蟹摄合口一等,与这个词的读音不对应,经刘勋宁(1998:200-209)考证,清涧、临县一带的[mi],是“每”的元音高化以后的形式,与“孩儿”读齐齿呼一样,属于蟹摄一等开口字的白读层。这个考证具有系统性,说服力很强。因此,邢向东(2006:30-31)、邢向东等(2012:612-613)都据此把这个词的词形记作“每”。

1.3 表复数的“咱”及其来源

1.3.1 “咱”的用法

“咱”在吴堡话中可表复数。例如:

(5)咱打篮球,再的其他人踢足球。

(6)咱就不要为这点儿小事争了。

吕叔湘(1985:100)曾谈到宋元时期"咱"有三种用法,表复数就是其中的第三种。例如(转引吕著):

咱是的亲爹娘生长。(刘知远25)

咱两个彼各当年。休,休,定是前缘。(董西厢144)

在元代口语文献《原本老乞大》中,"咱每"用得较多,但"咱"表复数也很常见。如:

咱急急的收拾了行李,鞴了马时,大明也。(11右08)

罢,罢。咱则依牙人的言语,成了者。(23左09)

吕先生指出:"这个'咱'字现代北京话里也不用了,据说山西北部和绥远境内还有方言用复数的tsa。"据近年来的调查,陕北晋语以及山西晋语、内蒙古晋语,陕西关中、山西南部、甘肃、宁夏等地的官话方言都可用"咱"表复数,正好印证了吕先生的结论。

在祈使句中,可以用介词"给"和表复数的"咱"组成"给咱",用在主语"你"后表请求,在"我"后表商量,说明自己要做什么事。也可在意义相当于"我"的名词主语后,兼语句的兼语"那他"之后,表示商量、请求的语气。例如:

(7)我给咱下街买点儿豆芽。

(8)你给咱写给下儿对子对联吧。

(9)你给咱焯给下儿菜,我给咱蒸蒸馍。

(10)实在熬得不行的话,教那他给咱做饭。

在陕北晋语中,介词"给"最常见的意义是"为",表示服务对象。祈使句中用上"给咱"以后,仿佛"我、你"和"他"要做的事情都是为"咱们"而做的,说话人通过把自己要做或要求对方(或第三者)去做的事情说成"咱们共同的事情"的方式,来表达商量、请求的口气,"给咱"在句中起了舒缓语气的作用。值得注意的是,"给"在"我给咱"中读轻声。在神木、府谷一带方言中,还可将"给"省略,直接说成"我咱、你咱"等。这说明这种表达方式的语法化程度很高,导致"给"的读音弱化乃至脱落。

1.3.2 "咱"的来源

吴堡话以及陕北晋语黄河沿岸方言中,"咱"普遍读送气阳平的[꜀tsʰɑ],与晋语吕梁片、中原官话汾河片、关中片及西北官话的许多方言相同。值得注意的是,这些地区都是古全浊声母今仄声字(或入声字)送气的方言。根据吕叔湘(1985:96-101)的论述,"咱"是"自家"的合音。从上述晋语和汾河片、关中片及西北方言的读音来看,这一结论毫无疑问。《广韵》"自"属从母至韵,疾二切,"家"属见母麻韵,古牙切,合音时前字取声读从母,后字取韵、调,读麻韵、平声,由于"自"是古全浊声母字,所以合音后应读阳平。根据罗常培(1933),龚煌城(1981),李范文(1994)以及近年来王洪君(1987),李如龙、辛世彪(1999)等的考察,唐五代西北方音中古全浊声母正在走向清化,宋西北方音中已经清化;在西北方言的一个重要支系中,全浊声母清化后不论平仄都与次清声母合流,读作送气音。因此"自家"合音为"咱"的音变过程当为:*dzʰi+*ka→*꜀dzʰa→*꜀tsʰa。

1.4 第二人称代词的领属形式和复数形式及其联系

吴堡话第二人称代词的领属形式、复数形式"□[niɑ²¹³]",当是"你家"的合音词。在山西方言中,汾西、长治、晋城、阳城、霍州、临汾、洪洞、新绛等人称代词复数用"家"作后缀,更多的方言如陕北神木,山西临县、五台、临汾等,或是用与吴堡类似的单音节形式表复数,或是用该音节加上"们/每"类后缀,可以证明吴堡的这个词也是合音词。神木高家堡话用"□[niɛ²¹³]"表复数和领属,神木城关话则用"□[niɛ²¹³]、□[niɛ²¹³]家"表领属,用"□每[niɛ²¹³ məʔ⁴]"表复数,而神木口语中"家"正读[tɕiɛ²¹³],这可以作为吴堡话"□[niɑ²¹³]"是"你家"之合音的旁证。

吴堡话的第三人称代词的领属形式、复数形式都有“那家”，正是与第二人称代词“你家”（已合音）相平行的现象，可以证明“□[nia²¹³]”就是“你家”的合音词。至于“那家”为什么没有发生合音，原因很简单：如果它也合音，就会同“□[nia²¹³]”同音。方言的代词系统不允许这种“殊途同归”的合音现象发生。这同时说明，“你家”的产生要早于“那家”。

至于领属形式和复数形式谁先谁后，应当是领属用法在前，复数用法在后。“家”从汉乐府开始就可表示领属。吕叔湘（1985：89）认为：“非领格用法是领格用法扩展的结果，这大概是没有问题的。”因此，吴堡一带方言中，“你家”一词的历史应十分悠久，它们先表领属，后表复数。口语中“你家”合音，其后又加上了后缀“每”。至于吴堡或有的方言在“□[nia²¹³]”后再加“家”，则是由于合音造成了语义磨损，使该词原来所带的语素“家”的读音、意义被湮没，不再为方言区的人所感知，因此又加上表领属的后缀“家”。这正是语法化过程中一些语法成分的功能、形式“磨损＞叠加”的过程的反映（刘丹青2001）。

1.5 第三人称单数

吴堡话第三人称代词单数用“那[nɤ⁴¹²]”，复数用“那家[nəʔ²¹ tɕia²¹³]”，领属形式中也有“那家”。这个词来自远指代词“那”。其实，用“那”表第三人称在陕北话中非常普遍，远比“他”自由，据此来判断，陕北晋语中地道的第三人称代词应是“那”。换句话说，陕北一带方言并没有出现专职的第三人称代词，而是用远指代词“那”兼表第三人称。有些陕北话既有“那”，又有“他”，其中“那”表第三人称的历史应当在“他”之前，“他”是在较晚的时候才覆盖了大部分陕北话的。而且直到如今，“他”也没有真正地替换掉“那”。用“那”表第三人称，符合汉语“古代多借指示代词为第三身代词”的普遍规律（吕叔湘1985：186）。

1.6　“个儿、各人”的用法及其来源

“个儿[kər^{33}]、各人[kəʔ^{3} ʐəŋ^{33}]”是自指代词，指称说话者自身和前面提到的人。其中上吴堡用“个儿”，下吴堡用“各人”。“各人”加上后缀“家”后构成复数形式“各人家”，指自己人。“个儿、各人”可以作主语、宾语，但最常见的用法是充当主语的同位语。例如：

（11）我个儿/各人自己宬住着嘞。

（12）我个儿/各人自己做的吃嘞。

（13）那个儿/各人他自己不争气么，娘老子父母也没法儿。

（14）你个儿/各人说的，再也不逃学了。

“个儿”是单音节词，在主语后作同位语的频率很高，而主语和谓语动词之间的位置是副词的最常见位置，特殊的句法环境使其意义发生虚化，功能泛化。虚化后有两种用法，一种用法是在句中主语之后，表示请求、劝告的语气，相当于普通话的“就、还是”；另一种用法是在分句之前，表达某种语气，相当于“还、简直、竟然”。例如：

（15）我个儿就不等□每[niɑ^{24} mεe^{21}]你们了。

（16）咱个儿还是把张厂长请得来，一搭商量给下儿吧。

（17）我而今儿现在活得不耐烦得，个儿简直，还不如死了。

（18）看我忽□[lu^{53}]糊涂的，个儿竟然把书也扔了。

以上两种用法都是在充当同位语的基础上的进一步语法化。“个儿”从代词到语气副词的语法化过程，可以概括如下：

自指代词（主语、宾语）→自指代词（同位语）→语气副词（就）→语气副词（简直、竟然）

二 指示代词

2.1 吴堡话指示代词表

吴堡话的指示代词见表10－2。

表10-2 指示代词表

	近 指	远 指
人物	这 tʂəʔ^{213} 底个tɛe^{24} kuəʔ^{21} 这个tʂɛe^{24} kuəʔ^{21} 这些儿 tʂɛe^{33} siər^{21}	那 nɤ^{412} 兀 uəʔ^{213} 兀个uɛe^{33} kuəʔ^{21} 那个nɛe^{33} kuəʔ^{21} 兀些儿uɛe^{33} siər^{21} 那些儿nɛe^{33} siər^{21}
处所	这儿tʂər^{53} 这里tʂəʔ^{21} lɛe^{213} 这搭儿tʂəʔ^{21} tɑr^{213} 搭儿价 tɑr^{412} tɕia^{0}	兀儿uər^{53} 兀里uəʔ^{21} lɛe^{213} 兀搭儿uəʔ^{21} tɑr^{213} 那儿nər^{53} 那里nəʔ^{21} lɛe^{213} 那搭儿nəʔ^{21} tɑr^{213}
时间	这阵儿 tʂɛe^{213} tʂər^{53} 这会儿 tʂɛe^{213} xuər^{53} 这向儿 tʂɛe^{213} ɕiɤur^{53}	兀阵儿uɛe^{33} tʂər^{53} 那阵儿 nɛe^{33} tʂər^{53} 兀会儿uɛe^{33} xuər^{53} 那会儿 nɛe^{33} xuər^{53} 兀向儿uɛe^{33} ɕiɤur^{53} 那向儿 nɛe^{33} ɕiɤur^{53}
性状	这底（高）tʂəʔ^{21} tɛe^{213} 这底（做）tʂəʔ^{21} tɛe^{213} 这底个tʂəʔ^{21} tɛe^{24} kuəʔ^{21} 这底价tʂəʔ^{21} tɛe^{24} tɕiəʔ^{21} 底tɛe^{213} 底个tɛe^{24} kuəʔ^{21} 底价tɛe^{24} tɕiəʔ^{21}	兀底（高）uəʔ^{21} tɛe^{213} 那底（高）nəʔ^{21} tɛe^{213} 兀底uəʔ^{21} tɛe^{213} 那底（做）nəʔ^{21} tɛe^{213} 那底个nəʔ^{21} tɛe^{24} kuəʔ^{21} 那底价nəʔ^{21} tɛe^{24} tɕiəʔ^{21} 兀底个uəʔ^{21} tɛe^{24} kuəʔ^{21} 兀底价uəʔ^{21} tɛe^{24} tɕiəʔ^{21}

2.2　表人、物的指示代词

2.2.1　“底”系词

吴堡话在指示代词上的最大特点，是由“底”及其构成的一系列指代词，表人物和性状。“底”一律读[tɛe213]，阴平调。作为词根，只能构成“底个、底价”两词，在“这底、兀底、那底、这底个、这底价、兀底个、兀底价”等词中，“底”以分析为词缀为宜。

2.2.2　“底”系词的用法

吴堡话“底”可以单用表性状，充当定语和状语。例如：

（19）底的个房子就底贵嘞？（第一个“底”带“的个”作定语，第二个“底”作状语）

（20）底的个病么就底难治嘞？（同上）

“底个”可以表人物，充当定语。“底个”尽管可以分析为“这个”，但它并不能与“那个、兀个”对举，换句话说，“底个”不能表称代，只能表指示，而且其指示功能更倾向于中性，而不是近指，因此也不具备指别功能。作定语时，“底个”最贴切的解释是“这种”。例如：

（21）底个花儿可好看嘞。

（22）底个鞋嘞，我还没见过。

（23）底个树就能栽活嘞。

（24）底个床大小正适合。

（25）底个房子正嵌正好。

（26）底个人嘞，一满说话不讲理。

（27）底个饼子是作摩傅的？

下面充当定语的用例中，“底”含有性状意义，所以应当分析为“这样的”。如果用同为陕北晋语的神木话来说，都可以说成“这么个”。显然，这时“底个”的功能已经倾向于表性状。

例如：

(28)底个车么就能拉下兀来儿多这么个车就能拉了那么多？

(29)吴堡咋底个口音？可难懂嘞。

(30)有底个桌子就行了。

(31)底个事么就把你急的。

“底个”充当状语、谓语时，完全表示性状，义为“这样”。“底个”也可以说“底价”，“价”是吴堡话常用的形容词、副词后缀。例如：

(32)不要说了，底个来吧。

(33)不要吵了，咱就底个定。

(34)底个就正好。

(35)甲：而今儿是作摩个嘞现在怎么样？
乙：就底个。

(36)这个字就底价写。

(37)这件事就底价办。

“这底、兀/那底、这底个、兀/那底个”可以对举，表示性状，同时有指别功能。在句中可以充当谓语、宾语、定语、状语。例如：

(38)那就是个兀/那底他就是那样子，你能把那作摩个你能把他怎么样？

(39)不用争了，就这底吧就这样吧。

(40)兀/那底一本书就底贵嘞那样一本书就这么贵？

(41)将买兀/那底一本价，买成这底一本儿与其买那样一本，还不如买这样一本。

(42)我要这底个，不要兀/那底个我要这样的，不要那样的。

(43)兀/那底个就不嵌了那样就不合适了。

(44)这副对子就这底个写。

“这底价、兀/那底价”是副词性的，只能做状语，也可以对举。例如：

（45）将兀/那底做价，咱这底做与其那么做，咱们还不如这么做。

（46）刚开始不要兀/那底价弄，这底价弄才能弄好嘞。

值得注意的是，“那底”有一种虚化的用法，用于对话中肯定地回答对方，并引起下文，作用相当于普通话的“可不是”，可以看作一种话语标记。例如：

（47）甲：还穷着嘞？

乙：那底嘞？还和兀会儿一样可不是，还和那会儿一样。

（48）甲：还忙着嘞？

乙：那底嘞？今儿直做了一天。

（49）甲：病还不好嘞？

乙：那底嘞？还有个咳嗽劲儿。

2.2.3　关于“底”的性质和来源

我们认为，“底”单用和在“底个、底价”中，应分析为词根；但在“这底、兀底、那底”等一系列词中，则以分析为后缀为宜。

吴堡话“底”可用作词根，构成“底价、底个”表近指，又可用作词缀构成“这底、兀/那底”等词。我们将它们合起来叫做“底”系词。陕北晋语中，清涧、延川、佳县、神木南乡话也使用“底”系词或与“底”同源的指代词。

除了陕北晋语，山西晋语并州片、吕梁片的太原、清徐、太谷、平遥、文水、孝义、离石、临县、石楼也用“这底、兀底/那底”或其同源词表示“这样、那样”（侯精一、温端政1993：278—279）。吴堡话属于晋语吕梁片。可见，用“底”系词作为表性状、方式的指示代词后缀是并州片、吕梁片方言的共同特征。

吕叔湘认为，近代汉语的“底”来自晋宋时期的“阿堵”：“阿堵的阿是前缀，堵是者（这）的异体。'堵'在《广韵》两见：一为上声姥韵，当古切；一为上声马韵，章也切，与'者'同音。阿堵的堵很可能是后一个音，后来随着者字音变为底，就写成阿底，更后又写成兀底。宋元时代的阿底和兀底就是晋宋时代的阿堵，宋人早已看到这一点"（1985：241）。"早期近代汉语里除了这个和那个外，又有这底和那底（'底'又作'的'），用于直接称代，且以指物指事为主。这两个里头也是这底比那底更常见"（同上：227）。吕先生所举"这底"和"那底"的例子均出自宋元口语文献。从上述文字看来，"兀底"的前身应当出现最早，"这底、那底"的出现应略晚于"底"单用。就现在的用法来看，在"兀底、这底、那底"以及疑问代词中"哪底"中，将"底"分析为后缀应当是比较合适的[①]。

吴堡话"底"读[tɛe^{213}]，它的ɛe韵母来自中古假开三精组白读二，蟹开三、四端系，止摄帮少数泥知组字。吕叔湘先生认为"兀底"来自"阿堵"，并指出"堵"的读音与"者"字同，是章也切，后来读音变得和"底"字相同，所以写成"底"字。"章也切"属于中古假开三麻韵。假开三章组字的白读为ɑ韵，但考虑到精组字存在ɛe、iɑ两层白读，章组也应有过ɛe层白读音，据此可以设想，在吴堡话的前身里，章也切的"者"可能曾与"底"同音，因此书面上可被"底"字所替换（今天的吴堡话"者"只有文读，显然是共同语读音的折合，中古声、韵相同的"遮"读白读音tʂɑ^{213}）。因此，吴堡话的"底、兀底、这底、那底"继承自近代汉语当属无疑。

需要特别指出的是，吴堡话中"底"系指示代词仍然保留了近代汉语"底、兀底"等的特点，主要用来称代事物和性状，较少用于指别，因此没有表处所、时间的功能（表处所、时间的指示

① 吕先生（1985：242）指出："单用底字作指示代词，见于唐宋人诗词……"不过吕先生又说：出自李商隐诗和苏轼诗的两例中，"底字还不一定是指示代词（=这样），也可能是疑问代词（=多么，何等）。"

代词，指别是其首要功能）。这一点也是它来自近代汉语“底”系词的有力证据。

顺便说一句，《吴堡县志》认为吴堡话中有来自吴语和江淮官话的特点。而根据吕叔湘（1985）引述唐刘知几《史通》卷十七，“底”曾是盛行于南方的指示代词，吕先生认为刘知几所指很可能就是晋宋时期盛行一时的“阿堵”。如果是这样，那么吴堡话单用“底”作为指代词，有没有可能与南方方言有关呢？这一点论证起来恐怕难度较大，就此打住。

2.3　“兀、这、那”

吴堡话用“兀”作远指代词，表人物、处所、时间、性状，生成一系列指示代词。“兀”多数读[uəʔ^{213}]，阳入调，儿化后读上声调。“兀”与量词“个、些”组合时读[uεe^{33}]，当是“兀一”的合音。“兀”单用的频率极高，远高于同义的指代词“那”。

吴堡话也用“这、那”分别表近指和远指，“这”单用时读[tʂəʔ^{213}]，阳入调，与量词“个、些”组合时读[tʂεe^{33}]，阳平调，与“阵儿、会儿”等组合时读[tʂεe^{213}]，阴平调。读[tʂεe]时不论是阴平还是阳平，都应是“这一”的合音读法。“那”单用时读[nɤ^{412}]，上声调，与“个、些、会儿、阵儿”等组合时读[nεe^{33}]，阳平调，也应是“那一”合音的结果，与“这”平行。“这、兀、那”与“一”合音时都读阳平，当与“一”读阴入调[3]有关。

吴堡话表远指的代词有“那”和“兀”。在表人物、处所时，两者的意义和用法都没有差别，“那个”=“兀个”，“那儿”=“兀儿”，均可与“这”对举。例如：

（50）这个桌子是新买的，兀个桌子是原来的。

（51）这个人走西安，那个人/兀个人走北京。

（52）我要这个，不要兀个/那个。

（53）那个/兀个事你不要管了。

2.4 表处所的指示代词

吴堡话表处所的指示代词有两套，一套是“这儿、那儿/兀儿”，以“儿”为后缀，所表处所的范围较宽，有时比较模糊。另一套是“这搭儿/搭儿(价)、那搭儿/兀搭儿”，以“搭”为后缀，或用“搭”作词根，指代具体地点、位置，处所意义比较具体、清晰。两套合起来相当于北京话的“这儿、那儿”。从指称范围大小来看，“这搭儿/搭儿价、兀搭儿”所指范围小，“这儿、那儿/兀儿”所指范围大。例如：

(54)这儿锄地着嘞，那儿/兀儿种洋芋着嘞。

(55)王站长就在这儿工作着嘞。(*王站长就在这搭儿工作着嘞。)

(56)把书包搁在这搭儿/搭儿价。

(57)你往兀搭儿挪给下儿。

2.5 表时间的指示代词

吴堡话表时间的指示代词也有两套，一套是“这阵儿、兀阵儿/那阵儿”和“这会儿、兀会儿/那会儿”，表示距离说话时或近或远的、范围比较模糊一个时段，对应于北京话的“这会儿、那会儿”，义为“这时候、那时候”。第二套是“这向儿、兀向儿/那向儿”，对应于北京话的“这些天、那些天”。例如：

(58)你这阵儿没事哩，给咱帮给下忙。

(59)文化革命兀阵儿，生活一满不行。

(60)这会儿这人，心都瞎坏了。

(61)每妈的病比那向儿差轻了。

2.6 “每、底、搭”的平行性

吴堡话中，“每”用于人称代词，“底、搭”用于指示代词，尽管指称功能不同，但在词的结构上具有平行性。请看表10-3。

表10-3 “每、底、搭”的结构和意义表现

类型	语素	词缀	词根
人称	每	我每 □nia^{24}每你们 他每	每(第一人称复数、领属)
性状	底	这底 兀底	底 底个 底价(近指)
处所	搭	这搭儿 兀搭儿	搭儿价(近指)

值得注意的是,这些语素做词缀时可用于所有人称、近指远指,但作词根时,“每”只能用于第一人称复数、领属,“底、搭”只能用于近指,显示出高度的平行性。我们认为,它们充当词根的形成过程,也具有平行性。首先,“每”是“我每”省略“我”以后形成的,这一点李小平(1999)曾经就“弭”作过讨论。其次,“底”单用以及在“底个、底价”中充当词根,“搭”在“搭儿价”中充当词根,都应是在“这底、这搭儿”的基础上省去前面的词根形成的,即原词的词根省略,词缀当家,上升为词根,因此只能用于表近指。从意义来说,三身代词中,第一人称就相当于指示代词中的近指。因此,这三个语素在形式构成及其意义特点方面,具有整齐的一致性:它们分别用后缀“每”和“底、搭儿”代替原词,表示第一人称和近指。这是一种平行的省略构词现象。

三 疑问代词

3.1 吴堡话疑问代词表

吴堡话的疑问代词见表10-4。

表10-4 疑问代词表

	单 数	复 数	领 属
人	谁 suɛe^{33}	谁每 $\text{suɛe}^{33}\ \text{mɛe}^{21}$	谁家 $\text{suɛe}^{33}\ \text{tɕiəʔ}^{21}$
事物	甚 ʂəŋ^{53}		

续表

	单　数	复　数	领　属
指别	哪 lɑ³³		
处所	哪儿lɑr⁵³ 哪搭儿lɑ³³ tɑr⁵³		
时间	甚会儿 ʂəŋ⁵³ xuər⁵³		
性状	作摩 tsəʔ²¹ mɑ²¹³ 作摩价 tsəʔ²¹ mɑ²⁴ tɕiəʔ²¹ 作摩底个tsəʔ²¹ mɑ²¹³ tɛe²⁴ kuəʔ²¹ 哪底 lɑ³³ tɛe³³ 哪底个 lɑ³³ tɛe³³ kuəʔ²¹		
数量	多大 tɤu²¹³ tɑe⁵³ 几 tɕi⁴¹² 多少 tɤu²⁴ ʂɤ²¹		

句中用例如：

（62）甲：今儿来了些谁每？乙：我姑姑姨姨家都来了。

（63）甲：这几个老师哪是□[niɑ²¹³]你们班主任？乙：就兀个高个子。

（64）甲：你甚会儿去也？乙：我前晌去也。

（65）甲：老张身体作摩底个了？乙：好些了。

3.2　几个形式问题

3.2.1　关于“作摩”的用字

陕北方言的疑问代词，表事物的有“什摩”，表性状的有“作摩”，前字一律读入声，后字读[ɑ]韵，应当与近代汉语文献中的“什摩、作摩”有传承关系。“摩”中古属果摄合口一等明母字，果摄合口唇音字在吴堡话中的普遍读法是[ɤu]韵，如：波꜀pɤu，婆꜁pʰɤu，馍꜁mɤu，不过，“摩”作为高频代词“作摩、什摩”的后字，在口语中保留中古的读音是完全可能的，正如同摄同呼的“和”（连词、介词）在部分陕北话口语中读[xɑ꜄]一样。“么”尽管是“摩”的简体字，但陕北晋语一般读作入声，吴堡话用它来记[ɑ]韵字不合适，“怎”字普通话读[tsən²¹⁴]，是阳声韵字，记写“作摩”的前字也不合适。所以本书按照唐宋禅宗语录中的写法，将吴堡话表性状的疑问词记作“作摩”。

3.2.2 “哪”与“那”的读音差异

吴堡话指示代词“那”读[nɤ⁴¹²]，表指别的疑问代词“哪”读[lɑ³³]，两者来源相同，但声韵调都不同。表处所的指示代词“那儿”读[nər⁵³]，询问处所的代词“哪儿”读 [lɑr⁵³]，声母、韵母不同。可以认为，指示代词、疑问代词之间读音的差异，是通过语音屈折手段来表达不同的意义和用法。在陕北晋语中，神木、佳县、绥德、清涧、延川等都存在同类的情况。

3.3 关于“谁每、谁家”

吴堡话表人的疑问代词用复数形式“谁每”，这是陕北方言的一大特点。神木、府谷、绥德、佳县、清涧、延川等方言都有复数形式与单数形式相对应。

同时，“谁每”也和人称代词的“我每、□[niɑ²¹³]每、他每”相对应。佳县为“谁每”，与吴堡同源。“谁每”当是由“我每”等类推形成的。

吴堡话疑问代词中，表领属的形式是“谁家”。“家”是领格后缀，意义已经虚化，读轻声，韵母促化。“谁家”也与人称代词领格形式“□[niəʔ³]（“你家”的另一个合音形式）、那家”相平行。吴堡话“谁家”后不用表领属的助词“的”：

（66）这是谁家孩儿嘞，这底野蛮。

（67）谁家猪出来到处跑嘞？

3.4 “哪儿”与“哪搭儿”的区别

与指示代词平行，吴堡话询问处所的疑问代词也是“哪儿”与“哪搭儿”并用，但意义和使用环境不同。“哪儿”所指范围比较宽泛，侧重于问地方；“哪搭儿”所指范围比较具体，侧重于问地点、位置。明显地询问地方的场合只能用“哪儿”，询问地点、位置的场合只能用“哪搭儿”，有的语境两个词都可以用，但所指有区别。试比较：

(68)甲:你是哪儿家?

乙:我是吴堡家。

(69)甲:吴堡哪搭儿窥住着嘞?

乙:林业站跟前窥着嘞。

(70)你哪儿去也?

(71)甲:你这阵儿在哪搭儿嘞?

乙:我在东大街嘞。

3.5 虚指和任指

疑问代词可用于虚指和任指。以“甚”和“作摩/哪底”为例:

(72)这底个事情还甚当紧着嘞有什么当紧、着什么急。(虚指)

(73)甲:你还要甚不要了? 乙:再不要甚了。(虚指)

(74)你今儿说成甚也不行。(任指)

(75)那几年咱穷得要甚没甚。(任指)

(76)你说作摩就作摩/你说哪底就哪底你说怎样就怎样。(虚指)

(77)这个红枣儿,打枣前要下了雨,作摩存也存不住。(任指)

3.6 表性状的疑问代词的用法

①吴堡话表示性状的疑问代词较多,其用法因句法位置不同而有所不同。在独立成句、谓语或补语的位置上,吴堡用“作摩底个、作摩价”,义为“怎么样”,如:

(78)作摩底个? 行不行?

(79)三十块钱作摩底个?

(80)不知道榆中的初中作摩底个?

(81)你考得作摩底个?

(82)看你能把我作摩价也?

作状语用“作摩”,有时也带“价”,义为“怎么”。吴堡话有一

种倾向,表性状的疑问代词作状语较多,作补语较少。例如:

(83)看他作麼办这个案子也?

(84)你说这个事作麼办也?

(85)作麼你一个人锄地嘞?

(86)这饭作麼价越熬越稠?

②“作麼、哪底”等可以构成一些固定格式,简述如下。

作麼也;哪底也。表示“无论如何”。是疑问代词的任指用法和副词“也”的结合,在句中充当状语。例如:

(87)为底个事情处分我,我作麼也想不通。

(88)那他作麼也不去。

(89)你先把账还了,再的事哪底也好说。

(90)你哪底也得帮我这个忙嘞。

不哪底。表示“不太、不很”,用作状语。例如:

(91)那他对公家的事不哪底热心。

(92)这几句话不哪底应字合适,勾了吧。

作麼也不作麼。这是“作麼也”和“不作麼”组合成的固定结构,表示“没有任何问题”,单独成句或充当谓语。例如:

(93)甲:操心浮河游泳教老师捉住着!

乙:作麼也不作麼!

(94)这座房子看去旧了,其实作麼也不作麼。

作麼来。“来”是过去时助词,该格式询问发生某事的原因,常单独成句或作谓语,也可作“是、知道”等的宾语。例如:

(95)你的手作麼来?

(96)你这是作麼来?

作麼就。这是表反问的固定格式,是由“作麼”加上语气副

词“就”组成的,义同北京话的“干吗”,在句中充当状语。例如:

(97)今儿储蓄所作摩就不上班儿着嘞?

(98)好东好西作摩就扔了?

(99)你这底大个人,作摩就欺负猴孩儿干吗欺负小孩子?

(100)你今儿作摩不说话?

作摩着嘞。这是询问性状的固定格式,义为“怎么样”,在句中充当谓语。其中“着”是持续体标记。例如:

(101)你看这杆笔作摩着嘞?

(102)这个稿子写得作摩着嘞?

第十一章　体貌意义的表达手段

一　体貌和吴堡话的体貌系统

1.1　关于体貌

体（aspect）又译作"态、时态、动态"，是汉语语法学界关注甚多的语法范畴之一。赵元任、王力、吕叔湘、丁声树、朱德熙、胡裕树、邢福义等在各自的语法论著中对普通话的体助词作过描写，近年来更有人专门研究汉语的体范畴或相关的时相、时制问题，如刘勋宁（1988）、陈平（1988）、石毓智（1992）、龚千炎（1995）、戴耀晶（1997）、陈立民（2002）、李铁根（2002）。马庆株（2000）提出时体研究的对立原则和对比方法，认为："首先要把有密切联系的时制和体区分开来，然后考察动词与表示'时'的虚词有没有选择关系，如果有，那么具体表现是什么。""如果这种类要成为一种语法类，就一定要找到在形式上可以验证出来的差别。最有意思的语法类要求形式和意义的统一。"张双庆主编《动词的体》（1996）汇集了对南方15个方言点的体貌范畴加以描写的论文，篇首刊登李如龙的《前言》和刘丹青《东南方言的体貌标记》一文，对如何鉴定体貌标记作了系统的论述。上述论著在理论上对汉语的体貌范畴的性质、范围、类型和表达手段等进行了阐述，实践上描写了普通话和不少方言的体貌系统或某一具体体貌范畴的表达手段，使我们对汉语方言的体貌问题有了进一步的认识。

关于体貌，龚千炎（1995:44）认为："时态表现事件（event）处于某一阶段的特定状态。"戴耀晶（1997:5）认为："所谓体，反映的就是语言使用者（说话人和听话人）对存在于时间中的事件的观察，……""体是观察时间进程中的事件构成的方式。"李如龙等(1996:3)认为："汉语的这类范畴确有自己的特点，和西方语言的aspect并不完全相同，而各家语法书里所说的汉语的'体'范畴（或'态、貌'）实际上也包含着不同性质的事实，其中有些是表示动作、事件的时间进程中确定的时点或时段；而'尝试、反复'等则没有确定的时点或时段。所谓状态是人们对客观进程的观察和感受；所谓情貌往往还体现着动作主体的一定意想和情绪。基于这样的认识，我们主张，把和aspect较为接近的前者称为'体'，而把后者称为'貌'。"李如龙等的看法反映了汉语方言体貌范畴的特点。因而，汉语方言学界多把这一范畴叫作"体貌范畴"。在对体貌范畴的阐释中，各家有两个共识：第一，体貌问题与时相、时制密切相关；第二，体貌问题不仅仅与动词、动作有关，而且与事件或句子有关。"考察体意义必须结合句子，句子是表达'事件'的，事件的发生与存在又必然地要同时间发生联系"（戴耀晶1997:5）。"因为有一些体或貌，并不仅仅是说明动作的情状，形式上也不是动作的附加，而是和其他句子成分甚至整个句子相关的"（李如龙1996:3）。根据我们对陕北晋语体貌问题的观察，这两点认识是符合汉语实际的（邢向东2006）。因此，下文描写吴堡话的体貌范畴时，将动词和与动作行为、状态有关的事件均作为观察的对象。

1.2 吴堡话的体貌范畴及其层级体系

体貌范畴是一个完整的系统，这个系统是有层级的。首先可以分为“体、貌”两大类,“体”反映动作、事件在一定时间进程中的状态,着重在对事件构成方式的客观观察;“貌”在对事件的构成方式进行观察的同时,还包含着事件主体或说话人的主观意愿和情绪。体的内容比较复杂,又可以分为两类,其中一类是从外部观察事件所获得的,它把事件作为一个整体,结果得到完整体。另一类是从内部观察事件所获得的,把事件的进程分割为不同的部分和样态,结果得到非完整体(戴耀晶1997)。完整体包括实现体、经历体,非完整体包括起始体、达成体、进行体、持续体。貌又包括动量减小貌和随意貌两类。吴堡话的体貌系统图示如下:

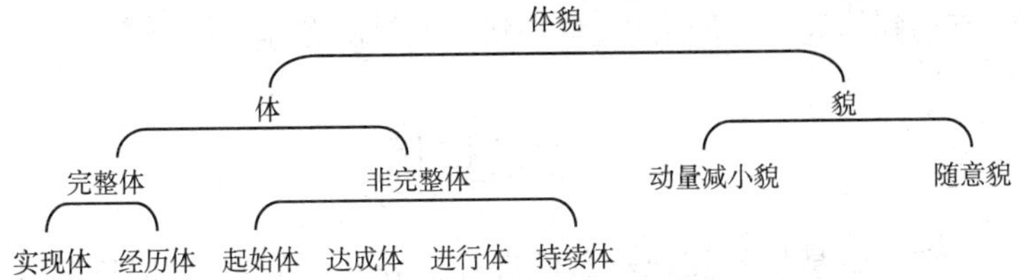

刘勋宁(1988)曾深入论证过“了”的语法意义,他对传统的看法提出了不同意见,认为“了”的意义不是完成,而是实现。石毓智(1992)同意刘勋宁的看法,并认为“了”的语义特点是具有“实现过程”,即在时轴上从“前时点”到“实现点”的过程。戴耀晶也在《现代汉语时体系统研究》中将“了”所表示的体范畴叫作“现实体”。根据我们的观察,用“完成体”来概括“了”的语法意义的确不够准确(邢向东2011a)。因此,本书将“了”的语法意义确定为“实现体”,把吴堡话中由“上”表达的体范畴叫作“达成体”。

1.3 体貌范畴的表达手段

对于体貌范畴的表达手段,语法学界存在不同的观点。例如,龚千炎(1995)不仅把动词的后置助词“了、着、过”、动词的词形变化以及部分有体意义的语气词作为时态标记，而且把时间副词“在/正在/正、已经/曾经、将要/即将”等划入时态标记的范围。而戴耀晶（1997）的体标记则只包括体助词和动词的词形变化。张双庆主编（1996）认为，具有体貌意义的语气词“了$_2$”等也应包括在体貌标记的范围之内。从意义上看，体貌助词、动词的重叠变化、部分语气词和时间副词都有表达体貌的作用。但是，语法范畴是特定语法意义和特定语法形式固定地结合起来以后形成的，具有高度抽象的特点。体貌助词、动词的重叠、包含体貌意义的语气词数量很少，高度抽象，与固定的体貌意义相联系，是典型的体貌表达手段。而时间副词是一群词语，数量较多，难以划清体貌标记和非体貌标记的界限，即语法化程度还没有达到体貌标记的要求，本书将它们排除在体貌标记之外。

二 完整体

完整体是从外部观察事件进程得到的体范畴，它把整个事件当作一个整体表达出来。包括实现体和经历体。

2.1 实现体

2.1.1 了

实现体的意义比较宽泛，有的表示动作、行为、事件成为“现实”，有的表示状态发生了变化（戴耀晶1997）。吴堡话表达实现体的手段主要是“了[lɛe^0]”。

“了”是动态性很强的实现体标记，放在动词、形容词后面和动宾之间，用于叙述一个已经成为现实的完整事件。例如：

（1）那他给我称了三斤枣儿，我顺时儿当时就把钱儿给了那他。

（2）我寻了三遍都没寻上那我找了三遍都没找到他。

（3）夜儿黑间儿昨晚那家他们走了我则才坐下来做各人的事。

(4)明儿吃了黑间儿饭,看罢电影再回去。

带"了"的句子所叙述的事件,可以是已然事件,如例(1)(2)(3),也可以是未然事件,如例(4)。从时制关系来看,它最常出现的时制(Time)是现在时(邢向东2006)。

吴堡话"了"的使用情况大致与北京话相同,不过,有以下几点不同。

第一,在动宾谓语句中,当事件发生的参照时间是说话的时刻,如果宾语带数量修饰语,方言和北京话相同,句末可不带"了$_2$";如果宾语不带数量修饰语,北京话句末仍然可以不带"了$_2$",方言则必须带。试比较:

(5)我倒问了老王了。(北京:我已经问了老王。)

(6)那他接罢电话,顺时儿马上就通知了小王了。(北京:他接完电话,立即通知了小王。)

第二,和北京话一样,吴堡话"了"可用于形容词谓语句表示状态的变化,如"花儿红了一向儿了、天冷了几天了"。与北京话不同的是,吴堡话没有"A+了+O"和"V+C+了+O"格式,如不能说"红了脸、羞红了脸/穿烂了三双鞋"。相同的意义要用"S(O)+A了$_2$"或"把O+V+C+了$_2$"格式。例如:

(7)我说得那他眉眼红了,掉转身子跑了。(*说得他红了脸,……)

(8)那他慢慢儿把脑低下了,一句话也说不出来。(*他慢慢低了头,……)

(9)半年就把三双鞋穿烂了。(*半年就穿烂了三双鞋。)

(10)孩儿每孩子们进去把苗子踩坏了。(*孩儿每进去踩坏了苗子。)

第三,在语序上,当宾语带指量定语时,北京话可以用"把"

字句,也可用"V了O"语序,方言则一般要用"把"字句,例如:

(11)北京:老王杀了他家那只鸡。

吴堡:老王把那家兀只鸡杀了。

(12)北京:我终于买到了那本书。

吴堡:我到底儿把兀本书买上了。

上面后两条都与用"了"时宾语的位置有关。总体来看,吴堡话是倾向于将受事前置的方言。这一点在带处所宾语的句子中也有体现,如:"你哪儿去了?""我榆林去了。你西安去上一回就行了。"(比较神木话:你去哪去来了?我去榆林去来了。你去上一回西安就行了。)这是陕北佳县、吴堡以南的方言的共同特点。

第四,在存现句中,北京话可用"了",吴堡话只能用"着",或不用体标记。例如:

(13)北京:门口挤了许多人。

吴堡:门口挤(着)一圪都许多人。

(14)北京:房间里点了一盏灯。

吴堡:房里点(着)一盏灯。

值得注意的是,陕北神木话中"了"能和否定词"没"共现,吴堡话则不能共现,相应的说法是"没+VP+来嘞"(这种结构神木话也用)。也就是说,对已然事态的否定,神木话有两种表达方式,吴堡话只有一种。下面的例子神木话能说,吴堡话不能说:

(15)我还没吃了饭,麻烦你等给阵儿。

(16)枣树还没打了药。

(17)果子还没红了,不甜。

(18)饭还没熟了,咱再耍给阵儿。

(19)没吃了饭能去嘞?

2.1.2 得

“得”音[təʔ⁰],表实现体时动态性弱于“了”,使用范围较窄。它可用于带数量宾语的陈述句,这时“得”可用“了”替换。例如:

(20)我□[xɤu⁴¹²]拿二十斤米换得十斤鸡蛋。

(21)每家我们家今年一共收得三万斤枣儿。

在宾语不带数量修饰语时,“得”只用于说明情况。表明它的动态性较弱。

(22)甲:小江问娶得谁家女子? 乙:小江问得林业局老王的女子。(问答)

(23)县上还给我发得奖状。(介绍)

“得”可用于动趋式中间,表示趋向动词所表结果已经实现。动词是位移动词和致移动词,趋向动词是“来、去”。这时“得”不能用“了”替换。如:

走得来 走得去 跑得来 跑得去

捉得来 捉得去 叫得来 叫得去

吴堡话“V得趋”结构中,如果宾语在趋向动词之后,那就表示动作的结果已经实现,这时句子结构是动趋式带宾语;如果宾语在“得”与趋向动词之间,则表示动作的结果将要实现,这时句子结构是连动式。请比较:

(24)a人家给咱送得来抽水机了。(已经送到)

b人家给咱送得抽水机来了。(将要送到)

(25)a每我二哥给每我姨姨家背得去柴了。(柴已经背到)

b每二哥给每姨姨家背得柴去了。(柴还未背到)

带“得”的否定句,否定词用“没”。例如:

(26)市场上转了一早晨,也没买得一只鸡。

(27)我没挣得那底多钱儿。

(28)请是请了,没请得来。

(29)每把粮食抬藏起了,没教土匪抢得去。

2.1.3 下

“下”音[xɑ53],表示动作已经完成,结果已经出现,是由趋向动词表结果的用法语法化为体助词的。“下”表结果和表实现体的用法是渐变关系,颇不容易区分。例如:

(30)每我妈做下饭了。

(31)那他担下满满一瓮水。

(32)那他做买卖短下钱儿了赔了钱了。

(33)为引□[sao33]子跌下饥荒了为娶儿媳妇欠下债了。

以上句子中,“下”表示事件的结果已经出现,有的可用“了”替换。不过能够用“V不下O”构成可能式,用“V下O不”表反复问,如例(32)可变换为:“那做买卖短不下钱儿。”“那做买卖短下钱儿不?”可见还没有语法化为纯粹的体标记,而是介于补语和助词之间。下面的用法中,“下”语法化程度更高:

(34)老张又吹下牛了。

(35)这孩儿小时候儿就受下制了落了亏了。

(36)每我们求告了半天,那他总算应承下了。

(37)兀个人可主观嘞,他说下甚就是甚。

以上几例中,前两例“下”用于离合词“吹牛、受制”之间,表示该动作成为现实;例(36)“应承”是不及物动词,“应承下”就是“答应了”;例(37)“说下甚”义为“做了什么决定”。以上各例都没有对应的可能式,即“下”不能变换为可能补语,说明它的作用比补语更抽象,虚化程度更高。

刘月华等(2001:205)在讨论形容词和动词兼类时认为:“形容词如果能带宾语(常表示使动意义)或能按动词的重叠方

式重叠，就兼属动词类。”在吴堡话中，形容词带上实现体标记，表示状态的变化，也就有了动词的特点，需要时后头还可带数量宾语。例如：

(38)这圪截路比从前宽下了。

(39)天又暖下了。(比较：天冷起了。)

(40)月饼多下十几个。

(41)每大比每妈我爸比我妈大下十岁了。(表示大的岁数多)

吴堡话“下”不仅用于动宾之间，还可用于动词与情态补语之间。例如：

(42)你就再说下个天花乱坠我也不信。

(43)猴孩儿家甚时候学下个嘴尖毛长小孩子什么时候学得多嘴多舌？

(44)把家行害下个不敢看把家里糟蹋了个一塌糊涂。

“下”与“了”的语法意义存在差异。由于来源于趋向动词“下”，并经由结果补语才语法化为体标记，因此，它在动词谓语句中更着眼于事件的结果已经出现，在形容词谓语句中则强调状态的程度发生了变化，并带有一定的主观色彩。如“吹下牛了”与“吹了牛了”相比，前者强调“吹牛”已经成为事实，后者只是一般地叙述发生了“吹牛”这回事儿。再如“月饼多下十几个”与“月饼多了十几个”相比，前者有强调“月饼做得太多”的意思，后者只是说明“月饼多十几个”的事实，没有主观上认为多的意思。从使用频率和表义特点来看，“下”表实现体还是很受限制的，语法化程度明显低于“了”。

2.2　经历体

经历体助词是“过[kuo^{53}]”，体意义是某事件曾经发生。由于吴堡话有专表过去时的助词，所以“过”的使用频率较低。例如：

(45)那他从前做过生意。

(46)前一向儿冷过几天。

(47)甲:自十八上离开,你再回过吴堡没拉没有?

乙:没拉回过。

(48)我这种菜吃过,不好吃。

三 非完整体

非完整体是从事件进程内部观察得到的,反映的是事件进行过程中某一阶段的状态。它把整个事件分割成几个部分,如开始、开始并继续、持续、达成等,从其中某个角度观察并加以表述,如果形成了固定的语法形式,就构成了不同的非完整体。吴堡话的非完整体包括起始体、达成体、进行体、持续体。

3.1 起始体

起始体表示动作、事件、状态的开始。

吴堡话的起始体主要由助词"起"表达。"起"读[tɕʰi0]。表起始的用法是由"起"表趋向的用法虚化而来的。作为起始体助词,"起"放在动词(A)、形容词(B)之后或动宾(C)之间,表示动作、事件的开始。例如:

A 说起 唱起 喝起 怕起 说笑起
动弹起 脑[no33]疼起

B 渴起 冷起 烧[ʂɤ53]热起 焆[tɕʰyəŋ412]闷热起
难活起

C 哄起人 下起蛋 换起牙 出起洋相

从例子可以看出,"起"前面的词意义十分宽泛,"起"的功能已脱离空间范畴,进入时间范畴,表示事件的起始。

"起"的体意义是"起始",即某种动作开始进行,某种状态开

始持续。在陈述句中,句尾须用语气词兼现在时助词“了”。例如:

(49)孩儿说笑起了,不咋价了。

(50)那而今儿他现在又做起生意了。

(51)刚刚儿暖了几天,又冷起了。

(52)那两个他们俩不知道为甚打起架了。

3.2　达成体

达成体的意义是指动作、事件和状态的达成,一般用“上”表示。表示“将达成”时也可用“给”。

“上”读[ʂɤu53],表达成体的用法是由表结果的用法语法化而来。作为体助词,“上”可以置于动词、形容词之后和动宾、动补之间。就动词性谓语句来说,它的达成义既包括动作,也包括动作的对象,是指整个事件的达成——成为现实的存在。

“上”附着在持续动词或形容词之后,表示开始并继续。附着在非持续动词(A)之后和动词与名量宾语(B)、动量宾语(C)之间,则无所谓继续,只表示这个行为的达成。例如:

A　引上　跟上　晾上　冷上　忙上

B　做上饭　点上烟　给上两块钱　问上一句话
　　减上一百

C　哭上两鼻子　踢上两脚　看上电视　打上牌

“上”出现的句子一般是未然句。例如:

(53)张利军叫那吹打上,爽利不知道个手脚高低了。

(54)这后生就跟鬼催上了。

(55)则哭上一阵儿算了。(未然句)

(56)五十减上二十等于三十。

(57)你一天价好酒喝上,好饭吃上,你还要哪底价嘞?

(58)我先给你借上五百块钱儿,把难关渡过去再说。(未然句)

“V + 上(+ O)”可以充当连动式的前项,表示后头动作的方式和伴随动作。例如:

(59)把你娘娘祖母搀上走。

(60)圪嚽小口地吃上吃饭,太慢了。

(61)花上几个钱儿就能心疼死嘞。

(62)一吃上好的就想起孩儿了。

在吴堡话以及其他陕北晋语中,“上”的使用频率非常高,如“吃上点儿好的、说上几句风凉话”等,或“开上个饭馆儿(挣点儿钱)、睡上个懒觉、哭上个鼻子(能解决了问题嘞?)”等说法,或“没个说上的、没个做上的、没个听上的”之类,其中的“上”都表示达成的意义。

达成体和实现体不同。实现体属于完整体,表达事件整体已经实现,行为已经结束;达成体属于非完整体,表达动作行为的达成(如在持续动词后表示开始并继续),但尚未实现、完成,或不着眼于是否实现、完成。如“做上饭”表示做饭的行为开始并正在继续,饭还没熟,“做下饭”则表示做饭的行为完成,饭已经熟了。“吃上饭”义为开饭了,正在吃,“吃了饭”义为吃过饭了。“踢上两脚”表未然事件,只能在事前说,“踢了两脚”表已然事件,只能在事后说。“冷上五天了”义为“冷”的状态已经开始并持续了五天,说的是持续中的不完整的事件,“冷了五天了”义为天由不冷变冷已经五天了,说的是一个完整的事件。两者的意义判然有别。

达成体和起始体具有相通之处,即都有动作、状态已经开始的意思。但两者观察事件的着眼点不同:达成体的观察点在事件已经开始后的某一点,而起始体的观察点在事件开始的那一刻。由此导致两者在语义、用法上的区别。比如在形容词后面,部分“上”可用“起”替换,意思不变,如“天冷上了 = 天冷起了”。

但“上”的使用范围比“起”小得多，“上”大都能用“起”替换，反过来，许多用“起”的场合，如表示人的感觉的“熬起、累起、心疼起、渴起、烧[ʂɤ53]热起”等，均不能用“上”替换。在持续动词后头，“上”和“起”一般也不能互换，如“等上、引上、跟上、晾上、挂上、摆上、种上、栽上、挤上、拿上”等只用“上”，而“嚷吵起、喝起、说笑起、打起、偷（起人）、抢（起）人”等只用“起”。“说、听、唱”等动词后可换用“起”或“上”，但“说起/说上、听起/听上、唱起/唱上”之间意义和句法环境都不同，带“起”时表示“说”等动作开始进行，“V起”多作谓语；带“上”时表示“说”等行为已经达成，“V上”多作连动式的前项，如“说上没完、听上他没闹好、一唱上就甚也顾不上了”。在非持续动词和动量宾语之间表示事件达成的“上”，更是不能用“起”来替换。这种组合上的差异最能体现“达成”和“起始”的根本区别（马庆株1981，2000：147）。

达成体和持续体也有相通之处。首先，达成体的语法意义是“事件和状态成为现实的存在”，而持续体的语法意义是事件和状态实现后的“持续”，在没有达成体范畴的方言中，可以用持续体的手段表示动作方式和伴随动作，而有达成体范畴的方言，则以用达成体的手段表达这个意义最为恰当。其次，“V＋上＋O”可以充当“V_1＋O＋V_2”连动式的前项，表示V_2的方式和伴随动作。事实上，在吴堡话以及其他陕北晋语中，表达伴随动作最常见的手段就是用“V上（O）”充当连动式前项，其中的助词必须用“上”，即用达成体来表示伴随动作，而不是用持续体。

3.3　进行体

进行体表示动作、行为、事件正在继续的过程中。吴堡话表进行的手段主要是助词“着”，句子包括三种主要的结构。

第一类是“V（O）着嘞”结构，表示事情正在进行之中。这时动词、形容词前可以用副词“正、还”，句末必须用语气词兼现在时助词“嘞”等。例如：

（63）那他还哭着嘞，甚也不吃。

（64）我没拉没吃饭，正忙得扫地着嘞。

（65）那他这阵儿做甚着嘞？那他躺在炕上看书嘞。

（66）太阳正红更更着嘞，你这是又到哪去嘞？

值得注意的是动宾谓语带"着"时的语序。吴堡话和其他晋语一样，"着"要置于宾语之后，而不是动宾之间。如例（64）（65）。例（66）"红更更"是烈日炎炎的状态，加"着"后表示这种状态正在继续，而不是一般的"持续"，应分析为进行体的用法。

第二类是"V_1着V_1着+V_2"结构，"V_1"表示正在进行的动作，"V_2"表示接着发生的事情。例如：

（67）两个人拉着拉着就拉恼了聊着聊着就聊恼了。

（68）那他听着听着睡着了。

第三类是"V_1着V_1，V_2着V_2"结构，表示两种动作同时进行。例如：

（69）咱走着走，唱着唱咱们边走边唱。

（70）咱说着说，吃着吃咱们边说边吃。

此外，吴堡话也可不用"着"，直接用句尾的"嘞"表事件正在进行，这种句子多用在分句中或对举的语言环境中。例如：

（71）外头下雨嘞，把伞□[xɤu^{412}]拿上。

（72）每我妈在门口缝衣裳嘞，每我姐姐在灶房做饭嘞。

3.4 持续体

3.4.1 肯定句

持续体表示动作、行为、状态的持续。吴堡话表持续体的主要手段是助词"着"，常用于以下几种句子。

第一，一般动词谓语句，句子陈述一种持续的动作行为和事件。例如：

(73)那手行□[xɤu^{412}]着一个茶杯儿他手里拿着一个茶杯。

(74)那他在房檐底下站着嘞。

(75)我□[xɤu^{412}]雨伞着嘞我带着雨伞呢,不怕下雨。

(76)门开着嘞,没人。

以上例句中,(73)神木话不用"着",要用"的"。

第二,存现句,句子陈述某处所以某种状态存在某事物,宾语往往带数量修饰语。例如:

(77)场里围着一群人。

(78)墙根底垛着几麻袋山蔓儿土豆。

(79)桌子上搁着一摞书。

(80)石头上刻字着嘞。

以上例句中,(77)—(79)"处所词+V+着+O"语序的句子,神木话用"的"不用"着"。

第三,形容词谓语句,表示某种状态的持续。例如:

(81)年也过了,天还冷着嘞。

(82)晾了一天了还湿着嘞。

(83)那眼瞎着嘞,作摩能看见东西嘞?

(84)那耳朵聋着嘞。

我们认为,如果状态形容词后用"着嘞",应是表某种状态正在继续,表现为动态性,应属进行体,如上举(84),再如"外头还黑黢黢儿着嘞"。如果性质形容词后用"着嘞",则表示某种状态的持续,表现为静态性,应属持续体。

第四,动宾谓语句,句子说明某人从事何种职业,担任何种职务,例如:

(85)每我妈当小学老师着嘞。

(86)刘老师教数学着嘞。

（87）我就当护士着也，不转行了。

（88）小花娘的原先当局长着来该小花她妈原先是局长，这阵儿退休了。

需要说明的是，在具有说明作用的"处所+V+O"句中，吴堡话在动词后用"得"不用"着"，例如：

（89）戏台上唱得《兰花花》。

（90）大锅蒸得糕，小锅熬得稀饭。

3.4.2　否定句

吴堡话的"着"表示持续体时，不仅在肯定句中可以使用，在否定句中也可以使用，即"着、不"可以共现。不过，这种用法主要是出现在前分句中，句子格式及其层次是"不+[V（O）+着]"，否定"V"的状态的存在。这时，如果谓语是动宾短语，宾语不能带数量修饰语。例如：

（91）车子我这两天不用着。

（92）门不开着，你给咱开给下儿。

（93）那他不□[xɤu412]雨伞着，你给那送给。

（94）那不当领导着，作摩能指挥别人嘞？

（95）那不念书着，作摩能有文化嘞？

（96）我这阵儿不吃饭着，你归你随便来。

（97）你不要受饿着，你归你好好儿随便吃。

当回答问话时，也可单独用"不V着"：

（98）这阵儿看电视着嘞不——不看着没在看。

（99）那走价穿大衣着嘞不？——不穿着没穿。

（100）这阵儿睡着嘞？——不睡着没睡。

带"着"否定句中，句尾可带语气词兼时制助词"嘞"，表示当下"不干什么、不怎么"的状态仍在持续，是当然态。例如：

（101）我这阵儿还不走着嘞。

（102）我这阵儿不歇着嘞，还要做一阵儿嘞。

（103）这几天不用车子着嘞，你用你借上两天。

（104）日子而今还不富着嘞，过几年就富也。

（105）我不饿着嘞，不要做饭。

“着”能用于否定句，是吴堡话乃至整个陕北晋语的一个特点。不过，如果拿吴堡话与神木话相比的话，它的“着”用于否定句还是很受限制，大多数是有条件的，使用频率也不高。而神木话的“着”用于否定句几乎是无所限制的，语法化程度大大高于吴堡话。

四　貌

貌是从事件进行过程中动作的方式和动作者的态度、情绪方面观察事件的（李如龙1996）。吴堡话有动量减小貌和随意貌范畴。

4.1　动量减小貌

动量减小貌表示动作行为的幅度较小、用力较轻，或延续的时间较短，或反复次数较少等，有时带有尝试的意味。此处的动量是一种主观量、模糊量。具有动量减小貌形式的都是自主动词。

吴堡话表达动量减小的手段有两种。一种是用“V＋给＋下儿”，表示“稍稍V一下”，所以“下儿”首要的语法意义是“动量小”（用力、幅度、次数等），少数有时量短的意义，有时更虚化为尝试义。这个格式主要是用于表示未然事件的句子，大多用于祈使句。例如：

（106）你给咱把这个帐算给下儿。

（107）你尝给下儿甜咸。

（108）我给咱洗给下儿眉眼。

（109）你试打给下儿，看开开开不开你试试，看能不能开开。

第二种是“V一下”格式。这种格式同样多用于祈使句。例如：

（110）你坐着，我回去换一下衣裳。

（111）有什么好办法，来我再谋一下想想。

除了“V给下儿”和“V一下”，吴堡话还可用“V给阵儿”表达时量短的意义。“给阵儿”是“个一阵儿”的合音形式，“阵儿”与动词配合时运用范围比“下儿”窄，在动宾短语中的位置与“下儿”相同。带“阵儿”的都是持续动词，其中大部分也可带“下儿”，但意义侧重点不同，带“阵儿”表示“稍稍V一会儿”，意义比较单一而明确，就是时量少。因此，一些感觉、状态类形容词也可带“给阵儿”，表示某种感觉、状态持续时间不长。例如：

（112）站了一后晌了，则坐给阵儿。

（113）你给咱照应给阵儿孩儿。

（114）做营生要会做嘞，做给阵儿歇给阵儿。

（115）有事嘞忙给阵儿，没事嘞就歇着嘞。

4.2 随意貌

随意貌表示动作行为的不经意、随便，用动词后面或动宾之间加助词“打[tɑ⁰]”来表示。助词“打”的主要作用是使动作具有一种不经意、随便的意味，有的伴有幅度较小或延续时间较短的特点。如“吃打”指胡乱吃点儿，“喝打”指喝几口，“捎打”指顺便办一办，“撂打”指不经意地使（孩子和某个亲人）逐渐生疏，“看打”指随便看看等。例如：

（116）刚走了想得不行，撂打开丢开也就淡了。

（117）这点儿营生，捎打的就做完了。

(118)我看这孩儿也不爱念书,念打给顿则算了念一念就拉倒吧。

(119)我也没仔细看,看打了几页把书就给了那他了。

第十二章　时制意义的表达手段

时制（Tense）指话语所述事件发生的相对时间，是跟整个句子相关的语法范畴。戴耀晶（1997：5）认为："时可定义为'观察事件的时间构成的方式'。"

邢向东提出并论证过，晋语乃至一部分西北官话中，存在特定的表达时制关系的语法手段（邢向东、张永胜1997，邢向东2002a、2005、2006，范惠琴2007）。

在近代汉语语法学界，有不少论著考察过事态助词"来、去、了"及其形成（刘坚等1992，曹广顺1995）。其中的曾然态助词"来"表达的意义与今晋语等方言比较接近，主要和句子叙述事件的时间有关，也可以定义为时制助词。"来"等一方面同句子中参照时间与事件发生时间的相对关系有关，另一方面又有表达语气的作用，因此，将近代汉语中的"来"等的语法意义阐述为"事态"，是有说服力的。其实，正如李小凡（1998:182—195，83—87）所论吴语苏州话的情况一样，现代汉语的句末语气词，往往既有表语气的作用，又有表时制、体貌的作用（如普通话的"呢"可表达进行体的意义，"了"可表达已然体的意义，《动词的体》的作者们将东南方言中的"了"直接定义为"已然体标记"），语气意义和时体意义你中有我，我中有你，难以截然分开。但是，在晋语方言中，它们最典型的功能是表达时制关系，因此，将"来、也、了"等的功能归入时制范畴同样具有充分的理据。

吴堡话的时制范畴包括三个具体的子范畴：过去时，由时制助词"来、来该"表示；将来时，由时制助词"也"表示；现在时，又可分为已然态、正然态两个小类，前者由语气词兼时制助词"了"表示，后者由语气词兼时制助词"嘞"表示。下面分别进行描写。

一　过去时

1.1　过去时助词

吴堡话表达过去时的助词是"来/来该"，置于句尾或句末语气词"嘞"之前。"来该"只能用于肯定句和特指问句，在肯定句中使用频率高于"来"。因此，下文肯定句的例句中一律用"来该"。

过去时表示句子所述事件发生在某一参照时间以前，表达"曾经做/发生过某事、曾经存在过某种状态"的语法意义。在语言表达中，说话时刻是无标记的时间参照点。因此，当说话人和上下文不特别指明其他参照时间时，句子所述事件就发生在说话之前；当说话人或上下文交代了其他参照时间时，事件就发生在这个时刻以前。

在汉语语法研究论著中，一般将普通话中与方言的助词"来/来该"近似的意义（通常由"过"表达）概括为"曾经态"或"经历体"，又将北京话中的"来着"概括为"近经历体"。此外普通话还可用时间副词"曾经"来表达这个意义。我们认为，普通话的语法系统中没有系统的时制范畴，因此用"体"来概括这个语法意义不失为一种可行的办法。而吴堡话和其他陕北晋语一样，很少用"曾经"义的副词，"过"的使用频率也较低。同时，"来/来该"所表达的语法意义并不完全等同于"过"。大部分"曾经发生过"的意思，都要用过去时助词"来/来该"来表达。例如：

（1）我在西安见你爹来该见你父亲了。

（2）六点钟我还没吃饭来嘞六点钟我还没吃过饭呢。

1.2　使用过去时助词的句型

从句型看，“来/来该”可用于动词谓语句、形容词谓语句和主谓谓语句，有时还可用于名词谓语句。例如：

（3）那两个夜儿相吵来该他们俩昨天吵架了。

（4）甲：你做甚去来该干什么去了？

乙：上街串去来该上街转去了。

（5）这搭儿原来有一口井来该这儿过去有一口井。

（6）我爹原来是老师来该我父亲曾经当过老师。

其中例（5）（6）是非动态性的“有”字句和“是”字句，表示对曾经存在过的事情的说明、判断。在普通话中，“有过……”似乎还可以说，但“是过……”绝对不行。这说明吴堡话的“来/来该”的语法功能并不等同于普通话的经历体助词“过”。

形容词谓语句也可用过去时助词，这时句子描写的是曾经存在过的状态，这种状态目前已经发生了变化。试比较用“来该”和“嘞”的句子：

（7）这孩儿可肥来该这孩子过去挺胖。（现在瘦了）

（8）这婆姨可肥嘞这女人挺胖。（目前的状态）

（9）两先后可亲热来该妯娌俩原先关系挺亲热。（现在关系不好了）

（10）两先后可亲热嘞妯娌俩关系挺亲热。（目前的状态）

在名词谓语句和主谓谓语句中，过去时只用在说明曾经有过的数量、价格的句子中，而不是当面询问或回答价钱。例如：

（11）豆芽底根儿一块钱三斤来该豆芽原先一块钱卖三斤。（现在贵了）

（12）鸡蛋底根儿一斤几块钱来该鸡蛋原先一斤卖几块钱？

1.3　过去时与句子的语气

1.3.1　陈述句、反问句、否定句中的过去时助词

过去时助词能出现在陈述句和疑问句中。这时，吴堡话“来/来该”单独用于句末（邢向东2006）。例如：

（13）这病本来能治好来该。

（14）本来想种谷子来，则而今甚也种不成了。

（15）我也不如也去农高会去来该。

（16）婆□[sao33]子底根儿可也淘气来该婆媳俩过去经常吵架。

（17）你嘅得我要甚嘞，又不是我来该？

（18）甲：做了一天营生，熬累死了。

乙：直做甚来该就做了个什么？

带“来/来该”的句子有时表示发生某事情的原因。这种用法显然是从过去时的意义进一步引申而来的，这时“来/来该”前要有结构助词“的”。例如：

（19）甲：你咋价一瘸一瘸？

乙：教那把我打的来该就叫他给打的。

（20）（作业没做完）就教那圪老的来该就是因为他捣乱。

“来”用于否定句，表示到目前为止某事还未发生，格式是“没+V+来嘞”，其中句末的“嘞”是表确认的语气词兼现在时助词，过去时助词只能用“来”，例如：

（21）我每我们还没拉吃饭来嘞。

（22）每孩儿我们家孩子还没念书来嘞。

（23）你教我写的信，我还没写来嘞。

（24）甲：烧上炉子没？

乙：还没来嘞。

（25）水还没滚开来嘞。

（26）十月份儿了天还没冷来嘞。

在上述句子中，谓语部分的句法层次是"[没+(VP/AP+来)]+嘞"，"来"表过去时，"没"对"VP/AP来"的情状加以否定，"没VP/AP来"再作为一个整体和"嘞"发生结构关系。因此可以省略为"没来嘞"。与这些否定句相对应的肯定句是"VP/AP了"，句末的"了"是现在时助词兼语气词（详见下文）。

在以上句子中，出现了两个时制助词"来、嘞"，似乎难以理解。我们的分析结果是，"来"表示过去出现或存在"VP/AP"所表示的动作、状态，"没"对其加以否定。而"没VP/AP"组合起来以后则表示一种当下的事态，这时句尾需要用表示现在时兼申明语气的助词"嘞"对这种事态加以确认。因此，"来"和"嘞"出现的位置不同，所属的结构层次不同，各起各的作用，从而形成一种类似复合的时制意义，全句则属于现在时。将上面几例翻译为英语，可以帮助我们理解这里的时制意义：

(21') We haven't had dinner yet.

(22') Our child hasn't started going to school yet.

(23') I haven't started writing the letter you asked me to write yet.

(24') Have you fired the stove?

-Not yet.

(25') The water hasn't boiled yet.

(26') It is October. The weather hasn't become cold yet.

由于"来"所表达的过去时意义与普通话的"过"并不完全对应，对于习惯于用"过"表达曾然义的人来说，陕北晋语这种奇特的表达方式的确非常难以理解。这恰好反映出晋语"来"的语法意义及其用法的复杂性和特殊性。

从用于否定句的情况看，吴堡话的"来"属于语法化程度很高的过去时助词。

1.3.2　特指问句、反复问句中的过去时助词

吴堡话的过去时助词可用于特指问句，不过这时一般要用“来该”，疑问代词以外的其他成分大多不须出现，只保留疑问代词（或词组）和“来该”。例如：

（27）谁来该？（问人）——张站长来该。
（28）（吃）甚来该？（问物）——饸饹来该。
（29）哪儿来该？（问处所）——榆林来该。
（30）甚会儿来该？（问时间）——前儿后晌来该。
（31）（扔丢了）多少来该？（问数量）——三千斤来该。
（32）作摩来该？（问状态）——跌了一跤来该。
（33）为甚来该？（问原因）——为一句闲话来该。

上面几例中，过去时助词“来该”负载的信息非常重要，它表示说话人询问的是曾经发生过的事情或曾经存在过的状态。

带过去时助词的反复问句，采用“V+来+没”格式，肯定回答时句末更多地用“来该”。例如：

（34）甲：（人家送的糕）你吃来没你吃没吃？
乙：吃来该。
（35）甲：你榆林去来没？
乙：去来该。
（36）甲：今年农高会你参加去来没？
乙：参加去来该。

1.4　“去来”连用

吴堡话表过去时的“来该”可以和趋向动词“去”连用。例如：

（37）今儿又喝酒去来该。

（38）那家夜里他们昨天耕地去来该。

（39）甲：上街做甚去来该？

乙：买菜去来该。

（40）甲：你前几天哪儿去来该？

乙：去杨凌参加农高会去来该。

"去来"连用也是陕北晋语的共同特点，这种格式在汉语史上早就存在，尤其突出的是晚唐五代以后的禅宗语录。王锦慧（2004：116）分析禅宗语录中"什摩处去来"时认为："'什摩（麽）处去来'的内部结构是'什摩（麽）处+趋向动词'去'+助词'来'（表曾然）。"就神木、吴堡等方言来看，"去来"连用的格式中，"去"的作用是表趋向，"来"的作用是表过去时，结构层次是"（V+NP+去）+来"。在元代口语文献《原本老乞大》《朴通事》中，"去来"连用表示过去时的频率也很高。

1.5 "来该"浅析

如上所述，吴堡话表达过去时，既可用"来"，更常用"来该"。佳县话与吴堡相同。与之相同的还有黄河东侧属吕梁片的离石话，"在一些疑问句和陈述句末尾，表疑问和强调时，常附着一个[ke]"（郭校珍2008:46）。从例句看，这里的"ke"已与"来"合为一个词，表示过去时，极有可能是"去来"合音的结果：

（41）是不是[ŋai]说来[ke]？

（42）我可说他来[ke]。（引自郭校珍2008:46）

我们认为，吴堡话中"来该"已凝结为一个助词，它是表过去时的"来"与这一带方言中另一个表过去时的助词"去来"的合音形式叠加的结果。其中"去来[*kəʔ˳ .lɑe]"应当很早就已合音为"该[kɑe⁰]"了。具体过程可图示如下：

VP+(来+去来) →VP+来该

在陕北晋语中，清涧、延川话中表过去时的时候，不能单用

"来"，而要连用"去来"，这时"去"不表趋向，而是与"来"合起来表示过去时（张崇1990，邢向东2006）。延川话"去来"表过去时，不仅用于肯定句，而且用于否定句。例如：

（43）年时腊月我还见你爹去来[kɜʔ⁵⁴ lai⁴²]。

（44）我问他做甚去来，他说跟同学上山逛去来。

（45）小花娘的原先当局长得去来，这阵儿退休了。

（46）本来能治好去来。

（47）六点钟我还没吃饭去来。

在秦晋两省的一些黄河沿岸方言中，表过去时的"去来"经过合音，变成"$*k^hai^0$/$*kai^0$"。如关中合阳、华阴等方言，晋南永济的部分乡镇、芮城风陵渡等地方言，句尾常用表"曾然"的"k^hE^0"。例如：

（48）我夜黑见王师[k^hE^0]我昨天晚上见过王师傅。（合阳话，邢向东、蔡文婷2010：320）

（49）多乎清明[k^hE^0]哪天过的清明？——阴历初八清明[k^hE^0]阴历初八过的清明。（永济话，史秀菊2007：61）

这是"去来"的合音形式。在上述方言中，"$*k^hai^0$/$*kai^0$"的声母送气，说明合音时"去"读送气音；"$*k^hai^0$/$*kai^0$"的声母不送气，说明合音时"去"读不送气音（在陕北话中，"去"在补语、连动式后项的位置上，读送气或不送气的方言都有）。关中、晋南一带"去"一律读送气音，所以合音为"k^hE^0"，延川、清涧一带这个"去"读不送气音，如果合音，一定是不送气的。

吴堡话既然已经有了"来"，为什么还要在后头叠加"*去来→该"呢？笔者以为，这是方言接触所导致的结果：一部分方言"VP+去来"的用法沿河上溯，并与当地"VP+来"的用法形成接触，因而造成表达过去时的句子中，"VP+来"与"VP+去来"互相感染，互相结合，最终导致产生叠床架屋的"来该"。其实它也可看成是两个过去时标记的重叠。因此,它们的“来该”正好相当于绥德等大多数陕北话及部分山西晋语的“来来”。同义语法手段的重叠具有强化该意义表达的功能(刘丹青2001)。吴堡话的“来该”也有这一作用,因此最常用的语境是简短的反复问句及其肯定回答。关于这个问题的讨论,详见邢向东(2014)。

二 将来时

2.1 将来时助词的意义和作用

将来时指句子所述的事件发生在参照时间之后,其语法意义是“将要发生某事,出现某种情况或状态”。将来时的参照时间大多是说话时,也可以是说话中提到的此前或此后的某个时刻。吴堡话的将来时助词是“也 [iɑ^{0}]”。“也”在表达将来时的同时,兼表一定的申明语气。

带将来时助词的句子,首要作用是叙述、确认将要进行的事件和将要发生的状态变化。如果要把它所在的句子翻译成普通话,有的句子在句中带“快、要”的情况下,“也”可翻译成“了”,有的句尾可翻译成“的”,有的很难对译,这正是普通话没有相应的将来时助词的反映。动词性谓语句如:

(50)我个儿走也我要走了。

(51)手术明儿做也明天要做手术。

(52)正月十五出秧歌也正月十五要出秧歌。

(53)那家就快有孩儿也他们就快有孩子了。

形容词性谓语句、名词性谓语句、主谓谓语句如:

(54)天又熐[tɕ^{h}yəŋ^{412}]也天又要热了。

(55)墙干了就白也会白的。

(56)不知不觉就二十五也。

(57)老人身体慢慢儿好也会慢慢儿好的。

在助动词作状语的句子中,"也"推断事情发生的可能性,这时它兼表申明语气的作用非常明显。例如:

(58)我看能行也。

(59)再过几天就能走也。

2.2　将来时助词与句子的语气

从语气看,将来时助词能用于陈述句的肯定式和疑问句。肯定句中,"也"一般附着在句末。例如:

(60)十八大明儿开也。

(61)书我还也。

(62)张校长也大概来也。

(63)等退了休每也西安窥去也退了休以后我们也要到西安去住。

询问将要发生的事情时,吴堡话有"V也不、V嘞不、V嘞也不"三种形式。带"也"时侧重于时间,即询问"是不是将要……";带"嘞"时侧重语气,有强调意味;第三种形式则是前两种结构的叠合。例如:

(64)你明年退休也不?

(65)白菜五分钱卖嘞不?

(66)你这会儿睡嘞也不?

(67)你农高会完了旅游去嘞也不?

三　现在时

"现在时"指句子所述事件的发生时间与参照时间相重叠,处于同一时间。吴堡话用句末语气词"了、嘞"兼任。由于是兼职助词,所以有时较难分清主要是表达语气,还是表达时制。但是总的来说，我们能够根据句子是否具有动态性来判断其有没有表达现在时的作用。

现在时又可分为已然态和正然态两小类，已态然由“了”表达，正然态由“嘞”表达。其中“了”读[lɛe⁰]，“嘞”读[ləʔ⁰]。这两个助词即使在表现在时的时候，也兼表申明语气。它们在陈述句和疑问句中表现在时的作用比较明显，其中在动词谓语句中最明显。

3.1 已然态助词“了”

“了”表现在时的已然态。在动词性谓语句中，句子陈述到目前为止某个事件已经发生，或动作行为取得了某种结果，或出现了某种新情况，与普通话“了2”的一部分语法意义相当。否定时要用“没”。《动词的体》的作者们将句末的“了”定义为“已然体”，是很有道理的。例如：

（68）每我哥哥走了。（否定：那他还没走了。/那他还没走来嘞。）

（69）两个女子都出嫁了。（比较：一个出嫁了，一个还没出嫁了。/一个出嫁了，一个还没出嫁来嘞。）

如果动词带宾语，则句末的“了”一般与实现体、达成体、起始体助词共现，例如：

（70）我今年就挣下八万多了。（到说话时为止，已经挣了八万多）

（71）我写了三千字了。（到说话时为止，已经写了三千字）

（72）每兄弟弟弟考上大学了。（出现了新情况）

（73）那他这几天又吃起饭了。（事情出现了新的变化）

在动词宾语由数量词承担或带数量修饰语时，句末不带“了”表示事情已经结束，句子偏重于说明情况，如“我今年就挣下八万多”其实是个说明句，因此不需要时制助词。带“了”后是典型的叙事句,动态性很强,表示事情还未结束,动作行为还将继续,而且往往有后续句。这是句尾的“了”表达的已然意义起作用的结果。具体来说,“了”表示现在时的已然态,语法意义为[+当事,+已然],带数量宾语的句子陈述到当下为止事情进展的具体情况(由数量词表达),而接下来还将继续发展,具体如何发展须由后续的句子表达。所以,句末带“了”时动态性强,往往表示事情并未结束,只是陈述到目前为止发展到了哪一步。我们可以再举一个例子对其作用加以验证:“我吃了三碗了”是叙事句,动态性强,表示还没吃完,还要继续吃,“我吃了三碗”是说明句,动态性弱,表示吃的总数是三个,不再吃了,导致两者不同的是句尾“了”的已然意义。

动词带结果补语、趋向补语的句子,句尾带“了”表示到目前为止已经出现了某种结果或趋向。例如:

(74)今儿这场雨下饱墒了。

(75)这顿饭吃美了。

(76)我每把王校长请得来了。

(77)书送得去了。

在助动词短语充当谓语的句子中,“了”用于肯定句表示到目前为止已经能够、应该、敢于做某件事情了,用于否定句表示不能、不该、不敢做某件事了,不论肯定还是否定,都具有动态性,都是表明事件的已然特性的。例如:

(78)天暖了,能穿单袄儿了。

(79)天黑了,走得了该走了。

(80)那么多人,我不敢说了。

(81)我再不敢跟领导相吵吵架了。

在表领属、存在的“有”字句中,句末带“了”,表示从“没有/不足……”到“有……”的变化,有的句子“有”字后带完成体助词

"了"。例如：

（82）每家我们家有了房了。

（83）一个班倒已经有七十几个学生了。（还给里塞着嘞！）

在由时间词、数量词充当谓语的名词谓语句中，句末带"了"表示时间、年龄、数量等的变化及其具体情况。例如：

（84）今儿倒已经腊月二十五了。

（85）今儿星期五了。

（86）我今年三十了。

（87）一个班倒七十个学生了。

3.2 正然态助词"嘞"

"嘞"表现在时的正然态，相当于普通话"呢"的部分功能。所在句子表示到目前为止事件进展的具体情况，往往与"了"字句意义相对、相反。

在表示动作正在进行、事件正在发展、状态正在持续的句子中，句末一般须带"嘞"（详见第十一章）。这是它表正然态的最常见用法。例如：

（88）那他正看书着嘞。

（89）家里坐一堆人着嘞。

（90）刚问下婆姨娶了媳妇，正心红着嘞。

（91）这两天枣儿正好吃着嘞。

值得注意的是，"嘞"不仅可用于肯定句，也可用于否定句。当否定词为"没"，带"嘞"的句子有两种。一种是在与"有"字句相对的否定句末尾，"嘞"之前（宾语后）须带持续体助词"着"，表示到目前为止"没有/不足……"的状态还在持续，其作用正和"有……了"相对应，"没"是动词。例如：

（92）我工作了十来年了还没房着嘞。

(93)九点了还没人着嘞。

(94)开了学了还没桌子着嘞。

(95)每孩儿我们儿子还没对象着嘞。

另一种是带过去时助词“来”的句子,构成“没+VP/AP+来+嘞”格式,表示到目前为止还没有发生某事或出现某种状态。与其对应的肯定句格式是“VP/AP+了”。例如:

(96)每姐姐还没出嫁来嘞我姐姐还没出嫁呢。

(97)每小子还没引□[sao^{44}]子来嘞我儿子还没娶媳妇儿呢。

(98)天还没黑来嘞。(不着急。)

(99)水还没滚来嘞。(沏不起茶。)

“嘞”用于带“不”的否定句中,也有两种情况。

一是在“不+V+着嘞”结构中,表示到目前为止还不打算做某事。如果谓语动词前带有助动词,则表示目前还不会、不能、不该做某事。与之对应的肯定句是“V+也”或“V+了”结构。例如:

(100)甲:你睡也不?

乙:不睡着嘞。(肯定:睡也。)

(101)孩儿中学刚毕业,还不找对象着嘞。(肯定:找对象也。)

(102)小花还不会做饭着嘞。(肯定:小花会做饭了。)

(103)刚拿上驾照,还不敢上路着嘞。(肯定:敢上路了。)

二是在“不+A+着嘞”结构中,表示到目前为止还没有出现某种状态,或以前的状态尚未发生变化。对应的肯定句是“A+了”结构。如:

(104)吴堡而今还不富着嘞。(=吴堡话而今还没富来嘞。肯定:吴堡而今富了。)

(105)水还不滚着嘞。(=水还没滚来嘞。肯定:水滚了。)

3.3 从与其他词的共现关系和反复问句看“了”与“嘞”的功能差别

①在现在时助词中，“了”表已然，“嘞”表正然。二者的功能差别可以通过与否定副词的对应关系、共现关系体现出来。上文已经涉及到否定问题，这里再略加申说。

在陈述句中，与“了”字肯定句对应的否定句是“没”字句，“没”否定的是已然态。例如：

（106）那家他们走了。——那家没走。（“走”的动作还未发出）

（107）做下饭了。——没做下饭。（“做饭”的事件还未实现）

（108）攒下七八万了。——没攒下七八万。（“攒七 八万”的事件还未实现）

与“嘞”字句对应的否定句是“不”字句，“不”否定的是正然态，普通话往往没有对应的否定句。例如：

（109）我正铡草着嘞。——我不铡草着。（当下不在铡草）

（110）那他这阵儿正看电视着嘞。——那不看电视着。（当下不在看电视）

（111）我妈睡着嘞。——我妈不睡着[tʂəʔ⁰]。（当下不在睡觉）

②“了”和“嘞”的不同功能，还可以从二者在否定式反复问句中的作用得到证明。“了”置于“不”之后构成反复问，问的是某动作、行为、事件、状态是否在继续或按计划进行；“嘞”置于“不”之后构成反复问，问的是是否要做某事。它们提问时的意义不同，源于各自所带的时制意义的差异。先看“了”字句：

（112）你睡不了还睡不睡？

（113）你榆林去不了你还去不去榆林？

（114）孩儿咳嗽不了孩子还咳嗽不咳嗽？

（115）这两天冷不了还冷不冷？

请注意，上面各例翻译成普通话时，句中必须加上表“仍然”的“还”才准确，“了”在此处的作用如果不是表示现在时的“已然态”，是很难解释的。再看“嘞”字句：

（116）你睡也不嘞你现在睡不睡？

（117）你走也不嘞你现在走不走？

（118）那家引□[sao^{33}]子也不嘞他们家现在娶不娶儿媳妇？

（119）你家孩儿考大学也不嘞你家孩子今年考不考大学？

例（116）—（119）翻译成普通话时，句中必须带时间词“现在、今年”，表明“嘞”具有“现在……”的意义，这正是“现在时”意义的体现。

比较两类反复问句发现，“V不了”句有预设，即原来决定做某事，说话人问现在是否还按原计划进行；或原来存在某种状态，问现在这种状态是否还在持续。“V不嘞”句没有预设，只是询问现在是否要做某事，因此，例（118）如果变换成“那家引□[sao^{33}]子也不了？”就成了问“他们家是否按原计划娶儿媳妇”。通常情况下，这个问话不成立，因为娶儿媳妇的事不是想娶就娶，不想娶就拉倒那么简单。

一般反复问句，“V了没”问已然事件、状态，“V嘞不、V也不、V嘞也不”问正然、未然事件和状态。请比较：

（120）年时去年冬天的肉吃完了没？

（121）糕蒸下了没？

（122）花红了没？

（123）小红走嘞不/也不？

（124）你家今儿蒸糕嘞不/也不你家蒸糕不蒸？

（125）外前冷嘞不/也不外面冷不冷？

例(120)询问去年冬天的肉“是否已经”吃完,“已经”的意义来自“了”。例(123)如果说“小红走嘞不”,询问小红“是否当下走”,“当下”的意义来自“嘞”;如果说“小红走也不”,询问小红“是否将要走”,“将要”的意义来自“也”;“嘞、也”可以互换,是由于“目前要做”的事情,无论“当下”还是“将要”,都是未然的事件。其中的道理,和英语用“be going to do something”来表示将要做什么事是一样的。

邢向东(2006:142)说:“通过对沿河方言‘了’和‘嘞’表当事时用法的初步考察,我们看到,句尾‘了’表达时制意义和语气意义往往是交织在一起的,你中有我,我中有你,很难截然分开。但‘嘞’表达时制意义和语气意义却往往并不像水乳交融那样,不可离析。凡是‘嘞’表当事时意义的句子,都有一定的动态特点,此时‘嘞’往往同时含有持续义。凡是‘嘞’单纯表语气的句子,都不带动态性,‘嘞”也不含当事义和持续义。因此,在沿河方言中,其实可以分离出当事时助词‘嘞1’和语气词‘嘞2’来。”(“当事时”即本书的“现在时”,原文照录。)通过对吴堡话的考察,我们可以将这一观点表达得更加准确。

比如“我妈榆林去了”,句末的“了”显然既有表已然的作用,又有表申明语气的作用;“这个房子太大了!”句末的“了”则只有语气意义,没有表已然的功能。又如“我爸爸在吴堡林站当工程师着嘞”,其中“嘞”兼表正然和申明的语气;“这个房子真大嘞!”句末的“嘞”就只有语气意义,没有表正然的作用了。因此,不论是“了”还是“嘞”,都可以分离出表时制兼表申明语气的“了1、嘞1”和单纯表语气的“了2、嘞2”来。

第十三章　几个助动词和语气副词

一　表能力和情理的助动词“得”

吴堡话的助动词“得”，音[təʔ⁰]，主要有三种用法。第一种义为“应该、必须”，表情理，属义务情态。其位置可以在动词之前，与普通话“得[tei²¹⁴]”用法相同，例如：

（1）我得去一回榆林嘞。

（2）你得先教油滚了，再抬放葱儿。

吴堡话“得”的第二种用法义为“轮到……了；按照次序、时间、情理，该……了”，没有“必须”之意。“得”置于动词之后，不能移动到动词之前，和普通话用法不同。如例（3）“输得了”是“（赢得太多了），该输了”，如果说成“得输了”，就变成“必须输了”。例如：

（3）你也输得了该输了。

（4）尽走得了早就该走了。

（5）咱们也尽搬得了早就该搬了。

第二种用法中，带“得”的动词性短语带宾语时，该宾语要放在“得”之后，即“V得”不能被拆开。这一点和陕北晋语北部的神木话有所不同。神木话中，当句末语气词是“了”的时候，“得”和宾语的语序是自由的(邢向东2001)。例如：

(6)快吃得饭了。(神木话：快吃得饭了/快吃饭得了。其余例句类推)

(7)五十的人了，尽爱护得身体了。

(8)三点了，尽收拾得东西了该收拾东西了。

(9)快割得麦子也快割麦子了。

“得”由表“该……”还发展出一种固定用法：“使得/使不得”，肯定式表“行，足够，足可以”，否定式表“不行”，例如：

(10)吃得尽使得了足够多了。

(11)使得了，再不应舀了行了，再别舀了。

(12)你这底个做可使不得。

(13)这个家具使得使不得？——使得嘞/使不得。

吴堡话“得”的第三个用法是表可能，肯定某件事能够发生，属认知情态。其肯定句格式是“得+VP”，否定式是“不得+VP”，如“得来/不得来能来/不能来、得行/不得行能行/不能行、得办/不得办来得及/来不及”。这种用法和普通话及一般北方话都不同，但在绥德以南的陕北晋语和关中方言中十分常见。例如：

(14)不要烧炉打铁，但能得过过得去就行了。

(15)三分钟煮鸡蛋得熟不得熟？——得熟嘞。

(16)门太挤了，不得出去。

(17)到西安一天得去不得去？——得去嘞。

从几种用法的联系来说，三种用法之间并不是渐次引申的关系，而是以“应该、必须”为中心，以辐射的方式分别引申出后两种用法。可以表示如下：

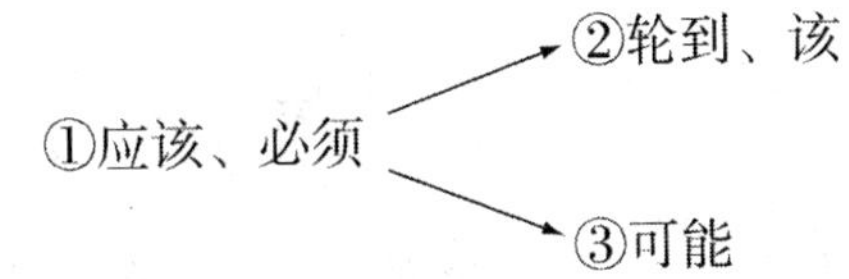

二　表可能的助动词“想”

吴堡话的“想”有两个词性：一个是普通动词，表示一种心理活动，这个意义及其用法与普通话相同；第二个是助动词，表示“主观上倾向于、客观上可能”，前者和普通话接近，后者和普通话不同。这里只谈助动词的用法。

“想”作为助动词，首先表示主观上倾向于做某事儿，表达主观意愿，属于动力情态，这种用法普通话也有。例如：

（18）看这个劲头，那他还想念书嘞。

（19）你和那家人打交道，你想吃亏了。

（20）你是想挨打了。

（21）把水揩给下儿，你是想感冒了。（此例中“想”介于表主观意愿和客观可能之间）

除了表示主观意愿，“想”还可以表示客观上的可能，表示对事态可能性的判断，义为“可能”。这已属于认知情态，普通话的“想”没有类似的用法。例如：

（22）看这个崖山价，想塌下来嘞这座山崖可能要塌下来。

（23）看这个天色价，想下雨也可能要下雨。

（24）今儿吃得不对了，想跑肚子嘞可能要闹肚子。

（25）今年又想遭年成也今年又有可能要遭饥荒。

据调查，陕北晋语中“想”大都有表可能的用法（邢向东

2012)。

三 助动词“敢”的用法

同陕北其他方言一样,吴堡话有一个多用的助动词“敢”。“敢”音[kie412],有四个义项,都属于情态意义:①表示有勇气、有胆量;②表示允许,义为“可”,用于否定式祈使句;③表示“可能”,对事件的可能性进行推测;④表示“要”,用于否定式祈使句,表达与推断情况相反的愿望。另外,“敢”还可以构成表推测的语气副词“敢是”,用于疑问句。

3.1 表“有勇气、有胆量”:敢1

吴堡话“敢”表“有勇气、有胆量”的用法和普通话相同,可以称之为“敢1”。可独立充当谓语,也可在动词性短语前作状语。主语必须是有生性的人、动物,动词均为自主动词。否定形式是“不敢”。例如:

(26)这孩儿可胆大嘞,一个人就敢回家嘞。

(27)我是再不敢迟到了。

3.2 表“允许”:敢2

“敢2”出现在带“不”的否定祈使句中,意义是“可”。“不敢”义为“别”,表示制止。后头可接动词性短语,也可独立充当谓语,还可构成反复问句,询问对方能否做某件带有冒险性的事,回答是“敢/不敢”。普通话“敢”没有同类用法。例如:

(28)不敢再瞎说了别再瞎说了!

(29)课堂上不敢说话别说话!

(30)可不敢教那他管财务,那是个糊涂人!

(31)孩儿倒吃了两颗鸡蛋了,再敢给吃不了还可不可以给吃了?——敢嘞可以/不敢了别了。

这种句子的主语是人(大多省略),动词是自主性动词。其使用语境是:说话人认为祈使对象所做的事可能有危险或不合情理,因此加以制止。

3.3　表“可能”:敢3

“敢3”表示对可能性的推测,相当于普通话的“可能”。从时间关系看,既有未然句,也有已然句。从句子功能看,既有直接叙事的句子,句尾用“也”(将来时助词)、“了”(现在时已然态助词兼表申明语气)等,也有表判断的句子,句尾用“嘞”(现在时正然态助词兼表断定语气)。从句子成分看,句子主语可以是有生性的人或动物,也可以是无生性的事物,后头的动词既有自主动词,也有非自主动词。有生名词作主语如:

(32)底点儿路走了半天还没到,你二舅敢走岔了这么点儿路走了半天还没到,你二舅可能走岔了。(已然,叙事)

(33)我今儿一满没考好,还敢不及格嘞我今天完全没考好,有可能不及格。(未然,判断)

(34)鸡敢教黄鼬吃了鸡可能被黄鼠狼吃了。(已然,叙事)

(35)底个的吧,鸡还敢教黄鼬吃哩嘞这样的话,鸡可能被黄鼠狼吃掉。(未然,判断)

(36)这回人代会上,那还敢当县长嘞。(未然,判断)

(37)看那个说话,那敢是个大学生嘞。(判断)

无生名词或不能发出动作的名词作主语,都是未然句,动词一般是非自主、不可控的,例如:

(38)天阴成这底个,明儿敢下雨也明天可能要下雨。(叙事)

(39)天阴成这底个,明儿还敢下雨嘞明天可能要下雨。(判断)

(40)这眼窑敢塌也这个窑洞可能要塌。(叙事)

(41)这茇[pəʔ⁰]树还敢死嘞这棵树可能要死。(判断)

与肯定句相应的疑问式有两种。第一种是“敢不敢+VP”式

的反复问句,表示疑问程度较高的询问。肯定回答用"敢",否定回答不能用"不敢",而要用表可能的"V不C"式。例如:

(42)你说这天气敢不敢下雨?——敢嘞可能。/下不起不会下。

(43)钥匙敢不敢扔丢嘞?——也敢嘞也可能。/扔不了不会丢。

第二种是"敢是/不敢+VP+吧"式的揣测问句,表达带倾向性的推测。"吧"是表揣测的句末语气词。一般以否定式居多。例如:

(44)这敢是刘锁锁兀家孩儿吧?("是"为动词)

(45)王站长不敢走错路吧?

(46)那个人不敢是新来的老师吧?

(47)今儿不敢起风吧今天不会起风吧?

3.4 表"要":敢4

"敢4"只能构成"不敢+VP"式祈使句,表达与所推测的可能性相反的愿望。"不敢"大致相当于普通话的"不要/别",据我们对神木话的分析,这个"不敢"既是"敢3"的语法化,又是"不敢2+VP"的进一步扩展。例如:

(48)今年不敢教跌下年成吧今年别遭了饥荒。

(49)今天不敢教下下雨吧今天别下雨。

(50)县长不敢教调上走哩县长别让调走。(不愿县长被调走)

(51)可不敢教猫儿把那点儿肉吃哩。

这种句子从主观愿望出发,表达带有推测性的意愿:说话人推测某事情有可能发生,希望它不要发生。从句式特点看,"不敢"后往往接着一个"教"字式的兼语短语,构成"不敢+教+VP"式祈使句。这种句子是用使令形式表达说话人的愿望,"教"后的成分未必是后头动词的施事,只是借用特殊的句式而已。在陕北晋语中,这种带"不敢教+VP"的句子实际上已经形成一种“句套子”。

据此，“不敢$_4$”的意义可归纳为“希望不要”，“敢$_4$”的情态意义可分析为表可能的“要”。

3.5　表“询问”：敢$_5$是

吴堡话可以用“敢是”表示带有推测意味的询问。“敢$_5$是”与上文中的“敢”性质不同，分析为语气副词更合适。“敢$_5$是”一般放在动词短语前面，构成“敢$_5$是+VP”式的是非问句。其中句尾带“嘞”时是比较纯粹的疑问句，句尾读高平而略升的语调，这是吴堡话特有的表疑问的语调（详见第十四章）。例如：

（52）到陕师大敢是坐12路车嘞[lɑo^{33} tʂ^{h}ɑ^{44} ləʔ^{4}]？

（53）陕师大在南面嘞，敢是朝大雁塔方向走嘞[ɕiɤ^{33} tsɑo^{44} ləʔ^{4}]？

（54）王家山敢是朝东走嘞[tuəŋ^{33} tsɑo^{44} ləʔ^{4}]？

（55）你敢是试验治食心虫的药嘞[təʔ^{3} iəʔ^{4} ləʔ^{4}]？

从来源看，“敢$_5$是”应当直接继承了元代以来表疑问的副词“敢是”，它同上面所说的助动词“敢”有渊源关系，但不是直接的构成或引申关系。此处不缀。

助动词的作用是表达情态。情态可以分为三类：动力情态(dynamic modality)，义务情态(deontic modality)，认知情态（epistemic modality）。动力情态表人的能力、意愿、胆量等，义务情态表必须、允许等，认知情态表情理上的可能、应当等。根据这个分类，吴堡话中“敢$_1$”表敢于义，属动力情态，“敢$_2$”表允许义，属义务情态，“敢$_3$”表推测义，属认知情态，“敢$_4$”表“要”义，用于祈使句，兼有推测和允许两种意义，兼属认知类和义务类。总之，“敢”的4个义项分属情态的三个大类，渐次虚化，存在引申关系。

邢向东（2012）详细论证了陕北神木话中助动词“敢”的几

种用法之间的联系和语法化过程，其结论也适合于概括吴堡话的情况。引述如下：

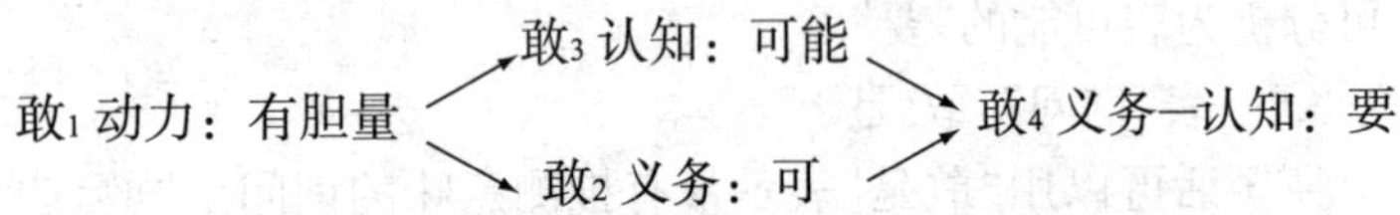

四 语气副词“敢”的用法

吴堡话还有一个使用频率极高的语气副词“敢”，表示确认语气，义为“确实如此”。语气副词读[kɑe213]，与助动词“敢[kie412]”读音不同。本节描写语气副词“敢”的意义和用法。

4.1 单句中的“敢”

“敢”是吴堡话中的高频词，可用于多种句类，韵律上总是轻读，并可有短暂停顿。

4.1.1 “敢”用于陈述句

在陈述句中，“敢”表达一种说话人主观上认定“确实如此”的语气，句末多有语气词“么[məŋ0]”配合。例如：

(56)那二年敢穷得没吃的么那几年穷得没吃的嘛。

(57)敢个儿养的敢要管嘞么自己生的总要管嘛。

例(56)确认“那几年穷得没吃的”的事实，其出发点具有双重性：既表达说话人的主观推断，又表明做出推断的依据是客观事实和情理，这种主客观的双重性正是“敢”的作用所在。换句话说，“敢”在这里表达的是“依据客观事实、情理做出的肯定性推测”的意义，概括起来，就是语气上的“确实如此”。例(57)强调“自己生的必须要管”，表达了一种普遍道理，句首和动词谓语前都带“敢”，确认的语气很强。

“敢”字句末尾一般带语气词“么”，而“么”是极具主观色彩

的语气词(邢向东2002a:634);句子后带“么”表示“正是如此、理当如此”,并带有夸张语气。再如:

(58)那敢是解不开么他是因为不懂嘛。(语境:他因事情没做好而受到指责。)

(59)每敢是可穷来么我们过去可穷来着。这二年则好转了么。

(60)你爸爸敢是就这底个人么你爸爸就这么个人嘛。(语境:他爸爸做了叫人不满的事。)

(61)我敢觉见一满没意思么我觉得实在没意思。

“敢”字句大多要求句末带语气词“么”,说明“敢”对“么”有共现的需求。“敢”所表示的主观确认与“么”所表示的“正是如此、理当如此”的口气,形成一种表里关系,前者为“里”,后者为“表”,配合使用,相得益彰。“敢……么”形成一种语气“包络”,把句子包涵在中间,加强了句子表达主观情态的力度。

4.1.2　“敢”用于祈使句、疑问句和感叹句

4.1.2.1　祈使句

“敢”常用于祈使句。在祈使句中,其作用是通过表达“确应如此”的意思来加强说服力。例如:

(62)你敢不要这底价么你可别这样。

(63)你敢把那利索些儿么你利索点儿嘛!

(64)(看你瘦成甚了?)你敢把那多吃上点儿肉么你多吃点肉。

(65)你敢给老王打上个电话么。

以(62)为例,如果说成“你不要这底价么”,则口气直白,是直接的命令,没有劝说之意,带“敢”以后,句子有“从情理上讲,你不应该这样”的意思,有劝说的意味,试加上后续句:“你敢不要这底价么。你妈也敢不容易么。”“你敢不要这底价么。连你也这底价的话,其他人还不知道敢哪底嘞连你都这样的话,其他人还不知该怎样呢。”

有些祈使句是表商量、请求的。“敢”的作用是确认如此请求具有充足的理由。这一点可以通过语境显示出来。例如：

(66)今儿敢教我歇上一天吧今天让我歇一天吧。(语境:连续好多天没休息了。)

(67)敢教我也旅游上一回吧。(语境:哪里都没去过。)

总之,如果说“敢”在陈述句中是对陈述的事件、判断加以确认的话,那么,在祈使句中则是对自己所提要求的合理性加以确认,目的是增强句子的祈使力量。

4.1.2.2 疑问句

在疑问句中,“敢”不能用于一般问句,只能用于揣测问句。

在揣测问句中,“敢”的基本意义是“确认”,通过确认自己的判断来弱化疑问语气,同时强化要求印证的口气,句尾语调略为上扬,句末带表揣测的语气词“吧”。例如：

(68)你而今儿则敢不用受罪了吧你现在就不用受罪了吧。

(69)谁敢有个三亲六故嘞吧谁都有个三亲六故嘛。

(70)你们班儿学生敢多考上大学了吧?

(71)你从前敢没见过这底个阵势吧?

(72)你敢有一年不回吴堡了吧?

(73)甲:我的书包哪去了?

乙:敢不是谁拿错了?

揣测句是表达信大于疑的疑问句。不带“敢”时,尽管句子倾向于传信,但还是在“问”,带“敢”后传信的意味更重,只要求对方证实或同意自己的判断。如例(68)确认对方“现在不用受罪了”的事实,并期待对方同意自己的判断。这是“敢”的确认语气所致。

单就揣测问句孤立地看,似乎其中“敢”的意义就是“大概”,但联系它在陈述句、祈使句中的用法来分析,其意义是一贯的,仍然是"依据客观事实、情理做出的肯定性推测"——"确实如此"，这种语气比单纯的"大概"要复杂得多。"大概"的意义是通过语调和句末的"吧"表达出来的。这可以通过变换来测试：删除句末的"吧"，则句子都站不住；删除"敢"后句子仍然站得住，而且基本语气不变。此外"敢"还可以换成"大概"，换用后就可以删除"吧"了。

4.1.2.3　感叹句

"敢"可用于感叹句，仍表"确实如此"，句末必须带语气词"么"。还形成一种惯用语"敢就是说么就是嘛、你敢是说嘞么"，表示完全同意对方。"敢"一律不能删除。例如：

（74）而今儿的事敢就底个么现在的事情嘛，就那样！

（75）底个孩儿敢就这底么个调皮么这孩子就这样调皮嘛！

（76）甲：底大个人了连底个事情也解不开这么大个人了连这么个事情都不懂。

乙：敢就是说么！

（77）甲：那么多钱了还在乎这两个嘞都那么有钱了还在乎这点儿吗？

乙：你敢是说嘞么！

4.2　复句和语篇中的"敢"

"敢"在普通复句中用于前分句或后分句；在紧缩复句中只用于后分句。

4.2.1　"敢"出现在前分句

"敢"用于复句中前分句的频率很高，值得特别描写的是转折句和假转句。

4.2.1.1　转折句

带"敢"的转折句有两种，"敢"均起强化让步语气的作用。

第一种构成"V/A敢是V/A么"格式，表示姑且承认，充当前分句。后分句往往是反问句。此处必须连用"敢是"，其中"说敢

是说嘞么”是惯用语,意思是“说是说……”。例如:

(78)穷敢是穷么,穷吧么就偷人嘞穷是穷,穷就偷人呢?

(79)嘅敢是嘅嘞么,你倒打嘞骂是骂嘛,你就打呢?

(80)说敢是说嘞么,我又不是怕那嘞说是说,我又不是怕他呢?

(81)说敢是说嘞么,而今儿的人把一点儿吃的还当回事嘞说是说,现在的人把一点儿吃的还当回事儿吗?

第二种,前分句用“敢……么”,后分句用反问相呼应,前后分句之间语气连贯,意义逆转。例如:

(82)你敢是各人要去嘞么,敢没拉断你吧是你自己要去嘛,又不是谁撵你啦?

(83)伺候你敢倒对了么,还要连你婆姨也伺候上嘞侍候你就行了嘛,还要连你老婆都侍候上吗?

4.2.1.2　假转句

假转句是一种用“P,否则Q”格式表达的复句。吴堡话的假转句,句中用“不价/不哩”对前分句所述情状作假设性的否定,后分句说明基于该假设的结果。例如:

(84)我敢是怕你急躁嘞么,不价不然的话早给你说了。

(85)我敢就是没钱么,不哩好楼房也买起嘞不然的话好楼房也买得起。

(86)我敢是舍不得撂下每妈么,不价早出国了不然的话早就出国了。

4.2.2　“敢”出现在后分句

“敢”出现在后分句的主要是因果类复句,如因果、推断、假设、条件、目的句。“敢”的作用是承接前面分句的语气,并确认后分句表达的结果。它在这里表达的是“依据上面的原因、条件做出的肯定性推测”的意义。例如:

（87）既然你来说情的话哩，我敢就该给这个面子嘞那我就得给这个面子。（推断句）

（88）你则早些儿来，敢省得人伺等你应当早点来，省得人等待。（目的句）

（89）只要孩儿每孩子们过得好，大人敢就放心了么。（条件句）

（90）你考上大学的话，敢就不用在农村受苦了。（假设句）

在因果类复句尤其是在条件、假设复句中，“敢”具有双重作用：一方面从语气上对前后分句加以衔接，一方面对后分句所陈述的事实加以确认。以例（90）为例，前分句假设“你能考上大学”，后分句表明其结果：“你就不用在农村受苦了”，其间，“的话”和“敢”配合起来表示语气关系：如果实现了该条件，确实能达到该结果。

4.2.3　“敢”用于紧缩句

“敢”可用于表假设、条件关系的紧缩句，其中包括动词拷贝结构。这时它位于句子后部，对结果加以确认。这是它在因果类复句中衔接前后分句的用法的另一种表现形式。例如：

（91）只要说下了则敢要顶个眼眼嘞吧说好了就要算数嘛。

（92）走不动敢就不用走了么要是走不动就别走了。

（93）你去了敢就好说了么你去了就好办了嘛。

（94）输敢就输了么，为甚刷天掼地输就输了呗，干嘛发脾气？

4.2.4　“敢”的语篇衔接作用

“敢”在对话中具有衔接作用，一般用于答句，承接对方的话，确认做某事的理由或出现某种情况的原因。例如：

（95）甲：买点儿蚊香为甚底费劲买一点儿蚊香为什么这么费劲？

乙：我敢脚疼得走不动么。

（96）甲：你情么照。

乙：照下敢就要给出洗嘞么照下得洗呀。（说明不能多照的理由）

（97）甲：你给咱帮给下忙吧。

乙：我敢顾不上么。

以（95）为例，乙通过确认脚疼的事实来解释买蚊香如此费劲的原因，"敢"起衔接作用。在会话中，"敢"已经有进一步虚化的迹象，有时并无明确的意义，仅仅起衔接语篇的作用。再如：

（98）甲：你给咱上街买面吧你上街去面去吧。

乙：敢教我哥哥买去么让我哥哥去买嘛。

甲：你哥哥敢顾不上么你哥哥顾不上嘛。

乙：兀哩我敢是要做作业嘞么那我要做作业嘛。

后三句话都用了"敢"，其作用主要是衔接双方的话，同时确认自己观点的正当性。

4.3 "敢"与语气副词"是"和助动词的连用

4.3.1 与语气副词"是"连用

"敢"经常和语气副词"是、倒"连用。其中"敢是"连用最常见，读[kqe$^{213-21}$ sɿ^{0}]，句末大都有"么"，语气比较强烈。例如：

（99）王家山敢是朝东走嘞吧王家山应当是朝东走吧。

（100）玉稻黍敢是秋里才收嘞么玉米是秋天才收呢。

（101）谁养下的敢是要谁心疼嘞么谁生的孩子要谁心疼嘛。

（102）人家敢是不想和你一般见识么。

这类句子也可不带"敢"，只用"是+VP"，这时语气变化较大。如例（102），说成"人家是不想和你一般见识"只表达判断，加上"敢"以后，就在语气上强调了这种判断的正确性，把判断和确认语气结合在一起，构成了一种"复合的语气"。

从韵律看，"敢是"连接紧密，"是"读轻声，它们连用的频率极高，具有一定的凝固性，可分析为一个词。“敢是”在元代就已出现，现代方言中也多连用。

4.3.2　与助动词的连用

语气副词“敢”后面可以连接助动词，形成“敢+（要/敢/能/会+VP）”的格式。“敢”对句子所表达的情态加以确认，强化语气。例如：

（103）你敢（是）要为人家着想嘞吧。

（104）你敢（是）要先和那他商量嘞么。

（105）你敢（是）不要教让那他发言么。

（106）你敢能西安去一回去嘞吧你能去一趟西安吧。

（107）“臻”字敢不能这底写么“臻”字不能这样写嘛。

（108）你敢会和那讲理嘞么。（为甚要胡来嘞？）

（109）我敢是不会炒菜么。

吴堡话还有一个使用频率很高的助动词“敢”（详见第三节），语气副词“敢”后紧跟助动词“敢”的否定形式，构成“敢+（不敢+VP）”的格式，这时语气副词“敢”读[kɑe^{213}]，助动词“敢”读[kie^{412}]。例如：

（110）我敢不敢和那说么我不敢和他说嘛。

（111）你敢不敢和老师顶嘴么你可不能和老师顶嘴。

（112）今年敢不敢倒下年成吧今年不会遭饥荒吧。

（113）你妈敢不敢走岔路了吧你妈不会走岔路吧。

（114）张老师敢不敢教调上走了吧张老师不会调走吧。

（115）明儿敢不敢下雨吧明天不会下雨吧。

4.4　余论

单就吴堡话一个方言来看，语气副词“敢”与助动词“该”读音相同，二者似乎当有直接联系：表情理上“应当”的用法，语法化为表主观上认为“确实如此”的语气，顺理成章。事实上，有学者就认为它们之间存在相互引申的关系，即陕北晋语的语气副词“敢”来自助动词“该”（王鹏翔2008）。

不过事情远没有这么简单。要弄清吴堡话“敢”的来源，必须在整个陕北晋语乃至整个晋语的宏观背景下来观察，还要联系近代汉语语法，从横向、纵向两个维度上考察，才能得出正确的结论。

与吴堡话的语气副词“敢”功能相同的成分，佳县话也读[꜀kɑe]（与“该”同音），清涧话读[kəʔ꜆]，其他陕北晋语，如府谷、神木、横山、榆林、绥德、子长等，乃至大部分山西晋语，大多将这个语气副词读[kæ]类音，与助动词“敢”或同音，或声韵相同，声调有别。邢向东、周利芳（2013）详细论证了晋语中助动词“敢”和语气副词“敢”的关系，认为陕北晋语的“敢”是在助动词“敢”表可能用法的基础上进一步语法化的结果，在一些方言中，伴随着语义虚化、“句法提升”的过程，读音也发生了变化，其中吴堡、佳县话变得与“该”同音。因此，本书认为这个语气副词的本字就是“敢”。

第十四章 疑问句、祈使句、感叹句

一 疑问句

吴堡话的疑问句有一种特殊的语调，即句末三个字读略微上升的次高平调。即使原来的字调不是平调，也要服从句调的要求变为平调。这种特殊的语调主要在是非问、特指问中出现，不过并不在所有的是非问、特指问中都用，而只有在特别表明是在询问对方时才用。这种疑问语调在绥德、佳县等方言中都有，神木、府谷等榆林北部方言则不大使用，因此形成了明显的区域特征。例如：

这圪瘩石头你能□拿动嘞[xɤu³³ tuəŋ⁴⁴ ləʔ⁴]？

这个人大概有三十来岁了[lɑe³³ suɑe⁴⁴ lɛe⁴]？

这个东西有哪底重[lɑ³³ tɛe⁴⁴ tsuəŋ⁴⁴]？

结构上，吴堡话的疑问句以选择问和反复问较有特点，是非问很不发达，特指问没有什么特点。

1.1 是非问句

吴堡话真性是非问句比较少，如果要发问，一般用句子头上

带“是不是”来发问,句子带有一定的倾向性。例如:

(1)是不是我也能参加嘞?

(2)是不是你也没请假?

(3)是不是你把烟忌了?

当问话人对事情的可能性有所预测,需要向说话人求证时,可以直接用陈述句的句式加上升语调,构成带倾向性的是非问句。如:

(4)你明儿榆林去也?

(5)明儿你去嘞?

例(4)问“你明天要去吗”,句中的“也”是时制助词兼表申明语气,问话人倾向于判断对方会去,所以才这样问,如果是在完全没有倾向的情况下发问,多半会用反复问句“你榆林去也不”。例(5)问“你明天是不是去”,句末的“嘞”是表确认的语气词,说话人同样是在对对方“去”的可能性比较肯定的情况下发问,如果肯定性较弱,则会用“是不是……”,如果是纯粹的疑问,则会用反复问形式。

揣测句,用句末带“吧”表揣测,跟普通话一致,例如:

(6)今儿十五号了吧?

(7)他咋也大概按时来也吧?

(8)你那阵儿在机械厂工作着来吧你那会儿是在机械厂工作吧?

1.2　特指问句

吴堡话的特指问句在句式上没有什么特殊的地方,主要是有些疑问代词比较独特。详细情况见第十章,这里再举些例子:

(9)这是谁?(问人)

(10)你手行手里□[$x\text{ɤ}u^{412}$]拿的个甚?(问物)

(11)俩姊妹哪个大?(问指别对象)

(12)□[nia^{412}]是哪儿家你们是哪里人?(问处所)

(13)你到哪儿去嘞?(问处所)

(14)这种果树是哪底怎么种的?(问方式)

(15)这号儿针法作摩价怎么挑嘞?(问方式)

(16)你看这事哪底怎么办?(问方式)

(17)这种苹果味道作摩着怎么样嘞?(问状态)

(18)□[nia^{213}]你们一共有多少人?(问数量)

(19)这根墙究竟哪底多高?(问数量)

(20)你为甚要辞职?(问原因)

1.3　选择问句

吴堡话的选择问句,用语气词"□[$ɑ^0$]"来连接两个分句,各分句头上一般带判断词"是",即"是A+$ɑ^0$+是B"。与清涧等方言比较可知,中间的"□[$ɑ^0$]"当是"也"的弱化形式。询问曾经发生过的事情时,分句末要带时制助词"来",例如:

(21)你是动弹去来也[$ɑ^0$]是要去来你是干活儿去了还是玩儿去了?

(22)你这回是香港去来也[$ɑ^0$]是澳门去来你这次去香港了还是去澳门了?

大多数选择问句都是询问未然的事件、情状,这时分句末尾往往带着语气词"嘞",说话速度较慢时,"嘞[$ləʔ^0$]"和"也[$ɑ^0$]"仍然是各自独立的音节,不过界限有点模糊而已;在语速较快时,"嘞[$ləʔ^0$]"与"也[$ɑ^0$]"合音为元音拖长的音节"[$lɑ\!:^0$]",书面上可以写作"啦"。例如:

(23)小张养的小子啦是女子(嘞)小张生的儿子还是女儿?

(24)你是到天津去啦是上海去嘞?

(25)你是而今儿吃啦是罢了吃嘞你现在吃还是一会儿吃?

(26)你是看书啦是看报嘞?

有时，也可在“啦”之后略作停顿，后分句加上“还是”，相比之下，用“还是”比用“是”略显强调。例如：

（27）□[niɑ^{213}]你们是坐火车啦，还是坐飞机嘞？

（28）这事情是我给人家说啦，还是你给说嘞？

还可以用“是”作前分句的结尾，稍停顿后以“还是”为后分句开头，即在两个分句中间连用“是，还是”，例如：

（29）你去天津去啦是，还是到上海去嘞？

（30）你是开完农高会串去也是，还是串完再开农高会去也你是开完农高会去旅游呢，还是先旅游再开农高会？

同一动词短语的肯定否定形式也可以构成选择问。例如：

（31）今儿下雨嘞，学校是去啦是不去了你去不去学校了？

（32）技校你是念去啦是不念去？（念去啦则走。）

1.4 反复问句

吴堡话反复问句的基本形式是“VP/AP+否定词”，如：“你去不？”“那他走没？”和陕北晋语其他方言一致。

1.4.1 带“不”的反复问句

带“不”的反复问句询问惯常发生的事情和将要发生的事情。在动词带宾语时，最常用的句式是“VO+嘞+不”，其次是“V+不+VO”。例如：

（33）你吃烟嘞不？ ＞你吃不吃烟？

（34）你家孩儿今年考大学嘞不？ ＞你家孩儿今年考不考大学？

当句中带助动词时，最占优势的说法是“助+V（+O）+嘞+不”，其次是“助+不+助+ V（+O）”，例如：

（35）你能来嘞不？ ＞你能不能来？

（36）你会写嘞不？ > 你会不会写？

（37）你敢一个人去榆林嘞不？ > 你敢不敢一个人去榆林去？

当句子询问发生某件事的可能性时，最占优势的说法仍然是句末加否定词，即“V+可能补语+不”，其次是助动词的肯定否定叠用式“能不能+V+补”，再次为动补短语的肯定否定叠用式。例如：

（38）上学前暑假作业做完嘞不？ > 上学前暑假作业能不能做完？ > 上学前暑假作业做完做不完？

（39）电话打通嘞不？ > 电话能不能打通？ > 电话打通打不通？

如果问话人已知对方计划要做某事，或已经在做某事，询问是不是按计划实施或仍然做下去，则用否定结构加上表现在时已然态的助词“了[lɛe^{0}]”发问。例如：

（40）你西安去不了？——不去了/去嘞。

（41）你今年种萝卜不了？—— 不种了/种嘞。

（42）你而今儿生意做着不了你现在还做生意吗？——做着嘞/不做着了。

（43）你家女子念书着不了你家姑娘还念书吗？——念着嘞/不念着了。

如果问话人已知对方计划要做某事，询问是不是现在就做，则用否定结构加上表现在时正然态的助词“嘞[ləʔ^{0}]”发问。例如：

（44）你睡也不嘞？——睡也/不睡着嘞。

（45）你走也不嘞？——走也/不走着嘞。

（46）那家小子问□[sɑo^{33}]子嘞不嘞他们家儿子是不是要娶媳妇儿了？——问也/还不问着嘞。

(47)你家孩儿明年考大学也不嘞？——考也/明年还不考着嘞。

要听话人对某些事情做出是与非的判断，与询问一般事情不太一样，要用“是不是……”的格式。例如：

(48)那他是不是个校长？

(49)刚过去那个人是不是林业局局长？

1.4.2 带“没、没拉”的反复问句

吴堡话表已然的否定副词是“没”和“没拉”。现在还不清楚“没拉”的原型是什么，以及它在晋语中的分布如何。在陕北晋语中，佳县话也常用“没拉”表示否定。“没拉”与“没”相比，表达上没有什么特殊的意味。

对动作及其结果提出疑问，否定词前须带现在时的已然态助词“了”，然后用“没”结句，这时一般不用“没拉”。例如：

(50)你吃了没？

(51)你听精明了没？

(52)你作业做下了没？

询问是否做过什么事，去过什么地方，句中用“来”，句末用“没拉”表示。例如：

(53)你吃来没拉？

(54)你西安去来没拉？

(55)你见这个人来没/没拉？

这种格式也用于追问，例如：

(56)你贪污来没拉？贪污了就给人退给么！

(57)你到底偷来了没拉？偷了赶紧承认！

(58)你到底给那他说来没/没拉？

二　祈使句

吴堡话在祈使句尾表语气的有“些、着、去、来”等词。特定的结构和语气词配合,可以构成不同的祈使句。

2.1　VP+些

“些”音[siɑ⁰],主要表邀请语气。吴堡话用“些”煞尾的祈使句,在神木话中往往用“来”煞尾,而后者正是表示邀请对方一起去做某事的语气词,这时句首主语多是人称代词“咱”。例如:

(59)咱个儿打球些咱们打球去吧!

(60)咱看电影些!

(61)咱浮水些咱们游泳去吧!

(62)咱去街上看秧歌些!

“些”也可以表达较弱的命令、催促语气,这时主语是“你”,大多省略,例如:

(63)跟我浇地些!

(64)你给咱写对子对联儿些!

(65)赶紧起粪从牲畜圈里起圈粪些!

(66)赶紧给人家道歉些!

2.2　VP +着

“着”音[tʂəʔ⁰],充当祈使语气词主要表命令,要求听话人继续保持某种状态或继续做某件事,它显然来自表持续体的用法。例如:

(67)揿着!揿着!

(68)你就在家窝呆着!

也可以表示警告和威胁。如:

(69)操心碟子着!

(70)你好好儿看你着看你怎么办!

(71)速终不远的将来看你着!

(72)你等我哥哥来了看你着!

吴堡人威胁别人"将来再跟你算账"时,句尾喜欢用"看你着",意思是"看你怎么办","着"应为语气词。

"着"还可表先行意义,即等做完甲事以后再做乙事。汉语方言学界把这种意义叫做"先行义",有的方言语法论著将其概括为"先行体"。笔者认为它还不足以构成一种"体",而是"着"表祈使用法的进一步引申,即先行义是在祈使义的基础上形成的,可以作为祈使意义的一种。它总是位于对话中答句的句末,分析为语气词更能反映其本质特征。

吴堡话用"着"表示先行义,一般出现在对话中。这时,句子往往用动词"等"起头,"着"也可说"再着",其中前面是名词性短语时,只能用"再着"或"再说",说明"再着"还有一定的动词性。关于"着"表先行意义的用法以及"再着"的形成,参见邢向东(2004a,2006)。例如:

(73)甲:咱把这点儿营生做完吧。

乙:不应忙,歇给阵儿着/再着别忙,歇会儿再说。

(74)甲:时光不早了,赶紧走吧。

乙:等给阵儿着/再着。

(75)甲:我而今儿现在就叫那他。

乙:不要忙,等吃饱了着/再着。

(76)甲:你甚会儿结婚嘞?

乙:等房子盖好着。/房子盖好再着/再说。

(77)甲:你今儿领我去公园串去来吧。

乙:明儿再着。

2.3 VP+去

"去"读[$k^hə?^0$],用于祈使句时,只能置于表命令的句子末尾。例如:

(78)吃去!吃去!

(79)你妈供你不容易,则好好儿念去!

(80)(对方要铲土)你情么尽管铲去!

(81)你管你串转去!家里有我嘞。

"去"可以放在进行体、持续体助词"着"后表祈使,义为让对方尽管继续做某事或保持某种状态。例如:

(82)就教在那搭儿放着去就让在那儿放着!

(83)你给咱看着去!

(84)情么叫孩儿要着去尽管让孩子玩儿!

(85)情教人家使唤着去尽管让人家用!

"去"的本义是表示位移,而"着"的语法意义是进行、持续,"去"能够在"着"后使用,说明此处它已经完全脱离位移义,仅仅表示祈使义了。详细的讨论见邢向东(2011b)。

2.4 VP+来

"来"音[$lɑe^{33}$],主要用在表邀请的祈使句中,义为请对方到说话人所在的位置来做某事。有的"来"尚有比较实在的位移意义,如:

(86)你个儿上炕上来!

(87)你给咱写对子来!(说话人和听话人不在一起)

当主语为"咱"的时候,"来"只有邀请的语气,没有位移意义。这时句中常带着表商量、请求义的语气副词"个儿"。如果"来"前带趋向动词"去",则表示邀请对方到某个地方去做某事,"来"已没有任何趋向意义,因此可用"些"替换。例如:

(88)咱个儿打麻将来。

(89)咱个儿喝酒来。

(90)咱个儿到街上串去来。

(91)咱个儿跟工打工去来。

(92)想吃枣儿动儿摘去来。

(93)你也一搭去来你也一起去吧!

需要指出的是,根据我们对《原本老乞大》和《朴通事》的穷尽性考察,"去来"连用表达商请语气,在元代口语文献中非常普遍,出现频率很高。

2.5 VP+吧

"吧"常用于祈使句,表示商量、请求的口气,增加句子的感情色彩。句中经常有"个儿、给咱"等专表祈使的语气副词。例如:

(94)你个儿给咱写对子吧!

(95)咱明儿早起吃钱钱汤又叫钱钱饭:一种稀饭吧!

(96)我给咱敲锣锣吧!

(97)赶紧给咱做饭吧!

(98)你也把兀儿长上个心眼儿吧!

在"着、去、来"等其他祈使语气词后面,也常用"吧",增加祈使句的感情色彩,尤其是商量的口气。例如:

(99)停停儿乖乖儿坐着吧!

(100)你则好好儿等着吧!

(101)我给你的,则穿去吧!

(102)则便宜卖去吧!

(103)你跟我一搭儿算来吧!

2.6 VP+么

"么"音[məʔ⁰],用于祈使句时,给句子带来"理当如此"的附加意义。例如：

(104)你个儿看么！长下眼睛做甚的？

(105)你敢是用心听老师讲课么！

(106)你给我抬给下么！

(107)你想办法么！

2.7　VP+嗯

“嗯”音[əŋ53]，置于祈使句末尾，以增加感情色彩。在一些陕北方言如神木话中，相应的句尾用“哎”。例如：

(108)照车子着嗯！

(109)把钱儿装好嗯！

(110)操心碰烂脑着嗯！

(111)操心看路嗯！

2.8　把字句构成的祈使句

吴堡话可以用“把”字句的形式表达祈使语气，这也是许多晋语的共同特点。“把”字的宾语是虚指的指示代词“那”。这是利用“把”字结构的处置、主观意义，增强祈使的力度，因此，该类句子都是命令句。例如：

(112)你把那歇给会儿你也歇一歇！

(113)你把那看给会儿书！

(114)你把那串给会儿！

(115)你把那说上两句话！

(116)你把那吃上一点儿！

三　感叹句

吴堡话的感叹句颇有特点。不同的语气词与特定的结构格式相结合,可以构成不少表义独特的感叹句。

3.1 句尾带“嘞”的感叹句

3.1.1 AP+嘞

“嘞”是表确认的语气词,一般用于陈述句。由于它具有确认功能,在表达强烈感情的时候,句子末尾也往往带上“嘞”。例如:

(117)啊呀,这人能行嘞!

(118)实在麻烦嘞!

(119)怕嘞!怕嘞!(快)把我怕得胆输了!

谓语前带上程度、语气副词“可、黑来非常、特别,‘海’的分音词”,句子的感情色彩更重。例如:

(120)这女子可懒嘞!

(121)黑来大嘞!

(122)人家黑来有钱嘞!

“嘞”后再加上增加感情色彩的“吧”,就构成“可+A+嘞吧”作谓语的感叹句:

(123)那婆姨可勤俭勤快嘞吧!一天价就做营生嘞。

(124)这女子手可巧嘞吧!甚也能做成嘞。

(125)这人可精嘞吧!从来不吃亏。

(126)街上可红火嘞吧!

3.1.2 VP/AP+嘞么

在动词、形容词充当谓语的感叹句中,“嘞”后加上语气词“么”,即可构成“VP/AP+嘞么”的感叹句,“么”给句子带来了理当如此、的确如此的口气。例如:

(127)你是组长嘞么!(你不管谁管?)

(128)人家有钱嘞么!

(129)这件衣裳还新着嘞么!

(130)时间还早嘞么!

3.1.3　好+NP+嘞

将“嘞”放在名词性短语之后,往往可用于表达呼唤。当名词性词语前带形容词“好”时,就可以构成一种特殊的呼告句:“好+NP+嘞”。呼告句的功能是带着强烈的感情呼唤听话的对象,有时带有央求的意味。例如:

(131)好我的神神嘞! 你则不应去了!

(132)好你孩儿嘞!

(133)好我的孩儿嘞!

3.1.4　好少的个+ NP+嘞

“好少的个+ NP +嘞”中,“个”音[kuəʔ⁰],这是表示赞叹东西极多时的感叹句。例如:

(134)吴堡好少的个枣儿嘞吴堡多的就是枣!

(135)地里头好少的个泥嘞!

(136)山上好少的个树嘞!

3.2　句末带“了”的感叹句

“了”音[lɛe⁰],是吴堡话中常用的陈述语气词。“了”和某些特定的结构相结合,可以构成一些独特的感叹句。

3.2.1　才+ AP/VP +了

这是表示不屑于做某事的感叹句,句子的实际意义和“才”后的形容词相反。例如:

(137)我才没做上的了我顾不上管这些闲事儿!

(138)我才差怕那他了我不怕他!

(139)我才着紧了我不着急!

3.2.2　再没这底+AP+了

这是表示某种状态的程度极高的感叹句,指示代词“这底”

起修饰作用，指称当下的状态。例如：

（140）再没这底嵌了再没这么合适了！

（141）再没这底痛快了！

（142）再没这底窝囊了！

3.2.3 则+VP/AP+了

"则"音[tsɑ53]，是语气副词，构成的感叹句有两种。一种是惊叹发生了意想不到的事情，一般是不好的事情：

（143）则戳下拐闯下祸了！

（144）则把事情闹坏了！

（145）则做过坏事儿了！

另一种是庆幸总算把一件事做完了，这时"则"可以用"则么[tsəʔ3 məʔ0]"替换。

（146）则总算把这点儿病治好了！

（147）则把这个黑皮打发了！

（148）天则暖了！

3.2.4 "则[tsɑ53]"独立构成的感叹句

"则[tsɑ53]"可以独立构成感叹句。例如：

（149）则！书也忘下了！

（150）则！拴狗的链子断了！

（151）则！水流下一地了！

3.3 反问句形式的感叹句

3.3.1 为甚+反问语气

"为甚"是询问原因的疑问代词。构成反问句时，多数表示抗议、反对、斥责等。例如：

（152）好好儿地[tɛe0]的[təʔ0]饭，为甚倒嘞！

(153)个儿自己挣下的么,为甚不花嘞!

(154)白凭无故儿为甚打人!

3.3.2　作摩+VP/AP+来该

"作摩"是询问动作行为的方式的疑问代词,"来/来该"是表过去时的助词,"作摩+VP/AP+来该"构成感叹句,表示对感叹对象或当下处境的极度不满和懊丧的情绪等。例如:

(155)不晓得作摩念书来/来该!

(156)那他作摩底倒霉来/来该!

(157)跟你那个老子作摩一样来/来该!

3.4　"看"字句

吴堡话中,动词"看"可以放在句子头上表示提醒、指示、不满等,构成一系列感叹句。"看"在语用上的作用是,好像是在指着对象发出感叹,所以特别具有表达强烈感情的功用。

3.4.1　看+你+个+NP

这是当面斥责人的感叹句。例如:

(158)看你个二流子!

(159)看你个挨刀的!

(160)看你个不成器的东西!

(161)看你个死黑皮!

3.4.2　看+ NP+AP/VP +得

这是感叹某种性状的程度很高的句子,句尾的"得"原本是连接动词和程度补语的结构助词,由于其后的补语隐含,构成言已尽而意无穷的感叹句。"看"后的名词性成分实际是主语。例如:

(162)看那枣树结得!(感叹其多)

(163)看那打扮得难看得!

（164）看我这人活得！（感叹生活境况不好）

“看字句”中间还可以带“把”，把“看”的当面指示作用和“把”的处置作用加合起来，以增强句子的主观色彩：

（165）看把那乐高兴得！

（166）看把你规矩得！

（167）看把你高兴得！

3.4.3 看+NP+哪底/作摩+AP

这也是感叹性状程度极高的句子。“看”后的名词性成分是主语，“哪底/作摩”是表状态的疑问代词，用反问的方式表感叹。

（168）看这山哪底立多陡！

（169）看那娘的哪底狠心！

（170）看那作摩多危险！

（171）看那女子作摩胖！

3.4.4 “看”字特指问、反复问、虚拟句

这是用反问句和虚拟句形式构成的感叹句，大多表示斥责以及其他的负面感情态度。例如：

（172）看你说的些甚嘞！

（173）看你学成个甚了！

（174）看那怕人子嘞不看那多吓人！

（175）看那会捣鬼嘞不看他多会捣鬼！

（176）看那把你吃了价看他能把你吃了！

3.5 程度/语气副词+是个+NP

这是对对象的性质加以确认的感叹句，多数用于斥责和咒骂的语境。例如：

（177）确实是个糊脑㞞糊涂蛋！

（178）你真真儿是个死黑皮！

（179）你就是个二流子！

3.6　NP/VP动+才是

这是由语气副词“才”加上判断动词结尾的句子。由于“是”后的成分被隐含，所以句子有意犹未尽之感，感叹的口气十分强烈。例如：

（180）这孩儿才是！（隐含谓语）

（181）这号人才是！（隐含谓语）

（182）这点儿营生做得才是！（隐含补语）

（183）你这话说得才是！（隐含补语）

3.7　“还”字结尾的感叹句

将语气副词“还”之后的成分隐去，由“还”直接结尾，造成特殊的感叹句。由于语气副词之后一般跟的是动词、形容词，所以其后不再出现谓词性成分，含义强烈、丰富而含蓄。此处的“还”已经语气词化了（邢向东2007b）。例如：

（184）这种人还！

（185）那还！

（186）这阵儿了还！（去甚嘞？）

（187）走也走了还！（说顶甚事嘞？）

3.8　“把”字感叹句

由“把”字短语构成的感叹句有两小类。第一类的结构是“把+这个+NP”，“这个”表示指别，NP一般是詈词，全句表示对人极其不满时的骂人话。其结构的特殊性在于，“把”后头只有一个名词短语。例如：

（188）把这个龟儿子！

（189）把这个老家伙！

（190）把这个兔崽子！

（191）把这个屄儿子！

第二类的结构是“把+NP+AP+得”。这是由“把”字结构和“得”后的补语性成分省略相配合，从而造成特殊感叹句。“把”字所具有的处置意义给句子增加了一种特殊的主观性，“得”后成分的隐含给句子增添了意犹未尽的色彩。

（192）把他能得！

（193）把那大方得！

（194）把他牛得！

（195）把你狂得！

第十五章　虚拟语气和提顿语气

汉语方言中存在虚拟范畴，主要表现在假设复句中。在陕北晋语中，还存在表虚拟的单句，详见邢向东（2006）的论述。吴堡话表达虚拟语气的方式与其他陕北晋语有一致的地方，也有其独特之处。吴堡话表提顿的手段也颇有特点。

一　虚拟语气

本节根据邢向东（2006）的分类，按照意义把虚拟分为愿望、假设、犹豫、纵予四个小类，分别进行描写。

1.1　愿望类虚拟语气

愿望类虚拟主要是对已然事态的虚拟，是对同已然事实相悖的主观愿望的表达。因此，该类句子叙述的事件，都是说话人希望（曾经）发生的。其中肯定句假设某事件是过去应当发生的（实际上并未发生），否定句假设某事件过去从未发生过（实际上已经发生）。说话人带着遗憾的口气把这个情况陈述出来，就构成了愿望类虚拟句。

吴堡话表达愿望类虚拟语气的语气词是“价[$tɕiɑ^0$]”，从句中位置看，“价[$tɕiɑ^0$]”一般置于假设分句末尾。分句中经常用表假设的语气副词“将比、惟、要”和时间副词“早”等。例如：

(1)这件衣裳将比再便宜一点儿价,我就买下了。
(2)惟有个好笔价,这几个字可能写好嘞。
(3)我那会儿好好儿念书价,这会儿起码也是个干部。
(4)你要早些儿承认错误价,就不用挨这顿打了。
(5)早晓得你来价,我还用费力把气嘞?

在说话人认为结果自明或不便明言的情况下,为了表达强烈的遗憾心情,可以隐去结果分句,直接将“价”置于前分句末尾,用高降语调结束该句,构成表达带遗憾的愿望的虚拟句。从句类来分析,这种句子已经是感叹句。例如:

(6)唉,我听上你的话价我听你的话就好了!
(7)我说么,咱们早些儿动身价咱们早点动身就好了!
(8)这场雨要早下上几天价这场雨要早下几天就好了!
(9)这件衣裳将比再便宜点儿价这件衣裳再便宜点就好了!

显然,这种带感叹性质的虚拟句的成立,是由于假设分句的“悬空”造成的。

吴堡话还可用“不如/不顶+V+来/嘞/价”表达遗憾的虚拟语气。“不如/不顶”应分析为动词。例如:

(10)不如再叫上几个人价。
(11)还不顶不上这个学来。
(12)不如把人家请上一顿嘞。
(13)不如再复读上一年价。

1.2 假设类虚拟语气

假设类虚拟是假设将然、未然情状的虚拟,是不带特殊感情意味的虚拟语气。

1.2.1 假设复句中的条件分句

吴堡话表达假设类虚拟语气的语气副词有“要、要是、要不是"等。表假设类虚拟语气的语气词有两个小类。第一小类是单纯的语气词"价[tɕiɑ⁰]、的话[təʔ³ xuɑ⁰/⁵³]、哩[lɛe⁰]、动儿[tər⁵³]"，例如：

（14）不是打电话价，早忘记了。

（15）我想吃价各人会闹嘞。

（16）不想坐汽车哩，坐火车些吧。

（17）天不下雨的话我早就来了。

（18）你想睡的话就睡去吧。

（19）今儿咱不吃大米动儿吃面些吧。

第二小类是叠加式语气词"动儿价[tər⁵³ tɕiɑ⁰]、的话哩[təʔ³ xuɑ⁵³ lɛe⁰]、哩动儿[lɛe⁰ tər⁵³]"，其中"的话哩"多用于两种情况的对举。它们大多用在假设分句（包括紧缩句）末尾，虚拟未然的情状。例如：

（20）你要不念书动儿价，将来就是个受苦。

（21）不劳动动儿价，就是个恓惶可怜。

（22）你想来的话哩，你就来，你不想来的话哩，就不应别来。

（23）不吃哩动儿给回走不吃的话就回去。

（24）不想串去哩动儿咱就走吧不想转去的话咱就走。

在动词"是"开头的紧缩句中，条件分句后经常连用"哩的话哩"表示假设，例如：

（25）是大学生哩的话哩就能考公务员。

（26）是城市户口哩的话哩就能招工嘞。

（27）是客人来哩的话哩把饭菜准备好。

（28）是你哩的话哩就可以。

除了语气词以外，个别句法结构也主要用来表达虚拟的情状。如用"给了＋NP+价/的话/的话哩、要是+NP+的话"的格式

表假设。例如:

(29)给了那价又不晓得作摩价也要是他的话还不知道怎么样呢。

(30)要给了咱们的话哩,就不兀底做要是咱们的话就不那么做。

(31)要是我的话,早就发火了。

(32)要是你的话,就不会闹成那底个那个样子!

在假设分句中,可以在句首加上表强调的前置词"投",这时分句的虚拟语气特别强烈。说话人往往认为这种假设成为现实的可能性极小,或情理上不该如此,大致相当于北京话的"假如+连……也"。因此,前分句多带副词"也",并须停顿。全句或是用反问语气,或是用甚极之辞,表示绝无可能。"投"本是动词,本义为"向一定的目标扔",在陕北话中引申出"向……方向(前进)"之义,前置到时间、假设分句句首,义为"到了……的地步",实际上已经语法化为前置词了。例如:

(33)投我住上楼房价,狗脑头上长出角了。

(34)投你也不管我的话,妈妈就活不成了连你也不管我的话,妈妈就活不成了。

(35)投写作业也成了负担动儿价,那还念甚书嘞?

(36)投我当上官儿动儿价要是连我也当上官的话,太阳早从西面出来了。

"投"的这种用法在元代口语中已经出现,如《新校元刊杂剧三十种》的用例:

(37)(云)老夫刘禹,启告上苍,不绝下民祭祀。想刘禹不孝父母、不敬六亲上头,折罚刘禹子嗣。今发心散钱烧契,祷天悔罪,神天监察。(做坐定了)(卜儿云了)(云)婆婆,咱为人子是这几文钱上,死生不顾。投至积得家缘成,咱又无孩儿,不散呵要子末?(武汉臣《散家财天赐老生儿》第二折)

（38）[中吕粉蝶儿]投至我勘问出强贼，忧愁的寸肠粉碎，闷恹恹废寝忘食。你教我怎推详，难决断，不知个详细。索用心机，更搜寻百谋千计。（孟汉卿《张鼎智勘魔合罗》第四折）

（39）(旦云住)(末云)孔子道："视其所以，观其所由，察其所安，人焉廋哉！人焉廋哉！"[幺篇]投至逼迫出贼下落，搜寻得案完备，敢熬煎我鬓斑白，蒿恼的心肠碎。（同上）

（40）[滚绣球] 投至得帝业兴，家业成，四边宁静，经了几千场虎斗龙争。则为我交契情，我费打听，到处里曾问遍庶民百姓。最显的是暮秋黄落严凝。都说你须知后汉功臣力，不及滹沱一片冰。端的是鬼怕神惊！（宫天挺《严子陵垂钓七里滩》第三折）

（41）[寄生草] 想当日刘高祖，逼倒个楚项羽。显他那拔山举鼎英雄处，投至红尘迷却阴陵路，又早乌江不是无船渡。你学取休官弃职汉张良，不如闻早归山去。（范康《陈季卿悟道竹叶舟》第一折）

（42）[鹊踏枝] 一投定了华夷，一投罢了相待，那里想困难之时，用人之际！早安排下见识，便剥官罢职，早向未央宫里，万剐凌迟。（无名氏《诸葛亮博望烧屯》第一折）

以上几例中，"投至"今陕北晋语多说"投到"，也可单说"投"，"一投"即"一旦"。不管"投至"还是"一投"都是表示假设关系的连词。

1.2.2　假转复句前后分句之间的虚拟语气

在表示先假设后转折的假转复句中，前后分句之间用"不+价"表示假转关系。例如：

（43）这几个钱儿都是平时夹剥在替别人做事时给自己留一点儿赚头下的，不价从哪儿来嘞？

（44）这阵儿可得用功嘞，不价作摩不然的话怎么能考上好大学嘞。

(45)这是看你的面子嘞,不价哪底能应承嘞?

在句首单独使用"不+哩"表示"要不"之意,全句表达商量、请求,属于虚拟句。从语用的角度来看,这种句子是以未指明的语境为假设条件,做了一个类似假转关系的表达。例如:

(46)不哩你也跟我每一搭儿去吧。

(47)不哩个儿今儿不弄了,咱明儿弄吧要不今天不做了,咱明天做吧。

(48)不哩个儿算了。

1.2.3 由单句构成的虚拟句

在对话的语境中,吴堡话还能将语气词置于单句末构成假设类虚拟句。其中又有两种情况,不管哪一种情况,都须用高降语调。一种是在反诘对方的时候,语气词可用"咋价也怎么样"替换,表示"如果……的话怎么样"的反问语气。这时,句中可带"要",并须重读"要"后面的成分,后头的语气词是"价"。例如:

(49)甲:我说下甚就是甚。

乙:你说下不算数儿价!

(50)甲:你肯定不愿意。

乙:我要愿意价!

另一种是在争辩的场合,语气词不能用"咋价也"替换,句首必须带语气副词"将比",而且须重读,后头的语气词是"嘞"。这是用"虚拟+反问"来表达断定的口气,语气比较强烈,例如:

(51)甲:你吃不了兀底那么多。

乙:将比我吃了嘞!

(52)甲:你半个钟头做不下作业!

乙:将比做下嘞!

由于这种虚拟句是由隐含结果分句加上反问形成的,因此独立性不强,只能用于特定的语境。

1.3　犹豫类和纵予类虚拟语气

1.3.1　犹豫类虚拟语气

犹豫是一种表达说话人犹豫不决的情态的虚拟语气。吴堡话一般在分句末连用“去价”表犹豫不决。“去价”读[kəʔ⁰ tɕiɑ⁰],在虚拟句中的运用有以下特点:第一,用在动词和动宾短语后头;第二,从全句来看,必须用在同一动词(短语)肯定、否定对举或两种选择进行比较的多重复句中;第三,从所表语气来看,表示左右为难、犹豫不决的意味较重,表示假设的作用较轻。有时也可将“去价”和“价”替换使用,这时往往与语气词前面的音节数量有关。例如:

(53)说你去价,你老大了,不说你去价,你太不懂事。

(54)不去去价,人家不行,去去价,顾不上。

(55)不念去价没文化,念去价供不起。

(56)不做价,没吃的,做去价,身体不好做不行。

以例(54)为例,“不去去价”和“人家不行”、“去去价”和“顾不上”之间并不是条件与结果的顺承关系,而是分别虚拟“不去”与“去”两种情况进行说明,以表达说话者左右为难的情态。“去价”的作用,正在于表现这种犹豫不决的口气,而不着重表明前后分句是假设条件与结果的关系。关于“去”表犹豫不决的口气的来源,请参邢向东(2011b)。

吴堡话也可将“吧、价”成对或交替用于两个分句,表示犹豫类虚拟语气。例如:

(57)去吧,嫌远嘞,不去吧,使不得不行。

(58)不买吧没穿的,买价买不起。

(59)穿上价,焐闷热嘞,不穿价,冷嘞。

1.3.2 纵予类虚拟语气

纵予是假设出现极端情况的虚拟,它既是一种语气,同时也反映了分句之间的关系。这种语气通常十分强烈,所在的复句大都是反问句。从复句关系看,包括让步句和无条件的条件句。

让步复句中,从句的虚拟语气非常强烈,句中常用"就、就是、就算"和"再"等连词、副词,分句末则将"吧[pɑ⁵³]"和主观感情色彩很浓的语气词"么[məʔ⁰]"组合起来使用,语调不上扬。例如:

(60)就是到了天津北京吧么,你还不是个受苦的?

(61)就算你再会溜官儿吧么,还能一步登天嘞?

无条件句中,从句往往带有表任指的成分,分句末要带组合式语气词"吧么[pɑ⁵³ məʔ⁰]",虚拟语气非常强烈,全句多为反问语气。例如:

(62)去哪儿吧么不一样?

(63)那说上个甚吧么你能信嘞他说什么你难道会相信?

(64)给你多少吧么有够嘞?

(65)谁来了吧么不是这底个做营生谁不都是这么个干法?

"吧么"还可在主语后表示纵予的语气,全句仍为反问句。例如:

(66)你吧么有什么本事嘞?

(67)我吧么作摩了即使我又怎么了?

(68)谁吧么没个七灾八难?

(69)甚吧么还不是由你着嘞什么事不是全由着你?

纵予类虚拟语气的两个小类之间,共同点是很明显的,即虚拟一种极端的情况,这正是造成全句的反问语气的原因。它们的区别可以从两方面来看。从句法结构来看,让步句多在分句前使用表语气的"就算、再"等状语,谓语动词和宾语等与一般陈述语气没有什么不同;而无条件句的从句前不用特殊成分,但由表任指的疑问代词充当谓语、宾语、状语。从语义表达来看,让步句的从句虚拟一种极端的情况,表示尽管存在假设从句所说的极端条件,但结果并不因此而变;无条件句的从句则虚拟任何可能出现的情况,假设在一切条件下,结果都只能是一个。因此,后者的包容性更大,语气更强烈。

二　提顿语气

提顿语气存在于句子中间,最常见的是主语、状语带提顿语气,一般用提顿语气词表达。在功能语法的论著中,大多数提顿语气词被称为"话题标记",这是从它前面的成分大多具有话题的性质来定义的。叫做"提顿语气词、提顿助词"与"话题标记"并不矛盾,只是反映了观察问题的角度有所不同。

2.1　"来"

吴堡话经常将"来"置于主语后、状语后甚至分句后充当话题标记。其中主语后带"来(该)"最常见。凡是用"来"作为话题标记的句子,对主语略有强调意味,而且前后分句之间多是连贯关系。例如:

(70)我来老了,做不行了。

(71)儿来工作了,则不用操心了。

(72)那来今儿忙得没把你待好他今天忙得没把你招待好。

(73)我来不会待承人,□每 [niɑ²¹³ mɛe⁰]个儿情吃吧你们尽管吃吧。

(74)房子来卖了,我而今儿回吴堡连个窥处住处也没拉没有。

"来"也可出现在状语和分句后头,其作用仍然是对"来"前的成分加以强调,例如:

(75)那家来,把那孩儿来,幸得不像个样儿他们呢,把孩子呢,惯得不像样。

(76)教人家来,砍麻乎儿打死叫人家呢,差点打死。

(77)做来已经做下了,该作摩个办就作摩个办吧做呢,已经做下了,该怎么办就怎么办吧。

(78)念书来我是尽尽够够了念书嘛,我是够够的了。

陕北晋语充当话题标记的"来"就来自表过去时的"来",请参看邢向东(2011b)。

2.2 "价"

"价"是吴堡话中十分常用的提顿语气词,可以放在主语、状语、分句后起提顿作用。与"来"不同的是,在复句中,带"价"的分句与后分句往往构成让转关系。另外,它的强调作用略弱于"来",大概是由于"价"作为提顿语气词的历史要比"来"久远,使用频率也比后者高,导致语义有所磨损的缘故。"价"表提顿是句末表虚拟语气功能的进一步语法化,即由虚拟语气词虚化为话题标记。置于主语后的例如:

(79)王峰价一把就把书扯成两半掐了。

(80)刘局长价我们熟着嘞。

(81)房价买下了,就等个车着嘞房子倒是买下了,就差一个车子。

(82)女子价出嫁了,儿还没问下□[sɑo^{33}]子儿媳妇嘞。

(83)西瓜价收了,就是卖不出去。

(84)枣树价栽起了,就是没人务管护。

还可置于由时间词及其他名词充当的状语后:

(85)后晌价下午张锐引的人来了,三把两下就挖完了。

(86)而今儿价还,日月得过嘞现在嘛,日子能过得去。("价"后带着另一个提顿语气词"还",详见下文)

(87)当面价甚也不说,背后价乱说一气。

2.3　“动儿”

“动儿”也是吴堡话中常见的停顿语气词，通常放到主语后头，其语气意义更接近“来”，如果是用于复句的前分句，那么该复句一般是连贯关系。例如：

（88）那动儿则不愁了，孩儿每全工作了他的话就不愁了，孩子们都工作了。

（89）生活动儿好了，和那几年不一样了。

（90）住的动儿有了，再不赁窑了。

2.4　“还[$xɑ^{33}$]”

“还”本是副词，经位移后在分句、单句主语后充当提顿语气词。受语气副词“还”的原始意义影响，它所在的句子有“理所当然、那还用说”一类口气。关于“还”的形成，请参看邢向东（2007b）的讨论。例如：

（91）人家还，房也有了，娃娃也工作了人家嘛，房也有了，孩子也工作了。

（92）钱还，兀算些甚嘞钱算个什么！

（93）咱每还，有甚说的嘞咱们还有什么说的。

（94）这点儿营生还，一阵阵就做完了这点活儿嘛，一会儿就干完了。

第十六章　几个句法问题

一　介词"给"及其特殊用法

吴堡话的介词"给"音[kɛe³³]，与动词"给[kɛe⁴¹²]"读音不同。介词"给"的功能比较多样，可以表"为、向、给予"等。表"为"的例如："你给为我写上封信吧。""你可给我帮了大忙了。"下面描写"给"表方向、给予的用法。

1.1　"给"表方向

吴堡话中，"给"可以表示"向、朝、往"的意义，其后常带方位词。例如：

给东看　给西走　给左转　给右转　给南面搬

(1)再给前走给下儿再往前走走。

(2)你给后面看，谁来了？

(3)给里个儿往里点儿。

值得注意的是，"给"后面可以带趋向动词组成介词短语，充当位移动词、致移动词的状语，构成"P+D+VP"结构。例如：

位移动词：给来走　给去跑　给下坐　给起来站

致移动词：给上□[xɤu⁴¹²]拿　给起搊　给起抬

给回来搬　给过来□[xɤu⁴¹²]拿　给里去放

给起去放

(4)把脑给起仰给下儿把头往起抬抬。

(5)赶紧给起坐,睡了一天了。

(6)再给起抬给下儿。

"给"还可和形容词组成介词短语,充当位移动词或致移动词的状语,构成"给+A+VP"结构,最常用的是构成祈使句。例如:

(7)给近走给下儿往近走走。

(8)给远栽给下儿往远栽栽。

(9)给大撑了半寸往大里撑了半寸。

(10)给猴缩了一点点往小里缩了一点儿。

当"给"和方位词、形容词组成的介词短语用于祈使句时,一种十分常见的用法是省略掉状语后的动词,直接用"给+Loc/A+个儿('给下儿'的合音词)"构成祈使句。例如:

(11)给里个儿往里点儿。

(12)给下个儿往下点儿。

(13)给深个儿往深点儿。

(14)给宽个儿往宽点儿。

"给"的以上功能,都可以用"朝"替代,如"朝东看、朝起站、朝起去放、朝猴小缩"等,替代后语法意义没有区别,语用意义略有差异:带"给"的句子动态性强,带"朝"的句子方向性强,动态性弱。

1.2　"给"表给予时的结构

首先需要指出,吴堡话不能构成给予类双宾句,如不能说"给老王一串钥匙、给那他一本书、送老张一箱箱枣儿"等。表达双及物关系时,要用介词"给"引介与事成分,同给予类动词相配合,组成比较复杂的句式。这时,介词“给”及其与事宾语必须放在动词“给”后,如果动词“给”的受事有定,要用“把”引介,置于动词“给”前,如果受事是无定,要置于介词短语“给NP”之后,组成“给动+给介NP与事+NP受事”结构。例如:

(15)把书给给那他。

(16)给给那他一本书。

(17)我把钥匙给给老王了。

(18)给给老王一串钥匙。

如果是“给”以外的给予类动词构成的给予句,则既可以像“给”字句一样组成“把+NP受事+V给+NP与事、V+给介NP与事+NP受事”结构,还可将“给+NP与事”放在句首,后头组成“V给+NP受事”结构,即“给+NP与事+V给+NP受事”结构,这种结构中的“给”,都应当分析为介词,其中“V给+NP受事”中的介词后省略了与事成分。例如:

(19)把这箱箱枣儿送给老张。

(20)送给老张一箱箱枣儿。

(21)给老张送给一箱箱枣儿。

(22)把这墩摞书□[xɤu412]拿给老师。

(23)□[xɤu412]拿给老师一墩摞书。

(24)给老师□[xɤu412]拿给一墩摞书。

总之,介词“给”组成的双及物结构可以概括为以下三种句式,其中句式3的动词不能是“给”:

句式1:把+NP受事+V给+NP与事

句式2:V+给介NP与事+NP受事

句式3:给+NP与事+V给+NP受事

二　可能补语的表达式

吴堡话表达可能出现的结果的方式，与其他陕北晋语基本相同，即肯定式用"VC＋嘞"或"能＋VC"，否定式用"V不C"。其中"VC＋嘞"是用判断的方式表可能。例如：

（25）三个馍馍就够吃了。

（26）三个馍馍（能）吃饱嘞。

（27）三个馍馍吃不饱。

（28）我（能）打过那他嘞。

（29）我打不过那他。

（30）这个大房子能窥住下十个人。

（31）这个房子窥住不下十个人。

吴堡话表"完成、完结"的结果补语是"了[liɤ412]"，表达可能出现的结果时，同样使用"能V了、V了嘞"格式，例如：

（32）那他是个大肚汉，一顿能吃了三大碗面。

（33）甲：你能喝了一斤酒不？

乙：喝了嘞/喝不了。

值得注意的是，当动词宾语带数量修饰语时，句尾不加"嘞"，句子表示对可能补语的一般性判断。如果带上"嘞"，则表示夸张的语气，而不是判断能否出现某种结果了，如例（32）在句末加"嘞"，就变成对"一顿能吃三大碗面"的感叹。再如：

（34）那可有劲嘞，能担动一百来斤的担子嘞！

（35）这个教室能坐下八十来个学生嘞！

普通话中可以用"V得、V不得"表示"能V、不能V"的意思，吴堡话相对应的说法是"能V嘞、不能V"；普通话中表示可能的"V

得来、V不来”，吴堡话要说成“会V/V了[liɤ412]嘞、V不了”。例如：

（36）要是老老实实挣钱儿，咱能做嘞；坑蒙拐骗这种事不能做。

（37）缝衣裳这种营生我可是做不了/不会做。

（38）甲：你拉了二胡不？

乙：我拉了二胡嘞。

（39）你要会唱的话嘞，就给唱上两句。（比较神木话：你唱得来就给唱上几句。）

三 特殊的趋向动词及趋向补语的语序

3.1 趋向动词及趋向动词与处所名词的语序

先看吴堡话的趋向动词表：

	上	下	回	出	起	过	进	（里）
来	上来	下来	回来	出来	起来	过来	进来	里来
去	上去	下去	回去	出去	起去	过去	进去	里去

3.1.1 与普通话的异同

从上表可以看出，吴堡话的趋向动词有几点跟普通话不同。第一，与普通话“进来”对应的趋向动词是“回来”和“里来”，如在屋里让屋外的人进屋来，一定会说“回来”或“里来”，而不会说“进来”，“里来”的构成是方位词“里”加趋向动词“来”，是“OV”式的词。与普通话“进去”相对的词也有两个，一个是“回去[kʰəʔ0/kəʔ0]”，另一个是“里去[kʰəʔ0/kəʔ0]”（“OV”式），如屋外的一个人让另一个人进屋去，要说“回去”或“里去”，而不会说“进去”。但单纯趋向动词“进”和“进来、进去”也使用。例如：

（40）你先进（让人先进屋）。

（41）把不好的裹没夹带，混入进去一搭卖了。

（42）那人没有一点人情世事，只有里没有出。

（43）甚肥料也没上倒种里去种进去了。

第二，有与"起来"相对的"起去"，经常做补语，如"飞起去、站起去、放起去"等。

第三，有一个"起开"，用于命令对方离开的祈使句，如"起开，起开！"邢向东（2011a）已指出，这个词应是一般动词，不属于趋向动词。

3.1.2　与处所名词共现时的语序

当趋向动词与处所名词共现时，一般采用"O+D"的语序，而不用"D+O"格式。这是陕北晋语南部方言的共同特点，与北部的神木、府谷、榆林等不同。例如：

（44）肚子下坠的赶紧茅子去一下嘞。

（45）那他又榆林去了。

（46）闲不闲儿街上去一回，看看有甚需要的没。

3.2　趋向动词作补语的情况

吴堡话位移动词、致移动词带趋向补语时，肯定式的动词和补语之间要用"得"来联系，如：

走得来　跑得来　□[xɤ412]拿得来　背得来　偷得来　请得来

走得去　跑得去　□[xɤ412]拿得去　背得去　偷得去　请得去

当动词同时带趋向补语和处所宾语时，吴堡话用"D+O+V+D、到+O+V+D"的语序，不能用"D+O+V、到+O+D+V"的格式。例如：

（47）来每我家串门来/到每家串门来。（*来每家串门。*到每家来串门。）

（48）来吴堡做买卖来/到吴堡做买卖来。（*来吴堡做买卖。*到吴堡来做买卖。）

（49）去榆林开会去/到榆林开会去。（*去榆林开会。*到榆林去开会。)

当动词同时带趋向补语和受事宾语时,吴堡话的语序是“V+得+D+O”,不能用“V+了+O+D”格式;当动词带复合趋向补语时,要用“V+D+O”,不能用“V+D1+O+D2”语序。例如:

(50)那□[xɤ412]得来一本书他拿来一本书。(*那□[xɤ412]了一本书来。)

(51)我给你领得来救济款了。

(52)我昨天给那家他们送得去十斤红薯。

(53)那他拿进来几张图纸。(*那他拿进几张图纸来。*那他拿了几张图纸进来。)

(54)我一满吃不里去饭。(*我一满吃不里饭去。)

同时,吴堡话也常用“把”字句、“教”字句来调整受事与趋向补语之间的语序,例如:

(55)我把图纸□[xɤ412]拿得来了。

(56)车子教人偷得去了。

(57)不敢教那孩儿把车子骑得去别让那孩子把自行车骑走。

四 数量宾语和受事宾语、处所宾语的语序

4.1 动词带动量宾语和受事、处所宾语的语序

吴堡话的及物动词同时带动量、时量宾语和受事宾语、处所宾语时,语序比较固定。其中带动量宾语和受事宾语时,用“V+O+动量”和“V+动量+O”的语序两可,如:

(58)我吼了那他一声/我吼了一声那他。

(59)我踢了那他一脚/我踢了一脚那他。

当动词同时带动量宾语和处所宾语时,则只能用“V+动量+

O”的语序。如：

（60）我去过三回北京。

（61）我去了两回林站，也没见上王站长。

4.2　动词带时量宾语和受事宾语的语序

当动词同时带时量宾语和受事宾语时，少数句子用“V+O+时量”语序，大多数要用“V+O+V+时量”的拷贝结构，例如：

（62）我等了你们三个钟头儿。（*我等了三个钟头你们。）

（63）我推砣碾子推了一后晌。

（64）我每打扫教室打扫了一个钟头。

总结以上两点，可以看出，吴堡话有一种强烈的倾向：尽量不让宾语居于句子的最末位置（张敏2010）。

五　程度补语和情态补语

5.1　程度补语

和其他陕北晋语一样，吴堡话一般不用程度补语，常见的表达性状程度的成分是状语“可”，如“可熌闷热嘞、可好嘞、可大嘞、可亲嘞”等。在关中方言中常用的“热得很、热得太、热得不像啥”等，吴堡话都不能说，唯一可以算作程度补语的是“像甚样地[iɤu^{53} tɛe^{0}]”，例如：

（65）这人老实得像甚样地。

（66）天熌闷热得像甚样地。

5.2　连接情态补语的“得来”及其语气词化

吴堡话可以用“得来”连接动词、形容词和情态补语，表示行为、性状达到了很高的程度，“得来”后要略为拖长，例如：

（67）这家人小气得来锥子也扎不出一点血。

（68）兰兰家炉打糖饼饼嘞，把小梅爱得来一满不行。

（69）这人老实得来一句瞎话也不会说。

（70）天焢闷热得来浑身出水。

（71）一天忙得来饭也顾不上吃。

当动词（尤其是心理动词）充当谓语，句式为“把”字句、“教”字句时，也可以省略情态补语，直接用“得来”煞尾，这时句尾的“来”拖得比较长，用意犹未尽的感觉来表达情态的程度达到了极致。例如：

（72）房东家买回来几个甜瓜儿，把秀秀爱得来！

（73）耀华把手割烂了，把人看得圪碜瘆得来！

（74）把个张柱柱喜得来！

（75）小红爽利憨傻着嘞，教人家哄得来！

由于“来”常在这种句子里结尾，所以它正在经历语气词化的过程，逐渐变成一个表达感叹的语气词（邢向东2007b）。

六　被动句

吴堡话以及其他陕北南部的晋语有一个倾向，受事主语句的使用频率很高，包括受事作全句主语和主谓谓语句的小主语。例如：

（76）一本儿书没拉了把一本书丢了。

（77）碗没捣烂。

（78）这点营生我能做完。

（79）衣裳风一阵儿就□[xo^{213}]吹晾干了。

（80）我榆林不去了。（处所词作小主语）

（81）肚子疼得赶紧茅子去一下嘞。（处所词作连动句后项主语）

同时,吴堡话也常用“教”字引导施事作状语,句首仍然是受事主语。例如:

(82)碗教那他捣烂了。

(83)一锅饭教那他一个人吃完了。

(84)树教风刮倒了。

(85)今年的枣儿教雨水糟害了。

“教”字也可直接作状语,这时应分析为表被动的助词。例如:

(86)庄稼教晒死了。

(87)碗教捣烂了。

(88)树教刮倒了。

(89)车子教偷走了。

当需要同时说明动作的施事和受事时,吴堡话往往用“把”字句与“教”字句的套合句式,这时句子头上没有主语。“把”字短语和“教”字短语都可以打头,但“教”字短语在前的句式更占优势。这是因为,吴堡话中受事主语句比“把”字句更加常用,因此用“把”字短语作句首状语的句子就比较少。从语用上看,“教”字和“把”字所引导的名词性成分是句子的焦点所在,因此,“教”字短语在前实际上反映了吴堡话更喜欢将施事对象作为叙述句的焦点。例如:

(90)把三千块钱教那侵害糟蹋完了。

(91)教钉子把手划烂了。

(92)教这老师就把我每孩儿当成憨子了让这老师就把我们家孩子当成傻子了。

(93)教张师傅把这圪瘩地砖打烂了。

下面的句子中,受事与施事的关系非常复杂,“把”后用“那”

复指句首的受事主语。

(94)那个后生硬教那家他们把那他打死了。

七　比较句

7.1　平比句

吴堡话表示平比的句子和普通话相同，不过引入比较项的介词是"□[xuəŋ33]"。在吴堡话中，动词"和"读[xɤu33]，动词、介词"跟"都读[kəŋ213]，所以"□[xuəŋ33]"似乎不是来源于动词"和"。不过，临近的绥德话果摄开口字与梗摄合流，其中非见晓组字读[əŋ]韵，见晓组字读[ɯ]韵。是不是"和"受到这一音变的影响，从而读了梗摄合口字的韵母[uəŋ]？抑或"□[xuəŋ33]"干脆就是"和"与"跟"混合的读音？这个问题我们现在还没有一个确切的认识，该词的来源还有待进一步考察。当句子带补语时，"□[xuəŋ33]+O"可以位于动词前或补语前，例如：

(95)小张□[xuəŋ33]小刘一样大。

(96)我跑得□[xuəŋ33]那他一样快。

(97)我□[xuəŋ33]那他跑得一样快。

7.2　差比句

差比句的比较词用"比[pεe412]"，语序和普通话相同。例如：

(98)小张比小刘大。

(99)我比每哥大五岁。

(100)我跑得比那他快。

如果句中带程度副词"可"，要放在比较项之后，句末还须带语气词"嘞"。例如：

(101)我每吃得比那家他们可好嘞。

（102）我受的苦比那他可多嘞。

（103）我见的世面比那他可多嘞。

差比句的否定词用“没”或“不如、不顶、比不上”，但不能说“不比+O+A”，例如：

（104）我跑得没那他快。

（105）我没那他跑得快。

（106）我跑得不如那他快。

（107）这些房子比不上兀些房子。

（108）这些房子不顶兀些房子好。

第十七章　复句关系的表达手段

吴堡话复句关系的表达手段，同其他方言一样，首先是使用意合法和句中语气词，使用关联词语较少。本章从分句之间的语义关系出发，将复句分为因果、并列、转折三大类，描写吴堡话较有特点的复句关系表达手段，主要是关联词语和语气词及其配合关系。

一　因果类复句

因果类复句的分句之间存在原因和结果的关系。根据原因和结果之间的具体语义关系，可以再分为因果句、推断句、条件句、假设句、目的句、择优句六小类。下面分别加以描写。

1.1　因果句

吴堡话一般的因果句和普通话没有多大不同，也可以使用"因为……所以"表达前因后果的关系。不过，吴堡话有两种因果句颇有特点。

第一种是由因推果句。意义上，前分句假设一个原因，后分句说明由这个原因导致的结果。形式上，前分句用语气词"哩[lɛe^{0}]"结句，后分句中常用副词"也"突出焦点（"也"前面的名词），并表示意外、强调的语气。"哩"与"了$_{1}$[lɛe^{0}]"同音，其作用是在复句的前分句末表达略带假设意味的停顿(详见第十五章),相当于清涧等晋语的"咾",显然是由"了"表实现的用法进一步语法化而来。例如:

(1)公鸡倒哩,草鸡也鹐啄起人了。

(2)老虎不在哩,猴子也抖起威耍威风了。

(3)打起拦河坝哩,把河神爷爷也气死了。

第二种是由果溯因句。前分句先陈述一个事实,后分句用"设多[ʂəʔ^{21} tɤu^{213}]"引导原因分句,说明说话人对造成该结果的原因的推测。"设多"义为"大概是",表示推测意义。例如:

(4)小李还没到校,设多是家里有事嘞。

(5)镢头还在兀儿嘞,设多是那没拉地儿去镢头还在那里呢,大概是他没有到地里去。

(6)听说那他今儿不舒服,设多是着凉感冒了。

1.2 推断句

推断句表示已然事实和据此推定的结论之间的关系,其中前分句有一定的虚拟性。普通话用"既然……就……"等关联词语表示。吴堡话的表达手段分三个小类。

第一类的连接手段是"既然……的话哩[təʔ^{0} xuɑ^{53} lɛe^{0}],那……",例如:

(7)既然人家说来的话哩,那咱就不用去了。

(8)既然老师也不会做的话哩,这题就有点儿太难了。

在以上连接手段中,前分句末尾要使用表虚拟的语气词"的话哩",表明推论式因果关系的推论部分带有一定的虚拟性。不过,这种虚拟性只是语气上的,前分句所述内容则是已然事实,而不是假设出来的。

第二小类包括两种,一种是在前分句用"连"之类表强调的词语，后分句开头用副词“还[xɑ³³]”，加上全句的反问语气。例如：

(9)就走个柏树坪么，还值过值得跟人家要车嘞？

(10)连字也认不得，还给人家写信嘞？

第二种只在前分句末用“还”，其后明显地拖长、上扬，后分句不用关联词语，但仍然是反问语气。因此，该小类实际上是用语气来连接前后分句的。例如：

(11)就买半斤肉还(↗)，跟人家讲甚价钱嘞？

(12)而今儿生米也做成饭了还(↗)，批准不批准顶甚事嘞？

“还”原为语气副词，本来位于后分句句首，就像例(9)(10)那样。由于强调理由的时候，说话人往往在它后面来一个停顿并拖长，经过重新分析，语法化为前分句末表语气的成分，表提顿和确认事实。

由此再进一步，吴堡话还可将“还”放在“倒置”的原因分句末，表示带有感叹意味的陈述语气。全句表示做某事的条件已经完全具备。例如：

(13)你则好好儿学习，学费都给你准备好了还！

(14)则放心吧，媳妇儿也给你问下了还！

(15)咱到贵州旅游走吧，车票也买下了还！

据调查，陕北晋语中普遍存在“还”稳定地位于句末的用法，而且这种用法对语境的依赖性并不很强(邢向东2006,2007b)。

第三小类，将语气词“么[məŋ⁰]”置于前分句末尾，后分句用反问语气加以配合。“么”相当于北京话的“嘛”，表达带强调意味的确认语气，在句子中的作用是充分肯定前分句所说的理由，以此作为推断结论的基础。例如：

(16)夜儿我还见那他来了么，作摩还能在西安嘞？

(17)你敢是我拜识朋友嘞么,我则要帮这个忙嘞吧?

(18)庄户都旱死了么,作摩还能有个余粮嘞?

以上第二、三小类的共性是,后分句都用反问句,也就是全句属于反问语气。说明方言口语中表达推断关系时,推断出的结果大多是不容置疑的。也说明方言中连接前后分句的手段主要是语气,而不是关联词语。

1.3　条件句

吴堡话比较独特的条件句有两小类。一类是充分条件关系,将“兀哩、兀底哩”放在条件复句的后分句前,表示后面的行为、动作以前分句的行为、动作为条件。“兀哩、兀底哩”义为“那么、那”,这种用法是由指代性状的用法语法化而来的。例如:

(19)那不去了,兀哩你去他不去了,那你去吧。

(20)不担水了,兀底哩那扫院去。

(21)不喝水了,兀底哩那喝上口汤。

“兀哩”还可进一步表示前后句的衔接,这时不限于条件关系,只是语气上的一种转接,后分句语气比较强烈,经常是反问句。翻译成普通话,相当于“那”的同类用法。如:

(22)钱儿买了电视了,兀哩□[xɤu^{412}]拿上甚交学费嘞?

(23)老子的他爸爸在县委嘞,兀哩娘的那他妈妈在哪儿嘞?

(24)你教那吃完了,兀哩教我吃甚嘞你让他吃完了,那让我吃什么?

(25)甲:你哥哥敢顾不上么你哥哥不是顾不上吗。

乙:兀哩我敢是要做作业嘞么那我要做作业嘛。

第二类是无条件的条件关系,用“休管、休拘、或令”放在疑问代词表任指用法的分句中,表示“不管、不论……”之意。“休管、休拘、或令”主要表达选择关系,见下文。例如:

(26)休管吃甚,只要吃饱就行。

(27)休拘走得哪儿,总比窥在家里强。

(28)或令哪个本科也比专科强。

1.4 假设句

表示假设的条件和结果的关系。吴堡话的表达手段可分七小类。

第一小类与普通话口语类似,即用"要(是)……,(就)……"表示假设条件和结果,同时前分句末多用"哩、的话(哩)"等语气词。例如:

(29)人家要是不嫌咱穷哩,就把这门亲事说下吧。

(30)我要爱钱儿的话哩,早发了。

从否定出发就是"不是……,(就)……"格式,相当于"要不是……就……",例如:

(31)不是我在的话哩,你今儿非挨打不可。

(32)不是你圪□[lɤu53]干扰价,作业早做完了。

第二小类是"晓得……价,(就)……","晓得"义为知道,但词义有所虚化,义同"早知道"。例如:

(33)晓得人家有靠山价,咱就不查了。

(34)晓得你有车价,我就不买票了。

(35)晓得老张说情价,咱就算别追究这个事了。

第三小类,前分句用虚拟语气词"哩、的话、价、动儿价"等结尾,后分句可用"就",也可不用。

(36)不想吃馍馍的话,咱个儿(就)吃面吧。

(37)穿雨衣怕麻烦哩,你就把伞□[xɤu412]拿上。

(38)□[niɑ213]保信我价,我给□[niɑ213]照门,不保信我价,就把门锁嘞你们信得过我的话,我给你们看门,信不过的话,就把门锁起来。

（39）不是你说价，早没事了。

（40）不是我救动儿价，那他早没命了。

第四小类，前分句用“动儿价”结尾，后分句用“没治、不亏”结尾，表示如果按照前面的假设条件，这将是唯一的结果。例如：

（41）不念书动儿价，非受苦没治。

（42）不改个样样动儿价，非倒禁闭坐禁闭没治。

（43）就兀底懒动儿价，饿死不亏。

第五小类，前分句句首用“投”强调假设的条件，义为“到……的时候”。例如：

（44）投等你襄哄帮忙的话哩，早把四月八佛诞节也耽误了。

（45）投你去价人走了。

（46）投我当上官儿价，狗脑头上长出角来了。

（47）投到紧要关头，你也缩回来了。

第六小类，前分句句首用“惟”表示假设的条件是说话人所期盼的，因此条件和结果都是未然的事态，前分句末也大都用虚拟语气词。这种时候前后分句之间可以不停顿。例如：

（48）惟有个好老师价，这个孩儿肯定有出息。

（49）惟你去给下儿，事情就好办了。

（50）惟有个小子价，这倒最好了。

（51）惟底个价好了要是这样的话就好了。

第七小类，前分句用“如然不……”，从否定的角度提出一个假设的条件，并据此推论可能的结果或采取的行动。“如然不”义为“如果不”，放在分句主语后面。例如：

（52）如然不信，你就问那他。

（53）你如然不听那他动儿价，可要跟你斗阵闹嘞。

(54)如然不服,咱再来一回。

1.5 目的句

表达目的和结果的关系。吴堡话用“为[uεe^{53}]”表示目的在前,不需举例。目的在后的,可用语气副词“敢、好”关联后分句,免除性目的则用“省下”表示。如:

(55)我则早些儿退居二线,敢叫人家年轻的上。

(56)你敢多少省事点儿,好教你妈放心些儿。

(57)叫二小子给你捎过去,省下你专门寻一回。

1.6 择优句

有的语法论著叫取舍句、选择句,表达二者择一的推断关系,有一定的虚拟性(邢福义2001:134—160)。吴堡话表示前取后舍的句子与普通话相同。前舍后取的句子,前分句用“将(与其)”引出舍弃项,后分句用“还不如”连接选择项,舍弃项大多是已然事实,选择项则是假设的情况。全句表示在两个都不如意的选项中选择其一的主观意愿。例如:

(58)将到西安去价,咱不如到北京去。

(59)将吃药价,还不如打针。

(60)将念书价,还不如做上个生意。

二 并列类复句

并列类复句又可分为并列、连贯、递进、选择四种。

2.1 并列句

吴堡话的并列句有两个小类。

第一小类是“V_1着,V_2着”或“就……,就……”,表示做甲事的同时做乙事,也可只在后分句用“顺时儿……”表示做甲事的同时顺便做乙事。例如：

(61)走着，唱着。

(62)就要洗衣裳，就要儿照孩儿一边洗衣裳，一边看孩子。

(63)我就给人家端茶，就给人家递水，人家这才应承下答应下来。

(64)你去榆林开会去，顺时儿把小花儿引回来顺便把小花带回来。

第二小类用“一阵儿、见价[tɕie^{53} tɕiɑ^{0}]一会儿，连词”等连接前后分句，表示主意不定，或要求过多，这时多要求用对举格式。如：

(65)这孩儿一阵儿这底个这样，一阵儿兀底个那样，没个主意。

(66)那他一阵儿要这，一阵儿要兀，解不开不知道要甚嘞。

(67)见价吃嘞，见价喝嘞，不晓得要甚嘞。

(68)见价拉话嘞，见价喊叫嘞，就是不好好儿听课。

2.2 连贯句

吴堡话表示连贯关系的手段，主要有两小类。第一小类是在后分句用“罢了”表示动作行为按照时间先后进行，例如：

(69)我先和李静坐了一阵儿，罢了吃的饭。

(70)咱则先把礼行了咱们先送礼，罢了再商量作摩还钱儿。

第二小类，后分句用“则(才)……”表示带有“好不容易，才……”意味的连贯关系。“则[tsɑ^{53}]”是时间副词兼语气副词，义为“这样+然后”，表示先有某种行为，然后出现了某种结果，既可用于单句主语后，又可用于前后相承的连贯复句(包括紧缩句)。用于复句时，前分句多指比较费力且不如意的行为。例如：

(71)今年挣得几个钱儿了，则不恓惶可怜了。

(72)直把这个玩的儿做烂直到把这个玩具弄坏，则才放心了。

(73)猫死了，老鼠则抖起威了。

(74)问题解决哩则放心了。

2.3 递进句

吴堡话表示递进关系的手段有四小类。

第一小类是前分句用“不刬”(不光),后分句用“看价”表递进,“看价”意义与“而且”接近。例如:

(75)不刬写的好,看价画的也好。

(76)不刬有吃的,看价还有穿的。

第二小类,用“慢别说”引导前、后分句。“慢别说”相当于普通话的“别说”,当是“慢说”和“别说”同义叠加后省略共同语素“说”形成的。所在分句可以是名词性或谓词性的,在前时表示顺势递进,在后时表示反逼递进。如:

(77)慢别说是你了,我也叫那个顶得圪嚓嚓地。

(78)慢别说你造成损失了,就是没造成也得处分。

(79)慢别说□[niɑ^{213}]每女老师了,我每男的那他也不怕。

(80)甚瞎㞞坏蛋我也见过,慢别说你这些黑皮了。

第三小类,用“徒……,还……”表示从否定出发的顺势递进。其中“徒”表示“不仅”,其后必须是否定形式,“还”义为“反倒”,例如:

(81)张国民徒不顶事,还害事嘞。

(82)徒没挣下钱,把本儿也撂净了。

“徒”在古代汉语中就有表递进关系的用法,指“但、仅”,如《庄子·徐无鬼》:“非徒知具茨之山,又知大隗之所存。”由于多与否定形式共现,通过反义引申演变为“不仅”之意。吴堡话的用法当是通过反义引申形成的。

第四小类,前分句句首用“早里”等表示“本来就……,更/何况……”的递进关系。如:

(83)早里老师不喜欢你,你还捣蛋嘞。

(84)早里那他这两天心情不好,领导还把那批评了一顿。

(85)早里那他不想学习,拢共儿何况这两天还有病。

(86)早里房子仄逼狭窄,拢共儿何况还东西放得多。

"早里"的本来形式当为"早来",在吴堡话中读如蟹摄开口三、四等字([ɛe]韵),属于例外,这是晋语吕梁片其他方言中蟹摄开口一等字白读音扩散到本方言后造成的。详细的讨论见邢向东(2006)。

2.4　选择句

表达客观情况或主观选择的交替。吴堡话表示选择关系主要有两种方式。第一种是用"休管、休拘、忽令"在前后分句中重复出现,表示不带强制性的主观选择,与普通话"或者……或者……"的作用相当。例如:

(87)毕业了休管到榆林,休管到绥德,哪儿都行嘞。

(88)休拘煮点儿挂面,休拘熬点儿汤,不用炒菜。

(89)或令吃馍馍,或令吃白面,都是白面做的。

第二种是用"要嘞……要嘞……"表示二中择一的选择关系,相当于普通话的"要么……要么"。例如:

(90)要嘞咱就吵,要嘞咱就散。

(91)要嘞买国库券,要嘞闹上套房子。

(92)要嘞听我的,要嘞听那他的,不要心不定。

(93)要嘞好好儿念书,要嘞回家种地去。

三　转折类复句

转折类复句前后分句之间存在逆转关系。包括转折句、让步句、假转句三个小类。

3.1 转折句

吴堡话可以在前分句用否定词“不”加上语气词“么”表示“不过如此”的语气，后分句用副词“还”表示意义的逆转。这是用语气来连接前后分句。例如：

(94)本事不大么，架子还不小。

(95)底个这个人文化不高么，做事还挺行。

(96)货不算多么，花样还不少。

3.2 让步句

表达先纵予后逆转的关系。吴堡话的表达方式有六小类。

第一小类，前分句用“说去[ʂuəʔ³ kʰəʔ⁰]”表示本来已经说定的事情或表面的情况，有让步意味，后分句用“可是……”等表示结果相反。例如：

(97)说去你来也，可是连个影影也没见。

(98)说去他没钱，可是下馆子三百五百不当个甚。

第二小类，前分句用“亏得”表示让步，后分句用反问语气表示转折，这里“亏得”不是“幸亏”之意，而表示反问，相当于“不是……吗(？)”，大概是“亏得你还……”省缩的结果。后分句加以转折。例如：

(98)亏得你有钱儿么，你还吃低保嘞?

(99)亏得你厉害么，还教人打了!

(100)亏得你有文化么，还不会写个信?

第三小类，前分句是“V(敢)是V嘞么，”表示“V归V，(不过)”之义，前后分句是轻转关系。例如：

(101)嗟打是嗟打哩，吃喝上还是不苛刻骂是骂，但吃喝上还是舍得的。

(102)说敢是说哩么,你倒实实打那嘞?

(103)吃敢是吃嘞么,你倒没了尽没完没了了?

此外还有"V有个V么,……?"的句式,表示"即使应该V,也不能V得过分"之义,后分句均为反问语气。例如:

(104)骂有个骂么,你就见甚骂甚?

(105)要有个要么,你倒要得没样子了。

(106)看有个看嘞么,你倒看得不了尽了。

第四小类,前分句用"虽说"表让步,后分句用"也不"表转折;或者前分句用"虽说……吧么",后分句用反问语气加以转折。前者如:

(107)虽说你是当官儿的,也不能胡来。

(108)虽说你说得天花乱坠也不顶事。

后者如:

(109)虽说你有钱吧么,就欺负人嘞?

(110)虽说你穷吧么,就偷人嘞?

第五小类,前分句主语后用提顿语气词"价",表示"倒是"的意思,后分句用"就"表示轻微转折。例如:

(111)学校价修起了,就是没人念书。

(112)生活价好了,急肚的事情还有嘞生活倒是好了,不过发愁的事情还有呢。

(113)枣树价栽起了,就是没人务管护。

第六小类,前分句用"再……吧么"表强烈的纵予意义,后分句大多用"也"或反问语气加以转折。

(114)你再打帮吧么,那他心里能不难受嘞?

(115)你再治吧么,还能治差好嘞?

3.3 假转句

表达假言否定性逆转关系。吴堡话的表达手段根据前分句带不带连词分为两小类。

第一小类,前分句不用连词,后分句用“不哩、不价”表示转折,“不哩、不价”的意思是“如果不这样的话”。例如:

(116)我得赶紧走嘞,不哩就迟到了。

(117)敢是丑么就是因为丑嘛,不价早寻人家出嫁了。

(118)你是去嘞不?不哩我就不用来了。

第二小类,前分句用“委是、委实儿是、敢是、幸亏”等,表示该事实、原因的极端重要性,并带有庆幸、遗憾等口气。例如:

(119)委是碰上我了,不价你挨饱挨揍挨饱了。

(120)委实儿是把电闸拉了,不哩今儿非出事不可。

(121)敢是我没文化,不价早就工作了。

(122)敢是你来了,不哩门儿也没。

(123)幸亏提前准备了,不价就不得办来不及了。

“委是、委实儿是”中的“委”当是“确实、实在”之义。该意义在文献中早有使用,如东汉·王充《论衡·宣汉》:“委不能知有圣与无,又不能别凤凰是凤与非,则必不能定今太平与未平也。”在唐五代文献中,可构成“委的”,指“确实”,如《敦煌变文集》卷二《庐山远公话》:“听法多时,不委姓名,要知委的。”元代文献中有“委实、委果”等词。“敢”是“实在、确实”之义,“敢是”连用仍然是语气副词,义为“实在是”,表庆幸,这个意义是在它表确认语气的基础上进一步引申出来的。

第三小类,前分句用副词“可究[$k^hə?^{21}$ $tɕiao^{213}$]”表示“千万别”,后面紧跟一个“教”字短语,后分句拷贝“教”后的动词短语,表示假设性条件,后分句表示逆转的结果。例如:

（124）可究教来哩，来哩就没好吃的汤水千万别让来，否则就没好吃的果子。

（125）可究教打起来哩千万别叫打起来，打起来哩就不好看了。

（126）可究教儿的判刑哩，判刑哩就把娘老子活杀下了千万别叫他儿子判了刑，判了刑就把父母亲活活杀了。

第十八章　标音举例

一　语法例句

1. 谁呀？我是老三。

   谁嘞？我是老三么。

   suεe^{33} ləʔ^{21}？ ŋɤu^{41} sɿ^{53} lo^{41} sã^{24} məŋ^{21}。

2. 老四呢？他正跟一个朋友说着话呢。

   老四嘞？那正□一个朋友拉话着嘞。

   lo^{41} sɿ^{53} ləʔ^{21}？ nɤ^{41} tʂəŋ^{53} xuəŋ^{33} iəʔ^{3} kuəʔ^{21} pʰəŋ^{33} iɑo^{21} lɑ^{53} xuɑ^{53} tʂəʔ^{21} ləʔ^{21}。

3. 他还没有说完吗？

   那还没拉完？

   nɤ^{41} xã^{33} məʔ^{21} lɑ^{53} uɤ^{33}？

4. 还没有。大约再有一会儿就说完了。

   还没拉。大概再有一会儿就说完了。

   xã^{33} məʔ^{21} lɑ^{213}。tɑ^{53} kʰɑe^{53} tsɑe^{53} iɑo^{41} iəʔ^{3} xuər^{53} tsɑo^{53} suəʔ^{3} uɤ^{33} lεe^{21}。

5. 他说马上就走，怎么这么半天了还在家里呢？

   那说马上就走，作摩老半天了还在家里嘞？

   nɤ^{41} suəʔ^{3} mɑ^{41} ʂɤu^{53} tsɑo^{53} tsɑo^{412}，tsəʔ^{21} mɑ^{213} lo^{41} pɤ^{53} tʰie^{213}

lɛe^{21} xã^{33} tsɑe^{53} tɕiɑ^{24} lɛe^{21} ləʔ^{21}？

6. 你到哪儿去？我到城里去。

　你到哪儿去嘞？我到城里去嘞。

　nɛe^{41} to^{53} lɑr^{53} k^{h}əʔ^{21} ləʔ^{21}？ ŋɤu^{41} to^{53} tʂ^{h}əŋ^{33} lɛe^{21} k^{h}əʔ^{21} ləʔ^{21}。

7. 在那儿，不在这儿。

　在那儿嘞，不在这儿。

　tsɑe^{53} lɑr^{53} ləʔ^{21}，pəʔ^{3} tsɑe^{53} tʂər^{53}。

8. 不是那么做，是要这么做的。

　不是兀底做，是这底做的。

　pəʔ^{3} sɿ^{53} uəʔ^{21} tɛe^{213} tsuəʔ^{3}，sɿ^{53} tʂəʔ^{21} tɛe^{213} tsuəʔ^{3} təʔ^{21}。

9. 太多了，用不了那么多，只要这么多就够了。

　太多了，用不了兀来多，只要这来多就够了。

　t^{h}ɑe^{53} tɤu^{24} lɛe^{21}，yəŋ^{53} pəʔ^{3} liɤ^{21} uəʔ^{21} lɑe^{24} tɤu^{213}，tsɿ^{41} iɤ^{53} tʂəʔ^{21} lɑe^{24} tɤu^{213} tsɑo^{53} kɑo^{53} lɛe^{21}。

10. 这个大，那个小，这两个哪一个好一点儿呢？

　这个大，兀个小，这两个哪个好一点儿？

　tʂɛe^{33} kuəʔ^{21} tɤu^{53}，uɛe^{33} kuəʔ^{21} siɤ^{412}，tʂəʔ^{21} liɤu^{24} kuəʔ^{21} lɑ^{33} kuəʔ^{21} xo^{41} iəʔ^{3} tiɑr^{412}？

11. 这个比那个好。

　这个比兀个好。

　tʂɛe^{33} kuəʔ^{21} pɛe^{412} uɛe^{33} kuəʔ^{21} xo^{412} 。

12. 这些房子不如那些房子好。

　这些房子不如兀些房子好。

　tʂɛe^{33} siɑ^{21} fɤu^{33} tsəʔ^{21} pəʔ^{3} zu^{33} uɛe^{33} siɑ^{21} fɤu^{33} tsəʔ^{21} xo^{412}。

13. 这句话用吴堡话怎么说？

　这句话用吴堡话哪底说？

　tʂɛe^{33} tɕy^{53} xuɑ^{53} yəŋ^{53} u^{33} pu^{41} xuɑ^{53} lɑ^{33} tɛe^{33} suəʔ^{3}？

14. 他今年多大岁数？

那今年多少岁数了？

nɤ^{41} tɕiəŋ^{21} nie^{33} tɤu^{24} ʂɤ^{21} suɛe^{53} su^{21} lɛe^{21}？

15. 大概有三十来岁罢。

大约莫儿有三十来岁罢。

tɑ^{53} io^{24} mər^{21} iɑo^{41} sã^{24} ʂəʔ^{21} lɑe^{33} suɛe^{53} pɑ^{21}。

16. 这些东西有多重呢？

这些东西有哪底重？

tʂɛe^{53} siɑ^{21} tuəŋ^{24} sɛe^{21} iɑo^{41} lɑ^{33} tɛe^{33} ʦuəŋ^{53}？

17. 有五十斤重呢！

有五十来斤重嘞！

iɛe^{41}uəʔ^{3} ʂəʔ^{21} lɑe^{33} tɕiəŋ^{21} ʦuəŋ^{53} ləʔ^{21}！

18. 拿得动吗？

你能□起嘞？

nɛe^{41} nəŋ^{33} xɤu^{412} tɕ^{h}i^{21} ləʔ^{3}？

19. 我拿得动，他拿不动。

我能□起，那□不起。

ŋɤu^{41} nəŋ^{33} xɤu^{412} tɕ^{h}i^{21}，nɤ^{412} xɤu^{412} pəʔ^{3} tɕ^{h}i^{21}。

20. 真不轻，重得连我都拿不动了。

太重了，沉得连我也□不动。

t^{h}ɑe^{53} tʂuəŋ^{53} lɛe^{21}，tʂ^{h}əŋ^{33} təʔ^{21} lie^{33} ŋ̩ɤu^{24} iɑ^{41} xɤu^{41} pəʔ^{3} tuəŋ^{53}。

21. 你说得很好，你还会说点什么呢？

你说得挺好，你还会说些甚嘞？

nɛe^{41} suəʔ^{3} təʔ^{21} t^{h}iəŋ^{24} xo^{412}，nɛe^{41} xã^{33} xuɑe^{53} suəʔ^{3} siɑ^{21} ʂəŋ^{53} ləʔ^{21}？

22. 我嘴笨，我说不过他。

我嘴笨，我说不过那。

ŋɤu^{24} ʦuɛe^{41} pəŋ^{53}，ŋɤu^{41} suəʔ^{3} pəʔ^{3} kɤu^{53} nɤ^{412}。

23. 说了一遍，又说了一遍。

说了一遍又一遍。

suəʔ^{3} lɛe^{21} iəʔ^{3} pie^{53} iɑo^{53} iəʔ^{3} pie^{53}。

24. 请你再说一遍！

请你再说一遍！

ts^{h}iəŋ^{24} nɛe^{41} tsɑe^{53} suəʔ^{3} iəʔ^{3} pie^{53}！

25. 不早了，快去罢！

不早了，快去罢！

pəʔ^{3} tso^{24} lɛe^{21}, k^{h}uɑe^{53} k^{h}əʔ^{3} pɑ^{53}！

26. 现在还早着呢。等一会儿再去罢。

而今还早着嘞。再呆一会儿去罢。

ər^{33} tɕiəŋ^{21} xã^{33} tso^{41} tʂəʔ^{3} ləʔ^{21}。tsɑe^{53} tɑe^{213} iəʔ^{3} xuər^{53} k^{h}əʔ^{3} pɑ^{53}。

27. 吃了饭再去好罢？

吃了饭再去行不？

tʂ^{h}əʔ^{3} lɛe^{21} fã^{53} tsɑe^{53} k^{h}əʔ^{3} ɕiəŋ^{33} pəʔ^{21}？

28. 慢慢儿的吃啊！不要急！

慢慢儿地吃！不应心急！

mɤ^{53} mɤr^{53} tɕi^{21} tʂ^{h}əʔ^{3}！ piəŋ^{53} siəŋ^{213} tɕiəʔ^{3}！

29. 坐着吃比站着吃好些。

坐下比站起吃得好。

tsɤu^{53} xɑ^{21} pɛe^{41} tsã^{53} tɕ^{h}i^{21} tʂ^{h}əʔ^{3} təʔ^{21} xo^{412}。

30. 他吃了饭了，你吃了饭没有呢？

那吃罢饭了，你吃了饭没？

nɤ^{41} tʂ^{h}əʔ^{3} pɑ^{53} fã^{53} lɛe^{21}, nɛe^{41} tʂ^{h}əʔ^{3} lɛe^{21} fã^{53} məʔ^{21}？

31. 他去过上海，我没有去过。

那去过上海，我没拉去过。

nɤ^{24} k^{h}əʔ^{21} kɤu^{53} ʂã^{53} xɑe^{21}, ŋɤu^{24} məʔ^{21} lɑ^{213} k^{h}əʔ^{3} kɤu^{53}。

32. 来闻闻这朵花香不香。

来闻一下这朵花儿香不香。

lɑe^{33} uəŋ^{33} iəʔ^{21} xɑ^{53} tʂɛe^{24} tuɤu^{41} xuɑr^{213} ɕiɤu^{24} pəʔ^{21} ɕiɤu^{213}。

33. 给我一本书。

给我一本儿书。

kɛe^{24} ŋɤu^{41} iəʔ^{3} pər^{41} su^{213}。

34. 我实在没有书嘿!

我实在没拉书!

ŋɤu^{24} ʂəʔ^{21} tsɑe^{53} məʔ^{21} lɑ^{213} su^{213}!

35. 你告诉他。

你给那说一下。

nɛe^{41} kɛe^{24} nɤ^{41} suəʔ^{3} iəʔ^{3} xɑ^{53}。

36. 好好儿地走,不要跑!

慢慢儿地走,不应跑!

mɤ^{53} mɤr^{53} tɕi^{21} tsɑo^{412}, piəŋ^{53} p^{h}ɑo^{412}!

37. 小心跌下去爬也爬不上来!

小心跌下去爬不上来!

siɤ^{41} siəŋ^{213} tiəʔ^{3} xɑ^{53} kəʔ^{21} p^{h}ɑ^{33} pəʔ^{3} ʂɤu^{53} lɑe^{33}!

38. 医生叫你多睡一睡。

医生教你多睡一会儿。

i^{24} səŋ^{21} tɕiɤ^{24} nɛe^{41} tɤu^{21} suɛe^{53} iəʔ^{3} xuər^{53}。

39. 吸烟或者喝茶都不行。

吃烟□喝茶都不行。

tʂ^{h}əʔ^{21} ie^{213} xuəŋ^{33} xəʔ^{3} ts^{h}ɑ^{33} tɑo^{21} pəʔ^{3} ɕiəŋ^{33} 。

40. 烟也好,茶也好,我都不喜欢。

烟也好,茶也好,我都不爱。

ie^{24} iɑ^{24} xo^{412}, ts^{h}ɑ^{33} iɑ^{24} xo^{412}, ŋɤu^{41} tɑo^{213} pəʔ^{3} ŋɑe^{53}。

41. 不管你去不去,反正我是要去的。

不管你去不去,反正我去也。

pəʔ^{3} kuɤ^{412} nɛe^{24} k^{h}əʔ^{21} pəʔ^{3} k^{h}əʔ^{21}, fã^{41} tʂəŋ^{53} ŋɤu^{24} k^{h}əʔ^{21} iɑ^{24}。

42. 我非去不可。

我非去不行。

ŋɤu^{41} fɛe^{24} k^{h}əʔ^{21} pəʔ^{3} ɕiəŋ^{33}。

43. 你是哪一年来的?

你是哪年来的?

nɛe^{41} sɿ^{53} lɑ^{33} nie^{33} lɑe^{33} təʔ^{21}?

44. 我是前年来的吴堡。

我是前年到吴堡的。

ŋɤu^{41} sɿ^{53} tɕ^{h}ie^{33} nie^{21} to^{53} u^{33} pu^{21} təʔ^{21}。

45. 今天开会谁的主席?

今儿谁主持的会议?

tɕiər^{213} suɛe^{33} tsu^{41} tʂ^{h}ʅ^{33} təʔ^{21} xuɑe^{53} i^{53}?

46. 你得请我的客。

你要请我一顿。

nɛe^{41} iɤ^{53} ts^{h}iəŋ^{24} ŋɤu^{41} iəʔ^{3} tuəŋ^{53}。

47. 一边走,一边说。

走着走,说着说。

tsɑo^{41} tʂəʔ^{3} tsɑo^{412}, suəʔ^{3} tʂəʔ^{21} suəʔ^{3}。

二　北风跟太阳

有一回,北风跟太阳在那儿争论谁的本事大。争来争去,就是分不出高低来。这时候路上来了个走道儿的,他身上穿着件厚大衣。他们俩就说好了,谁能先叫这个走道儿的脱下他的厚大衣,就算谁的本事大。北风就使劲儿地刮起来了,不过他越是刮得厉害,那个走道儿的把大衣裹得越紧。后来北风没法儿了,只好就算了。过了一会儿,太阳出来了。他火辣辣地一晒,那个走道儿的马上就把那件厚大衣脱下来了。这下儿北风只好承认，他们俩当中还是太阳的本事大。

piəʔ21 fəŋ213 xuəŋ33 tʰɑe53 iã21

北 风 和 太 阳

iɑo41 iəʔ3 xuɑe33，piəʔ21 fəŋ213 xuəŋ33 tʰɑe53 iã21 tsɑe53 uər53
有 一 回 ，北 风 和 太 阳 在 兀儿
pεe24 pəŋ41 sɿ53 ləʔ21。pεe41 kɤu53 lɑe33 pεe41 kɤu53 kʰəʔ21，fəŋ213
比 本 事 嘞。比 过 来 比 过 去 ，分
pəʔ3 tsʰuəʔ3 ko24 tεe21。tʂəʔ3 sɿ33 kʰɤu53 tɕʰiɑ53 lɑe33 ləʔ21 kuəʔ3
不 出 高 低。这 时 可 恰 来 了 个
tsɑo41 lɑo53 təʔ21，tsʰuɤ213 iəʔ3 tɕiɑr53 xɑo53 tɑ53 tʂʰã21。nεe33 liɤu24
走 路 的 ，穿 一 件儿 厚 大 氅。那 两
kuəʔ21 tsɑo53 suəʔ3 xo24 lεe21，kʰie53 suεe33 nəŋ33 tɕio213 tʂəʔ21 kuəʔ3
个 就 说 好 了，看 谁 能 教 这 个
tsɑo41 lɑo53 təʔ21 tʰuəʔ3 xɑ53 xɑo53 tɑ53 tʂʰã21，tsɑo53 suɤ53 suεe33
走 路 的 脱 下 厚 大 氅，就 算 谁
iɑo24 pəŋ41 sɿ53。piəʔ21 fəŋ213 yəŋ53 tɕiər53 kuɑʔ3 tɕʰi41 lɑe33，nɤ412
有 本 事。北 风 用 劲儿 刮 起 来，那
kuɑʔ3 təʔ21 yəʔ3 lεe53 xɑe21，tsɑo41 lɑo53 təʔ21 tsʰuɤ24 təʔ21 tɑ53 tʂʰã21
刮 得 越 厉 害，走 路 的 穿 得 大 氅
yəʔ3 tɕiəŋ412。kʰie53 tɕiɑ21 piəʔ21 fəŋ213 məʔ3 fɑr53 lεe21，tsɑo53 tʰiəŋ33
越 紧 。看 价 北 风 没 法儿 了，就 停
tsu53lεe21。kɤu53 lεe21 iəʔ3 tʂər53，tʰɑe53 iã21 tsʰuəʔ3 lɑe33 lεe21。nɤ412
住 了。过 了 一阵儿，太 阳 出 来 了。那
sɑe53 təʔ21 xuəŋ33 liəʔ3 liəʔ3 təʔ21，nεe33 kuəʔ21 tsɑo41 lɑo53 təʔ21
晒 得 红 烈 烈 的，那 个 走 路 的
liɤu33 məʔ21 tsɑo53 pɑ41 tɑ53 tʂʰã41 tʰuəʔ3 xɑ53 lεe21。tʂεe33 xɑ53 piəʔ21
□ 么 就 把 大 氅 脱 下 了。这 下 北
fəŋ213 tsʰɑe33 tʂʰəŋ33 ʐəŋ53 lεe21，nəʔ21 tɕiɑ213 liɤu24 kuəʔ21 lεe41
风 才 承 认 了，那 家 两 个 里
tʰɑor213 xã33 sɿ53 tʰɑe53 iã21 təʔ21 pəŋ41 sɿ53 tɤu53。
头儿 还 是 太 阳 的 本 事 大。

参考文献

安介生 1999 《山西移民史》,太原:山西人民出版社

[美]鲍尔·J. 霍伯尔、伊丽莎白·克劳丝·特拉格特著,梁银峰译 2008 《语法化学说》(第二版),上海:复旦大学出版社

曹广顺 1995 《近代汉语助词》,北京:语文出版社

陈建民 1986 《现代汉语句型论》,北京:语文出版社

陈立民 2002 汉语的时态和时态成分,《语言研究》第3期

陈 平 1988 论现代汉语时间系统的三元结构,《中国语文》第6期

戴耀晶 1997 《现代汉语时体系统研究》,杭州:浙江教育出版社

范慧琴 2007 《定襄方言语法研究》,北京:语文出版社

高增霞 2003 汉语的担心——认识情态词"怕""看"和"别",《语法研究和探索》(十二),北京:商务印书馆

龚煌城 1981 十二世纪末汉语的西北方音(声母部分),台湾《史语所集刊》第52本第1分,又载《汉藏语研究论文集》,北京:北京大学出版社2004年

龚煌城 1989 十二世纪末汉语的西北方音(韵尾问题),台湾《中研院第二届国际汉学会议论文集》(语言与文字组),又载《汉藏语研究论文集》,北京:北京大学出版社2004年

龚煌城 1995 十二世纪末汉语西北方音韵母系统的构拟,The Joint Meeting of the 4th ICCL and 7th NACCL,又载《汉藏

语研究论文集》,北京:北京大学出版社2004年
龚千炎 1995 《汉语的时相 时制 时态》,北京:商务印书馆
郭校珍 2008 《山西晋语语法专题研究》,上海:华东师范大学出版社
黑维强 2003 陕北绥德话"的"的一种用法,《中国语文》第4期
侯精一 1999a 晋语入声韵母的区别性特征与晋语区的分立,《中国语文》第2期
侯精一 1999b "断""可""敢",《现代晋语的研究》,北京:商务印书馆
侯精一、温端政 1993 《山西方言调查研究报告》,太原:山西高校联合出版社
江蓝生、曹广顺 1997 《唐五代语言词典》,上海:上海教育出版社
蒋冀骋、吴福祥 1997 《近代汉语纲要》,长沙:湖南教育出版社
李崇兴、黄树先、邵则遂 1998 《元语言词典》,上海:上海教育出版社
李范文 1994 《宋代西北方音——〈番汉合时掌中珠〉对音研究》,北京:中国社会科学出版社
李会荣 2008 山西娄烦方言之情态动词"敢",《晋中学院学报》第6期
李 荣主编 2002 《现代汉语方言大词典》,南京:江苏教育出版社
李如龙 1984 自闽方言证四等韵无-i-介音说,《音韵学研究》第1辑,北京:中华书局
李如龙 1996 动词的体·前言,《动词的体》,香港:香港中文大学中国文化研究所吴多泰中国语文研究中心
李如龙 1999 论汉语方音异读,《语言教学与研究》第1期
李如龙、辛世彪 1999 晋南、关中的"全浊送气"与唐宋西北方

音,《中国语文》第3期
李铁根 2002 “了”、“着”、“过”与汉语时制的表达,《语言研究》第3期
李小凡 1998 《苏州方言语法研究》,北京:北京大学出版社
李小凡、陈宝贤 2002 从“港”的词义演变和地域分布看古吴语的北界,《方言》第3期
李小平 1991 《临县方言志》,太原:山西高校联合出版社
李小平 1999 山西临县方言亲属领格代词“弭”的复数性,《中国语文》第4期
廖秋忠 1989 《语气与情态》评介,《国外语言学》第4期
刘丹青 2001 语法化中的更新、强化与叠加,《语言研究》第2期
刘坚、江蓝生、白维国、曹广顺 1992 《近代汉语虚词研究》,北京:语文出版社
刘坚、蒋绍愚1995 《近代汉语语法资料汇编(元代明代卷)》,北京:商务印书馆
刘淑学 2000 大河北方言中的[uau]韵母,《中国语文》第5期
刘勋宁 1988 现代汉语词尾“了”的语法意义,《中国语文》第5期
刘勋宁 1990 现代汉语句尾“了”的语法意义及其与词尾“了”的联系,《世界汉语教学》第2期
刘勋宁 1998 《现代汉语研究》,北京:北京语言文化大学出版社
刘勋宁 2003 文白异读与语音层次,《语言教学与研究》第4期
刘育林 1990 《陕西省志·方言志(陕北部分)》,西安:陕西人民出版社
刘月华、潘文娱、故韡等 2001 《实用现代汉语语法》(增订本),北京:商务印书馆
陆俭明 2004 “句式语法”理论与汉语研究,《中国语文》第5期

罗常培 1933 《唐五代西北方音》,中研院史语所
罗自群 2006 《现代汉语方言持续标记的比较研究》,北京:中央民族大学出版社
吕叔湘著、江蓝生补 1985 《近代汉语指代词》,上海:学林出版社
吕叔湘主编 1999 《现代汉语八百词》(增订本),北京:商务印书馆
马庆株 1981 时量宾语和动词的类,《中国语文》第2期
马庆株 1983 现代汉语的双宾语构造,《语言学论丛》第10辑,北京:商务印书馆
马庆株 1988 自主动词和非自主动词,《中国语言学报》第3期,北京:商务印书馆
马庆株 2000 略谈汉语动词时体研究的思路——兼论语法分类研究中的对立原则,《语法研究和探索》(九),北京:商务印书馆
马晓琴 2004 绥德方言的副词,《唐都学刊》第3期
彭利贞 2007 论情态与情状的互动关系,《浙江大学学报(人文社会科学版)》第5期
乔全生 2003 晋语与官话非同步发展,《方言》第2、3期
清涧县志编辑委员会 2001 《清涧县志》,西安:陕西人民出版社
[日]秋谷裕幸、邢向东 2009 "门槛"、"拿"义词在晋语和中原官话汾河片中的读音考察,《语言暨语言学》第10卷第2期
[韩]宋永圭 2007 《现代汉语情态动词否定研究》,北京:中国社会科学出版社
沈家煊 2001 语言的"主观性"和"主观化",《外语教学与研究》第4期
沈　明 1999 山西方言韵母一二等的区别,《中国语文》第6期
沈　明 2002 太原话的"给"字句,《方言》第2期

沈　明 2003　山西方言的小称,《方言》第4期

石毓智 1992　论现代汉语的"体"范畴,《中国社会科学》第6期

史秀菊 2007　晋南解州片方言表趋向和事态意义的"去",《语文研究》第3期

史有为 1992　《呼唤柔性——汉语语法探异》,海口:海南出版社

[日]太田辰夫著,蒋绍愚、徐昌华译 2003　《中国语历史文法》(修订译本),北京:北京大学出版社

汪国胜、谢晓明主编 2009　《汉语重叠问题》,武汉:华中师范大学出版社

王福堂 2003　汉语方言语音中的层次,《语言学论丛》第27辑,北京:商务印书馆

王福堂 2005　《汉语方言语音的演变和层次》(修订本),北京:语文出版社

王洪君 1987　山西闻喜方言的白读层与宋西北方音,《中国语文》第1期

王洪君 1990　入声韵在山西方言中的演变,《语文研究》第1期

王洪君 1991　阳声韵在山西方言中的演变(上),《语文研究》第4期

王洪君 1992　阳声韵在山西方言中的演变(下),《语文研究》第1期

王锦慧 2004　《"往""来""去"历时演变综论》,台北:里仁书局

王景荣 2008　《东干语、汉语乌鲁木齐方言体貌助词研究》,天津:南开大学出版社

王临惠 2002　山西方言的"圪"字研究,《语文研究》第3期

王鹏翔、王雷 2008　陕北志丹方言的语气副词"该",《广西民族大学学报(哲学社会科学版)》第3期

王鹏翔 2009　陕北志丹方言的"敢",《咸阳师范学院学报》第5期

王森、王毅 2003 兰州话的"V+给"句——兼及甘宁青新方言的相关句式,《中国语文》第5期

吴堡县志编纂委员会 1995 《吴堡县志》,西安:陕西人民出版社

吴 媛 2008 岐山话两字组的连读变调及中和调的模式,《南开语言学刊》第2期

[日]香坂顺一著,江蓝生、白维国译 1997 《白话语汇研究》,北京:中华书局

项梦冰 1997 《连城客家话语法研究》,北京:语文出版社

辛永芬 2006 《浚县方言语法研究》,北京:中华书局

邢福义 2001 《汉语复句研究》,北京:商务印书馆

邢向东 1986 晋语圪头词及其源流初探,内蒙古师范大学硕士学位论文

邢向东 1994 呼和浩特方言感叹句的常用句式,《方言》第2期

邢向东 1995 论内蒙古晋语的语法特点,《内蒙古师大学报(哲学社会科学版)》第1期

邢向东 1996 神木方言的儿化变调,《方言》第1期

邢向东 1997 陕北神木话的助词"着",《中国语文》第4期

邢向东 2000 小议部分"舒声促化字",《语文研究》第2期

邢向东 2001 陕北神木话的助词"得",《中国语文》第5期

邢向东 2002a 《神木方言研究》,北京:中华书局

邢向东 2002b 陕北吴堡话(东王家山)音系及其特点,日本白帝社《中国语研究》第44期

邢向东 2004a 论现代汉语方言祈使语气词"着"的形成,《方言》第4期

邢向东 2004b 论神木方言的分音词和圪头词,《庆祝〈中国语文〉创刊50周年学术论文集》,北京:商务印书馆

邢向东 2004c 陕北晋语沿河方言体貌范畴的比较研究,《西北

方言与民俗研究论丛》,北京:中国社会科学出版社
邢向东 2004d 论西北方言和晋语重轻式语音词的调位中和模式,《南开语言学刊》第3期
邢向东 2005 陕北晋语沿河方言时制系统研究,《语言学论丛》第31辑
邢向东 2006 《陕北晋语语法比较研究》,北京:商务印书馆
邢向东 2007a 陕北吴堡话的文白异读与语音层次,《语言研究》第1期
邢向东 2007b 移位和隐含:论晋语句中虚词的语气词化,台湾《语言暨语言学》第8卷第4期
邢向东 2009 秦晋两省黄河沿岸方言的关系及其形成原因,《中国语文》第2期
邢向东 2011a 陕北神木话的趋向动词及其语法化,台湾《语言暨语言学》第12卷第3期
邢向东 2011b 陕北神木话的话题标记"来"和"去"及其由来,《中国语文》第6期
邢向东 2011c 陕北吴堡东王家山方言同音字汇,《方言》第3期
邢向东 2012 陕北神木话的助动词"敢"及其语法化,《陕西师范大学学报》第3期
邢向东 2014 陕北吴堡话的过去时标记"来该"及其形成,《语文研究》第1期
邢向东、蔡文婷 2010 《合阳方言调查研究》,北京:中华书局
邢向东、王临惠、张维佳、李小平2012 《秦晋两省沿河方言比较研究》,北京:商务印书馆
邢向东、张永胜 1997 《内蒙古西部方言语法研究》,呼和浩特:内蒙古人民出版社
邢向东、周利芳 2013 陕北神木话的语气副词"敢"及其来源,《方言》第3期

徐沁君 1980 《新校元刊杂剧三十种》,北京:中华书局
许宝华、宫田一郎 1999 《汉语方言大词典》,北京:中华书局
延川县志编辑委员会 1999 《延川县志》,西安:陕西人民出版社
杨碧菀 2006 四种版本《老乞大》中"待"、"敢"的使用情况的考察,《甘肃高师学报》第4期
袁宾、段晓华、徐时仪、曹澂明 1997 《宋语言词典》,上海:上海教育出版社
张伯江 1997 认识观的语法表现,《国外语言学》第2期
张 崇 1990 《延川县方言志》,北京:语文出版社
张 敏 2010 "动后限制"的区域推移及其实质,中国语言的比较与类型学研究国际研讨会(香港科技大学)论文
张双庆主编 1996 《动词的体》,香港中文大学中国文化研究所吴多泰中国语文研究中心
张维佳 2004 秦晋之交南部方言宕摄舒声字白读音的层次,《语言研究》第2期
张维佳 2005 山西晋语指示代词三分系统的来源,《中国语文》第5期
张 相 1997 《诗词曲语辞汇释》,北京:中华书局
张 兴 2012 子长话的拷贝式话题结构,陕西师范大学硕士学位论文
张谊生 2000 《现代汉语副词研究》,上海:学林出版社
[韩]郑光 2002 《原本老乞大》,北京:外语教学与研究出版社
郑 萦 2003 从方言比较看情态词的历史演变,《台湾语文研究》第1卷第1期
中国社会科学院语言研究所 2002 《现代汉语词典》增补本(第4版),北京:商务印书馆
周 磊 2002 乌鲁木齐话"给"字句研究,《方言》第1期

周利芳 2008　内蒙古丰镇话的语气副词“管(兀)”和“敢情”,《语文研究》第4期
朱冠明 2005　情态与汉语情态动词,《山东外语教学》第2期

后　记

记得上小学五年级的时候，我们换了个语文老师。新来的刘老师是吴堡人，长得非常漂亮，嗓子很脆，口音和神木话大不一样。给我印象深刻的是，刘老师说“乖、吼”时嘴比神木人张得大，说“心、小”时咬着舌尖儿，洋气得很。那时候哪里知道，后来我竟会和吴堡方言结下不解之缘。三十多年后到吴堡调查方言，回想当年刘老师说话的情形，才知道她的口音反映的正是吴堡话的重要语音特点。而且吴堡话可不全是刘老师说的那么温柔！刚到吴堡，当地的同志跟我说话时，尽量说得普通些，还能听懂六七成，至于他们之间的对话，我只能“解开”（听懂）三两成！据我看，吴堡话可算是陕北话中最难懂的。事实上，它还是陕北晋语中存古性最强的方言。

2001年夏天，为完成国家博士后基金项目《陕北晋语沿河方言语法比较研究》，我到吴堡县调查方言。县志办李慧婵主任给我介绍了王兆富先生。王先生时任吴堡县林业站站长，高级农艺师，在红枣防虫方面卓有成就。他是个热心人，听明白我的来意，一口答应做发音合作人。从此开始了我们十多年的友谊。王先生对方言俗语有特殊的兴趣和才能，而且性格爽快，嘴里常是一串一串的俗语和顺口溜。在调查中，他不仅认真配合我的调查，而且主动提供一些有趣的方言现象，如“丁[tɛe^{213}]家沟有个姓丁[tiəŋ^{213}]的，王[u^{33}]家山有个姓王[uã^{33}]的”，还不时发表对吴堡方言的看法。临走时，他送了我一本自己编印的《吴堡方言土语选编》，这本小册子成了后来本书补充词条的重要来源。此后，我们再没断过联系。

李慧婵主任毕业于榆林师范，是我的神木老乡刘萍的同学。她在王先生太忙的时候，也主动做了第二发音人，协助调查。李主任还送了我一本《吴堡县志》。

2007年，《吴堡方言调查研究》列入《陕西方言重点调查研究》丛书，我再一次到吴堡调查，还是同王先生合作。正是在这次调查中，我们商定，把他的《吴堡方言土语选编》中的词语补充进书中，由他担任第二作者。

2010年、2012年，我两次邀请王先生到陕西师大，做研究生调查实习的发音合作人，同时我们一起核实、补充吴堡方言词汇、语法方面的内容。

现在读者看到的这本书，就是我们多年合作的成果，也是我们真挚友谊的结晶。

从第一次到吴堡调查到本书交稿，已经过去了整整12年。"三十八年过去，弹指一挥间！"回首一望，12年短得连弹一下指头都来不及！这些年从天津到西安，好像做了不少事，但仔细点一点、看一看，似乎也没做出什么来。唯一可以自慰的是，在学风浮躁的今天，自己坚守住了对学术的敬畏之心，至今没有出让自己难堪的东西。

在本书即将出版之际，我们要感谢李慧婵主任，感谢吴堡县的有关领导，他们在调查过程中给了作者许多帮助和支持。感谢中华书局语言文字编辑室的秦淑华主任，她对本丛书的每一部都那么严格要求，让我们不敢有丝毫的懈怠和粗心。感谢责任编辑张可老师，她的认真和仔细，使本书避免了不少内容和形式上的疏漏。感谢我的博士生高峰、贺雪梅，她们精细而富有创造性的校对，不仅使本书避免了因写作时间长而前后不一的情形,而且给书稿增色不少。感谢陕西师大为作者提供了良好的研究条件和充足的经费支持。最后要感谢的是同为作者的王兆富先生,他的合作不仅让本书的内容更加丰富和可靠,而且带给我和我的学生许多的欢乐,让我们充分感受到调查方言的无穷乐趣。

邢向东

2013.7.4—24,草于清华园甲所,改于陕师大俗雅斋